本书由中国政法大学交叉学科培育与建设计划资助出版

美国空军、太空和网络部队指挥官法律手册

（上）

李卫海◎等译

本册译者

崔　岩　李　菲◎译

中国政法大学出版社

2022·北京

图书在版编目（CIP）数据

美国空军、太空和网络部队指挥官法律手册/李卫海等译. —北京：中国政法大学出版社，2022.1

ISBN 978-7-5764-0292-6

Ⅰ.①美… Ⅱ.①李… Ⅲ.①军队指挥－法律－美国－手册 Ⅳ.①E712.26-62

中国国家版本馆 CIP 数据核字（2023）第 074417 号

出　版　者	中国政法大学出版社
地　　　址	北京市海淀区西土城路 25 号
邮寄地址	北京 100088 信箱 8034 分箱　邮编 100088
网　　　址	http://www.cuplpress.com（网络实名：中国政法大学出版社）
电　　　话	010-58908586(编辑部) 58908334(邮购部)
编辑邮箱	zhengfadch@126.com
承　　印	固安华明印业有限公司
开　　本	720mm×960mm　　1/16
印　　张	38.75
字　　数	650 千字
版　　次	2022 年 1 月第 1 版
印　　次	2022 年 1 月第 1 次印刷
定　　价	169.00 元

译者序

尤东晓　中国人民解放军国防大学国际防务学院教授

　　《美国空军、太空和网络部队指挥官法律手册》是美国军法官学院专门为空军指挥官、参谋人员和军法官编写的法律指导手册，包括三部分：国际法、行动法和远征法。第一部分国际法主要介绍了美国空军在涉外行动中的使用，与空军行动相关的武装冲突法、航空法、海洋法、太空法、网络空间法和人权法等国际法法规，以及与驻海外的空军部队相关的部队地位协定、外国刑事管辖权和军事治外法权法案等。第二部分行动法主要介绍了空军行动中指挥控制、情报保障和交战规则，确定目标和武器时应遵循的原则、考虑的法律因素和相关程序，以及联合空中行动和多国空中行动的筹划和组织实施等。行动法还分别介绍了空军执行的特种行动、非战斗人员撤离行动、法治行动、信息行动和对民政当局的支持行动等。第三部分远征法主要介绍了空军行动中的军事司法与纪律、航空航天事故调查与报告、法律准备和法律援助、海外行动环境法，以及空军后备役部队、军法署成员的部署和行为准则等。

　　本书由美国军法官学院院长托尼亚·哈格梅尔空军上校任主编，由多名经验丰富的空军军法官共同编写，具有很高的权威性；此外，本书内容广泛，几乎涵盖了空军行动中可能涉及的所有法律问题，具有全面性；同时，本书对有关法律规定的解释具体详实，具有很强的可操作性。

　　中央军委于 2016 年 1 月 1 日印发并实施的《关于深化国防和军队改革的意见》中明确提出国防和军队改革的主要任务之一是构建并完善军事法治体系："全面贯彻依法治军、从严治军方针……健全军事法规制度体系和军事法律顾问制度，改革军事司法体制机制，创新纪检监察体制和巡视制度，完善审计体制机制，改进军事法律人才管理制度，建立健全组织法制和程序规则，全面提高国防和军队建设法治化水平。"2019 年 7 月发布的《新时代的中国国防》白皮书也指出我军正在积极推进军事政策制度改革："创新军事力量运用政策制度，有效保障全面履行新时代军队使命任务。"

《美国空军、太空和网络部队指挥官法律手册》能够为我军军事法治体的构建和军事政策制度改革提供一定的参考和借鉴，主要表现在以下三个方面：一是强调依法治军。与美军其他军种一样，美国空军高度重视依法治军，为空军行动制定了完整配套的法律法规体系，涵盖各类行动和行动的全过程，内容具体详细，可操作性强。二是培养军人，特别是各级指挥军官的法律意识。美国空军要求指挥官必须学习和熟悉与空军行动相关的国际法、国内法和军事法，并且在执行各种任务时必须遵守相关法规，严格遵循标准化作业程序或交战规则。三是重视军法官的法律支持作用。美军为了确保依法治军并依法行动，在部队中配备了专业的军事法律顾问——军法官，他们有权直接参与所有行动的筹划和组织实施全过程，并可根据战场情况的变化，随时向指挥官提出适当的法律建议和意见。

他山之石，可以攻玉。无论是从军事理论，还是从编制体制和武器装备等方面看，美军仍是当今世界最强大的武装力量之一，以开放姿态积极学习美军军事法治建设的经验和教训，特别是其优点和长处，有助于我们实现党的十九大报告所提出的"到本世纪中叶把中国军队全面建成世界一流军队"的奋斗目标。

前　言

　　纵观我们国家的历史，美军始终在不断地做出调整以应对和克服国家威胁。我们通常用法律来保障这些调整，这样的做法世代相传；当然其中的许多法律原则与我们对手的新兴作战手段和方法也不完全适应。21世纪的技术进步，比如网络部队、太空资产、激光、分布式作战和无人驾驶飞机等，将继续把我们推向未知的法律领域。在这种复杂的战略环境中，指挥官的成功很大程度上取决于反应迅速的法律建议，而这些建议能够将所有的相关法律适用于日益压缩的决策周期中出现的新情况。提供高质量法律建议的前提是军法署成员精通部队任务，并能够以行动上易懂的语言阐明法律如何适用于这些特定任务。

　　空军对"行动法"进行了广泛的定义："与和平时期或敌对行动中的军事行动的计划和执行相关的国内法、国外法和国际法……将法律适用于空军部队的特定任务。"（见《空军指示》51-108，"军法署成员结构、部署和行动支持"）请注意其中扩大了的含义。由于所有美国空军任务都以某种方式涉及对军事行动的支持，因此该定义意味着适用于指挥官任务的任何法律都是"行动法"。您有射程控制问题吗？您的联队是否签订了支持作战任务的合同？您的指挥官是否面临良好秩序和纪律的挑战？这些问题都会影响指挥官的任务。换言之，行动法包含一种通用实践，涵盖影响武装部队的组织、训练、装备或部署的所有法律和法规——这实属广泛。

　　这一强有力的"行动法"概念以每位军法顾问和律师助理充分理解其所在部队的任务为前提。您是否理解？您能解释一下部队的任务吗？您是否熟悉法律办公室支持的租借部队的任务？您能否用联系的视角解释您部队的任务如何支持美国空军的核心任务：①空中和太空优势；②情报、监视和侦察；③快速的全球机动性；④全球打击；⑤指挥与控制？（摘自《美国全球影响力、全球警惕、全球力量》，2013年。）

军法参谋必须有效地调整其法律实践和培训计划，以适应受支持部队的任务。本书的第三版是一个可以帮助您做到这一点的工具，因为整个军法署每天都会接触"行动法"。本书没有也无法涵盖"行动法"的每个子集。但是，它将帮助您着手解决那些在其他地方尚未接触到的具有挑战性的法律实践问题。并且，它将使您能够为支持美国空军的任务提供必要的法律服务。

古人言"优秀的律师了解法律，杰出的律师了解法官"，我们不妨将其修改为"优秀的军法官了解法律，杰出的军法官了解任务"。当然，您必须两者兼顾并准备好将法律应用于任务，以在整个空军行动中协助指挥官。任务的成功取决于此，我们所服务的空军人员依赖我们提供专业、坦率、独立和优质的法律顾问，以克服威胁并确保胜利。

美国空军中将　军法署署长

克里斯托弗·伯恩（Christopher F. Burne）

目　录

第一编　国际法

第二编　行动法

第一编

国际法

第一章 | 美国空军武力的国际性动用

一、背景

历史上，适用于战争的法律被划分为两个部分：第一部分解决的是国家参加战争的决定之合法性问题；第二部分则对如何进行战争提供了规则和指导。本章主要阐述第一个问题，也被称为"诉诸战争权"（jus ad bellum）问题；而第二个问题，也即"战时法"（jus in bello）问题，将在第二章进行阐述。

对"诉诸战争权"有一定了解是非常重要的。但是空军动用武力的决定通常是由国家指挥当局（美国总统和国防部部长）与国务院磋商之后作出的。这一决定通常以任务命令的形式下达给空军。

面对上级下达的任务命令，军法官必须熟悉该任务的目的和法律依据，并且与上级协调，准备好向所有当地指挥官介绍相关的法律依据。这将使指挥官们能够更好地计划他们的任务，拟定公开的声明，确保军事行动的遂行符合国家政策，同时也将有助于指挥官们拟定和理解所执行任务的交战规则，因为交战规则的首要目的就是确保武力的使用符合国家安全利益和政策目标。

二、规定国家何时可以合法地使用武力的法律

在对国家使用武力有所规定的国际法渊源中，最首要的就是《联合国宪章》。《联合国宪章》是联合国国际组织会议的产物，最初签订于 1945 年 6 月 26 日。目前，联合国共有 193 个成员，美国作为成员之一，当然受到宪章各项条款的约束。

《联合国宪章》第 2 条第 4 款规定："各会员国在其国际关系上不得以武力相威胁或使用武力，或以与联合国宗旨不符之任何其他方法，侵害任何国

家之领土完整或政治独立。"

构成该条款不可或缺的一项内容是不干涉原则，即各国必须限制自己干涉他国内部事务。不干涉意味着各国必须相互尊重主权。美国在其政策声明中多次确认了这项原则，并且通过批准《联合国宪章》和《美洲国家组织宪章》，[1]以及那些明确将互不干涉作为相互合作基础的其他多边国际协定，使该原则成为美国法律的组成部分。

然而，《联合国宪章》也对这项原则规定了两项例外：一是如果得到联合国安理会决定的授权，一个国家可以使用武力，此种决定通常体现在安理会的决议之中；二是在行使单独或者集体自卫权的情况下可以使用武力，这一例外是《联合国宪章》第51条反映出的一项公认的习惯国际法。还有一项未被规定在《联合国宪章》中的例外，即得到领土所属国的同意而动武，比如，对在其领土上出现武装冲突的政府提供援助。

三、联合国执法行动

《联合国宪章》第七章"对于和平之威胁、和平之破坏和侵略行为之应付办法"授权联合国安全理事会决定针对侵略行为或其他威胁国际和平与安全的行为采取措施。安理会必须首先根据《联合国宪章》第39条，判断对和平之威胁、破坏或侵略行为是否存在。进而，依据《联合国宪章》第41条所赋予的权力，联合国安理会可采取除武力以外的其他办法，包括针对目标国家的广泛的外交和经济制裁，以迫使其遵循安理会的决定，进而恢复国际和平与安全。如果这些措施被证明为不足（或安理会确定非军事措施不足），安理会有权根据《联合国宪章》第42条授权成员使用军事力量。

以下是几个联合国安理会恢复国际和平与安全行动的例子：

1. 1990年，联合国安理会第678号决议授权联合国成员与科威特政府合作，使用"一切必要手段"去执行先前通过的决议。这一决议是安理会根据《联合国宪章》第七章的规定为应对1990年伊拉克入侵科威特而通过的。

---

〔1〕《美洲国家组织宪章》第19条规定："任何国家或国家集团都无权，直接或间接地以任何理由，干预任何其他国家的内政或外交事务。上述原则不仅禁止武装部队，而且禁止以其他任何形式，干涉或企图威胁国格或政治、经济和文化体制。"同见《美洲国家间互助条约》（《里约热内卢条约》）第1条规定："……缔约方正式谴责战争并承诺在国际关系中不以任何违背《联合国宪章》或本条约规定的方式诉诸武力或威胁使用武力。"

2. 1995 年，联合国安理会第 1031 号决议授权联合国成员通过《和平协定》（解决波斯尼亚−黑塞哥维那冲突的《代顿协定》）附件 1−A 中所指组织（北大西洋公约组织）或与该组织合作采取行动，来建立一支在北约统一指挥和控制之下的多国执行部队（IFOR），以履行《和平协定》附件 1−A 和附件 2 中规定的任务；授权成员采取一切必要措施切实执行和确保《和平协定》附件 1−A 得到遵守。

3. 1999 年，联合国安理会第 1264 号决议授权"建立一支多国部队……以恢复东帝汶的和平与安全……"，并且进一步授权"参与多国部队的国家采取一切必要措施来执行这一授权"。

4. 2001 年，联合国安理会第 1386 号决议授权建立一支国际安全援助部队来帮助阿富汗过渡政府。另外，此决议授权参加国际安全援助部队的联合国成员"采取一切必要措施"执行该授权。

5. 2003 年，联合国安理会第 1511 号决议授权"一个统一指挥的多国部队采取一切必要措施帮助维持伊拉克的安全与稳定"。

6. 2004 年，联合国安理会第 1529 号决议授权在海地参加多国临时部队的成员"采取一切必要措施执行其授权"。具体来说，多国临时部队受命在海地前总统吉恩·伯特兰·亚里斯蒂德辞职离开后恢复该国的和平与安全。

区域性组织执法行动

《联合国宪章》第 8 章第 52 条认可区域性组织在应对与维护国际和平与安全相关事务的各国间做出的安排。在将地区争端提交到联合国安理会之前，美洲国家组织、非洲统一组织、阿拉伯联盟等区域性组织可以试图和平解决相关问题。但是，区域性组织无权单方面授权使用武力。[1]

四、自卫

早在《联合国宪章》获得通过之前，各国自卫的权利就在习惯国际法中确立了。《联合国宪章》第 51 条规定："联合国任何会员国受武力攻击时，在联合国安理会采取必要办法以维持国际和平与安全之前，本宪章不得认为禁止行使单独或集体自卫之自然权利。"

---

〔1〕 参见《联合国宪章》第 53 条。

虽然一些国家对自卫权进行了比较狭隘的解释，认为受到实际的武力攻击是行使自卫权的先决条件，但是包括美国在内的许多国家都对第 51 条作了扩张性的解释：自卫的习惯权利（包括预防性自卫，见下文）是一个主权国家的固有权利，而不是根据宪章谈判而产生的。因此，自卫权始终是基于习惯国际法产生的，而不是基于第 51 条的文本产生的。当一个国家在领土完整或政治独立受到了迫切的威胁或武力侵犯时可以行使自卫权，只要这种应对是必要的并与所受威胁是成比例的。[1]

（一）保护国民

任何国家都有保护域外的本国国民的权利。习惯上，如果一国在海外的国民生命处于危险之中，并且东道国不能或无意保护他们，该国有权保护其国民。[2]这项权利是非战斗员撤离行动的法律基础。使用武力保护海外公民的权利也被扩展到适用于东道国积极参与威胁其他国家公民的行动中的情况。

（二）集体自卫

集体自卫是指一个国家在抵御其他民族国家时使用武力。集体自卫不仅要求一个国家满足行使自卫权的所有条件，并且受到威胁的国家还应请求援助。[3]

集体防御条约，例如《北大西洋公约》（该公约成立了北约组织）、《美洲国家间互助条约》《澳新美安全条约》（ANZUS）和其他类似的协定本身并不为在国外运用美国武力提供国际法依据。这些条约只是使缔约国相互间作出在特定条件下行使集体自卫权的承诺，并构建起采取这一措施的框架。例

---

〔1〕 军事和准军事活动案（尼加拉瓜诉美国），第 34 段（"毫无疑问，本程序中提出的使用武力和集体自卫的问题是受习惯国际法和条约规范的问题"）。See also Mark David Maxwell, *Individual Self-Defense and the Rules of Engagement*：*Are the Two Mutually Exclusive?*，41 Mil. l. & l. War rev. 39，41（2002）. *See* UN Charter, art. 2（4）；Myres S. McDougal, *Law and Minimum World Public Order*：*Armed Conflict in Larger Context*，3 UCLA Pac. Basin L. J. 21，26—27（1984）.

〔2〕 见首席大法官 Shimon Agranat 在解救人质案中的意见：16 *Isr. L. Rev.* 142，151（1981 年）："习惯国际法进一步赋予一个国家……进行强行干预以保护其在国外的国民免于对其生命的直接危险的权利。" See *also* Roderick D. Margo, *Legality of the Entebbe Raidin International Law*，94 S. African L. J. 306，319-20（1977）［quoting J. L. Brierly, laW of NatioNs 427-28（1963）］："因为当地政府无力或不愿保护他国无辜国民，为挽救无辜国民的生命而立即采取行动是必要的。因此，派遣一支部队来挽救国民的生命是合法的，以免其受到死亡或严重伤害的威胁。"

〔3〕《联合国宪章》第 51 条；军事和准军事活动案（尼加拉瓜诉美国），第 196 段（"没有任何规则允许在将自己视为武装攻击受害者的国家未提出要求的情况下行使集体自卫权"）。

如，《北大西洋公约》第 5 条规定："对欧洲或北美之一个或数个缔约国之武装攻击被认为是所有缔约国的攻击，因此，它们同意，如果出现这样的武装攻击，它们中每一个都将履行《联合国宪章》第 51 条所承认的单独或集体自卫权，援助受到攻击的一方或多方。"

美国已经与世界上许多国家签订了双边军事互助协定，但它们不是防卫协定。因此，美国没有承诺在特定情形之下为其他缔约国提供防卫。

（三）预防性自卫

预防性自卫被普遍认为是习惯国际法的一部分，其表述最早出现在 1837 年的"卡罗琳案"中，以及随后美国时任国务卿丹尼尔·韦伯斯特与英国时任外交大臣阿什伯顿爵士的通信中。韦伯斯特认为：一个国家不必在遭受实际武装攻击后再采取防卫行动，如果导致使用武力的情况是"紧迫的、压倒性的，没有其他可供选择的手段，也没有时间深思熟虑"，就可以进行预防性自卫。但无论任何形式的自卫，受害国都必须遵循必要原则和比例原则（必要原则和比例原则的具体阐释见本书第二章）。

尽管预防性自卫已经成为国际法中使用武力的合法依据，但其应用仍存在争议。正如上文所言，何种事实构成紧迫的威胁取决于不同国家的特定情况。美国在埃尔多拉多峡谷行动（1986 年对利比亚的打击）和 1998 年对苏丹和阿富汗的某些恐怖分子的导弹袭击中就运用了预防性自卫，以应对对美国公民及利益的实际的暴力行动或者企图。在出版物《美国国家安全战略（2002）》中，美国认为，在恐怖主义时代，人们无法通过可见的准备来获得警报，因此必须采取行动来保卫自己，"即使敌人进攻的时间和地点仍然不确定"。

五、经领土所属国家同意使用武力

国家可以诉诸武力的最后一个依据是领土所属国家的同意。一国可以请求其他国家（或联合国）的协助以应对一场国内武装冲突或其他不能独立应对的安全问题。在一些情形之下也可能有相关的联合国安理会的决议。

六、国内法与武力的使用：战争权力决议案

《美国宪法》在政府的行政部门和立法部门之间划分了战争权。依据第 1

条之规定，宣战权、建立和保障陆军、建立和维持一支海军以及为实施上述任务而制定所需法律的权力归国会所有。为了平衡立法机构的权力，第 2 条把行政权赋予总统，任命其为武装部队总司令。

1973 年，美国国会通过了《战争权力决议案》（WPR）。[1]该法案的宗旨是实现宪法起草者的意图、确保两个部门的联合判断在武装力量的引入和使用中得以运用。总统在如下两个情形中必须尽可能地寻求国会的意见：一是在敌对状态已经迫切地需要武装力量的介入，将武装力量引入这一情势之前；二是自武装力量介入直至武装力量撤离的整个过程。

即使尚未宣战，总统仍然被要求在诱发下列情况的事件发生 48 小时内做出报告，详细说明需要派遣或增加部队的必要情况，所采取的行动所依据的宪法或立法权力，武装力量的介入和敌对行动预计的范围和持续时间。

1. 派遣部队参与实际敌对行动；

2. 派遣携带作战装备的部队进入他国领空或领水（不包括供给、维修或训练任务）；

3. 大量扩大在他国的携带作战装备的部队的数量。在上述情况的持续过程中，总统需要每六个月提供一次报告更新。

总统发布这样一个报告，或者国会要求总统做出这样一个报告后，就会进入一个 60 日的期限。如果在该期限内，国会没有宣战，特别授权部署/战斗行动，或授权延长《战争权力决议案》的时限，总统则应终止相关行动，撤回被部署的部队。如果总统认为局势需要，可以延长部署时间 30 日。

虽然迄今为止，没有总统承认《战争权力决议案》的合宪性，但是总统们已经提交过 130 份与《战争权力决议案》宗旨一致的报告（即使并非按照该法案的流程提交的）。[2]在国防部中，已制定相关程序使参谋长联席会议主席审查所有的可能涉及《战争权力决议案》的部署。参谋长联席会主席的法律顾问被要求在审查兵力部署的提案时，向国防部法律总顾问汇报对适用《战争权力决议案》的分析。如果国防部法律总顾问认为该情形需要跨部门的进一步磋商，他或她将咨询国务院法律顾问和司法部部长，进而根据这些讨论的结果，向总统提供有关《战争权力决议案》咨询和报告要求的建议。

---

〔1〕 公法 93-148，被编纂于《美国法典》第 50 编第 1541~1548 节。

〔2〕《战争权力决议案》：美国国会研究服务处（CRS），RL33532 号报告，2011 年 6 月 24 日。

参考文献

1. Charter of the United Nations with the Statue of the International Court of Justice annexed thereto, 26 June 1945, 59 Stat. 1031, T. S. 993, 3 Bevans 1153, (as amended, 17 December 1963, 16 U. S. T. 1134; T. I. A. S. 5857; 557 U. N. T. S. 143 20 December 1965, 19 U. S. T. 5450; T. I. A. S. 6529 and 20 December 1971, 24 U. S. T. 2225; T. I. A. S. 7739) (entry into force 24 October 1945, for U. S. same date).

2. Letter of Secretary of State Daniel Webster to Special Minister Ashburton, cited in *the Miskolc Journal of International Law*, vol 1 (2004) No. 2. Pp 104-120, http://www. uni-miskolc. hu/~wwdrint/mjil2/20042rouillard1. pdf.

3. War Powers Resolution Act (WPR), Public Law 93-148, 50 U. S. C. § § 1541-1548.

第二章｜武装冲突法

一、背景

本章讨论的是有关战争的一些适用规则和指南，即战争法规。在介绍了武装冲突法[1]的渊源之后，本章分为两部分内容，第一部分论述武装冲突法的一般原则，第二部分讨论空战法。

适用于空战的武装冲突法尚未被编纂成法典。因而空战主要适用武装冲突法的一般原则，为此，读者应当熟悉相关的一般原则。

1923 年在海牙起草的《空战规则草案》试图将适用于空军人员的武装冲突法编纂成法典，此项草案从未被任何国家所采纳。但是后来的国际协定包含了涉及空中行动某些方面的特定内容，例如 1949 年的日内瓦四公约详细规定了关于保护军用医疗飞机的规则。

二、美国对武装冲突法的总体看法

战争罪是指违反武装冲突法所规定的国际法义务的作为或不作为。武装冲突法囊括了所有对国家或国家公民具有约束力的可适用于敌对行动的国际法，包括国际条约、国际协定和习惯国际法。本书将在第三章详细展开讨论战争罪。美国现有的政策表明美国将遵守武装冲突法。遵守武装冲突法在道义上是必要的，并对保持一支纪律严明的军队十分关键。《空军政策条令》51-4 阐述了空军有关武装冲突法的政策："空军将确保其人员理解、遵守，并执行武装冲突法和美国政府根据该法所承担的义务。"它进一步表示："无论冲

---

〔1〕 "战争法""武装冲突法"（LOAC）、"国际人道法"常被认为是同义词。一般倾向于用"武装冲突"一词来指代"战争"，《日内瓦公约》认为武装冲突的范围比战争更广。

突属于何种性质，空军人员将在军事行动和武装冲突的相关行动中遵守武装冲突法。"该政策与国防部适用武装冲突法的政策一致。[1]

三、适用于空军人员的武装冲突法的渊源

适用于空军人员的武装冲突法主要来源于条约法和习惯国际法中的一般性武装冲突规则。

（一）条约法

美国是众多包含适用于空军行动条款的国际协定的缔约方。适用于武装冲突的国际协定可分为两部分：海牙体系和日内瓦体系。

海牙体系主要涉及武装冲突的手段和方法。它包括 1899 年和 1907 年的《海牙公约》。较近的国际协定聚焦具体问题，例如全面禁止化学武器［1993 年《关于禁止发展、生产、储存和使用化学武器及销毁此种武器公约》（以下简称《化学武器公约》）］、禁止和限制一些常规武器［1980 年《禁止或限制使用某些可被认为是具有过分伤害力或滥觞作用的常规武器公约》（以下简称《常规武器公约》）及其议定书］。

日内瓦体系旨在减轻战斗员及平民因武装冲突所遭受的痛苦。它包括：①日内瓦四公约，即《日内瓦第一公约》（关于武装部队伤者病者）、《日内瓦第二公约》（关于海上武装部队伤者病者及遇船难者）、《日内瓦第三公约》（关于战俘待遇）、《日内瓦第四公约》（关于平民保护）；②《日内瓦公约》的三个附加议定书，即《日内瓦公约第一附加议定书》（以下简称《第一附加议定书》）（关于国际性武装冲突受难者的保护）（美国是该附加议定书的签字国，但尚未批准该议定书）、《日内瓦公约第二附加议定书》（以下简称《第二附加议定书》）（关于非国际性武装冲突受难者的保护）（美国是该附加议定书的签字国，但尚未批准该议定书）、《日内瓦公约第三附加议定书》（关于特殊标志的采用）（美国是该附加议定书的缔约国之一，并于 2007 年 3 月 8 日批准了该议定书）。[2]

---

〔1〕《国防部指令》2311.01E（2006 年 5 月 9 日）规定："国防部各部门成员在所有武装冲突和所有其他军事行动期间均应遵守战争法规，无论武装冲突被如何定性。并且，指派给或随行的武装部队的国防部各部门和国防部承包商应遵守并执行美国的战争法义务。"

〔2〕《日内瓦公约》经常被简称为日内瓦第一、二、三、四公约，《附加议定书》则被简称为第一、二、三附加议定书。《日内瓦公约》于 1949 年通过，第一、二附加议定书于 1977 年通过，第三附加议定书于 2005 年通过。完整的引用请见本章的参考文献。

美国签署但尚未批准第一附加议定书及第二附加议定书，因此美国不受该附加议定书中条款及义务的约束，但是有义务"避免采取违背议定书目标和目的的行动"。[1]

自第一和第二附加议定书的起草开始，国际社会便致力于扩大对特定人群的保护，包括给予联合国维和人员的特殊保护（见1994年《联合国安全公约》），以及禁止使用儿童作为战斗员（见2000年《儿童权利公约关于儿童卷入武装冲突问题的任择议定书》）。

美国还对许多国际协定不予批准，其中典型的例子包括日内瓦公约第一、第二附加议定书，1982年《联合国海洋法公约》，禁止人员杀伤性地雷的1977年《渥太华公约》以及2008年关于禁止使用集束炸弹的《奥斯陆公约》。因此，美国的盟国及联盟伙伴在行动中可能会依据不同的有关武装冲突的法律规范。

（二）习惯国际法

所有国家均受习惯国际法的约束。美国最高法院裁定习惯国际法是美国法律的组成部分。[2]

习惯法源自各国的实践以及法律确信。人们可以在国际协定诸如联合国等国际组织的声明、国际刑事法院等国际法庭的司法裁决以及其他的国家行为中发现习惯国际法形成的证据。另外，世界主要法律体系所共有的一般法律实践以及权威法学家的观点亦可以构成习惯国际法的来源。

对于一个国家持续性的实践是否能够构成具有普遍约束力的习惯国际法的标准，各国有着不同的理解。由于美国尚未批准一些重要的条约，那么这些条约中的条款是否已经构成习惯国际法可能成为关键性问题，特别是当美国与已批准了该条约的国家在同盟或者联盟国的框架下共事时。

政策声明或者美国的实践将有助于判断哪些规则已构成习惯国际法。如果存在疑问，空军人员应当咨询军法官。

四、武装冲突法的基本原则

武装冲突法的基本原则包括军事必要原则、避免不必要痛苦原则、区分

---

[1]《维也纳条约法公约》第18条。美国不是《维也纳条约法公约》的缔约国（美国签署了该条约，但随后未批准），但美国认可第18条构成习惯国际法。

[2] The Paquette Habana案，175 U.S. 677（1900年）。

原则、比例原则和骑士原则。

（一）军事必要

军事必要原则可以授权使用完成任务所必需的武力，但未授权被武装冲突法禁止的行为。该原则必须结合其他武装冲突法原则一起适用。[1]

军事必要原则被明确编入《海牙第四公约》附件第 23 条（g）段，禁止交战一方"在战争中毁灭或没收敌人的财产，除非此项毁灭或没收是出于紧迫的战争必要"。通过被编纂入美国缔结[2]或没有缔结[3]的其他条约中，该原则得到了广泛的认可。

"军事必要"并未授权所有的军事行为及毁灭行动。[4]无论在何种情况下，"军事必要"绝不能够授权采取被武装冲突法所特别禁止的行为，譬如谋杀战俘[5]或者绑架人质。[6]

确定是否属于"军事必要"是指挥官及其他决策者的责任。武装冲突法提供的是一般性指导，依赖个人善意的解释与实行。《海牙第四公约》序言规定：

军事必要并未授权采取一切没有被明文禁止的战争行为。编纂战争法不可能也不必要对预期的每一种情况加以特别禁止。因此，

---

〔1〕 陆军部《野战手册》27-10，《陆战法》（1956 年制定，1976 年第一次修订）第 3a 段。早期军事必要原则出现在美国《陆军通令第 100 号》（1863 年）中，通常被称为《利伯守则》。《利伯守则》通常被视为现代武装冲突法的先河。依据《利伯守则》，美国在战争法手册中定义了军事必要原则。如，《指挥官海战法手册》NWP1-14M 第 5.2 段规定："只能运用没有被武装冲突法所禁止的，以最少的时间、生命和物质资源付出使敌人完全或部分屈服所需要的程度和种类的武力。"美国空军的定义是相类似的，见《空军手册》110-31，《国际法—武装冲突和空中行动的实施》（1976 年）第 1-3a（1）段。

〔2〕《海牙第四公约》序言第五段规定："依照各缔约国的意见，上述条款的措词是出于减轻战争祸害的愿望，只要军事需要许可，这些条款旨在成为交战国相互之间以及它们与居民之间关系的一般行为规则。"同样，《海牙第四公约》附件第 23（g）条禁止摧毁和没收敌产，"除非这种摧毁和没收是出于战争之必要"。而《日内瓦第四公约》第 53 条也规定："占领国对个别或集体属于私人、国家、其他公共机构，以及社会或合作组织所有的不动产或个人财产之任何破坏均应禁止，除非这种破坏是出于军事行动的绝对必要。"《日内瓦第四公约》第 147 条规定，如果对敌国财产大规模的破坏与征收无法被证明是出于军事必要，而且是非法和肆意地进行的，则被视为严重违法。

〔3〕《第一附加议定书》第 52 条禁止袭击除军事目标以外的目标。第二段将"军事目标"定义为："其性质、位置、目的或使用对军事行动作出有效的贡献，而且在当时的情形下对其全部或摧毁、俘获或压制带来确定的军事利益的物体。"

〔4〕《海牙第四公约》附件第 22 条规定："交战方采取伤害敌人手段的权力不是没有限制的。"

〔5〕 参见《日内瓦第三公约》第 13 条和第 130 条。

〔6〕 参见《日内瓦第四公约》第 34、147 条和《日内瓦公约》共同第 3 条第 1（b）款。

指挥官和其他决策者必须根据战争法的精神与宗旨作决定。

在有明确禁止处，无论是"军事必要"还是任何其他必要的理由均不能违反该禁止性规定。[1]与明文禁止相比，武装冲突法中大部分法典化的内容表述得非常宽泛，以便囊括尽可能多的情形。指挥官具有相当可观的自由裁量权，他/她被期待善意地运用这项权力。[2]在这样的情况下，指挥官和其他负责筹划、决策以及执行军事行动的人员必须根据他们对在当时能够得到的，来自所有渠道的信息进行的评估作出决定。[3]

（二）不必要痛苦

诸多武装冲突条约警告武装冲突当事方：战争手段及方法的选择与使用上不是没有限制的。[4]这一避免使用具有引起不必要痛苦，也称过分伤害性质的武器、投射物或者物质原则被编入《海牙第四公约》附件第23条，特别禁止使用"足以引起不必要痛苦的武器、投射物或物质……"和"毁灭或没收敌人的财产，除非这样的毁灭或没收是出于紧迫的战争需要"。

《第一附加议定书》第35条第2段规定："禁止使用属于引起过分伤害或者不必要痛苦的性质的武器、投射物、物质以及战争方法。"不必要痛苦和过分伤害被视为是同义的，都指对象受到的破坏和人员受到的伤害。在确定一种战争手段及方法是否会造成不必要痛苦时，应运用平衡检验的方法来评估为了实现军事目标根据军事必要原则而合法地使用武力和可能被认为对于达成声称的或预期的目标过分的伤害与损害。不必要痛苦是一种客观评估而非主观感受，即这种衡量并不是根据受到这种方法影响的受难者的感受，而是根据某种特定武器的设计及使用。

---

　　[1] 比如《海牙第四公约》附录第23条（d）中包含的拒绝投降；《日内瓦第一公约》第44条和《第一附加议定书》第38条禁止的滥用红十字和红新月会的特殊标志；《日内瓦第三公约》第17条和第13条分别禁止的酷刑或谋杀战俘。

　　[2] 例如，《第一附加议定书》第52条包括的"军事目标"指的是"只限于由于其性质、位置、目的或用途对军事行动有实际贡献，而且在当时情况下其全部或部分毁坏、缴获或失去效用提供明确的军事利益的物体"。该定义授权军事指挥官根据当时环境下判定军事必要。

　　[3] 该标准指的是"兰杜利克规则"（Rendulic rule），其背景请见 United States v. List，XI IMT（1948），1296. 兰杜利克规则符合美国国内法，见 Tennessee v. Garner，490 U. S. 386（1989），388，396~397. 这一标准也被用于欧洲人权法院的相关案件的判决中：Case of McCann and Others v. the United Kingdom，17/1994/464/545（1995年9月27日），54，第200段。

　　[4] 参见《海牙第四公约》附件第22条和《第一附加议定书》第35条第1段。

　　武器造成战斗员的伤害或者死亡并不意味着该武器造成了不必要痛苦。军事必要承认军事行动中武器的使用可能导致战斗员的伤亡和对军事目标直接性或附带性的毁坏。根据武装冲突法的规定，如果使用合法的方法和手段，战斗员在战斗中杀死或打伤敌方战斗员的行为是合法的。禁止不必要痛苦并未限制为了征服或者毁灭某一敌对军事力量而对其实施压倒性的火力打击。

　　然而，由于被认为导致不必要痛苦或政治原因，特定的战争方法已经被禁止在战场上使用。这些方法包括：投毒、[1]化学武器、[2]生物（或者细菌）武器、[3]含有不能被 X 射线检测到的碎片的弹药[4]以及可以致盲的激光武器。[5]

　　武装冲突法禁止出于增加或造成超出"军事必要"的不必要痛苦的目的而设计、改进和使用武器。对某项武器的合法性进行必要的平衡检验时，不能孤立地衡量其效果。评估每件武器时，都应考虑当代使用的可以相对比的武器、它们对战斗员的影响以及被评估武器的军事必要性。这一决定应当在国家的层面，在研发和采办的过程中作出，这样指挥官就能知道下发给他们在战场上使用的武器、武器系统和弹药不违反禁止不必要痛苦原则，就是说，那些武器和弹药对于要达到的目的来说是合法的。[6]

　　禁止造成不必要痛苦的战争手段及方法也禁止对丧失战斗力的（即不再参与战斗）战斗员的蓄意攻击、对民用物体的非法摧毁以及对未直接参与敌对行动的平民的非法伤害。

---

　　[1]　《海牙第四公约》附件第 23（a）条禁止。这一禁止出现得更早，可在《利伯守则》第 16 条中找到。

　　[2]　日内瓦议定书禁止在战争中首先使用。《化学武器公约》禁止拥有、研究、发展、制造、取得、存储、运输或使用化学武器。

　　[3]　日内瓦议定书禁止在战争中首先使用。美国于 1969 年 11 月 25 日单方面宣布放弃使用生物武器。《禁止发展生产、储存细菌（生物）及毒素武器和销毁此种武器公约》（以下简称《生物武器公约》）禁止除出于预防目的地研究、发展、制造、取得、存储、运输或使用生物武器。

　　[4]　《常规武器公约》第一议定书。

　　[5]　参与其谈判的国家并没有得出致盲激光武器造成不必要痛苦的结论，但决定出于政策的原因禁止它们的使用。有关的历史记录，请见陆军军法署长办公室的《法律备忘录》：《关于激光致盲武器的议定书》的准备工作和法律分析（1996 年 12 月 20 日）。

　　[6]　《国防部指令》5000.1E（2002 年 10 月 30 日）第 1.1.15 段规定，国防部武器和武器系统的采购应与所有适用的国内法和条约以及国际协议、习惯国际法和武装冲突法保持一致。被授权在美国商务部进行此类法律审查的律师应对拟购买的武器或武器系统进行法律审查。

（三）区分

武装冲突法的区分原则，有时也被称为差别对待原则，对于避免不必要痛苦是十分重要的。区分是指冲突各方区分战斗部队与未直接参与敌对行动的平民居民或个人的国际法义务。战斗员仅能针对其他战斗员使用武力。同样，军事力量只能针对军事目标而非民用物体。值得注意的是，区分原则同样要求平民[1]个人承担不参与针对敌方军事力量的敌对行动的义务。由于平民不具有合法的战斗员身份，因此不享有战斗员的豁免权，并且可能因其直接参与敌对行动而丧失被保护的权利。如果一位直接参与战斗行动的平民被俘虏，那么该平民可能因其交战行为受到敌国国内法的裁判。

区分原则在《利伯守则》[2]及之后的战争法手册中得到确认，并在美国支持的两项联合国大会决议中得到肯定。获得一致通过的联合国大会第2444号决议（1968年）声明"禁止对平民发动攻击"，以及"在任何时候都应当对参与敌对行动的人员及平民加以区分，以使后者尽可能地幸免"。[3]

第2444号决议中的措辞"在任何时候"并非旨在设定一种预期，即武装冲突法可以完全保护平民及民用物体免遭战争的涂炭，也并非意味着对未直接参与敌对行动的平民的任何伤害或者对民用物体的任何损害都构成对武装冲突法的违反。

如上所述，该原则承认无论是在进攻还是防御行动中，冲突各方在进行军事行动中需要尊重未参与敌对行动的平民居民、平民个人及民用物体。

冲突中的政府及非国家方责任

参与进攻或防御行动的军事力量，以及保护平民和民用物体的政府都应遵循区分原则。每个政府及其军事力量，以及冲突中的非国家方，均有义务将军队或者其他战斗力量以及军用目标与平民和民用物体加以区分，通过采取诸如疏散处于军事行动附近区域的平民，采取防空预警措施，以及避免采取可能导致平民受到对方部队合法军事行动攻击危险的行动等积极措施保护平

---

[1] 平民包括不属于《日内瓦第三公约》第4（A）条第（1）（2）（3）（6）款规定的战斗员类别的所有人员。

[2] 参见《利伯守则》第20~23条。

[3] 另一份决议是联合国大会第2675号决议（1970年）。

民（或者处于其控制之下的平民）。[1]使用自愿或者非自愿的人体盾牌以保护军事目标或个别军事单位、人员的行为是在根本上违反了区分原则。

在这个方面，区分原则的适用通常被认为有三种方式：

（1）蓄意攻击失去战斗力的战斗员（hors de combat）。退出战斗的战斗员，比如那些还未落入敌手，但由于受伤、疾病、海难或者从受损航空器跳伞逃生以致不能继续作战的人员，受到免受蓄意攻击的保护。当明知受到攻击的战斗员失去战斗力的时候，导致战斗员受伤或死亡的蓄意攻击将构成严重违法。[2]

（2）非法毁坏民用物体。对财产的物理损坏或毁坏在作战中通常是不可避免且合法的。整个武装冲突期间，（除军事医疗设备之外的）军事装备都承担受到合法攻击和毁坏的风险。除出于军事必要而没收或毁坏外，民用物体，包括文化财产，应当受到保护，免受没收或者蓄意攻击。如果被毁坏的民用目标是被明确禁止攻击的，[3]无法用军事必要来证明对民用目标毁坏的合理性，或如果对民用目标的毁坏是肆意的或过度的，那么对民用目标的毁坏就是不必要的毁坏，指挥官可能要为此承担法律责任。[4]

（3）对未直接参与敌对行动的平民的不法伤害。未直接参与敌对行动的平民集体或个体受到免受蓄意攻击的保护。[5]当平民出现在武装冲突的战场或者合法的军事目标附近，或者被用作避免合法目标遭受攻击的盾牌时，他们便有受到军事行动中合法行动附带性伤害的危险。若平民受到蓄意攻击，与"军事必要"相比附带的平民伤亡过度，和/或防御方或攻击方使用平民充当自愿或者非自愿的人体盾牌，就违反了武装冲突法。上述的每一种情形都

----

〔1〕 参见《海牙第四公约》附件第27条、《海牙第四公约》第5条、《日内瓦公约》第28条、《第一附加议定书》第51（7）条。

〔2〕《日内瓦公约》将最严重的战争罪列为对公约的"严重违反"。参见《日内瓦第一公约》第50条、《日内瓦第二公约》第51条、《日内瓦第三公约》第130条、《日内瓦第四公约》第147条。

〔3〕 如《海牙第四公约》附件第25条禁止"袭击和轰炸……未设防的城镇、村庄、民居和建筑物"。《第一附加议定书》第59条包含了相同的禁止规定，并说明了什么是未设防的物体。根据《第一附加议定书》第85（3）（d）条的规定，对未设防的村庄、城镇或城市的攻击是严重违法行为。

〔4〕《海牙第四公约》附件第23（g）条禁止破坏或没收敌人的财产，"除非这种破坏或没收是出于战争必要的迫切要求"。

〔5〕《第一附加议定书》第51条规定，"平民居民本身和平民个人，不应成为攻击的目标""除他们直接参加敌对行动并在直接参加敌对行动时以外"，他们享有保护待遇。

构成了对区分原则的违反。[1]

（四）比例[2]

比例原则的主要目的在于权衡军事行动预期的收益与对平民所造成的合理预期后果。[3]它可以被视为平衡"军事必要"与"不必要痛苦"原则的支点。决策者可以在国家、战略、战役或战术层面适用比例原则。

在进攻或防御行动中，指挥官应考虑比例原则，以确定其行动是否会造成附带性平民伤亡、民用物体的损毁或者两者兼有的损失与那些行动预期的具体和直接的军事利益相比是否过度。[4]

预期的军事利益指的是对行动从整体上考虑预期的利益，而不仅仅指其中某个孤立的或特殊的部分。[5]一般来说，"军事利益"并非局限于战术收益，而是与完整的战争战略相联系。[6]

比例原则并未建立一个单独的标准，而是作为判断一个国家、军事指挥官或其他负责筹划、决定或执行军事行动的人是否不顾平民的安全而肆意妄为的手段。[7]指挥官不仅要考虑到由其计划发动的攻击对敌方平民可能的或

---

〔1〕 根据《日内瓦公约》第147条和《第一附加议定书》第85（3）条的规定，蓄意攻击平民是严重违法行为。后者规定，只有当一名指挥官"明知攻击将造成过分的平民生命损失、平民伤害或民用物体损害，却发动使平民居民或民用物体受影响的不分皂白的攻击"，才构成严重违法。同样，《第一附加议定书》第85（3）（c）条规定"明知攻击将造成过分的平民生命损失、平民伤害或民用物体损害，却发动对含有危险力量的工程或装置的攻击"，是严重的违法行为。

〔2〕 诉诸战争权下的自卫中的比例原则的概念不应与战时法下的比例原则相混淆，后者旨在尽可能减少军事行动中的附带损害。

〔3〕 战争法常被视为为敌方平民提供保护，这些保护同样适用于盟国的平民。参见《日内瓦第四公约》第4条、第27条；《第一附加议定书》第51条。例如，参见包括在《国会记录》（第121卷）第14部分（1975年）第17551~17558页中的《美国在越南共和国军事行动的交战规则》。如果军事行动在中立国家的领土上进行，也对中立国的平民提供同样的保护。例如，参见包括在《国会记录》（第121卷）第14部分（1975年）第17555页中的《美国在越南战争期间在老挝和柬埔寨军事行动的交战规则》。

〔4〕 参见《野战条令》27-10，第41段，修订1。

〔5〕 参见《第一附加议定书》第51条第5（b）段和57条第2a段；奥地利、比利时、加拿大、意大利和荷兰在批准时的声明，以及英国在签署时的声明。军事指挥员和其他负责筹划、决定或实施行动的人员需要基于他们对当时来自所有可以获得的渠道的信息进行的评估作出决定。

〔6〕 国防部：《对国会的最终报告：海湾战争的实施》（1992年4月），第613页。

〔7〕 因此在将比例原则编纂入法典时，《第一附加议定书》将"明知影响平民和民用目标的不分青红皂白的攻击将造成过度的平民伤亡或民用目标的损失，却发动这样攻击的行为……"[第85条第3款（b）]或"明知对含有危险力量的工程或设施的攻击将造成过度的平民伤亡或民用目标的损失，却发动这样攻击的行为……"[第85条第3款（c）]视为严重违法。这些条款与《日内瓦公约》第147条相似，该条规定，非法和肆意地进行并导致财产广泛破坏却无法用军事必要证明其合理性的行为是严重违约行为。

可合理预期的不利影响，而且要考虑到其部队驻扎于人口密集地区，供应点的位置或防御阵地的配置等因素可能造成的影响。因此，比例原则所要求的平衡是参与进攻和防御行动的指挥官的共同责任。

比例原则并不禁止出于军事必要的毁坏，特别是它不禁止为了征服或摧毁对方军事力量所施加的压倒性火力打击。它也不禁止合法的军事行动对平民造成的附带损害。本书所提及的"比例原则"认可战争中对没有直接参与敌对行动的平民或民用目标造成的不幸是不可避免的，但须是合法的、附带的或并行的损害，特别是当他们与军事力量或目标混在一起的时候。

尽管《第一附加议定书》对美国没有约束力，其在第57条涉及比例原则，称为"攻击中的预防措施"，规定："避免决定发动任何预计可能导致与预期的具体、直接的军事利益相比过度的附带平民伤亡、民用物体受损或两者兼而有之的攻击。"攻击中的比例原则是一种内在的主观性判断，并要根据个案具体情况具体分析。

最终判断某一特定攻击是否符合比例原则完全是空军指挥官的责任。依据不同情况，负责的指挥官可以是上自联合部队航空部队下至单个架次或航空器的指挥员中的任何指挥员，并且此项职能不得由他人代为行使。目标瞄准员、武器操作员、空中作战计划者以及军法官应当提供合理的建议，然而，最终决定权仍属于负责的指挥官。如果指挥官能够以合理的方式清晰地阐明该目标的军事意义是什么，以及为什么将要获得的军事利益超过了预期的、附带平民伤亡和损失，那么通常可以认为其达到了一名"理性的军事指挥官"的标准。

（五）骑士原则

骑士原则长期以来一直是武装冲突法的基本原则。一些明确的禁令就是建立在骑士原则之上的。

骑士原则要求在进攻和防御中保持一定的公平性，以及在敌对双方之间保持一定程度的相互尊重和信任。它谴责并禁止一切违背诚信的不光彩的手段、计策或行为。[1]此类不诚信的行为就是为人所熟知的"背信弃义"。

背信弃义包括以合法保护为掩护的敌对行为。背信弃义的一个例子就是

---

〔1〕　美国战争部《陆战规则》（1914年）第9段和美国战争部《战地手册》27-10、《陆战规则》（1940年）第4c段。

使用白旗或休战旗引诱敌方陷入遭受攻击的境地。[1]背信弃义的行为还包括假扮平民，假装受伤而无能力，或者假装享有被保护地位。

骑士原则并不禁止合法的行为，诸如在军事行动中的计策和出其不意。

五、空战法

空战法是在独特的空域适用的武装冲突法中的一般原则。本部分主要研究军用航空器和机组、空战手段和方法以及非攻击措施。

（一）军用航空器

1. 军用航空器的定性。最早对认定航空器是否为军用的尝试是以飞行器指挥官的性质为标准。[2]如果指挥员是在军中服役的穿军装的成员，并且机上载有军用性质的证明，那么此航空器就被认为是军用的。第一次世界大战之后，人们试图依据设计来区分民用和军用航空器。然而，根据设计区分航空器所面临的困难导致有一段时间里"使用"成为划分航空器种类的主要依据。[3]

1923年，海牙法学家委员会起草了《空战规则草案》。虽然这些规则未被任何国家所采纳，但是空军的实践经常遵循其中的一些规则。

军用航空器必须标有表明其国籍及军用性质的外在标识，[4]受一名现役军官或军人的指挥，机组成员亦为军事人员。[5]但国家实践并未要求机组成员仅能由军事人员构成。

判断军事属性最具说服力的因素是航空器是否有国家军用标志及其外形。其他美国政府出版物亦将军用航空器定义为："由一国武装部队现役单位操控，标有该国军事标志，由该国武装部队的成员指挥，其机组成员遵守常规军队纪律的所有航空器以及无人驾驶飞行器。"[6]《英国国防部武装冲突法手

---

〔1〕《海牙第四公约》附录第23（f）条，《第一附加议定书》第37条a段，《利伯守则》第114、117条都禁止滥用或拒绝承认休战旗。

〔2〕 Nicolas Mateesco Matte, treatise oN air-aeroNautical laW 80, 95 (1981).

〔3〕 See fraNk fedele, *Overflight by Military Aircraft in Time of Peace*, IX air force JaG laW revieW 8, 13 (September/October 1967).

〔4〕 1923年《空战规则草案》第二部分第3条采用了该观点。

〔5〕 鉴于《日内瓦第三公约》第4条（A）（4）允许考虑承认军用机组成员中的平民，因此，1923年《空战规则草案》第二部分第14条规定，全部机组人员只能是军人的要求不能被认为反映了国际法。

〔6〕 参见《海战出版物》（NWP）（1-14M），第2.4段。

册》对军用航空器有着类似的定义。[1]其定义严格参照了《联合国海洋法公约》对"军舰"的定义。另外，美国《国防部指令》4540.1 对"军用航空器"的定义包括"有人驾驶及无人驾驶的航空器、远程遥控飞行器以及巡航导弹"。[2]

2. 军用航空器上的国家及军用标识。自从 1910 年以来，军用航空器标识的相关规则一直没有什么变化。1910 年的巴黎会议制定了一些值得注意的条款，其中包括要求每一架军用航空器上都必须标有其所属国的主权标志作为其国籍区分标志。

作为《芝加哥公约》前身的 1919 年《巴黎公约》同样要求包括军用航空器在内的所有进行国际航空的航空器都必须具有国籍及登记标志。[3]1919 年《巴黎公约》明确限制航空器只能在一国登记，[4]并进一步规定该航空器必须完全属于所登记国的国民所有。[5]国家实践一直遵循航空器只许带有一个国家的标志这一规定。但是一些航空器属于并代表诸如北约组织、联合国等政府间国际组织，并以诸如北约组织、联合国等政府间国际组织的名义运作，这样的航空器在标记登记国国旗的同时会悬挂该组织的标志。

正如战斗员被要求佩戴区分符号或标志，军用航空器外部必须标有适当的、表明其国籍及军用性质的区分性标志。然而，没有标记也有可能满足区分军用航空器与民用物体的要求，例如某种特定类型的航空器仅由某特定国家的军队操控。尽管如此，区分性标志仍有助于区分敌友，并降低错误识别中立或民用航空器的风险。所以，在战斗过程中，军用航空器不得使用敌方或中立国的标志。

没有军用标志的航空器也可能用于军事目的。例如，一架民用航空器被包租用于运送部队或补给。根据武装冲突法，这样一个航空器可以是有效的军事目标。然而，除非这样一个航空器直接参与敌对行动，否则并没有要求

---

〔1〕　参见 2004 年《英国国防部武装冲突法手册》，第 12.10 节。

〔2〕　《国防部指示》4540.1，"美国军用航空器使用空域和在公海上开火"，第 3 段（2007 年 3 月 28 日）。

〔3〕　参见《空中航行管理公约》，1919 年 10 月 13 日（已失效，通常被称为 1919 年《巴黎公约》），11 L. N. T. S. 173，第 10 条。

〔4〕　参见 1919 年《巴黎公约》第 8 条。

〔5〕　参见 1919 年《巴黎公约》第 7 条。

其必须被标记为一架军用航空器。[1]

军用航空器同军舰一样，享有主权豁免权。[2]

3. 国家航空器及民用航空器。作为航空领域最重要的国际协定，《国际民用航空公约》（即《芝加哥公约》）确定了两种不同的航空器类型：民用航空器及国家航空器。[3]

国家航空器被定义为"用于军事、海关及警察部门的航空器"。[4]用于海关或警察部门或其他非军事行动的国家航空器不同于军用航空器。因此，其所使用的标志应区分于军用航空器的标志。

如若一架民用航空器成为军事目标，则有可能遭受攻击。

根据 1949 年《日内瓦公约》的规定，专门担负特定医疗功能的军用航空器适用不同的法律制度。[5]

4.《芝加哥公约》不适用于军用航空器。国际法要求国家航空器在进入其他主权国家领空，或在其领土上降落之前必须取得该主权国的同意。此外，《芝加哥公约》缔约国应对其国家航空器进行管理，以确保缔约国对国家航空器达到了"对民用航空器航行安全应有的注意"。[6]《芝加哥公约》的其余条款以及国际民用航空组织依据公约所建立的标准、惯例及程序均不适用于军用航空器，特别是《芝加哥公约》第 3 条的规定：

（1）本公约仅适用于民用航空器，不适用于国家航空器。

（2）军队、海关及警察部门所使用的航空器，应被认为是国家航空器。

---

〔1〕 参见 1923 年《空战规则草案》第二部分第 13 条。

〔2〕 航空器和船一样有其注册国的国籍，虽然美国的军用航空器没有"进行注册"。所有在《芝加哥公约》缔约国注册的航空器都被要求标有其各自国籍的标志和标识。参见 1944 年 12 月 7 日《国际民用航空公约》第 17 条和 20 条，61 Stat. 1180, 1185, 15 U. N. T. S. 295, 308。1919 年《巴黎公约》要求所有航空器，无论国有的还是民用的，都应拥有其注册国的国籍（1919 年《巴黎公约》第 6 条）。国家航空器也要标示其国籍。航空器的国籍归属反映了航空器所标示"国旗"的国家和航空器之间的法律关系。因此，当航空器在国旗国之外活动时，国旗国为该航空器的国际友善行为负责。通常，国旗国对其航空器拥有司法管辖权，当航空器在国际空域或他国家空气空间内时国旗国有权代表其航空器主张特权和豁免，而且国旗国对操作航空器的人也有司法管辖权。参见 FEDELE，第 13～14 页。

〔3〕 参见《芝加哥公约》第 3 条。

〔4〕 参见《芝加哥公约》第 3（b）条。

〔5〕 参见《日内瓦第一公约》第 36 条、《日内瓦第二公约》第 39～40 条、《日内瓦第三公约》第 22 条，同见《第一附加议定书》第 24～31 条。

〔6〕 参见《芝加哥公约》第 3（d）条。

（3）未经特别协定或其他方式的许可并遵照其中的规定，一缔约国的国家航空器不得飞越另一国家领土或在其领土上降落。

（4）缔约国承诺在发布其国家航空器的相关规章时，对民用航空器的航行安全予以应有的注意。[1]

美国政府就其有关《芝加哥公约》第3条对军用及其他国家航空器影响的立场发表了一份详尽的声明。[2]其核心内容在于，美国国家航空器在飞行时将对民用航空器的航行安全予以适当顾及。

（二）军事机组

1. 战斗员地位。军事机组成员是战斗员，并且有权参与敌对行动。此外，虽然平民无权参与敌对行动，但在军用航空器上的平民机组成员有权享有战俘地位。[3]平民不享有交战权。如果平民直接参与敌对行动，一旦被俘，就不能受到免于被敌国国内法起诉的保护。军事机组成员应承担直接或积极参与国际武装冲突中的敌对行动所需的任何角色或任务。军用航空器上的军事机组成员和平民机组成员一旦被敌人俘虏，均享有战俘地位。[4]

2. 军服。对地面上的军事机组成员的要求与其他战斗员一致，即在相同的情况下以同样的方式与平民相区分。[5]穿着不同的飞行服及佩戴武装部队的识别标志或记号就满足这一要求。

3. 被击落的机组成员。当航空器损毁，机组成员跳伞逃生时，在他们降落过程中不应受到攻击。[6]而从航空器上跳下的伞兵不受这一保护。尽管人们承认一名伞兵在下降的过程中可能怀有投降的意图，然而在实践中，很难想象这种意图如何有效地传达给地面上的敌人。在下降过程中，被击落的机组成员被视为已经失去战斗力。但是，若从失事航空器跳伞逃生的人员，在下降过程中参与敌对行动（例如，用武器向敌军开火）或企图逃跑，那么将失去此项保护，并可能遭受攻击。

---

〔1〕　参见《芝加哥公约》第3条。

〔2〕　国务院电报CA-8085，1964年2月13日，引自美国国际航空跨机构小组文件88/1/1C，MS，国务院，美国POL31号文件，在《怀特曼文摘》第9期被重新印刷，430~431页。

〔3〕　参见《日内瓦第三公约》第4A（4）条，该定义不应扩展到用军用航空器撤离的难民，通常他们将保持其被保护的平民地位。

〔4〕　参见《日内瓦第三公约》第4A（1）~（4）条。

〔5〕　参见1923年《空战规则草案》第二部分第15条。同见《第一附加议定书》第44（3）条。

〔6〕　参见《野战条令》27-10，第30段。同见1923年《空战规则草案》第二部分第20条。

被击落的机组成员一旦降落地面，可能会立即被俘并保持战斗员地位。在降落到对方控制的领土上时，他们在成为攻击目标之前，应当有机会投降。如果他们参与敌对行动、拒捕、躲藏或逃跑，或者居于己方防线之后，便可能遭受攻击。他们的战俘地位及由此而生的一系列保护将从其投降或被俘时开始。[1]

没有专门的法律禁止被击落的机组成员试图在敌境内逃避抓捕时，穿着平民的衣服或敌方的制服。然而，如果被击落的机组成员穿着平民的衣服参与敌对行动，则可能违反禁止背信弃义原则。此外，当他们未着军装搜集情报，或给人以为此类行为的表象时，如若被捕，则将承担依敌方国内法之规定被视为间谍的风险。被捕时，没有穿着军装或佩戴其他表明战斗员地位的特殊符号，本身并不必然剥夺被击落机组成员获得战俘地位的权利，但是增加了该地位被否定的可能性。

由于导航失误、战斗损伤、机械故障或其他紧急情况迫降于中立国领土内的军事机组成员，可能在冲突期间受到中立国的拘留。[2]

（三）战争手段与方法

1. 对地面军事目标的攻击。武装冲突法的一般原则适用于针对地面军事目标的空中打击。然而，该法中没有多少规则是专门针对这种类型攻击的。这一领域的大多数讨论主要围绕于一般性原则对特定技术的适用。鉴于空中武器的独特能力，在对地面军事目标的空中打击中，武装冲突法一般原则的实际运用问题值得进一步探讨。

空中力量的可及范围以及无所不在的特性使其可以深入对方领土内打击军事目标，它们可能位于或靠近平民人口中心。技术进步极大地提高了空投武器打击的精度，从而较之早年的空中武器而言，降低了造成附带损害的风险。另一方面，此种进步在某种程度上产生了空中打击力量无差错的假象，以及对其减少附带损害能力的不切实际的期待。因此，对地面军事目标的空中攻击适用与其他战争手段与方法相同的法律标准，而非更高的标准。

---

〔1〕 "本公约的适用……自其落于敌方权力下之时起至最后被释放或遭遣返时为止。" See leslie c. GreeN, *Aerial Considerations in the Law of Armed Conflict*, in ESSAYS ON THE MODERN LAW OF WAR 577, 579（1999）.

〔2〕 参见《海牙第五公约》第 11 条。

禁止对不设防的城镇、村庄、住宅或建筑物进行空中轰炸。[1]在这个意义上，不设防的城市仅指那些紧邻地面作战行动的地区，且地面推进部队无需使用武力即可取得或占领城市。此项禁止并不阻止对位于平民人口中心的地面军事目标进行的合法攻击。此项禁止仅仅反映了对平民及民用物体所提供的一般意义上的保护。该禁止性规定必须置于早先讨论过的军事必要、避免不必要痛苦、区分、比例及骑士精神等核心原则的语境下加以解读。

对地面军事目标进行攻击所用的空中武器多种多样，打击的精确度也各不相同。武装冲突法并不要求依据相关的精确度来选择使用特定的武器类型，也不要求使用精确制导的弹药，而是取决于某一特定打击行动的环境，使用非精确制导的弹药同样可能是合法的。特定攻击中的武器选择受到武装冲突法一般原则的约束。

对地面军事目标的空中打击可以划分为两大类：对已识别目标进行有预先计划的攻击，以及针对新出现目标的即时攻击。在有预先计划的攻击中，确保符合武装冲突法的攻击获得成功的大部分努力是在攻击开始之前做的。特定军事目标的识别以及对军事利益和附带损害程度的比较评估由多人在计划过程中集体作出。实际实施攻击的机组成员或操作人员可能并不了解那些已经被考虑的相关因素和进行的评估。在没有明确的、相反的信息的情况下，飞行员有权依赖提供给他们的信息来识别一个目标为军事目标，以及评估相关军事利益与附带损害风险。

而对即时出现目标的打击，识别目标和评估军事利益与附带损害风险的责任更多地落在了实施攻击的机组成员或指挥、控制该攻击行动的人员的身上。从武装冲突法的角度来看，确保实施攻击的机组成员、指挥特定攻击行动的人员单独或共同准确地进行目标识别和对相对军事利益与任何附带损害程度进行评估是十分重要的。

2. 敌方地面部队投降。对于空中作战平台而言，辨别敌方战斗员是否投降或已失去战斗力是一项特殊的挑战。机组成员或航空器操作人员很难判断一名敌方战斗员是否死亡、受伤或仅仅是伪装。当明知被攻击的人员失去战

---

　　[1]《海牙第四公约》第25条规定："对不设防城镇、村庄、住所或建筑物的任何形式的攻击或轰炸都是被禁止的。"谈判记录显示"任何形式"是特意插入以规范空中轰炸的。

斗力时，故意对其攻击造成伤亡就构成严重违法。[1]然而，如果攻击者仅仅是怀疑被攻击人员失去战斗力或者意识到这种可能性时，则攻击不违法。尚无一种国际公认的手段使投降者向空中攻击者表明其意图，并且接受投降本身便存在诸多实际的困难。[2]

3. 对空中目标的攻击。虽然武装冲突法的一般原则适用于对空中目标的打击，但仅有少量的法规专门适用于空对空作战。

现代空战中对空中目标的打击可能在攻击者的可视范围之外发起。因而可能采用电子或其他手段来识别一个目标是否为军事目标。例如，作为机载雷达捕获目标的起点机场，结合其航向与速度便可获得足够的信息，以充分确定哪个是敌方的军用航空器。用以确定一空中目标是否为军事目标的判断标准可以在交战规则中予以规定。指挥官可以设定这些标准，以确保在攻击空中目标之前达到所需的确信程度。武装冲突法并未确定在决定某一飞行中的航空器是否为军事目标之前必须存在多大程度的确信或概率。

为了降低攻击敌方并未用于军事目的航空器的风险，所采取的其他措施包括宣告禁飞区或防空识别区。公开宣布将置民用航空器于危险的飞行区域，意味着交战国向民航机组发出了警告。若航空器对这样的警告置之不理，则将面临被攻击的危险。

4. 敌方航空器投降。飞行中的敌方航空器投降在技术上是可能的，但通常不现实。正在攻击的飞行员很难得知对手何时已经投降。同样，正在进攻的飞行员难以迫使对手投降。如果在环境允许的情况下，投降是真诚的，那么投降应当被尊重与接受。摇摆航空器的机翼、放下起落架及其他信号（诸如闪烁航行灯）有时均被视为投降的意思，但它们不能被视为投降的决定性证据。[3]此外，当进行超视距空战时，这样的意思表示是无用的。因此，只有使用合适的无线电通信及时地传达给敌方（最好是使用国际民航组织的遇

---

〔1〕　参见《日内瓦第一公约》第50条，《日内瓦第二公约》第51条。

〔2〕　在"伊拉克自由"行动中，美国从空中散发传单告诉伊拉克军队如何表明投降，如将车辆呈正方形停放、武器朝里、士兵在与车辆保持安全距离的地方公开集结。

〔3〕　相关例证引自"不列颠之战"中皇家空军飞行员通过伴飞和指向地面邀请德国飞行员投降。这种简单的信息至少有两次似乎达到了预期的效果。See J. M. spaiGht, *The Battle of Britain* 1940, 77.

险呼救频率），才能被认为是有效的投降信息。捕获敌方的机组成员和航空器将比摧毁之获得更大的军事利益。

5. 对民用航空器的攻击。民用航空器〔1〕通常是民用物体，并依据武装冲突法享有一般的保护。然而，根据它的性质、方位、目的或使用情况，民用航空器也可能作为军事目标而受到敌方的攻击。

《芝加哥公约》要求其缔约国不得在和平条件下攻击飞行中的民用航空器。〔2〕但是，法律并没有对民航客机提供特殊保护。对攻击民用航空器的禁止并未限制对军事目标采取符合武装冲突法的攻击，或者禁止必要的自卫行动。尽管一架航空器已经成为军事目标，但只要一个民用航空器上的平民机组成员或乘客未直接参与敌对行动，他们就仍然享有被保护的地位。这可能与衡量军事利益和可预见的附带损害相关。

（四）非攻击性措施：拦截、改变航向、搜查与俘获

仅有少数条约或习惯国际法涉及航空器的拦截、搜查、改变航向或俘获。但是，却存在大量与海上的此类实践相关的法律。一些法律文献主张对空中行动适用相同的原则（当然是在对其做出必要的修正之后）。〔3〕但是，作为一个法律问题，很难通过确认一定数量的国家实践就确保得出拦截、临检、搜查、改变航向和俘获等海上法律实践能够完全适用于空中环境的结论。

将这样的原则完全适用于空中环境也会面临诸多现实难题。临检、搜查及俘获制度在海上是可行的，尤其是可以拦停一艘船或登船。然而在空中环境下，任何使用武力迫使航空器服从指令或警告的行为，都有可能摧毁航空器或杀死机上人员。部分条约条款规定了民用航空器的义务，却没有限制交战双方进行空战的方式。

1. 拦截。在武装冲突过程中，一方可以选择仅仅拦截一架航空器，而非攻击它。拦截措施可以多种方式进行，包括逼近至航空器的可视范围内，或

---

〔1〕 这里的民用航空器一词援引的是《芝加哥公约》中的定义。

〔2〕 依据民航法，飞行中的民用航空器应受到保护。《芝加哥公约》第 3bis 条规定如下："各缔约国承认，各国必须避免对飞行中的民用航空器使用武器，如果进行拦截，必须不得危及航空器上人员的生命和航空器的安全。本条款不应被解释为以任何方式修改《联合国宪章》所规定的各国的权利的义务。"

〔3〕《圣雷莫海战法手册》试图说明在缺乏国家实践的情况下，国际法事实上将许多海上实践转换到空中环境中去。一些国家的军事法律手册十分倚重《圣雷莫海战法手册》，将其作为海上实践方面的法律应用到航空器上的权威依据。2004 年《英国国防部武装冲突法手册》第 12.74~12.103 段。

使目标航空器处于武器系统的有效射程内。采取拦截措施的目的可能是警告一架民用航空器不要进入一个正在交战的区域，帮助识别不明航空器，迫使航空器改变航向并降落在某一特定机场，或者进入以便攻击航空器的方位。拦截是一种可以被用来帮助履行采取合理的措施区分军事目标与民用物体和保护平民居民之义务的方法。一架不服从军方指令的民用航空器可能成为军事目标，并遭到攻击。

依据国际法的有关规定，军用航空器可以在本国国家空气空间及国际空域自由飞行。[1]除了有限的限制外，[2]军用航空器在武装冲突期间及和平时期均可在国际空域内自由采取拦截措施。尽管军用航空器享有在国际空域的飞行自由，然而从实践来看，依据拦截所采取的方式及行动位置，对航空器的拦截可能被视为一种敌对行动，或至少是对航空安全的一种威胁。

至于民用航空器，国际民用航空法律制度明确规定了发生拦截时民航飞行员所应当遵循的程序。[3]然而，这些有关民用航空器拦截方式的程序规定对国家航空器不具有约束力。[4]但它们确实为民航飞行员提供了必须熟知和理解的程序，以便降低发生事故或误解的风险。

作为一项一般规则，如果拦截一架航空器需要进入另外一个国家的国家空域，那么军用航空器不得拦截。[5]

2. 改变航向与搜查民用航空器。军用舰船及航空器依据海洋法对外国船只所享有的临检与搜查权并不一定完全适用于民用航空器。[6]然而，在武装

---

〔1〕《芝加哥公约》中对民用航空器空中航行的限制并不适用于国家航空器［见《芝加哥公约》第3（a）条］。因此，军用航空器和其他国家航空器可以在国际空域自由航行。在拦截军用航空器的国家的空气空间，军用航空器的航行自由可能会受到国家法律制度的制约。

〔2〕《芝加哥公约》规定，缔约国承诺，在对他们的国家航空器发布规章时，他们将适当顾及民用航空器的安全［《芝加哥公约》第3（d）条］。

〔3〕参见国际民用航空组织《关于民用航空器的拦截的手册》，《国际民用航空组织工作文件》9433-AN/926（第2版，1990年）（依据《芝加哥公约》第12条发行）。

〔4〕《芝加哥公约》及其附属法律制度不适用于国家航空器。

〔5〕《芝加哥公约》第3（c）条规定，没有另外一个国家的同意，国家航空器不得进入该国空气空间。

〔6〕参见《联合国海洋法公约》第110条，对外国船只的临检仅比照适用于军用航空器，《联合国海洋法公约》不包含对民用航空器的临检任何相似的权利。《圣雷莫海战法手册》第五节显然是基于海洋法原则，规定了对民用航空器拦截、临检、搜查、改变航向和俘获的详细规则。虽然《圣雷莫海战法手册》的一些章节准确地说明，国际法中那些有关航空器的规定远远超出了航空法律的发展。

冲突中，军用航空器可以出于搜查或检查之目的使民用航空器改变航向。[1]显然，此项迫使民用航空器改变航向以降落或被搜查的权力，是战争法中国家可以依军事必要性采取任何合法之手段这一原则的反映。在这方面，敌对国家的民用航空器与中立国的航空器没有区分。

武装冲突法没有授权超出军事必要范围的干扰中立国航空器的行为。

民用航空器若不遵守交战国发出的指令，则将面临受攻击的危险。未遵从指令并不会使民用航空器成为军事目标。但是有可能提供证据证明民用航空器实际上被用于军事或敌对目的。

3. 对民用航空器以及物资的捕获。来自敌国的民用航空器可以被交战国捕获并征用。[2]中立国的民用航空器若参与任何违反其中立地位的行动，则同样可以被俘获。

参考文献

1. Hague Convention No. IV, Respecting the Laws and Customs of War on Land and Annex Thereto, 18 October 1907, T. S. 539, 36 Stat. 2227. 2, 2 A. J. I. L. （1908）Supplement 90－117 （entry into force 26 January 1910, for U. S. 27 November 1909）.

2. 1923 Hague Draft Rules of Aerial Warfare, 17 A. J. I. L （1923）Supplement 245－60.

3. Geneva Convention for the Amelioration of the Conditions of the Wounded and Sick in Armed Forces in the Field, adopted 12 August 1949, 6 U. S. T. 3114, 75 U. N. T. S. （1950）31－83 1949 （entry into force 21 October 1950, for U. S. 2 February 1956）.

4. Geneva Convention for the Amelioration of the Conditions of the Wounded, Sick, and Shipwrecked Members of Armed Forces at Sea, adopted 12 August 1949, 6 U. S. T. 3217, 75 U. N. T. S. （1950）85－133 1949 （entry into force 21 October 1956, for U. S. 2 February 1950）.

5. Geneva Convention Relative to Treatment of Prisoners of War, adopted 12 August 1949, 6 U. S. T. 3316, 75 U. N. T. S. （1950）135－285 1949 （entry into force 21 October 1950, for U. S. 2 February 1956）.

---

〔1〕 1923 年《空战规则草案》第二部分第 49 条规定，私人航空器可以被交战方军用航空器临检、搜查和俘获。第 50 条规定，交战国军用航空器有权命令公用非军用航空器和私人航空器在易于通达的合适地点下降以实施临检和搜查。《芝加哥公约》第 3（b）条规定，如果一国有合理根据断定航空器正在被用于与本公约宗旨不相符合的目的，有权下达改变航向并在一个指定机场降落的指令，民用航空器的飞行员应当服从。《圣雷莫海战法手册》规定的详细内容超出了国际法的发展，《圣雷莫海战法手册》第五部分规定，民用航空器应遵守军事航空器发出的这些指令。

〔2〕 参见《海牙第四公约》第 52、53 条。

6. Geneva Convention Relative to the Protection of Civilians in Time of War, adopted 12 August 1949, 6 U. S. T. 3516, 75 U. N. T. S. （1950）287-417 1949（entry into force 21 October 1950, for U. S. 2 February 1956）.

7. Convention for the Protection of Cultural Property in the Event of Armed Conflict, adopted 14 May 1954, 249 U. N. T. S. 240-88（entry into force 7 August 1956; U. S. submitted to Senate 6 January 1999）.

8. Vienna Convention on the Law of Treaties, adopted 23 May 1969, UN Doc A/Conf 39/28, UKTS 58（1980）, 8 ILM 679 1969（entry into force, 27 January 1980; signed by the U. S. 24 April 1970; submitted to Senate 22 November 1971）.

9. Additional Protocol to the Geneva Conventions of 12 August 1949 and Relating to the Protection of Victims of International Armed Conflicts（Protocol I）, adopted 8 June 1977, 1125 U. N. T. S. （1979）3-608, 16 I. L. M. （1977）1391-441（entry into force 7 December 1978, signed by the U. S. 12 December 1977; not submitted to the Senate）.

10. Additional Protocol to the Geneva Conventions of 12 August 1949 and Relating to the Protection of Victims of Non-International Armed Conflicts（Protocol II）adopted 8 June 1977, 1125 U. N. T. S. （1979）609-99, 72 A. J. I. L 457（1978）, 16 I. L. M. （1977）1442-9（entry into force 7 December 1978; signed by the U. S. 12 December 1977; submitted to Senate 29 January 1987）.

11. Additional Protocol to the Geneva Conventions of 12 August 1949, and relating to the Adoption of an Additional Distinctive Emblem（Protocol III）, adopted 8 December 2005（entry into force 14 January 2007, for U. S. 8 September 2007）.

12. Convention on Prohibitions or Restrictions of the Use of Certain Conventional Weapons Which May be Deemed to be Excessively Injurious or to Have Indiscriminate Effects, adopted 10 October 1980, 19 I. L. M. 1523（entry into force 2 December 1983, for U. S. 24 September 1995）.

13. United Nations Convention on the Law of the Sea, opened for signature 10 December 1982, U. N. Doc. A/CONF. 16/22（1982）, 21 I. L. M. 1261（entry into force 16 November 1994; signed by the U. S. 29 July 1994; submitted to Senate 7 October 1994）.

14. Protocol for the Prohibition of the use of Asphyxiating Poisonous or Other Gases, and Warfare, Geneva, 17 June 1925.

15. Convention on the Prohibition of the Development, Production, Stockpiling and Use of Chemical Weapons and on their, adopted 13 January 1993, 32 I. L. M. 800（entry into force 29 April 1997, for U. S. same date）.

16. United Nations Convention on Safety of United Nations and Associated Personnel, opened for signature 9 December 1994, 34 I. L. M. 482（entry into force 15 January 1999; U. S. submitted

to Senate, 3 January 2001).

17. Convention on the Prohibition of the Use, Stockpiling, Production, and Transfer of Anti-personnel Mines and on Their Destruction, date of adoption 18 September 1997, 36 I. L. M. (1997) 1507-19 (entry into force 1 March 1999, U. S. not a party).

18. Convention on Cluster Munitions, date of adoption 30 May 2008 (entry into force 1 August 2010, U. S. not a party).

19. Optional Protocols to the Convention on the Rights of the Child on the Involvement of Children in Armed Conflict and on the Sale of Children, Child Prostitution and Child Pornography, adopted 25 May 2000, United Nations General Assembly A/54/L. 84 (entry into force 12 February 2002 and 18 January 2002 respectively, for U. S. 23 December 2002).

20. United States Constitution.

21. CJCSI 3121. 01B, *Standing Rules of Engagement for U. S. Forces*, 13 June 2005.

22. AFPD 51-4, *Compliance with the Law of Armed Conflict*, 4 August 2011.

23. Naval Warfare Publication, *The Commander's Handbook on the Law of Naval Operations*, NWP 1-14M, July 2007.

24. Department of the Army Field Manual 27-10, *The Law of Land Warfare*, 18 July 1956, incorporating change 1, 15 July 1976.

第三章

战争罪和武装冲突法的实施

一、引言

本章简要地回顾了战争罪的历史，并分析了当前美国的相关立场。首先，有必要指出，当今美国的政策是：美国国防部在各类武装冲突和其他所有军事行动中都将遵守武装冲突法，不论该冲突被如何定性。[1]这是一项自我约束的政策，违反本政策并不构成战争罪。

本章还将讨论战争罪相关法律的最新发展。此外，领域的实践者就该问题向指挥官提供建议之前，应当对美国的条约义务及一般国际法的最新发展有所了解。

二、历史背景

违反武装冲突法应承担个人责任这一现代原则的表述，最早出现于美国内战时期颁布的《利伯守则》。

（一）对二战战犯的起诉

第二次世界大战结束后，同盟国发起了一项计划以惩罚对战争中的暴行负有责任的个人。该计划的核心就是根据《关于控诉和惩处欧洲轴心国主要战犯的伦敦协定》的附件《欧洲国际军事法庭宪章》，设立了纽伦堡国际军事法庭以审判三类不同的犯罪：战争罪、反人类罪以及反和平罪。类似地，远东国际军事法庭也被建立起来。这些军事法庭的创设产生了对 24 名德国高级领导人的联合审判，以及对 28 名日本高级领导人的联合审判。此外，在纽伦堡进行的，对其他德国领导人及组织的 12 项后续审判（其实是针对 177 名被

---

〔1〕 参见《国防部指令》2311.01E，第 4.1 段。

告的 12 项审判）则是由国际权威机构主持，由地方法官组成的陪审团审判。同时，上千件案件在不同国家的国内法院被起诉，其中许多案件都是由英国的军法庭和美国的军事审判委员会完成的。

（二）1949 年《日内瓦公约》

1949 年《日内瓦公约》在涉及审判和惩罚违反战争罪的相关国际规则进行整理编纂方面取得了巨大的进步。第二次世界大战结束以及 1949 年《日内瓦公约》获得通过后，许多武装冲突都以叛乱、内战以及内部武装冲突（现在被称为"非国际性武装冲突"）的形式展开。许多国家认为非国际性武装冲突中的犯罪不属于战争罪的范畴。但在受害者看来，不论冲突是国内的还是国际性的，他们所遭受的痛苦几乎没有什么分别。然而，各国都不太愿意在国内武装冲突中遵守武装冲突法，主要原因是，这可能意味着变相承认叛乱分子的合法性并赋予其战斗员的豁免权。

（三）特设法庭

前南斯拉夫国际刑事法庭（ICTY）。1993 年 2 月 22 日，联合国安理会建立了自从第二次世界大战后纽伦堡审判和远东审判以来的第一个国际战争罪审判法庭。[1] 成立前南斯拉夫国际刑事法庭旨在通过司法程序，恢复巴尔干地区的和平与稳定。根据该刑事法庭的规约，自 1991 年以来，法庭被授权审判在前南斯拉夫地区严重违反国际人道法的罪犯，包括严重违反《日内瓦公约》、违反战争法或习惯、种族灭绝以及反人类罪。根据上级或指挥官责任的理论，《前南国际刑事法庭规约》还确定了个人的指挥官责任。

卢旺达国际刑事法庭（ICTR）。1994 年 11 月 8 日，联合国安理会成立了卢旺达国际刑事法庭。[2] 该刑事法庭规约的主要目标在于通过司法手段重建地区和平与稳定，并通过追究在种族灭绝罪行中应承担的个人责任，以消除过去卢旺达文化中存在的明显有罪不罚的文化观念。此类罪行包括实施种族灭绝、反人类罪以及违反 1949 年《日内瓦公约》共同第 3 条规定。

鉴于下面将要讨论的国际刑事法院的出现，根据联合国宪章第七章所建

---

[1] 联合国安理会第 808 号和第 827 号决议设立了起诉对自 1991 年以来在前南斯拉夫领土内犯下的严重违反国际人道主义法行为负责者的国际法庭，现称为前南斯拉夫问题国际刑事法庭（或前南斯拉夫国际刑事法庭）。

[2] 参见联合国安理会第 955 号决议（《卢旺达国际刑事法庭规约》）。

立的前南斯拉夫国际刑事法庭和卢旺达国际刑事法庭也许是起诉违反国际人道法罪行最后的特设国际法庭。

（四）国际刑事法院（ICC）

自 1998 年 6 月 15 日至 7 月 17 日，联合国大会在意大利的罗马举行了一次外交会议。这次大会通过了一项国际公约，即《国际刑事法院罗马规约》（以下简称《罗马规约》），从而成立了国际刑事法院，该法庭是第一个能够对被指控犯有战争罪和其他违反国际人道法罪行的个人享有管辖权的国际常设法庭。美国撤回了对《罗马规约》的签署。

在历史上，国际法仅仅规范了主权民族国家之间的关系。其影响范围并不涉及个人行为。但这个局面在 20 世纪被扭转，通过国际刑事法院，国际社会可以根据国际法追究行为人的个人责任，并且不论该个体是以个人身份还是以官方身份采取行动。例如，《罗马规约》第 28 条特别规定，军事指挥官或其他上级官员因疏忽而未能恰当地控制其下属部队，则将承担相应的刑事责任。

根据《罗马规约》的规定，国际刑事法院的管辖权被扩展，包括以下罪行：种族灭绝罪、反人类罪、战争罪，2010 年各方就侵略罪的定义达成了共识，但是对于侵略罪的管辖权从 2017 年 1 月 1 日起才确立。[1]国际刑事法院对下列主体享有管辖权：所有缔约国国民、被控在缔约国领土范围内实施犯罪的行为人以及在缔约国注册的船只或航空器上实施犯罪的行为人。[2]国际刑事法院还对那些被指控在其他任何地方犯罪的人享有特别管辖权。[3]

（五）美国对国际刑事法院的反对

尽管美国在早期曾支持成立一个常设的国际法庭，但因为一些原因并未批准《罗马规约》。这些原因包括它需要确保其军事人员免受出于政治动机的起诉。

（六）国际刑事法院对美国的意义

国际刑事法院对发生在缔约国或其他任何一个同意接受该法院特别管辖

---

〔1〕 侵略罪的定义在 2010 年 6 月 11 日国际刑事法院缔约国大会第 13 次全体会议上以协商一致方式在《罗马规约》第 8 条之二中通过，参见 http://www.icc-cpi.int/iccdocs/asp_docs/Resolutions/RC-Res.6-ENG.pdf.

〔2〕 参见《罗马规约》第 12（2）条。

〔3〕 参见《罗马规约》第 12（3）条（非缔约国可以仅对涉嫌的犯罪接受国际刑事法院的管辖权）。

权的国家领土内的所有人和任何事件享有管辖权。缔约国有义务协助国际刑事法院对在其管辖权范围内的犯罪活动进行调查和起诉，包括拘留国际刑事法院寻找的人。[1]非缔约国也会被要求这样做。

三、战争罪的定义与分类

战争罪是一种违反了与武装冲突中行为相关的国际法义务的作为或不作为。然而，并不是每一个违反武装冲突法的行为都会被认定为战争罪而受到处罚。从历史上看，战争罪仅包括那些严重违反武装冲突法的行为，比如严重违反《日内瓦公约》的行为，[2]以及其他一些虽未严重违反《日内瓦公约》，但由于所涉及的行为和所造成的伤亡或损失的严重程度仍被当成战争罪来对待。

（一）纽伦堡类型

《关于控诉和惩处欧洲轴心国主要战犯的伦敦协定》[3]的附件《欧洲国际军事法庭宪章》规定下列罪行属于国际军事法庭的司法管辖之内：

1. 反和平罪：计划、准备、发动、进行侵略战争，或者违反国际条约、协定的战争，或参与共同计划或阴谋以实现上述任何战争。

2. 战争罪：违反战争法规或习惯，包括但不限于在占领区对平民的谋杀、虐待，或为了让奴隶劳动以其他的目的放逐；谋杀或者虐待战俘或者海上受难者、杀害人质、掠夺公私财物、肆意破坏城市、乡镇或村庄或者不能用军事必要证明合理的毁坏行为。

3. 反人类罪：在战争之前或战争过程中，对任何平民人口实施的谋杀、灭绝、奴役、驱逐和其他不人道行为，或与法庭管辖罪行相关的以政治、种族或宗教为原因的迫害行为，无论是否违反一国的国内法。[4]

---

〔1〕　参见第86条（缔约国的一般合作义务）、第87条（缔约国对于国际刑事法院的合作请求）、第89条（成员国向国际刑事法院交出人员）、第90条（国际刑事法院与其他国家的相互冲突的请求）、第93条（缔约国的其他合作形式）。

〔2〕　"严重违反"是《日内瓦公约》特别规定的一系列严重违反国际法的罪行。见《日内瓦第一公约》第50条、《日内瓦第二公约》第51条、《日内瓦第三公约》第130条、《日内瓦第四公约》第147条。

〔3〕　82 U. N. T. S. 280（1945年8月8日生效）。

〔4〕　参见《欧洲国际军事法庭宪章》第6条，亦见《奥本海姆》第257页。

（二）对战争法的严重违反与轻微违反

1949年《日内瓦公约》对极其严重的犯罪行为进行了法典化编纂，从而产生了严重违反的犯罪行为和违反其他战争习惯或者规则的行为之间的区分。要构成严重违反行为，首先必须要有国际性武装冲突的存在，即1949年《日内瓦公约》共同第2条必须适用。而且，受害者必须是其中一个公约的被保护者。

1. 严重违反。此类罪行是可以适用普遍管辖权的严重罪行。普遍管辖权授权任何国家对任何罪犯实施管辖，不论该罪犯的国籍或犯罪行为地。这样的例子包括：故意杀害，折磨或者以非人道的方式对待（包括生物实验），故意对身体或健康造成巨大的苦楚或严重的损害；扣押人质，并非出于军事必要的非法和任意地大规模破坏或侵占财产，强迫战俘或者其他在战争中受保护的人在敌对势力的武装部队中服役，随意剥夺战俘或其他受保护的人得到公正和正规审判的权利。[1]

2. 一般违反。一般违反是指未达到战争罪门槛的其他违反武装冲突法的行为。即便如此，一些一般违反超出了武装冲突法的法律层面，仍可以被视为战争罪并按照战争罪惩罚。由条约所确立的罪行和违反习惯国际法的罪行之间的区别在于：条约只对缔约国有约束力，而习惯国际法则具有普遍约束力，任何国家都不能置身事外。一般违反的例子包括：使用被禁止的武器或弹药，诈降，虐待尸体，对不设防且没有军事意义的地区开火，背信弃义，对井或者是溪流下毒，掠夺或无目的破坏，强迫战俘从事被禁止的劳动，未经审判即处决间谍或者其他从事敌对行为的人，强迫平民从事被禁止的劳动，违反投降条款。[2]

3. 1949年日内瓦四公约共同第3条。1949年日内瓦四公约共同第3条（CA3）包含了适用于非国际性冲突各方的最低标准，非国际性冲突即指一方为非国家主体的冲突。[3]共同第3条并未涉及战争罪和个人刑事责任。前南斯拉夫国际刑事法庭认为，对国际性武装冲突和非国际性武装冲突中违反共同第3条的行为均可以起诉。此外，《罗马规约》授权国际刑事法院受理对非

---

〔1〕 参见《日内瓦第一公约》第50条、《日内瓦第二公约》第51条、《日内瓦第三公约》第130条、《日内瓦第四公约》第147条。

〔2〕 参见美国《陆军野战条令》27-10第504段。

〔3〕 参见 Hamdan v. Rumsfeld 案，548 U. S. 557（2007年）。

国际性武装冲突中违反共同第 3 条行为的起诉。在美国国内，可以依据《美国法典》第 18 编第 2441 节，在美国联邦法院对非国际性武装冲突中违反共同第 3 条的行为提起诉讼。[1]

4. 其他条约。违反美国作为缔约国之一的条约也会成为承担个人刑事责任的依据。例如，《防止及惩治灭绝种族罪公约》将种族灭绝罪定义为旨在全部或部分地消灭一个民族、种族、人种或宗教团体而进行杀戮或其他行动，"无论是在平时或战时进行"。[2]

四、美国的条约义务

美国必须履行下列涉及战争罪的条约义务：

1. 制定法律以保证有效惩处那些正在实施或下令实施严重违反《日内瓦公约》的行为。[3]

2. 搜寻以及要么起诉、要么引渡那些实施严重违反《日内瓦公约》的罪犯。[4]

3. 采取必要措施阻止尚未达到严重违反《日内瓦公约》程度的行为[5]（比如一般违反）。

4. 保障被告受到适当的审判和辩护。[6]

5. 在适当的时候，为因其武装部队成员的严重违法行为所造成的损失提供赔偿。[7]

---

〔1〕《美国法典》第 18 编第 2441 节所规定的管辖权并不是普遍的。成立管辖权要求受害人或行为人必须是美国国民或美国武装部队的成员。

〔2〕 参见 1948 年《防止及惩治灭绝种族罪公约》（编纂于《美国法典》第 18 编第 1091 节）。

〔3〕 参见《日内瓦第一公约》第 49 条、《日内瓦第二公约》第 50 条、《日内瓦第三公约》第 129 条、《日内瓦第四公约》第 146 条。

〔4〕 参见《日内瓦第一公约》第 49 条、《日内瓦第二公约》第 50 条、《日内瓦第三公约》第 129 条、《日内瓦第四公约》第 146 条。

〔5〕 参见《日内瓦第一公约》第 49 条、《日内瓦第二公约》第 50 条、《日内瓦第三公约》第 129 条、《日内瓦第四公约》第 146 条。

〔6〕 参见《日内瓦第一公约》第 49 条、《日内瓦第二公约》第 50 条、《日内瓦第三公约》第 129 条、《日内瓦第四公约》第 146 条。

〔7〕《海牙第四公约》第 3 条（如果情况需要，违反公约的交战一方，有赔偿的责任）。同时也见《日内瓦第一公约》第 51 条、《日内瓦第二公约》第 52 条、《日内瓦第三公约》第 131 条、《日内瓦第四公约》第 148 条 "每个相同的条款都禁止缔约方免除自己或任何其他缔约方对由它自己或其他缔约国严重违法而导致的责任"。

美国的法律和政策互相协调以履行上述义务。例如，国会赋予军事法庭必要权限，以保证其有权审判与处罚违反战争罪的个人。[1] 另外，1996 年《战争罪法案》规定，对那些对美国公民或武装部队的成员犯下了严重违反《日内瓦公约》的行为的罪犯行使联邦司法管辖权。[2]

五、美国国防部的政策

美国国防部的政策是确保美国国防部的隶属部门遵守与执行武装冲突法的义务。[3] 依照此项政策：

1. 国防部的成员在所有武装冲突中，不论其性质如何，以及在其他的军事行动中遵守武装冲突法。[4]

2. 美国国防部、隶属或伴随美军部队的国防部承包商遵守并执行美国所承担的武装冲突法义务。[5]

3. 由国防部的组成部门实施有效防止违反武装冲突法的行动方案。[6]

4. 由美方人员、敌人或其他个人实施的，或针对这些人实施的可以报告的所有违法事件都应迅速报告、彻底调查，并在恰当的情况下，予以纠正。[7]

5. 所有可报告的事件[8] 都是通过指挥链最终传送到相应的美国政府机构、盟国政府或其他有关当局的。[9] 基于该项政策的报告和调查要求，确保

---

〔1〕 参见《美国统一军事司法典》第 18 条（2012 年），《美国法典》第 10 编第 818 条（2012 年）。

〔2〕 参见《美国法典》第 18 编第 2441 节（2006 年）。

〔3〕 参见《国防部指令》2311.01E；《参联会指示》5810.01C。

〔4〕 参见《国防部指令》2311.01E 第 4.1 段。

〔5〕 参见《国防部指令》2311.01E 第 4.2 段。

〔6〕 参见《国防部指令》2311.01E 第 4.3 段。

〔7〕 参见《国防部指令》2311.01E 第 4.4 段。根据这一政策，军种部部长和作战司令部司令被赋予了涉及可报告事件的广泛的报告要求和责任。另见《空军政策条令》51-4 和《空军指示》51-401。

〔8〕 "可报告的事件"的定义是"可靠信息反映的可能、可疑或涉嫌违反战争法规的行为，或如果发生在武装冲突期间则可能构成违反战争法规的非战争军事行动中的行为"。《国防部指令》2311.01E 第 3.2 段。《国防部指令》2311.01E 包含有关美国军人和文职人员报告责任的详细指南。所有可报告的事件均通过指挥链进行报告，以最终传送到美国政府机构、盟国政府或其他有关当局。

〔9〕 参见《国防部指令》2311.01E 第 4.5 段。

美国能够履行其实施武装冲突法的条约承诺。[1]

（一）报告违法行为

美国所有的军人和文职人员、隶属于或伴随国防部相关部门的承包商[2]以及转包商应当通过他们的指挥链报告可报告的事件。这些报告还可以通过，如宪兵、军法官或监察长等其他渠道上报。当报告交给本段所指明的人员以外的军官时，他们应当接受报告，并立即通过自己的指挥链上报。[3]

任何部队的指挥官获得了有关可报告事件的信息都应通过适当的作战指挥和军事部门立即上报。报告同时通过作战和军种指挥链传递。初步报告应当通过可用的最快捷的手段上报。根据国防部政策，上级机关在收到初步报告后，应当以最快捷的手段，向负责的作战司令官提交一份有关任何可报告事件的报告。[4]

（二）调查违法行为

如上所述，国防部的政策是对所有可报告的事件进行彻底调查。[5]然而，值得注意的是，即使没有美国人员牵涉其中，但为了使美国履行其在武装冲突法方面的义务，也需要进行后续的调查。[6]

1984年，国防部和司法部有关调查和起诉犯罪的谅解备忘录确定了双方调查和起诉由国防部人员实施的或针对国防部人员的战争罪的责任划分。[7]根据备忘录，国防部负责调查绝大多数发生在军事设施或军事行动期间的犯罪。此外，若实施犯罪者受《美国统一军事司法典》管辖，相关的军种部也会

---

〔1〕 例如，根据1949年日内瓦四公约的规定，美国有义务搜寻被控犯有或下令犯有严重违反《日内瓦公约》的人，并在自己的法院起诉这样的人，或将其交给《日内瓦公约》的其他缔约国进行审判。见《日内瓦第一公约》第49条、《日内瓦第二公约》第50条、《日内瓦第三公约》第129条、《日内瓦第四公约》第126条。美国也有义务采取措施制止违背《日内瓦公约》，但还未达到严重违反程度的行为。

〔2〕 参见《国防部指令》2311.01E第6.3段。合同应当要求承包商雇员报告可报告事故给他们所隶属的或随行单位的指挥官或作战司令官。

〔3〕 参见《国防部指令》2311.01E第6.3段。

〔4〕 参见《国防部指令》2311.01E第6.4段。

〔5〕 参见《国防部指令》2311.01E第4.4段。

〔6〕 比如根据《日内瓦第四公约》第29条的规定，当作为占领者行动时，美国对其人员对受到保护的人的待遇负责。

〔7〕 参见《国防部指令》5525.07，《实施司法部和国防部有关调查和起诉特定犯罪的谅解备忘录》（2007年6月18日）。同时参见《军法庭手册》附件3。

首先对该罪犯起诉。[1]司法部负责起诉那些不属于《美国统一军事司法典》管辖的犯罪嫌疑人。

（三）法律顾问

国防部各部门的每位首长必须在指挥系统的各个层级都配备高素质的法律顾问，以便在筹划和实施演习和行动期间，提供有关遵守战争法的建议。[2]每一名作战司令官也必须指派一名指挥法律顾问，监督处理敌人可能或被控违反武装冲突法的指挥计划。[3]

六、执行方法

在国际性武装冲突中，若交战一方违反了武装冲突法，一个国家可以采取以下一个或者几个法律救济措施：

1. 向违法的交战方或者中立国提出正式或非正式的申诉；

2. 公布事实，以便影响公众舆论，从而反对违法的交战方；

3. 请求相关方对那些被指称的违法行为进行正式的调查；

4. 请求联合国安理会在联合国宪章的框架下采取适当的行动；[4]

5. 抗议并要求对罪犯负责的交战方进行赔偿[5]以及/或者对罪犯个人进行惩罚；

6. 请求中立国予以斡旋、调停或者干预，从而达到迫使违法的交战方遵守其在武装冲突法中的义务的目的；

---

〔1〕 国防部被要求向司法部通报任何主体或受害人不是军人或其亲属的重要案件［见《国防部指令》5525.07 附件 2 第 C.2（a）段］。

〔2〕 参见《国防部指令》2311.01E 第 5.7.3 段。

〔3〕 参见《国防部指令》2311.01E 第 5.11.5 段。一位作战司令官可以指示下属指挥员任命一名法律顾问。比如，见美国中央司令部，REG.27-1，《战争法计划》第 6.2 段（2000 年 3 月 2 日）。比如，在驻韩美军中，除了其他任务外，军法官特别受命"监督应对敌人可能的、可疑或被控的违反战争法的行为相关规则的实施"。驻韩美军，REG.525-2，《战争法计划》，第 2-2e（5）段（2010 年 4 月 1 日）。

〔4〕《联合国宪章》规定，联合国安理会"得调查任何争端或可能引起国际摩擦或惹起争端之任何情势，以断定该项争端或情势之继续存在是否足以危及国际和平与安全之维持"。参见《联合国宪章》第 34 条。

〔5〕《海牙第四公约》第 3 条规定，赔偿和惩罚的要求可通过一个保护国、一个履行保护国职责的人道组织或一个中立国提出，或通过一个"军事谈判代表"直接交给违法的交战方部队的指挥官。参见《美国陆军战场手册》27-10 第 495b 段。

7. 通过受损害的交战方的法庭或者是国际法庭，将被俘的犯罪个人当作战犯进行惩罚，[1]如果那些法庭对违反行为或者是违反者享有管辖权；

8. 对违法的交战方进行报复。

七、报复

报复是一种为了回应敌方先前进行的或由敌方导致的不法行动的一种非法行为，旨在迫使敌方停止违反武装冲突法。[2]报复并非一种报仇的形式，而是一种诱使敌人停止违反武装冲突法的方法。[3]报复也应区别于集体惩罚，因为报复不是为了过去的行为惩罚个人，而是为了迫使一方遵守武装冲突法。

根据第二次世界大战后签署的武装冲突法条约，国际社会试图大力限制报复的可适用范围。尽管存在这些限制，但是没有习惯国际法禁止报复本身。近年来的国家实践表明，国家在回应严重违反武装冲突法的行为时，仍没有放弃实施报复的可能性，以防止进一步的违法行为。

---

〔1〕 根据《日内瓦第三公约》的规定，享有战俘待遇的被捕的人或被拘留的人可能不会因其交战行为受到惩罚，但是可能要因违反武装冲突法而受到惩罚。见 U. S. v. Lindh, 212 F. Supp. 2d 541, 553（E. D. Va. 2002 年）。（"合法的战斗员豁免是一个来自习惯国际武装冲突法的原则，禁止对士兵在武装冲突过程中对合法军事目标进行的合法交战行动进行起诉……《日内瓦公约》有关战俘待遇的条文中也有阐述"，引自《日内瓦第一公约》第 87、99 条）。根据《日内瓦第三公约》的规定，不享有战俘待遇的被俘或被拘留的人员不享有战斗员的豁免权，并有可能根据俘获国的法律由俘获国法庭惩罚其交战行为，即便那些交战行为如果是由合法的战斗员实施的话就不违反武装冲突法。见 U. S. v. Lindh, 212 F. Supp. 2d 554〔citing Ex Parte Quirin, 317 U. S. 1, 30-31（1942 年）〕。

〔2〕 "报复是违法措施，但是当一国对另一国实施以确保其停止某项行为或获得赔偿时，在特定条件下进行时被认为是合法的。"（见《日内瓦第四公约评论》，第 227 页）报复应当与反报相区分，反报是交战一方撤回其提供给敌方或敌方的武装部队或平民的利益，而撤回的利益超出了武装冲突法所要求的利益和保护。因此，这些额外利益的撤回将不会违反武装冲突法，因为这些利益首先不是要求给予的（《日内瓦第四公约评论》，第 342 页）。

〔3〕 《利伯守则》中有关"报复"（利伯教授称之为"相关"）的规定如下："作为万国法的一个分支，战争法并不能比前者更好地摈弃报复。当然，文明国家承认报复是战争最为严酷的特点。鲁莽的敌人常常使他的对手没有其他手段保护自己，避免野蛮暴行的重演。因此，报复将永远不能被诉诸一个单纯的报复措施，而仅能作为一种保护性惩罚手段，而且应当是十分谨慎的和在无法避免的情况下采取的。也就是说，应当仔细调查实际发生的事情和可能需要进行报复的错误行为的性质后才能进行报复（见《利伯守则》第 27、28 条）。

八、根据美国法律对战争罪的起诉

根据武装冲突法，构成战争罪的行为也有可能构成美国国内法上的犯罪，包括《美国统一军事司法典》。例如，一名美国军人违反《日内瓦第四公约》第 32 条对一个受保护的人进行的谋杀，根据《美国统一军事司法典》第 118 条，其也是一种应受到处罚的谋杀行为。因此，受《美国统一军事司法典》管辖的个人通常被控告违反了该法典的特定规定，而不是违反了武装冲突法。[1]

（一）违反其他联邦法律的犯罪

违反武装冲突法的行为也可以依据美国刑法中的不同条文予以起诉。例如，如果受害者或犯罪行为人是美国国民[2]或者美国武装部队的成员，则无论其是否在美国境内，[3]《战争罪法案》都允许对个人违反特定战争罪进行起诉。根据这一条款，个人可能因以下的罪行被起诉：

1. 严重违反美国作为缔约方的任何一个《日内瓦公约》或者公约的任何一个议定书。

2. 违反《海牙第四公约》附件的第 23、25、27 和 28 条。这些条款表述了对某些军事手段和方法的禁止，包括：投毒或毒害性武器；以背信弃义的手段杀害或伤害敌人；杀害或伤害已经投降的敌人；拒绝受降；使用造成不必要痛苦的武器；宣布取消、停止敌方国民的权利和诉讼权，或在法院中不予执行；强迫敌方国民参加反对他们本国的作战行动；不恰当地使用休战旗、国旗、制服或敌方标志，或《日内瓦公约》的标志（例如红十字）；没收或损毁超出军事必要的敌方财产；攻击或轰炸不设防的城镇、乡村、住宅或建筑物；占领不用于军事目的的宗教、艺术、科学或公益目的的建筑物、历史纪念碑、医院以及伤者病者聚集处；掠夺城镇。

3. "严重违反"《日内瓦公约》共同第 3 条，《战争罪法案》对其作出了

---

〔1〕 参见《军法庭手册》（MCM），《军法庭规则》（R.C.M.）307（c）（2）（D）。

〔2〕 "美国国民"指的是美国公民，或虽然不是美国公民，但宣布永久效忠美国的人［见《美国法典》第 8 编第 1101 节（2006 年）］。

〔3〕 参见《美国法典》第 18 编第 2441 节（2006 年）。

特别规定。[1]

4. 违反《禁止或限制使用地雷（水雷）、饵雷和其他装置的议定书》,[2]在武装冲突中蓄意杀害平民或者对平民造成严重伤害的违法者。

此外，如果犯罪分子是美国的国民，或在美国境内发现的，那么美国联邦法律还追究其在美国境外实施的酷刑、试图实施酷刑，或共谋实施酷刑的行为的刑事责任。[3]不论受害者的国籍，该法规都可以被用来惩罚实施酷刑者，因为这被视为 1949 年《日内瓦公约》的严重违反。[4]

可以依据美国法律中的其他相关规定对下列罪行提起诉讼：①种族灭绝，[5]②谋杀或杀害外国官员、官方客人或国际上受保护者，[6]③海盗，[7]以及④涉及生物武器、[8]化学武器、[9]或核武器[10]的多种行为。这些规定中许多仅适用于在美国国内进行的犯罪，或者是由美国公民实施的或针对美国公民实施的犯罪。然而其他一些犯罪行为，例如海盗，则不论犯罪行为地在哪，也不论违法者或者受害者的国籍，都可以适用美国法律进行处罚。[11]

（二）对平民和前军事人员的起诉

1. 2000 年《军事治外法权法案》（MEJA）。在下列情形时，该法案允许美国政府对在美国境外实施特定犯罪的个人进行起诉：①在被美国武装部队所雇佣，或者伴随美国武装部队行动期间；②作为受《美国统一军事司法典》

---

〔1〕 2006 年《军事审判委员会法案》修订了 1996 年的《战争罪法案》，规定后者适用于对共同第 3 条的"严重违反"，包括①酷刑；②残暴或非人道对待；③实施某些生物试验；④谋杀；⑤使伤残或残害；⑥故意导致身体严重受伤；⑦强奸；⑧性侵或虐待；⑨劫持人质。《军事审判委员会法案》第 6 条编入《美国法典》第 18 编第 2441 节 (d)。

〔2〕 经修订的《常规武器公约》（CCW）"第二议定书"。

〔3〕 参见《美国法典》第 18 编 2304（A）节。"酷刑"被界定为"某人以法律为名故意对其所羁押或受其控制的另外一个人施加严重的肉体或精神上创伤和痛苦（并非合法处罚所附带的创伤和痛苦）"。[见《美国法典》第 18 卷第 2304（1）节] 该法律还界定了"严重的精神创伤或痛苦"，参见《美国法典》第 18 编第 2304（3）节。

〔4〕 法规授权可对罪犯判处长达 20 年的监禁，如果酷刑导致任何人死亡的话，则可对罪犯判处终身监禁或死刑。[见《美国法典》第 18 编第 2304A（a）节]

〔5〕 参见《美国法典》第 18 编第 1091 节。

〔6〕 参见《美国法典》第 18 编第 1116 节。

〔7〕 参见《美国法典》第 18 编第 1651 节。

〔8〕 参见《美国法典》第 18 编第 175 节。

〔9〕 参见《美国法典》第 18 编第 229 节。

〔10〕 参见《美国法典》第 18 编第 831 节。

〔11〕 参见《美国法典》第 18 编第 1651 节。

管辖的美国武装部队的成员期间。[1]根据《军事治外法权法案》，美国政府可以对那些无法根据《美国统一军事司法典》或其他美国法律起诉的犯罪行为人主张管辖。例如，由伴随美国武装力量的平民（承包商或文职雇员等）在美国境外实施的犯罪行为，或者在实施犯罪行为时是军人，但后来从美国武装部队退役的人。[2]尽管《军事治外法权法案》并非仅仅针对战争犯罪，但它使美国能够在更多的情况下对在美国境外违反武装冲突法的美国平民起诉。[3]

美国军队雇佣或伴随美国军队的外国人以及美国公民都可以根据《军事治外法权法案》被指控犯罪。然而，该法案并不适用于由犯罪行为发生地国家的国民或该国常住居民所实施的违法行为。[4]

2.《美国统一军事司法典》（UCMJ）。《美国统一军事司法典》第2（a）（10）条规定，"在宣布战争状态或者是紧急行动时，在战场上为武装部队服务或伴随人员"受《美国统一军事司法典》的管辖。[5]"在战场上"意指与敌人或敌对势力交战的军事行动。[6]因此，只有出于与敌人或敌对势力在战斗中交战的目的的符合条件的紧急行动，才满足《美国统一军事司法典》管辖权延伸的条件。如果军事紧急行动是出于其他的目的，比如灾难援助、人道主义救助，或者是其他的非战斗任务，则不具备受《美国统一军事司法典》

---

　　[1]　参见《美国法典》第18编第3261（a）节。《军事治法外权法案》不适用于受《美国统一军事司法典》管辖的武装部队成员，除非（1）该成员停止受《美国统一军事司法典》管辖或者（2）起诉状或其他控诉信息显示，该成员与一个或多个人共同实施了犯罪，其中至少有一个人不受《美国统一军事司法典》管辖。[见《美国法典》第18编第3261（d）节]。

　　[2]　仍然领受退休金或接受住院治疗的人仍受《美国统一军事司法典》管辖。《美国统一军事司法典》第2（a）（4）（5）条；《美国法典》第10编第802（a）（4）（5）节。

　　[3]　能够依据《军事治外权法案》作为战争罪起诉的联邦罪行包括：谋杀（《美国法典》第18编第1111节）、误杀（《美国法典》第18编第1112节）、企图谋杀或误杀（《美国法典》第18编第1113节）、绑架（《美国法典》第18编第1201节）、劫持人质（《美国法典》第18编第1203节）、故意损害他人财产（《美国法典》第18编第1363节）和各种形式的性虐待（《美国法典》第18编第2241~2245节）。

　　[4]　根据《美国法典》第18编第3267节的规定，"军队在美国境外雇佣的"和"在美国境外伴随武装部队"的定义不包括那些"东道国的国民和普通居民"。对于国防部的政策，东道国有双重国籍的居民不受《军事治外法权法案》的管辖（见《国防部指示》5525.11第6.1.7段）

　　[5]　参见《美国法典》第10编第802（a）（10）节。

　　[6]　U. S. v. Smith案，10 C. M. R. 350（A. B. R. 1952年）；14 Op. Att'y Gen. 22（1872年）（"在战场上"一词暗示是针对敌人的军事行动。当一支部队在参与进攻或防御作战时，就可以有把握地说是这支部队是在战场上。）；WINTHROP，第100页。

管辖的资格。对平民的纪律惩戒则根据《美国统一军事司法典》《军法庭手册》以及在 2008 年 3 月 10 日发布的国防部部长备忘录实施。[1]

作为美国的国防部政策,当一项能够根据《美国统一军事司法典》或《军事治外法权法案》进行指控的犯罪发生时,国防部会通报咨询司法部(DOJ),了解司法部是否愿意行使联邦管辖权。然而,在通告期间或者作出决定之前,指挥官和军事犯罪调查员应该继续调查被指控的犯罪。在向司法部进行通报的同时,指挥官应该确保继续《美国统一军事司法典》对平民的管辖权成立所要求的任何初步军事司法程序。在美国联邦刑事管辖权被证明不可适用于被控的犯罪行为时,指挥官应做好准备采取行动。[2]

九、根据国际法对战争罪进行起诉

(一)美国法院及特别法庭

1. 美国的地方法院。《战争罪法案》使在美国的联邦刑事法庭对违反国际法的几种战争罪进行起诉成为可能。

2. 美国的军法庭。军法庭除根据《美国统一军事司法典》中的惩罚性条款,有权审理受《美国统一军事司法典》管辖的人外,普通军法庭还对任何根据武装冲突法应受到军法庭审判的人拥有司法管辖权,并处以任何武装冲突法允许的惩罚。[3]《美国统一军事司法典》和《军法庭手册》中未对适用于违反《美国统一军事司法典》惩罚性条款的犯罪的审判程序和适用于违反武装冲突法的犯罪的审判程序加以区别。因此,即使是对违反武装冲突法的犯罪进行军事审判,《军法庭手册》规定的所有权利和程序,包括军法庭的规则以及证据的军事规则,都可以适用。[4]

3. 美国的军事审判委员会。在历史上,军事委员会曾被用来审判被控违

---

〔1〕 国防部部长指出,"根据《美国统一军事司法典》对国防部文职人员、国防部承包商和其他在宣战期间及在紧急行动中为在海外的武装部队服务或伴随人员行使司法管辖"(2008 年 3 月 10 日)(以下简称"《美国统一军事司法典》对平民司法管辖的信件")。信中还规定,国防部中谁能够组成军事法庭对平民进行指控,或对平民进行非司法处罚。《美国统一军事司法典》,附件 2。

〔2〕 参见《美国统一军事司法典》对平民司法管辖权的信件,附件 2。

〔3〕 参见《美国法典》第 10 编第 818 节。

〔4〕 参见《军法庭手册》pt. I, § 2b(1)。至于战俘,《日内瓦第三公约》第 102 条规定,只有当拘留国负责审判本国武装部队成员的法庭根据相同的程序对战俘作出的判决才是有效的判决。

反武装冲突法的没有特权的敌方战斗员和战俘。[1]而现在美国军事委员会已经不可能用来审判受《日内瓦第三公约》管辖的国际武装冲突中的战俘，但是委员会可以用来审判其他罪犯，包括违反武装冲突法的没有特权的战斗员，以及根据美国法律规定可由军事审判委员会审判的其他罪犯。[2]

只要总统认为可行，那么总统就可以规定在军事审判委员会和其他军事法庭审判的案件的预审、审判、再审程序，包括证明模式。但是上述程序和证明模式应当符合美国地区法院刑事审判中普遍认可的法律原则和证据规则。[3]这些法律原则和证据规则不得与《美国统一军事司法典》的规定相抵触或不一致。[4]

另外，总统为军法庭和军事审判委员会颁布的所有规则和章程，都应当尽可能是统一的。尽管该一般规则不适用于根据《军事审判委员会法案》设立的军事审判委员会。[5]

（二）国际法庭

自20世纪初起，战争罪、反人类罪、种族灭绝罪以及反和平罪都是由特别的国际法庭进行起诉的，这些法庭是为了处理那些在特定时期实施的或与特定冲突有关的犯罪指控而设立的。

近来，由联合国安理会或根据其指示建立了几个法庭。其中最为突出的是前南斯拉夫国际刑事法庭（ICTY）[6]以及卢旺达国际刑事法庭（ICTR）。[7]

---

〔1〕 参见 Ex parte Quirin，317 U. S. 1（1942）；In Re Yamashita，327 U. S. 1（1946），委员会不仅被用来审判战争罪，也在当地法庭没有开设和运作的地方（比如实施戒严法的地方），用来审判违反美国法律的犯罪，违反占领法及战区指挥官命令的行为。参见 WINTHROP，第839页。第二次世界大战后，多个美国盟友通过军事法庭审判战争罪。比如，1945年7月根据乔治六世颁布的王室授权，英国军队军法庭开庭审判和惩罚了1939年9月2日以后与英国进行的任何战争中违反战争法的犯罪行为。《英国有关由军事法庭审判战争罪的法律》，联合国战争罪委员会《战争罪犯审判法律报告》第1册（1947年），第105页。指导这些法庭的规则一般适用军事法庭的规则，但是放宽了证据规则，从而使法庭能够接受它相信有帮助的证据。同上，第108页。加拿大也利用类似的军事法庭审判战争犯。《加拿大有关由军事法庭审判战争罪的法律》，同上，第125页。

〔2〕 《军事审判委员会法案》对使用委员会审判违反武装冲突法的犯罪进行审判作出了十分详尽的补充规定和提出了指导原则。

〔3〕 参见《美国统一军事司法典》第36（a）条。

〔4〕 除《军事审判委员会法案》本身的规定外。见《美国统一军事司法典》第36（a）条。

〔5〕 参见《美国统一军事司法典》第36（b）条。

〔6〕 参见本书33页注1及相关内容。

〔7〕 参见本书33页注2及相关内容。

另外一个由联合国设立的法庭是塞拉利昂特别法庭。该法庭根据联合国与塞拉利昂之间的协定于 2002 年建立，旨在起诉对严重违反国际人道法和塞拉利昂国内法的行为承担最主要责任的人。[1]

　　总体上而言，这些法庭都适用国际法。[2]每个法庭的规约通常规定法庭所审理的特定罪行以及定罪标准，[3]并确定法庭管辖的时间和地域范围[4]，以及被告被其他国家法院或法庭审判时应适用的规则。[5]这些法庭的判决对美国及其法院并不具有约束力。然而这些判决却为适用国际法提供了有用的范例，并在得到美国法院批准后不断被引用。[6]

　　(三) 与被告地位有关的法庭规则

　　1. 通常，美国军人应当由军法庭依据《美国统一军事司法典》的相关条款进行审判，如果离开了军队，也应由联邦法院根据可适用的联邦法，比如《战争罪法案》进行审判。[7]

　　2. 为美国军队服务或伴随美军的平民在美国领土外犯战争罪的，可由联邦法院依据《战争罪法案》或其他的联邦法律进行起诉。若那些犯罪发生于美国领土外，可根据《军事治外法权法案》实施必要的司法管辖。而且，在战时，为军队服务或伴随的平民可由军事法庭对其违反《美国统一军事司法典》的行为进行起诉。[8]

---

　　[1] 参见《联合国和塞拉利昂政府关于设立塞拉利昂问题特别法庭的协定》，2002 年 1 月 16 日。《联合国文件》S/2002/246 附件 2 (《塞拉利昂问题特别法庭规约》) 2002 年 (批准)，2002 年 4 月 25 日，第 22 号法案。该特别法庭是一个混合法庭，由塞拉利昂的法官和来自其他国家的法官组成。

　　[2] 参见本书 33 页注 1 和注 2。塞拉利昂问题特别法庭同时适用国际法和塞拉利昂法律。《塞拉利昂问题特别法庭规约》第 1 条。

　　[3] 如《前南国际刑事法庭规约》授权该法庭有权起诉：①严重违反《1949 年日内瓦公约》的罪行；②违反战争法或习惯；③种族灭绝；④反人类罪。(《前南国际刑事法庭规约》第 2~5 条) 该规约还确定了个人刑事责任的标准，如《前南国际刑事法院规约》第 7 条。

　　[4] 如《前南国际刑事法庭规约》第 8 条规定："国际法庭的地域管辖权可以扩展到前南斯拉夫社会主义联邦共和国境内，包括其陆地地表、空间和领水。国际法庭的时间管辖权可以延长至从 1991 年 1 月 1 日开始的一个时期。"

　　[5] 如《前南国际刑事法庭规约》第 10 条。

　　[6] 如 Ford ex rel. Estate of Ford v. Garcia 案，289 F. 3d 1283 (2002 年第十一巡回法庭)。

　　[7] 参见《美国法典》第 18 编第 2441 节。当美国和一个外国同时主张对某军人的司法管辖权，"作为政策，需要努力依据可适用的协定使军法庭对受《美国统一军事司法典》管辖主体范围最大化"。《军法庭手册》(MCM)，《军法庭规则》(R. C. M.) 201 (d) 讨论部分。

　　[8] 《美国统一军事司法典》第 2 (a) 条 (10)，《美国法典》第 10 编第 802 节。

3. 美国只能在审理美国军人犯罪的相同的军事审判庭（也就是军法庭）起诉国际性武装冲突中（在被捕前或被拘留期间）犯有战争罪的敌方战俘或被捕获的在押人员。[1]

4. 不具有战俘身份的人，也可以在用于审理美国军队伴随平民所犯战争罪的同一法庭接受审判。不具有战俘身份的人包括①在受《日内瓦公约》管辖的国际性武装冲突中没有特权的交战者，以及②在非国际性武装冲突中被俘获的任何敌方交战者。所以，美国军法庭可以违反武装冲突法为由对这些人员进行起诉。这些人员也可能因为违反美国的法律（包括《战争罪法案》）而在美国的联邦地方法院被起诉，如果这些违法行为是①在美国国内实施的或由美国公民实施的，②针对美国公民人身或财产实施的，或者③属于美国的司法管辖（比如，一些犯罪虽然是在美国领土以外实施的，与美国公民人身或财产缺乏任何联系，但仍受到美国的司法管辖）。

5. 不是美国公民，但符合 2006 年《军事审判委员会法案》中"无特权敌方战斗员"定义的被告，[2]也可由军事审判委员会对其根据法案相关条款规定可由军事审判委员会审判的罪行进行审判。[3]

（四）惩罚

如果适用的美国法律并未明确规定具体的处罚，那么对违反武装冲突法的惩罚必须与该违法行为的危害程度成比例。战俘可能被判处死刑，但根据《日内瓦第三公约》的规定，国际性武装冲突中的战俘应该尽快被告知根据拘

---

〔1〕 参见 GPW 第 102 条。由于伴随敌军的文职人员有权享有战俘地位，该条款似乎表明限制这样的文职人员仅受军法庭审判。

〔2〕 "无特权敌方战斗员"是指无权获得战俘待遇的个人，"（A）对美国或其盟国伙伴进行了敌对行动；（B）故意和实质性地支持了针对美国或其盟国伙伴的敌对行动；或（C）在涉嫌犯罪时是'基地'组织的成员……"[见《美国法典》第 10 编第 948a（7）节]。该定义是基于《军事审判委员会法案》立法目的，根据武装冲突法应用同样的标准时应加以的额外考虑。

〔3〕 参见《美国法典》第 10 编第 950t 节。间谍就是一个例子，根据武装冲突法，间谍活动不是一项犯罪，但是可以依据《军事审判委员会法案》第 3 条给予处罚，参见《美国法典》第 10 编第 950t（27）节。根据国际法，间谍活动不是一项战争罪，但是如果一名间谍在进行间谍活动时当场被捕，则可以依据拿捕国法律予以处罚。如《海牙第四公约》第 31 条规定，一个已经重返其部队的军事间谍，如果事后被敌方抓捕，则不因其间谍行为而受到惩罚。这个例子是令人怀疑的。构成《军事审判委员会法案》中的罪行要求收集情报必须"违反战争法"。但间谍活动被明确认定为不违反战争法，因此，该罪不适用于该法案。构成间谍活动可能还要求存在一些其他违反武装冲突法的行为，尽管尚不清楚是何种行为。

留国的法律可被判处死刑的罪行。[1] 此外，除非法庭充分注意到由于被告不是拘留国的国民，不受任何效忠义务的约束，并且其行为是不受其自己意愿所左右的事实，否则，对国际性武装冲突中的战俘不能宣判死刑。[2] 根据《日内瓦第四公约》中的相似规定，当被占领领土上的平民受到占领国指控时，可适用类似的规则。[3]

十、刑事责任

（一）个人责任

任何人实施了构成国际法规定的犯罪的行为，都要为所犯罪行负责，并受到惩罚。[4] 即使该罪犯的国籍国法律并没有对构成国际法上的犯罪行为科以责罚，也不免除其根据国际法对所做行为应承担的责任。[5] 此外，若行为人以国家元首或其他政府官员的身份实施了构成国际法上的犯罪的行为也不能免除其对违反国际法的行为所应负的责任。[6] 最后，一个人根据他或她的政府或上级的命令而行动的事实也不能免除其对违反国际法的行为所应负的责任。[7]

战斗员及其他人根据国际法所享有的权利和应负的责任应该与他们的执行行为相区别，因为执行行为涉及的是国家责任。简单地讲，战斗员的责任并非一定与他（她）所属国家或冲突中一方所承担的责任相同，[8] 例如，可能招致惩罚的违反军队纪律（包括违反所适用的交战规则）的行为并不必然违反武装冲突法。

（二）指挥责任

1. 一般责任。根据指挥责任原则，指挥官可能要对受其控制的部属或其

---

〔1〕 参见《日内瓦第三公约》第 100 条，保护国也应当被告知，其他罪行非经战俘所属武装部队的国家之同意不得以死刑处罚。

〔2〕 参见《日内瓦第三公约》第 100 条和第 87 条。

〔3〕 参见《日内瓦第三公约》第 68 条。

〔4〕 参见《纽伦堡国际军事法庭宪章》和判决所承认的国际法原则（以下简称"纽伦堡原则"）中的原则一，UN GAOR, 5th Sess., Supp. No. 12, at 11-14, UN Doc. A/1316（1950 年）。

〔5〕 见纽伦堡原则二，"国内法没有对构成国际法上的犯罪的行为科以责罚的事实并不免除那个人根据国际法对其行为应承担的责任"。

〔6〕 参见纽伦堡原则三。

〔7〕 参见纽伦堡原则四。

〔8〕 Baxter, p. 323.

他人员所实施的犯罪行为负责，即使指挥官个人并未亲自参与相关的犯罪行为。[1]因此，如果一名指挥官的下属针对被占领区的平民或者战俘实施了屠杀或者其他暴行，指挥官可能因此而承担责任。当所述行为是遵照相关指挥官下达的明确指示实施该行为的命令而进行的，则将会直接产生这样的指挥责任。[2]

此外，指挥官基于他本人或通过其他途径收到的报告，实际已经知道[3]或应该已经知道，受其控制的军队或其他人员将要实施或已经实施了一项战争罪，而他或她没有及时采取必要及合理的措施来确保其下属遵守武装冲突

---

[1] 参见 Hamdan v. Rumsfeld 案，126 S. Ct. 2749，2781 n.36（2006）（注意到"《日内瓦公约》的确将实质性战争罪的责任扩展到那些'命令'实施它们的人，本庭已经查阅过 1907 年《海牙第四公约》对军事指挥官追究其对下属的行为的'指挥责任'"。）（引用省略）。在"山下奉文（Re Yamashita）案"中，美国最高法院确认军事指挥官可对其下属所犯的罪行承担责任，但是没有列明在确定何时指挥官应当承担责任时应适用的标准。327 U. S. 1，15~16（1946 年）。相反，美国还在寻找为第二次世界大战后审判庭适用的标准，United States vs. List. 除山下奉文（Yamashita）外，在美国法院仅有少数根据指挥责任理论的起诉，但是该理论已经被美国法院用来根据《外国人侵权法》确定外国官员对其下属实施的犯罪的责任。参见 Ford ex rel . Estate of Ford v. Garcia，289 F. 3d 1283，1288~1289（2002 年第十一巡回法庭）。国际法庭已经适用有所不同的标准。《前南国际刑事法庭规约》和《卢旺达国际刑事法庭规约》第 7（3）条和第 6（3）条分别规定：如果一个下属犯下本规约第 2 条至第 5条所指的任何行为，而他的上级知道或应当知道部下将有这种犯罪行为或者已经犯罪而上级没有采取合理的必要措施来阻止或处罚犯罪者，则不能免除该上级的刑事责任。最后，规定军事审判委员会起诉罪行的《军事审判委员会法案》，包括如下指挥官责任标准，它们是融合了采用 United States vs. List案中的标准和国际法庭的标准的。符合本章规定的任何人将被作为主犯惩罚：①犯有或帮助、教唆、怂恿、指挥，或雇佣实施本章规定的罪行；②导致若由其本人直接实施将根据本规定受到处罚的行动的实施；③知道、有理由知道或应当已经知道，其下属将要或已经违反本章规定应予惩罚的行为，而没有采取必要的和合理的措施防止这种行为或惩处肇事者的一个上级指挥官。同见《美国法典》第10 编第 950q 节。

[2] 《美国统一军事司法典》第 77 条规定，下令实施根据《美国统一军事司法典》为应受处罚的犯罪行为需承担刑事责任，该条规定："依照本章，下列人员应受处罚：（1）实施了应当受本章处罚之罪，或者帮助、教唆、策划、指挥，或者雇佣实施了这一罪行；或（2）导致若由其本人直接实施将根据本章规定受到处罚的行动的实施；是主犯。"（《美国统一军事司法典》第 77 条，《美国法典》第 10 编第 877 节）"主犯"在刑法中是指实施或参与一项犯罪，并可因该犯罪的实施而受到起诉的人。指挥责任的"应当已经知道"的标准并没有在第 77 条中得到清楚的表述，因此，指挥责任可能导致指挥官在被认为违反武装冲突法的犯罪中被当作主犯，而根据《美国统一军事司法典》的规定，他或她则不会被当作那些犯罪的主犯。然而，在这种情况下，根据《美国统一军事司法典》第 92 条的规定，不服从命令或规定，或玩忽职守等实质性罪行，有可能会成为起诉指挥官的单独罪行。

[3] 实际知道能为直接或环境证据所证明。在确定是否有足够的环境证据时要考虑的因素包括非法行为的规模；非法行为的类型；非法行为的范围；非法行为发生的时间；所涉及部队的数量和类型；如果有的话，所涉及的后勤；行为发生的地理位置；行为的广泛出现；行动的战术节奏；类似非法行动的惯常做法；参与的军官和参谋；和当时指挥官的位置。见 Prosecutor v. Delalaic，Case No. IT -96-21-T，Judgment，386（前南斯拉夫国际刑事法庭，1998 年 11 月 16 日）（hereinafter Celibici Trial Case）.

法，或惩罚违法者，那么也会产生指挥责任。[1]

2. 定罪标准。指挥责任理论是以指挥官维持其指挥下部队的秩序与纪律，和确保受其指挥或控制之下的人们遵守可适用法律的职责为前提的。这样的职责可能来源于上级指挥机关所下达的命令、指令或指示，即使那些命令、指令或指示在本质上不违法。[2]然而，指挥官并非必须对其下属所犯的所有犯罪行为都承担严格责任，指挥官的个人失职必须导致了犯罪的发生或未能阻止犯罪的发生。[3]

（三）其他责任理论

1. 一般责任。根据美国法或国际法的规定，个人可能会对并非由他们本人实施的违反武装冲突法的行为承担责任。根据美国法律，普通法责任理论对比如共谋、帮助以及教唆，均可适用；而根据国际法，责任可能基于"共同犯罪集团"、帮助及教唆。

2. 共同犯罪集团。战争罪中集团犯罪的概念是在审判纽伦堡战争犯期间被首次引入了国际法领域。[4]《纽伦堡国际军事法庭宪章》授权法庭宣布某组织为犯罪集团。作为这一宣布的结果之一，仅仅作为这一组织的成员本身就是犯罪。[5]法庭发现一些纳粹组织是犯罪组织。[6]然而，尽管有这些发现，

---

〔1〕　"应当已经知道"标准产生于具有里程碑意义的第二次世界大战后战争罪审判法庭，United States v. List，《战争罪犯审判》第 11 编，第 757~1319 页。

〔2〕　例如《国防部指令》2311.01E 所规定的阻止、报告和调查违反武装冲突法的责任，以及根据《国防部指令》2311.01 发布的规则、命令和指令。

〔3〕　指挥责任在某些方面类似违反《美国统一军事司法典》第 92 条，该条授权惩罚受《美国统一军事司法典》管辖的军人和其他人员不服从命令或规章或玩忽失职，包括条约、法案、规则、合法命令、标准作业程序或军种惯例所赋予的职责。（《军法庭手册》第四部分 16. c. 段）在失职的情况下，将对疏忽大意或故意失职予以惩罚，以及恶意地不充分履行职责。同上，第 16. c.（3）（c）段。但是，单纯不称职是构成犯罪的。[《军法庭手册》第 16. c.（3）（d）段] 根据第 92 条的处罚可能包括监禁、扣发工资以及除非是恶意地玩忽职守的情况的惩罚性开除。同上，16. e. 段。根据第 92 条的指控也可成为不利的行政行为的依据。虽然这些都会导致严重的后果，但根据第 92 条的最高刑罚要比根据指挥责任理论而指控指挥官为下属严重违反战争法的罪行的主犯所受到的处罚要轻得多。

〔4〕　See, e. g., Judgment of the International Military Tribunal re: Criminal Organizations, I TRIAL OF MA-JOR WAR CRIMINALS at 256.（"如果确信任何组织或团体犯了刑事罪，本法庭应当毫不迟疑地宣布其为罪犯，因为'团伙犯罪'理论是新的……"）

〔5〕　参见《纽伦堡国际军事法庭宪章》第 9、10 条。

〔6〕　纳粹党的领导集团、党卫军、党卫队警察和盖士太保被认定为犯罪组织。（参见《对主要战争罪犯的审判》第 1 卷，第 262、268、272、275、278 页）决定一个组织是不是犯罪组织的关键在于它是否参与了筹划发动侵略战争。

法庭并不将具有成员身份作为判定被告有罪的唯一依据。事实上，国际军事法庭认为，仅仅具有犯罪集团的成员身份并不足以使该个人承担刑事责任。[1]

与此相反，在国际军事法庭之后，在被占领的德国所设立的英国与美国的法庭在开庭时的确发现许多这样的组织的个人成员因参与犯罪行为而有罪，即使他们并没有参与由该团伙所实施的所有犯罪行为。[2]

凭借这些先例，近年来，国际法庭认为，一个人与其他人根据共同犯意行动，可能会因该组织的其他成员所实施的一项或多项犯罪而有罪，即使这个人没有实施构成犯罪所必需的所有行为。[3]这一理论，有时被称为"共同犯罪"理论，并已经受到前南斯拉夫国际刑事法庭的广泛运用，并被其他的国际法庭（比如说卢旺达国际刑事法庭）所采用。[4]

3. 帮助和教唆。同共同犯罪一样，帮助和教唆理论认为，个人（帮助犯和教唆犯）对第三方（通常称为主犯）实施的犯罪行为承担责任。帮助和教唆与共同犯罪的不同之处在于，主犯和帮助犯或教唆犯之间无需拥有共同的计划或协定。[5]主犯甚至可能并不知道帮助犯和教唆犯的贡献。

帮助和教唆的成立要求行为特别指向帮助、鼓励主犯完成犯罪行为，或者对主犯实施的犯罪行为给予精神上的支持，并且这一支持对主犯犯罪行为的实施发挥了实质性作用。这种行为与共同犯罪所要求的行为不同，后者仅

---

〔1〕 参见《对主要战争罪犯的审判》第1卷，第256页。

〔2〕 See, e. g., The Einsatzgruppen Case（Trial of Ohlendorf et al.），IV trials of War 372 ［hereinafter Einsatzgruppen Case］；Trial of Franz Schonfeld and Nine Others，XI UN laW reports 64-71；Trial of Martin Gottfried Weiss and thirty-nine others（The Dachau Concentration Camp Trial），XI UN laW reports 5-17；Trial of Josef Kramer and 44 others（The Belsen Trial），II UN laW reports 1-154；and Trial of Erich Heyer and Six Others（The Essen Lynching Case），I UN laW reports 88-92.

〔3〕 前南斯拉夫国际刑事法院上诉法庭认为"共同计划作为从犯刑事责任的一种形式是由习惯国际法所确定的"。Prosecutor v. Tadic，Case No. IT -94-1-A，Judgment，para. 220（ICTY App. Chamber，15 July 1999）（hereinafter Tadic）.

〔4〕 See Tadic；Prosecutor v. Furundzija，Case No. IT-95-17/1-A，Judgment（ICTY App. Chamber，21 July 2000）；Prosecutor v. Zejnil Delalaic，Zdravko Mucic，Hazim Delic and Esad Landzo，Case No. IT-96-21-A，Judgment（ICTY App. Chamber，20 February 2001）（hereinafter Celibici Case）；Prosecutor v. Dario Kordic and Mario Cerkez，Case No. IT-95-14/2-T，Judgment（ICTY Trial Chamber，Feb. 26, 2001）；Prosecutor v. Brdjanin，Case No. IT-99-36-T，Judgment（ICTY Trial Chamber，1 September 2004）；Prosecutor v. Gatete，Case No. ICTR-2000-61-I，Amended Indictment（ICTR，10 May 2005）.

〔5〕 参见 Tadic 案，第229段。

仅要求被告实施的行为在某种程度上促进了某一共同计划或目的。[1]

帮助犯和教唆犯必须知道他们实施的行为帮助了主犯所进行的犯罪行为。相比之下，"共同犯罪"要求追求一个共同计划或目的的意图，该意图或者包含实施该犯罪或者预见可能导致实施共同犯罪目的之外的犯罪。[2]

美国法和国际法都承认帮助和教唆。[3]

4. 同谋。与共同犯罪、帮助和教唆不一样，同谋从其内部和自身上来看，是一个实质性的犯罪行为，意味着除由他本人或其同谋者实施的违反武装冲突法的行为以外，个人可能仅仅只是由于参与了一项同谋，便会承担相应的责任。此外，并不需要出示正式的协定来证明同谋的指控。只凭各方的行为就能够证明他们就有预谋的犯罪达成了共识或"合意"。

在国际法中，同谋罪并非不为人们所知，只是在有限的环境下使用。纽伦堡国际军事法庭承认"同谋发动侵略战争"在国际法上是一种犯罪行为。[4]《防止及惩治灭绝种族罪公约》第3（b）条明确规定，根据国际法，"预谋实施种族灭绝"是一项应当受到惩罚的犯罪行为。[5]

5. 筹划、煽动与命令。自从德国主要战犯在纽伦堡国际军事法庭受到审判后，根据国际法的相关规定，被告可因筹划、煽动或者命令实施违反武装冲突法的行为而承担负责，即使被告本人并没有亲自参与实施违法行为。《前南国际刑事法庭规约》吸收了这一归责理论。[6]

前南斯拉夫国际刑事法庭认定，如果被告单独或者伙同他人一起筹划的

---

〔1〕　参见 Tadic 案，第 221~229 段，Prosecutor v. Brdjanin, Case No. IT‑99‑36‑A，关于中间上诉的决定，第 7~8 段（前南斯拉夫国际刑事法院上诉庭，2005 年 3 月 19 日）。

〔2〕　参见 Tadic 案，第 229 段。

〔3〕　参见 Tadic 案，第 229 段。根据《美国统一军事司法典》第 77 条、《美国法典》第 10 编第 877 节的规定，教唆犯被视为主犯。同样，2006 年《军事审判委员会法案》第 950q 条规定，教唆犯被视为主犯。

〔4〕　1 trial of the MaJor War criMiNals at 224（判决：针对共同计划或共谋的法律）。

〔5〕　《防止及惩治灭绝种族罪公约》（1948 年 12 月 9 日），78 UNT. S. 277，此外，包括编写被认为是美国军事法介绍标志性著作的《军事法及其先例》的威廉·温斯罗普（William Winthrop）上校在内的许多作者，一直都认为同谋不是国际法上的罪行。（温斯罗普，第 841 页）而且，在 Hamdan v. Rumsfeld 案中，最高法院多数认定，除为纽伦堡国际军事法庭所确认的两种特殊类型的"共谋"外，国际法没有将违反武装冲突法的同谋行为认定为实质性犯罪。548 U. S. 557, 603~604, 126 S. Ct. 2749, 2780~2781（2006）。因此，虽然可以受到美国法律的处罚，但是不清楚一个人能否单独因同谋罪而受到国际法的审判。

〔6〕　参见《前南国际刑事法庭规约》第 7（1）条。

犯罪行为构成了一项或多项违反武装冲突法的行为，并且这些违反行为后来被实施，那么被告就算作实施了筹划违反武装冲突法的行为。为了证明被告有罪，显示筹划是对犯罪行为具有实质性贡献的一个因素就足够了。[1]若被告促使他人实施违反武装冲突法的行为，那么他就是参与了"煽动"对武装冲突法的违反。没有必要证明在没有被告参与的情况下，犯罪行为就不会发生，只要证明煽动是导致另外一个人犯罪的实质性因素就足够了。[2]至于"筹划"，如果煽动他人实施某一行为或不作为的被告被认定有罪，该被告必须已经意识到，作为其煽动的结果，一项犯罪被实施的可能性很大。[3]

如果被告处于领导地位，并指示他人实施违法行为，那么该被告则参与了"命令"违反武装冲突法。不需要被告和罪犯之间存在正式的上下级关系。[4]只有被告在命令一个行为或不行为时，意识到对其命令的执行导致犯罪发生的可能性很大时，才能被认定为有罪。[5]

如果被告有筹划、煽动或者命令违反武装冲突法之罪，则被告即犯有该违反武装冲突法之罪。

十一、辩护

（一）一般辩护

被控犯有战争罪的被告所采取的积极抗辩主要有两大类：①根据国内刑法的一般原则否认刑事责任；②战争罪审判中的特有辩护。另外，战斗员豁免规则为许多国内刑法本认定为犯罪的行为提供了抗辩（例如在作战中杀死一名敌方战斗员）。这些辩护手段可在任何负责审理被控犯有战争罪者是否有罪的美国法庭使用。而且，被军法庭审判的犯战争罪的美国军人（被控违反《美国统一军事司法典》、违反其他美国联邦法律，或者违反武装冲突法），也可以运用《美国统一军事司法典》中的辩护手段进行抗辩。[6]

---

〔1〕 Prosecutor v. Kordic and Cerkez, Case No. IT－95－14/2－A, Judgment, para. 26（ICTY App. Chamber, 14 December 2004）（hereinafter Kordic and C erkez）.

〔2〕 Kordic and Cerkez para. 27.

〔3〕 Kordic and Cerkez para. 32.

〔4〕 Kordic and Cerkez para. 28.

〔5〕 Kordic and Cerkez para. 30.

〔6〕 参见《军法庭手册》《军法庭规则》（R. C. M.）916。

（二）根据国内刑法一般原则的辩护

1. 自卫。在战争罪的审理中，被告可以与在根据国内法进行审判时一样成功提出自卫的辩护。在第二次世界大战结束后的"美国诉库鲁普案"（United States v. Krupp）的战争罪的案件中，[1]审理法庭表示，可以接受被界定为"排除妨害"的自卫的辩护，甚至可以接受被界定为"对权利的入侵"的"必要的防卫"。[2]

2. 事实错误。如果构成犯罪所需的一个心理要素被否定，那么事实错误就是一项辩护理由。没有采取合理的步骤验证信息可能会产生刑事责任。然而，这样的责任将根据被告所相信的事实，基于他能够得到的、来自所有来源的信息而确定。

3. 法律认识错误。一般来说，对于已公布的法律的无知并不是对所实施的犯罪行为免责的借口。对被占领国法律的认识不够清晰或者缺乏对当地法律的认识可以作为减轻处罚的一个因素，然而通常来说，这并不是一个绝对成立的辩护理由。[3]国际法通常不具备国内法的精确性或公开程度。国际法的某一项规则有赖于一系列独立的事实，而被告并未意识到这些事实，从而导致对国际法的无知。[4]若被告遵守了当地的法律，但没有意识到当地的法律本身就违反了国际法，那么他对于国际法的无知就可以成为辩护理由。[5]

4. 胁迫。当下属实施的战争罪是奉上级的命令的结果时，胁迫可以被用来作为一项辩护理由。但是，这种辩护会受到许多与国内法所施加的类似的限制。

为了使这个辩护理由成立，被告必须证明：①被控行为是为了避免一场严重且后果难以弥补的紧迫危险；②没有充分的逃脱方式；③行为导致的结果与行为要应对的情况的困难不是不成比例的。[6]

---

〔1〕　Reported as Case 10 in IXtrials of War criMiNals; and in X uNited NatioNs laW reports at 69-181.

〔2〕　*United States v. Krupp（The Krupp Case）*，IX trials of War criMiNals 1435-39. Could not locate this PAM as referenced.

〔3〕　*See, e.g., United States v. Flick（The Flick Case）*，XI trials of War criMiNals 1208.

〔4〕　*See, e.g., United Kingdom v. Grumfelt（"Scuttled U-Boats Case"）*，I UN laW reports 55-70，在该案中被告执行了一项击沉潜艇的命令，但没有意识到德国已经投降，因此该击沉行为违反了国际法。

〔5〕　*See United States v. Sawada*，V UN laW reports 8（定罪被推翻因为没有证据显示被告知道他处决美国飞行员所依据的《敌方飞行员法案》是非法的）。

〔6〕　参见"检察官诉 Erdemovic 案"（案号：IT-96-22-A），（麦克唐纳法官和瓦哈法官的共同的个别意见）第 42 段（前南斯拉夫国际刑事法院上诉庭，1997 年 10 月 7 日）；也可参见，DA PAM. 27-161-2 at 247-48；《联合国法律报告》，第 174 页。

　　最近，前南斯拉夫国际刑事法庭在"检察官诉 Erdemovic 案"中主张，胁迫不能成为一名被控犯有反人类罪和/或涉及杀害无辜平民战争罪的士兵完全的辩护理由。然而，前南斯拉夫国际刑事法院的确认为胁迫在上述的情况下可以成为减轻惩罚的理由。[1]

　　至于军法庭进行的审判，《军法庭规则》规定，"除杀害无辜者外，胁迫可以成为任何一项犯罪行为的辩护理由"。[2]

　　5. 意外事件。在以合法的方式进行合法的行为过程中出现的无意的、意外的死亡、受伤或损害（比如根据武装冲突法采取军事行动）是意外事件和可以原谅的。然而，当导致死亡、伤害或损害的行为是过失行为，那么意外事件的辩护就不成立。[3]

　　（三）被控战争罪特有的辩护

　　1. 军事必要。除非所适用的条约允许适用军事必要原则，被告通常不会将军事必要作为辩护理由。武装冲突法条约的许多条款起草时都考虑到军事必要的问题。因此，如果被告提出此项辩护理由，则必须说明该行为是出于军事环境所必需的，并且是为了防止更大的危害。[4]

　　2. 法律的过时。在纽伦堡国际军事法庭审判的一些案件中，这一辩护理由被提出，且与涉及针对被占领区的财产的经济犯罪行为的武装冲突法有关。法庭已经开始承认，国际习惯可能发生变化，以及科技的进步可能使得与敌对行为有关的一些规则过时。在纽伦堡国际军事法庭对邓尼兹（Doenitz）海军上将的审判中，被告进行了关于 1936 年的《海军议定书》中某些关于无限制潜艇战的法律，特别是潜艇对幸存者进行救援的要求已经过时的辩护。法庭意识到，该法律可能过时了，但仍然裁定被告因违反了 1936 年的《海军议定

---

　　〔1〕 "检察官诉 Erdemovic 案"（案号：IT-96-22-A），麦克唐纳法官和瓦哈法官的意见（前南斯拉夫国际刑事法院上诉庭，1997 年 10 月 7 日）。《罗马规约》规定：如果对被告及其他人构成紧迫的死亡威胁或持续和紧迫的严重人身伤害的威胁，被告采取必要且合理的行动以避免这一威胁，而且被告并不打算造成比其试图避免的伤害更大的伤害的话，胁迫可以构成抗辩理由。《罗马规约》第 31 条第 1（d）段 [《联合国文件 A/CONF. 183/9》（2002 年 7 月 1 日开始生效）]。美国还没有批准《罗马规约》，因此它还不是该规约的缔约方。

　　〔2〕《军法庭手册》《军法庭规则》（R.C.M.）916（h）；MMC，第 916（h）条规则。

　　〔3〕 参见 MMC，第 916（f）条规则；《军法庭手册》《军法庭规则》（R.C.M.），第 916（f）条规则；美国陆军部，PAM. 27-9-1，《军事法官审理敌方战犯手册》，第 5-4 段（2004 年 10 月 4 日）。

　　〔4〕 如《海牙第四公约》第 23 条；《纽伦堡国际军事法院宪章》第 6（b）条。

书》而有罪。但是它清楚地表述道，判决不应该基于该违法行为来评估。此外，同样值得注意的是，法庭也明确承认，同盟国也采取了完全相同的策略。[1]

3. 符合国内法的行为。通常，此类辩解并不能构成辩护理由。纽伦堡国际军事法庭在对待这一辩解的态度与对待奉上级命令的辩解相似。但法庭认为，在考虑减轻判决时此项请求可作为一个环境因素采纳。

4. 职务行为。国家领导人和政府部长对于战争罪的起诉和惩罚不享有豁免权，以官方身份采取行动也不能作为一个减轻处罚的原因。[2]

5. 你也一样（Tu Quoque）。这是拉丁文的表述。这一辩护提出的论点是敌方对武装冲突法的违反能够成为对立的交战方做出同样的违法行为的理由。换言之，这种辩解认为敌人对武装冲突法的违反使对立的交战方为回应或报复而采取的类似的违反行动合法。第二个主张与报复理论类似。被告在纽伦堡国际军事法庭试图提出"你也一样"的论据，声称同盟国也实施了纳粹政权被指控的类似的罪行。[3]这样的辩护理由被拒绝了。在"高级统帅部案"中，美国军法庭认为，依据法律的一般原则，被告不能通过显示别人犯的同样的罪行而为自己开脱罪责。[4]在"Prosecutor v. Kupreskic 案"中，前南斯拉夫国际刑事法庭认为，无论是国家实践还是国际公法学家的意见中都不支持"你也一样"的辩护理由。[5]

6. 行动是一种合法的报复手段（参见本章前面关于报复的讨论）。

7. 上级命令。被控犯有战争罪的罪犯不能仅仅以他们是在执行上级的命令来为自己所实施的犯罪行为辩解。美国法院和国际法庭通常都拒绝"上级命令"这类不合格的辩护。[6]然而，执行上级命令从而实施犯罪行为有可能

---

〔1〕 Itrial of the MaJor War criMiNals at 556-57.

〔2〕 参见《纽伦堡国际军事法庭宪章》第7条，1958年《英国手册》第632段。

〔3〕 参见 United States v. von Leeb，（"高级统帅部案"）《联合国法律报告》第12卷，第64页。

〔4〕 参见《战争罪犯审判法律报告》，联合国战争罪委员会，第12卷，伦敦，HMSO，1949年。

〔5〕 Prosecutor v. Kupreskic，Case No. IT -95-16-T，判决（前南斯拉夫国际刑事法庭，2000年1月14日）。

〔6〕 参见 Mitchell v. Harmony，54 U. S. 115（1851年）。《纽伦堡国际军事法庭宪章》第8条，《前南国际刑事法庭规约》第7（4）条，《卢旺达国际刑事法庭规约》第6（4）条。尽管人们试图在1949年《日内瓦公约》和《第一附加议定书》中加入有关上级命令抗辩的条款，但各国无法就军事纪律和人道主义法的要求之间的平衡达成一致，因此国际法有关上级命令这一抗辩理由方面没有变化。霍华德·莱维的《战争受害者的保护：1949日内瓦公约第一议定书：补充》（1985年），回顾了在《第一附加议定书》中加入有关上级命令抗辩条款的努力的谈判历史。

被视为减轻处罚的情节。[1]

十二、非国际性武装冲突

（一）一般情形

非国际性武装冲突是①发生在一国或多国武装力量与并不代表另一个国家的有组织或没有组织持有不同政见或叛乱的部队之间的，或者②发生在均不代表任一国家的两个或更多的持不同政见的集团与叛乱分子之间的一种武装冲突。[2]非持不同政见者和叛乱分子被所在国承认为交战方（如此该冲突将会升级为国际性武装冲突），否则他们不享有国际法所规定的参与交战行动的权利。相反，他们是不享有国际法所规定的战斗员豁免权的无特权交战者。如果被一个国家俘获，即使他们针对该国或其平民采取的行为在国际性武装冲突中并未达到战争罪的程度，但他们仍有可能由于这些行为而根据俘获国的刑法受到起诉。例如，一名无特权交战者可能因为在正常的军事行动过程中的行动，比如伤害或者杀死敌方交战者或者夺取、破坏或摧毁敌方的军事财产而被起诉。事实上，即使无特权交战者能够证明，如果他（她）的交战行为由一名合法的战斗员来实施的话，是武装冲突法允许的，也不行。而持不同政见者或叛乱分子所对抗的国家武装部队的地位由上位的国内法（或者提供协助的任何其他国家武装部队的部队地位协定）决定。由于国家在历史上就否认在本国主权范围内对国内冲突适用非国际性武装冲突的规则，国际法对国家是否有权对不同政见者或者叛乱者进行交战活动保持沉默，因此国际法也为其提供战斗员豁免权。但同时，国际法也不追究国家武装部队对持不同政见者或叛乱分子的交战行为的刑事责任，只要这些行为符合武装冲突法。

---

〔1〕 参见《前南国际刑事法庭规约》第7（4）条，《卢旺达国际刑事法庭规约》第6（4）条，除括号中内容的细微的差异外，每个条款都用了几乎相同的语言："被告人按照政府或上级命令而犯罪不得免除他（或她）的刑事责任，但是如果（卢旺达）国际法庭裁定为了公正起见，可以在减轻处罚时考虑这一因素。"

〔2〕 通常情况下，非国际性武装冲突发生于一个国家境内，涉及持不同政见者或反叛者反对该国政府。最近，美国最高法院已经指出该概念的范围更为宽广，包括除国家间冲突以外的任何冲突。Hamdan v. Rumsfeld，548 U. S. 557，628-31.（2006年）（解释共同第3条中的"不具有国际性质的冲突"为"按照其字面意思"用于"与国家间的冲突相对应"。）

（二）可适用的国际法

仅有少量与武装冲突法有关的条约明确适用于非国际性武装冲突，尽管有一些清楚的暗示可以适用。[1]在日内瓦四公约中，每一个公约仅有一个条款对非国际性武装冲突中的战争犯罪进行了明确规定。共同第 3 条在"发生于任一缔约国领土内的非国际性武装冲突的情况下"，明确禁止：

1. 对生命和人身施以暴力，特别如各种谋杀、使伤残、虐待及酷刑；

2. 作为人质；

3. 损害个人尊严，特别如侮辱与降低身份的待遇；

4. 未经具有文明人类所认为必需之所有司法保障的正规组织之法庭之宣判，而处以刑罚及执行死刑。[2]

尽管上述的罪行严重违反了国际法，却并不被认为是国际法上的严重违法行为。[3]所以，上述罪行受任一日内瓦公约中战争罪条款的约束是不明确的。即便如此，美国国内法根据《战争罪法案》承认了对共同第 3 条的严重违反行为需要承担刑事责任。

此外，《常规武器公约》第 1 条明确规定该公约适用于非国际性武装冲突。美国在 2009 年 1 月 21 日批准了这项修正案。修订的《常规武器公约》第二议定书第 1（3）条也明确规定适用于"发生于任一缔约国领土内的非国际性武装冲突"。修订的《常规武器公约》第二议定书第 14（1）条明确要求缔约国采取"所有恰当的措施，包括立法以及其他的措施，"来"防止和阻止"违反议定书的行为，包括对违反修订的《常规武器公约》第二议定书的违法行为追究刑事责任。依据该要求，美国于 1997 年 11 月 26 日颁布了 1997年《扩大战争罪法案》。

其他的明确适用于非国际性武装冲突的武装冲突条约还包括 1949 年 8 月12 日通过的《日内瓦公约附加议定书》；有关非国际性武装冲突中受难者保

---

〔1〕 比如，1948 年《防止及惩治灭绝种族罪公约》禁止"种族灭绝"行为，"不论该行为发生于平时或战时"，也不论它们是由"国家合法的统治者、公务员或个人实施"的，但是没有明确提到非国际性武装冲突。

〔2〕 参见《日内瓦第一公约》第 3 条，确定的表述出现在日内瓦第二、三和四公约的第 3 条。

〔3〕 "严重违反"被广泛认为只有在国际性武装冲突中出现。见 Prosecutor v. Tadic, Case No. IT-94-1-AR72,《关于对管辖权中间上诉的辩方动议的决定》，第 71 段（1995 年 10 月 2 日）。因此，尽管把称为"严重违反共同第 3 条"的犯罪行为包含在《战争罪法案》中，但这些罪行不是国际法上的严重违法行为。

护的《第二附加议定书》，该条约旨在规范非国际性武装冲突中的军事行动并保护失去战斗力人员；1954 年《关于发生武装冲突时保护文化财产的海牙公约》，规定了武装冲突中对文化财产的保护。[1]上述条约均未明确表示违反其中的条款会被视为国际法上的犯罪。美国已经签署了但没有批准《第二附加议定书》，因此美国并非该议定书的缔约国。1954 年《关于发生武装冲突时保护文化财产的海牙公约》自 2009 年 3 月 13 日起对美国开始生效。[2]

共同第 3 条或者《第二附加议定书》都没有明确规定，对其条款的违反将被视为战争罪。然而，美国的立场是，对共同第 3 条的违反就是违反了武装冲突法，可以受到诸如前南斯拉夫国际刑事法庭这样的国际法庭的审判。[3]

（三）美国法

通过修订《战争罪法案》，美国明确规定违反共同第 3 条的行为须承担刑事责任。然而，在制定 1997 年《战争罪法案》的修正案之前，违反共同第 3 条的行为也可以根据美国法律中的其他条文进行惩罚。经修订的《战争罪法案》可被用来确保由美国国民实施的或针对美国国民实施的严重违反共同第 3 条的行为，但又不受《美国统一军事司法典》或其他联邦刑法管辖的行为（比如，由不受《美国统一军事司法典》管辖的美国人在国外实施的犯罪），能够在美国的联邦法庭被起诉。

《战争罪法案》同样适用于违反 1907 年《海牙第四公约》的第 23、25、27、28 条规定的行为。在非国际性武装冲突中违反这些条款的行为是否能够适用《战争罪法案》尚无定论。《海牙第四公约》并未明确表示适用于非国际性武装冲突，虽然纽伦堡国际军事法庭在 1945 年表示该公约反映了习惯国

---

〔1〕 1954 年《关于发生武装冲突时保护文化财产的海牙公约》仅有某些条款明确适用于非国际性武装冲突。1999 年《第二附加议定书》第四章的确规定了违反这些条款应当承担刑事责任，但是并没有明确表示这些条款适用于非国际性武装冲突。1954 年《关于发生武装冲突时保护文化财产的海牙公约》的第二议定书，1999 年 3 月 26 日，8 I. L. M. 769 Article 3 (1999)。

〔2〕 美国既没有签署也没有批准 1954 年《关于发生武装冲突时保护文化财产的海牙公约》的任何议定书。

〔3〕 参见 1995 年《战争罪法案》：众议院司法委员会移民及主张分组委员会，H. R. 2587 听证会，第 104 届国会，第二次会议，第 12～13 页（1996 年）（米歇尔·J·马森证词，国务院首席副法律顾问），网址：http://www.state.gov/s/l/65717.html. 前南斯拉夫国际刑事法院对共同第 3 条采取了同样的立场。例如，参见 Prosecutor v. Tadic, Case No. IT-94-1-AR72,《关于对管辖权中间上诉的辩方动议的决定》，第 128 段（1995 年 10 月 2 日）。

际法。因此，《战争罪法案》可以适用在所有武装冲突中发生的违反这些条款的行为，无论该冲突被如何定性。

十三、平时行动〔1〕

美国军队可能参与范围广泛的平时行动，比如维和行动以及人道主义救助，它们不涉及发动战争，但为了自卫或者为实现与某一行动有关的具体目标，仍可能导致武装力量的运用。在这些非战争行动中，武装冲突法可能不会作为国际法适用。〔2〕尽管，如前文所说，美国政府的政策是将武装冲突法适用于所有的军事行动中。在所有的案例中，《美国统一军事司法典》都继续适用于美国武装部队中的军事人员所参与的所有活动，不论行动的性质如何。

参考文献

1. Instructions for the Government of Armies of the United States in the Field, 24 April 1863 (the Lieber Code).

2. Convention on the Prevention and Punishment of the Crime of Genocide, New York, 9 December 1948.

3. Charter of the International Military Tribunal, article 6, annexed to the Agreement for the Prosecution and Punishment of the Major War Criminals of the European Axis, 8 August 1945, reprinted in 1 Trials of War Criminals 9-16.

4. The Geneva Conventions of 1949, and their Additional Protocols of 1977, cited in full in Chapter 2.

5. Rome Statute of the International Criminal Court, 17 July 1998, as amended, found at http://www.icc-cpi.int/NR/rdonlyres/ADD16852-AEE9-4757-ABE7-9CDC7CF02886/283503/RomeStatutEng1.pdf.

6. Prosecution Statement, International Military Tribunal Far East. April 1948.

7. Whiteman, Digest of International Law, 993 (1968).

8. The War Crimes Act, 18 U.S.C. § 2441, P.L. 104-192 (as amended).

9. The Military Commissions Act of 2009, 10 U.S.C. § 948a-950t.

---

〔1〕　常常被称作"非战争军事行动"或"非战争行动"。

〔2〕　在武装冲突法不作为国际法适用的案件中，不论违法行为有多严重，将美国人实施的或针对美国人实施的违法行为认定为"战争罪"是不正确的。当然，国际法下的某些罪行，如灭绝种族罪，在战时与和平时均有可能发生。

10. The Military Extraterritorial Jurisdiction Act, 18 U. S. C. § 212.

11. Military Judge Benchbook, Instruction, 5-8-1, Obedience to Orders-Unlawful Order.

12. DoDD 2311. 01E, DoD Law of War Program, May 9, 2006.

13. Headquarters, U. S. Armed Forces Central Command, Regulation Number 27-25, Reporting and Documentation of Alleged War Crimes (9 February 1991) (Persian Gulf conflict).

14. Brownlie, Principles of Public International Law (1973).

15. Oppenheim, International Law (7th ed. , H. Lauterpacht, 1955).

16. Baxter, So-Called "Unprivileged Belligerency: Spies, Guerrillas, and Saboteurs", BYIL (1951), pp. 325~345.

17. William B. Cowles, Universality of Jurisdiction over War Crimes, 33 Cal. L. Rev. , 177-218 (1945).

18. William H. Parks, Command Responsibility For War Crimes, 62 *Mil. L. Rev.* 1, (1973).

19. Y. Sandoz, C. Swinarski, B. Zimmerman (eds), Commentary on the Additional Protocols of 8 June 1977 to the Geneva Conventions of 12 August 1949 (1987).

第四章

适用于空军人员的航空法与海洋法

一、背景

了解影响空域、航空器的地位和空中航行权的国际法是空军首要关注的问题。本章研究了多种关于空域，包括领土、领海和公海上的空域的一般国际法论题，并进一步探讨了防空识别区的相关概念。

现今的国际航空法产生于两个得到广泛遵守并具有特殊重要性的多边条约：1944 年《国际民用航空公约》（又称作《芝加哥公约》）和 1982 年《联合国海洋法公约》（一般被称为《海洋法公约》）。

《芝加哥公约》是为了保障国际民用航空安全有序地发展而缔结的国际法文件。尽管《芝加哥公约》的绝大部分仅适用于民用航空器，但它包含了适用于包括军用航空器在内的国家航空器的关键条款。而且因与《海洋法公约》一同界定了国家空气空间与国际空域，因而具有至高无上的重要性。《海洋法公约》亦包含了适用于国家航空器的关键性条款。

《海洋法公约》不仅重申了海洋传统法和习惯法，还包含了促进国际法进步发展的重大创新。[1] 这一条约所创设的法律制度确保了美国军队的全球机动性，因此对美国的国家安全是至关重要的。条约的关键条款包括确认国际

---

[1]《联合国海洋法公约》于 1982 年 12 月 10 日开始开放签字，1994 年生效，已经被国际社会 3/4 的成员批准。由于最初反对有关深海海底开矿的规定，美国签署了但是没有批准公约。美国承认《海洋法公约》既反映了习惯国际法又反映了恰当的"利益平衡"，值得承认。1983 年 3 月 10 日，美国发布《海洋政策声明》。19 Weekly Comp. Pres. Doc. 383, reprinted in 22 I. L. M. 464 (1983). 因此，美国服从《海洋法公约》，而且一直在外交和行动上推动反映了习惯国际法的《海洋法公约》的发展。William H. Taft IV, 美国国务院法律顾问，于 2004 年 4 月 8 日在参议院军事委员会上的《关于加入 1982〈海洋法公约〉和批准 1994〈修改海洋法公约第十一部分协定〉的书面声明》，网址为 http://armedservices. senate. gov/statemnt/2004/April/Taft. pdf.

空域的飞越权和穿越国际性海峡与像印度尼西亚这样的群岛国家的过境通行权。国际社会过去也曾达成过有关海洋法的条约，但是过去公约的重要缺陷在于没有确定领海的宽度，其外缘同时标示了国家领空与国际空域的边界。

因此，军事法律顾问必须对这两个条约都十分熟悉。本章就是来介绍这两个公约和其他国际法律原则的，为影响平时空中军事行动的法律做一个总体概括。

二、空气空间和空中航行

从空中行动的法律视角来看，地球上的空气空间被垂直地分割为两个部分，即国家空间和国际空间。这两部分的划分由在其下面的陆地或水域的地位所决定。简言之，国家领空之下是国家领土和领水，而国际水域和非国家领土则位于国际空域之下。因此，知道所飞越的土地或水域的地位至关重要。

（一）国家空气空间

《芝加哥公约》和《海洋法公约》将习惯准则编纂为法律，规定每个国家对其领土上方的空气空间享有完全的和排他性的主权，同时为国际社会保留一定的航行权。这个空域包括国家领土和国家水域上方的空气空间。国家空域的同义词是"领空"或"主权空域"。国家水域包括内水、领海和群岛水域。国家水域在沿海国和岛国的领土主权管辖之下，其他国家享有无害通过、过境通行和群岛海道通过权。无害通过权并不能扩张适用于航空器。

内水。内水是指用以测量领海宽度的基线向陆地一侧的水域。[1]湖泊、河流、一些海湾、港口、一些运河和潟湖等都是内水。

领海。领海是一个从沿海国或岛屿国基线向海延伸最多 12 海里的海域，隶属于沿海国或岛屿国的主权管辖之下。美国主张 12 海里的领海宽度并承认其他国家最大宽度为 12 海里的领海主张。[2]与陆地相似，每个岛屿都有自身

---

〔1〕 领海和所有的海域都是从领海基线开始测量的。划定领海基线时，根据不同的地理特征适用特殊的规则。一般情况下，测算一国海洋主张的基线是沿海国官方的大比例尺海图上沿海岸标识的低潮线。《海洋法公约》第 5 条。在不适合划低潮线时，在海岸线极为曲折的地方，或者如果紧接海岸有一系列岛屿，测算领海宽度的基线的划定可采用连接各适当点直线的基线法。《海洋法公约》第 7 条。《海洋法公约》第二部分第二节（第 3 条至第 16 条）为确定和测量与珊瑚礁、河流、海湾、路基、港口、低潮高程以及海岸相对或相邻的州的领海界限提供了额外的具体指导。

〔2〕 参见《海上行动法指挥官手册》第 1.5.2 段。

的领海，也有一条用于测量其领海宽度的基线。岛屿被定义为自然形成的，被水包围的高潮时露出水面的陆地。岩礁是指不能维持人类居住或者自身经济生活的礁石。如果它们在高潮时仍然露出水面，那么它们基于前述有关领海基线的原则也拥有相关领海。但是岩礁不拥有专属经济区或大陆架。全部或部分位于领海内的低潮高地——低潮时露出水面但在高潮时被淹没，可像岛屿一样用于测定领海的目的。但是如果低潮高地完全在领海范围之外，就没有自身的领海。

群岛水域。群岛国是指完全由一个或多个群岛组成的国家。群岛国的国家空气空间包括其岛屿、领海和群岛水域之上的空气空间。群岛水域是连接群岛最外侧岛屿的最外侧点而形成的群岛基线所包围的海域，而水与陆的比例不得超过一定的参数。群岛基线也是群岛国测量领海、毗连区、专属经济区的基线。美国承认群岛国根据《海洋法公约》所确立的方法划定包围群岛水域的群岛基线的权利。[1]群岛国上空的重要性将在下文讨论。

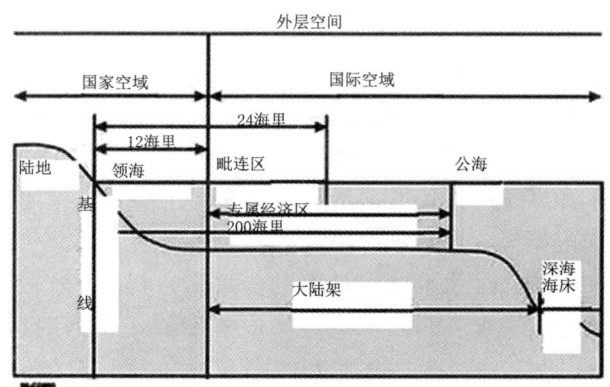

（二）国际空域

国际空域包括不受国家主权管辖的土地（如南极）和国际水域之上的空气空间。国际水域包括《海洋法公约》中所规定的下列海域：毗连区、专属经济区和公海。但是，沿海国和岛屿国都被赋予涉及本国的毗连区和专属经济区额外特殊的权利。

毗连区。毗连区是从领海基线向海洋方向延伸最多24海里的海域，沿海

---

〔1〕《海上行动法指挥官手册》第1.5.2~3段。

国或岛屿国可在此区域内行使必要的管制权，以防止和惩治在其领土上或领海内违犯其海关、财政、移民或卫生等法律规范的行为（船只和航空器在毗连区享有包括飞越权在内的公海自由）。基于此原因，沿海国或岛屿国可能拦截任何前往其领土的航空器或船只，以便为了海关或移民目的而对航空器实施管控。但是，沿海国或岛屿国不得干涉飞越毗连区上空的国际飞行。毗连区从测量领海宽度的领海基线起不应超过 24 海里。如果沿海国或岛屿国家承认美国依据《海洋法公约》条款在毗连区内的权利，美国就尊重其扩展到 24 海里的毗连区。[1]

专属经济区。专属经济区是与海岸相毗邻的，由领海向外延伸，与资源有关的区域。正如名称所表述的，其中心目的是经济。专属经济区从测量领海宽度的基线起最多可达 200 海里。美国不仅承认沿海国或岛屿国为勘探、开发、管理和保护该区域内水域、海床和底土中自然资源所行使的制定和实施法律的主权权利，也承认用于从水、潮汐和风中生产能源的专属经济区。沿海国或岛国可以在对区域内下列事项行使管辖权：具有经济目的人工岛屿、设施和结构的修建和使用；（在合理限制的范围内的）海洋科学研究；某些方面的海上环境保护（主要是实施国际船舶源污染控制标准）。在专属经济区所有国家都享有传统的公海自由包括航行自由、飞越自由、铺设海底电缆和管道自由，以及其他所有不涉及资源的公海用途。在专属经济区上空飞行的航空器必须对沿海国的权利和义务"给予应有的注意"。美国通过 1983 年 3 月 10 日发表的总统声明设立了 200 海里的专属经济区。[2]

公海。公海构成了国际水域中最大的一部分，由领海和专属经济区之外的海域组成。当沿海国或岛屿国没有宣布设立专属经济区时，公海始于领海向海一侧的边缘。[3]

三、航空器

（一）航空器的界定

国际法将航空器界定为那些"能够在大气层中从空气的反作用力获得支

---

〔1〕《海上行动法指挥官手册》第 1.3.3 段。

〔2〕《海上行动法指挥官手册》第 1.6.2 段；另见《海上行动法指挥官手册》补充注释第 1.5.2 段。

〔3〕参见《海上行动法指挥官手册》第 1.6.3 段。

撑力"的机器。[1]该定义包括了重于空气与轻于空气的物体，但是不包括那些更适宜被视为抛射物的物体，即不依靠空气反作用力的物体，例如火箭。《芝加哥公约》规定了两类航空器：国家航空器和民用航空器。在国际法中没有关于国家航空器的确切定义。根据《芝加哥公约》的规定，用于军事、警察和海关业务的航空器被认为是国家航空器，但是该术语未被明确界定。民用航空器是除国家航空器之外的航空器。民用航空器拥有其注册国的国籍。

（二）军用航空器的界定

像"国家航空器"一词一样，国际法中对"军用航空器"也没有确定的定义。作为通则，军用航空器包括所有由一国武装力量之现役部队操作，载有该国军事标志，由该国武装部队的一名成员指挥并由受常规军队纪律约束的机组成员控制或操作的所有航空器。军用航空器可以是载人的，也可以不是载人的。有关军用航空器上国家标识的国际惯例的形成是为了避免在对航空器的实施控制上产生滥用或混淆。[2]然而，国家实践并未要求完全的军人机组成员。

（三）军用航空器的地位

根据《芝加哥公约》的定义，军用航空器属于"国家航空器"，它们像军舰一样享有对外国登临、搜查、检查和税收的豁免权。[3]地方官员未经航空器指挥官的同意，不允许登临他国的航空器。领土主权国家也不能在其领土内合法地逮捕或抓捕外国军用航空器，但是可以要求其立即离境。除非接到适当的军种总部或美国驻相关国家大使馆的指示，美国军用航空器的指挥

---

〔1〕 参见《芝加哥公约》的定义附件。

〔2〕 参见《国务卿电报》250803（"北约预警机在卢森堡登记"），第 2 段。

〔3〕 1919 年《巴黎公约》是唯一一部航空法律文件，其明确将相关规则编成法典，规定军用航空器享有"习惯上赋予外国军舰的特权"。《空中航行管理公约》，1919 年 10 月 13 日，L. N. T. S. 173（1922），第 32 条，虽然该规定没有被包含在《芝加哥公约》中，但是负责起草和报告《芝加哥公约》第 3 条的委员会主席约翰·科布斯·库伯（John Cobbs Cooper）教授表示："人们感到，《巴黎公约》中提到的，在没有相反的规定的情况下，用于军事用途的航空器应当被给予外国军舰在国家港口所享有的特权的规则，虽然在《芝加哥公约》中没有得到重申，但是仍然是正确的，并可被视为国际航空法的一部分。"John Cobb Cooper, "A Study on the Legal Status of Aircraft" in Ivan A. Vlasic, ed., Explorations in Aerospace Law（Montreal：McGill U. Press, 1968）205 at 243. 《海洋法公约》确认军用和其他政府航空器享有与军舰相同的主权豁免权。见《联合国海洋法公约》第 42（5）条（解决注册国对享有主权豁免的航空器过境时造成的损失或损坏的国际责任的问题），第 236 条（和军舰一样，军用和政府航空器明确对有关保护和维护海洋环境的规定豁免）。

官不得授权外国当局进行登临、搜查、抓捕、检查或实施其他类似的管辖行动[1]。

另外，同国际惯例与实践一致，美国的政策规定军事航空器在国际空域不需要支付飞越领空费或者其他因通过飞行情报区产生的费用。[2]美国的政策同时也规定军用航空器在另一州无需支付航行和飞越领空费用。[3]而且，美国的军用航空器也无需支付在外国政府机场降落或停泊的费用。[4]但是会支付在商用机场降落和停泊的费用。[5]由于与一些东道国就降落和停泊费问题已经产生了纠纷，美国成立了"航空费用跨机构工作组"来判定一个机场是政府机场还是商用机场。如果应当付费，美国的军用航空器和美国所有的国家航空器将依据国际民用航空组织的标准或根据经谈判所达成的较低的降落和停泊费支付合理的费用。不论其机场的类型，合理服务费用（如燃料和日常的维护费用）都按照惯例支付。

（四）国防部民用包机的地位

美国定期包租民用航空器从事空运和其他服务，除非美国政府特别指定其为国家航空器，这些航空器仍属民用航空器。[6]一般来说，美国是不会进行这样的指定的。除非被指定为国家航空器，国防部包租的航空器仍遵守适用于国际民航的制度。尽管许多部队地位协定、基地权利和其他协定授权国防部包租的民用航空器获得与美国军用航空器所享有的相同的出入、免交降落费和其他费用等特权，但这些协定并没有宣布包租航空器为军用或任何其他形式的国家航空器的法律效果。因此，国防部包租的民用航空器不能免交降落费或类似费用，也不享有免受外国的搜查和检查的豁免权。[7]

（五）外国国家航空器

美国政府不向访问或者通过美国境内的他国国家航空器收取航行费用。

---

〔1〕 参见《国防部通关手册》（2013年8月29日）第C2.2.5段。

〔2〕 参见《国防部通关手册》（2013年8月29日）第C2.1.7.2段。

〔3〕 参见《国防部通关手册》（2013年8月29日）第C2.1.7.1.1段。

〔4〕 参见《国防部通关手册》（2013年8月29日）第C2.1.7.1.2段。

〔5〕 参见《国防部通关手册》（2013年8月29日）第C2.1.7.3段。

〔6〕 参见《美国法典》第49编第40125（c）（1）（C）节（公用航空器包括国防部部长指定的航空器）。

〔7〕 参见《国防部通关手册》第C.2.1.8段，以及国务卿电报，"美国政府的航空相关费用政策"，011542Z，8月7日（STATE 106799）。

他国国家航空器在美国政府机场（军事机场）也不被要求支付降落和停泊费用。美国联邦政府对在非政府机场（例如州或市运行的机场）收取的费用没有控制权，在这些机场他国国家航空器通常被要求支付降落和停泊费用。

四、空中航行

（一）国家空气空间

如前所述，每个国家都对其国家空气空间享有完全的和排他的主权。外国航空器未经授权进入或误入一个国家的国家空气空间都是对该国主权的侵犯。外国航空器没有类似于水面船只所享有的无害通过权，即没有无害飞越另外一个国家的陆地领土、内水、领海或群岛水域任何一个部分的习惯权利。在享有无害通过权的舰艇上起飞和降落航空器也同样是不被允许的。除非是下面讨论的飞越国际海峡和群岛海道，否则各国在规范和禁止在其国家空气空间内的飞行方面都有完全的自由裁量权。

根据《芝加哥公约》的规定，通过广泛运用涉及飞越和降落权的标准、多国和双边国际协定，进行定期国际航空服务的民用航空器可被允许进入其他国家的国家空气空间。[1]不是提供定期国际航空服务的民用航空器在飞越他国领土或在他国领土降落时无需得到事先的授权。然而，被飞越国可要求航空器降落以接受检查，也可以根据需要制定规则、科以义务或限制。此外，进行国际航运的民用航空器在未得到有关国家特别许可的情况下，不得运送军火或战争工具或其他被禁货物飞越任何国家的领土。

《芝加哥公约》规定，没有特别协定的授权，包括军用航空器在内的任何国家航空器均不得飞越他国领土或在他国境内降落。这种情况的处理往往根据具体情况特别处理。如果没有一个标准协定，每个希望进入另外一个国家的国家空气空间的国家航空器都必须得到特别的授权、表明自身身份、寻求或确认降落或通过的批准，而且还必须遵守所有降落、返航或按规定航线和/或海拔高度飞行的合理的命令。这一特别授权一般是指外交飞行许可。[2]

1. 遇难航空器。遇难航空器应有权得到特殊的照顾，必须被赋予进入和

---

〔1〕　参见《芝加哥公约》第6条。

〔2〕　美军航空器获得外交许可进入另一个国家的国家空气空间的程序能在《国防部通关手册》中找到。外国国家航空器获取进入美国国家空气空间外交许可的程序请见：http://www.state.gov/t/pm/iso/c56895.html.

紧急降落权。[1]遇难国家航空器依据习惯国际法原则可以未经他国同意，在该国境内紧急降落。其机组成员应受到人道的待遇，航空器也应被允许离境。因遇难而降落的国家航空器继续享有豁免权。这一豁免权使国家航空器不受未经允许的搜查、检查或扣留。如前所述，除非有相关的军种司令部或美国驻该国大使馆的指示，美国军用航空器的指挥官不会授权外国政府对航空器进行登临、搜查、抓捕、检查或其他类似的行使管辖权的行动。此外，美国领事官员应当能与机组成员进行自由沟通，反之亦然。如果任何美国人被拘留，必须告知美国领事馆。美国领事官员有权会见任何被拘留的美国公民。[2]

2. 救助进入权。未经授权而进入国家空气空间一般被视为是对沿海国和群岛国家主权的侵犯。然而，所有船舶和航空器的指挥官都有义务救助那些海上遇险失事者。向在海上遇险或遇难的人提供紧急援助这一长期以来得到承认的义务允许外国，或者在某些特定情形下的外国航空器可以未经沿海国或群岛国的同意进入其国家空气空间。相较于航空器，救助进入权的习惯国际法在船只方面的运用发展得更为成熟。只有当发生危险或海难的地点是合理的众所周知的时候，这一进入权才适用。这项权利并不包括进入一国领海上空进行区域搜查，这需要沿海国的同意。此外，提供紧急援助必须基于善意，而不是作为一个借口。行动指挥官应当将救助进入的情况通知该国的相关当局，以促进国际礼让，避免误会并向当地搜救和医疗机构发出警报。对于如何在救助进入权的任务中使用军用航空器的明确指导在《参谋长联席会议主席指令》2410.01D《救助进入权行使指南》中有所规定。关于救助进入权的一个重要文件是《国务院、国防部和美国海岸警卫队有关行使救助进入权的政策声明》（1986 年 8 月 8 日）。[3]

3. 侵犯国家空气空间。如果一架美国军用航空器侵犯了外国国家空气空间（或据称出现了这种侵犯），可遵循《国防部通关手册》（DOD Foreign Clearance Manual）（定义部分）列出的该侵犯行为所应遵循的程序。

---

[1] 参见《芝加哥公约》第 25 条。

[2] 参见《维也纳领事关系公约》，1963 年 4 月 24 日，21 UST 77；TIAS 6820；596 UNTS 261，第 36 条。

[3] 参见《参谋长联席会议主席指令》2410.01D，2010 年 8 月 31 日，它落实了这一政策声明。该指令特别处理有生命威胁和没有生命威胁情形下的航空器救助进入。

（二）国际空域

国际空域对所有国家的航空器开放。如前所述，国际空域是指毗连区、专属经济区、公海以及不从属于国家主权的领土（例如南极洲）上方的空域。公海的飞越自由和与此自由相关的"其他对海洋的国际合法利用"全部适用于专属经济区。[1]对在专属经济区的飞越自由的唯一明确的限制是该自由的行使必须对沿海国在专属经济区内与自然资源相关的权利义务予以"适当顾及"。此外，每个国家在行使公海飞越自由权时应对其他国家表示"适当顾及"。

国际民航组织在推动民用航空器在国际空域飞行安全方面发挥了重要的作用。国际民航组织出版了《空中规则》，该规则是民用航空器在国际空域飞行的强行性规则。[2]

虽然国家航空器不是必须遵守国际民航组织的《空中规则》，但《芝加哥公约》规定国家航空器飞行时必须"适当顾及"民用航空器的飞行安全。[3]

---

〔1〕《海洋法公约》第 58（1）条"适用于专属经济区的公海自由"，第 86 条"本条规定并不使各国按照第 58 条规定在专属经济区所享有的自由受到任何减损"。因此，包括军用的航空器都有权不受沿海国或岛屿国政府干涉而在国际空域自由行动。军用航空器可能执行飞行任务，包括军械测试和射击，监视和情报搜集，并支持海军活动。所有的这些行动在实施时应"适当顾及"别国的权利和其他航空器和船舶的安全。这些原则同样适用于通过与领海不重叠的海峡飞越公海或专属经济区通道。

〔2〕《芝加哥公约》第 12 条规定："在公海上空，有效的规则应为根据本公约制定的规则。各缔约国承允对违反适用规章的一切人员起诉。"（《空中规则》包含在《芝加哥公约》附件二中）

〔3〕《芝加哥公约》第 3（d）条。1964 年美国政府有关该条对《芝加哥公约》与国家航空器的关系所产生影响的立场阐述如下："《芝加哥公约》明确地将国家航空器排除在它的范围之外，因此，也排除在国际民航组织的责任范围之外。美国计划使其国家航空器在可能的情况下最大限度地遵从附件二中列出的国际民航组织程序；但是，美国认为任何国家的国家航空器应当由该国行使排他性的控制和规制（除非在其他国家拥有主权的空域行动）。至于国家航空器，缔约国无需对任何特定国家航空器或任何种类航空器将遵守的规章制度作出任何承诺，美国也不作出任何承诺，除了在为其国家航空器发布规则时，要求'它们对民用航空器的飞行安全给予"适当顾及"'。"[《芝加哥公约》第 3（d）条）]在所有的军地协同领域中适用这些原则……美国的立场是当缔约国用于军事用途航空器在根据国际民航组织的协定由另外一个国家负责提供民用空中交通服务的国际空域行动时，操作该航空器的国家应当斟酌决定，美国将斟酌决定，告知其他国家该航空器所使用的程序。提供空间交通服务的国家因此能更好地判断应当向操作该国家航空器的有关当局提供有关该区域内航空行为的什么信息，以及向附近的民用航空器提供什么信息或空中交通许可。操作此类国家航空器的缔约国也应当考虑这样得到的信息，以便决定是否以及在何种程度上使用信息来控制这些航空器行动。各国在发布对本国国家航空器在国际空域航行的规定、规则或操作指导时无需征得其他国家的同意……因为《芝加哥公约》不适用于国家航空器，当国家航空器没有达到国际民航组织所制定的国际标准时，缔约国没有义务把《芝加哥公约》第 38 条所规定的差异通知国际民航组织；也不需要通知国际民航组织国家航空器没有遵守"国际推荐实践和程序"。

该义务与《海洋法公约》中的"适当顾及"的义务是相同的。作为一项政策，美国军用航空器在国际空域进行例行的点到点飞行中遵从国际民航组织的飞行程序，因为这对美国军队是非常有利的。[1]国家航空器遵从国际民航组织的飞行程序，就满足了"适当顾及"的要求。当美国军用航空器执行秘密任务或政治敏感的行动时，航空器飞行指挥官无需遵循国际航空组织的飞行程序，但也可根据"适当顾及"的选择来行动，在这种情况下，为了使他们自己的航空器与其他空中交通工具区分开来，他们将作为自己的空中交通管理机构。关于飞行程序"适当顾及"义务的其他指导被包含在《国防部指示》4540.1、《美国军用航空器和导弹/火箭发射对国际空域的使用》（2007年3月28日）中。

1. 国际海峡。《海洋法公约》将领海宽度从基线起延长至12海里，实际上封闭了超过100个窄于24海里并为沿海国领海所涵盖的国际海峡，航空器在这些海峡上空不享有通行权。这些海峡包括直布罗陀海峡（Gibraltar）、曼德海峡（Bab el Mandeb）、霍尔木兹海峡（Hormuz）和马六甲海峡（Malacca）。[2]《海洋法公约》引入了一个新的法律制度——过境通行——该制度使得船舶和航空器都有权通过这些海峡。过境通行适用于那些穿过领海将公海或专属经济区的一部分与公海和专属经济区的另一部分连接起来的国际航线的海峡。过境通行权存在于整个海峡，而非仅限于与沿海国领海重叠的部分。航空器（包括军用航空器）在有领海重叠部分的国际海峡的上空享有不受阻碍的过境通行权。这种通行必须是以正常的行动方式持续不停和迅速地进行，所涉及的航空器必须避免对海峡沿岸国的主权、领土完整或政治独立使用或威胁使用武力，避免以通常方式进行不间断地和迅速地航行所附带发生的活动以外的任何活动。在和平时期，航空器在过境通行国际海峡中行使的飞越权不得以任何理由予以暂停。但是《海洋法公约》赋予了进行过境通行的所有航空器两项义务。其一，民用航空器必须遵循国际民航组织颁布的《空中规则》，而国家航空器飞行时必须对航行安全给予"适当顾及"。其二，在任何时候，

---

〔1〕 参见《国防部指示》4540.1《美国军用航空器对空气空间的使用和在公海上开火》，2007年3月28日，第4.2.1、6.3.1.段。

〔2〕《海洋法公约》无意影响相关海峡中现有的法律制度，在这些海峡中的通过是由专门为它们所签订的长期有效的国际公约来规范的。《海洋法公约》第35（c）条。比如，过境通行不适用于1936年《蒙特勒公约》所管理的博斯普鲁斯海峡和达达尼尔海峡。

民用和国有航空器都应该监听国际民航组织指定的空中交通管理机构分配的无线电频率或适当的国际遇险无线电频率。

国际海峡过境通行权的重要性在"埃尔多拉多峡谷行动"中得到了充分的展示。从英格兰飞往利比亚的空军 F-111s 和 KC-135s，在飞越欧洲大陆时被法国和西班牙政府拒绝飞越通过。因此，战斗轰炸机及其加油机被迫沿一条迂回路线飞行：从英格兰南部起飞后，通过大西洋，通过直布罗陀海峡，向东经地中海，然后向南攻击利比亚。过境通行权确保美军能到达利比亚。

2. 群岛海道。在经过通常用于国际飞越的航线通过群岛水域或者毗邻领海时，包括军用航空器在内所有航空器享有群岛海道通行权。群岛海道通行权的法律制度实质上与过境通行的法律制度一样。群岛海道通行在国际法上被定义为航空器为了继续不停、迅速和无障碍地过境群岛水域而行使正常方式的航行和飞越的权利。[1]这就意味着航空器在飞越这样的水域时可以进行正常的活动，包括开展对其安全十分必要的行动，如编队飞行。群岛国在法律上可能不要求在行使群岛海道通过权时，事先获得批准或知会。[2]《海洋法公约》对行使群岛海道通过权的所有航空器规定了与行使过境通行权的航空器相同的两项义务。[3]不论是依据国际民航组织的规则和程序飞行，还是飞行时给予"适当顾及"，无需为通过群岛海道向群岛国寻求外交许可。群岛海道通行不能因任何原因暂停。群岛海道之外的群岛水域上空没有飞越权。

五、特殊航行问题

（一）过度的海洋主张

美国反对过度的海洋主张，并坚持在国际水域上空的飞越自由。正如1983年3月10日美国总统发布的《美国海洋政策声明》中宣布的："美国将以符合（1982年海洋法）公约所体现的均衡利益的方式，在全球基础上行使并坚持其航行和飞越的权利及自由。无论如何，美国不会默许旨在限制国际社会航行和飞越自由以及其他与此相关的对公海使用的单方面行为。"

此外，《海上行动法指挥官手册》表明：当海洋国家看起来默认了过度的

---

〔1〕 参见《海洋法公约》第53（3）条；《海上行动法指挥官手册》第2.5.4.1段。

〔2〕 参见《国防部通关手册》（DOD Foreign Clearance Manual）第DL1.5段。

〔3〕 参见《海洋法公约》第54条（比照参考第29、40、42和44条）。

海洋主张，面对对国际航行和飞越的限制，不能积极地行使它们的权利，经过一段时间后，这些主张和限制可能被认为已经被国际社会接受为反映了各国的实践的行为并对所有的海洋及上部空域使用者都有约束力。因此，海洋国家有义不容辞的责任对沿海国和岛屿国提出的过度的海洋主张提出外交抗议，同时面对此类主张时行使它们航行和飞越的权利。[1]

航行自由计划落实了美国挑战过度海洋主张的政策。[2]指挥官和军法官应参考战斗指挥官针对不同战区的特定指导和适配的行动命令，以获取特定行动区域内计划和实施航行自由计划行动的具体指导。

（二）安全区

（包括朝鲜和越南在内的）一些沿海国家已经主张在领海之外建立不同宽度的军事安全区，旨在在该区域内规范或禁止其他国家的军舰和军用航空器的行动。这包括各种限制，比如进入的提前通知和授权，限制在指定时间内出现的外国船只或航空器的数量，禁止各种作战行动，或完全禁止进入。国际法不承认沿海国平时在领海之外建立区域以限制其他国家享有不是与资源相关的公海自由。因此，美国不承认任何旨在限制或规范公海航行和飞越自由的、自我主张的从领海向海一侧划定的安全区或军事区在平时的有效性。

（三）防空识别区

国际法不禁止国家在与其领空相邻的国际空域设立防空识别区。安全区与防空识别区是不同的，后者仅仅是沿海国和岛国所使用的民用航空器报告和识别制度。防空识别区的法律依据是国家有权对进入其国家空气空间的航空器设定合理的条件。因此，一个在国际空域飞行接近国家空气空间的航空器可能被要求表明身份以作为获得批准进入的条件。美国发布的防空识别区规定适用于飞往美国领空的航空器，要求其提供飞行计划的文件和定期的位置报告。然而，一些国家意图要求所有穿越防空识别区的航空器，不论它们是否有意进入该国领空，都要遵循防空识别区的程序。在这种情况下，美国不承认沿海国或岛国对外国航空器提出的遵守其防空识别区程序的要求，而且除非美国特别同意，没有意图进入国家空气空间的美国军用航空器不需要

---

〔1〕 参见《海上行动法指挥官手册》第2.8段。

〔2〕 参见《国防部指示》C2005.1，"航行自由计划（FON）"；更多关于FON计划的未尽讨论参见《海上行动法指挥官手册》第2.8段。

表明身份，也无需遵守他国设立的防空识别区程序。[1]

（四）飞行情报区

飞行情报区是指提供飞行信息和警报服务的确定空域。飞行情报区是国际民航组织（ICAO）为了民用航空安全而分配给沿海国的，包括各国国家空气空间和国际空域。飞行情报区系统确保向民用空中交通提供空中交通管制和飞行服务。沿海国常常出于声望和能够征收飞行服务费而欢迎分配给它们飞行情报区。但是，一些国家意图要求在其飞行情报区内的国际空域中的所有的军用航空器都遵守飞行情报区程序，而不论他们是否使用了飞行情报区的服务或有意向进入其国家空气空间。美国不承认沿海国在这种情况下将飞行情报区程序适用于军用航空器的权利。因此，除非美国特别同意，没有意图进入国家空气空间的美国军用航空器不需要表明身份，也不遵守他国设立的飞行情报区程序。[2]

（五）警告区

任何国家都可以在公海上宣布划定一个暂时的封闭或警告区，将尽管合法，但对于航行和/或飞越有危险的行为通知其他国家。美国和其他国家通常因导弹试验、射击演习、航天器回收行动和其他对合法利用公海的行为构成一定危险的情形而例行宣告警告区。设定这种区域的通知应当提前发布，通常以"对海员的通知"和（或）"对飞行员的通知"等形式。[3]其他国家的船舶和航空器不被要求待在宣布的封闭或警告区域外，但是有责任不干扰该区域内的活动。因此，在对宣告国为了合法目的而使用公海的权力给予适当顾及的前提下，美国船舶和航空器可以在一个外国宣布的封闭区内搜集情报和观察相关活动。[4]他国的船舶和航空器也可以在美国宣布的封闭区域内从事相同的活动。

六、自卫和武装冲突

需要强调的是，以上有关空气空间和空中航行权和责任的大部分讨论是

---

〔1〕　参见《国防部指示》4540.1 第 6.4 段；《海上行动法指挥官手册》第 2.5.2.3 段。

〔2〕　参见《海上行动法指挥官手册》补充注释第 2.7.2.3 段。

〔3〕　可能需要额外的通知。参见《海上行动法指挥官手册》第 2.6.3 段。

〔4〕　参见《海上行动法指挥官手册》补充注释第 2.6.3 段。

适用于和平或非敌对环境的。在即将发生或实际敌对的情况下，国家可能有必要采取可能影响国际空域和空中航行地位的自卫措施。无论是交战国还是中立国，各国只要宣布了国家紧急状态并通知了国际民航组织，就可以暂停履行《芝加哥公约》的规定。[1]此外，当国家被卷入国际武装冲突时，应适用武装冲突法。在实施敌对行动期间，对可能影响空气空间和航行的权利和义务的中立等相关概念，必须予以考虑。

七、联合国和其他集体行动

在国际空域的航行自由和对本国国家空气空间的国家主权可能受到联合国通过安理会所采取的行动的影响。如联合国安理会 816 号决议要求其成员国在波斯尼亚和黑塞哥维那共和国上空设置禁飞区，明显干涉了国家空气空间的主权权利。而且 1990 年 11 月 29 日的联合国安理会 678 号决议中使用了"一切必要手段"一词，以实现安理会先前提出的伊拉克从科威特撤军的要求（1990 年 8 月 2 日联合国安理会 660 号决议），授权联盟部队干预对国际空域和国家空气空间的使用，只要这与迫使伊拉克部队撤离科威特有关。在某些情况下，地区安全组织也有权影响国际空域或国家空气空间的使用。

参考文献

1. Convention on International Civil Aviation, 7 December 1944, 61 Stat. 1180, T. I. A. S. 1591, 15 U. N. T. S. 295.

2. United Nations Convention on the Law of the Sea, 10 December 1982, 21 I. L. M. 1261.

3. International Air Services Transit Agreement, 7 December 1944, 59 Stat. 1693, 84. U. N. T. S. 389.

4. Statement on United States Oceans Policy, 10 March 1983, 19 Weekly Comp. Pres. Doc. 383, reprinted in 22 I. L. M. 464（1983）.

5. Presidential Proclamation No. 5030, Exclusive Economic Zone of the United States of America, 10 March 1983（48 F. R. 10605）.

6. Presidential Proclamation No. 5928, Territorial Sea of the United States of America, 27 De-

---

〔1〕 赋予进行定期国际航班服务的民用航空器飞越其他国家和在其他国家降落权力的主要的多边协定规定："在有积极的敌对行动的区域或军事占领区内，在战时，前往这样区域的补给线路沿线，这样的特权的行使应当得到主管军事当局的批准。"《国际航空过境协定》第 1 条。

cember 1988（54 F. R. 777）.

7. Presidential Proclamation No. 7219, Contiguous Zone of the United States of America, 2 August 1999（64 F. R. 48701, corrected by 64 F. R. 49844 and 49276）.

8. SECSTATE Message, "U. S. Government Policy on Aviation-Related Fees", 011542Z August 2007（STATE 106799）.

9. DoD, Foreign Clearance Manual, 29 August 2013（www. fcg. pentagon. mil）.

10. DoDD 4500. 54E, DoD Foreign Clearance Program, 28 December 2009.

11. U. S. Diplomatic Clearance and Landing Procedures, http://www. state. gov/t/pm/iso/c56895. html.

12. DoDI 4540. 01, Use of International Airspace by U. S. Military Aircraft and for Missile/Projectile Firings, 28 March 2007.

13. CJCSI 2410. 01D, Guidance for the Exercise of the Right - of - Assistance Entry, 31 August 2010.

14. AFI 11-202, vol. 3, General Flight Rules, 22 October 2010.

15. Naval Warfare Publication（NWP）1-14M, The Commander's Handbook on the Law of Naval Operations（July 2007）.

16. Annotated Supplement to the Commander's Handbook on the Law of Naval Operations（A. R. Thomas & James C. Duncan eds. , Naval War College, 1999）.

第五章 | 太空法

一、引言——太空给战斗带来了什么？

多年来，战斗员严重依赖太空产品和服务来帮助减少战争迷雾。国防部提供这些产品和服务的能力有五种：①太空态势感知；②太空力量加强；③太空支援；④太空控制；⑤太空力量运用。[1]

太空态势感知涉及对在陆地环境和太空空间运作的太空能力的描述。它依赖于太空监视、收集和处理的结合，环境监测、处理和分析，美国和协作卫星系统的地位，美国和多边国家空间准备的收集，以及太空空间的分析。它同时包含对情报来源的利用，以洞察对太空能力的敌对性使用和它们对美国太空能力的威胁，这也能相应地帮助联合部队指挥官了解它们的敌对意图。太空力量加强行动通过提升作战潜力、强化作战意识和提供所需的联合部队支援来使联合部队作战效能倍增。联合条令描述了五种力量强化的功能：①情报、监视和侦察（ISR）；②导弹预警；③环境监测；④卫星通信；⑤天基定位、导航和定时。这种对太空非侵略性的使用是空中、陆上和海上军事行动不可缺少的部分。其中的一些能力对于世界各地平民的每日生活也是必不可少的。这些能力在国际上被广泛接受，以至于它们很少引发行动上的法律问题。

---

〔1〕《联合出版物》3-14，太空行动（2013年5月29日）。另见《空军条令文件》3-14，太空行动（2012年6月19日）。《空军条令文件》3-14对三个太空行动的领域进行了阐释：全球太空任务行动、太空后勤补给和太空控制。《空军条令文件》3-14"对《联合出版物》3-14中的相关讨论进行了补充"。另见《空军条令文件》3-14标题页。另见《空军条令文件》3-72，核行动（2009年5月7日，纳入修订2，2011年12月14日）（关于《联合出版物》"太空力量应用"定义下的洲际弹道导弹作战行动的讨论）。

同样地，太空支援领域也很少引起行动上的法律问题。太空支援任务包括贯穿军事行动范围的为运转和维持全元素太空力量所必须的基本能力、功能、活动、任务，太空支援的组成部分包括太空运输、卫星操作和太空力量补充。

太空控制为友好势力在太空中的行动自由提供支持，并且在必要的时候，击败干涉或攻击美国或者与美国同盟的太空系统的敌对势力并否认敌对势力的太空能力。它包括进攻性太空控制（OSC）和防卫性太空控制（DSC）。进攻性太空控制是为防止敌方出于对美国国家安全利益的敌意而使用美国及友国太空系统和服务，以及使用于这种敌意目的的太空系统和服务丧失功能。防卫性太空控制是为了通过主动和被动行动保持对太空能力的利用而采取的行动，同时保护友国的太空能力不受攻击、干扰或意外伤害。这种预防和使之丧失功能的太空控制活动会引发重大的法律和政策问题。

太空势力的应用是通过使地面目标处于危险之中而在太空中、穿越太空和从太空进行，以影响冲突过程和结果的作战行动。应用太空势力的任务领域包括弹道导弹的防卫和跨洲弹道导弹的预测。随着军事太空能力的不断发展，军队律师必须准备好为指挥官和操作员提供法律指导，以便解决所出现的法律问题。

二、法律及政策框架

就像有适用于空中、陆地和海上行动的法律制度一样，也有适用于太空行动的法律制度。太空行动的法律制度以国际法为基础，包括四个概述了太空法基本原则的核心条约。太空法还包含了国际法的一般原则，包括《联合国宪章》及武装冲突法中的一般原则，这也构成了太空法的一部分。此外，许多军备控制协定直接影响了太空的军事活动。虽然国际法律制度只提出了少量的限制，总体来说为太空军事活动提供了很大的灵活性；但是在国内法层面，一些重要的美国法律、法规和政策对太空行动赋予的限制，必须被加以考虑。

（一）核心太空条约

适用于太空活动的主要原则包括在四个核心太空条约中：《外层空间条约》（即《关于各国探索和利用包括月球和其他天体在内外层空间活动的原则条约》）、《营救与返回协定》（即《关于援救航天员，送回航天员及送回射入外空之物体之协定》）、《责任公约》（即《外空物体所造成损害之国际责任公约》）、《登记公约》（《关于登记射入外层空间物体的公约》）。所有这些条约都同等适用于军事和非军事太空活动，对秘密行动也不例外。此外，这些条约不适用于敌对状态，因此，尽管这些条约的条款在交战方与非交战方之间继续适用，但在冲突中的交战方之间可能被暂停适用。最后，值得注意的是，这四个核心太空条约中的许多条款现在已经被视为习惯国家法的一部分，这就意味着条约的非缔约国也可能受其约束。幸运的是，所有主要的航天国家都是这些核心条约的缔约国。

首先应该指出的是，国际法没有给出"外层空间"的明确定义。的确，大气空间与外层空间的界限还未确定。虽然各国都普遍认为领土之上的主权大气空间是有界限的，但未能就大气空间止于何处，以及外层空间始于何处达成共识。美国赞同用功能性的办法来划分大气空间与外层空间。确切地说，美国的划分方法是基于进行航空和航天活动的区域，而非一个固定的地理界线。根据这种方法，大气空间的上边界是一架航空器能够飞行的最高高度而低于在轨地球卫星的可能的最低近地点。其结果就是在轨道上或轨道外的任何物体都可以肯定地被看作是位于外层空间。美国不接受任何国际上提议的空间界限（比如说海平面上方100公里）。美国一贯反对在没有必要的情况下设立这样的界限。[1]不接受预设界限的一个基本依据是：一旦确定这样一个界限，将限制灵活性和妨碍利用不断发展的太空技术和能力。

1.《外层空间条约》。《外层空间条约》是太空法律制度的基石。它包含有关利用和探索外层空间的广泛原则，包括《联合国宪章》和其他国际法对太空活动的适用。它还包含对太空军事行动的特别禁止。此外，该条约还规定了国家应承担的国际义务，以及为其国民在外层空间的活动应承担的义务和责任，而不论该行动是由政府还是非政府行为体实施的。《外层空间条约》同时也明确禁止特定的太空军事活动。其他所有的太空专项条约都源于该条约所规定的基本原则，或者是对这些基本原则的扩充。

2.《营救与返回协定》。《营救与返回协定》解决的是对航天器人员的救助以及收回在发射国领土以外发现的太空物体的问题。而且，其还规定了协定签署国将被找回的人员及物体返还给发射国的义务。

3.《责任公约》。该条约规定了国家要为其太空物体对别国或别国公民造

---

〔1〕 例如，美国声明，外层空间的定义和定界以及地球静止轨道的特征和利用，http://www.state. gov/s/l/22718. html.

成的损害承担国际责任。明确国家要对这类损害承担责任的具体情况，并规定了追索损害赔偿金的程序。

4. 《登记公约》。为协助国家识别太空物体的所有权，《登记公约》规定发射国向太空发射任何一件物体后，应尽快向联合国提供一定的数据。联合国在一个登记簿中公布这些数据，公众可以通过下列网址 http://www. unoosa. org/oosa/en/SORegister/index. html 进行查询。本章还会对此进行进一步的讨论。

（二）影响太空军事行动的军控协定

1. 《部分核禁试条约》。该条约禁止在水下、空中及外层空间进行核武器试验或者任何其他的核爆活动。

2. 《禁用改变环境技术公约》。该公约禁止以毁灭、破坏或损害他国为目的，在军事上怀有敌意地使用影响范围广泛（涵盖几百平方公里的区域）、持续时间长（持续几个月或近乎一个季节）或者后果严重（对人类生命、自然及经济资源或其他财产造成严重或重大破坏或者损害）的改变环境技术。条约适用于陆地、空中及外层空间。该条约并不禁止为和平目的使用改变环境技术，旨在在武力冲突时期予以适用。此外，该条约并未被解释为宣布使用核武器为非法。

3. 《削减和限制进攻性战略武器条约》。该条约要求美国、俄国、白俄罗斯、哈萨克斯坦及乌克兰削减和限制进攻性战略武器。重型轰炸机、潜射弹道导弹、洲际弹道导弹受条约规制。该条约还规定了试射洲际弹道导弹和潜射弹道导弹进行预先通知的义务，包括那些用于发射物体到上层大气空间或太空的试验。除非各缔约国同意延长，该条约将于2009年12月31日过期失效。

4. 《削减进攻性战略武器条约》。《削减进攻性战略武器条约》，也被称为《莫斯科条约》，要求削减战略核弹头的数量至1700枚~2200枚之间。不像上文的《削减和限制进攻性战略武器条约》和下文的《新削减战略武器条约》那样详尽并包含很多定义，该条约并未定义什么是战略核弹头，或要求销毁过量的核弹头。美国宣布在2009年初已达到《削减进攻性战略武器条约》的要求。该条约已经被2011年2月生效的《发射通知协定》替代。

5. 《新削减战略武器条约》。美国和俄罗斯于2010年4月签订了《新削减战略武器条约》，该条约于2011年2月生效。该条约要求美国和俄罗斯对它们所持有的洲际弹道导弹及其发射器、潜发弹道导弹及其发射器、重型轰炸机、洲际弹道导弹弹头、潜发弹道导弹弹头以及重型轰炸核武器的数量进行明确的削减。双方有七年的时间来达到条约中设定的数量。该条约将会在10年内持续有效。由于第一阶段的洲际弹道导弹有时被用于航天发射，因此这一条约影响了太空行动。在第一阶段的洲际弹道导弹被用于航天器发射的情形下，需要遵循《新削减战略武器条约》的相关条款。但该条约没有对测试、发展或部署现有的或计划的美国导弹防卫项目或传统的远程打击能力作出任何限制。

6.《发射通知协定》。1971年《美苏减少核事故措施协定》、1988年《弹道导弹发射通知协定》、2000年《发射前后的通知制度谅解备忘录》是美苏（俄）两国间达成的要求提前通知弹道导弹和太空物体发射的双边协定中的一部分。这些协定的目的是防止一方将意外发射、试验发射及身份不明物体误解为有敌意的发射。美国还是《防止弹道导弹扩散海牙行为准则》（以下简称《海牙行为守则》）的签字国。《海牙行为守则》不是条约，但是签字国都同意采取各种措施来遏制弹道导弹的扩散。《海牙行为守则》的签署国也同意互相交换弹道导弹、航天器发射及试飞的提前通知。

（三）美国太空政策

1.《国家太空政策》。2010年《国家太空政策》指出，美国认为所有国家的太空系统有在太空中不受干扰地通过和行动的权利，美国将有意干扰其太空系统的行为，包括对基础设施的支持，视为对其权利的侵犯。该文件还指出，根据国际法和"和平目的"原则，太空可以被用于国家的安全活动。该政策文件还表明美国会实施一系列的措施来帮助保证所有责任方对太空的利用，并且根据固有的自卫权利，阻止他方的干涉和攻击，防卫自己和同盟国的太空系统；如果阻止失败则击败该攻击势力。2006年《国家太空政策》宣布美国反对建立寻求禁止或限制美国进入或利用太空的新的法律制度或设置其他限制。而2010年《国家太空政策》表明美国会考虑军备控制提案和设想，如果它们是公平的、可供检验的并且会提高美国及其盟国的国家安全。最后，2010年的政策要求放弃减少太空残骸的方针需要发起部门或机构的最高领导人（对于国防部，就是国防部部长）的同意。

2.《国家安全太空战略》。2011年《国家安全太空战略》指出，太空对美国的国家安全至关重要。根据《国家安全太空战略》的有关规定，当前和未来的战略环境是由三个趋势所驱动的——太空变得越来越拥挤、多元化且充满竞争性。拥塞程度的攀升不仅是由于国际上太空活动的增长，而且还归咎于太空残骸的增多。太空活动的整体性增长也同时加剧了无线电频谱的拥塞。可能使太空资产遭到拒绝、降级、欺骗、破坏或毁损的人为威胁的增加，以及开发太空对抗能力并试图利用太空感知脆弱性的潜在对手的增加，导致太空成为竞争选手诸多的环境。最后，随着美国的竞争优势和技术领先地位的下降，以及其他国家的专业知识不断增加，太空的竞争越来越激烈。《国家安全太空战略》确定了三个国家安全空间目标：①加强空间的稳定性和安全性；②维持和增强太空赋予美国的战略国家安全优势；③加强支持美国国家安全的太空工业基地。为了实现这些目标，《国家安全太空战略》还确定了以下五种战略方法，从行动层面看，后两种方法尤为重要：①促进负责任的、和平和安全的太空利用；②提供改良的美国太空能力；③与负责的国家、国际组织和商业公司合作；④预防和制止对支持美国国家安全的太空基础设施的侵略；⑤准备打败攻击并在被降级的环境中运行。关于预防和制止侵略，《国家安全太空战略》指出，如果威慑失败，美国将保留以自卫方式回应的权利和能力，并以符合国际法和固有自卫权的方式使用武力。

3. 《国防部太空政策》。2012 年的《国防部太空政策》（《国防部指令》3100.10）制定了国防部政策，并根据《国家太空政策》和《国家安全太空战略》分配了国防部对太空相关活动的责任。

4. 《现行交战规则》。美国的现行交战规则包含一个机密附件——有关太空行动的附件 E。

基于《国家太空政策》和《国家安全太空战略》中所指出的国际合作政策和主题，美国政府宣布愿意与欧盟和其他国家一起制定国际外太空活动的行为准则。[1]该行为准则不会具有法律约束力，而是旨在通过制定负责任的太空使用准则来帮助维护空间的长期可持续性、安全性和稳定性。美国明确表示，它将不会制定任何行为准则，以任何方式限制与美国国家安全相关的太空活动或其保护美国及其盟国的能力。太空法律从业人员应密切注意这项工作的进展——如果被美国采纳，则《海牙行为守则》将不可避免地影响国防部和美国空军的太空行动。随着时间的推移，《海牙行为守则》中采用的规

----

〔1〕 新闻稿，国务卿希拉里·罗德姆·克林顿（Hillary Rodham Clinton）（2012 年 1 月 17 日），见 http://www.state.gov/secretary/20092013clinton/rm/2012/01/180969.html.

范可能会上升到习惯国际法的水平。

三、主要的太空原则和它们对太空军事行动的影响

（一）太空自由权

《外层空间条约》宣布外层空间（包括月球和其他天体）可供所有国家，即使是没有批准该条约的国家，自由地使用和开发。除非有国际法授权，任何国家或国家集团都不能禁止另一个国家或国家集团进入太空或天体上的任何区域。大多数国家都理解并接受别国的卫星可以在太空中自由地运行，即使它们可能"飞越"他们国家或其他国家的领土。虽然定期的航空服务或国家航空器在飞越一国领空时，要事先获得该国的批准，但是对在太空中的太空物体却没有这样的要求。然而，那些物体在进入太空或从太空返回的途中经过外国的领空不需要批准的权力却没有得到广泛接受。

国际法中没有要求太空物体之间要保持任何特定的距离，相反国际法提出各国在进行它们的活动时"适当顾及"所有其他国家的相应利益，包括防止对太空活动的有害干涉。因此，一国并没有公认的法律权利来通过宣布摧毁或干扰距离其卫星一定距离的任何国家的太空物体，而建立一个围绕其卫星的"缓冲区"。

（二）为和平目的使用太空

《外层空间条约》的序言承认为和平目的使用太空符合全人类的共同利益，但该条约第 4 条要求月球和其他天体只能用于和平目的。虽然第 4 条确实禁止了特定种类的武器的适用，但该条约并没有宣布太空本身必须用于和平目的。而且，这一条约也没有界定"和平目的"。多数观点认为，此处的"和平"等同于非敌对、非侵略的活动。因此，情报搜集、导弹预警和通信及导航信号的传输到太空、来自太空和穿越太空都是非侵略的、和平的，因而也是合法的活动。而且，由于《联合国宪章》第 51 条承认各国单独或集体自卫的固有权利，所以，在太空使用军事力量以应对一个侵略者，并不违反条约和平目的的宗旨。

少数国家认为，太空只能用于和平目的的要求旨在使外层空间非军事化，虽然同样是这些国家普遍承认《外层空间条约》批准军事人员"为科学研究或其他和平目的"而在太空中存在。这些少数国家提议签署条约或无拘束力的协定以防止在太空部署或使用武器。有趣的是，需要一个新条约来阻止在

太空中放置或使用武器的事实恰恰说明了在太空中放置和使用武器不被现有的法律制度所禁止。到目前为止，这些提议尚未导致法律制度的任何改变或增加。

美国的法律和政策反映了和平目的的宗旨及大多数对"非侵略性使用"的解读。1958 年的《国家航空航天法》宣布美国的政策是"在太空的活动应该是出于和平目的，并致力于全人类的福祉"。2010 年的《国家太空政策》重申了这一政策，但也澄清了和平目的也允许在太空为维护国家利益而进行防御和与情报有关的活动。2011 年的《国家安全太空战略》也承认了在太空中避免敌对的重要性，但是明确了对侵略的阻止和威慑也是与太空的和平利用相符合的，美国保留和追求与固有的自卫权相一致的活动。

（三）禁止国家占有太空

《外层空间条约》禁止各国无论是通过宣示主权、使用或占领，还是以其他方法占有包括月球和其他天体在内的外层空间。根据这项禁令，宣称拥有轨道、轨道槽或某部分无线电频谱的所有权是没有法律依据的。一些国家确实在出售或出租在国际电信联盟登记的轨道槽或者无线电频率，但是因为被《外层空间条约》所禁止，所以这些做法并不能构成所有权关系或占有关系。

（四）国际法适用于太空活动

正如上文提到的，《外层空间条约》特别要求太空活动符合包括《联合国宪章》（及其规范武力使用的规则）在内的国际法。适用于太空活动的法律制度包括习惯国际法（比如进行预先自卫的权利），人道和武装冲突法的基本原则，和部队地位、设施和进入的可适用条款，或者其他有关的国际协定。因此，在制定行动计划和确定目标的过程中必须考虑武装冲突法。

（五）在太空进行军事活动是被允许的，有少量限制

1. 概述。正如在前面有关和平目的的部分讨论的那样，《外层空间条约》将地球以外的所有区域划分为两部分：外层空间和天体（包括月球）。对军事活动的限制只适用于天体而不适用于外层空间本身。

2. 在太空中或天体上使用武器。《外层空间条约》只禁止在围绕地球的轨道上安放核武器或其他大规模杀伤性武器，同时禁止在天体上安放此类武器，或者将此类武器部署在外层空间。因此，这一条约对太空中使用武器的限制是相当有限的。常规武器可以在外层空间中入轨、安装或部署。同样，大部分合法武器也可以在外空使用、来自或穿过外空使用（除了核武器在平

时的爆炸）。因此，虽然洲际弹道导弹轨道的一部分是在外层空间，但是这种核武器暂时出现在太空并不违反国际法。因为洲际弹道导弹从未真正"入轨"，而仅仅是其部分轨道穿过外层空间。同样地，在太空部署非大规模杀伤性武器的反卫星武器在国际法上是允许的。

如上所述，太空丧失功能行动指那些可以用来针对对手太空设施的行动，以拒绝、削弱、破坏或摧毁对手的太空能力。美国国防部的政策是倾向于对用于对美国国家安全利益有敌意的太空系统和服务采取战术阻遏（《国防部指示》S-3100.15）。完成战术阻遏需要批量研发与战术应用相称的武器，来提供局部化、可逆性及暂时效果的能力。然而，根据这一政策，美国保留作出其有发展不可逆阻遏武器选择的权利。因为，太空丧失功能行动涉及对另外的国家的太空行动进行有害的干涉，所以会出现前面章节所讨论的法律和政策问题。

虽然《外层空间条约》允许在太空使用常规武器，但是一个国家可以出于各种理由决定在太空中放弃攻击性地使用武器。比如，某一特定性能的使用可能导致太空碎片的产生，这会对非交战方（包括友好国家）的太空物体构成威胁。在确定目标的过程中就应该避免这种潜在的附带损害和自相残杀。这就可能需要改变预期的行动方案。比如，一个国家可以进行某种形式的暂时干预（"软杀伤"），而不是摧毁一颗卫星（"硬杀伤"）。

尽管如此，为了自卫，一个国家可能认为进行"硬杀伤"对非交战国太空财产造成附带损害是必要的，而且是与所能取得的军事利益相称的。然而，根据《外层空间条约》和《责任公约》的规定，造成损害的国家可能会被索赔，尽管由于损失是在作战行动期间造成的，但其索赔一般不会被偿付。此外，一个国家可能希望阻止敌国攻击友国太空财产，因而限制使用某种特殊的太空武器。但是，底线是只要武器本身合法且按照武装冲突法的原则使用武器，一个国家有权在太空使用武器自卫。

3. 在太空测试武器。《外层空间条约》的确禁止在天体上测试任何类型的武器。但在太空空间中进行武器试验并未被《外层空间条约》所禁止。先前讨论的《部分禁止核试验条约》的确禁止和平时期在外层空间进行核武器试验。但是禁止在太空进行核武器试验可能并不适用于武装冲突中的交战双方。事实上，美国在批准了《部分禁止核试验条约》后，从 1963 年到 1975 年维持了一个监测核武器的卫星系统。然而，在外层空间使用核武器会对所有卫星造成损害，可能会违反武装冲突法中的区分原则。

4. 在太空建立军事基地。《外层空间条约》禁止在天体上建立军事基地。但是在太空中设置人造军事太空站并未受到禁止。

5. 在太空中进行军事演习。《外层空间条约》禁止在天体上进行军事演习，但是它并未禁止在太空中进行此类活动。

（六）对别国太空活动的有害干预

1. 概述。《外层空间条约》规定缔约国在进行太空活动时，应"适当顾及"其他缔约国的"相关利益"。此外，该条约还要求各国在从事可能对其他缔约国的太空活动"造成潜在有害干扰"的太空活动之前，应与其他缔约国"进行适当的国际磋商"。但是武装冲突中的交战国会暂时搁置这些限制性条款。然而，这些规定仍将适用于交战国和非交战国之间。因此，被交战国用于军事目的使用多国共有的卫星和商用卫星就会引起敏感的政治问题。除了需要确定卫星是否构成有效的军事目标以外，还必须考虑干涉这些卫星或者干涉非交战国所有人和用户对卫星的使用可能导致的政治后果。

2. 《国际电信联盟宪章及公约》。《国际电信联盟宪章及公约》宣布，无线电频谱及对地静止轨道是有限的自然资源，所有国家都有平等使用权。国际电信联盟的一个目的就是禁止对他国通信的有害干扰。因此，根据《国际电信联盟宪章及公约》和《无线电法规》的规定，一旦国家将其对某一轨道槽或无线电频率的使用进行了登记，那么该国就有权对其进行无期限且不受有害干扰的使用。《国际电信联盟宪章及公约》第45条要求各国应以不对其他国家的无线电服务或通信造成有害干扰的方式使用无线电频率（具有有约束力的条约的效果）。《无线电法规》对如何获得和使用无线电频率作了详细的规定。虽然国际电信联盟并不试图规范军事通信活动，但是它的确要求军队应采取"尽可能的"措施防止有害干扰。其实，《频率管理手册》规定所有无线电频谱使用者都应当对其他使用者的权利给予适当顾及。最后，部队地位协定和军事基地权利协定可能对在特定国家内无线电频率的使用加以限制。

3. 国家技术核查手段。《削减和限制进攻性战略武器条约》（及其他未在本章中讨论的条约）禁止通过国家技术手段来干扰一方核查条约遵守情况的能力。情报、监视、侦察卫星构成国家技术手段的一种形式。但该条约没有明确规定，当签字国处于武装冲突状态中时，这些条款是否适用。涉及武装冲突的任何一种情形都必须遵守可适用的《现行交战规则》。

4. 美国的法律与政策。美国也制定了有关干扰太空活动问题的法律与政策。比如，《美国法典》第 18 编第 1367 节把故意或恶意干扰电信、气象卫星活动或者妨碍、阻碍卫星传播的行为定为重罪。虽然第 1367 节特别将有授权的执法和情报活动予以豁免，但它并没有将其他军事或国家安全活动明确地排除在其管辖范围之外。同样，《美国法典》第 47 编第 502 节将明知和故意违反国际电信联盟制定的法律法规、限制或者条件定为犯罪。任何牵涉本法的活动都应提交给空军军法官和空军法律总顾问。

（七）国家应对其太空活动负责并承担责任

《外层空间条约》规定，各国应对它们的国家太空活动负责，包括政府和非政府实体所进行的活动。《登记公约》提供了一种确定哪个国家应该对某特定太空物体负责的方法。条约要求从事太空活动的国家建立国家登记册，以记录本国发射到太空的每个物体。条约还要求联合国保留一本登记册，各国应在把每个物体发射入太空后，尽可能快地把相关数据提交给联合国，以便登记入册。提供给联合国的资料起码应该包括：发射国的国名，物体的登记号码或其他标记，发射日期和地域或位置，基本的轨道参数和物体的总体功能。虽然条约将"发射国"定义为一个发射或获取发射权的国家或者一个从其领土上或利用其设施发射外空物体的国家——这时可能产生不止一个"发射国"——但是只有一个国家登记该物体的情况。

《外层空间条约》还规定"适当国家"必须对非政府的太空活动提供授权并实施持续监督。虽然还涉及其他因素，但是依据《登记公约》的"登记国"是决定哪一国是"适当国家"的强有力的证据。比如，如果有多个发射国而且太空物体未登记，可能就会通过确定哪国公民拥有或实际控制操作该太空物体来确定谁是"适当国家"。美国对太空物体实施授权及监督的方法是颁发执照许可程序。根据卫星的功能和操作方法，美国各种机构都涉及其中，包括联邦航空管理局（负责发射），联邦通信委员会（负责与卫星的通信）及国家海洋和大气管理局（负责遥感卫星）。

《责任公约》也规定了使各国为其太空活动负责的方式。该条约建立了一种两分的法律制度来解决此类损害的赔偿责任。"发射国"对其太空物体对在地球表面或飞行中的航空器造成的损害应负有"绝对的赔偿责任"。对于所有发生在其他位置（包括外层空间）的损失，只有由于发射国的过失或它所负责的人的过失，发射国才对损害负责。《责任公约》所使用的"发射国"概念与《登记公约》所用的是一样的。因此，可能会有潜在的不止一个国家承担责任（共同和分别责任）。发射国若能证明，损失全部或部分是由于索赔国的重大过失或索赔国故意引起损失的行动或疏忽而造成的，该发射国的绝对责任就可以被免除。通常，条约平等地适用于军事和非军事太空物体所造成的损害或对军事和非军事太空物体造成的损害。但是，像其他专门的太空条约一样，《责任公约》可能会在武装冲突期间，在交战国之间被暂停实施。武装冲突期间，对属非交战国的签约国的太空物体所造成的损害仍可根据此公约来处理。《责任公约》并不排除诉诸其他救济途径。

（八）对宇航员和太空物体的保护

《外层空间条约》要求各国保持对本国处于外层空间的物体和人员的管辖和控制权。此外，无论其太空物体的位置，各国保持对本国太空物体的所有权。《营救与返回协定》具体化了国家管辖和控制的概念。实质上，该条约要求缔约方立即救助落入其领土的外国航天人员，并安全迅速地将他们交还给发射国。该条约还规定了保护太空物体的措施。如果发射国请求援助，条约缔约方必须回收落入其领土的物体，但只在力所能及的范围内提供援助。条约没有给予发射国进入他国领土取回其太空物体的任何权利，即使是太空物体落入另一签约国的领土内。此外，该条约并没要求太空物体被返还时处于它被发现时同样的状态，因此外国可以在返还之前检查它、进行还原或者把它拆开。发射国承担取回及返还的费用。最后，这些条约可能会在武装冲突期间在交战国之间被搁置。但是，武装冲突法的相关条款将会适用，例如《日内瓦公约》中关于战俘待遇的条款。

如果商用太空物体构成有效的军事目标（比如说帮助交战国进行战争），太空条约并不保护其免于成为攻击目标。然而，在决定是否以这类太空物体为攻击目标时，应该考虑误伤的潜在可能性或者对中立国或其他非交战国产生的不利影响。

美国法律的一些条款也是与此相关的。比如《美国法典》第18编第7节就将美国的特别海洋和领土管辖权延伸到在美国登记的处于大气层或外层空间的太空物体。此外，该法规还涵盖了任何国家管辖权以外的、与由美国公民或对美国公民实施的违法行为相关的所有地方。在此类情况下，美国可以对在外层空间违反其联邦刑法的行为进行执法。同样，在外层空间如在地球上的任何地方一样，美国军事人员都将受《美国统一军事司法典》管辖。

（九）太空碎片

国际法没有禁止太空碎片的产生或者要求太空物体到达使用寿命之前将其脱离轨道或转换到其他轨道上。《外层空间条约》仅要求国家应避免"有害污染"。但是，所有在太空的操作都会产生一定数量的太空碎片。因为太空中物理环境的性质，大部分的太空碎片将会存在几百或几千年。即使是很小的碎片，包括那些太小以至于当前的传感器无法追踪到的太空碎片，也会使运行中的卫星失灵甚至摧毁卫星。基于这些原因，美国和其他航天国家制定了限制新碎片产生的指导原则。

跨机构间空间碎片协调委员会是为了协调关于轨道碎片问题活动的政府机构的国际论坛，其成员机构包括欧洲航天局（ESA）和来自11个航天国家的国家航天机构，包括美国航空航天局（NASA）。该论坛不制定有约束力的规则。相反，它制定指导原则，对限制在正常的太空活动过程中产生的碎片的方法提出建议，以便把在轨道上的解体的潜在可能性降到最低，处理完成任务的航天器，并防止轨道上的碰撞。联合国大会也通过了类似的指导原则。

2010年，《国家太空政策》宣布"为给后代保护好太空环境，美国应争取把由于政府和非政府在太空的行动所产生的轨道碎片减少到最低"。该政策要求遵守《美国政府减少轨道碎片标准做法》，它与跨机构间空间碎片协调委员会和联合国的指导原则类似。2012年，美国国防部也指示，根据任务要求和成本效益原则，使碎片最少化；在任务结束时，航天器应该从太空移除或者被放置在一个储存轨道中；在购买和运营航天器时必须考虑减少碎片的问题。《现行交战规则》也包括要求尽可能使碎片数量最少化的条款。因为国际法并没有禁止产生碎片，所以美国最终将以交战规则和武装冲突法的原则来指导如何进行有产生太空碎片潜在可能的军事行动。

四、其他行动考虑

本节强调在武装冲突和其他意外事件期间可能产生的涉及美国国防部太空行动的其他问题。

（一）太空阻遏

太空阻遏包括阻止敌方出于对美国及盟国的敌意，而使用美国或其盟国的太空设施所采取的行动。如果是使用盟国的卫星，美国可以通过外交途径请求盟国卫星操作员阻止敌方使用这些设备。如果这样的外交请求不成功，美国将不得不接受这个决定，除非有国际法上的依据表明美国阻止这种进入是一种自卫行动。下面的段落概括了其他的阻止措施。

（二）快门控制

因国家安全而拒绝或限制使用商用遥感图像所采用的法律、政策或者外交途径一般被称作"快门控制"。《地上遥感法案》规定在美国经许可的商用遥感卫星应当以一种保护美国国家安全的方式来运行（见《美国法典》第 15 编第 5622 节）。如果商务部部长同意国防部主张，获许可者正以一种危害国家安全的方式操控卫星时，商务部部长可以对获许可者采取适当的行动，包括终止或暂停其操控卫星的牌照。而且，按照美国商用遥感政策，美国可以通过限制商业系统的运作，使某些数据和产品的搜集和分发只限于美国或其他获准接收者。

（三）导航战

另一个防止敌手利用己方太空设施的方法涉及使用用于定位、导航或者授时目的的全球定位系统。正如国防部使用全球定位系统来支援陆地、空中、太空和海上军事行动，敌手可能也想出于军事目的而使用全球定位系统，比如说用于制导武器。复杂的是，全球定位系统的信号已经成为一项"全球公共用品"，并被广泛应用于民用、商用及科学活动中。

2000 年 5 月 1 日前，提供给公众的全球定位系统的信号一直是一种降级信号，它被称为"有选择的可用性"。在那一天，总统宣布美国既然已经展示出当国家安全受到威胁时在局部地区选择性地屏蔽全球定位系统信号的能力，美国将不再故意把提供给公众的全球定位系统信号降级。2007 年 9 月 18 日，总统宣布未来发射的全球定位系统卫星将不再具备选择可用性的能力。此项宣告的目的是消除有关全球定位系统功能和未来使用权的不确定性。

《美国法典》第 10 编第 2281 节及 2004 年的定位导航授时政策为美国设定了关于全球定位系统的广泛政策目标。定位导航授时政策宣布美国将为美国及盟友的国家安全系统进入全球定位系统提供不间断接入；为民用、商用、科学使用及国土安全目的的使用提供连续的全球性的且不产生直接用户费用的接入；在不妨碍民商事使用的情况下，提高拒绝任何带有敌对目的而使用定位导航授时服务的能力；继续保证不再使用有选择的可用性。

即便美国拒绝或降低敌手接入全球定位系统权限，敌手的抱怨也是没有任何法律依据的，但是这样的决定必须根据美国可能通过国际协定而承担的在全球定位系统接入将被拒绝或降级的地区为盟友提供持续的全球定位系统接入的义务而作出。而且，甚至在没有这样一个具体协定的情况下，关闭全球定位系统之前也必须考虑对非国防部用户的影响。

（四）太空态势感知

美国拥有世界上最有活力和完善的太空物体目录，它构成了太空态势感知的基础。国防部有权通过一个"商业和外国实体计划"向非美国政府机构提供太空态势感知的资料和服务（见《美国法典》第 10 编第 2274 节）。目前，这是一个由美国空军航天司令部实施的临时试验计划。但是，国会可能会将此变成一个永久性的计划，国防部部长可能会在 2009 年 10 月将这一任务转交给美国战略司令部。

"商业和外国实体计划"由两部分构成。第一部分是一个网页（www. space-track.org），它使拥有账户的用户可以获得有关太空监测网络所追踪的大部分太空物体位置的数据。在第二部分里，商业和外国实体计划为交换其他无法在网页上得到的资料和服务而签订了一项协定。这项协定，除了其他事项，免除了美国对数据和服务负有的责任并禁止商业和外国实体在没有许可的情况下重新分发数据。虽然，法规授权国防部收取数据和服务费，但至今国防部还没有收取任何此类的费用。根据这个试验性计划，部分发射商和卫星运营商已经签署了此类协定。因为与太空运营者分享太空态势感知有助于商业和外国卫星运营者避免产生新的太空碎片，所以美国在"商业和外国实体计划"里有着重大利益。

在爆发武装冲突时，国防部将需要评估向非美国用户提供行动中的太空态势感知信息的风险。一方面，不提供这些信息将增加发生太空碰撞的可能性，产生更多的太空残骸，另外，可能存在与其他国家的国际协定要求美国提供一定的太空态势感知信息。另一方面，提供这些信息可能会增加美国和盟国政府、民用和商用卫星所面临的风险。

五、结论

正如前文的总结所表明的，有大量的国内政策、国内法、国际法来规范民事、商业和军事太空活动。除了一些重大例外规定，这套政策和法律给予国防部广泛的自由和灵活性来从事太空活动——从加强力量到部队应用。因为这是一个较新并发展迅速的领域，读者应注意去确认上文所述的影响具体行动方案的政策是否仍有效或是否已经被修改。但在可预见的将来，国际太空法律制度不太可能出现重大变化。最后，虽然许多专门的太空条约的条款可能不适用于武装冲突中的交战方，但武装冲突法在缺乏其他可适用的国际法的情况下为其行动提供了一个法律框架。

参考文献

1. Charter of the United Nations with the Statue of the International Court of Justice annexed thereto, 26 June 1945, 59 Stat. 1031, T. S. 993, 3 Bevans 1153 (as amended, 17 December 1963, 16 U. S. T. 1134; T. I. A. S. 5857; 557 U. N. T. S. 143 20 December 1965, 19 U. S. T. 5450; T. I. A. S. 6529 and 20 December 1971, 24 U. S. T. 2225; T. I. A. S. 7739) (entry into force 24 October 1945, for U. S. same date).

2. Treaty Banning Nuclear Weapon Tests in the Atmosphere, in Outer Space and Under Water, 5 August 1963, 14 U. S. T. 1313, 480 U. N. T. S. 43, T. I. A. S. 5433 (entry into force 10 October 1963, for U. S. same date).

3. Treaty on Principles Governing the Activities of States in the Exploration and Use of Outer Space, Including the Moon and Other Celestial Bodies, 27 January 1967, 18 U. S. T. 2410, T. I. A. S. No. 6347, 610 U. N. T. S. 205 (entry into force 10 October 1967, for U. S. same date).

4. Agreement on the Rescue of Astronauts, the Return of Astronauts, and the Return of Objects Launched into Outer Space, 22 April 1968, 19 U. S. T. 7570, T. I. A. S. No. 6599, 672 U. N. T. S. 119 (entry into force 3 December 1968, for U. S. same date).

5. Agreement on Measures to Reduce the Risk of Outbreak of Nuclear War: Nuclear Accident Measures, 30 September 1971, U. S. −U. S. S. R. , 22 U. S. T. S. 1590, T. I. A. S. No. 7186, 807 U. N. T. S. 57, 10 I. L. M. 1172 (entry into force 30 September 1971).

6. Convention on International Liability for Damage Caused by Space Objects, 29 March 1972, 24 U. S. T. 2389, T. I. A. S. No. 7762, 961 U. N. T. S. 187 (entry into force 1 September 1972, for U. S. 9 October 1973).

7. Convention on Registration of Objects Launched into Outer Space, 14 January 1975, 28 U. S. T. 695, T. I. A. S. No. 8480, 1023 U. N. T. S. 15 (entry into force 15 September 1976, for U. S. same date).

8. Convention on the Prohibition of Military or Any Other Hostile Use of Environmental Modification Techniques, 18 May 1977, 31 U. S. T. 333 (entry into force 5 October 1978, for U. S. 17 January 1980).

9. Agreement on Notification of Launches of Intercontinental Ballistic Missiles and Submarine Launched Ballistic Missiles, 31 May 1988, U. S. -U. S. S. R. , 27 I. L. M. 1200 (entry into force 31 May 1988).

10. Treaty on the Reduction and Limitation of Strategic Offensive Arms (START), 31 July 1991, U. S. -U. S. S. R. , 24 U. S. T. 1472; 944 U. N. T. S. 41, T. I. A. S. 7653, available at http://www. state. gov/www/global/arms/starthtm/start/toc. html (entry into force 5 December 1991, expired 31 December 2009).

11. Treaty on Measures for the Further Reduction and Limitation of Strategic Offensive Arms ("New START"), 8 April 2010, U. S. -Russia, T. Doc 111-5 (entry into force 5 February 2011).

12. Constitution and Convention of the International Telecommunication Union, Dec. 22, 1992, T. Doc 104-34 (entry into force 1 July 1994, for U. S. 26 October 1997).

13. Memorandum of Understanding on Notifications of Missile Launches, 16 December 2000, U. S. -Russia, DOS 01 - 15, found at http://www. state. gov/www/global/arms/ treaties/mou_ msllaunch. html.

14. Treaty on Strategic Offensive Reductions ("Moscow Treaty"), 24 May 2002, U. S. - Russia, T. Doc 107-8 (entry into force 1 June 2003, superseded by New START 5 February 2011).

15. Hague Code of ConductAgainst Ballistic Missile Proliferation, 25 November 2002 (non-binding), available at http://www. hcoc. at/index. php#.

16. Terms of Reference of the Inter-Agency Debris Coordination Committee, 4 October 2006, available at http://www. iadc-online. org/index. cgi? item=torp_ pdf.

17. International Telecommunication Union Radio Regulations (2008).

18. UN General Assembly Resolution, International Cooperation in the Peaceful Uses of Outer Space, A/RES/62/217, 1 February 2008, para. 26.

19. 10 U. S. C. Chapter 47 (Uniform Code of Military Justice).

20. 10 U. S. C. § 2274 (CFE Program).

21. 10 U. S. C. § 2281 (GPS).

22. 18 U. S. C. § 7 (Special Maritime and Territorial Jurisdiction of the U. S.).

23. 18 U. S. C. § 1367 (Interference with the Operation of a Satellite).

24. 47 U. S. C. § 502 [Violation of (Communication) Rules, Regulations, etc.].

25. 51 U. S. C. § 50905 [(Commercial Space Launch) License Applications and Requirements].

26. 51 U. S. C. Chapter 201 (National Aeronautics and Space Act).

27. 51 U. S. C. Chapter 601 (Land Remote Sensing Policy).

28. 15 C. F. R. § § 960. 1, et seq. (Licensing of Private Remote Sensing Systems).

29. 47 C. F. R. Part 25 (Satellite Communications).

30. White House Press Release, Statement by the President Regarding the United States' Decision to Stop Degrading Global Positioning System Accuracy, 1 May 2000, available at http://clinton3. nara. gov/WH/EOP/OSTP/html/0053_ 2. html.

31. Fact Sheet, U. S. Commercial Remote Sensing Policy, 25 Apr. 2003, available at http:// www. whitehouse. gov/files/documents/ostp/press_ release_ files/fact_ sheet_ commercial_ remote_ sensing_ policy_ april_ 25_ 2003. pdf.

32. U. S. Space-Based Positioning, Navigation, and Timing Policy, 15 Dec. 2004, available at http://pnt. gov/policy/2004-policy. shtml.

33. National Space Policy of the United States of America, 28 June 2010, unclassified version available at http://www. whitehouse. gov/sites/default/files/national_ space_ policy_ 6-28-10. pdf.

34. National Security Space Strategy, January 2011, unclassified summary available at http:// www. defense. gov/home/features/2011/0111_ nsss/docs/NationalSecuritySpaceStrategyUncl-assifiedSummary_ Jan2011. pdf.

35. United States Government Orbital Debris Mitigation Standard Practices, 1997, available at http://orbitaldebris. jsc. nasa. gov/library/U. S. G_ OD_ Standard_ Practices. pdf.

36. White House Press Release, Statement By the Press Secretary [Regarding Elimination of GPS Selective Availability Feature], 18 September 2007, available at http://www. pnt. gov/public/docs/2007/sa. shtml.

37. DoDD 3100. 10, Space Policy, 9 July 1999.

38. DoDI 3100. 12, Space Support, 14 September 2000.

39. DoDI S- 3100. 13, Space Force Application, 14 September 2000.

40. DoDI S-3100. 14, Space Force Enhancement, 12 January 2001.

41. DoDI S-3100. 15, Space Control, 19 January 2001.

42. CJCSI 3121. 01B, Standing Rules of Engagement/Standing Rules of the Use of Force for U. S. Forces, 18 June 2008 (S).

43. JP 3-14, Space Operations, 6 January 2009.

44. Strategic Command Instruction 505-4, Satellite Disposal Procedures, 21 April 2006.

45. AFDD 3-14, Space Operations, 27 November 2006 (incorporating change 1, 28 July 2011).

46. AFDD 3-14. 1, Counterspace Operations, 2 August 2004 (incorporating change 1, 28 July 2011).

47. AFPD 10-12, Space, 1 February 1996.

48. AFI 10-1201, Space Operations, 25 July 1994.

49. AFI 10-1211, Space Launch Operations, 17 July 2006.

50. Manual of Regulations and Procedures for Federal Radio Frequency Management, U. S. Department of Commerce, National Telecommunications and Information Administration (NTIA), September 2008 (as revised May 2011), available at http://www. ntia. doc. gov/files/ntia/publications/manual_ 5_ 11. pdf.

第六章 | **网络空间法**

一、背景

如果不具备有关电脑、互联网和信息空间的基础知识，就不可能为网络行动操作员提供建议。虽然本章节无法提供足够详细的知识入门，但是下文对互联网结构做了一个简要的介绍。

互联网本质上是一个"网络的网络"。一个计算机网络就是将两台或更多台计算机连接在一起。互联网通过高速骨干网将许多大型计算机网络连接在一起。它以数据包的形式在计算机之间传输信息。数字化的任何内容都可以被分解为数据包。无论所传输的信息是电子邮件、照片、视频、电话还是其他任何数字数据，数据包的移动方式始终相同。互联网的物理体系结构由计算机、服务器、路由器、电缆、卫星和无线设备组成。这些设备物理上位于世界各地，而数据通过这些设备可以自由地跨越地理边界。[1]

苏联的核威胁间接导致了互联网的创建。在人类第一颗人造卫星——苏联的"伴侣号"（Sputnik）发射后，美国担心会有天基核打击。于是，高等研究计划局（ARPA，现为DARPA）开始着手设计全国性的通信网络。高等研究计划局网络于1969年10月启用，在加州大学洛杉矶分校和斯坦福研究所之间进行了首次通信。[2]

互联网是建立在可靠性而非安全性的前提下的。现在它的速度和可靠性都令人难以置信，但仍然不是非常安全。安全性的欠缺为间谍活动、毁损和

---

〔1〕　本段中的大部分信息来源于 Harry Newton, "Internet," NeWtoN's telecoM dictioNary, 23d Ed. (2007), pp. 502-503.

〔2〕　"互联网"（2000年），available at http://www.livinginternet.com/i/ii_ summary.html.

攻击创造了许多机会。这些行动可以源自任何地方，并且可能会侵袭位于世界任何地方的互联网基础设施以在目标位置产生所需的效果。

值得注意的是，互联网与信息空间并不是等同的。互联网是物理零件的集合，也就是路由器、服务器、电缆等零件的集合。而信息空间则至少是与一个传统地理空间相区分的、事件可在其中发生的物理空间相似。美国国防部的这种观点是建立在其认为信息空间是一个行动领域的认知之上的。[1]

信息能力开创了一个完全崭新的军事行动领域。很多人认为这是军事领域的一场技术革命，并且与之相应的战术和战略转变，改变了战争的性质。网络行动引发了许多前所未有的问题，例如将自然地理的概念应用到极速传播的电子数据；军事能力的评估；确保人为的判断有在几近光速的发展情境适用；归责的适当标准；判断网络行为和作战方式的合法性。尽管这些问题并没有简单的答案可寻，下文对其也做出简要的讨论。

二、武装冲突法的适用

网络作战中存在与传统军事作战中相同的战争法问题。战争法是否适用于特定的网络行动，可能取决于当事方之间是否存在武装冲突状态。无论是传统武力行动还是网络行动，对于被禁止的行动是否足以构成使用武力或武装攻击，都可能存在分歧。尽管政策上存在不确定性，但如果一项行动将会造成伤害、死亡、损害或毁损，军法官应假定该行动可能被国际法视为使用武力。[2]

即使存在上述限制，从政策上讲，美国在所有军事行动中都遵守武装冲突法。网络行动中出现的基本问题与传统武力行动没有什么不同。网络战争法的核心同样是军事必要、避免不必要痛苦（人道）、比例原则和区分原则等基本原则。下面会对它们依次进行讨论。

（一）军事必要

冲突当事方"非因存在迫切的军事必要而毁坏或缴获敌人的财产"是非

---

〔1〕 参见《网络空间行动战略》（DSOC）（2011 年 7 月）第 5 页。

〔2〕 参见《联合国宪章》第 2（4）条和第 51 条。

法的。[1]更具体地说，国际法要求攻击的对象必须"严格限于军事目标"。[2]合法的军事目标是"由于其性质、位置、目的或用途对军事行动有实际贡献，而且当时情况下其全部或部分毁坏、缴获或失去效用提供明确的军事利益的物体"。[3]

指挥官在评估情况时享有合理的主观性。指挥官并不被要求对情况有无瑕疵的认识或者完美地预测每次攻击的结果。其被要求在确定目标时根据实际情况确定合理的选择。

（二）不必要痛苦

冲突一方采取伤害敌人的手段的权利不是无限制的。[4]该规则可以被理解为军事必要的一部分。军事胜利的实现应尽可能减少苦难的代价。根据国际法，人身伤害是否显然与军事利益不成比例，是确定构成不必要的"痛苦"的因素。痛苦涉及生理因素，一些专家认为"伤害"是一个更恰当的说法。[5]

该原则在网络上的抽象应用非常艰巨。在虚拟世界中，很少有行动达到"痛苦"的程度。但是，网络行动可能会对现实世界产生重大影响，而这肯定会造成痛苦。例如，导致医院断电、设备的灾难性故障等的网络事件可能导致禁止性规定中预设的那种身体痛苦。

人道要求的部分内容是，冲突各方必须避免使用"经计算会造成不必要的痛苦"的武器和战争方法。[6]通常，对传统武力行动的法律审查集中在对武器的审查和潜在限制上。受限制的武器的例子包括诱杀型的儿童玩具装置和碎片、无法被 X 射线检测到的弹药。[7]

（三）比例原则

指挥官必须确定拟议的军事行动是否预期会造成附带损害。就这些行动

---

〔1〕　参见《海牙第四公约》，即《陆战法规和惯例公约》（1907 年 10 月 18 日）附件第 23（g）条。

〔2〕　参见《第一附加议定书》（1977 年）第 52（2）条。尽管不是第一附加议定书的缔约国，但美国认为该规定以及本章中所引用的所有规定如果未作其他说明，是对习惯国际法的反映。《野战条令》27-10，《战争法纪实补编》（2008 年），第 396~401 页。

〔3〕　参见《第一附加议定书》第 52（2）条。

〔4〕　参见《第一附加议定书》第 35（1）条。

〔5〕　Yves Sandoz 等：《关于 1949 年 8 月 12 日日内瓦四公约 1977 年 6 月 8 日附加议定书的评注》，第 408 页（1987 年）。

〔6〕　参见《海牙第四公约》附件第 23（e）条和《第一附加议定书》第 35（2）条。

〔7〕　参见《常规武器公约》（1981 年）。

所预期的具体直接的军事利益而言，偶然的平民伤亡或对民用物品的损害可能不算是过分的。[1]军事利益是指在整体战略背景下整个行动所预期的利益，而不仅仅是战术上的优势。[2]

网络行动会如何造成损害可能尚不明显，一个例子会有助于说明。据报道，在"果园行动"期间，以色列使用了网络技术来降低叙利亚防空系统的效力。[3]尽管没有迹象表明它实际这样做了，但如果该进攻性的网络行动同时也影响了叙利亚民用空中交通管制系统，它可能会导致叙利亚平民的大量伤亡。在这种情况下，比例原则要求考虑对平民的伤害和对平民财产的损害，并且相对于行动预期的军事利益而言，损害不应当过分。尽管确定网络行动可能造成的附带损害更为困难，但大部分的不确定性是由互联网上的军用和民用物体、互联网系统和相关网络基础设施的相互混杂所致。军用和民用系统的这种配置对攻击者和防御者两方都有影响，这将会在下文的区分原则中进行讨论。

（四）区分原则

这一原则，也被称为区别对待原则，要求冲突各方在战斗员和平民之间以及在军事目标和民用物体之间进行区分。[4]它要求武装冲突的影响尽可能仅及于战斗人员和军事目标。平民和民用物体绝对不能成为攻击目标，并应尽可能避免附带损害。在武装冲突期间，战斗员和其他军事目标是合法的目标。在网络环境中，区分原则将禁止使用无法区分军事目标和民事目标的自我复制型破坏性恶意软件。

"平民居民以及平民个人都不应成为攻击的对象。"[5]如果故意将平民作为目标，或者由于军事利益导致平民的附带伤亡过多，就会违反战争法。行动必须针对战斗员，而不是针对受保护的平民。国防部将"敌方战斗员"定义为"在武装冲突期间对美国或其盟国伙伴实施敌对行动的人"。该术语包括

---

〔1〕 参见《第一附加议定书》第57（2）（a）（iii）条。

〔2〕 参见《联合出版物》3-60，联合目标（2007年4月13日），附录E，第2.d段；国际人道法研究所的《非国际性武装冲突法手册》（NIAC手册）（2006年），第23~24页。

〔3〕 参见理查德·克拉克（Richard A. Clarke）和罗伯特·纳克（Robert K. Knake）的《网络战争》（Cyber War）（2010年），第1~8页。

〔4〕 参见《第一附加议定书》第48条；《海战出版物》1-14M，《海上行动法指挥官手册》（2007年7月），第5.3.2段。

〔5〕 参见《第一附加议定书》第51（2）段。

"合法敌方战斗员"和"非法敌方战斗员"。[1]

积极参与网络行动的平民可能会失去其国际法下的平民身份给予他们的保护。[2]不应使平民参与攻击行动的一般规则在网络行动中的应用存在细微的差别。[3]首先，目前在美国政策中，对什么样的网络行动等同于使用武力尚不存在明确的表述，因此很难确定哪些行动是被禁止的。其次，该规则的初衷是确保不参与战斗的平民的安全。由于网络行动的性质使得它们可以在遥远且安全的地点进行，因此如果网络行动的相关人员没有穿着制服，不会对平民造成实际的额外危险。但是，平民实施网络行动可能因为构成直接参加敌对行动而被敌对方作为攻击目标，进而可能遭遇敌对方或国际法庭的刑事起诉。

在没有需要优先考虑的军事必要时，平民财产也受到不被攻击的保护。[4]而在平民财产用于维护敌对方势力时，习惯国际法允许将该平民财产作为目标。例如，在国防部部长命令下的网络攻击中，军民两用网络可以被授权进行攻击。在网络环境中，大多数的网络系统具有双重用途，因此经常会出现这样的问题。军民两用系统为平民提供服务的同时也用于军事目的。如果这些军民两用系统为敌方的作战作出了实际贡献，那么它们就是合法的军事目标。[5]可能成为合法军事目标的军民两用系统的示例包括敌方指挥官和平民用于指挥和控制的民用计算机路由器、同时作为敌方指挥官和平民的道路和通信线路的桥梁。这些系统具有民用用途，但同时也有效地增强了敌人的战斗或维持战斗的能力。

法律顾问必须谨记，区分有效的军事目标、平民和平民财产的义务不仅在于攻击方也在于防御方。例如，故意将军事设施放置在平民财产附近就违反了区分原则。在网络空间，由于互联网（主要由民用物体组成）承载着军事和情报通信，以及敏感的商业和例行民用通信，因此，这一原则在防御方

---

〔1〕　参见《国防部指令》2310.01E（2006 年 9 月 5 日）第 E2.1.1 段。

〔2〕　参见《海牙第四公约》第 1 条；Nils Melzer, Direct Participation in Hostilities under International Humanitarian Law（2009）, art. I, pp. 20-26.

〔3〕　一般规则在 The general rule is discussed at Melzer, art. V, pp. 46-64. 有所讨论。

〔4〕　参见《海牙第四公约》第 23（g）条；《非国际性武装冲突法手册》（NIAC 手册），第 55 页。

〔5〕　Kristen M. Thomasen, "Air Power, Coercion, and Dual-Use Infrastructure: A Legal and Ethical Analysis," International Affairs Review（Oct. 24, 2008）available at http://www.iar-gwu.org/node/40 and John A. Warden III, "The Enemy as a System," airpoWer JourNal（Spring, 1995）.

可能失去了一些实际意义。考虑到这一点，可能会有争论说，网络基础设施在一定程度上（也许只是在政府大楼或基地外），军用和民用之间似乎没有区别。

三、网络能力的法律审查

具有访问权限的行动，例如，可以利用敌人自己的登录数据在敌人的系统上实施行动，所涉及的操作与传统的动能武器截然不同。尽管空军尚未定义什么构成"网络武器"，但空军需要对所有"网络能力"进行法律审查，以确保根据武装冲突法、国内法和国际法这些"武器"具有合法性，然后才能投入冲突或其他军事行动中去。[1]空军将网络定义为旨在破坏、决绝、降级、否定、削弱或损害敌方计算机系统、数据、活动或能力的任何设备或软件有效载荷。网络能力不包括仅用于提供敌方计算机系统的访问权限以进行数据利用的设备或软件。尽管对网络能力的法律审查是在购置之前完成的，但这种审查并没有免除对随后的法律审查的需要，以在应用之前考虑关于目标确定的特定问题。

四、网络行动的目标问题

目标的确定过程是从一个系统的角度来分析敌对方的能力。"尽管单个目标可能因其自身的特性是重要的，但目标真正的重要性在于它与行动框架中其他目标的关系。"[2]这个概念在传统武力行动中是显而易见的。例如，电网（本质上不能作为军事目标）可能会为铁路或敌方军事后勤系统的其他关键组成部分提供电力。受其他诸如军事必要原则、比例原则等限制，电网用于直接支持军事能力可能会使其成为正当的目标。这个概念在网络战中也同样适用。除为敌方独立行使某些特定功能的单个网络目标之外，单个不可作为目标的网络组件的集合可能会共同运行以支持敌方更大的能力。由于它们对集体目标的贡献，这些组件是可能被作为合法目标的。

---

〔1〕 参见《空军指示》51-402，"武器和网络能力的法律审查"，2011年7月27日。

〔2〕 参见《联合出版物》3-60第Ⅱ-5段。

五、美国的网络政策

2002 年，乔治·沃克·布什总统发布了机密的《国家安全总统令 16》
（NSPD-16），其中包含了有关网络安全和能力的国家政策，该政策指示政府
审查针对敌方计算机网络的进攻能力。[1]

2011 年，美国发布了另外两项对美国网络政策至关重要的文件。在《国
际网络空间战略》中，奥巴马总统表示，美国将"在必要时对网络空间的敌
对行为做出回应，就像我们对国家的任何其他威胁一样……我们保留使用一
切必要手段——外交、信息、军事和经济手段——的权利，只要这样的手段
遵守所适用的国际法，来捍卫我们的国家、我们的盟友、我们的合作伙伴和
我们的利益"。[2]因此，尽管美国尚未定义什么是网络敌对行为，但它表示将
像对待传统武力敌对行为一样对待网络敌对行为。

2011 年 7 月 14 日，国防部发布了《网络空间行动战略》。国防部在其战
略文件中将网络威胁划分为三类：间谍活动、破坏行为和网络攻击。"国防部
特别关注潜在对抗活动的三个领域：数据窃取或利用；影响网络、信息或网
络资源的可用性的访问或服务的中断或拒绝；可能破坏或使网络或连接的系
统降级的破坏性行为，包括破坏、操纵或直接活动等形式。"[3]

国防部的文件广泛地定义了与网络行动有关的概念。例如，计算机网络
攻击是"通过使用计算机网络来破坏、拒绝、降级或毁损计算机和计算机网
络中存储的信息或计算机和计算机网络本身"。[4]计算机网络的利用不仅包
括情报收集功能，即通过使用计算机网络从目标或敌方自动信息系统或网络
收集数据，而且还包括实现情报收集的辅助行动。[5]

---

〔1〕　See Bradley Graham, "Bush Orders Guidelines for Cyber Warfare," *Washington Post*, *February* 7,
2003, p. A1. http://www.fas.org/irp/offdocs/nspd/index.html.

〔2〕　参见《国际网络空间战略》（2011 年 5 月），第 14 页。

〔3〕　参见《网络空间行动战略》，第 3 页。网络间谍活动可能难以与更具攻击性的网络行动区分
开，而是被视为一个独立的领域，属于管辖其他类型间谍活动的"既不禁止也不允许"的国际法制度
范畴。

〔4〕　参见《联合出版物》1-02，《美国国防部军事及相关术语词典》（2001 年 4 月 12 日，2010
年 4 月修订）。

〔5〕　参见《联合出版物》1-02，《美国国防部军事及相关术语词典》（2001 年 4 月 12 日，2010
年 4 月修订）。

2012 年底，奥巴马总统发布了机密的《总统政令 20》（PPD-20），以更新美国对于网络行动的政策。

六、网络行动的例子

军事、平民政府和商业活动对互联网日益增长的依赖程度为罪犯、自由的"爱国者"、恐怖分子和其他人从事恶作剧和更糟的事情提供了诱人的目标。严重的网络事件数量持续增长，随之而来的还有敏感网络渗透和数据盗窃的发生。以下是一些重大事件的示例。

（一）爱沙尼亚

2007 年 4 月，爱沙尼亚政府宣布将苏联时代的一座青铜雕像从首都塔林市中心迁至位于该市其他地方的一座军事公墓。到实际搬迁发生时，俄罗斯人发生了骚乱，并有其他暴力事件作为回应。该雕像于 4 月 27 日被迁移。当天晚上，针对爱沙尼亚网站的大规模分布式拒绝服务（DDoS）行动开始，导致网站充斥着虚假请求，使他们无法执行其原有的功能。受影响的网站包括政府、金融和媒体网站。在大约三周的时间里，爱沙尼亚的网络管控和业务受到严重破坏。[1]

这种分布式拒绝服务（DDoS）行动尚不足以构成国际法所规定的武装攻击，但仍然是一种进攻性网络行动，因而可以被定性为网络干涉。

（二）果园行动

在以色列对叙利亚核设施发动空袭之前，有报道称以色列使用网络技术降低了叙利亚防空系统的效力。[2]综合防空系统（IADS）显然是有效的军事目标。

（三）杨基鹿弹行动

2008 年，美国国防部的机密军事计算机网络遭到恶意软件的入侵。预先装有定向恶意软件的闪存驱动器被插入中东基地的一台军用笔记本电脑中。恶意代码将自身复制到美国中央司令部的计算机网络中，并从该网络传播到整个军事系统，从而感染机密和非机密的计算机。该恶意软件的目的是发现

---

〔1〕 Tikk, Kaska & Vihul, iNterNatioNal cyBer iNcideNts: leGal coNsideratioNs (2010), pp. 14-25; Harry Newton, NeWtoN's telecoM dictioNary, 23d Ed. (2007), p. 300.

〔2〕 Clarke & Knake, pp. 1-8; David A. Fulghum, "Why syria's air defeNses failed to detect israelis", *Aviation Week & Space Technology* (Oct. 3, 2007).

网络上可用的信息，并向其控制器报告，然后窃取所需信息。国防部认为该恶意软件是由外国情报机构散布的。[1]

尽管这一行动并未构成国际法规定中的攻击，但它反映了网络被有效利用为一种间谍活动的工具。正是由于这一行动，国防部成立了美国网络司令部并将网络防御活动整合到该部门中。

（四）震网病毒

造成人身伤害的一次网络行动发生在2010年。"震网"是一种自我复制型网络蠕虫的名称，该蠕虫的作用类似于制导导弹，旨在寻找可影响特定监控和数据采集（SCADA）系统的路径。监控和数据采集系统对于现代工业界至关重要，它控制着诸如水厂和电网之类的事物。该蠕虫针对的至少一个监控和数据采集系统恰好控制了对伊朗核材料生产至关重要的离心机。[2]震网病毒击中了目标，损坏了对伊朗核材料生产至关重要的1000至2000台离心机。[3]震网蠕虫病毒的创建者一直是许多猜测的主题，但对该行为并未进行过正式的归因。[4]

尽管尚不确定震网病毒攻击是否构成国际法下的武装攻击，但它导致伊朗政府设备受到物理损坏，并且超出了网络间谍活动一般会涉及内容的范围。

七、其他网络空间相关的问题

（一）中立

国际法普遍承认各国有权宣布自己为"中立"，即公开表示他们不参加敌对行动。通过发表中立声明，他们还声明在冲突中他们将不帮助任何一方。尽管这项权利已经成为国际惯例，《海牙第五公约》（中立国和人民在陆战中

---

〔1〕 William Lynn & Nicholas Thompson, "Defending a New Domain," *Foreign Affairs* (Sep./Oct. 2010).

〔2〕 YossiMelman, *Computer virus in Iran actually targeted larger nuclear facility*, Haaretz. com (Sept. 28, 2010), *available at* http://www. haaretz. com/print-edition/news/computer-virus-in-iran-actually-targeted-larger-nuclear-facility-1. 316052.

〔3〕 Mark Clayton, *Stuxnet: Ahmadinejad Admits Cyberweapon hit Iran Nuclear Program*, christiaN scieNce MoNitor (Nov. 30, 2010), *available at* http://www. csmonitor. com/USA/2010/1130/Stuxnet-Ahmadinejad-admits-cyberweapon-hit-Iran-nuclear-program; Kim Zetter, "How Digital Detectives Deciphered Stuxnet, the Most Menacing Malware in History," Wired (Jul. 11, 2011), *available at* http://www. wired. com/threatlevel/2011/07/how-digital-detectives-deciphered-stuxnet/all/1 .

〔4〕 同上 Kim Zetter 的文章。

的权利和义务公约）（1907 年）和《海牙第十三公约》（中立国在海战中的权利和义务公约）还是对中立进行了正式的确认。在有关中立性的讨论中通常会引用《海牙第五公约》，以下将优先讨论该公约。但是，《海牙第十三公约》在网络空间行动中也有潜在的应用，因此也会讨论其中的三项规定。

《联合国宪章》规定了何时使用武力是适当的，国际社会有义务遵守这一宪章。在这种情况下，《海牙第五公约》在《联合国宪章》开启的国际法时代可能没有什么意义，因为联合国成员（基本上是世界上所有国家）在联合国认定的冲突中都不享有宣布中立的权利。

即使《海牙第五公约》具有一般意义，其在网络中的适用也可能会出现问题。按照其措辞，《海牙第五公约》适用于"陆上战争"。而网络空间可以说并非"陆上"。国防部关于网络空间是一个单独领域的声明支持了这一推理。[1]同样，《海牙第五公约》也指出"中立国领土是不可侵犯的"。目前尚不清楚大多数网络行动会导致什么样的领土侵犯。如果该行动仅涉及计算机系统上的数字操作，则对领土可能造成的影响就不甚明朗。

关于《海牙第五公约》在网络空间的适用，大多数讨论都集中在有关"无线电报"站的规定上。交战方被禁止在中立领土上建造通信站，或仅出于军事目的而在中立领土上使用通信站。但是，中立国可以允许其领土内的通信台被使用，只要这种使用对两个交战国都没有好处。对这些规定究竟应当如何适用于网络的抽象领域尚无定论。

一种确定某个物理行为是否可以在中立国内实施的常用测试是"不愿或不能"测试。"在缺乏国家同意的情况下，采用'不愿或不能'标准来评估领土国家是否准备压制威胁。如果领土国家不愿或不能，则受害国在领土国家动用己方武力是必要且合法（假定武力是成比例的和及时的）、合理的。"[2]由于网络行动的性质，各国对位于其领土内的互联网基础设施可能都不知道是如何具体使用的。它们可能也缺乏采取措施来防止其基础设施被恶意使用的技术能力。这些因素加上网络的独特性质，例如数据包遍历全球各地不可预测且分散的路径这一事实，使得传统中立法的适用成为网络行动

---

〔1〕 参见《网络空间行动战略》，第 5 页。

〔2〕 Ashley S. Deeks, "Pakistan's Sovereignty and the Killing of Osama Bin Laden," *Insights*, Vol. 15, Issue 11（May 5, 2011），p. 2.

中另一个不确定的领域。

（二）主权

"国家间关系的主权象征着独立。在一部分地球上享有独立性是国家行使排除其他国家干涉的国家职能的权利。"〔1〕但什么构成了网络空间的主权尚无定论。尽管通过互联网传输的信息可以自由地跨国界流动，并且不容易与物理领土联系在一起，但决策者通常仍继续将网络空间视为存在于基础设施所在的物理领土中。这就带来了挑战，例如，云计算可以通过位于全球各地多个位置的服务器实现文件存储和处理功能，但在惯例和国家实践以相反的趋势发展之前，各国仍会继续将传统的领土主权概念应用于网络事件。

习惯法并不平等地对待每一种潜在的侵犯主权行为。那些事实上会干扰一个国家独立执政能力的行为将受到更严格的审查。〔2〕"互不干涉原则涉及每个主权国家在不受外界干预的情况下处理其事务的权利……该原则禁止所有国家或国家集团直接或间接干预其他国家的内部或外部事务。因此，被禁止的干预行为必须取决于国家主权原则允许每个国家自由决定的事项。"〔3〕1975年的欧洲安全与合作会议对该原则进行了编纂，要求签字国"不因自身利益而实施武装干预或任何其他军事行动，以及政治、经济或其他胁迫行为，以尊重其他成员因其主权所享有的固有权利"。〔4〕

互不干涉原则提供了一种机制来确定特定行为是否侵犯了国家主权。如要被视为干预，该项行动必须是"强迫性、独裁性或强制性的，具有实际上使被干预的国家无法控制所涉问题的效果"。这样的例子包括"干涉政治活动、支持继任以及试图推翻政府"。〔5〕

在传统武力行动中，这一机制的应用简单直接，因为尽管对武力的使用进行了广泛定义，每次使用武力都违反了互不干涉原则。例如，美国对尼加拉瓜的反政府武装的支持构成违法的干预，是对尼加拉瓜主权的侵犯。同样，某些未使用武力的网络行动也可能会违反"互不干涉原则"，例如破坏政府与

---

〔1〕　"帕尔马斯岛仲裁案"，第838页，参见 http://untreaty. un. org/cod/riaa/cases/vol_ Ⅱ/829-871. pdf.

〔2〕　尼加拉瓜诉美国，第106页。

〔3〕　尼加拉瓜诉美国，第106~108页。

〔4〕　欧洲安全与合作会议的《最后文件》（又称《赫尔辛基最后文件》），1975年，参见 http://www. osce. org/mc/39501? download＝true.

〔5〕　《奥本海国际法》，第432页。

民众交流的能力（2007 年的爱沙尼亚和 2008 年的格鲁吉亚），或者宣扬通过入侵电子信息系统推翻政府。破坏其他类型的网络不会干扰一个国家自由决定主权事务的能力，因而不违反互不干涉原则。但是，一国在其领土上遭受任何类型的网络破坏或网络间谍活动，都可能将这种网络活动谴责为侵犯其主权的行为。

（三）电子战（EW）

电子战（EW）被认为是信息作战的一个子概念，是一个与网络战相区分的领域。[1]与网络战不同，电子战有着悠久的理论和实践历史，可以将其作为传统武力作战的一部分来实施。例如，在不压制敌方防空的情况下，空袭不会在有争议的领土上进行。

国防部将电子战定义为"涉及使用电磁和定向能来控制电磁频谱或攻击敌人的军事行动"。[2]尽管电子战技术针对合法的军事目标，但民用物体通常也会受到附带影响。例如，无线电频率的干扰会像妨碍军事通信一样妨碍民用通信。就像其他任何军事行动一样，比例原则适用于这些情况。指挥官应采取预防措施，以尽量减少对紧急和公共安全频率及系统的干扰。

---

〔1〕《联合出版物》3-51，联合电子战规则（2000 年 4 月 7 日），第 1~4 页。
〔2〕《联合出版物》1-02。

第七章 | 国际协定

一、国际协定的构成

（一）根据国际法

根据国际法的规定，"国际协定"与"条约"是同义词。《维也纳条约法公约》规定，"条约指的是国家间以书面形式缔结的并受国际法调整的国际协定，而无论它是体现在单独一个文书中还是体现在相关的两个或多个文书中，也不论其特定名称"。虽然美国没有批准这一多边条约，但是美国国务院（DOS）经常将该条约的很多条款作为习惯国际法的规定来引用。

（二）根据国内法

根据美国国内法的规定，国际协定分为两类：条约和行政协定。按照美国国内法的设想，条约和行政协定都构成国际法意义上的国际协定。

1. 国内法中的条约。条约是指按照《美国宪法》第 2 条第 2 款所缔结的国际协定，该款规定总统"有权在参议院建议和同意时缔结条约，并需出席参议员中 2/3 的人赞成"；《美国宪法》第 6 条规定条约是"全国最高法律"的一部分。如果一项条约的条款是自动生效的，那它和美国法律处于相同的地位，并且在与现行法律条款冲突时条约效力优先。但是，后来的法律在某些情况下可能会优先适用现行条约（比如，当国会明显倾向于此结果时）。

2. 国内法中的行政协定。行政协定是由美国政府行政机关中被授权成员根据总统宪法权力（比如，第 2 条第 2 款"作为美国陆海军总司令"）中的法定权力、美国法律、条约、行政命令、法规和其他行政协定所缔结的国际协定。行政协定的效力被《美国法典》第 1 编第 112 节和第 112a 节所承认，执行协定其规定如下：《美国法规大全》和《美国缔结条约及其他国际协定》是……在美国多个州和海外领地和属地的所有法院……条约以外的其他国际协定……的法律证据。

二、行政协定的授权

行政协定的授权涉及两个单独事项：对美国政府行政部门成员谈判和签订国际协定程序上的授权，对国际协定所包含的具体义务的实质法律授权。

三、程序上的授权

对国防部官员和雇员谈判、缔结国际协定的程序授权根据的是《凯斯法案》《国务院规章》《国防部指令》及参谋长联席会议、军种部和国防部其他机构条例。

根据《凯斯法案》的规定，国务卿必须在条约对美国生效后的 60 日内将美国作为当事方（除了条约外）的国际协定（包括口头协定，必须转变为书面的）的文本送达参议院议长和众议院议长（见《美国法典》第 1 编第 112b 节）。机密协定必须送交参议院外交关系委员会和众议院外交事务委员会。

每年总统必须亲自向众议院议长和参议院外交关系委员会主席报告没有在 60 日期限内提交给国会的国际协定，并完全且详尽地解释延迟提交的原因。任何代表美国签订国际协定的美国政府部门或机构必须在条约签订后 20 日内向国务院提交协定的文本。

在代表美国签订或缔结国际协定之前必须与国务卿协商，这种协商可能包含的是一类协定而不只是某一具体协定。国务卿代表行政部门判定一项协定是否构成《凯斯法案》所指的国际协定。总统通过国务卿公布实施《凯斯法案》时可能需要的规则和规范。

（一）国务院规章

在根据《凯斯法案》履行责任时，美国国务院颁布了协调和报告国际协定的规范。（见 22 CFR 181 部分）下面是这些规范主要条款的一个概要：

1. 适用。该规范适用于美国政府中承担了谈判和缔结国际协定的职责的所有机构，但这并不构成国务卿对其参与此类活动的授权。[见 22 CFR 181.1（a）]

2. 偏差或减损的影响。根据美国法或国际法的规定，对本规范的偏差或减损将不会影响所缔结的协定的法律效力，不会导致诉由的产生，也不会影

响此类协定所确立的公权力或私权利。［见 22 CFR 181.1（b）］

3. 确定《凯斯法案》的适用标准。规范设定了确定任何义务承诺、口头协定、文件或一组文件（包括换文或交换信函）是否构成《凯斯法案》意义上的国际协定，即：

（1）当事方的身份：国家、国家机构，或者政府间组织；

（2）当事方有意愿使其作出的义务承诺受法律约束并接受国际法调整（除了仅受美国法或其一个州或司法管辖区的法律或外国法调整的协定）；

（3）安排的重要性（不包括轻微和琐碎的承诺）；

（4）特殊性，包括决定可执行性的客观标准；

（5）双方或多方当事人（不包括单方承诺）；

（6）通常形式并不重要，但是没有采用惯用形式也会构成不愿受法律约束的证据；

（7）即使是代表某一美国政府机关而不是美国政府缔结的，但满足了以上标准的国家机关级别的协定也包括在内；

（8）满足以上标准的实施协定也包括在内，除非它们的条款是所要实施的协定中已经提到的和基本一致的；

（9）对国际协定的扩展和修改也构成国际协定；

（10）满足上述 1 至 5 条标准的口头协定也包括在内，且应转变为书面形式。

4. 适用标准的责任。国务院条约事务的法律顾问、副法律顾问或助理法律顾问确定义务承诺、文件或一组文件是否构成《凯斯法案》意义上的国际协定。［见 22 CFR 181.3（a）］因此，上文概括的是否构成一项国际协定的标准可能不会被国防部或其他美国政府机关作为不把某一特定协定作为国际协定上报的基础。正如上文所述，《凯斯法案》特别地将这些决定权留给国务院。

5. 与国务院磋商的要求。为保证所有被提议的国际协定与美国的外交政策目标相一致（同时根据《凯斯法案》的要求），每个美国政府机关在缔结一项国际协定之前都必须与国务院磋商。此项规定的唯一例外是，进行有关大量执行安排谈判的政府机关仅被要求在协定生效前把更为重要的安排的文本提交给国务院。虽然确实存在这样的例外，但是其适用性很有限，因为仅有少量的实施协定构成《凯斯法案》意义上的国际协定。［见 22 CFR 181.4

（a）、181.3（c）〕

6. 国务院授权。在进行磋商时，国务院批准按照国家授权谈判达成的任何提议的协定，并对有单独授权谈判这类协定的国家政府机关所谈判达成的任何提议的协定给出意见。批准或意见是根据包含在《外交事务手册》第 11 卷，第 700 章（通告 175 程序）中的国务院程序给出的。国务院官员负责准备通告 175 程序所需的全部文件。〔见 22 CFR 181.4（b）〕

7. 启动国务院磋商的程序。美国政府机构向国务院提出的有关提议中的国际协定的磋商请求应当包括该协定的文本草案或摘要、签订这样的协定的准确的宪法、法令或条约授权，以及国务院要求的其他背景信息。如果可行的话，磋商请求应当在谈判开始之前提出，或者在谈判过程中尽早提出，但必须在预期缔结日期的 50 日之前提出。如果异常情况使 50 日的要求无法得到满足，相关机构应尽力把所要求的文件在协定预期签订日期之前"尽早地"送交。〔见 22 CFR 181.4（d）〕

8. 关于一类协定的磋商。在相同类型的一系列协定被考虑时，磋商可就特定的一类协定，而不是某一协定进行。这类协定的任何一个具体的协定的资料副本应当在协定缔结前 20 日提交给国务院法律顾问。〔见 22 CFR 181.4（f）〕

磋商也可与国务院派往为批准特定协定而设置的跨机构委员会的代表进行。〔见 22 CFR 181.4（g）〕国务院试图在收到咨询申请后 20 日内完成咨询。〔见 22 CFR 181.4（c）〕

包括国务院在内的任何缔结了国际协定的美国政府机关都必须尽快地将所缔结协定的文本送交负责条约事务的助理法律顾问，但必须在协定签字后 20 日以内送达。〔见 22CFR 181.5（a）〕

（二）国防部程序

国防部谈判和缔结国际协定的程序包含在《国防部指令》5530.3、"国际协定""执行参谋长联席会议及军种部规章"和各种国防部备忘录和处理特定类型国际协定的部门规章中。国防部程序的主要特点如下：

1. 规定实施《凯斯法案》的程序；

2. 指定国防部内集中保管国际协定的责任；

3. 指定管控由国防部人员谈判和缔结的国际协定的责任；

4. 指定批准谈判和缔结国际协定的权力并授予此权力；

5. 确定在启动谈判前获得批准的程序；

6. 确定关于解决国际协定当事方守约问题的程序。

这一指令用包含了国务院所使用标准的基本要素的术语来界定国际协定，即同外国政府（包括其机构）或者国际组织进行；由美国政府人员签署或同意；表明受国际法约束的意愿。该定义指出此类协定包括应转化为书面的口头协定，同时包含任何形式的协定，无论是谅解备忘录、协定备忘录、安排备忘录，还是换文或信函的交换、技术安排、议定书、普通照会、备忘录、会议纪要等。该定义还进一步规定，根据《联邦采购条例》《对外军售信贷协定》所签订的合同，对外军售的要约与承兑函及意向书，某些标准化协定，根据《美国法典》第 10 编第 2667 节、第 2675 节和第 22 编第 2796 节的租赁，仅为确立行政程序的协定和根据《美国法典》第 10 编第 2341 节的规定并按照跨军种交叉服务协定的采办或订单等都不属于本指令中所指的国际协定。

《国防部指令》5530.3 第 5 节赋予了国防部法律总顾问负责保存了除了情报协定和标准化协定之外所有由国防部人员缔结的国际协定的中央资料库。国防情报局和国家安全局则保管由它们协调、谈判或缔结的情报领域的国际协定的中央资料库。在空军中，由空军军法官办公室（AF/JAO）负责中央资料库。

《国防部指令》5530.3 第 7 款要求国防部的所有部门应将其缔结的国际协定的正本或被核准无误的副本直接发交国务院负责条约事物的助理法律顾问和国防部法律总顾问。该送达必须在协定生效后 20 日内完成，或者附一份全面完整的延迟送达的解释。（国家安全局以外的）国防部部门签订了国际情报协定后，应在 15 日内向国防情报局提供协定副本及背景说明。然后国防情报局向国务院提交该协定，并确保其遵循《凯斯法案》。该指令重申了《凯斯法案》的根本性规定，即由国务院决定《凯斯法案》是否适用于特定的国际协定，以及某一文件是否构成国际协定的问题应在提交协定的 20 日期限内提交给国家。

谈判和缔结国际协定的要求和限制如下（见《国防部指令》5530.3 号第 8 款）：

1. 要求实体法上的法律授权。该指令仅是程序性的，并不构成对任何国际协定所设定的义务的实体法上的授权，即实体法上的授权只能在适用于协定标的物的法律中找到。

2. 书面批准。国防部人员在发起或进行一项国际协定的谈判前，要求有批准职权的国防部官员的书面批准。

3. 外方提起。国防部人员必须将由外国代表提出，但没有根据指令获得授权的谈判，向相关的国防部审批机构报告，并且在得到授权后才可参加谈判。

4. 确保协定不超出授权范围的责任。被授权进行谈判的国防部人员有责任确保美国的立场和提议是在现有授权和指示范围之内的，同时在没有原批准机关澄清的情况下，协定不得超出授权。

5. 首席顾问。国防部法律总顾问应在所有由国防部部长办公室所领导的各部门所进行的国际谈判中担任国防部的首席顾问。这一职责应根据个案的情况委派给国防部部门的法律总顾问或军法参谋。

6. 实质上的修订。谈判和缔结某一国际协定的实体上的修订必须得到批准原修订案的国防部官员的批准，除非该权利被明确委托。

7. 国防部批准缔结。国际协定缔结前应得到相关国防部审批机构的书面批准。缔结国际协定的授权可能会由国防部审批机构在授权谈判的同时给予，也可以先不给予而后再授予。

8. 所需的其他批准。虽然指令 13 节规定了权力委任，但指令中所述的"有政策意义"的国际协定应在谈判前由负责政策的国防部副部长办公室予以批准，协定在缔结前应再次得到其批准。并且依据《美国法典》第 10 编第 2304（c）（4）节（国际协定的例外）适用非竞争性合同程序的国际协定必须在国防部副部长（采办、技术和后勤）的批准后方可进行谈判或缔结。而且，谈判或缔结国际协定还必须事先得到国防部副部长（审计长）的同意。最后，缔结执行时需要获得新的立法授权的国际协定应得到国防部法律总顾问的事先批准。

9. 国防部法律总顾问的审核。执行安排、协定、附件、项目安排及其他此类附属安排应由国防部总顾问予以审查，除非国防部相关部门已经得到谈判和缔结协定的授权，这种情况下负责的国防部相关部门进行法律审查，以确定被提议的协定是否在主协定或总协定的范围之内。

10. 美国外交使团中的国防部人员的例外。以上规定并不适用于被派往已经获得国务院谈判授权的美国外交使团中的国防部人员。

11. 英语的使用和地位。如果一项国际协定是同时用英语和外国语言文本缔结的，那么协定必须规定，在两个版本发生冲突时，以英语文本为准或者两种文本具有同等效力。在后一种情况下，在签字前，必须由有资格的美国政府翻译官验证协定的不同文本是一致的，而且在实质方面具有相同的含义。

12. 文件格式。国际协定应包括签字日期、地点、签字者的姓名和头衔。除了这些，修正案还应该包括被修改协定的名称和日期。

13. 法律总顾问或军法参谋的批准。在向一个外国政府或国际组织提出协定草案或与其缔结协定，作出任何单方承诺之前都要求有国防部部门法律总顾问或军法参谋的同意。

（三）申请谈判或缔结国际协定授权的程序（《国防部指令》5530.3第9节）

国防部部门的首长可能会对其有审批权限的国际协定适用简易程序，代替《国防部指令》5530.3第9节规定的程序。第9节程序要求：①被提议国际协定的草案文本或概要（或者不能提供的解释）；②一份解释美国在协定中所提议的每一项义务的宪法、法律或者其他法律授权，以及解决其他法律问题的法律备忘录；③一份说明协定中国防部所承担的每项义务的预计费用及其资金来源的财政备忘录，或者为特定财政年度申请追加资金的声明书；④以《国防部指令》5530.3附件7所规定的形式制作的技术评估或控制计划；⑤如果提议中国际协定涉及国防装备研发、生产或国防项目的互惠采购的，应有一份分析提议中的国际协定对国防技术和美国工业基础的影响的工业基础因素分析报告（没有列入第9节，但是根据《美国法典》第10编第2531节要求的）。

（四）中央档案室（COR）

中央档案室必须由负责政策的国防部副部长和其他授权进行国际协定谈判和缔结的国防部部门指定（见《国防部指令》5530.3第10节）。这些中央办公室的职责包括保存已收到的申请、所采取行动（包括与国务院或国家安全委员会的协调）的记录，以及编写其职权范围内每项国际协定的谈判历程。

（五）授权（《国防部指令》5530.3第13节）

第13节授予批准谈判和缔结国际协定的权利。

（六）《空军指示》51-701，在空军执行《国防部指令》5530.3

在空军部部长根据《国防部指令》5530.3第13节而享有审批权限的国际协定的范围内，审批权进一步被授予给一级司令部的司令官和战地勤务管理局及主要空军参谋部机构的负责人。再授权只适用于主要是属于指挥官和负责人职权或职责范围内空军事务的协定。尽管有授权，空军法律总顾问、空军军法官办公室（AF/JAO）或空军部部长办公室和空军参谋部的其他部门可能还需要对协定或整类协定进行协调或磋商。《空军指示》51-701 在其职权范围内重申了《国防部指令》5530.3 的根本条款——这只是程序上的授权，对提议承担责任的实体上的法律授权必须来自适用于被提议协定标的物的宪法、法律或其他法律授权。该指令 1.1.4 段规定审批权再委托不能延伸至如下协定：

1. 具有重要政策影响的；

2. 需要《美国法典》第 10 编第 2304（c）（4）节的授权；

3. 需要新的立法授权；

4. 获得国外行动或军事权力；

5. 涉及机密军事信息的发布或可能发布；

6. 涉及安全援助项目；

7. 有关情报或相关事务；

8. 涉及合作生产、许可生产或有关标准化的问题；

9. 涉及根据《国防部指令》5530.11 的国际军事或工业安全问题（有关保密信息的披露）；

10. 涉及基地内金融机构、通信安全技术、地形测绘、制图或大地测量，合作性的研发（卫生和医疗除外）。

任何属于前述例外或再授权审批权适用范围之外的被提议的协定都必须转交给空军部部长办公室或相应的空军参谋部职能部门，以便与空军法律总顾问和空军部部长办公室及空军参谋部的其他部门进行协调。

（七）程序授权概要

国防部官员及雇员对谈判及缔结国际协定的程序性授权受《凯斯法案》《国务院规章》（22 CFR，181 部分）、《国防部指令》5530.3 及联合参谋部、军种部和国防部的其他部门的执行规范。

根据《国防部指令》5530.3 的规定，除非该指令或其他授权性规章指定另外的国防部官员，否则由国防部副部长（政策）负责授权国防部人员谈判和缔结国际协定。

《国防部指令》5530.3 第 13 节授权指定的国防部组织部门批准特定类型的国际协定之谈判和缔结。但《国防部指令》5530.3 第 13 节授予的审批权不能延伸至具有重要政策影响、需要《美国法典》第 10 编第 2304（c）（4）节的授权、需要新的立法或需要国防部审计长同意的国际协定。

无论是《国防部指令》5530.3 还是其执行规章都不是对国际协定的任何实体上的法律授权。任何谈判和缔结国际协定的授权申请必须附有法律备忘录，以说明协定中美国所应承担的每一项义务的宪法、法律或其他法律依据。根据《凯斯法案》的规定，在代表美国签署或缔结国际协定前需要与国务卿磋商。

根据《国务院规章》的规定，像国防部这样的，具有谈判和缔结大量部门级和在海外执行安排的职责的机构，只有涉及更为重要的此类安排时，才需要在安排生效前与国务院磋商。根据《凯斯法案》及其执行规章的规定，任何缔结国际协定的国防部部门必须在协定签字后 20 日内向国务院提交协定文本。

国务院法律顾问、副法律顾问或负责条约事务的助理法律顾问，决定某一义务承诺、文件等是否构成《凯斯法案》意义上的国际协定。因此，国防部有关部门可能未必把《国务院规章》22 CFR 181.2 节和《国防部指令》5530.3 规定的确定国际协定的标准作为没有根据《凯斯法案》和执行规章的要求把某一特定安排作为一个国际协定报告的理由。

四、实体上的法律授权

除了要根据上文所讨论的程序授权而得到适当的授权，进行谈判和缔结国际协定的国防部官员或雇员必须确认协定中美国政府所承担的每项义务都有实体上的法律授权。这种实体上的法律授权可能无法在上文所讨论的《凯斯法案》《国务院规章》《国防部指令》、指示或执行规范中找到。它必须存在于宪法、法律、条约或其他适用于所涉及的标的的法律中。

（一）美国宪法

《美国宪法》的条款通常不能单独为国际协定中美国承担的所有具体义务提供充分的法律授权。由于宪法所体现的制衡制度，总统的宪法权力几乎不可能孤立于宪法其他条款及根据宪法制定的法律而适用。因此，总统作为武装力量总司令所拥有的权力必须与国会的"制定政府规则及陆海军规章"和"制定行使上述权力及本宪法授予美国政府或任何政府部门、官员的其他所有权力所必需且适当的法律"（第 1 条第 8 款）的权力结合行使。并且，总统的宪法权力并不能自行转移至行政部门的官员和雇员，包括进行谈判和缔结国际协定的国防部代表。他们也无权援引这些权力（记住谈判和缔结国际协定的程序性授权并不能授予任何实体上的法律权利）。因此，谈判和缔结国际协定的国防部人员通常必须在宪法框架内制定和颁布的法律和法规中找到所需的实体上的法律授权，而不能依据宪法本身。

（二）行政协定

条约通常通过行政协定来实施。即使一项行政协定可能被定性为了某一条约的实施而签订，该条约通常也不构成行政协定中所包含的每项美国义务的充分的实体上的法律授权。比如《北大西洋公约》所规定的美国的集体防卫义务并不向国防部人员提供法律授权，但在行政协定中规定了要求花费美国资金或向外国政府转移美国财产的义务。事实上，因为众议院在授权和资金划拨上的宪法地位，仅条约本身，无论其在财政义务上的规定多么明晰，都不是花费美国资金的充分的法律授权。因此，除非且直到国会授权并拨款，否则美国可能无法履行在防卫条约中的安全援助义务。这类条约条款是不能自行实施的，也就是说，它们不构成执行其条款的独立的法律授权。大部分防卫条约都有条款明确要求根据"宪法程序"或根据美国法律授权和拨款而实施。任何受此条件约束的条约义务，根据自身条款，是不能自行实施的。即使没有这样明确的条件，条约条款本身通常也过于笼统而不能自行实施。因此，虽然一个条约与一个提议的行政协定有很强的适用性或相关性，但通常有必要从美国法律中找到支持提议的行政协定中所包含的特定义务的全面的法律授权。

（三）行政命令和规章

行政命令和规章虽然为行政协定中某些美国义务提供了法律授权的来源，但是在涉及属于国会权力范围的事务时，其效力还取决于基础性的法律授权。例如，《美国宪法》第4条第3款赋予国会"处理及制定所有关于领土或其他属于美国的财产所需的所有法规"。因此，行政协定中涉及向外国政府或国际组织提供美国财产的义务，无论是永久的还是暂时性使用，都必须有成文法的支持。作为一个一般规则，规章只有在实施一项法令，或得到一项法令的支持，或处理一项无需法律授权的事务（如不涉及任何国会特权的部长级或行政事务）的情况下才可以作为行政协定中义务的实体上的法律授权。

（四）美国成文法

上述对使用美国宪法、条约和法规作为国际协定中美国义务的实体上的授权的限制中可以得出相同的结论：通常这类授权必须存在于美国成文法中。当然在涉及要求花费美国资金或向外国政府或国际组织提供财产或服务的义务时便是这样。在决定此类义务是否有法律授权时，必需谨记以下基本原则：

1. 每个被提议的义务必须具备肯定性的授权。没有特别禁止不构成授权。

2. 除非国会授权并拨款，美国资金不得被使用（见《美国法典》第31编第1341节）。相应地，承诺美国政府将在当前财政年度或未来年度出资的国际协定，在其资金还未被批准和划拨时必须受拨款可行性的约束。没有特定的法律授权，美国政府是不会作出偿付紧急和不确定债务的承诺的，即使该承诺是"根据拨款可行性做出的"。［见 59 Comp. Gen. 369（1980 年）］

3. 划拨的资金只能用于划拨资金本来的目的。［《美国法典》第31编第1301（a）节］国防部资金是为国防部任务批准和划拨的，而非对外援助。

4. 可用于援助外国的美国资金通常是根据《对外援助法案》（见《美国法典》第22编第2151节以下）和《武器出口控制法案》（见《美国法典》第22编第2751节及以下）批准和划拨的。

5. 对美国财产的转让或其他处理需要国会授权（见《美国宪法》第4节第3款）。

6. 对外国政府及国际组织提供美国物资和服务是由《对外援助法案》《武器出口控制法案》和其他适用于特定情形的法律所规制的，如《采办与交叉服务协定》授权（见《美国法典》第10编第2341至2350节）、合作军事空运立法（见《美国法典》第10编第2350c节）和外国剩余物资立法（见《美国法典》第40编第704节）。

7. 美国武装力量从外国武装部队采办设备、补给及服务必须根据《美国法典》第10编第137章及《联邦采购法规》和《联邦采办条例国防部补充规定》，或其他适用于该特定情形的成文法授权（见《美国法典》第10编第2341~2350节）来完成。

五、与国防部人员谈判和缔结的国际协定有关的法定授权

牢记上述支持在国际协定中美国义务的实体上的法律授权的一般原则，下面是一些与国防部人员谈判和缔结国际协定有特别关系的成文法条款。这

个列表绝非穷尽的。

（一）《武器出口控制法案》（AECA）

在决定是否在何种条款和条件下，国防部人员可以在提议的国际协定中包括美国政府为外国政府或国际组织提供财产或服务的义务时，首先考虑《武器出口控制法案》的适用性。《武器出口控制法案》通常提前为这样的转让和以美元全额付款制定"一般"规则。除非在特定环境下有其他的法律规定，《武器出口控制法案》适用于任何向外国政府或国际组织转让国防部财产或服务的建议（在《武器出口控制法案》中定义为国防物品和国防服务）。

根据《武器出口控制法案》的销售的主要特点是对外军事销售（FMS）。所有根据《武器出口控制法案》的销售都被称作对外军售。销售依据交货与验收单生效。一封交货与验收单是一项销售协定，形式上是合同，但并非《凯斯法案》和《国防部指令》5530.3所指的国际协定。但是，对外军售的交货与验收单经常被用来履行国际协定中要求美国转让国防物品或服务的条款。

《武器出口控制法案》的基石是包含在该法案第21节和第22节（见《美国法典》第22编第2761节和2762节）中的全部费用支付要求。第21节规范了销售国防部库存的国防物品和国防服务。第22节适用于为该目的销售通过合同从私人供应商处获得的国防物品和国防服务。第21节要求，对外军售的购买者必须保证向美国政府支付已提供服务的全部费用，以及从国防部库存卖出的，而且没有意图给予替换的物品的实际价值，以及从国防部库存卖出的，旨在被替换的物品的替换费用。第22节要求，在国防部为购买者通过合同采购国防物品或服务前，对外军售的购买者须承诺支付美国政府全部的采购费用，以确保美国政府在根据合同需要支付款项及其他费用时不会遭受任何损失，并能够提前获得资金。

第21（e）节也要求对于所有的销售（包括第22节的销售），对外军售的采购者要支付一定比例的附加费，以便支付美国政府根据《武器出口控制法案》第43（b）和（c）条所规定的一般销售管理的全部估计费用。此外，他们支付一定比例的用于（除了全部由《对外援助法案》第503（a）（3）条转让费或《武器出口控制法案》第23节无偿资金资助的设备以外的）主要国防设备的研究、开发及生产的任何临时性费用，并支付与销售由购买者付费的库存国防物品有关的一般存货损失的费用。第21（e）（2）节规定了减免临时性费用的授权。

协定书中的标准术语和条件全面地明确了《武器出口控制法案》第21节、第22节和其他条款的要求。为确保美国政府免受损失，相关条件规定，所标价格仅是基于所能得到的数据而预估的，而实际价格是美国政府的全面花费，在知晓实际支出后，美国政府可能单方面通知并向购买者收取价格增长后的实际费用。对外军售的购买者还要承担所有权转移前后所购买的国防物品丢失的风险，并保证无论是哪方的过错，美国政府不遭受特定类型损失，包括第三方索赔请求。

《武器出口控制法案》主要是通过《国防部指令》、规章和手册（主要是《国防部指令》5105.38-M、《安全援助管理手册》《国防部指令》7000.14-R15卷及《国防部指令》2140.2）来具体实施的。

虽然乍看《武器出口控制法案》规定的条款和条件似乎显得苛刻，但是它们是公平的，因为人们应当考虑：美国政府是基于非营利目的并为了购买者的利益而行动的，且仅仅是收回合法成本；美国政府没有储备金或应急资金来支付不可预见的费用或防范经营风险；对外军售的购买者得到了很多在商业市场上得不到的利益，如美国政府采购专业知识及对美国承包商的影响。此外，购买者还可由于美国政府和对外军售结合而产生的大批量生产而获得较低的单价，得到美国军事专家客观独立的建议，标准国防部采购惯例及合同条款所提供的保护，并且无需在美国维持特殊采购办事处，或可将这种需要减少到最低限度。

《武器出口控制法案》第6章对将国防部库存的国防物品租赁给外国及国际组织（见第61-64节和《美国法典》第22编第2769~2796c节），以及向北约国家和主要非北约盟国出借物资、补给或设备进行指导规范。制定第6章之前，在相应个案中依据《美国法典》第10编第2667节的授权来提供租赁已经成为国防部的惯例。《武器出口控制法案》第61（c）节现在禁止根据《美国法典》第10编第2667节规定的这类租赁。

《安全援助管理手册》第11章实施《武器出口控制法案》中的租赁权。在国防部部门向外国或国际组织出租国防物品前必须得到国防安全合作局局长的批准。在向外国或国际组织表示租赁正在得到考虑或是个可行的选择之前，也要事先得到国防安全合作局的批准。由国防部相关部门向国防安全合作局提出批准一项租赁的申请的同时，必须提交满足了《武器出口控制法案》

第 61 （a） 节所规定租赁要求的证明。这些要求包括：

1. 有根据《武器出口控制法案》以租赁方式而不是以销售方式提供此类物品的令人信服的外交政策及国家安全方面的原因；

2. 相关物品当时不是公共使用所需的；

3. 考虑租赁对国家技术和工业基础的影响；

4. 该国同意支付美国政府出租此类物品所产生的所有费用。

必须向国防安全合作局详细说明国防物品应予以出租而不是出售的原因。

《安全援助管理手册》第 11 章给出的可以证明租赁的原因例子是仅需短期使用（如测试），或者一种物品由于美国防务需要不能出售，但期限有限的租赁却可以满足外国迫切的需要。第 11 章还规定了基本租赁模式的使用，该模式仅在适当的国防部相关部门法律办公室的同意及国防安全合作局批准的情况下才能变更。

《武器出口控制法案》第 61 （a）（4） 节规定了租赁的费用。以美元支付美国政府出租国防物品所产生的所有费用，包括租赁期间的折旧费、物品租赁期间损坏后的修复或更换费用、租赁期间物品丢失或损毁的重置费用（减去折旧价值）。但是，如果租赁是为了共同研发、军事演习或者通信或电子接口项目，则无需支付这些费用。在任何特定租赁中运用正常收费的这些例外情况，必须得到国防安全合作局的明确批准。并且如果物品已超过其使用寿命的 3/4，国防部部长认为符合美国国家安全利益的，可以决定免除折旧费。

《武器出口控制法案》第 61 （b） 节规定最长租赁期限为 5 年内，而且美国政府可随时终止租约并要求立即返还租赁物品。第 62 节要求租期 1 年或以上的租赁要在租约生效或续签前 15 日到 30 日（取决于拟承租国家）向国会报告。

根据《武器出口控制法案》第 65 节（见《美国法典》第 22 编第 2796d 节）的规定，国防部部长可以为了实施合作研发、测试或评估项目而将物资、补给或设备出借给北约国家或主要的非北约盟国（《对外援助法案》第 517 节所界定的）。军种部可以为此目的从此类国家接受物资、补给或设备作为暂借物或礼物。

第 65 节还要求，一项测试或评估项目包括"只为标准化、互用性或技术性评估目的进行的测试或评估，如果物资、补给或设备出借给的国家同意免费向美国提供测试或评估结果"。如果对测试或评估的成功的判断取决于对

"出借"的物资、补给或设备在测试或评估项目中的消耗或消费，那么这种消耗或消费无需偿还给美国。

第65（a）（2）节要求每一出借或赠送应按照书面协定进行。根据1990年11月27日的备忘录，国防部副部长根据第65节所附条件向军种部部长及国防部各直属局局长（有权向不低于助理部长/副局长级别人员再授权）授权。根据该备忘录，国防部部门必须提前15日向国防部部长办公室通报所提议的第65节协定。1994年10月12日、1995年2月13日及1995年5月26日的"首席国防部部长助理帮办（国际项目）备忘录"适用于提议的出借协定。

第30A节（见《美国法典》第22编第2770a节）授权与友好国家或国际组织进行互惠的部队培训交流并提供相关的支持。互惠培训及支持必须根据国际协定且在1年内进行。如果该外国不能在时间框架内提供培训和支持，则必须向美国偿还培训和支持的费用。《联合安全援助培训规章》规定了详细的实施说明和标准的协定备忘录以供使用。

（二）《对外援助法案》（FAA）

《对外援助法案》（见《美国法典》第22编第2151节及以下）规范向符合要求的外国及国际组织提供经济和军事援助的行为。

1982年财政年度之前，国防物品和服务是通过《军事援助计划》作为无偿援助提供的。随着1982年财政年度《军事援助计划》拨款的生效，《对外援助法案》第503（a）（3）节授权将《军事援助计划》资金转到对外军售信托基金账户，以便用于支付根据《武器出口控制法案》第21节和第22节所采购的国防物品的费用。这种改变产生的效果是将《对外军事融资方案》（FMFP）确立为外国政府向美国政府采办国《对外军事融资方案》拨款。符合要求的外国及其拟接收的外国军事融资金额应由国防安全合作局确认并经国务院批准后，再提交给国会。

"国际军事教育与训练"由《对外援助法案》第2部分第5章（见《美国法典》第22编第2347~2347e节）予以规范。《对外援助法案》第541节（见《美国法典》第22编第2347节）授权在美国或国外向外国军人及有关的文职人员提供军事教育及培训，通过在（除了美国军种院校外的）军事教育与培训机构参加课程学习或者在学校及学术研究机构参加特别指导课程，或者通过对军事设施的观察、访问及相关活动等方式进行。国际军事教育与训练可以有偿提供，也可使用每年《对外行动拨款法案》为此目的而批准并划拨的资金进行。符合要求的国家通常仅限于那些经济上不独立的国家。至于那些符合《对外军事融资方案》要求的国家则必须在每年向国会提交的报告中加以确认，并说明批准向其划拨国际军事教育与训练资金的理由。《对外援助法案》第546节禁止向确定的高收入外国无偿提供国际军事教育与训练。国际军事教育与训练项目由国防安全合作局控制，实施说明包含在《安全援助管理手册》第10章里。

职业军事教育（PME）交流根据《对外援助法案》第544（a）节［见《美国法典》第22编第2347c（a）节］的授权进行。每一财政年度美国职业军事教育机构与外国和国际组织的同类机构之间的一对一学生互惠的交流必须按照国际协定进行。《联合安全援助培训规章》提供了标准的协定备忘录和实施指南，包括美国职业军事教育机构列表。

飞行训练交流由《对外援助方案》第544（b）条［见《美国法典》第22编第2347c（b）节］授权。每一财政年度美国飞行培训学校和项目与国外同类学校和项目之间的一对一学生互惠交流必须按照国际协定进行。

第516节（见《美国法典》第22编第2321j节）授权从国防部现有库存转让多余国防物品给符合要求的国家和国际组织。对转让的限制包括没有资金用于国防部采购连同转让物品一起使用的国防设备，转让不得对美国军事战备情况产生不利影响，特定的提议转让必须提前通知国会的委员会。军种部对多余国防物品分配的提议应由国防安全合作局、国防部部长办公室和国务院代表组成的多余国防物品协调委员会予以审查。一旦作出向一国提供多余国防物品的决定，国防安全合作局就应通知国会。

《对外援助法案》数个条款授予总统在紧急情况下的特别决定权或权力。《对外援助方案》第506a（1）节（见《美国法典》第22编第2318节）规定，如果总统确定并向国会报告存在一种未预料到的紧急情况，需要立即向外国或国际组织提供军事援助，且这种紧急需要无法根据《武器出口控制法案》或其他任何法律得到满足，总统可在任何财政年度内直接从国防部库存中的国防物品、国防部的国防服务及军事教育和培训中使用总价值不超过1亿美元的物品和服务。第506（a）（2）节授权，为了国际毒品控制、国际灾难援助、反恐援助、不扩散援助和移民与难民援助，可另外使用价值2亿美元的国防物品、服务和训练。对第506节的进一步指导包含在《安全援助管理手册》第11.4节中。《对外援助法案》第552节（见《美国法典》第22编第2348a节）授权在任一财政年度出现的意外的紧急情况追加使用2500万美元。

《对外援助法案》第614节（见《美国法典》第22编第2364节）规定了总统处理紧急情况的特别权力。根据第614（a）节，总统可以：

1. 在他确定并通知众议院议长和参议院对外关系委员会主席"这样做对美国的安全利益重要"时，为了促进《对外援助法案》的任何目的，可授权根据《对外援助法案》提供援助，而不考虑《对外援助法案》《武器出口控制法案》，以及与美国收入和借贷有关的任何法律、批准或划拨用于《对外援助法案》的资金的任何法案。

2. 在他确定并通知众议院议长和参议院对外关系委员会主席"这样做对美国的国家安全利益至关重要"时，为了促进实现《武器出口控制法案》的任何目的，而根据《武器出口控制法案》进行销售、提供贷款和担保，而不考虑《对外援助法案》《武器出口控制法案》，以及与美国收入和借贷有关的任何法律和批准或划拨用于《武器出口控制法案》的资金的任何法案。

行使第614（a）节的授权被限制为每一财政年度总额为7.5亿美元的销售额及可用于《对外援助法案》或《武器出口控制法案》的2.5亿美元的资金。第614（c）节规定，"根据他的明确使用这笔资金的性质是不明智的证明，而且这一证明应被认为是使用这笔资金的充分的担保"，总统有权使用总额不超过5000万美元的对外援助资金。总统的这些特殊权力都未曾被委托给他人。在1980年修订之前，第614（a）节只适用于《对外援助法案》。在把该内容适用性扩展到《武器出口控制法案》时，参议院对外关系委员会声明（见1980年5月15日，对第2714节的参议院报告，第96-732号，第31页）："虽然委员会承认，由于有预料不到的、危急的情况，因此该节允许的、非常广泛的放弃授权的行使是必要的……但委员会警告对写进受影响的对外援助立法的禁止和限制不应掉以轻心，而且该款允许的放弃授权只有在'对美国安全至关重要'、时间限制阻碍了补救性的法定授权颁布及向国会委员会的征求意见并收到回复后才能行使。"

有时，外国政府的非防务部门（如公共工程部门、民用航空机构等）会直接或通过国防部合同请求国防部部门为完成一项特定非军事工程（如为民用航空目的延长跑道）提供物品或服务。如前所述，《武器出口控制法案》不适用于为并非出于国防目的而向外国政府进行的销售或租赁活动。因此为满足此种援助请求，需要其他的法定授权。《对外援助法案》第607节（见《美国法典》第22编第2357节）授权美国政府任何机构在提前付款或予以偿还的基础上，向友好国家、国际组织、美国红十字会及在国际开发署登记并由其批准的志愿性非营利营救机构提供服务和商品。如果愿意的话，此类服务可通过个人服务合同由私人提供，而不是使用美国政府人员的服务。国务院国际开发署被授予第607节下援助申请的批准权。任何拟使用第607节授权的国防部部门必须通过国防部—国务院渠道提交申请以得到国际开发署的批准（或者外国政府可以，通常也应该，通过外交渠道提出申请）。

（三）《采办与交叉服务协定》（ACSA）

根据《美国法典》第10编第138章第1分章第2341~2350节（过去也被称为《北约相互支援法案》）对《采办与交叉服务协定》的授权为后勤支援、补给和服务的采办和转让提供了特别授权。《采办与交叉服务协定》授权由《国防部指令》2010.9、《空军政策指令》25-3及《空军指示》25-301实施。

《采办与交叉服务协定》指的是根据《美国法典》第138章第1分章的两项授权达成的协定。第一个是根据《美国法典》第10编第2341节的授权为部署在美国境外的武装力量采购后勤支持、补给和服务，而同北约国家、北约附属机构、符合要求的外国、联合国及任何美国是其成员的区域性国际组织之间达成的协定。第二个是根据《美国法典》第10编第2342节而达成的交叉服务协定，据此协定，美国在互惠基础上向北约国家、北约附属机构、指定的外国、联合国及任何美国是其成员的区域性国际组织转让后勤支援、补给和服务。采办和转让可能是在有偿的基础上实施的，通过用实物替换或交换同等价值的补给或服务。

《采办与交叉服务协定》授权仅适用于《美国法典》第10编第2350（1）节所界定的"后勤支援、补给和服务"，包含"食物、营宿、运输（包括空运）、石油、燃油、润滑剂、服装、通信服务、医疗服务、弹药、基地作业保障（基地作业保障的建筑项目）、储存服务、设施的使用、培训服务、零部件、修理及维护服务、校准服务及港口服务"。该术语还包括临时使用通用性车辆及其他美国军火清单上未被指定为重要军事装备的非致命性军事装备。

《采办与交叉服务协定》授权规定了在有偿基础上（以现金支付），后勤支援、补给及服务的采办或转让的互惠定价原则。如果相关的外国或组织不同意适用互惠定价原则，则《武器出口控制法案》的定价条款适用于根据协定进行的美国转让（销售），并且任何根据协定进行的美国采办必须由美国部队指挥官作出其价格是公平合理的分析。为互惠免除间接费用、行政附加费及合同管理费提供授权，只要此类费用不是因互惠定价原则的适用而免除的。

《采办与交叉服务协定》授权要求通过直接由接受方向提供方支付的方法，不少于 12 个月一次对美国的债权债务进行清算。美国收入被用于国防部的拨款、账户及资金。

（四）给外国军用航空器和船只提供油料及相关服务

若干法律规定了向在由美国武装力量运营的空军基地中转的外国军事航空器出售燃料、油料、供给品和服务的权利，即《美国法典》第 49 编第 44502（d）节；《美国法典》第 10 编第 2208（h）节、第 4626 节、第 4629 节、第 7227 节、第 9626 节和第 9629 节。只有当紧急情况下必须出售燃料时，第 49 编 44502（d）节才适用。2008 年，《美国法典》第 10 编第 9626 节被修改，授权空军部部长在有偿的基础上，向外国军事及其他国家航空器提供"常规机场服务"及其他补给。该法规进一步授权向外国无偿提供常规机场服务，如果此类服务是由空军人员及设备提供的，并且不对空军产生任何直接费用，或者此类服务是根据与该外国签订的无偿提供互惠服务的协定提供的。《空军指示》10-1801 的临时修改即"外国政府航空器在美国空军机场的降落"，通过定义"常规机场服务"及确立实施此授权的指导原则来实施此授权。这些法律在各自的适用范围（即过境航空器与船只的支持）内构成了单独的法律授权，可以用来代替《采办与交叉服务协定》的授权和《武器出口控制法案》。

（五）互惠的国际礼让

《国防部指令》7000.14-R 第 11A 卷第 4 章，实施《美国法典》第 31 编第 9701 节，并确立了为收回美国政府向他方提供服务的全部支出或此服务合理的市场价值，按两者中的较高者收取费用的一般原则。第 4 章第 040203.B 节实施《美国法典》第 10 编第 2350g 节有关在条件适当时作为对外国和国际组织的礼让，而免除或减少收费，以及在互惠的基础上确定与外国的适当收费标准，主要有以下几方面。

法规依据：第 2350g 节规定，支持在一个外国某地区的美国武装部队，国防部部长可以从该国接受："（1）按照共同防御协定或占领安排，提供给美国或供美国使用的不动产或不动产、服务和补给品的使用；（2）作为互惠国际礼让提供的或习惯上免费提供的服务。"

接受及提供：接受基于互惠的服务的授权必然包括提供基于互惠的服务的授权；否则互惠是不可能的。

限制："国际礼节"并未授权无偿地提供重大服务。

（六）《标准化协定》与北约交叉服务

《国防部指令》5530.3 的附件 2 在界定国际协定时，指出《标准化协定》（该《标准化协定》，包括航空标准化协定、航海标准化协定等）记录了同类或类似军事设备、弹药、补给和储存的采用，或者提供了作战、后勤和管理手续。此类《标准化协定》的一个例子是《标准化协定》3113，该协定确立了在由北约成员部队运营的军事机场上，向来访的其他北约国家的人员和军事航空器提供服务的标准手续。

美国对《标准化协定》的签署和批准，并未免除其找出实施《标准化协定》的具体条款的美国法律授权的需要。在一个特定交易中，所有标准化协定都要按照有关一方的法律来实施。在理想的情况下，任何标准化协定与当事方的法律不一致的地方，都应该通过当事方在签署《标准化协定》时做出的保留予以反映。然而，就美国武装力量来说，美国虽然没有做出保留，任何美国根据《标准化协定》的条款向外国武装力量提供服务或财产的行为必须按照可适用的美国法律授权实施。

《标准化协定》的大部分交叉服务条款可通过《采办与交叉服务协定》和《美国法典》第 10 编第 9626 节，出售油料及上文所述的相关服务，或"互惠国际礼让"的授权而签订的双边支援协定和实施安排来实施。如果这些授权都不能适用于某特定情形，则《对外军事销售》可能成为唯一的授权选择。

（七）《合作空运协定》

《美国法典》第 10 编第 2350c 节授权国防部部长在与国务卿磋商后，可与同盟国签订合作军事空运协定，以便使用当事方部队操控或供其使用的航空器为当事方军队的人员和货物提供互惠运输。该法要求：

1. 双方要对此类运输以相同的价格支付费用，并且金额不能少于根据《美国法典》第 10 编第 2208（h）节对美国部队收取的费用；

2. 对所发生债权债务的清算不能少于每 12 个月一次；

3. 和平时期，提供方只提供军事空运能力的剩余能力，不会仅为满足接收方的需求而增加空运能力；

4. 用国防部航空器运输外国根据《武器出口控制法案》（《对外军事销售》或商业）购买的任何国防物品，以便交货时，必须以《武器出口控制法案》第 21（a）（1）节所规定之《对外军事销售》的全价付费。

法律还授权国防部同北约附属机构［如欧洲盟军最高司令部（SHAPE）或其他北约军事司令部］，为了使用由美军操控或为美军服务的航空器为这些附属机构运输人员和货物，而签订非互惠军事空运协定，并在国防部部长认为合适时受这些条款的规范。

（八）保管转让

将空军设备保管权暂时转让给外国政府或国际组织已经得到《美国法典》第 10 编的授权，该法典授权空军部部长处理空军部事务及空军财产的保管与会计活动（见《美国法典》第 10 编第 8013、9831、9832 节）。这样的转让必须按照能够保证相关设备是为直接支持美国空军任务而运营和维护的协定来进行。

根据保管安排，美国的设备必须置于由美方人员操作和维护时相同的位置并为了相同的美国军事任务而使用。其实际效果就是由外方人员代替美方人员为了完成美国的军事任务而操作和维护美国设备，否则这就得由美方人员完成。这就类似"外包"，将政府提供的设备提供给承包商（如外国政府）。这些协定节省了美国的人力成本，并分担了操作和维护费用。

保管转让可能不会为了协助或支持一个外国政府或国际组织的要求而实施，无论美国政府能够间接受益多少（如改善与盟国的关系，增强互用性，使北约更为强大等）。

保管转让并不是（前面论述过）《武器出口控制法案》第 61 节意义下的"租赁"，因为它们的目的是完成美国的军事任务而不是向外国保管人提供好处或援助。在此种情况下，根据其自身条款，《武器出口控制法案》第 61 节并不适用，因为相关设备还为公共（即美军）使用所需，因此并不符合其中规定的标准。

（九）多国演习

由两个或更多国家的部队参与的军事演习可以分为两类：训练演习和联

合演习。

训练演习。训练演习是只为或主要为了指导参演外军部队而进行的联合演习。根据《武器出口控制法案》的规定，参加训练演习的外军部队必须担负他们参加演习的费用，并根据《对外军事销售》支付美国物资支援、训练勤务费及美国参与演习的其他费用。但不用支付（如果有的话）那些不属于训练勤务或美国提供的其他支持的费用，以及在没有外国参与的情况下也会发生的费用。

联合演习。联合演习是为检测及评估参与国相互的能力而进行的演习。其目的不是由一方向另一方提供指导或传授军事技能，而是互相练习、检测和评估所有参与方执行各自战时任务的能力。联合演习中各参演国的部队（包括美军），支付各自的演习费用。在联合演习中向外国部队提供的任何美国支援（如燃料、弹药、补给品）必须由外国部队作为对外军事销售案支付费用（或根据其他可适用的授权偿还，如《采办与交叉服务协定》授权或关于燃料的法定授权）。

《美国法典》第10编第2010节授权国防部部长在与国务卿磋商后，支付一个发展中国家因参加双边或多边演习而直接产生的追加费用，如果这一演习主要是为了增进美国的安全利益，并且国防部部长确信该国的参加对达到演习的根本目标是必需的，而且美国不支付此项追加费用就无法达成该目的。第10卷第2011节授权特种行动司令部司令及任何联合司令部或单一军种司令部司令支付由一个友好发达国家连同训练产生的追加费用。

（十）联合使用安排

同外国部队间的联合使用安排是完成美国军事任务的很完善的方法。根据这样的安排，各方部队一起为完成共同的任务作出贡献，从而最大限度地利用资源并降低成本。

例如，假设驻扎在外国的美国武装力量需要一个雷达站，东道国部队也需要这样一个雷达站。双方同意共同使用同一设施而做出安排，以满足双方的需求，而不必各自承担建设、装备、人员配置及维护各自雷达站的全部费用。双方缔结一个协定，根据协定，各方在建立、操作及维护有关设施中所分摊的费用应与其对该设施的使用成比例。如果使用比例相同，则分摊的费用也相同。为使双方间的补偿最小化且促进所要求任务的完成，协定也明确分配了各方的职责。美军提供雷达及相关技术设备，而东道国部队完成所需建设并提供基地支持设备。各方负担所负职责产生的费用并保留对其提供设施及其他财产的所有权。设施由双方共同配置人员，虽然不必人数相同。经常性运营及维护的费用在各方间分摊，以达到平衡。也就是说，如果在一个平等使用协定中，所有其他费用都是平均分担的，那么运营及维护费用也应平等分担。如果一方承担的建立及配置人员费用比另一方高，则后者就应多承担一些运营和维护费以达到平衡。

共同使用安排的法定授权存在于《美国法典》第 10 编的相关条款中，它们授权执行空军任务（见《美国法典》第 10 编第 8013 节、第 9831 节和第 9832 节）。相应地，在此种安排中，美国资金的支出和美国财产的使用必须是成比例的，并与完成美国军事任务直接相关（不是对外国军队的援助）。

（十一）通信协定

第 10 卷第 2350f 节授权国防部部长，经国务卿批准，同任何盟国（指北约国家、澳大利亚、新西兰、日本或韩国，或者为此目的由国防部部长经国务卿同意后指定的任何国家）签订双边安排协定，或同盟国、国际同盟组织，或北约签订多边安排协定，"根据这些协定，作为得到通信支持及相关保障和服务的回报，美国将同意提供……同等价值的通信支持及相关保障和服务"。

为了在美军与盟军间传送保密信息，有时有必要为盟军提供能够传送和/或接收此类信息的美国通信安全设备。这就出现了把通信安全设备转让给外国政府的适当法律授权的问题。除了《对外援助法案》及《武器出口控制法案》，在适当情况下，《美国法典》第 10 编第 421 节（规定国防部部长可以使用用于情报及通信目的的国防部资金，"以支付为获得密码支持而与外国签订协定的费用"）提供了暂时向外国政府转交通信安全设施的法律依据。（见《国防部指令》C-5200.5）

（十二）战争储备物资（WRM）

向外国政府及国际组织转让战争储备物资受到《对外援助法案》第 514 节和《美国法典》第 10 编第 975 节的限制。《对外援助法案》第 514 节对为了外国部队储备或指定使用的战争储备物资而建立海外储备库加以限制。第 514 节要求向外国转让战争储备物资只能按照《对外援助法案》《武器出口控制法案》或随之相应立法内的授权来进行。《美国法典》第 10 编第 2390 节管理为美军储存的战争储备物资。它规定除了销售指定将被更换、替代或淘汰的战争储备物资，或销售指定战争储备物资以便为采购更优先的储备提供资金，否则禁止向非北约国家出售美国储存的战争储备物资，除非总统断定存在影响美国国家安全的国际危机，并在 60 日内向国会报告更换或重新补充被出售的战争储备物资的计划。

（十三）域外剩余物资

《美国法典》第 10 编第 704 节对域外剩余物资的处理作出了规定。位于外国的国防部财产在根据国防处理手册的筛选并被确定为多余时，一般会通过出售的方式进行处置，但也可以由国防部部长确定为符合美国的利益而作出从中获得实质性利益或解除的要求。没有商业价值或管理与处理的预计成本将超过出售收益的国外剩余物资，可能被授权放弃、销毁或捐赠。

（十四）拉丁美洲合作

《美国法典》第 10 编第 1050 节授权军种部部长支付"拉丁美洲国家官员和学生的旅行、生活及特别补助及部长认为为拉丁美洲合作所需要的其他开销"。虽然法律明确规定由国防部资金支付参观美国军事设施的拉丁美洲国家的官员、学生的旅行、生活及其他相关费用，但是这不应该被解释为授权国防部向这些人员提供用于培训或其他国防服务或物品的费用。空军执行的条例是《空军指示》16-102。

（十五）航空领导方案

第 10 编第 905 章（见《美国法典》第 10 编第 9381 至第 9383 节）授权空军部部长，根据国防部部长规定的规章，向友好、欠发达国家的空军人员提供本科飞行员培训和必要的相关培训。《国防部指令》2010.12 确立了实施该法的政策及明确了职责。《空军指示》16-108 为管理此方案提供指导。

（十六）泛美空军学院（IAAFA）

根据《美国法典》第 10 编第 9415 节的规定，空军部部长被授权管理泛美空军学院，旨在为中南美国家和根据《对外援助法案》第 2 部分第 5 章（国际军事教育与训练）有资格获得援助的其他国家的军事人员提供军事教育和培训。泛美洲空军学院运转和维护的固定费用将由空军的运营及维护拨款支付。所有其他费用都是有偿的（如国际军事教育与训练）。

（十七）人员交流项目

根据这些项目，同样合格的美国与外国军事及文职人员可以在其他部队的常规职务或岗位上进行交流任职。对这些人员交流项目的授权存在于《美国法典》第 10 编第 168 节注中。交流项目一般分为四类：军事人员、工程师和科学家、行政管理人员及专家、国防情报人员。历史上，根据确立交流基础规则和规定交流人员权利与责任的《国防部指令》5530.3，美国各军种或国防部的其他部门与外国的对口单位就每个项目达成协定。《国防部指令》5320.20 规定了分配外国人到国防部各部门任职的政策及责任。负责政策的国防部副部长办公室出台了国防部级别缔结的每一类项目的标准协定，在大多数情况下，协定是由谋求与外国同行建立起初步交流项目的部门来缔结的。

同外国政府武装力量建立人员交流项目是所有美国军种的一项长期做法。项目原本只限于军官交流，现在已扩展到士官。该计划旨在促进美国与友好外军的相互理解，使彼此熟悉对方的组织、管理和运行。

国防部部门同友好国家对口机构交换工程师或科学家（通常是文职），在对方的研发机构任职。国防部人员可被分派到支持东道国政府国防部的私人企业里任职。

在这种情况下，国防部部门同外国政府国防部的一个机构交换履行专业管理、后勤、卫生、财务、规划或其他保障职责的军人或文职雇员。

该计划涉及国防部部门同它们的外国对口单位间的军职或文职国防情报专家的交流，目的是为精选的职业情报人员提供实地工作任务。

（十八）合作研发、测试、评估及生产协定

这些协定有若干形式，正如上文指出的，一种形式是工程师与科学家的交流协定。更为普遍的形式是特定的研发、测试、评估及生产项目或总括协定，总交流或标准化协定，及数据交换协定。合作研发、测试、评估协定的谈判与缔结的审批权属于国防部副部长（采办、技术与后勤）（见《国防部指令》5530.3 第 13.6 节）。《国防采办指导手册》第 11 章规定了申请此类批准的简化程序，由《国防部指令》5002.2 "国防采办系统的运作"批准。根据《美国法典》第 10 编第 2531 节的规定，在关于国防装备的研发、生产或者国防物品的互惠采购的国际协定的谈判、再谈判或执行中，国防部部长应征求商务部部长有关此类协定的商业影响及其对美国产业的国际竞争地位的潜在影响的意见。

具体的研发、测试、评估及生产项目或总括协定是国防部或其一个部门与外国国防部或其一个部门间，为了共同完成一项具体的研发、测试、评估及生产项目或有共同技术利益的计划的协定。各方以现金或实物形式平等地为完成该项目作出贡献，旨在避免浪费和重复研发努力，以及可能采办到具有标准化或通用性的国防物品。此类协定的各方都对完成研发、测试、评估项目有各自的需求。通过分担工作、数据和费用，各方都极大减少了如若单独完成研发、测试、评估项目所要付出的努力和承担的费用。

既然各方都为实现共同的需求贡献了人力、数据和资金，那把该计划看成是一方从另一方采购服务或物品则是没必要也是不合适的。共同进行合作研发、测试、评估项目的协定，包括分担费用及提供项目必要的设施设备的义务，符合《美国法典》第 31 编第 1501（a）节关于美国财政义务的书面证明的要求，这里它构成了"各方间一个书面的有约束力的协定，包括政府部门，以一定的方式和形式，并出于法律授权的目的"。在一个合作研发、测试、评估项目里，各方都为自身需求的实现而投入资金并使用其财产。他们的关系是伙伴，而不是买方和卖方。这类合作研发计划项目，呈现出如上文所述的结构，并不必然造成美国政府资产向外国参与方的纯粹外流，从而构成了违反《对外援助法案》或《武器出口控制法案》的安全援助。

《武器出口控制法案》第 27 节（见《美国法典》第 22 编第 2767 节）特别授权同北约、北约国家和国防部在提交给国会委员会的报告中确认的特定友好国家签订合作项目协定。一个"合作项目"被定义为书面协定形式的共同管理安排，旨在促进北约国家武装部队合理化、标准化和互用性或提高美国和其他参加国的常规防卫能力。它规定了研究、开发、测试、评估费用的分担、国防物品的共同生产以及共同开发产品的同步生产，美国向北约及其附属机构或成员国采购国防物品或服务。协定必须规定美国和各参与方公平负担项目所产生的全部费用并公平享受项目成果。项目的全部费用包括管理费用、行政费用和理赔费用。参与方可以以资金或合作项目所需的国防物品和服务来支付其所应分担部分。在协定签订至少 30 日前必须向众议院议长和参议院对外关系及军事委员会主席提交证书。

当美国代表其他参与方签订第 27 节合作项目合同时，《美国法典》第 10 编第 2350b 节可适用。它授权国防部部长在美国之外签订合同时，除了《对外援助法案》或《美国法典》第 10 编第 2304 节（《合同竞争法案》（CICA））的一项规定外，放弃在此类合同或子合同中适用任何其他法律规定。该项规定特别规范了订立合同应遵循的程序、合同中包含的条款与条件、对在美国种植、生产或制造的货物所应给予的优惠要求或规范合同履行的要求。

它进一步规定参与方也可代表美国签订合同，只要合同是在竞争基础上签署的，且美国资源也未被排除在合同项下竞争之外。在执行合作项目时，国防部部长可以不管美国关于适用财产处理的任何法律，同意处置共同获得的财产。第 10 编第 2350i 节规定，为满足合作项目费用，美国从外国或北约获得的出资列入军种部可适用账户的相关授权。

在第 27 节之前对进行合作生产没有明确的法律授权。第 27 节是对进行合作研发、测试、评估及/或共同生产项目的适当授权。通常这些计划结构上是总括协定，以便涵盖各个阶段的补充协定在内的全部努力。

根据第 10 编第 2350a 节的规定，合作研发项目可以依照规定项目费用（包括理赔费用）公平分担的正式协定予以确立。外方不可将美国军事或经济上的援助贷款或其他资金作为其出资。不是根据《武器出口控制法案》第 27 节或《美国法典》第 10 编第 2350b 节进行的合作研发计划，可能是根据《美国法典》第 10 编第 2358 节的"一般"研发授权进行的。

（十九）数据交换协定

国防部或其部门与外国国防部或其部门之间为满足共同的研发需要而进行某一具体技术领域信息的互惠交换协定。

根据这样的协定进行的信息交换只能在具体项目的范围内做出，而且只能在参与方的国家法律、法规和政策，包括国家信息披露政策授权的范围内做出。制造或生产信息的披露属于协定范围之外，不被授权。

数据交换协定还规定交换应在互惠基础上进行，所以总体上，各国政府从其他国家得到的信息的价值基本上是相等的。不能仅基于数据交换协定向外国政府提供美国政府的物资或设备（需要一个根据《武器出口控制法案》进行租赁或贷款，或者《对外军事销售》的协定书）。

数据交换协定的授权存在于前面提到的一般研发的法律中（见《美国法典》第 10 编第 2358 节）。既然该法仅授权国防部所需的研发项目，则上文所述的限制也是保证数据交换计划不超出法律授权范围所必需的。否则，数据可以仅仅根据《对外军事销售》提供给外国政府，尽管会得到诸如标准化、互用性、更紧密的同盟、加强自由世界安全等益处。《主数据交换协定》要求由符合上述标准的具体信息交换协定附件来执行。

（二十）补偿政策

合作研发、测试或生产协定必须遵守《美国法典》第 10 编第 2532 节中有关补偿政策的规定。根据第 2532（a）节，总统于 1990 年 4 月 20 日公布了其有关补偿的政策，并作为《美国法典》第 50 编附录、第 2099 节的注释。

参考文献

1. The Vienna Convention on the Law of Treaties, adopted 23 May 1969（entry into force, 27 January 1980）, UN Doc A/Conf 39/28, UKTS 58（1980）, 8 ILM 679.

2. The Case Act, 1 U. S. C. § 112b.

3. 10 U. S. C. § § 421, 975, 1050, 2010, 2201～2222, 2304, 2306, 2313, 2341～2350, 2350a, 2350c, 2350f, 2341～2350c, 2358, 2390, 2531, 2539b, 2667, 2675, 4626, 4629, 7227, 8013, 9381～9383, 9415, 9626, 9629, 9831, 9832.

4. Foreign Assistance Act, 22 U. S. C. § § 2151, et seq.

5. Arms Export Control Act, 22 U. S. C. § § 2751, et seq.

6. 31 U. S. C. § § 1301（a）, 1341, 1501（a）, 9701.

7. 40 U. S. C. § 704.

8. 41 U. S. C. § 22.

9. 49 U. S. C. § 44502（d）.

10. 59 Comp. Gen. 369（1980）.

11. 50 App. U. S. C. § 2099.

12. 10 U. S. C. § 168 note.

13. Defense Federal Acquisition Regulation Supplement, 48 C. F. R. Chapter 2, 13 December 2000.

14. Coordination, Reporting and Publication of International Agreements, 22 C. F. R. Part 181, 1 April 2001.

15. Federal Acquisition Regulation, 48 C. F. R. Chapter 1, 16 May 2001.

16. DoDD 2010. 9, Acquisition and Cross-Servicing Agreements, 28 April 2003.

17. DoDD 2010. 12, Aviation Leadership Program（ALP）, 23 September 1994.

18. DoDD 2140. 2, Recoupment of Non - recurring Costs（NC）on Sale or Licensing of U. S. Items, 13 January 1993.

19. DoD 5105. 38-M, Security Assistance Management Manual（SAMM）.

20. DoDD 5230. 11 Disclosure of Classified Military Information to Foreign Governments and International Organizations, 16 June 1992.

21. DoDD C-5200. 5, Communications Security（COMSEC）, 21 April 1990.

22. DoDD 5530. 3, International Agreements, 11 June 1987（incorporating Change 1, 18 Fe-

bruary 1991).[1]

23. DoD 7000. 14-R, Volume 15, Financial Management Regulation.

24. Department of State, Volume 11 Foreign Affairs Manual, Chapter 700 Treaties and Other International Agreements.

25. AFPD 25-3, NATO and Allied Logistics Support, 26 June 2012.

26. AFI 25-301, Acquisition and Cross-Servicing Agreement (ACSA) Between The United States Air Force And Other Allied And Friendly Forces, 26 October 2001.

27. AFI 51-701 Negotiating, Concluding, Reporting and Maintaining International Agreements, 16 August 2011.

28. S. Rep. No. 795, 96th Cong. , 2d Sess. 7-9, reprinted in 1980 U. S. Code Cong. & Admin. News, 2420, 2427-8.

29. S. Rep. No. 892, 96th Cong. , 2d. Sess. 8-10, reprinted in 1980 U. S. Code Cong. & Admin. News, 2430, 2437-9.

30. Principal Deputy Assistant Secretary of Defense (International Programs) [PDASD (IP)] memoranda of 12 October 1994, 13 February 1995, and 26 May 1995.

31. Letter from the DoD Associate General Counsel (International Affairs) to the Assistant Legal Adviser for Treaty Affairs, Department of State, dated 27 April 1981.

---

[1] 自 2009 年 8 月 3 日起，国防部总法律顾问办公室修订《国防部指令》5530.3。请查找此参考文献的更新版本。

第八章 | 部队地位协定

一、背景

向海外派遣美国军队以促进国家安全和对外政策目标在美国国内法和国际法上都具有深远的影响，而且也引起了关于部队及其成员和家属的地位、权利、特权及豁免等基本问题。

自从领土主权国家出现以后，国家就宣布了对其领土之内的行为拥有管辖权。美国最高法院在"Wilson v. Girard 案"［354 U. S. 524（1957 年）］的判决中指出，"一个主权国家在对发生在其境内违反其法律的罪行进行惩罚方面具有排他性的管辖权，除非其明示或默示地放弃这种管辖权"。这种属地管辖权也适用于外国人。当人们认为法治的结果将导致外国人不受当地法律管辖时，这种属地管辖权观点的合理性就变得很明显。一般的规则是，驻扎在别国领土上的外国军事人员及其家属完全受该国法律的管辖，除非东道国通过国内立法、与派遣国达成协定或根据习惯国际法明示或默示地给予管辖豁免。

一种多少被误解的习惯上的例外是，军队在平时临时通过另一国领土时的豁免。"The Schooner Exchange v. McFaddon 案"［11 U. S.（7 Cranch）116（1812 年）］被广泛地引用以证明这一主张。这个案件中的具体问题涉及原告对美国港口内的一艘法国军舰提出诉讼，但在判词中，首席法官约翰·马歇尔谈到了人们对外国军事人员管辖权的问题。他评论道："允许自由通过，则表明放弃对部队在通过其间的所有管辖权，并且准许外国将军适用本国政府所要求的纪律规定和惩罚措施。"但应当注意的是，马歇尔所说的是部队旌旗飘展地通过外国的领土，而且他的观点也没有排除一国以通过部队接受其管辖作为同意的条件的可能性。他所处时代的国家实践是无条件地允许军队通过。然而，马歇尔的判词不是一般规则的例外，而是一般规则的一种表述。因此，《法律重述》（第 3 版）、《美国对外关系法》（1986 年）第 461 节注释 f 恰当地总结了这种规则："外国军事力量在获得一国同意的情况下出现在该国领土上……除非两国之间另有协定，否则要受到接待国法律的管辖。"

第二次世界大战之后，部队地位协定的谈判变得十分必要，因为没有一般规则的例外规则可以遵循。数量众多的军队长期在海外驻扎。除了刑事犯罪管辖以外的很多问题都必须得到解决，比如入境，索赔、海关和税收，以及劳工等。在 20 世纪 40 年代末和 50 年代初，美国缔结了北约部队地位协定以及同日本、韩国和菲律宾的双边部队地位协定。在 1953 年参议院有关北约部队地位协定听证会上，国务院所持立场是：在没有国际协定时，就不存在对当地法律管辖的默示豁免。

二、部队地位协定的目的

部队地位协定不是军队基地或进入的协定，它们是用来确定美国军队在友国领土上的地位的，并且协定本身不能授权或批准那些军队的存在或行动。然而，在一个内容广泛的国际协定中通常同时解决地位和进入问题，而且通常也把这些协定称作"部队地位协定"。

在和平时期依国际法的一般规则，长期派驻海外的美国军队要完全接受东道国的司法管辖，但是由于政治原因，这是不可接受的。因为需要对军队执行纪律约束并确保他们得到公正对待。因此，美国长期以来的政策是：通过部队地位协定机制从东道国那里获得广泛的司法管辖豁免。其目的不是使军队免予刑事处罚，而是能够在美国司法体系内适用军事纪律，且在全世界范围内都适用同样的标准。

部队地位协定的目的是在接待国与派遣国之间建立一种主权共享机制，在每个国家间建立一种与其利益与需要相符的权利与义务上的平衡。除非各方都理解主权分享的理由并且相信它们的利益已经得到妥当的平衡，否则部队地位协定不会一缔结就发挥很好的作用。这种协定的一个附属目的是在部队到达之前就解决尽可能多的问题。它建立了一个顺畅的工作机制以降低解决纠纷的需要。如果部队地位协定中留下太多问题悬而未决，必然会导致争端。

美国缔结部队地位协定以界定部队及其成员和家属的权利、豁免权及责任，主要关注两个广泛的领域：刑事司法管辖和民事法律免责。刑事司法管辖是为共享或获得行使排他性的或主要的司法管辖权授权而确立基本的原则。民事法律免责包括免除所得税、进口家庭日常用品和私人汽车关税，以及获得工作许可。

三、适用的地理范围

北约部队地位协定（以及通过引用该协定而包含其主要内容的和平伙伴关系部队地位协定）是美国所参加的唯一一个多边军队地位的协定。因为北约部队地位协定适用于所有缔约方，这个协定也适用于美国并且管理其他北约国家部队在美国的行动。它是美国缔结的唯一的一个互惠部队地位协定，同时也是征求过参议院意见并经其同意而缔结的正式条约，具有法律效力。依据《美国宪法》第6条的规定，条约是美国最高的法律。美国参加的其他所有的部队地位协定都是双边的和非互惠的（即它们在美国不适用）。例如，完全是为了解决北约部队地位协定中的缺陷而签署的双边或多边（同德国和其他派遣国）补充协定就是非互惠性的，对美国来说它们是行政协定而非条约。

四、部队地位协定的类型

简言之，美国可以为其海外军队寻求两种基本的地位。第一类是与大使馆的行政与技术人员依《维也纳外交关系公约》获得相同的地位（通常被称为行政技术人员地位）。第二类则稍低于行政技术人员地位，可以存在对刑事管辖权的某种形式的共享以及对民事责任的某些有限保护。第二类地位可能具有许多重复，其中之一存在于北约部队地位协定之中。所寻求的这种安排——行政技术人员地位或低于行政技术人员地位——取决于各种各样的因素，比如接待国的司法制度的性质和体系，军事行动在东道国的持续时间，派遣国与接待国之间关系的成熟度，以及东道国主流的政治形势。一些部队地位协定是自成一体的单独文件，而另一些则是与其他一些相关问题共同存在于基地权利或进入协定中的。

通常地，美国会寻求行政技术人员地位。这种地位在许多情况下是合适的，例如美军被派往国外参加持续时间不超过几天的联合军事演习或者人道救援行动。同样，仅涉及少数人员长期存在的情况时，这种地位也是适当的，比如建立一个区域性的国防合同管理区办公室或医疗研究所，此时可能不存在一个部队地位协定。与行政技术人员相同的地位可能仅需通过互换外交照会就能得到。这种行政技术人员地位可由批准这种行动本身的总体协定所授予。寻求行政技术人员地位是十分平等的事，而且是经常需要的，国务院会给美国驻世界各地使馆就此进行谈判和缔结协定的一揽子授权（见《国务院行动备忘录》，"通报" 175 号，1981 年 11 月 4 日）。

2000 年 3 月，美国国务院给予西半球地区的大使馆一揽子授权，以便通过交换外交照会的方式获得与行政技术人员同等的地位。这种模式也解决了一些对美军海外行动十分关键的其他事项，这些事项被包含在最近的大多数互换的外交照会和处理部队地位以及进入的防务协定中。[1]

授予与行政技术人员同等地位意味着相关人员将被赋予《维也纳外交关系公约》所规定相应等级人员所享有的豁免权。其中最重要的是对接待国刑事司法管辖的完全豁免，以及对包括在履行公职过程中的作为或不作为的行为的民事管辖权豁免。这种豁免使其免于逮捕或拘留，享有私人住宅和通信不受侵犯的权利以及免除所有义务和税收。

有军事基地和设施供美国使用的情况下，会达成更为详细的协定，并会提供需要全面支持的在东道国的美国人员及其家属的数量。在这些情况下，提供第二类的地位，比行政技术人员地位略低。

五、部队地位协定的内容

在提供低于行政技术人员地位的情况下，不同的实质性领域可能得到解决，也可能没有得到解决。以下按标题和次标题提供的协定内容是在部队地位协定或部队地位协定补充或实施协定中需要解决的潜在问题。这份列表并不能涵盖全部，只是试图让读者对部队地位协定中要涉及的标的物有一个感性认识。部队地位协定的内容可能像上面提到的外交照会一样只有几页纸，也可能像北约部队地位协定的德国补充协定一样有好几百页。

（一）定义

1. 美国武装部队

2. 部队成员

3. 文职人员

---

〔1〕 参见《国务院行动备忘录》，"通报" 175 号，2000 年 3 月 3 日。

4. 家属

5. 承包商

6. 承包商雇员

（二）尊重法律和主权

1. 尊重法律和主权的义务

2. 不参与不相关的政治活动的义务

3. 派遣国采取必要措施实现此目的的义务

（三）进入和离开的程序

1. 东道国之间的入境规定各有不同。然而大多数部队地位协定一般都规定，部队的现役人员入境时不需要护照和签证（只需要军人身份证件和集体或单独行动命令）。

2. 相似的是，来访军舰和航空器的船员或机务人员也只需要他们的身份证件和命令。

3. 文职人员通常要遵守入境规定，需要护照，有些国家还需要签证。

4. 其他项目包括：入境和出境检查的适用范围，免受有关外国人注册和控制的法律规章管辖，被军队雇佣于不是本国公民岗位的工作无需工作许可，不能取得任何永久居留或住所的权利，处理东道国责令个人离境的要求，以及在东道国退休或退役的程序。

（四）穿着军服

1. 允许穿着的时间和地点。

2. 美国法律和军种规章的适用。

3. 在一个设施或机构之内或之外时，可用来区别是否在值班。

（五）携带武器

1. 允许携带的时间和地点。

2. 如果有命令授权，部队成员在值班时可以持有和携带武器。

3. 其他项目包括派遣国对东道国的要求加以体谅。典型的东道国要求可能包括，如果武器被带离军事设施，提前通知东道国武器以及武器在有限的情况下（比如护卫车队）带离军事设施的条件。规定美国的指挥官的部队保护授权和他们在设施内及离开设施时携带武器的授权。

（六）驾驶执照和注册登记

这个问题通常由东道国和派遣国之间的双边安排加以解决，并且通常对公务车辆和私人车辆加以区分。这些部队地位协定可能这样规定：允许那些驾驶美国公务车辆和私人车辆的人使用美军颁发的驾照；美国车辆进行注册和获得许可的要求；接受美国为驾驶私人车辆颁发的驾照，或接待国免试或免费颁发驾照；对私人车辆进行当地注册并收取注册成本费。

（七）刑事管辖权的划分

参见"外国人刑事管辖权"一章。

（八）民事管辖权

1. 对履行公务过程中出现的问题享有豁免或有限的保护；适当的部队地位协定索赔程序的适用；对美国政府的判决和诉讼的可执行性。

2. 其他项目：美国司法部不会放弃对主权豁免的抗辩（但可能不会都坚持——根据个案事实）。

（九）逮捕和送达法院令状

在军事设施内的有关刑事和民事事务的逮捕和送达法院令状的程序，通常与东道国当局相协调，以确保告知程序的有序进行，同时使其对行动造成的影响降到最低。

（十）索赔

1. 政府间放弃索赔的种类以及处理那些不放弃索赔的程序。

2. 由美国人的作为或不作为，或由美国部队对其负责的个人所引起的其他索赔（除了合同的或与战斗有关的索赔）的判决与偿付程式（要么美国判决并全额偿付，要么东道国判决并分担赔付）。

3. 其他项目：对美国特殊优惠索赔程序的承认以及确定索赔请求的时效限制。

（十一）关税、国内税以及其他收费

1. 免除专供美军使用的美国原料、设备、补给、食物和其他财产的进出口和在本地采购的关税和国内税（也对代表美国的承包商实施宽免）。

2. 免除公务车辆、船舶和航空器过境、空中导航、着陆、停泊、灯光和港口费，道路通行费和其他相似的收费（但支付要求并获得的服务的合理收费，比如除冰或燃料费）。

3. 其他项目：海关管制程序，包括对转运其他国家的程序，以及可能的承包商所得税和牌照费的减免。

（十二）个人财产的进口、出口、使用与免税

1. 家庭用品及私人车辆的免税。

2. 在指派的工作任期内合理数量的个人物品的免税。

3. 其他项目：对免税进口私人汽车数量的限制，转运至其他国家的程序，家庭用品的检查程序，以及双方合作以防止对这些权力的滥用。

（十三）个人税的免除

1. 接待国免征作为派遣国军队成员所获得的薪水和津贴的个人所得税，以及基于合法居留和住所的其他税收。

2. 其他项目：丧失豁免权的情形，以及是否需要备案、允许有资格的人员进行个人采购而免缴东道国增值税的程序。

（十四）部队的物资供应、士气、福利、娱乐（MWR）

1. 授权建设军营食品店、兑换处、进行销售和服务行为，士气、福利、娱乐设施，并指定有权使用者。

2. 其他项目：退休人员、在东道国和第三国休假的人员，以及本地国民可能得到授权使用的条件；与当地商业公司和特许权获得者签订合同的规则和程序。

（十五）卫生保健

1. 享受东道国卫生保健服务的依据。

2. 其他项目：东道国希望规范美国医疗服务，以及进行尸体解剖的程序。

（十六）邮政服务

1. 授权建立军队邮局。

2. 其他项目：美国根据美国法律法规进行操作，海关控制程序，东道国检查（或不检查）私人邮件的程序，以及任何特殊使用的许可（例如退役人员使用）。

（十七）交通工具的使用

1. 私人拥有的车辆免交公路费。

2. 美方人员和家属免交机票中的车船税和机场离境费。

（十八）货币和银行设施的使用

1. 批准承办军队银行服务。

2. 放松货币管制的限制，允许军队银行出于公务目的或为满足美方人员及其家属的需要而进行双方之间或与第三国之间货币的兑换。

3. 批准军队银行提供全方位服务。

4. 其他项目：根据美国法律、法规完成承包过程，允许东道国拒绝通过美国的承包过程选择的银行（例如，限于安全原因）的情况，东道国给军队银行颁发执照（形式上的/一次性的），军队银行获得东道国货币的程序（例如，从国家银行获得以及兑换率）。

（十九）承包商和承包商雇员

1. 合格者的界定。

2. 确定授予承包商的特定权利和特权。

3. 确定对承包商组织的任何关税减免。

4. 其他项目：对工作许可要求的宽免，本地国民雇佣义务的放松，双重国籍待遇，第三国国民，对签证要求的放弃（或加快办理的程序）；授权对承包商雇员进行个人后勤补给；工作在敏感地点的特殊技术代表的地位（情报工作）。

（二十）当地采购

1. 根据美国法律、法规完成的权利。

2. 其他项目：在可能的情况下，在竞争的基础上，最大限度地使用当地承包商。

（二十一）当地建筑

1. 控制剩余价值的规则和程序。

2. 关于通过东道国指定的建筑和设计机构来间接签订合同的规则；做出符合东道国和美国的设计和建造要求的安排。

（二十二）使用当地劳动力

1. 接受当地的劳动力标准。

2. 适用当地劳动法律、法规，以及国内立法所规定（包括法院的判决或裁定）的对工人的保护。

3. 其他项目：如果美国的法律允许，优先雇佣当地劳工，双重国籍待遇，允许罢工的程序，纠纷解决机制，工资设置程序。

（二十三）纠纷解决

纠纷解决程序（通过联合委员会或者外交渠道）。

（二十四）管控协定

1. 保留与部队地位协定不一致的先前签订的协定。

2. 审查和终止或修改之前协定的程序。

（二十五）期限与终止

1. 存续期间与终止程序。根据各自的宪法程序批准（如果是条约）或接受（如果是行政协定）。

2. 生效的日期或使之生效的事件（交换文书）。

3. 其他规定：授权声明及签署、协定所使用的语言，对条款的理解发生冲突时以何种语言为准，修改或暂停适用的规定（一旦发生武装冲突时的特殊条款）。

六、常见的缺陷

有两个主要问题需要解决：

1. 在没有解决部队协定问题情况下的部署。这个问题应当被提出，并且沿指挥链上报，以便作出适当的决定。国防部高级官员可能会出于政策考虑而决定在没有部队地位协定的情况下实施海外行动。现地指挥官和军法官不应作出这种决定。

2. 谈判。就部队地位协定或者部队地位协定问题进行谈判一直是一个"具有政策意义的事"，只有在华盛顿的国防部和国务院的人员可以授权。在这方面不会把程序性授权委托给现地指挥官（见《空军指示》51-701）。所有确认需要谈判解决的部队地位协定问题都必须提交到在华盛顿的相关部门。

七、结论

对这一内容广泛的概述并没有包括所有问题，而仅旨在对部队地位协定这个问题进行一个大致概括和说明。许多问题仅仅是略微触及，而其他一些问题则根本没有涉及。其他有价值的问题可能还包括部队地位协定的谈判；根据美国法律，应该如何对待作为条约和作为行政协定的部队地位协定；欧盟及其他相似的区域组织对它们成员国的部队地位协定的影响；随后的国家立法与部队地位协定的义务不一致之处的关系。

尽管如此，从这个简短的介绍来看，显然问题很多，部队地位协定的覆盖范围也不同（或者根本就不存在一个范围），并且需要具备全方位的法律技能。创造性和艰巨的努力对解决困难且复杂的问题来说是必要的。美国必须要重视那些先例和美国在世界范围内的实践，以免现在的胜利变成负担，并且失去美方人员及其家属原本享有的特权。今天，通信太快捷了，问题的解决也过于透明，以至于其他国家不得不从已经采取的行动中去学习，并出于自身的利益来利用信息。

　　某一特定的部队地位协定可能没有解决你认为十分明显、应当被解决的问题。但事实上，各方可能已经设法想要解决它，但是要对用语达成协定却很困难。不论是试图解决刑事管辖、海关还是税收问题，军法官都牢记美国的政策，比如将美国的刑事管辖权最大化，努力实现这些目标。部队地位协定建立了一个框架，以便使各方的利益以预先设定的方式达成平衡，从而将它们之间未来的冲突降到最低。尽管是必不可少的，但部队地位协定并不能解决所有的问题。即使在那些部队地位协定没有提供答案的情况下，美国仍然努力与已经确立的政策和世界范围内的实践保持一致。

　　最后，如果想得到最新的现行非保密部队地位协定的清单，或者想知道在美国与特定国家间是否存在部队地位协定，请访问 https://aflsa. jap. af. mil/php/agmts/agmts. php.

参考文献

1. U. S. Constitution.

2. Agreement Between the Parties to the North Atlantic Treaty Regarding the Status of Forces, 19 June 1951, 4 U. S. T. 1792, T. I. A. S. 2846, 199 U. N. T. S. 67 (entry into force 23 August 1953, for U. S. same date).

3. Vienna Convention on Diplomatic Relations, 18 April 1961, 22 U. S. T. 3227, T. I. A. S. 7502, 500 U. N. T. S. 95 (Entry into force 24 April 1964, for U. S. 13 December 1972).

4. Agreement Among the States Parties to the North Atlantic Treaty Participating in the Partnership for Peace Regarding the Status of Their Forces, 19 June 1995, T. I. A. S. 12666 (entry into force 13 January 1996, for U. S. same date).

5. Whiteman, 6 Digest of International Law, section 15 (1968).

6. Foreign Sovereign Immunities Act, 28 U. S. C. § § 1330, 1332, 1391, 1441, 1602~1611.

7. Restatement of the Law (Third), The Foreign Relations Law of the United States (1986).

8. Hearings Before the Committee on Foreign Relations on the Status of North Atlantic Organization, Armed Forces and Military Headquarters, 83rd Cong. , 1st Sess (1953).

9. Department of State Action Memorandum, Circular 175 Procedures：Request for Blanket

Authority to Negotiate and Conclude Temporary Status of Forces Agreements with the Sudan and Other Countries, 4 November 1981.

10. Department of State Action Memorandum, Circular 175: Request for Authority to Negotiate and Conclude More Inclusive and Longer–Term Status of Forces Agreements with WHA–Region Countries Governing Privileges and Immunities for Department of Defense Personnel Temporarily Sent to Those Countries for Training, Exercises and Other Agreed Purposes, 3 March 2000.

11. Wilson v. Girard, 354 U. S. 524 (1957).

12. The Schooner Exchange v. McFaddon, 11 U. S. (7 Cranch) 116 (1812).

13. DoDD 5525. 1, Status of Forces Polices and Information, 7 August 1979, Change 1, 4 September 1985, Change 2, 7 February 1997.

14. AFI 51–701 Negotiating, Concluding, Reporting, and Maintaining International Agreements, 6 May 1994.

第九章 | 外国刑事管辖

一、背景

当美军成员及其家属在海外驻扎或部署期间触犯了东道国的刑法时，就会产生外国刑事管辖问题。美国国会已在确保美国的权力，美国军队在涉及外国刑事管辖的事务中受到保护，以及美国军队有最大限度的机会对美军人员被控行为不端的案件行使管辖权表示出强烈的意愿。尽管有这样的政策，但美国并没有和所有行动所在的东道国之间签订有关外国刑事管辖权的协定。在那些没有这类协定的地区，美国军队人员得到的保护并不比普通游客多。这样的情况可以通过长远的计划来解决，但这只有尽早开始着手，并与华盛顿的机构进行充分的协调才行，并应咨询空军司令部军法官办公室以便了解详细的情况。

第二次世界大战之后，派遣国开始在东道国永久性驻军或者派军队执行各种短期的任务（如人道救援、灾难救助、训练等）。因为习惯国际法并没有规定这些部队的地位，因此有必要通过部队地位协定或像交换外交照会等其他国际协定来确定他们的地位。请参见第八章"部队地位协定"，该章讨论了外国刑事管辖之外的部队地位协定。

二、美国在外国刑事管辖问题上的政策

当接待国实施刑事管辖时，因采用共享司法管辖模式，或者干脆就没有地位协定，就会产生美国军人及其家属将服从另外一个国家的、他们所不熟悉的法律和程序的管辖的情况。这将影响士气并且对于指挥来说非常耗时。作为一名军法官，你可以为减少或消除这些不良影响做很多事情。同时认识到东道国实施刑事司法管辖还有可能减弱指挥官对部队的纪律处分权。有鉴

于此，国防部的政策是使美国的司法管辖权最大化，同时使指挥官的纪律处分权力最大化。如果获得司法管辖权的努力没有取得成功，国防部的政策也最大限度地保护受外国诉讼或监禁的美国军人及其家属的权利。这些政策源于美国参议院在1953年同意批准《北约部队地位协定》时提的建议。

作为一名军法官，你能做的是通过培养与东道国官员的友好关系来使美国司法管辖权最大化。这意味着需要定期拜访检察官，邀请官员到你的驻地参加法律日庆典，参加双方体育活动，征得适当渠道的同意采购新年礼物等。《空军联合指示》（AFJI）57-706要求："需要持续不断的努力来建立与东道国当局之间的联系，从而使美国司法管辖权达到可适用的协定所允许的最大程度。"如果你努力去学习东道国的语言，你会发现你与外国官员打交道的能力将显著提高。如果你足够幸运的话，你甚至还能依靠一位东道国的法律顾问。但是，当处理公务案件时，这些情况实际上是很罕见或不存在的。在许多情况下，美国拥有实施司法管辖的优先权。如有疑问，请立刻与你的上级总部的军法参谋联系。

三、指定指挥官和国家代表的作用

（一）指定指挥官（DCO）的职责

根据《空军联合指示》（AFJI）51-706的规定，在国外的指定指挥官对实施部队地位政策和程序负全部责任。其中包括获得羁押和管辖权的豁免，负责准备对该国法律的研究，与东道国相应的法律机关和美国外交使团保持联系，提供审判观察员，并在必要时提出国务院进行干预的请求。在未任命指挥官为指定指挥官的国家，国防专员在外国当局对美国人员行使刑事管辖权方面履行指定指挥官的职责，并提交所需的行政报告。

（二）美国国家代表

指定指挥官可以为他/她负责的每个国家任命一名高级美国军官作为美国国家代表。国家代表将作为与东道国以及美国外交使团在刑事管辖问题上的唯一联系人。除非将授权委托给国家代表，否则指定指挥官继续负责作出是否请求国务院采取正式行动介入任何一个特定案件的决定。当指定指挥官任命一名国家代表时，需要向联合司令部司令和负责在那个国家本军种部队的下属各军种司令递交一份任命备忘录。

（三）国家联络员

若在东道国没有指定指挥官，那么下属军种司令可以任命一名高级指挥官作为他们各自军种的国家联络员。除非受指定指挥官或美国国家代表指导，国家联络员将作为本军种单位和人员与美国国家代表和其他美国机构之间在实施外国司法管辖问题上的中央联络员。

四、司法管辖安排的来源及种类

在大部分案例中行使海外刑事和纪律管辖的权利取决于被告人的法律地位。一般来说，美国部队人员及其家属在外国的存在要么依据联合国的授权，要么依据派遣国和接收国之间的地位安排。

（一）联合国授权

1. 联合国特派团。如果被告是联合国特派团的成员，其成员地位一般根据联合国安排确定，最有可能通过授予"特派团专家身份"或者通过与东道国达成的"特派团地位协定"来规定。

2. 特派团专家地位。特派团专家地位提供一个准外交官地位，包括刑事程序全面豁免和要求任何东道国政府机关立即释放所拘留的这个人。这种地位只能由联合国授予。这一地位的法律授权来自1946年《联合国特权和豁免公约》第6条的有关规定。如果被告享有"特派团专家"的地位，就没有外国刑事管辖问题，因为东道国政府，或接待国将无权行使管辖权。尽管很少这样做，但联合国有可能在与相关人员所属的国家协商后，放弃被保护的地位，从而允许东道国行使管辖权。

3. 特派团地位协定。《特派团地位协定》与根据《联合国宪章》第六章所规定的联合国行动有关。在所解决的问题方面，《特派团地位协定》和《北约部队地位协定》的模式相似。然而，与《北约部队地位协定》不同的是，《特派团地位协定》规定派遣国在所有案件中享有刑事管辖权。

（二）美国—东道国任务

部队地位由政府间的协定确定。这些协定可能是一个部队地位协定、访问部队协定、防卫合作协定、交换外交照会，或其他形式的国际协定。地位安排确定了派遣国和接待国，军队成员及家属的权利、特权和责任。地位安排可以大致分为赋予行政技术人员地位和美国与东道国共享管辖权两种情况。

1. 行政技术人员地位。有些地位安排协定给予相当于行政技术人员的地位，也就是说享受类似于使馆的行政和技术人员所享有的豁免。根据 1961 年签署的《维也纳外交关系公约》，行政与技术人员地位提供了在执行公务时刑事行为完全豁免和民事行为的有限民事和行政豁免。如果适用行政技术人员地位，接待国就不能实施外国刑事司法管辖，因为他将无权实施管辖。但是派遣国可能会接受接待国提出的放弃豁免的请求，放弃豁免很少见，必须是明确的同意。

2. 共享管辖权。虽然地位安排条款在不同的协定中有不同的表述，但涉及长期驻扎军队的共享管辖权框架的范例是《北约部队地位协定》。《北约部队地位协定》是美国最早签署的协定之一，与包括双边的和多边的补充协定一起，仍然是美国随后在世界范围内全面地位协定的蓝图。

五、北约部队地位协定

《北约部队地位协定》刑事管辖模式规定了专属和并行刑事管辖权。

（一）专属刑事管辖权

每个国家对只违反本国法律的刑事犯罪行为拥有专属司法管辖。通常情况下，这些法律涉及各国有关造假、安全、移民和间谍等法规。但是，它们也可以包括国家独有的一般法律，典型的例子是希腊和土耳其的侮辱法，比如，在土耳其，如果美国军队的一名成员被控诽谤国父阿塔图尔克，土耳其政府就拥有专属司法管辖权。同样地，如果美军成员擅离职守或者是开小差，因为他们仅违反了美国的法律，所以美国将依据《美国统一军事司法典》对这些犯罪行使专属司法管辖权。

（二）并行刑事管辖权

当犯罪行为同时违反派遣国和接待国的法律时，两国对案件均有管辖权。因此，有必要确定哪个国家享有实施管辖的首要权力。首要权力包括起诉的权力和优先于其他国家的行使权。记住《北约部队地位协定》提及了实施司法管辖的"首要权"。将这一概念与任何包含首要和次要管辖权的概念相区分是很重要的。美国一直在谨慎地指出，刑事管辖权的行使可能包括有关当局在一个案件中不采取任何行动的决定。美国主张这一决定是对管辖权的行使。然而，对犯罪行动不诉讼的决定不应导致任何"次要"管辖权，或者接待国由于美国没有采取刑事诉讼而采取刑事诉讼的权力。美国的立场是，在这种情况下，如果派遣国没有放弃管辖权，接待国就无权实施管辖。

（三）接待国享有首要权

根据《北约部队地位协定》模式，如果出现并行管辖权时，一般情况下接待国享有实施司法管辖的首要权。但是这一规则有两种例外。在例外情形下，派遣国享有实施管辖的首要权。

（四）派遣国享有实施管辖首要权力的两种例外情形

第一种例外是"在他们自己之间的"（inter se）案件。这是军人或文职成员（注意家属不包含在此类犯罪者中）仅针对派遣国财产或安全实施的犯罪行为，或者仅针对派遣国其他军人或文职成员或其家属的人身或财产实施的犯罪行为的案件。第二种例外是公务案件。这是在履行公务中的作为或不作为而导致犯罪的案件。

1. 第一类例外——"在他们自己之间的"案件（inter se cases）。这种例外给予派遣国以实施管辖的首要权。在这些案件中，接待国在由派遣国军事或文职部门的成员实施的犯罪中没有多少利害关系，而派遣国则有着主要的利害关系。因此，派遣国应当拥有实施管辖的首要权。这种例外仅适用于派遣国其所属人员或家属是唯一的受害者的犯罪，不适用于针对接待国受害者的犯罪。根据《北约部队地位协定》模式，当只有一个派遣国的军事或文职部门的成员实施了犯罪时，这一原则也适用。如上所述，在"在他们自己之间的"案件中，家属可能成为受害者，但不能成为"在他们自己之间的"案件中的违法犯罪者。富有创造性的军法官可以通过各种途径使派遣国的司法管辖权最大化，例如通过狭义地界定"在他们自己之间的"犯罪行为的范围和影响，基于受害者的身份将犯罪进行分割，或者坚持主张最严重的犯罪所产生的影响是"在他们自己之间的"，而对东道国法律的任何其他违反至多是微不足道的，应当忽略不计（见《SNEE AND PYE》第 57 页）。应预计到当受害人是家属并且是接待国公民时的困难。由于文职人员不受《美国统一军事司法典》的管辖，因此接收国通常对这些罪行拥有专属管辖权。

2. 第二类例外——公务案件。派遣国对在履行公务中的作为或不作为而导致的犯罪也有实施管辖的首要权。这主要是依据主权国家的公务活动不应由另外一个主权国家来决定或判断的原则。公务活动所代表的主权国是那些以公务身份行动的人所实施的受到指控的犯罪的唯一仲裁者。美国强烈地维护公务的概念，并主张在这些案件中享有实施管辖的首要权。此外，根据《北约部队地位协定》模式的做法是由派遣国单独决定一个行为是否属于公务活动。这一决定通过发出"公务证明"或者是以使馆的外交照会的方式通知接待国。一般来说，接待国会接受这些证明。"公务例外"仅适用于军人及文职雇员的公务行动（对平民的司法管辖将在下文中进行讨论）。这不适用于家属，因为他们不以公务身份行动。与最大限度地行使管辖权的美国政策一致，应在所有合适的情况下颁发公务证明。

（五）管辖权的放弃

《北约部队地位协定》中的司法管辖模式具有一定的灵活性。它包括一种通过允许任何一方放弃行使管辖权的首要权，而使各方能够临时改变管辖权分配方案的方式。当作为派遣国时，美国很少放弃其行使管辖权的首要权利。这主要是因为其行使管辖权的首要权已经被狭义地局限在了一些案件上（"在他们自己之间的"案件和公务案件），在这些情况下总是有重要的起诉利益。警告：绝不放弃公务案件的管辖权。

与美国最大限度地行使管辖权的政策一致，军法官应当努力最大限度地使接待国放弃管辖权。美国军方的经验是，许多接待国除非有特别重要的理由，否则通常会放弃首要管辖权。事实上，已经与接待国就长期放弃对某些类型犯罪的管辖进行了谈判。然而，一些国家小心地捍卫他们的管辖权，仅同意少数放弃的请求。

没有事先得到被告所在军种的军法署长同意，驻海外的军事当局无权放弃美国的司法管辖权［见《空军联合指示》（AFJI）51-706，第1-7c段］。放弃公务案件管辖权的批准权属于总统。派驻接待国的指定指挥官（DCO）有权拒绝该接待国要求美国放弃司法管辖权的请求。这一政策并不意味着美国从不放弃管辖权，或者美国必须总是谋求外国放弃管辖权，在实践中，"最大限度地行使管辖权"原则是军法参谋的主要指导思想［见《空军联合指示》（AFJI）51-706，第1-7a段］。

六、对平民和家属的司法管辖

由于两种原因，美国平民和家属在国外的司法管辖权受到了独特的挑战。首先，《部队地位协定》的用语显得很狭窄，仅在被告为"受派遣国军事法律管辖人员"，派遣国才有权行使管辖权。这一表述用于《北约部队地位协定》第7条，第1（a）段。当《北约部队地位协定》生效时，美国军事法适用于伴随军队的文职人员和家属。然而，1957年，美国最高法院认为在和平时期平民不应当受军事法庭审判［见"Reid v. Covert案"，354 US 1（1957年）］。因此，《部队地位协定》中"受派遣国军事法律管辖人员"的用语可以被用来挫败美国获得司法管辖权的努力。但是，人们可以成功地辩解道，"军事法"不仅包括《美国统一军事司法典》，而且包括美国部队出国时携带的所有美国联邦法律。此外，第七条第1a段给予派遣国军事当局依据派遣国法律行使授予他们的所有刑事和"纪律"管辖的权力。美军文职雇员和家属在适当的案件中都接受指挥官的纪律管辖，也能满足司法公正的要求。军法参谋应当在这方面富有创造性。

由于许多联邦刑事法规缺乏域外效力，同样使对美国平民和家属的司法管辖很困难。没有适用于这些海外人员的联邦刑事法规，很难争取到行使司法管辖权的权力。不过，仍有可能用行政手段来处理被控的不端行为（见下文）。如果联邦刑事法规具有域外适用性，那么在美国联邦法院进行起诉就成为可能。缺乏可以域外适用的联邦刑事法规就产生了"管辖权空白"。2000年制定了被称为《军事治外法权法案》（MEJA）的新立法以弥补这一空白。该法律现已实施，指挥官和军法官根据它的颁布指令《国防部指令》（DODI）5525.11考虑该法案的适用。

（一）当前的实践

美国可能决定要求外国政府避免行使管辖权，或者放弃管辖权。

1. 要求避免。在许多案件中，例如在基地军人服务社入店行窃，美国有有限的联邦刑事法规在海外适用。但是《空军联合指示》（AFJI）51-706第1-7B（1）段仍然给了基地指挥官一些灵活处断权。"在当地指挥官确定可以根据现行的行政法规采取适当的纠正措施时，他们可以要求当地的外国当局不行使管辖权。"从严格的法律意义上讲，这不是一种放弃请求，因为美国拥有有限的使其可以行使刑事管辖权的适用刑法。要求东道国政府不起诉的目的是让它暂缓行使其权力，并代之以美国的行政（而不是刑事）行为。然而，在情节更严重的案件中，如忽视或者虐待儿童的案件，有限的美国联邦法规虽在海外适用，但美国指挥官的选择余地不多。当《军事治外法权法案》不适用或根据《美国统一军事司法典》第22条进行起诉时，要么允许国外当局马上进行起诉，要么若外国政府对案件不感兴趣，将平民送回美国。

2. 放弃请求。只有在有《美国法典》第18编所规定的罪行且美国法律具有域外适用的案件中，美国军事当局才能要求东道国放弃管辖权，并与司法部协调以便在美国联邦法院司法部进行刑事起诉。罪行列表见本章附录 A。

（二）《军事治外法权法案》（MEJA）

2000 年 11 月 22 日，《军事治外法权法案》经总统签署正式成为法律，收录在《美国法典》第 18 编第 3261 节以及下列等。该法案通过增加第 3261-67 节修正了第 18 编，扩大了联邦海外司法管辖范围，涵盖任何武装部队雇佣人员或伴随人员，在美国特别海洋和领土管辖区域内，实施了可被判处 1 年以上监禁的违法犯罪行为。该法不仅扩大了联邦司法管辖至国防部文职人员和在境外部队的伴随平民，而且在某些情况下还包括军人。

《军事治外法权法案》保留了第 10 编作出的依据《美国统一军事司法典》起诉军人的授权，同时依据第 18 编授权起诉那些已不再受《美国统一军事司法典》管辖，但在实施被控行为时仍在服役的武装部队成员。虽然当外国政府已经或者正在因同一犯罪起诉这个人时，该法案不适用，但是它允许美国政府在更多的案件中主张行使司法管辖的首要权并要求外国政府放弃管辖权。该立法要求国防部部长制定国防部统一法规（现在包含在《国防部指示》5525.11 中），规范行使了根据扩展的第 18 编管辖而应予以惩罚的犯罪的人员的逮捕、拘留和免职（见本章附录 B 对《军事治外法权法案》的概述）。

七、接待国实施司法管辖——程序性保护

尽管做了最大努力，仍存在接待国不放弃实施司法管辖的首要权或者接待国享有专属管辖权，并坚持起诉美方人员的情况。当这种情况发生时，美国最主要的是保证其人员和家属在外国法庭得到最低限度的正当程序保障。以下就是依据《空军联合指示》（AFJI）51-706 指导下的《外国刑事管辖》提供给美方人员的一些保护。

（一）军事法律顾问

所有面临外国刑事指控的军人都有权要求被指派一名军事法律顾问。一般情况下，军事法律顾问都来自某一地区辩护律师事务所。军事法律顾问不是被告在外国法庭的辩护律师，军事法律顾问也不会在任何外国法庭上代表其当事人出庭。军事法律顾问的主要职责是协助被告的外国律师，告知被告其根据可适用的地位协定和其他国际协定所拥有的权利，并告知被告针对外国刑事诉讼空军可以采取的辅助行动。军事法律顾问与被告人之间是律师与当事人关系（见《空军指示》51-703）。

（二）律师费的支付

任何受到外国刑事犯罪指控的军人、文职雇员或家属都有权获得律师费、保释金和其他合理的庭审费用的支付。这些将从被告所属军种划拨的基金中支出（《空军联合指示》（AFJI）51-706 第 2~9 段）。《美国法典》第 10 编第 1037 节中包含了这一点的法定授权。就空军而言，该项资金由基地支付，作为运营和维持费（O&M），或可能的话，作为研发费（R&D）（见《空军联合指示》（AFJI）51-706 第 2~9 段）。要启动这笔资金，被告必须通过当地指挥官向普通军事法院开庭机构（GCMCA）申请（见《空军联合指示》（AFJI）51-706 第 2~3 段）。只向经注册并有资质在当地司法领域从业的律师提供的服务支付合理的费用。普通军法庭开庭机构（GCMCA）在审批被认为"对美军与东道国之间的关系产生重大影响，或者涉及其他特定美国利益"的案件的费用时有很大的裁量权。《空军联合指示》（AFJI）51-706 第 2~4 段规定了支付律师费和庭审费的标准。但是，这些资金不能被用于交付罚款或者判决要求的债务，也不能用于为间接雇工或承包商雇员或他们的家属提供法律代表。

（三）庭审观察员

任命庭审观察员是为了确保外国法院为出庭的美方人员及其家属提供最低限度的正当程序和公平审判的权利。指定指挥官或美国国家代表向使团团长提供一份能够作为美国在各国法庭担任庭审观察员的合格人士的名单，由团长从名单中为每次庭审指定观察员。《空军联合指示》（AFJI）51-706 第 1~8 段规定，庭审观察员通常情况下是一位美国军法官，尽管当庭审所涉及的是轻微犯罪时，可能由美国军中非律师人士担任观察员。为了协助指定指挥官履行他（她）的职责，庭审观察员必须判定，"根据东道国的法律程序，是否存在被告受到不公正审判的实质性的可能性"[见《空军联合指示》（AFJI）51-706 第 1~7a（2）段]。《空军联合指示》（AFJI）51-706 第 1~8e 段承认各国的法律各不相同，因此提醒大家不能仅因为与在美国进行的庭审不同就认为一个庭审不公平。庭审观察员必须运用他（她）的判断力以及有关美国和外国法律的知识来评估东道国法庭所运用的程序是否基本公平。为了协助庭审观察员完成这项任务，《空军联合指示》（AFJI）51-706 在附录 D 中列出了适用于美国刑事审判中"公平审判"的保障措施。并且，《北约部队地位协定》第 7 条第 9 段也列出了向派遣国部队每个成员或伴随人员提供公平审判的担保。最后，庭审观察员的报告仅是一个建议，以协助指定指挥官作出是否存在没有遵守程序保障的情况和被告是否得到了公平审判的初步判断。最终的判断在华盛顿作出，见下面以"报告"为题的段落。

（四）审前羁押

一些外国刑事管辖案件情节非常严重，足以使被告在羁押听证或庭审前被监禁。在这种情况下，美国的政策是争取空军人员及其家属从外国监禁中获得释放［见《空军联合指示》（AFJI）51-706 第 1~7a 段和《空军指示》（AFI）51-703 第 1 段］。获得释放的最主要手段是根据地位协定行使美方羁押权。许多接待国已正式同意美军在司法程序完成前对犯罪人进行羁押，另一些则是根据具体情况临时同意。在这两种情况下，美国可以通过提议对相关人的控制作为代替，从而使其获释。但是，美国始终保留对已经接受羁押的被告进行监禁是否合适作出独立判断的权力。如果军法参谋无法通过转移羁押方式使被告获释，美国将提供保释金作为最后的手段［见《空军联合指示》（AFJI）51-706 第 2~5 段］。但当美国提交保释金时，它不对东道国提供任何其他担保。

（五）监狱探视

《空军联合指示》（AFJI）51-706 规定指定指挥官有责任确保被监禁的美国人受到"与被监禁在美国军事设施里同样或者类似的待遇、权利、特权和保护"。指定指挥官的责任主要有两个方面：第一个责任是必须确保要在 48 小时内对人员进行体检，如果可能的话，在他受监禁之前。如果不能在监禁前进行体检，那么必须在"被监禁后尽早"进行［见《空军联合指示》（AFJI）51-706 第 3~4a 段］；第二个责任是持续探视被监禁的美方人员和家属，至少每 30 日探视一次。如果监狱的条件和环境允许的话，应更为频繁地探视。"如果可能"，被监禁人的指挥官（或者其代表）有义务亲自进行探访［见《空军联合指示》（AFJI）51-706 第 3~4b 段］。通常情况下，军法官代表指挥官，与军医和牧师一起去探视囚犯。

（六）囚犯转移

美国是许多双边和多边国际条约的缔约方，这些条约允许签署国的犯罪公民被转移到自己国内的监狱服刑。这些协定适用于在外国监狱服刑的，想被转移到美国监狱的美国军队成员及其家属（《美国法典》第 10 编第 955节）。要符合转移条件，通常必须所判刑罚必须至少还有 6 个月的余刑，并且用尽了所有的上诉。前去探访的军事法律顾问和军法官通常有责任告知他们这一程序。在外国监狱中的囚犯提出转移到美国监狱的请求启动转移程序。司法部在接待国组织听证会对这一申请进行调查［见《美国法典》第18编第4108（a）节］。囚犯有权聘请律师，如果提出申请并可能的话，可以由军法官担任律师。主持会议的官员一般会是美国地方法官。听证会的目的是核实被告知道并同意被转移。一旦核实，转移的决定是不可撤回的。

八、军事行政行动

当美方人员正面临外国刑事指控时，可采取一系列的空军行政行动。

（一）国际法律扣留（国际法上的管束）

国际法律扣留是指挥官试图阻止面临外国刑事指控的一名军人、文职雇员或家属在东道国最终处置完那些指控前离开。指挥官要求军人不要离开该国并确保军人、文职雇员或家属不被提供美国资助的运输方式离开相关国家。《空军指示》（AFI）51-703规定了国际法律扣留的要求和为实施这一扣留必须采取的行动。

（二）相互法律援助

《北约部队地位协定》和其他大多数的地位协定规定派遣国和接待国有义务在调查和起诉犯罪时提供相互的法律援助。相似的义务还要求派遣国和接待国"在逮捕军人、文职人员或者其家属……以及移交他们给实施司法管辖的机关时相互协助"［见《北约部队地位协定》第7条，第5（a）段］。美国依赖此项义务逮捕在东道国的处于美国司法管辖范围之外的疑犯，或者得到在军事法庭上出示证据的帮助。同样，接待国也依赖美国把羁押的美方人员转移给他们或为支持他们的起诉而提供信息或证据方面的合作。

（三）服役期满

当士兵在等待外国刑事指控时，核实他的服役期满的日期是非常重要的。没有被外国监禁的等待外国刑事指控处置的空军士兵，只有得到他们的同意才能在他们的服役期满以后继续扣留他们［见《空军指示》36-3208第2.7段］。如果空军士兵自愿延长他或她的服役期，空军将在指控待定期间继续对其的羁押。如果空军士兵不希望延长服役期限，东道国必须被告知美国将失去对该成员的控制并且东道国将有机会羁押该空军士兵。所有空军士兵在作出决定前，必须有机会向地区的辩护律师咨询。一旦罪名成立并且被监禁在一个外国监狱，就不再需要其同意延长服役期限，这段期限是收费的。士兵在刑期届满并返回美国后才会从所在军种退役［见《空军联合指示》（AFJI）51-7063~8 段］。但是这并不能阻止该成员的指挥官基于外国的定罪或者是其他原因而对他（她）采取行政性退役行动。只是经核准的退役将会延迟至成员释放并遣返后执行［见《空军指示》36-3208 第5章第H节］。

（四）遣返人员接受外国审判

依据《北约部队地位协定》和其他地位协定的规定，美国有义务将美方人员送交面临刑事指控的接待国。这项义务受到了已经离开接待国而且不想回去面对外国指控的美国军方人员的挑战。在每一个案件中，联邦法院都认为美国军队可以为此目的而遣返其成员。然而，一个共同的前提是，必须存在着这样做的地位协定义务并且接待国享有适当的管辖权。当《北约部队地位协定》规定义务存在时，引渡的程序是没有必要的。但如果缺少这些义务，就需要引渡。

九、所需报告

由于确保美国军人、文职雇员及其家属在国外受到最低限度的正当程序和公平审判保障的重要性，因此使指挥系统和其他相关部门知悉外国刑事管辖案件很重要。一些强制性报告可以实现这一目的。

（一）严重事故报告

这些报告要提交给相关军种的军法署长并把信息拷贝提交给其他指示中规定的办公室。严重事件报告要立即以电子手段上交［见《空军指示》（AFI）51-706 第4~8 段］。在任何涉及以下一个或多个情况的案件中都需要提交这些报告：

1. 美方人员被外国当局审前监禁；

2. 美方人员实际或据称被外国虐待；

3. 实际或可能对美国不利的宣传；

4. 可能引起国会或其他国内外的公众兴趣；

5. 发生管辖问题；或

6. 涉及一个外国人死亡或者将会判处死刑。

当空军军官或者高级士官是刑事案件的主体时，提交报告也是明智之举。当事件有显著进展时，也需要提交及时和完整的补充报告。现在美国空军军法署长网页上，"报告"栏下面有一个外国刑事管辖数据库，网址为 https://afl-sa. jag. af. mil.

（二）庭审观察员报告

庭审观察员报告应当在每次庭审或上诉旁听结束后马上提交。它们将被呈递给美国国家代表和/或指定指挥官，他们应当把报告上交给被告所在军种的军法署长［见《空军联合指示》（AFJI）51-706 第 4-3c 段］。《空军联合指示》（AFJI）51-706 第 4~6 段规定了庭审观察员报告的格式。

（三）每月监禁报告

《空军联合指示》（AFJI）51-706 号，第 4-3d 段要求每月探视报告要在探视后的 10 个工作日内提交给美国国家代表/指定指挥官。第 3-4c 段罗列了报告应当包含的信息。正如第 4-3d、3-4d 段中的规定，任何指出存在恶劣待遇或监禁条件的监禁探视报告必须提交给相关军种的军法署长。如果每月探视多次，那么也要在每次探视后 10 日内递交报告。

（四）半年监禁报告

《空军联合指示》（AFJI）51-706 要求每年提交两次监禁报告，分别是从 12 月 1 日至 5 月 31 日和从 6 月 1 日至 11 月 30 日期间。第 4-5a 和第 4-5b 段概述了所需的信息和适当的格式。

（五）年度外国刑事管辖报告

《空军联合指示》（AFJI）51-706 要求在每个报告周期最后一日后的 15 日内，通过指定指挥官向相关军种的军法署长提交外国刑事管辖的年度报告（第 4-3a 段）。该报告涵盖从 12 月 1 日到次年 11 月 30 日期间（第 4-4a 段）。该报告必须包括报告期间表格 838 中所列全部案件的摘要，一个有关报告期间当地司法管辖安排对任务完成的影响的声明，律师费、诉讼费和保释金支出的统计摘要，以及监狱探视计划的摘要［见《空军联合指示》（AFJI）51-706 第 4-4 b（1）（2）和（3）段］。

十、外国友军军种法院在美国的管辖权

因为有外国军队临时驻扎在美国，军法官要从接待国的角度向指挥官提出有关外国刑事管辖的建议。如果没有相反规定的国际协定，在美国的外国军队要接受美国刑事管辖。如果外国军队来自《北约部队地位协定》的缔约国，或者根据《美国法典》第 22 编第 706 节［依据《空军指示》51-705 附件 1 第 A1.3 段实施］被指定为友好国家，有权在指示规定的适当的情况下对其在美国的成员实施刑事管辖。如果外国军队来自非特定的国家，则必须获得美国总统依据《美国法典》第 22 编第 706 节给予的指定，才能在美国针对其部队成员召开军种法庭。

参考文献

1. 1946 Convention on Privileges and Immunities of the United Nations, adopted 13 February 1946, 1 U. N. T. S. 16, 21 U. S. T. 1418, T. I. A. S. 6900, (entry into force 17 September 1946, for U. S. 29 April 1970).

2. Agreement Between the Parties to the North Atlantic Treaty Regarding the Status of Forces, 19 June 1951, 4 U. S. T. 1792, T. I. A. S. 2846, 199 U. N. T. S. 67 (entry into force 23 August 1953).

3. Vienna Convention on Diplomatic Relations, 18 April 1961, 22 U. S. T. 3227, T. I. A. S. 7502, 500 U. N. T. S. 95 (entry into force 24 April 1964, for U. S. 13 December 1972).

4. United Nations Convention on Safety of United Nations and Associated Personnel, opened for signature 9 December 1994, 34 I. L. M. 482 (entry into force 15 January 1999, transmitted by U. S. President to the Senate, December 2000).

5. 10 U. S. C. 955, Prisoners Transferred to or from Foreign Countries.

6. 10 U. S. C. 1037, CounselBefore Foreign Judicial Tribunals and Administrative Agencies; Court Costs and Bail.

7. Military Extraterritorial Jurisdiction Act (MEJA), 18 U. S. C. § § 3261, et seq.

8. Uniform Code of Military Justice (UCMJ), 10 U. S. C. Chapter 47.

9. 18 U. S. C. § 4108, Verification of Consent of Offender to Transfer to the United States.

10. 22 U. S. C. § § 701, et seq. Service Courts of Friendly Foreign Forces.

11. Presidential Proclamation (re Australia), No. 3681, 10 October 1965.

12. Reid v. Covert, 354 US 1 (1957).

13. Wilson v. Girard, 354 US 524 (1957).

14. DODD 5525.1, Status of Forces Policy and Information, 7 August 1979, Change 1, 4 September 1985, Change 2, 7 February 1997.

15. AFI 36-3208, Administrative Separation of Airmen, 9 July 2004.

16. AFI 51-703, Foreign Criminal Jurisdiction, 6 May 1994.

17. AFI 51 - 705, Jurisdiction of Service Courts of Friendly Foreign Forces in the United States, 31 March 1994.

18. AFJI 51-706, Status of Forces Policies, Procedures, and Information (the tri-service regulation formerly numbered, AR 27-50, SECNAVINST 5820. 4G, AFR 110-12, 14 January 1990.

19. JOSEPH M. SNEE AND A. KENNETH PYE, STATUS OF FORCES AGREEMENTS AND CRIMINAL JURISDICTION (Oceana Publications, Inc. , New York) 1957.

附录

A. 第 18 卷域外刑事犯罪

B. 军事治外法权法案（MEJA）

附录 A

第 18 编　域外刑事犯罪

这是潜在犯罪的一个部分列表。寻找适用于所有人的犯罪，不论其身在何方，或适用于美国政府雇员。

贿赂官员（比如美国政府官员和代表美国政府的雇员）（《美国法典》第 18 编第 201 节）

使用与索赔相关的文件提出索赔；阴谋欺骗（《美国法典》第 18 编第 286 节），向美国军事当局提交虚假或伪造的索赔要求（《美国法典》第 18 编第 297 节）（《美国法典》第 18 编第 285 节）

共谋对美国实施犯罪或欺骗美国（《美国法典》第 18 编第 371 节）

藐视任何人，漠视美国法庭秩序或程序（《美国法典》第 18 编第 402 节）

伪造美国货币、契约、证券、海关文件、专利证书、军用或公务通行证、邮票、法庭印章、船舶文件、运输请求（《美国法典》第 18 编第 471 节以及下列等）；

一名美国雇员把外交信件交给未授权的人（《美国法典》第 18 编第 953 节）；

先遣军官未能支付合法数额（dispersing officer failure to pay lawful amount）《美国法典》第 18 编第 648 节以及下列等）；

贪污或盗窃公款、公用财产或记录（《美国法典》第 18 编第 641 节）；

美国政府官员或雇员敲诈勒索（《美国法典》第 18 编第 872 节）；

假冒美国公民、美国政府官员或雇员、外国外交人员、红十字会成员（《美国法典》第 18 编第 911 节以及下列等）；

美国官员在宣誓、官方证书和文书中做虚假声明（《美国法典》第 18 编第 1016 节以及下列等）；

任何人未经许可制造、发放许可、进口、出售、传递、隐藏、交易和处置武器（《美国法典》第 18 编第 922 节以及下列等）；

回扣（《美国法典》第 18 编第 874 节）；

从外国向美国国内的任何人邮寄威胁邮件（《美国法典》第 18 编第 877 节）；

恶意损害，故意损坏或毁坏政府财产或合同（《美国法典》第 18 编第 1361 节以及下列等）；

谋杀海外美国国民（《美国法典》第 18 编第 1119 节）；

淫秽物品（《美国法典》第 18 编第 1463 节以及下列等）的邮寄、传播；

妨碍司法，阻挠或攻击传票送达人、贿赂任何法庭或陪审员、阻碍任何美国部门或机构的民事诉讼、破坏美国法庭秩序、妨碍刑事调查、篡改证人或报案人证词（《美国法典》第 18 编第 1501 节以及下列等）；

护照，做虚假声明以获得、不当使用、滥用、伪造护照，以不当手段获得签证（《美国法典》第 18 编第 1541 节以及下列等）；

伪证（《美国法典》第 18 编第 1621 节）；

海盗（《美国法典》第 18 编第 1651 节以及下列等）；

对国防设施进行拍照或绘图（《美国法典》第 18 编第 795 节）；

邮政，阻碍邮政、破坏邮箱或邮件、损坏邮包、偷窃、运送未授权物品（武器、淫秽材料、植物、易燃物）、滥用邮资特权、不当使用邮票（《美国法典》第 18 编第 1692 节以及下列等）；

总统和其他高级官员被暗杀、绑架和攻击（《美国法典》第 18 编第 1751 节）；

美国财产，抢劫或试图抢劫控制属于美国政府财产的人（《美国法典》第 18 编第 2112 节以及下列等）；

政府官员和雇员泄露机密信息（《美国法典》第 18 编第 1901 节以及下列等）；

公共记录之隐藏、销毁、破损、涂改（《美国法典》第 18 编第 2071 节）；

蓄意破坏（《美国法典》第18编第2152节以及下列等）；

儿童性剥削（《美国法典》第18编第2251节）；

叛国（《美国法典》第18编第2381节以及下列等）。

附录 B　军事治外法权法案（MEJA）

一、背景

国会通过2000年《军事治外法权法案》以确保弥补美国在海外的刑事管辖权的"漏洞"。1957年，美国最高法院在 Reid v. Covert, 354 US 1（1957）判决中禁止军方平时在军事法庭中审理军队海外伴随平民的刑事犯罪行为。许多联邦刑事法规缺乏对强奸、抢劫、盗窃以及儿童性虐待的域外司法适用。此外，许多国外国家拒绝起诉在其国内犯罪的美国国民，如果其受害人是另一个美国国民或美国政府的话。此外，在海外犯下罪行的军事人员，他们从部队退役之前实施的罪行尚未被发现或者全部调查清楚，退役后也不归军事法院管辖。具体来说，《军事治外法权法案》现在允许对某些军人、退役军人及军队雇佣及伴随军队的平民在海外实施的犯罪进行联邦起诉。

二、讨论

（一）罪行

《军事治外法权法案》确定对"由军队雇佣或伴随军队的"平民在美国以外犯下的罪行，以及某些美国军人在特定的海事和属地司法管辖区域内实施了构成可被判处一年以上监禁的犯罪的行为实施联邦法院管辖。《军事治外法权法案》编撰在《美国法典》第18编第3261~3267节。

（二）定义

"军队在美国以外雇佣的"平民是身处或居住在美国之外，与美国军队存在着雇佣关系，但同时又不是东道国的国民或普通居民的平民，包括任何层级的国防部的文职雇员、非拨款基金雇员、国防部承包商和分包商。"在美国以外伴随军队的"平民指任何层级的军队成员、文职雇员、国防部承包商或承包商雇员的家属，他们不是东道国的国民或普通居民。

（三）诉讼限制

一般来说，如果外国政府根据美国认可的司法管辖，因同一罪行，已经或正在起诉该人，就不能再根据《军事治外法权法案》对其起诉。《军事治外法权法案》并不禁止军事法院或者其他军事审判庭与其享有并行管辖权，有关罪犯和罪行根据法律可以由这样的法庭来审判。

（四）军人

《军事治外法权法案》允许起诉已不再受《美国统一军事司法典》管辖的，但在其实施被控罪行时正在服现役的军队退役人员。《军事治外法权法案》同样适用于被控与一个或多个平民共同实施了违反《军事治外法权法案》的罪行的现役军人。

（五）逮捕和移送

如果有理由相信某人在美国之外实施了《军事治外法权法案》所规定的犯罪，并且又符合可适用的国际协定，《军事治外法权法案》授权国防部部长指定国防部执法部门的任何人将其逮捕。根据该法案逮捕的人必须"尽可能快地"被移送给美国地方执法部门进行羁押并遣返美国以便接受司法诉讼。如果东道国要求将该人移交给东道国接受审判，且有条约或其他国际协定的授权，受国防部部长指定的人可以把疑犯移送给东道国。国防部部长将决定移交给哪些外国官员。

（六）从外国领土遣送的限制

根据《军事治外法权法案》的授权，只要一名联邦地方法官下令把一个人或数人遣送回美国，他或他们就可以从外国被遣返：

1. 已举行拘留听证会，

2. 当已被下令拘留，或者

3. 如果此人不放弃《联邦刑事诉讼规则》所规定的初步审查。

《军事治外法权法案》还允许国防部部长决定，根据军事需要，把疑犯移送到美国以外的，足以拘押并便于首次出庭的，最近的美国军事设施。

（七）初步程序

一名联邦地方法官可以通过电话方式对那些没有移交给外国政府的人进行初步审查，以便让被告留在被逮捕的国家。这将避免不必要的延迟并允许联邦地方法官判断是否存在一个触犯《军事治外法权法案》规定罪行的可能原因。如果被告要求举行拘留听证会的话，也可以通过电话形式与一名联邦地方法官进行。

（八）条例

《军事治外法权法案》工作小组，根据该法案，正在起草国防部建议规则，以规范逮捕、拘留、移送和遣返受新法管辖的人。

第十章 | 采办与交叉服务协定

一、背景

《采办与交叉服务协定》（ACSA），是美国军队与盟军或外国友军以及国际组织为采办和转让后勤保障、补给和服务而达成的双边国际协定。《采办与交叉服务协定》由《美国法典》第 10 编第 2341-2350 节授权，并根据《国防部指令》2010.9、《参谋长联席会议主席指令》（CJCSI）2120.01A、《空军指示》25-301、《国防部》（DoD）7000.14-R 以及《国防部财务管理规章》第 11A 卷第 1 章和第 8 章的规定实施。本章将概括介绍《采办与交叉服务协定》的要求，但不能代替仔细阅读可适用的法定权限和规章。

根据《空军指示》25-301 的规定，《采办与交叉服务协定》是一个补充，而非取代现存的机构及其执行程序的"附加"的交易授权。对《采办与交叉服务协定》的支持仅限于对美军的关键保障领域，在这些领域中其他现存的程序或授权不允许特定的后勤交换，或由于时间限制而无法使用一个现存的授权。在和平时期，当其他的法律机构或者国际军事计划不可适用或者时间限制而无法使用时，可以适用《采办与交叉服务协定》。在大多数的情况下，《采办与交叉服务协定》用于在危机或者紧急状态下便于临时或短期或在孤立状态下的保障交易。适用《采办与交叉服务协定》的最首要的一个优势是其采办或转让后勤保障、供应和服务的灵活和快捷。这就是《采办与交叉服务协定》最适合应对意外或紧急情况，在战时、联合演习、训练、部署、应急行动、国外人道灾难救援或联合国和平行动得以应用的原因。

二、《采办与交叉服务协定》的类型

《美国法典》第 10 编为《采办与交叉服务协定》规定了两个法律授权：

一个单纯采办权和一个交叉服务权，后者包括一个采办权和转让权。

（一）单纯采办权

单纯采办权（见《美国法典》第 10 编第 2341 节）授权从北约成员国政府、北约及其附属机构、联合国组织、任何区域组织以及任何符合以下一个或多个标准的国家，为部署在美国国外的军队采办后勤保障、补给和服务：

1. 与美国缔结了防务联盟；

2. 允许美国军队成员在该国驻扎或者为美国军舰在该国常驻提供母港；

3. 允许美国提前在该国预置物资；

4. 作为有美军参加的军事演习的东道国，或允许美军在该国进行其他军事行动。

本条的授权不是互惠的，不需要有经批准的交叉服务协定。根据《美国法典》第 10 编第 2343 节的规定，《联邦采购条例》中许多商业合同所需要的条款都被放弃，比如进行全面和公开的竞争，禁止使用叠加百分比成本的合同，以及要求保证没有为取得合同支付佣金和手续费。

（二）交叉服务权

《美国法典》第 10 编第 2342 节授权国防部，经与国务卿协调，与外国、地区和国际性组织签订提供后勤保障、补给和服务的互惠协定。当前这些协定，以及符合与其进行谈判条件的国家和组织的清单由联合参谋部（J-4）后勤局长保管，并可在保密互联网（SIPRNET）联合参谋部后勤局的网站上看到。

三、适用《采办与交叉服务协定》的限制

《采办与交叉服务协定》授权的交易仅限于后勤保障、补给和服务。《美国法典》第 10 编第 2350（1）节对"后勤保障、补给和服务"的定义为："食物、水、士兵宿舍、运输（包括空运）、石油、燃油、润滑剂、服装、通信服务、医疗服务，弹药、基地作业保障（和基地作业保障的建设项目）、仓储服务、设施使用、培训服务、零部件、维修和保养服务、校准服务和港口服务。这一术语包括临时使用通用车辆和其他非致命军队装备，这些装备不是依据《武器出口控制法案》中第 38（a）(1) 节而颁布的'美国军火清单'上所规定的重要军事装备。"

依据《国防部指令》2010.9 第 4.5 节的规定，不能根据《采办与交叉服

务协定》采购和转让的物品包括：武器系统；编制与装备表、供给标准和分配表或其他类似文件所包括的装备的大件成品最初数量的更换和备件；设备的大件成品。根据《采办与交叉服务协定》的规定，不应采购或转让的特定物品包括：导弹、水雷和鱼雷、核弹药。核弹药包括弹头、弹头部分、射弹、拆除的弹药和训练弹药；弹药和发射药推动装置；箔条和箔条投放器；炸弹或其他弹药的制导部件；化学弹药（防暴剂除外）。

有关武器系统和设备的大件成品的一般规则的例外，包含在经修订的2007 年《国防授权法案》P. L. 109-364 第 1202 节。这是暂时授权使用《采办与交叉服务协定》，为在伊拉克或阿富汗参加与美国进行的联合行动、参加依据《联合国宪章》或其他国际协定而进行的维和行动的国家军队提供使用不超过一年的某些军事装备。这些装备可能只用于这些部队的人员保护或协助人员生存。所涉军事装备包括"美国军火清单"中被指定为"重大军事装备"的武器装备，即一类（枪械、近距离攻击性武器和战斗霰弹枪）、二类（枪炮和军用装备）、三类（弹药、军械）、七类（坦克和军用车辆）、十一类（军用电子产品）、十三类（辅助军用设备）。2009 年《国防授权法案》P. L. 110-417 第 1204 节，将此权限延期至 2011 年 9 月 30 日。行使该权利的要求包括联合作战中的美军对那些装备没有难以填补的需求，而且经国务卿同意，国防部部长确定提供这些装备的使用是符合美国国家安全利益的。

四、《采办与交叉服务协定》的实施过程

空军组织应遵照《空军指示》25-301 规定的程序。联合参谋部、作战司令部，以及国防部机构通过联合参谋部主席进行报告应依循《参谋长联席会议主席指令》2120.01A 所规定的程序。

概括地说，当《采办与交叉服务协定》存在时，其实施过程应该是：

1. 空军（或盟军）单位确定有在其部署或前方行动的位置采购军事后勤物资的需要。

2.《采办与交叉服务协定》可用来弥补美方来源无法满足的，在保障、补给和服务方面的任何短缺。如果物品供应的延迟会对任务造成负面影响，并且美方资源又无法提供，那么《采办与交叉服务协定》就十分重要。

3. 部署部队和东道国军事代表进行讨论和谈判以确定提供保障的可行性。

4. 东道国军方确定可提供保障物资的互惠价格。

5. 空军（或盟军）单位在《采办与交叉服务协定》提交所需保障项目/类别的清单并提出正式的请求。东道国军方审查所需保障要求并签字接受订单。

6. 经签署的《采办与交叉服务协定》代表一个提供及偿付后勤保障和服务的，并对双方军队都有约束力的承诺。

五、《采办与交叉服务协定》的偿付义务

根据《美国法典》第 10 编第 2344 节的规定，对后勤保障、补给和服务的偿付可以现金、实物替换以及等价交换形式进行。根据《美国法典》第 10 编第 2345 节的规定，依据《采办与交叉服务协定》获得后勤保障、补给和服务而产生的信贷和债务，至少每 12 个月以直接付款的方式清算一次。

（一）现金支付

现金支付要求接收的防务部门以现金形式向提供的防务部门全部偿付后勤保障、补给和服务。例如，如果美国国防部提供了价值一万美元的口粮给一个外国国防部，他们应支付 1 万美元现金。正如《国防部财务管理规章》第 11A 卷第 080202. A 节所规定的，所产生费用的账单通常按 30 日一个周期提供一次，并于账单产生日起 30 日内支付。

（二）实物替换

实物偿付允许依据《采办与交叉服务协定》接受保障或服务的一方通过提供相同或实质上相同性质的物品和服务来完成其偿还义务。例如，一国可能在训练演习期间向美国提供口粮，其条件是，美国将在未来的演习中提供同样数量的口粮。根据《国防部财务管理规章》第 11A 卷第 080202. B 节的规定，必须在初次提供后勤保障、补给和服务一年之内完成实物替换。

（三）等价交换

等价交换允许依据《采办与交叉服务协定》接受保障或服务的一方通过提供双方认为与所接收的物品价格相同的保障或服务来履行偿付义务。例如，一国可能在训练演习期间为美国提供价值 1 万美元的口粮，作为交换，美国提供价值 1 万美元的弹药。《国防部财务管理规章》第 11A 卷第 080202. B 节规定，必须在初次提供后勤保障、补给和服务一年之内偿付。

注意虽然单纯采办权是非互惠性的，这并不能阻止有资格的外国实体通过《采办与交叉服务协定》中规定的三种方式之一进行偿还。

《美国法典》第 10 编第 2344 节规定了两种有偿交易的定价方法：互惠定价原则与非互惠定价原则。所使用的方法根据是否存在互惠定价协定。《财务管理规章》第 0806 节为《采办与交叉服务协定》交易的定价提供了指导。

《美国法典》第 10 编第 2347 节规定，除非在实际战事期间，否则每个财政年度美国根据的是《采办与交叉服务协定》所产生债务总额的上限。作战司令官及下属军种部队或下级联合指挥部，可以提前协调从某特定国家或符合条件的国际组织采购或向它们转让的后勤保障、补给和服务的水平和种类。

六、根据《采办与交叉服务协定》的特定交易

（一）建筑

在一次基于《采办与交叉服务协定》的交易中，对于外国政府能够在基地作业保障中为美军提供多少建筑项目并没有准确的金额限制。但是《参谋长联席会议主席指令》2120.01A（附录 A，附件 A）提供了允许的后勤保障、补给和服务的例子和指导。指令要求，在基地作业保障方面，根据《采办与交叉服务协定》进行的建筑行为应当限制为"小型建筑"（依据《美国法典》第 10 编第 2854 节、2805 节、2803 节建筑）。这些条文规定：

1. 《美国法典》第 10 编第 2854 节。修复或更换损坏或被毁设施。

2. 《美国法典》第 10 编第 2805 节。非特定的小型军事建筑。

3. 《美国法典》第 10 编第 2803 节。应急施工建筑。

（二）后续补给

根据《美国法典》第 10 编第 2342 节的规定，《采办与交叉服务协定》授权不能用于采购"有理由从美国商业来源获得"的商品或服务。《国防部指令》2010.9 第 4.4 节规定，根据这一法律限制，"国防部有关部门可以依据《采办与交叉服务协定》授权，方便在训练、演习和军事行动期间的日常的后勤相互保障，或允许被部署的美国军队在行动期间更好地利用东道国的资源来满足经常性后勤保障需求"。当没有合理的美国资源来满足任务需求，而东道国单位可以随时以低于合同成本的价格提供所需保障时，《采办与交叉服务协定》可能是理想的选择。为了保证合理的补给，供应方应该能够及时地满足任务需求。

（三）出租装备

《美国法典》第 10 编第 2350（4）节对《采办与交叉服务协定》所授权

的"转让"进行了界定，包括"租赁、出租或临时提供"后勤保障、补给和服务。根据《国防部财务管理规章》第11A卷第0806节的规定，《国防部财务管理规章》第11A卷第1章对这类保障或服务定价提供了指导原则，具体的指导在第010203.I节中。

七、军法官的职责

《空军指示》25-301第3.9节规定了军法官的特别职责：

3.9 军法官（JA）

一级司令部军法官（MAJCOM/JA）和相应的联合司令部同级人员具有处理国际问题的丰富知识与经验。所有的执行安排、执行指导和相关问题将应与适当级别的军法官进行协调以确保涉及的所有法律问题得到解决。

3.9.1 一级司令部军法官（MAJCOM/JA）遇到的涉及《采办与交叉服务协定》的法律问题，要么被一级司令部送交到适当的联合司令部法律办公室以获得解决方案，要么通过指挥链上交美国空军总部空军军法官办公室（AF/JAO），该办公室会与空军法律总顾问（SAF/GCI）联系以处理相关法律问题。

3.9.2 一级司令部军法官（MAJCOM/JA）将根据《空军指示》51-701号"谈判、缔结、报告和维护国际协定"的要求，就所有在一级司令部层级谈判的特定的执行安排，提供一个法律备忘录。

3.9.3 一级司令部军法官（MAJCOM/JA）或者指定的《采办与交叉服务协定》军法官联系人将参加一级司令部每半年举行一次的"《采办与交叉服务协定》协调会"。

在对《采办与交叉服务协定》提出意见前，必须注意到，有许多有关向外国政府和国际组织转让国防物品和国防服务的法定授权，《采办与交叉服务协定》授权仅是它们中的一个。

参考文献

1. 22 U.S.C. § § 2341-2350.

2. DODD 2010.9, Acquisition and Cross-Servicing Agreements, 28 April 2003.

3. DOD 7000.14-R, DOD Financial Management Regulation（FMR）, Volume 11A, Chapters 1 and 8.

4. CJCSI 2120. 01A, Acquisition and Cross - Servicing Agreements, 27 November 2006, current as of 5 December 2008.

5. AFI 25-301, Acquisition and Cross-Servicing Agreements (ACSA) between the United States Air Force and other Allied and Friendly Forces, 26 October 2001.

6. 2007 National Defense Authorization Act (NDAA), P. L. 109-364, § 1202, as amended.

第十一章 国际组织

一、背景

国际组织被界定为具有全球影响力和全球授权的，而且通常由各国政府捐款资助的组织。例如，红十字国际委员会、国际移民组织和联合国机构等。近些年来，由于数量的增长、涉及领域的多样化以及法律问题的大量出现，国际组织充满了活力。随着人们迈入 21 世纪，国际社会正由一个制度建设的时代迈入国际组织制定规则的时代，存在两种基本类型的国际性组织：政府组织和非政府组织。后者经常被称为 NGOs。下表显示了这两类国际组织数量上的变化趋势。

期间	政府组织	非政府组织
1864 年至 1941 年	41 个	467 个
第二次世界大战期间	86 个	1138 个
第二次世界大战至 1980 年	280 个	2470 个
2005 年	1717 个	13 622 个
2012 年		40 000 个（估计）

政府间的国际组织由国家通过作为其宪章的国际协定成立，拥有两个或更多成员，依据国际公法而非国家法运作。非政府组织被正式界定为公民个人的跨国组织，与联合国经济和社会理事会保持咨询地位。非国际性组织是私人实体（例如，志同道合的人们的联盟，多国私人团体或社团），依据国际私法，而非国际公法运作，通常有国际性目标，并拥有来自两个或更多国家的成员。

除了把国际组织分类为政府组织或者非政府组织，还可以把它们分为普遍的或封闭的，技术的或非技术的国际组织。普遍性国际组织认为异质性对于实现其目的是必要的，并且接纳来自所有国家的成员。第一个这种普遍性的政府间国际组织是国际联盟。联合国也是一个普遍性的政府间国际组织。而红十字国际委员会是一个普遍的非政府组织的例子。一个封闭的组织谋求同质性，并基于以下标准来限制成员：①地区重点；②共同的背景；③功能。封闭的政府间组织包括：①东南亚国家联盟（ASEAN）；②英联邦；③石油输出国组织（OPEC）等。封闭性的非政府组织包括：①美洲律师协会（IABA）；②无国界医生组织；③人权观察组织等。

一些国际组织具有特定的技术专长。技术性政府间国际组织包括国际民航组织（ICAO）、国际海底管理局（ISA）和世界贸易组织（WTO）等。技术性非政府间组织包括：国际争端解决中心（ICSID）、美国仲裁协会（AAA）等。而一些技术性组织已演变成更为普遍性的国际组织（像欧洲经济共同体就发展成为欧盟，其功能职责已经超出了经济范畴）。

由于国防部和盟军部队执行的非传统任务不断扩大，美国空军法律人员不可避免地要与不同的国际组织的代表进行交涉。各种各样的政府间的或非政府的国际组织会参与任何特定任务，如联合国［联合国维和部队、联合国救援机构或联合国难民事务高级专员办事处（难民署）］、北大西洋公约组织（北约）、红十字国际委员会、人权观察、欧洲安全与合作组织（欧安组织）和欧洲联盟（欧盟）等。本章主要对国际组织理论、关键的法律问题进行概述，并简要介绍可能在国际紧急行动中遇到的较为普遍的国际组织。

二、政府间国际组织理论

为了理解国际组织在应急活动中的巨大影响力，了解一些相关的基本理论是很重要的。国际组织对国际法的两项基本原则提出了挑战：①主权原则；②不干涉内政的原则。

国际组织的一个理论是：它们仅是国家建立起来的实体，旨在使国家更有效地运作——该理论即为国际机制理论。国际机制理论认为只有国家才能拥有主权，国际组织是国家的产物，它们服从于国家，国际秩序完全以民族国家为基础。另一个理论是：国际组织是朝能对各国行使主权的统一政府方向迈出的一步（比如欧盟）——国际组织理论。国际组织理论认为国际组织可以具有自己的特点，能像独立于创立它们的国家行动，能够制订约束国家的规则。根据所涉及的国家和组织，两个理论都有正确的成分。

空军法律人员还应意识到国际组织的存在所造成的潜在的复杂性。国际组织的卷入可能会导致某些国家不愿对某一国际危机进行干预，从而使问题恶化。有些国际组织可能存在哲学意义上被国家集团"俘虏"或影响的风险，在这种情况下，国际组织被用来为狭隘的国家政策利益而不是广泛的国际社会的利益服务。而积极的国际组织也可能造成"道德风险"，使得国家履行责任的积极性和主动性降低。所以无论如何，国际组织的参与使国际环境更加复杂，更具挑战性。

三、政府间国际组织的法律问题

当与国际组织打交道时，应当考虑两个基本的法律问题：其一，国际组织是否具有法律人格？其二，它是否享有特权和豁免权？

法律人格事关国际组织以具有法律约束力的方式，独立于其成员国而独立行为的法律能力。国际组织可以起诉或者被起诉吗？能否以其名义拥有财产、签订合同、获得权利和义务、管理公务员？这些权利由国际组织通过创立它们的宪章或国际协定从国家获得，或者是通过成员国的某些行动赋予。比如，在"赔偿"案中，联合国的司法机构——国际法院就联合国是否拥有司法资格，从而为其1948年派往巴勒斯坦的特使贝纳多特伯爵的死亡获得赔偿，提供了一个咨询意见［见《联合国任职受伤赔偿条例》，国际法院咨询意见（1949年）］。国际法院的结论是：联合国具有法律人格。在现代国际公法中，国际组织不同于国家。它们没有主权，不等同于国家。它们的权力范围受限于国家赋予。

国际组织及其官员和行政人员所享有的特权及豁免权同样是由其成员国通过国际协定赋予的。相比之下，《联合国宪章》第104条和第105条以及《联合国特权和豁免公约》，将特权和豁免权扩大到联合国官员。这些特权和豁免在美国法律中扩大到国际组织（见《美国法典》第22编第288a节《国际组织豁免法案》）。应当注意的是，赋予国际组织官员的特权和豁免权与根据《维也纳外交关系公约》赋予国家官员的特权和豁免权有两方面的不同：首先，国际组织官员的特权和豁免权是普遍性的，也就是说他们甚至能得到本国政府的豁免。其次，与国家不同的是，国际组织缺少作为执行机制的互惠性，必须依靠他们的成员国才能实施这些特权和豁免规定或者处理被另外一个国家违反的问题。但是，联合国拥有国际法律人格，并且是唯一一个能够令人信服地宣称构成一个人格化社会的组织，并要求成员国和非成员国都履行义务。

四、关键的国际组织

本章的其余部分介绍以下关键的国际组织：
1. 联合国；
2. 北大西洋公约组织；
3. 美洲国家组织；
4. 欧洲安全与合作组织；
5. 欧洲委员会和欧洲人权法院；
6. 欧洲联盟；
7. 东南亚国家联盟；
8. 红十字国际委员会。

五、联合国

1945 年 10 月 24 日，联合国由 51 个承诺通过国际合作与集体安全维护和平的国家创立。目前，大部分国家都加入了联合国，其成员国总数达到 192 个。

当各国成为联合国成员时，它们便同意接受《联合国宪章》所规定的义务。《联合国宪章》是一个规定了国际关系基本准则的国际条约。根据《联合国宪章》的规定，联合国有四个宗旨：维护国际和平与安全；发展国家间友好关系；合作解决国际问题和促进对人权的尊重；成为协调各国行动的中心。联合国提供手段以帮助解决国际争端并制定相关政策解决影响所有国家的问题。

（一）联合国的主要机构

联合国有六个主要机构，其中五个——联合国大会、联合国安全理事会、联合国经济和社会理事会、联合国托管理事会和联合国秘书处，在位于纽约的联合国总部。第六个，国际法院位于荷兰海牙。

联合国大会。所有联合国成员国在联合国大会都有代表。它是各国聚会讨论世界上最紧迫问题的一种国家间议会，每个成员国都拥有一票表决权。对"重要问题"，比如国际和平与安全、接纳新成员、联合国预算和维和预算等事项，是由 2/3 多数票决定。而其他事项则由简单多数票决定。近几年，各方做出特别努力以便通过协商一致而非正式票决来作出决定。联合国大会不能强迫任何国家采取行动，但它的建议是世界舆论的重要标志并代表了国际社会的道德权威。在联合国休会期间，它的工作由其六个主要的委员会、其他附属机构和联合国秘书处开展。第六个委员会处理法律问题。

联合国安全理事会（安理会）。《联合国宪章》赋予安理会的首要职责是维护国际和平与安全，联合国安理会可以在和平遭到威胁时随时召开会议。根据《联合国宪章》的规定，所有成员国都有义务执行联合国安理会的决议。联合国安理会有 15 个理事国，其中五个（中国、法国、俄罗斯、英国和美国）是常任理事国（有时候称为"五常"）。其他的十个国家由联合国大会选出，任期两年。成员国曾经讨论对联合国安理会的成员进行改革，以反映当今的政治和经济现实，然而五常对联合国安理会当前的结构表示满意。联合国安理会的决定需要 9 张赞成票，除了程序性问题的表决外，如果一个常任理事国投了反对票或否决票的话，决定将不能作出。当联合国安理会考虑对国际和平与安全的一项威胁时，首先寻求和平解决争端的方法。可能会建议解决的原则或者进行调解。在武装冲突的情况下，联合国安理会试图实现停火，可能会派出一支维和部队帮助维持停战和将对立的部队分开。这就是根据《联合国宪章》第六章所采取的"维护和平行动"。联合国安理会也可以采取措施强制执行其决定，例如，它可以实施经济制裁或武器禁运。在极少数的情况下，联合国安理会将授权成员国采取"一切必要的手段"，包括军事行动，以确保决定得到执行。这种行动即根据《联合国宪章》第七章的规定所采取的"强制实现和平行动"。根据《联合国宪章》第 25 条和 103 条的规定，联合国安理会的决议对所有联合国成员国有约束力。联合国安理会决议甚至作为可习惯国际法来约束非成员国。

联合国经济和社会理事会（经社理事会）。根据联合国大会的整体授权，经社理事会负责协调联合国及其各专门机构的经济和社会工作。作为讨论国际经济和社会问题，并制订政策建议的中心论坛，经社理事会在促进国际合作和发展方面起着关键作用。并且它还要与非政府组织进行协商，在联合国和民间社会之间维持重要纽带，并扩大其讨论的话题，以包括人道主义的议题。经社理事会的附属机构定期开会并向它报告。例如，联合国人权理事会（其前身为联合国人权委员会）负责监督世界各地尊重人权情况。而其他机构聚焦于社会发展、女性地位、预防犯罪、麻醉药品使用以及环境保护等问题。

国际法院，也被称为世界法院，是联合国的主要司法机构。由联合国大会和安全理事会选出的 15 名法官组成，法院就国家之间的争端作出裁决。各国参加诉讼是自愿的，但如果一国同意参加，它就有义务遵守法院的裁决。国际法院还根据联合国大会、联合国安理会和联合国专门机构的要求，向它们提供咨询意见。继 1984 年至 1986 年国际法院在尼加拉瓜问题上作出不利的裁决后，美国不再承认国际法院对涉及美国的争端的管辖权。

联合国秘书处。联合国秘书处根据联合国大会、联合国安理会和其他机关的指示完成联合国的实质性和行政性工作。其首脑是联合国秘书长，秘书长提供全面的行政指导。

（二）联合国系统

国际货币基金组织（IMF）、世界银行以及其他 13 个独立的"专门机构"通过合作协定与联合国保持联系。这些机构中的世界卫生组织和国际民用航空组织是由政府间协定建立的自治机构。它们在经济、社会、文化、教育、卫生和相关领域承担着国际性的责任。其中一些组织，如国际劳工组织和万国邮政联盟（万国邮联），成立得比联合国还早。此外，联合国的一些办事处、计划署和基金会，例如联合国人权理事会、联合国发展计划署和联合国儿童基金会，旨在努力改善世界各地人民的经济和社会状况。这些机构向联合国大会或经社理事会报告。所有这些组织都有自己的管理机构、预算和秘书处。这些机构与联合国一起构成了联合国大家庭，或联合国系统。它们提供了一个日益协调而多样化的行动计划。

（三）联合国在维护世界和平中的作用

根据《联合国宪章》的规定，成员国同意用和平手段解决争端并且避免对其他国家进行武力威胁或使用武力。多年来，联合国一直在帮助化解国际危机和解决长期冲突中发挥了主要的作用。它已经进行了包括促进和平、维持和平和人道主义救助在内的各种复杂行动。联合国一直致力于阻止冲突爆发。而且在冲突过后，它采取越来越多的协调行动以解决战争的根源并为持久和平奠定基础。联合国的努力有了明显的成效。联合国帮助化解了 1962 年古巴导弹危机和 1973 年中东危机。1988 年，联合国倡议的和平解决方案结束了两伊战争。次年，联合国主持的谈判促使苏军撤出阿富汗。20 世纪 90 年代，联合国在恢复科威特主权中发挥积极作用，并在结束柬埔寨、萨尔瓦多、危地马拉和莫桑比克的内战，在海地恢复民选政府，以及在许多国家解决或遏制冲突中扮演了重要角色。

（四）联合国调解

联合国调解就是通过外交途径使敌对各方达成协定。联合国安理会，致力于维护国际和平与安全，可以建议通过谈判或诉诸国际法院来避免冲突或恢复和平。联合国秘书长在调停过程中起着重要的作用。联合国秘书长可以提请安理会关注任何看来威胁国际和平与安全的问题；可以使用"斡旋"来进行调停，亲自或者通过特使进行幕后的调解。联合国秘书长还会进行"预防性外交"，旨在使冲突在升级之前被解决。联合国秘书长也可派遣一个事实调查团，支持区域性的调解努力或建立一个联合国地区办事处以帮助在冲突各方间建立信任。

（五）联合国构建和平

联合国越来越多地采取行动聚焦暴力的根本原因。发展援助是构建和平的关键因素。在联合国机构的合作下，在捐助国、东道国和非政府组织的参与下，联合国致力于为那些努力消除冲突后果的国家提供良政、民事法律、秩序、选举和人权等方面的支持。同时它还帮助这些国家恢复遭到冲突破坏的行政、卫生、教育和其他服务。这些活动中的一些，如联合国对 1989 年纳米比亚选举的监督、在莫桑比克的排雷计划和海地警察培训，是在联合国维和行动框架内进行的，并在维和行动结束后仍将继续进行。其他的活动则是应政府要求进行的。例如，联合国在利比亚开设了一个和平建设支持办公室，在柬埔寨维持了一个人权办公室，在危地马拉帮助实施和平协定，这些实际上影响了一些国家的各个方面。

（六）联合国维护和平与强制和平

联合国安理会实施联合国维和行动，并确定行动的范围和授权以致力于维护和平和国际安全。大多数行动包括军事任务，例如当谈判者寻求长期解决方案时观察停火或设立缓冲区。其他的行动可能需要民事警察或文职人员，他们可以帮助组织选举或者观察人权状况。正如在前南斯拉夫马其顿共和国所进行的行动一样，有些行动已发展成帮助阻止爆发敌对行动的一种方法。

有些行动也被用来与地区组织的维和部队合作监督和平协定。维和行动可能持续数月或数年。例如，联合国在查谟-克什米尔邦印巴之间的停火线上的行动始于 1949 年，联合国维和部队自 1964 年就进入了塞浦路斯。与此相反，1994 年联合国在一个月多的时间里就结束了在利比亚和乍得之间奥祖地带的任务。在发生武装冲突的情况下，强制和平需要使用武装部队将战斗员分离，没有停火的实现停火，停火失败的采取强制行动恢复停火，或者为敌对行动受难者设立安全区。在许多情况下强制和平部队不受交战双方欢迎，因此强制和平部队不得不对交战双方诉诸武力以便强行实现和平。通常情况下，需要一个国际授权使运用强制和平部队合法化，并作为在交战双方之间找到最终解决方案努力的一部分。

（七）联合国在裁军方面的作用

停止武器的扩散，减少并最终消除所有大规模杀伤性武器是联合国的主要目标。联合国作为一个持续运作的裁军谈判论坛，对此提出建议和发起研究。它支持在裁军会议和其他国际论坛上的多边谈判。这些谈判产生了很多协定，如《核不扩散条约》（1968 年）、《全面核禁试条约》（1996 年）和建立无核区条约，禁止发展、生产和储存化学武器（1993 年）、细菌武器（1972 年），禁止在海底和洋底（1971 年）及外太空（1967 年）部署核武器的条约。设在维也纳的国际原子能机构（IAEA）也通过保障条约体系来确保旨在用于和平目的的核材料和设备不被挪用于军事目的（见本书第二章"武装冲突法"以便进一步地讨论和完整引用这些国际协定）。

（八）联合国在维护人权方面的作用

通过联合国的努力，各国政府已经达成很多多边协定，以便使世界成为一个对公民们来说更安全、更健康，并拥有更多机遇与公正的地方。这一国际法和人权立法的综合体系是联合国的伟大成就之一。联合国大会于 1948 年颁布的《世界人权宣言》，确定了所有女性和男性都享有的基本权利和自由，其中包括生命权、自由权、国籍权、思想自由、良心自由和信教自由权、工作权、受教育权，以及参政权。这些权利由于两个国际公约而具有法律约束力。大多数国家都是这两个公约的缔约方。一个公约有关经济、社会和文化权利，而另一个公约有关公民政治权利。与《世界人权宣言》合在一起，它们构成了国际人权法案。《世界人权宣言》为超过 80 个人权公约和宣言奠定了基础，包括消除种族歧视和歧视妇女的公约，关于儿童权利、难民地位、防止种族灭绝的公约，以及有关自决、强迫失踪、发展权的宣言。

联合国人权事务高级专员，负责协调联合国所有人权事务，与各国政府合作以增强他们对人权的尊重，谋求阻止侵犯人权，调查践踏人权情况。联合国人权委员会是一个政府间组织，召开公开会议以检查各国人权状况。它还任命独立专家——"特别报告员"报告践踏人权的具体案例或检查特定国家的人权状况。联合国人权机构参与预警、预防冲突并致力于解决冲突的根源，因此许多联合国维和行动包含保护人权使命〔详见本书第十二章"人权法"（包括对《世界人权宣言》的完整引用）〕。

（九）联合国在追究侵害人权或违反战争法规责任方面的作用

在前南斯拉夫战争中违反人道法的情况导致联合国安理会于1993年设立了一个国际法庭，用以审判在那场冲突中被控犯有战争罪的人，即前南斯拉夫国际刑事法庭（ICTY）。1994年，联合国安理会设立了第二个法庭以审理卢旺达种族灭绝案件，即卢旺达国际刑事法庭（ICTR）。这两个法庭对数名被告进行了审判。1998年，卢旺达国际刑事法庭作出了第一个由国际法院对种族灭绝罪的裁决，以及对该罪行的第一个判决。前南斯拉夫国际刑事法庭还调查了在科索沃冲突中的犯罪行为。

联合国的一个关键性的目标——建立一个追究最严重的战争犯罪和危害人类罪法律责任的国际机制——在1998年实现了，各国政府同意建立一个国际刑事法院（ICC）。国际刑事法院为惩罚犯有灭绝种族罪和其他危害人类罪和战争罪的罪犯提供了综合的方法。在表决设立国际刑事法院时，国际社会明确地表明那些犯下暴行的人再也不能逍遥法外了。

然而，诸如美国等国家仍然关注缺乏对国家支持或国家实施的暴行的责任追究，这是一个与上文探讨的国际组织理论有关的问题。此外，美国又关注认为法院可以被用作政治迫害的一个舞台的观点。因此，美国根据《罗马规约》第98条签订了若干双边豁免协定（也称为"第98条协定"）。这些协定规定，协定的任何一方都不使另一方现任或前任政府官员、军队或其他人员接受该法院的司法管辖。虽然美国不是《罗马规约》的签字国，但它仍然用第98条协定作为确保美国人不受刑事法院管辖的一种方法，同时还通过了《美国军人保护法案》（《美国法典》第22编第7421节以及下列等），以确保军人不因参加任何军事行动而受国际刑事法院的司法管辖（参见题为"战争罪与武装冲突法的实施"一章以便更深入地研究，并全面引用《前南国际刑事法庭规约》《卢旺达国际刑事法庭规约》和《罗马规约》）。

（十）联合国在编纂和发展国际法方面的作用

《联合国宪章》特别呼吁联合国承担逐步编纂和发展国际法的任务。这项工作所产生的公约、条约、标准为促进国际和平与安全、经济和社会发展提供了一个框架。批准这些公约的国家在法律上受其约束。国际法委员会（ILC）准备关于国际法主题的草案，这些草案可以被纳入公约并开放供国家批准。这些公约中，譬如《维也纳外交关系公约》，构成了依法处理国家间关系的基础。其他的一些公约聚焦于特定主题，例如发展国际环境法或者防止贩毒的条约。在最近打击恐怖主义的努力中，联合国及其专门机构制定了构成打击恐怖主义的基本法律武器的国际协定。

（十一）联合国在提供人道主义援助方面的作用

为了防止在危机期间侵犯人权，联合国人权委员会已经在联合国应对突发事件中发挥了日益积极的作用。联合国通过由联合国紧急救济协调员主持、由所有人道主义机构组成的委员会协调其对人道主义危机的应对。委员会成员主要包括联合国儿童基金会（UNICEF）、联合国开发计划署（UNDP）、世界粮食计划署（WFP）和联合国人权委员会（UNHRC）。其他联合国机构也有代表参加，还包括一些非政府和政府间的人道主义组织，如红十字会等。灾难预防和准备也被视为联合国人道主义行动。当灾难发生时，联合国开发计划署（UNDP）在当地协调救济工作，并且帮助确保紧急救援有助于恢复和长期发展。在正经历着持续紧急状态或正从冲突中恢复的国家，人道主义救助与发展、政治和金融援助一起被视为构建和平努力的重要组成部分。

六、北大西洋公约组织（NATO）

于 1949 年 4 月 1 日在华盛顿签署的《北大西洋公约》创立了一个彼此致力于共同防御的十个欧洲和两个北美独立国家组成的联盟。该组织成员于1952 年、1955 年、1982 年、1999 年、2004 年和 2009 年不断扩大。目前，28个北约成员国为阿尔巴尼亚、比利时、保加利亚、加拿大、克罗地亚、捷克共和国、丹麦、爱沙尼亚、法国、德国、希腊、匈牙利、冰岛、意大利、拉脱维亚、立陶宛、卢森堡、荷兰、挪威、波兰、葡萄牙、罗马尼亚、斯洛伐克、斯洛文尼亚、西班牙、土耳其、英国和美国。《北大西洋公约》本身是一个非常简单的文件，符合《联合国宪章》精神且其合法性也源自《联合国宪章》。在公约中，成员国承诺独立和集体地保持和发展他们的防卫能力，为集体防卫计划提供基础。《北大西洋公约》第5条是《联合国宪章》所规定的集体自卫权，它规定针对一个或多个北约组织成员的武装进攻将被视为对其全体成员的攻击。纽约世贸中心和华盛顿五角大楼受到恐怖袭击之后，北约便实施了第5条授权。

在过去的十年里，北约的职能已经从第5条"集体防卫"转变为非第5条"集体安全"，以维护区域性国际安全利益。从1992年起，北约组织就开始为联合国和欧洲安全与合作组织（OSCE）批准或主导的维和行动提供支持，如1994年至1998年在前南斯拉夫进行的协商一致和非协商一致的和平行动中，北约都发挥了主要作用。2001年以前，最著名的非第5条行动是1999年基于国际人道主义干涉原则的科索沃空中战役。2001年以后，北约承担的在阿富汗的联合国使命（国际安全援助部队）是联盟历史上有争议的，但也是最为雄心勃勃和距离最远的行动。

与联合国安理会类似，北约组织通过被称为北大西洋理事会的执行机构来发表意见。北大西洋理事会由北约秘书长主持，对其所有成员国实施有效的政治管理。各成员国由有大使衔的常驻代表代表。政治决定通过北大西洋理事会决议进行传达。由常驻代表组成的防务计划委员会为北约军事机构提供指导。北约军事委员会隶属于北大西洋理事会和防务计划委员会，但具有北约高级军事机构的特殊地位。它的主要作用是考虑军队对政治目的作出的贡献，为主要北约司令官提供指导，为北大西洋理事会和防务计划委员会提供军事政策和战略方面的建议。

对于在北约事务上提供建议的军法官来说，特别感兴趣的问题可能包括：对其他北约盟国的后勤支援，北约建设项目的融资，北约总部协定，北约与欧盟的联系（参见下文），北约决策方式，北约标准化协定，北约与和平伙伴国的关系，北约演习，北约交战规则（详见"交战规则"一章），以及北约的指挥关系。

七、美洲国家组织（OAS）

由34个成员组成的美洲国家组织是西半球首要的跨国对话和行动政治论坛。虽然它不是一个军事联盟，但它是该半球一支重要的和平力量。目前美洲国家联盟成员包括：（初始）阿根廷、玻利维亚、巴西、智利、哥伦比亚、哥斯达黎加、多米尼加共和国、厄瓜多尔、萨尔瓦多、危地马拉、海地、洪都拉斯、墨西哥、尼加拉瓜、巴拿马、巴拉圭、秘鲁、美国、乌拉圭、委内瑞拉、（后续）巴巴多斯、特立尼达和多巴哥、牙买加、格林纳达、苏里南、多米尼加、圣卢西亚、安提瓜和巴布达、圣文森特和格林纳丁斯、巴哈马、圣基茨和尼维斯、加拿大、伯利兹和圭亚那。

在美洲国家联盟的庇护下产生了一些专业的组织：美洲儿童研究所、美洲妇女人权委员会、泛美地理和历史研究所、美洲印第安人学会、美洲农业合作研究所以及泛美卫生组织。

八、欧洲安全与合作组织（OSCE）

欧洲安全合作组织（欧安组织）是一个区域性安全组织，其 56 个成员来自欧洲、中亚和北美。根据《联合国宪章》第八章的规定，欧安组织已经被建设成为一个预警、预防冲突、危机管理和冲突后重建的主要机制。欧安组织以综合与合作的方式维护安全，致力于解决一系列与安全有关的问题，包括军控、预防性外交、建立信任和安全措施、人权、选举监督，以及经济和环境安全。所有成员地位平等，所有决定基于协商一致。

欧安组织在前南拉斯拉夫的行动是其行动的很好例证。目前，欧安组织驻科索沃特派团是联合国科索沃临时行政特派团的一个组成部分，这是自 1992 年以来欧安组织派驻南联盟的第三个特派团。尤其是 1998 年 10 月至 1999 年 3 月（当"盟军行动"开始时），欧安组织科索沃核查团受命核查南联盟是否遵守联合国安理会第 1160 号和第 1199 号决议，核查停火并监视其军队的调动。今天，作为联合国科索沃临时行政特派团的一部分，欧安组织与科索沃维和部队、联合国人权委员会、欧洲理事会和欧洲联盟等不同的国际组织密切合作。

九、欧洲理事会和欧洲人权法院

欧洲理事会是一个政府间国际组织，其重点是维护人权，促进欧洲的文化认同和多样性意识，司法合作和寻求欧洲社会所面临问题的解决方案。但是它并不解决经济或国防问题。欧洲人权法院是欧洲理事会的一个组织。位于斯特拉斯堡的欧洲理事会与欧盟不同，其成员包括 47 个欧洲国家。大约

350 个非政府组织拥有欧洲理事会的磋商地位，而美国、日本、加拿大、墨西哥拥有观察员地位。

欧洲理事会设立的初衷之一是废除死刑。《欧洲人权公约》第六议定书第 1 条规定："死刑应当废除，任何人不得被判处死刑或处决。"这条规定和欧洲人权法院适用这条规定的意见为美国引渡并起诉受《美国统一军事司法典》和 2000 年《军事治外法权法案》管辖，为可以被判处死刑的罪行的美国军人或公民设置了障碍。这也影响了美国对可能参与了针对美国人员或财产的恐怖行动的恐怖分子的羁押能力（参见第九章"外国刑事管辖"以便进一步地讨论和完整引用《军事治外法权法案》）。

十、欧洲联盟

欧洲联盟（欧盟）是 1951 年始于六个国家（比利时、德国、法国、意大利、卢森堡和荷兰）之间的合作和一体化进程的发展结果。在近 50 年的发展后，随着六轮扩大（1973 年：丹麦、爱尔兰和英国；1981 年：希腊；1986 年：西班牙和葡萄牙；1995 年：奥地利、芬兰和瑞典；2004 年：塞浦路斯、捷克共和国、爱沙尼亚、匈牙利、拉脱维亚、立陶宛、马耳他、波兰、斯洛伐克、斯洛文尼亚；2007 年：保加利亚和罗马尼亚），如今欧盟已经有 27 个成员国。

（一）宗旨

欧盟的宗旨是以连续一致的方式，在团结的基础上组织发展成员国之间以及人民之间的关系。主要的目标如下：

1. 促进经济和社会进步（1993 年建成单一市场，1999 年发行单一货币）。

2. 在国际舞台上强调欧盟身份（通过对非欧盟国家进行欧洲人道主义救助，共同外交和安全政策，在国际危机中的行动，在国际组织的共同立场）。

3. 引入欧洲公民资格（该身份并不取代国家公民资格而是作为补充，并赋予许多欧洲公民民事和政治权利）。

4. 建立一个自由、安全和公正的区域（与内部市场相联系，特别是公民的行动自由）。

5. 维护和完善已制定的欧盟法律（欧洲机构通过的所有立法，再加上成立条约）。

（二）机构

欧盟由六个机构组成：

1. 欧洲议会（由成员国公民选举产生）；

2. 欧盟理事会（代表成员国政府）；

3. 欧洲理事会（欧盟最高决策机构）；

4. 欧盟委员会（行政和立法建议机构）；

5. 欧洲法院（确保法律的遵守）；

6. 欧盟审计院（负责审计账目）。

（三）保障机构

欧盟的六个机构得到其他机构的支持保障，包括：

1. 经济和社会委员会；

2. 地区委员会（帮助确保欧盟在各个经济和社会领域以及地区的立场得到考虑的咨询机构）；

3. 欧洲监察员（处理在欧洲范围内公民关于行政管理不当的投诉)；

4. 欧洲投资银行（欧盟的金融机构）；

5. 欧洲中央银行（负责在欧元区的货币政策）。

（四）挑战

广泛的欧盟法律具有挑战美国在欧洲的行动方式和影响美国的部队地位协定权力的潜在可能性。同时欧盟成员的北约盟国正在把强制性的欧盟法规和指令吸收进其国内法。在其他情况下，欧盟法律可以无需其成员国采取任何国内行动就直接对其产生影响。欧盟法律并不总与北约部队地位协定相一致，而法律冲突可能会产生有趣的和复杂的国际法问题。欧盟法律在训练、劳动法、数据保护、后勤支援和税收等领域对行动产生影响。此外，随着欧盟将其触角从经济领域扩展到防务领域，欧盟-北约关系问题将有可能出现。

十一、东南亚国家联盟（东盟)

东盟是为了合作维护地区和平、稳定和发展领域的目的而成立的。1967年8月8日，印度尼西亚、马来西亚、菲律宾、新加坡和泰国五国签订《东南亚国家联盟宣言》，成立了该组织。此后随着1984年文莱、1995年越南、1997年老挝和缅甸以及1999年柬埔寨的加入，东盟现有10个成员国。

在过去的几年里，政治和安全合作在东盟国家议程上占据越来越重要的位置。其中东盟国家达成的重要协定包括：1971 年宣布东南亚是一个和平、自由的中立区的宣言；1976 年《东南亚友好合作条约》和《东盟协调一致宣言》；1995 年《东南亚无核武器区条约》。随着东盟地区论坛的建立，东盟为促进亚太地区的和平与稳定建立了一个主要的协商进程和信任机制。除了东盟 10 国，东盟地区论坛的成员还包括 10 个对话伙伴国（澳大利亚、加拿大、中国、欧盟、印度、日本、韩国、新西兰、俄罗斯联邦和美国）。

十二、红十字国际委员会

成立于 1863 年的红十字国际委员会是一个公正、中立和独立的非政府组织，其唯一的宗旨是人道主义：保护战争及国内冲突中的受难者的生命和尊严，并为他们提供援助。红十字国际委员会是一个独特的非政府组织，因为民族国家根据 1949 年《日内瓦公约》及其附加议定书赋予了它特殊的责任。它指导和协调冲突形势下的国际救援活动。它还努力通过加强人道主义法和普遍的人道主义原则防止公民受难。但是不应把红十字国际委员会与像美国红十字会等国家红十字会混淆，后者是典型的政府组织。但是，红十字国际委员会和国家红十字会联盟共同组成了红十字运动。

红十字国际委员会在国际人道法（《日内瓦公约》）文件中被多次提到。因此，它的工作由各国签署的具有多国约束力的协定所确定。在国际武装冲突中，红十字国际委员会的行动是基于 1949 年《日内瓦公约》及其附加议定书的授权。这些文件承认红十字国际委员会有权实施特定行为，例如，救济伤病军人或遭遇海难的军人，探访战俘，代表平民采取行动，并确保受保护的人得到依法处理。在国内武装冲突中，红十字国际委员会的行动是基于《日内瓦公约》共同第 3 条和《第二附加议定书》的授权。这些规定承认其有权为冲突各方提供服务，采取救援行动和探访因冲突而被拘押的人员（参见题为"武装冲突法"一章以便进一步讨论和完整引用 1949 年《日内瓦条约》及其附加议定书）。

参考文献

1. Charter of the United Nations with the Statue of the International Court of Justice annexed thereto, 26 June 1945, 59 Stat. 1031, T. S. 993, 3 Bevans 1153, (as amended, 17 December 1963, 16 U. S. T. 1134; T. I. A. S. 5857; 557 U. N. T. S. 143 20 December 1965, 19 U. S. T.

5450；T. I. A. S. 6529 and 20 December 1971, 24 U. S. T. 2225；T. I. A. S. 7739）（entry into force 24 October 1945, for U. S. , same date）.

2. Convention on the Privileges and Immunities of the United Nations, adopted 13 February 1946, 21 U. S. T. 1418, T. I. A. S. 6900, 1 U. N. T. S. 16（entry into force 17 September 1946, for U. S. 29 April 1970）.

3. North Atlantic Treaty, 4 April 1949, 63 Stat. 2241；TIAS 1964；34 UNTS 243（entry into force 24 August 1949, for U. S. , same date）.

4. Vienna Convention on Diplomatic Relations, open for signature 18 April 1961, 23 U. S. T. 3227, T. I. A. S. 7502, 500 U. N. T. S. 95（entry into force 24 April 1964；for U. S. 13 December 1972）.

5. Reparations for Injuries Suffered in the Service of the United Nations, ICJ Advisory Opinion, 1949.

6. International Organizations Immunities Act, 22 U. S. C. 288a.

7. The UN in Brief, United Nations, May 2005, DPI/2393-20M, http://www. un. org/Overview/uninbrief/uninbrief_ toprint. html.

8. North Atlantic Council：The NATO Handbook, 2006, http://www. nato. int/docu/handbook/2006/hb-en-2006. pdf.

9. ICRC, International Red Cross Handbook, 11th edition（1971）.

10. About the Organization of American States, OAS homepage, 2011, http://www. oas. org.

11. Association of Southeast Asian Nations, ASEAN homepage, 2011, http://www. aseansec. org.

12. European Union, EU homepage, 2011, http://europa. eu/index_ en. html.

13. North Atlantic Treaty Organization, NATO homepage, 20011, http://www. nato. int.

14. Organization for Security and Cooperation in Europe, OSCE homepage, 2011, http://www. osce. org.

15. Human Rights Watch, HRW homepage, 2010, http://www. hrw. org.

16. International Committee of the Red Cross, ICRC homepage, 2011, http://www. icrc. org/eng.

17. U. S. Air Forces in Europe（USAFE）, JA web page at https://www. my. af. mil/gcss-af/USAF/ep/globalTab. do? command=org&channelPageId=-1099284&pageId=681742.

18. Frederic L. Kirgis, Jr. , International Organizations in Their Legal Setting（1993）.

19. David S. Yost, NATO Transformed：The Alliance's New Roles in International Security（1999）.

20. André de Hoogh, Obligations Erga Omnes and International Crimes：A Theoretical Inquiry

into the Implementation and Enforcement of the International Responsibility of States（1996）.

21. Restatement of the Law 3d, Foreign Relations Law of the United States（2011）.

22. Multi－Service Tactics, Techniques, and Procedures for Conducting Peace Operations, AFTTP 3－2. 40（October 2003）, Incorporating Change 1（April 2009）.

第十二章 人权法

一、背景

人权法是关注人类的生命与尊严的内容广泛的一类法律。与大多数的国际法不同，国际人权法把人作为个人而不是主权国家主体来保护。

当实施行动时，对于军法官来说关键的人权法问题是：

1. 人权法是否适用于该行动？

2. 如果适用，哪些人权法适用？

3. 在行动过程中，美国空军在防止或惩治违反人权行为上承担何种义务？

4. 如果美国参加了一个联盟或与东道国一起工作，是否有另外的影响美国空军行动的人权法律问题？

二、人权法在行动中的适用

美国将人权法和武装冲突法视为不同的保护体系，人权法调节国家与在其管辖下的个人之间的关系。[1] 相比之下，武装冲突法调节的是在战争期间交战方和通常不是它们自己公民或国民的平民及受保护者之间的关系。武装冲突法有非常严格的启动机制，将其应用限制为特定情况。[2] 可见，武装冲

---

〔1〕 Damira Kamchibekova, *State Responsibility for Extraterritorial Human Rights Violations*, 13 Buff. Hum Rts. L. Rev. 87, 104（2007）; Gamal Abouali, *Natural Resources under Occupation: The Status of Palestinian Water under International Law*, 10 Pace Int'l L. Rev. 411, 498（1998）; Daniel Aguirre, *Corporate Social Responsibility and Human Rights Law in Africa*, 5 Afr. Hum. Rts. L. J. 239, 248（2005）.

〔2〕 参见《日内瓦第四公约》第 2 条；另参见国际法院就"威胁使用或使用核武器的合法性"问题发表的咨询意见，REP. 226，第 25 段（1996 年 7 月 8 日）。

突法是在武装冲突情况下的特别法规。[1]因此，当武装冲突法适用时，人权法就不适用。[2]

然而，武装冲突法取代人权法的适用并不意味着人类的生命和尊严在武装冲突期间不受保护。《日内瓦公约》共同第3条规定了在所有武装冲突中适用的人道待遇的最低标准，包括禁止虐待、酷刑、侮辱以及其他有辱人格的待遇。此外，某些类型的人有权享有更高标准的待遇（参见第二章"武装冲突法"）。美国空军在整个冲突范围内适用这些标准。[3]

三、人权法内容

在武装冲突法作为法律不适用的行动中，人权法就适用了。[4]习惯国际法（customary international law）和条约法都包含人权法。[5]因此确定一个法律的来源非常重要，因为这直接影响了其适用范围。

如果某项特定的人权属于习惯国际法的范畴，那么它就是一项基本人权，它在任何时候，包括在海外时，都对美国军队具有约束力。这是因为习惯国际法被认为是美国法律的一部分，[6]习惯人权法规范国家行动体（在这种情况下为美国空军）对待所有人的方式。[7]

与此相反，通过条约设定的人权法，一般只对国家在处理与它们所管辖的公民关系时具有约束力，[8]因此条约法中规定的人权义务通常只适用于美国大陆。

---

〔1〕 Christopher Greenwood, *Rights at the Frontier-Protecting the Individual in Time of War*, in laW at the ceNtre, the iNstitute of advaNced leGal studies at 50（1999）。

〔2〕 一些学者和国家不同意美国的观点，认为人权法和武装冲突法的适用是重叠的。他们的观点是人权法是在武装冲突及平时，超越了国家边界，在国家与外国公民个人之间设定了权利义务。*See* darreN J. o'ByrNe, huMaN riGhts: aN iNtroductioN 52-55（2003）。

〔3〕 参见《国防部指令》2311.01E 和《参谋长联席会议主席指令》5810.01D。

〔4〕 在某些行动中，武装冲突法作为政策而不是法律适用（IAW《国防部指令》2311.01E 和《参谋长联席会议主席指令》5810.01D），这时，人权法仍然适用。

〔5〕 参见《美国对外关系法重述》（第3次）第701条（2003年）。

〔6〕 参见 The Paquete Habana The Lola 案, 175 U.S. 677（1900）；也见美国《对外关系法重述》（第3次），第111节。

〔7〕 参见《美国对外关系法重述》（第3次），第701条。

〔8〕 参见《公民权利和政治权利国际公约》第2条（1966年）；《禁止酷刑和其他残忍、不人道或有辱人格的待遇或处罚公约》第4条（1984年）；《消除一切形式种族歧视国际公约》第3条（1965年）。

（一）习惯法义务

没有人权的明确"来源列表"美国将依习惯国际法处理。最好的来源是美国《对外关系法重述》（第3次）（2003年）。[1]根据美国《对外关系法重述》（第3次）的表述，美国接受某些基本人权属于习惯国际法范畴的立场，如果一个国家作为政策实行、鼓励或容忍的如下行为，那么它就违反了国际法：

1. 种族灭绝；

2. 奴隶制度；

3. 谋杀或造成个人失踪；

4. 虐待或残酷地、非人性地、有辱人格地对待或惩罚；

5. 长期任意拘留；

6. 系统的种族歧视；

7. 对国际公认的人权的公然侵犯。[2]

（二）条约法义务

人权法原本的关注重点是保护个人免受自己政府的危害行为。[3]因此，人权条约适用于生活在美国领土上的人，并没有更广泛地适用于美国政府机构在国际社会中与之打交道的任何人。[4]这被定义为"非治外法权"。[5]这是同上面讨论的习惯国际法人权义务的关键区别。

此外，虽然一些美国签订的条约是美国本土上"最高法律"[6]的一部分，但除非有随后的立法或行政命令来执行条约所创立的义务，否则它们并不能在美国法院强制执行。美国的立场是"美国根据自己的意愿确定一项协

---

〔1〕《美国对外关系法重述》（第3次），第702条。

〔2〕《美国对外关系法重述》（第3次）第702条。

〔3〕 参见《美国对外关系法重述》（第3次）附文。

〔4〕 这些条约关于适用范围的条款所使用的实际语言表述经常让这些条约适用于"在（一个国家）管辖下的所有个人"。美国将这样的适用范围条款解释为美国及其海外领土和属地，但不包括在美国武装力量实际控制下的任何地区。参见《美国对外关系法重述》（第3次），第322（2）节和"记者"注释3；也见《克莱柏纳·帕尔对国际公民和政治权利公约的报告》，S. EXEC. COC. NO. 102-23（Cost Estimate）（该国会预算办公室的报告表明，公约旨在保障批准公约的国家领土范围内生活的人民的权利和对他们的保护）。

〔5〕 *See* Theodore Meron, *Extraterritoriality of Human Rights Treaties*, 89 AM. J. iNt'l l. 78, 78－82（1995）.

〔6〕《美国宪法》第6条，根据《美国对外关系法重述》（第3次），"国际协定是美国的法律，并高于许多州的法律"。《美国对外关系法重述》（第3次）第111条。

定是自动生效还是等待立法实施"。[1]如果有执行立法，就是立法或行政命令，而不是条约规定。这是由美国法院给予效力，并根据美国的法律来界定美国的义务范围的。[2]

当一个条约没有执行立法，并且不是明确自我生效的，美国的义务就不太明确，需向上级机关请示特定问题上的建议。

美国参加的主要的人权条约有：

1.《公民权利和政治权利国际公约》（ICCPR）（1996年）——美国于1992年批准，但并不是两个非强制性的议定书的签字方。美国在签署时明确指出，条约不能自动生效，还有待具体地执行立法。

2.《防止及惩治灭绝种族罪公约》（1948年）——美国于1986年批准。该条约通过1987年的《种族灭绝公约实施法案》来实施。[3]

3.《禁止酷刑和其他残忍、不人道或有辱人格的待遇或处罚条约》（1984年）——美国于1994年批准。该条约通过1991年的《酷刑受害者保护法案》实施。[4]

4.《消除一切形式种族歧视国际公约》（1965年）——美国于1994年批准。没有任何一个法规来实施这一条约。但是美国的义务是通过《美国宪法》来实施的，宪法规定所有人在法律面前是平等的，并且公平地受到宪法保护。[5]

（三）执法

《外国人侵权规约》[6]规定了美国地区法院"仅对外国人提起的违反万

---

〔1〕 参见美国《对外关系法重述》（第3次），第131条。也参见 Sei Fujii v. California, 38 Cal. 2d, 718, 242 P. 2d 617（1952）. 法庭声明："宪章中保证合作促进遵守基本自由的条款缺乏表明批准后立即在私人身上产生司法权力的意图的强制特性和确定性。" 242 P. 2d at 621-22.

〔2〕 例如，美国最高法院认为，逃离海地个人难民身份的认定，并不是仅仅依据《关于难民地位的议定书》，而是通过该条约的实施立法——《难民法案》。United States v. Haitian Centers Council, Inc 案 . 113 S. Ct. 2549（1993年）.

〔3〕 1987年《种族灭绝公约实施法案》，《美国法典》（2006年）第18编第1091-93节。

〔4〕 1991的《酷刑受害者保护法案》，Pub. L. No. 102-256, 106 Stat. 73（1992年），在《美国法典》（2006年）第1350节中重印。

〔5〕 参见2007年4月和2013年6月美国对联合国有关消除种族隔离委员会提交的《消除一切形式种族歧视国际公约》定期报告，http://www. state. gov/j/drl/rls/cerd_ report/index. html.

〔6〕《美国法典》（2004年）第28编第1350节。

国公法和美国条约的侵权行为的民事诉讼"享有司法管辖权。[1]在菲拉提诉佩尼亚（Filartiga v. Peña-Irala）案中，第二巡回法院承认外国人享有免受根据《外国人侵权规约》可以被起诉的酷刑的权利。[2]法庭的分析包括了对习惯国际法以及确定根据习惯国际法提出诉讼所需要的证据水平。然而在 2004 年，美国最高法院在处理索萨诉阿尔瓦雷斯（Sosa v. Alvarez-Machain）的案件中谈及《外国人侵权规约》，[3]精炼和收紧了确定"违反万国法"的民事诉讼的标准，认为《外国人侵权规约》的特点基本上是管辖法规。[4]法院拒绝进一步明确要求为根据法规确定起诉原因而单独立法。但是，法院为确定可诉起因设定了很大的举证压力。

四、美国空军在行动中防止或惩罚侵犯人权行为的义务

美国积极保护基本人权的义务范围由美国总统和国防部部长决定，并反映在《交战规则》（ROE）中。是否给予这一授权或义务取决于多种因素，包括行动的性质，预期严重侵犯的可能性，以及是否存在可行的东道主执法机关。然而，和平行动《交战规则》的一条共同规定是，美军可以阻止（如果需要可以武力）对基本人权的违反。一般而言，《交战规则》会授权美军阻止严重违反《日内瓦公约》共同第 3 条的犯罪行为。

当观察到潜在的对基本人权的侵犯时，一般会出现的反应包括通过指挥渠道报告，通知在该国的国务院人员，强化对东道国军队在如何应对侵权行为的训练，记录事件并通知东道国当局，以及进行干预以阻止侵害。东道国的执法机关越可依赖及可靠，美军不得不干涉的可能性就越低。因此，当准备行动时，军法官应该认识需要寻求以任务陈述或《交战规则》的形式对美军应如何对这种情况作出反应的指示。在盟军或联合行动中，军法官必须注意到盟国对人权原则的适用性可能持有不同的观点，尤其是在武装冲突时期。例如，许多欧洲国家需要承担《欧洲人权公约》（ECHR）规定的义务，这与对美国施加的义务有所不同。因此，军法官需要与盟国的法律人员联络，并

---

〔1〕《美国法典》（2004 年）第 28 编第 1350 节。

〔2〕 630 F 2d 876（2d Cir. 1980）.

〔3〕 542 U. S. 692（2004 年）.

〔4〕 542 U. S. 692（2004 年）.

在必要时寻求指导。

参考文献

1. Universal Declaration of Human Rights, G. A. Res. 217 （Ⅲ）, UN GAOR, 3d Sess. , Supp. No. 13, UN Doc. A/810 （1948）.

2. United Nations Convention on the Prevention and Punishment of the Crime of Genocide, adopted 9 December 1948, 78 U. N. T. S. （1951） 277-323, 45 A. J. I. L （1951） Supplement 7-13 （entry into force 12 January 1951, for U. S. 25 November 1988）.

3. Geneva Convention Relative to the Protection of Civilian Persons in Time of War, Art. 2, 12 August 1949, 6 U. S. T. 3516.

4. International Covenant on Civil and Political Rights, 16 December 1966, 999 U. N. T. S. 171.

5. ConventionAgainst Torture and Other Cruel, Inhuman or Degrading Treatment or Punishment, 10 December 1984, 1465 U. N. T. S. 85, 21 October 1994.

6. International Convention on the Elimination of All Forms of Racial Discrimination, 21 December 1965, 660 U. N. T. S. 195, 5 I. L. M. 352 （1966）.

7. Executive Order 13107, Implementation of Human Rights Treaties, 63 Fed. Reg. 68, 991, 15 December 1998.

8. Restatement of the Law （Third）, Foreign Relations Law of the United States （2003）.

9. DODD 2311. 01E, Department of Defense Law of War Program, 9 May 2006, Certified Current as of 22 February 2011.

10. CJCSI 5810. 01D, Implementation of the DOD Law of War Program, 30 April 2010.

DIERBIAN

第二编

行动法

第十三章

行动指挥链和指挥继任

一、背景

指挥是所有的军事行动的核心，统一指挥是统一行动的核心。指挥所固有的是军事指挥官对下属实施的合法权力。被任命或接任指挥被赋予了分配任务和要求完成任务的权力。但指挥权力从来不是绝对的。对指挥权的限制存在于制定授权、指令和法律。军事指挥官继任指挥要么通过上级任命，要么基于军衔和级别方面的资历来就任。[见《联合出版物》（JP）1]

负有行动任务的军事组织必须有一名军事指挥官，并被纳入行动指挥链，以确保统一指挥。统一指挥是职责的连锁网，它是对于统一的军事行动必不可少的相互信任、协同以及团队合作的基础。统一指挥要求上级、下级、同级指挥官之间有明确的责任区分。[见《联合出版物》（JP）1]

从工作层面理解指挥术语对于理解各组成部门之间的关系及组织内在职责至关重要。事实上，行动指挥体系就是作战指挥链[见《联合出版物》（JP）1-02]。《美国国防部军事及相关术语词典》（2008年10月17日）分别将行动定义为"执行作战的过程……"，将指挥链定义为"在指挥权运用过程中的上级指挥官到下级指挥官体系的延续"，《联合出版物》（JP）1-02将指挥定义为"指挥官根据军衔或者任命对下级合法行使的权力"。

行动指挥链并不直接涉及诸如行政管理、个人、部队训练、人事管理、后勤等方面的事项[见《联合出版物》（JP）1-02]。军种负责组织、训练与装备它们的组织（部队），并且一般代表那些组织，并为这些部队配备部队指挥官，确定下属部队编成及下属部队的指挥官，以便作战司令部在行动时使用[参见《空军条令文件》1第4章；《空军条令文件》2第3章]。

有许多类型的指挥机关及相互关系，以确定谁能对谁做什么。在日常生活中，一支空军部队的指挥权并不复杂。然而，一旦这支部队成为航空航天远征部队的一部分被部署到一个作战司令部的战区时，指挥权就变得复杂了。部署参与多国联合行动时，情况愈加复杂。

二、宪法和法律授权

指挥权。《美国宪法》第2条第2款规定了总统作为总司令的指挥权的来源。指挥是指武装部队中的指挥官凭借军衔或任命对下属合法行使的权力。指挥权包括有效运用可用资源，筹划运用、组织、指导、协调和控制军队以便完成受领任务的权力和职责。同时，指挥权还包括对隶属人员的健康、福利、士气和纪律惩戒所负有的职责。（见《联合出版物》1-02）

三、着军装军人指挥的概念

指挥的概念包含两个职能：①对人的合法权力，包括惩戒权；②对任务以及资源的合法责任。指挥移交给个人，而不是一个参谋机构。指挥是根据职务和有军衔并依法具有指挥资格的军官的特别任命来行使的。指挥官通过下属指挥官实施控制。幕僚，包括副手都没有指挥权。他们只能在指挥官履行指挥职责时通过筹划、调查和提供建议来进行协助。尽管某些指挥权会被委托，但指挥责任永远不能被委托。

（一）指挥链

除非总统另有指示，否则指挥链从总统到国防部部长再到作战司令部司令。[见《美国法典》第10编第162（b）节]值得注意的是，总统可以指示，总统或国防部部长与联合及特种行动司令部司令之间的通信通过参谋长联席会议主席（参联会主席）传递。[见《美国法典》第10编第163（a）节]国防部部长可能会授予参联会主席监督作战司令部的行动的职责。然而，这一职责并未赋予参联会主席任何指挥权，也没有改变《美国法典》第10编第164节和第163（b）节赋予作战司令官的职责。

在指挥链内，参联会主席通过向作战司令部司令传递总统和国防部部长的指示而发挥作用。军种参谋长就军种部队管理向军种部部长负责。下级司令部的权力可以经法律、委托或就任来赋予。

指挥和参谋。指挥官通过其参谋人员和下级指挥官行使指挥权。参谋人员根据指示来协助指挥官。指挥官副手是参谋。通常情况下，指挥权的委派是经授权的。指挥官应该尽可能将他的行政管理权委托给参谋人员和下级指挥官。指挥官也可以指定其下属，包括平民，授权其以指挥官的名义签名或行事。但是，指挥官不得将法律或者上级机构指令规定为专属于他的权力，例如，《美国统一军事司法典》的授权，以及极其重要的职责委托他人行使。[参见《空军指示》51-604 第 6 段和《联合出版物》（JP） 0-2 第 3 章第 1. b 段]

（二）组织

在参联会主席的建议和协助下，总统通过国防部部长成立联合与特种行动司令部，并且规定这些司令部的部队构成。[见《美国法典》第 10 编第 161（a）节] 根据国防部部长的指示，军种部部长受命将其管辖的所有部队（除非有特别任务的）指派给联合或特别作战司令部或北美航空航天防御司令部美国部分，完成分配给那些司令部的任务。[见《美国法典》第 10 编第 162（a）节] 根据国防部部长和作战司令的授权、指示和控制，军种部部长负责管理和保障分派给作战司令部的部队（见《美国法典》第 10 编第 165 节）。

联合指挥体制非常灵活，可为适应不断变化的美国国家安全需要而变化。保密的"联合指挥计划"建立各种不同的作战司令部，确定各个责任区的地理范围，分配初步的任务，明确指挥官的权力，建立指挥关系，并指导作战指挥权的实施。

（三）作战司令官的职责和指挥权力

作战司令官就受领任务的执行对总统和国防部部长负责。作战司令官就司令部执行所受领任务的准备情况直接向国防部部长负责。[见《美国法典》第 10 编第 164（b）节] 除非总统或者国防部部长另有指示，否则作战司令官对司令部及隶属部队具有授权、指令和控制，以及下列指挥权：

1. 就任务，包括军事行动所有方面，联合训练和后勤等向下属司令部和部队下达权威指示；

2. 向下属指挥部和隶属的部队说明指挥链；

3. 组织指挥权范围内所需指挥部和部队完成受领的任务；

4. 使用司令部所属部队；

5. 授予下级指挥官指挥职责；

6. 协调和批准必要的行政管理、支援（包括资源、装备控制、内部组织和训练）和纪律工作以完成受领的任务；

7. 挑选下级指挥官和指挥部参谋，暂停下属的职权，召开军法庭审判。

如果不是为了对作战司令部下达行动指令，指挥链是从总统到国防部部长，到军种部部长，再到各军种部队指挥官。美国空军部部长组织空军部队、任命指挥官的授权请参照《美国法典》第 10 编第 8013 节和第 8074 节。

（四）空军和作战司令部的关系

1. 背景。根据《美国法典》第 10 编第 8013 节的规定，空军部部长有权组织空军部队和"履行空军部的职能以便（最大限度地）满足联合和特种行动司令部当前和未来行动需要"。更多关于在空军内建立指挥部的具体授权规定在《美国法典》第 10 编第 8074 节中。该节规定："除非法律或者国防部部长另有规定，空军应该按照空军部部长的规定划分为若干组织……为了空军执行任务，美国、美国的领地、属地，以及美国空军驻扎或者正在行动的其他地区，可按空军部部长的指示进行划分。空军军官可以被分配指挥那些区域内的空军行动、设施和人员。在履行空军的职责和法律授权的其他职责时，接受任命的军官具有部长赋予的责任和权力。"

2. 部队的分配。《戈德华特—尼克斯法案》要求除被分配执行军种部的任务（比如，组织、训练、装备等）或隶属北美航空航天防御司令部的部队外，受军种部部长管辖的部队应分派给各作战司令部（见《美国法典》第 10 编第 162 节）。此外，除非国防部部长另有指示，否则在作战司令部责任区地理范围内的部队由作战司令指挥［参见"联合司令部计划"和"全球部队管理指南"（都是保密的备忘录）］。"全球部队管理指南"第二部分规定了空军组织和指挥官与作战司令部之间的作战指挥关系。空军部队只有经国防部部长根据由其本人制定的程序授权并经总统批准后才能转隶于一个不同的作战司令部（见《美国法典》第 10 编第 162 节）。

3. 保留结构与职责。不管一支空军部队如何分派给或配属于一个作战司令部或联合部队，一个空军创立的部队一般保留其指挥官和空军创立的结构。空军指挥官具有空军赋予的行政控制权（详见以下叙述）和联合部队指挥链委托的行动指挥授权的任何职责。尽管作战司令官或者联合军队指挥官（如果是委派的）有权改变隶属或配属的空军部队的指挥或组织形式，但联合条令更倾向于保持空军部队结构不变并仍旧归原定的司令部指挥。为了在联合司令部中建立所有空军部队的统一行政指挥，将会指定一名空军官员作为空军部队指挥官（COMAFFOR）。

（五）军种部、军种和部队

军种部部长履行其组织、培训、装备、提供部队的职责中所拥有的权力由总统通过国防部部长授予，再由国防部部长授予给各军种部部长。然后，根据军种部部长的指示或相关法律的规定，这项权力经由军种参谋长授予隶属作战司令官的军种部队指挥官。因此，除非国防部长将这样的责任特别分配给国防部的其他部门，否则由其负责部队的准备和行政管理及保障。

军种部部长负责本军种部队的行政管理和保障。他们可以通过隶属作战司令部的军种部队司令部的指挥官行使行政控制权，以及通过军种参谋长（由部长决定）对没有隶属作战司令部部队行使行政管理权来履行他们的责任。根据法律规定，军种部部长所享有的职责和权力服从于授予作战司令官的在作战司令部所行使的权力。

与其他相应的军种部部长和作战司令官协调，每个军种部部长负有组织、训练、装备和提供部队以完成特定任务，以及管理和保障这些部队的职责。

部队指挥官就各自部队的行政管理、训练、战备工作对各自军种参谋长负责。隶属作战司令部的部队指挥官在作战司令官的指挥、指令和控制（并对其负责）之下执行受领的行动任务、进行联合训练和演习以及后勤保障（见《联合出版物》1 第Ⅱ-6 页）。

四、指挥权的种类

指挥权可用源自"作战"权的四种形式的指挥关系来描述：作战指挥权（COCOM）、行动控制权（OPCON）、战术控制权（TACON）与支援权。另外三种权力是行政控制权、协调权和直接联络授权。（见《联合出版物》0-2；《空军条令文件》1）这些术语将在下面进一步作如下界定：

（一）指挥关系

指挥关系是指挥官之间的相互联系的责任，以及指挥链中指挥官所行使的行动权；指挥关系可以更进一步地被描述为作战指挥权（指挥权）、行动控制权、战术控制权或支援权。（见《联合出版物》1-02）

（二）行动权

这是指挥链中一名指挥官行使的权力，可以更进一步地被描述为作战指

挥权（指挥权）、行动控制权、战术控制权或支援权。（见《联合出版物》1-02）

（三）作战指挥权（COCOM）

根据《美国法典》第10编第164节的规定或总统在《联合司令部计划》中的指示，对隶属部队的作战指挥权只被赋予作战司令部司令（作战司令官）。作战指挥权给予作战司令官权力来对隶属部队履行指挥职能，涉及组织和运用司令部下属部队，分配任务，对军事行动的各个方面下达权威指示，包括对于完成受领任务所必需的联合训练和后勤保障。作战指挥权不得委托或转让（见《联合出版物》0-2；《联合出版物》1-02；《空军条令文件》2）。作战指挥权使作战司令官能够为执行国家指挥当局所指导的行动而做任何需要的事情。《联合出版物》0-2包含一个对作战指挥权扩大的解释，包括对作战司令官对与军种对后勤保障持续责任相关事务的指令权的解释。

（四）行动控制权（OPCON）

行动控制权是指为完成任务所必需的组织和运用军队、分配任务、指定目标、下达权威指示的指挥权。（见《联合出版物》0-2）最终，行动控制权为指挥官完成受领的任务提供了授权。行动控制权是作战指挥权内在的，来自作战司令官的授予。行动控制权可以根据作战司令官的决定而在一个作战司令部内部委托或转让，或者根据国防部部长本人的命令而在不同作战司令部之间委托或转移。

行动控制权包括对完成赋予司令部的任务必需的军事行动和联合训练各个方面的权威性指示。行动控制权可由作战司令部或以下任何层次的指挥官行使（见《联合出版物》1）。《联合出版物》1对行动控制权作了扩大解释，包括行使或者委托行使行动控制或者战术控制、指定协调权、规定指挥链和组织司令部下属指挥部及部队以及运用部队。行动控制权不包括下列必须由作战司令官特别委托的作战指挥权的内容：后勤或行政管理、纪律、内部组织及部队训练事项。（见《联合出版物》0-2）

（五）战术控制权（TACON）

战术控制权是行动控制权所固有的，对隶属或配属部队或指挥部的作战指挥权，仅限于完成所受领的使命和任务所必需的详细的且通常是对部队局部方向上的运动和机动的控制。战术控制是可转让的权力，可以在作战司令部或之下任何层次行使。战术控制权在作战司令部之间的转移须经国防部部长授权。(见《联合出版物》1) 战术控制权不对行政和后勤保障提供组织授权或指导性授权。行使战术控制权的指挥官负责确保与所控制部队的联系。(见《空军条令文件》1)

（六）支援权

支援权是在当一个组织需要援助、保护、补充或维持另一支部队时所设立的作战指挥权。(见《联合出版物》1) 支援权由作战司令部或以下任何层次的指挥官行使，包括国家指挥当局在作战司令官之间指定建立一种支援关系（比如，美国运输司令部向一个地理区域作战司令部提供空运支援）或者作战司令官在作战司令部内部指定建立一种支援保障关系（比如，联合部队特种行动部队指挥官采取的行动以支援联合部队空军部队指挥官所担负的战略攻击职能）。一个已经确定的指令一般明确了支援关系的性质和目的。(见《联合出版物》1) 受支援的指挥官有权确定支援行为的任务或目标，但是无权直接调动支援部队（与战术控制权形成对比）。(见《空军条令文件》1；另参见《联合出版物》1 中对四种类型的支援的描述：一般、相互、直接和近距离支援。)

（七）其他权力

1. 行政控制权（ADCON）。对下属或其他组织机构在行政管理和支援方面进行的指导或行使权力，其包括军种部队的组织、资源和装备的控制、人事管理、单位后勤保障、个人和单位的训练、战备、动员、复员、纪律以及不包括在下属或其他组织的行动任务中的其他事项（见《联合出版物》1-02）。行政控制权力由军种部部长转移给下属的军种指挥官，但可能永远也不会委托给兄弟军种。(见《美国法典》第 10 编第 8013 节) 行政控制权经常指组织、培训和装备权。

行政控制权与《美国法典》第 10 编中确定的行政和支援责任是同义词。这是完成军种部行政和支援法定责任所必需的授权。行政控制权可以委托给隶属作战司令官的军种部队的、在军种部队司令部或以下任何层级的部队的指挥官行使。行政控制权隶属于作战司令官的指挥权。行政控制权可以被委托给军种内隶属的军种司令部司令行使（见《美国法典》第 10 编第 165 节；《联合出版物》0-2；《联合出版物》1-02；《空军条令文件》2）。行使行政控制权的军种指挥官不会篡夺对隶属军种部队指挥官拥有作战指挥权的作战司令部司令所分配的权力。(见《联合出版物》1，第Ⅳ～13 页)

2. 空军后备役部队的行政控制。因为后备役部门有独特的行政责任，空军国民警卫队和空军后备队司令部保持一定的行政控制责任，比如，编入现役与局部动员。《空军条令文件》2 规定了空军部队指挥官（COMAFFOR）对所属空军国民警卫队和空军后备队司令部部队特定的行政控制责任。

3. 协同权。协同权是指挥官或个人负责协同涉及两个或更多军种的部队，或相同军种内两个或更多部队的特定功能和行动的权力。这是已下达指示规定的指挥官之间的一种磋商关系，而不是一种能够实施指挥的指令权。（见《联合出版物》1）指挥官或个人可以在作战司令部或以下的任何指挥层次行使协同权。协同权是委托给指挥官或个人协同涉及两个或更多军种部队、两个或更多联合部队组成部队，或相同军种两个或更多部队的特定功能和行动的权力（例如，联合安全协同员为下属部队指挥官之间的联合安全区行动行使协同权）。

协同权可以通过一个协定备忘录来赋予和更改，以便为有后备部队和现役部队参与的跨机构行动提供统一指挥和统一努力。指挥官或授权部门代表有权要求涉及的机构进行协商，但是无权强制达成协定。将要协同的共同任务会在已下达的指令中详细说明，并且不扰乱在其他事项上的正常的组织关系。协同权是指挥官之间的一种协商关系，而不是实施指挥的权力。它更适用于筹划和类似行动，而不是行动。协同权不以任何方式与部队分配相联系。协同权的分配是基于涉及的指挥部或机构的任务和能力。（见《联合出版物》1）

4. 经授权的直接联络（DIRLAUTH）。经授权的直接联络是指挥官授予下属与授权指挥部内或以外的一个指挥部或机构直接磋商或协同一个行动的权力。它并非一种实施指挥的权力。（见《联合出版物》1）

5. 部队分配与调动。国防部部长签署的部署命令是调动部队和在作战司令部间建立支援关系的主要文件。当部队在司令部之间调动时，指挥关系并没有自动随那些部队转移。接管调入部队的指挥官将实施和一个移交调出部队的指挥官所交出的指挥权必须明确。（见《联合出版物》1）

（八）部队类型和相关权力

1. 隶属部队。除《美国法典》第 10 编第 162 节专门指定的部队以外的所有军种部队都被国防部部长根据纳入"全球部队管理指南"的"联合司令部部队计划"分配给作战司令部。隶属或配属于一个作战司令部的一支部队只能根据国防部部长的指示从那个司令部调出。（见《联合出版物》1）作战司令官通常对由国家指挥当局分配或配属的部队行使行动控制权。联合特遣部队指挥官通常被建立联合特遣部队的机关或上级指挥官赋予对隶属或配属部队的行动控制权。（见《联合出版物》1）联合部队空军部队指挥官通常对本军种部队行使行动控制权，对特遣队中提供给职能部队的其他部队行使战术控制权。（《联合出版物》1）空军部队指挥官通常对隶属部队行使行政控制权，并分享对配属部队的一定的行政控制权，尽管行政控制权的范围各异（例如，空军国民警卫队局可能在远征行动中保留一些行政控制责任）。

2. 配属部队。当部队被暂时移交时，它们是配属。在作战司令部之内，可根据指挥需要将部队配属给下属联合司令部或联合特遣部队的组建机构。空军部队指挥官一般对配属部队行使行政控制权。（见《空军条令文件》2）

3. 支援部队。实施支持一个作战司令部行动的但驻扎在另外一个作战司令部的责任区或美国大陆的部队应当受承担行动任务并得到支援的作战司令部的行动控制，但是它们一般仍然受驻地所在的作战司令部或美国大陆战区司令的行政控制。例如 B-2 从美国大陆的起飞和返回，对此行动任务负责的指挥官应当拥有行动控制权，而管理控制权则仍归属原单位（比如空军作战司令部）。（见《空军条令文件》2）

4. 机动支援部队。大部分由并不驻扎在战区内的部队给予的支援是通过战术控制或支援关系提供的。当部队能够归属于空军部队指挥官时，战术控制权是更受青睐的方法，而部队不能归属时，则多采用支援关系。（见《空军条令文件》2）比如，这些指挥关系适用于执行全球任务的功能部队（比如机动和航天部队）。这经常被称为分散行动。

5. 过往部队。从一个特定责任区的地理区域内过境的部队，并不会仅仅因为在某一特定作战司令部责任区机动而处在该作战司令部的指挥链指挥下。但是它们受负责当地部队保护和行政报告的空军部队指挥官的行政控制。（见《空军条令文件》2）作战司令官通过功能部队指挥官对所有的国防部分配人员、临时分配的、过往或在作战司令官的责任区进行训练的部队行使战术控制（主要是为部队安保考虑）。（见《国防部指令》2000.12；《国防部反恐/部队保护计划》2003 年 8 月 18 日）

五、联合空军部队航空部队指挥官权力的来源

（一）主要术语和概念

1. 联合部队。联合部队是一支由两个或更多的军种隶属或配属的部队组成，在一个联合部队指挥官的控制下行动的部队。（见《联合出版物》1-02）联合部队建立在三个层级上：联合司令部、下属联合司令部和联合特遣部队。（见《美国法典》第10编第161节；《联合出版物》1）所有的联合部队都包括为联合部队提供行政和后勤支援的军种组成部队司令部。

2. 行动控制权变化（CHOP）。行动控制权变化出现在一部队或单位被从一名指挥官重新分配或者配属到另一名指挥官。接管调入部队的指挥官将对那支部队或单位行使行动控制权。（见《联合出版物》1-02）

3. 联合部队指挥官（JFC）。联合部队指挥官是被授权对一支联合部队行使作战指挥权或行动控制权的作战司令官、下级联合司令官或联合特遣部队指挥官。（《联合出版物》1-02）传统上，联合部队指挥官通常是通过联合部队空军部队指挥官对隶属和配属的空军部队行使行动控制权。（见《空军条令文件》1）

4. 联合部队空军部队指挥官（JFACC）。联合部队空军部队指挥官的权力来自联合部队指挥官，联合部队指挥官有权行使行动控制、分配任务、指导下属指挥官之间的协同、重新指导和组织部队。联合部队指挥官通常指定联合部队空军部队指挥官，其职责由联合部队指挥官规定，根据联合部队指挥官确定的优先顺序，包括但不限于筹划、协同、分配、下达任务。在与军种部队指挥官和其他分配或被支援部队指挥官协同后，联合部队空军部队指挥官会向联合部队指挥官建议空军在各个任务和地理区域中的出动架次。联合部队空军部队指挥官一般是拥有绝对数量优势的航空航天资源，并且具有筹划、分配任务和控制联合航空航天行动能力的下属军种指挥官。（见《联合出版物》3-30；《联合出版物》1-02；《空军条令文件》2）

联合部队空军部队指挥官是一名联合部队军种部队指挥官，类似于联合部队陆军部队指挥官、联合部队海军部队指挥官和联合部队特种行动部队指挥官。联合部队空军部队指挥官与空军部队指挥官不同，尽管可能是同一名军官担任这两个职位。联合部队指挥官通过联合部队空军部队指挥官来指挥和控制军种战术和战役资源从而使那些资源能像它们当初设计的一样发挥作

用。其意图是满足联合部队指挥官的需要，同时保持特定军种组织的战术和战役的完整性。（见《联合出版物》1）

一名联合部队空军部队指挥官下达空中任务分配命令而赋予其他部队的空军部队任务以便实施联合行动时，联合部队空军部队指挥官行使战术控制权。比如，在涉及海航-陆军特遣队的大多数情况下，在持续的空地行动中，特遣队指挥官保持对建制海军航空兵部队的行动控制。在联合行动中，海航-陆军特遣队中的航空部队通常会支援海航-陆军特遣队的任务。但是，海航-陆军特遣队指挥官也会向联合部队指挥官提供出动架次，以完成联合部队空军部队指挥官下达的任务以及防空、远程截击和远程侦察等任务。超出海航-陆军特遣队直接支援需求的飞机出动架次将被划拨给联合部队指挥官，以完成联合部队空军部队指挥官下达的支援其他联合部队组成部队或整个联合部队的任务。尽管如此，作战司令官或联合部队指挥官在行使行动控制权时，仍拥有分配任务和重新分派海航-陆军特遣队出动架次以完成更为重要的联合任务的权力。（见《联合出版物》3-30；《联合出版物》1）

6. 联军部队空军部队指挥官（CFACC）。其也被称为联军联合部队空军部队指挥官（CJFACC），拥有对一支多国（同盟）联合部队行使联合空军部队指挥官的职权。

六、联合部队空军部队指挥官与空军部队指挥官的关系

如上所述，同一个军官通常同时担任联合部队空军部队指挥官与空军部队指挥官。但是，此两个职务的作用是不同的。当同时担负两个职务时，在任何时候军官必须清楚他或她正在担任联合部队空军部队指挥官，还是空军部队指挥官（作为空军部队司令部的指挥官，他或她负责空军部队的行政和保障）。联合空中行动中心的法律顾问协助联合部队空军部队指挥官完成任务。联合部队空军部队指挥官的职责包括：筹划、协同、部队调配、对部队下达任务、向联合部队指挥官建议空军出动架次。（见《联合出版物》1-02）除了少数例外，空军部队指挥官对所有隶属部队以及配属部队行使完全的行政控制权，包括提供后勤和行政支持（见《空军条令文件》2；另参见"联合空中行动"一章以便详细讨论影响联合空中行动中心的法律问题和法律顾问的作用）。

注意：作战司令官仍然对基地的关闭和调整、部队驻扎等军种后勤计划，

以及在作战司令部责任区内对行动能力和适应能力有重大影响的其他事务行使批准权。（见《联合出版物》1；《联合出版物》1-02）

七、指挥纪律和人事管理

（一）职责

1. 联合部队指挥官。联合部队指挥官对隶属联合部队的军人负有纪律和管理的责任。除下属联合部队指挥官行使的行政和纪律权以外，作战司令官可以规定一个被分配到联合机构总部的军种高级军官对分配到相同联合机构的同一军种的人员行使行政和非司法处罚权的程序。

2. 军种部队指挥官。作战司令部内各军种部队指挥官根据作战司令官制定的规章和指示，负责本军种部队的内部行政管理和纪律。联合部队指挥官根据法律、法规和指挥链中的上级授权行使军纪权。

3. 协同方法。联合部队指挥官通常在可能的范围内通过军种部队指挥官来行使行政管理和军纪权。但是当不可行时，联合部队指挥官可能建立一个直接对其负责的联合机构，就属于他们管辖范围之内的事务提供意见和提出建议，如需要，执行一个上级机构的指示。联合宪兵部队便是这类机构的一个例子。（《联合出版物》1）

（二）《美国统一军事司法典》

《美国统一军事司法典》为武装部队纪律提供基本的法律规定。《军法庭手册》规定了军事审判的基本规则和程序。根据《美国统一军事司法典》第22（a）条赋予总统的权力和（经修订的）《军法庭手册》中"军法庭规则"第201（e）（2）（A）条的规定，作战司令官被授予对武装部队任何人员行使军法审判权。根据《美国统一军事司法典》第23（a）（6）条的规定，一个分遣司令部或部队的下属联合部队指挥官拥有特别军事法庭的开庭权。根据"军法庭规则"第201（e）（2）（C）条的规定，作战司令官可以明确授权拥有特别和简易军法庭开庭权的下属联合部队指挥官召开这样的军法庭，以审判其他武装部队的成员。（见《联合出版物》1，第Ⅴ~21页）

（三）规章制度

大部分实施《美国统一军事司法典》和《军法庭手册》的规章制度是单一军种制定的。在一支联合部队中，联合部队指挥官应在适当的时候发布规章制度，以便建立适用于联合机构中各军种人员的统一政策。比如，联合规章制度应明确规定短假的时间和区域、军种人员的逮捕、管制黑市、打击人口贩卖、性侵预防以及应对政策、货币控制法规和联合部队指挥官认为恰当的其他任何事项（见《联合出版物》1）。

（四）司法管辖

1. 涉及一个以上军种。涉及一个以上军种，并在联合部队指挥官管辖范围之内的事务可由联合部队指挥官或适当的军种部队指挥官来处理。

2. 涉及一个军种。仅涉及一个军种的事务应当由军种部队指挥官根据军种规章来处理。一名军种成员有不同层次的权利。从大到小，这些权利来自《美国宪法》《美国统一军事司法典》、部门规章、军种规章和普通法。联合部队指挥官必须确保被控军种成员的权利不受侵犯（见《联合出版物》1）。

（五）审判和惩罚

1. 召开军事法庭。普通军法庭可由作战司令官召开。当军法庭是由一名由法律、总统、国防部部长，或者上级指挥官根据《军法庭手册》中"军法庭规则"第 201（e）（2）条有关将此类案件提交军事法庭审判的规定而特别授权的联合部队指挥官召开时，一名被告可以由不同军种成员召开的任何军事法庭审讯（《联合出版物》1）。

2. 审判后及上诉程序。当军法庭由联合部队指挥官召开时，开庭机构根据《美国统一军事司法典》和《军法庭手册》授权，可在定罪量刑以及犯罪事实的调查上采取措施。如果开庭机构无法采取措施，该案件将被上交给行使普通军事审判管辖权的军官。开庭机构的行动之后，后续行动将根据适用于被告所在军种的审查和上诉程序采取（见《联合出版物》1）。

（六）对人员的指挥权

1. 现役部队。指挥官对军人的权力延伸至军人在军事设施内外的行为。指挥官是凭借他或她作为一名高级军官而行使职权的。士兵入伍时宣誓遵守其长官下达的合法命令。《美国统一军事司法典》第 89、90 和 92 条规定禁止对上级军官不敬，或不服从上级军官。

2. 后备役部队。指挥官拥有使后备役人员在值勤或不值勤时所犯过错承担责任的行政管理权，不论后备役人员犯过错时的服兵役状态。只有当后备役人员服兵役时，指挥官对他们行使《美国统一军事司法典》赋予的管辖权。

3. 平民。指挥官对文职雇员拥有一系列的权力。指挥官能够给予其晋升和奖励，同样也可对其实施处罚。然而，指挥官对基地中的非雇员平民拥有较少的权力。作为基地的"市长"，指挥官有权维持秩序和纪律并保护联邦资源。作为一个实际问题，这种职权可能仅限于为地方执法官员拘留个人，并禁止他们进入相关设施。指挥官可因行为不端而禁止某个人进入基地，但是必须遵循一定的程序要求。指挥官对离开基地的平民没有任何权力。但是，文职雇员在基地外的不端行动在某些情况下可以构成一个对文职人员诉讼的基础。

4. 部署的平民。2006 年 10 月 17 日，国会修订了《美国统一军事司法典》的管辖权，以便包括国防部文职人员以及在应急行动中为美国武装部队服务或伴随的承包商。

2008 年 3 月 10 日，国防部部长向对为武装部队服务或伴随人员行使《美国统一军事司法典》管辖的普通军事法院开庭机构和作战司令官下达了指导意见。拥有普通军事法院开庭权且被隶属或配属到某一地理区域的作战司令部的指挥官，可能对在他们责任区内违法的平民进行军事审判并处以非军法性惩处。然而，在提出指控或实施非军法性惩处之前，必须向司法部通报被控的犯罪行为。指挥官在作战司令部的通报程序没有完成之前，既不应提出军事审判控告，也不应实施非军法性惩处。如果司法部通知其有意由一名美国检察官提起联邦起诉的话，指挥官也不会再提起指控。在通报过程中，提起控告前的执法、刑事调查和其他军事司法程序应当继续实施。

5. 指挥部海外执法权。指挥官均有权启动对受《美国统一军事司法典》管辖的人或受《军事治外法权法案》管辖的人（比如军人家属）被控所犯罪行进行审查和调查。如果有理由相信一些犯罪被实施而且嫌疑人实施了犯罪行为的话，军事执法人员和犯罪调查人员有权逮捕受《美国统一军事司法典》管辖的人，以及拘捕和暂时拘留受《军事治外法权法案》管辖的人。所有现役军官和士官可以逮捕受《美国统一军事司法典》管辖的人。任何有权进行逮捕的人都可以使用任何在逮捕环境下合理的强力和方式来实施逮捕。

八、指挥的继任

根据《空军指示》51-604 的规定，指挥权根据职务来行使。一名军官可以指挥他或她隶属或配属的，他或她担任现职的，以及他或她有资格并被授权指挥的机构。一名军官以两种方式获得一种继任指挥权：根据任命或接任。指挥继任通过公布命令来宣布（见《空军格式 35》）。"指挥接任/任命的要求和授权"可被用来公布空军机构指挥官的指挥命令。

指挥的任命是一个上级机构下达的指定一位合格军官指挥一个机构的命令。要被任命到指挥岗位，一名军官的级别必须与那个机构中其他所有有资格指挥的官员的级别相同或更高。但不必以授衔日期来判断资历（见《空军指示》51-604 第 2.5 段）。

指挥的接任是一个机构内任现职并有指挥资格的高级军官接收指挥权的单方面的行动。但是，当一个级别相同的合格的军官已经根据任命负责指挥时，高级军官就不能再接任指挥了。同样，级别和军衔是接任指挥的两个因素：如果一名合格的级别相同但军衔更高的军官被分配到该部队，另一名军官就不能接任指挥职责了（见《空军指示》51-604 第 2.4 段）。

当正式任命的指挥官暂时不在岗或无法履行职责时，可以临时任命或接任指挥权。正式指挥官在返回岗位后自动恢复指挥权，而临时指挥官则恢复参谋的身份。短时间的缺席或无法履行职责并不会使一名指挥官丧失指挥权，并授权其他人接任（见《空军指示》51-604 第 3 段）。

为了"担任现职"从而有资格指挥，指挥官必须与其参谋及下属指挥官保持合理沟通。不需要指挥官本人实际存在于所指挥部队和持续不断的沟通（见《空军指示》51-604 第 3.4 段）。

除法律、法规、习惯、政策规定的管理任命与接任指挥职权的传统原则外，所有的军官都有在紧急情况下或对良好秩序和纪律至关重要时，暂时接任指挥权的基本责任（见《空军指示》51-604 第 1.3 段）。

九、指挥的特殊规则和限制（《空军指示》51-604）

（一）限制

1. 不存在"代理指挥官"这样的头衔或职位，该术语是没有法律授权的。

2. 分配到美国空军司令部的人员不能接任人事指挥权，除非得到主管机关的授权。

3. 一名官员不得指挥另一个比他的级别更高，并且是担任现职且有资格指挥的军官。

4. 士兵不能行使指挥权。

5. 指挥官不得任命自己的继任者。

6. 尽管牧师的确有权下达合法命令，并履行行动监督、控制和指导的职能，但不能行使指挥权。

7. 学生不能指挥空军学校或类似的组织。

8. 除非得到军法署长明确授权，或者作为一群战俘中军衔高的资深军官或在紧急的野战条件下，军法官才可以行使指挥权。

9. 除了来自其他军种部门拥有与美国空军机组成员相同的评级或资质的根据适当的军种间协定能够指挥综合飞行训练机构，飞行机构只能由担任现役飞行职务的空军机组成员指挥。

10. 例如空军基地飞行联队和大队的某些类型的组织，担负着包括控制或指导飞行活动职责的多重任务，被认为是非飞行单位，并且可以由非评级的军官进行指挥。

11. 只有超期服役的后备役部队军官才有权指挥正规空军部队。超期服役被定义为军官继续服现役（而非训练）90 日或更长的时间。空军部队指挥官或受委托者可授权没有超期服现役的后备役部队军官指挥根据空军部队指挥官授权行动的正规空军部队，虽然空军部队指挥官可以委托这一权力给航空航天远征联队指挥官。

12. 除非得到空军总部/后备役司令部的批准，服现役的军官和超期服役的后备役军官不能指挥空军后备役的组织机构。

13. 只有被指定为医疗、牙科、兽医、医疗服务或生物医学科学官的军官，或者指定为护士的军官才可指挥其主要使命涉及健康保健和健康专业的组织和机构。

14. 驻扎在一个军事设施，但被分配到其他的不负责运转那个设施的组织的军官不能凭借其资深而承担该设施的指挥职务。

15. 文职人员可以领导一个单位，担任监督的职务，并对部队的军人和其他的文职人员进行监管。他们不能担任军事指挥职务，也不能对单位内的军人行使指挥权。除非法律要求（如《美国统一军事司法典》），单位的文职领导有权履行通常要求各自部队指挥官行动的所有职能。当一名文职人员被指定领导一个单位时，该人将成为该单位的主任。由主任领导的部队不设指挥官，且该单位或下属单位的成员不可承担该单位的指挥权。然而，对于法律要求指挥官履行的职能，主管指挥机构可做出替代性安排，要么出于那些有限的目的而派遣军人到那个由主任领导的单位，或者在高于单位的指挥层次完成这些功能。由于该单位成员不能承担指挥权，所以，应提前指定个人履行平民领导的职责，以防他们无法履行这些职责。

16. 一名预提军官只有根据他或她长期正式担任的职级，而不是准备提升而未获正式任命的职级来接任或被任命承担指挥的指挥职责。同样，一名在指挥部工作的预提军官也受到他或她不能指挥另一个正式职级比他或她高的军官的限制。

（二）三星和四星将军规则

三星和四星将军可担任直接隶属于作战司令部司令的指挥部指挥官的职务。如果是一个根据《美国法典》第 10 编第 601 节的规定为重要的、责任重大的职务，经作战司令部司令的同意并按照国防部部长确定的程序，他可以被推荐给总统担任那项职务。另外，除非被上级主管当局解职，在指挥官岗位上的三星、四星将军必须继续担任那项指挥职务。这是因为根据《美国法典》第 10 编第 601 节的规定，只有在美国总统确定为特别重要职责的岗位上，他们才能保持他们的级别（见《空军指示》51-604 第 4.1 段）。

对于空军来讲，《美国法典》第 10 编第 8034 节规定了如果在任空军参谋长不在位或无法履行职责其职位的继任规则。如果空军参谋长不在位、无法履行职责或位置空缺，副参谋长应该履行其职责。如果副参谋长的位置空缺，或他不在位或无法履行职责，"除非总统另有指示，空军参谋部中在位的，能够履行相关职责，没有在履行相关职责方面受到限制的最资深的空军军官应当履行参谋长的职责"，直到一位正式的继任者被任命或参谋长返回工作岗位或恢复工作能力［见《美国法典》第 10 编第 8034（d）（2）节］。参谋长继任者只能是空军参谋部的军官，并且是根据其级别与军衔，而不是职位。被分配给空军部部长的军官不在继任者之列。"在履行职责方面受到限制"的军官包括本章前面部分提到的那些人。空军可以制定一个正式的继任计划，该计划（通过包括用语来限制被提名的军官履行参谋长的一些职责）可对继任空军参谋长职位的空军参谋部相关种类军官的能力进行限制。

（三）空军国民警卫队

在州的层面（见《美国法典》第 32 编），空军国民警卫队的指挥链始于州长，到副官长，再到下属部队指挥官。当根据第 10 编应召服联邦现役时，空军国民警卫队的机构和/或成员被编入美国空军国民警卫队和现有的联邦指挥链，以及归属合适的作战司令部。在超期服役期（90 日或更长的时间）内后备役军官可以对正常空军单位行使指挥权。正规军军官和超期服役的后备役军官需要特别批准才能指挥国民警卫队或后备役部队的组织机构。（见《空军任务指示》10）

（四）双重身份指挥官

国民警卫队双重身份指挥官：当《美国法典》第10编和第32编的国民警卫队同时运作时，一种特殊的指挥和控制关系会被建立。《美国法典》第32编第325节允许单个指挥官完成国民警卫队的要求，在服从国民警卫队某一部队指挥的同时，对国民警卫队和正规部队行使权力。总统必须授权这样兼任两种职务的服役形式，并且国民警卫队所在地区的州长（或哥伦比亚特区国民警卫军总司令）同意同时在两种职务状态中服役。一位国民警卫队双重身份指挥官在被命令根据《美国法典》第10编服现役时仍保留其在州国民警卫队的权能。因此，双重身份指挥官被授权通过单独的州和联邦指挥链，同时指挥《美国法典》第32编的国民警卫队和第10卷的联邦政府部队。

《美国法典》第10编下的双重身份指挥官：《美国法典》第32编第315节授权一位《美国法典》第10编下的军官由空军部部长向一个国民警卫队州部队作详细说明。这样，一位军官可以在国民警卫队中被任命。经总统许可，军官可以在不影响其军衔和不辞去其常规职责的情况下接受国民警卫队的职务。一旦处于双重身份，他便可以通过独立的州和联邦指挥链被任命同时指挥州国民警卫队和《美国法典》第10编下的联邦政府部队。

在建立一个双重职务状态的指挥权之前，必须先由州长和总统或其各自指定的人签署一份协议备忘录。协议备忘录应当由双方指挥链中的军法官准备，以确保双方的顾虑均能得到解决。双重身份指挥官同时接收联邦指挥链和州指挥链的命令。因此，双重身份指挥官是来自不同统治权的两条相区分的独立指挥链中的中间环节。尽管双重身份指挥官可以从两个指挥链接收命令，但该指挥官有责任以完全互斥的方式行使所有权力，即分别以联邦或州的身份行使权力，但绝不能同时以两种身份行使权力。

此外，委派或附加的权力不能构成双重状态。因此，指挥官应注意确保部队的任务能够互相区分。要做到这一点，最好的办法是确保第32编和第10编下的部队人员各自独立，特别是A-2，A-3和担任法律顾问的人员，以使不同的指挥链互相区分。双重身份指挥权的目的是通过协调行动来实现统一性。

十、北大西洋公约组织和联盟空中行动

正如下面一节将要详细论述的，各个国家派遣到北约的部队仅仅包括行动指挥和行动控制，北约对行动控制的定义更接近于美国对战术控制的定义。总统并未放弃对分派参加联盟空中行动的美国军队的指挥权。在个案的基础上，总统会考虑将适当的美军置于得到授权的联合国指挥官的行动控制之下。但是该指挥官不能改变美军的任务，或将美军部署到总统同意的责任区之外（见《联合出版物》1；《联合出版物》3-16）。在许多情况下，美国指挥官会负责多国部队的指挥。比如，在"盟军行动"中，联合部队空军部队指挥官扮演了三个角色：北约空军指挥官、联合部队空军部队指挥官和空军部队指挥官。在完成多国任务时，协同权和经授权的直接联络比传统的指挥权更重要。

（一）北约行动

《盟军行政出版物6》（AAP-6）是根据北约军事委员会的指示而编纂的北约专业术语表。编纂《盟军行政出版物6》的目的就在于使整个北约术语标准化。《盟军行政出版物6》是北约术语的权威参考。北约的成员国都同意使用AAP-6的术语和定义。（见《北约标准化协议》3860；《空军条令文件》1-2）

（二）北约术语

1. 全面指挥权：全面指挥权是一位上级军官向下属下达命令的军事权力和职责。它涵盖了军事行动和管理的所有方面。全面指挥只存在于国家军队军种内。北约指挥官对分派给他的部队没有全面指挥权。北约对各国所提供的部队只有行动指挥权或者行动控制权。（见APP-6）

2. 行动指挥权：这是赋予一个指挥官向下属指挥官分配任务或工作、部署部队、重新分配部队和保留或委托行使行动和/或战术控制权的权力。行动指挥权中不包括管理或后勤的职责。（见APP-6）北约的行动指挥权大致与美国的行动控制权相同。

3. 控制权：控制权是一个指挥官对下属组织或通常不隶属于他指挥的其他组织的部分活动所行使的权力，包括执行命令和指令的职责。全面或部分"控制权"可以被转让或者委托行使。（见APP-6）

4. 行动控制权：行动控制权是指委托给指挥官指导隶属部队以完成特定

使命或任务的权力（通常受到功能、时间、地点的限制），以及部署部队、保持或转让对那些部队的战术控制权的权力。它不包括向相关单位的部队分配不同使命的权力以及行政或后勤控制权。请注意：美国和北约的行动控制权不应混淆或互换。北约的行动控制权定义更类似于美国的战术控制权的定义。

5. 战术控制权：战术控制权是对调动或机动以完成受领的使命或任务的详细和通常是局部的指导和控制。（见 APP-6）

6. 行政控制权：行政控制权是指对下属或其他机构的有关行政事务（比如人事管理、供给、服务和不包括在下属或其他组织行动任务中的其他事务）的指导或行使的权力。（见 APP-6）

参考文献

1. Article Ⅱ § 2, U. S. Constitution.

2. 10 U. S. C. § 101, 101 (b) (7) and (8).

3. 10 U. S. C. § 161-165.

4. 10 U. S. C. § 601.

5. 10 U. S. C. § 750.

6. 10 U. S. C. § 777.

7. 10 U. S. C. § 889, 890, and 892 (UCMJ arts 89, 90, 92).

8. 10 U. S. C. § 3581.

9. 10 U. S. C. § 8013 (b).

10. 10 U. S. C. § 8034.

11. 10 U. S. C. § 8067.

12. 10 U. S. C. § 8579.

13. 10 U. S. C. § 8074.

14. 32 U. S. C § 315.

15. 32 U. S. C § 325.

16. 50 U. S. C. § 401.

17. White House Memorandum, Unified Command Plan, 6 April 2011 (S).

18. DoDD 5100. 1, Functions of the Department of Defense and Its Major Components, 21 December 2010.

19. JP 1, Doctrine for the Armed Forces of the United States, 2 May 2007, Incorporating Change 1 (20 March 2009).

20. JP 1-02, DoD Dictionary of Military and Associated Terms, 8 November 2010 (as amen-

ded through 15 May 2011）.

21. JP 3-0, Joint Operations, 17 September 2006（including change 2, 22 March 2010）.

22. JP 3-16, Multinational Operations, 7 March 2007.

23. JP 3-30, Command and Control for Joint Air Operations, 12 June 2010.

24. AFDD 1, Air Force Basic Doctrine, 14 November 2011.

25. AFDD 6-0, Command and Control, 1 June 2007.

26. AFDD 3-27, Homeland Operations, 23 April 2013.

27. AFI 33-328, Administrative Orders, 16 January 2007.

28. AFI 38-101, Air Force Organization, 16 March 2011.

29. AFI 51-604, Appointment to and Assumption of Command, 4 April 2006.

30. AFMD 10, Organization and Functions of National Guard Bureau, 30 December 2001.

31. NATO Standardization Agreement（STANAG）3860.

32. Allied Administrative Publication 6, NATO Glossary of Terms and Definitions, 2010.

第十四章 情报活动

一、背景

"情报活动"是指根据美国情报活动的行政命令第 12333 号《美国情报活动》授权美国国防部情报部门进行的所有活动。空军拥有大量情报能力，旨在为指挥官和国家领导人提供有关外国国民、敌对或潜在敌对势力、实际或潜在作战领域的信息。这是一项专门任务，是由专门机构实施的、需要严格控制和监督的战术、技术和程序。

但是，在美国的某些历史时期，某些情报功能的使用方式侵犯了美国公民的宪法权利。[1]因此，一个由法律、行政命令和机构规章所组成的监督制度被落实，以确保情报活动的正确使用和监督。在空军中，以下法律法规为这种监督制度奠定了基础：行政命令第 12333 号；国防部发第 5240.1-R 号《涉及美国公民利益的美国国防部情报机构的活动》；空军第 14-104 号指示《情报活动监督》；而对于空军国民警卫队成员，则是空军国民警卫队第14-101 号指示《国民警卫队检查员一般情报监督程序》。

本章的目的是使法律专业人员能够识别与情报活动有关的潜在法律问题并提供建议。为此，首先需要对空军情报组织和职责有基本的了解。在基本理解的基础之上，大多数涉及情报活动的法律问题可以归结为四步分析：①这是一项涉及情报收集、扣留或传播的活动吗？②情报收集是否由情报界的成员进行？③是否存在批准该行动的任务？④单位/个人是否有权参与行动？

---

〔1〕 参见美国参议院于 1976 年 4 月 26 日第 94 届国会第 2 次会议所作的《研究与情报活动有关的政府运作的特设委员会的最终报告》，即"教会委员会报告"。

二、建立对空军情报组织和职责的基本理解

除空军第 14-104 号指示以外，其他可以用来帮助专业法律人员了解空军情报组织和职责的重要来源是空军第 14-202 号指示第 3 卷《一般情报规则》和空军第 15 号任务指令《空军情报、监视和侦察部队》。

注意： 人员还必须了解军法参谋或负责实施空军第 14 段至第 104 号指示第 4.11.1 段至第 4.11.6 段中包含的情报活动的单位的法律顾问的具体职责。其中包括获得适当的许可来就情报活动事项提供建议，了解这些单位执行的特定任务，了解国防部第 5240.1-R 号指示所要求的法律责任以及了解国防部第 5240.1-R 号指示的规定如何与国防部的任务相关。

三、开展情报搜集活动的四步过程

1. 被提议的收集活动是不是一项情报活动？所有的军事单位在日常行动过程中都会收集各种类型的数据。明确在何种情况下收集数据行为构成情报搜集是分析任何潜在的情报法律问题的第一步。如果所收集的数据不是情报，则将对它们的收集、保留和传播适用不同的法律法规。此外，还应特别注意明确该收集行为是否有可能构成对一位美国人的情报搜集。

所收集的数据是否构成"情报"？国防部将情报定义为"通过收集、处理、整合、评估、分析和解释与外国、敌对或潜在敌对势力或要素、实际或潜在作战领域有关的可用信息得出的产物"。[1] 这里的关键是情报是一种产物。在情报机构人员（包括执行情报活动的非情报成员）将其处理成可理解的形式之前，不得将其视为情报。因此，尚未归因于美国人和/或以可理解形式出现的原始电子数据不被视为"情报"，并且可以保留下来，直到将其被处理成可理解的形式。

在确定信息是否为情报的过程中经常遇到困惑的方面是开源情报领域。情报部门的成员在履行职责过程中收集的，或者是为任何情报目的而收集到的美国人的公开信息（无论是在公共记录数据库中还是在互联网等其他公共资源中），将仍被视为情报。作为情报任务的一部分而收集到的开源信息必须

---

〔1〕《联合出版物》1-02，《国防部军事及相关术语词典》，2010 年 11 月 8 日（于 2012 年 4 月 15 日修订）。

符合情报监督的规定。这与一名军士长看着一名飞行员可公开访问的脸书页面，担心他可能正在考虑自杀是不同的。

该情报活动的开展对象是否为美国人？在情报领域，一个美国人是：①美国公民；②国防部情报部门已知为永久居民的外国人；③主要由美国公民或永久外国居民组成的非法人组织；④或在美国注册成立的公司，由外国政府主导或控制的公司除外。

如果确定一项情报活动是或可能包括针对美国人的搜集，则必须按照国防部 5240.1-R 号指示中确立的程序进行信息搜集。这些程序规定在可以收集的信息类型和收集信息的方式上都非常详细。正确收集信息后，国防部第 5240.1-R 号指示会确定保留和传播美国人信息的程序。这些法律和政策的限制旨在平衡美国政府保护个人权利的义务与收集外国情报或反情报以确保国家安全的重要职责。

如果收集是在美国境外进行的，并且个人身份不明，那么一般可以假定该个体不是美国人直到获得相反的具体信息为止。如果收集是在美国境内进行的，则应假定该个体是美国人，直到获得相反的信息为止。

2. 谁在做收集活动？在本章中，获取情报的人员和单位分为两类：空军情报部门的成员（在执行反情报时包括空军特别调查办公室）和其他人员。

空军情报部门：空军情报部门的组成部分包括"由空军总参谋长，情报、监视和侦察部队，空军特别调查办公室的反情报部门，空军情报分析局以及其他组织、人员和办公室组织的，适用行政命令第 12333 号对外国情报或反情报活动开展的所有人员和活动"。[1]

空军情报部门和人员通过向从国家级到单位级决策者的不同客户群提供信息和服务，来支持战略、作战和战术行动。空军情报已集中到情报、监视和侦察任务中，并由各级指挥部门完成，从在全球约 70 个地点拥有近 20 000 名人员的空军情报、监视和侦察局（AFISRA），到一级司令部 A2 和航空航天行动中心，再到飞行中队情报部门。每个分配了情报人员的单位都将有一个高级情报官（SIO），为组织中的情报功能和行动负责。

空军情报部门包括所有空军情报单位及其人员，和被指派从事情报相关职责和活动或非情报单位人员。这之中包括现役、预备役、处于第 10 卷或第

---

〔1〕《空军指示》14-104，"情报活动监督"，2007 年 4 月 16 日，附件 1。

32 卷下的空军国民警卫队人员、平民和承包商。情报部门的所有人员都必须遵守前述涉及情报活动的法律法规，并接受情报监管。

其他获得情报的空军单位和人员：除空军情报部门的成员外，对于被指派了情报任务或以附加任务的形式接触情报工作的其他部门单位和成员，《空军指示》14-101 及其上级条款同样适用。可适用性由一级司令部/业务局的高级情报官判断。

由非情报人员或设备获取的，或出于非情报目的获取的关于美国人的信息不被认为是情报，如由安保力量或空军特别调查办公室出于执法目的收集的美国人的信息。非情报性质的关于美国人的信息仍然需要遵守联邦法律，以及国防部关于情报收集、扣留和传播的规定，包括《隐私法案》《国防部指令》第 5400.11-R、国防部隐私计划和《国防部指令》第 5200.27，即 "关于非国防部相关人员和机构信息的获取"。

3. 该单位是否被指派了需要进行情报收集的任务？意欲进行情报收集的单位必须是被指派了有必要收集情报的任务的。

不论是针对美国人还是外国人的情报活动，都必须与单位被指派的任务直接相关。对于大多数涉及情报收集的空军单位，收集的必须是 "关于别国的；关于敌对的、可能敌对的势力或因素的；关于确切的或潜在的行动区域的信息"。[1] 在极少数情况下，这也会涉及境内的情报收集，如当空军特别调查办公室授权了反情报任务时，可以按照《国防部指令》5240.1-R 之程序，收集针对美国人的情报信息。又如一飞行单位被临时指派了授权的为民政当局提供防卫支持任务，以支援救灾行动。此时，可能需要获取国内的影像信息来支持这一任务。

总的来说，国防部的下属部门可以收集必要的信息以完成下列防卫任务：保护国防部的运作和资产，人员安全调查，以及与内乱相关的行动。法务人员要认真考虑相关单位的任务是否确实需要预期的情报收集。

4. 该单位是否具有收集情报的权限？情报收集活动的申请中的最后一个问题与申请单位是否具有特定的法定权限有关。

情报收集是 "授权驱使" 的，必须获得特定的授权才能进行情报收集。这与很多其他军事功能不同，它并不包括在指挥官的权力范围之内。这些权

---

〔1〕《联合出版物》1-02，《美国国防部军事及相关术语词典》中关于 "情报" 的定义。

力划分往往会在指挥官的军事活动任务指令中，或在《行政命令》第 12333
中被罗列出来。后者规定了情报部门中不同成员被授权执行的功能。《国防部
指令》第 5240.01 指令"美国国防部情报机构活动"囊括了《行政命
令》12333。

情报机关主要被包含在《美国法典》中的两编：第 10 编和第 50 编。其
中，第 10 编名为"武装力量"，第 50 编名为"战争和国防"，它们是对联邦
法律中指导国防部活动的部分的补充。发生于进行中的军事活动中的情报收
集往往归于第 10 编下的情报活动；而在现行军事活动外的、针对国外情报的
情报收集往往归于第 50 编。

在军事活动期间进行的情报收集通常由指导该任务的执行命令授权。被
指派的指挥官可以利用其指挥下的任何情报资产来推进执行命令中指派的任
务，除非情报资产的使用被上级指挥部或其他法律禁止。此外，国防部第
5240.1-R 号指令中关于美国人的监管程序必须得到遵守。

在军事活动之外进行的情报收集在《美国法典》第 50 编中规定的一系列
常务机关下执行。这些机关受到与情报机构和情报领域相关的指令和法规的
约束。法务人员需要明白的是，情报收集人员必须能够清晰地指出他们是在
哪个机关下进行情报收集的。

同时，法务人员也要明白，情报机关在特定紧急情况下可以与执法部门
共享情报。根据国防部第 5240.1-R 号指令中的第 C12.2.2 段，如果有理由认
为偶然获得的信息表明了违法行为，国防部的情报机关可以提供这些信息。
此外，在取得了必要授权的情况下，也可以提供情报人员和装备以协助联邦
或各州的执法部门。若时间允许，法务人员应当与上级指挥部的法律办公室
协调这一信息共享。

四、上报有疑点的或涉及高度敏感问题的情报活动

空军各单位和人员必须立即上报有疑点的情报活动，即所有与违反了法
律、执行命令或总统令、适用的国防部政策法规、《空军指示》和/或任何其
他空军规范或政策文件的情报活动的组成部分或相关行为。对有疑点的情报
活动的上报最好通过指挥链进行，不过，也可以直接向空军法律总顾问、空
军督察长、国防部部长办公室或国防部部长情报监督助理上报。关于上报条
目和提交流程，参见国防部《指令型备忘录》08-052；国防部关于上报有疑

点的或涉及高度敏感问题的情报活动的指南附件 2。

参考文献

1. 10 U. S. C. § 162, Combatant commands: assigned forces; chain of command.

2. 10 U. S. C. § 164, Commanders of combatant commands: assignment; powers and duties.

3. 10 U. S. C. § 8013, Secretary of the Air Force.

4. 50 U. S. C. § 403-5, Responsibilities of Secretary of Defense pertaining to National Intelligence Program.

5. Executive Order 12333, United States Intelligence Activities, as amended by Executive Orders 13284 (2003), 13355 (2004) and 13470 (2008).

6. DoDD 5240. 01, DoD Intelligence Activities, 27 August 2007.

7. DoD 5240. 1-R, Activities of DoD Intelligence Components That Affect United States Persons, 1 December 1982.

8. DoDD 5200. 27, Acquisition of Information Concerning Persons and Organizations Not Affiliated with the Department of Defense, 7 January 1980.

9. DTM 08-052, DoD Guidance for Reporting Questionable Intelligence Activities or Highly Sensitive Matters, 17 June 2009.

10. AFDD 2-0, Global Integrated Intelligence, Surveillance & Reconnaissance Operations, 6 January 2012.

11. AFI 14-104, Oversight of Intelligence Activities, 12 April 2012.

12. AFI 14-202v3, General Intelligence Rules, 10 March 2008.

13. AFI 14-119, Intelligence Support to Force Protection, 4 May 2012 Air Force Mission Directive 15, Air Force Intelligence, Surveillance, and Reconnaissance Agency (AF ISR Agency), 27 January 2009.

14. Office of the Director of National Intelligence, Intelligence Community Legal Reference Book 2012, available at http://www. dni. gov/index. php/about/organization/office-of-general-counsel-who-we-are (more specifically, http://www. dni. gov/files/documents/IC_ Legal_ Ref_ 2012. pdf).

第十五章 | 交战规则

一、背景

《联合出版物》1-02 将交战规则定义为"由军事主管当局签发的，规定了美国军队与其所遭遇的其他武装力量将要开始和/或继续进行战斗的条件和限制的指令"。

《北约交战规则》给出了一个类似的却更详尽的定义：交战规则是下达给军部（包括个人）的，规定可以或不可以运用部队，或者采取或不采取可以被解释为挑衅性的行动的条件、程序和方式的指令。交战规则不用于分配任务或下达战术指示（见《北约交战规则》）。

交战规则是一个国家对其军事力量施加的限制，以规定军事力量何时、何地、如何和为何要完成某一任务，以及在某些情况下，指挥官及其所属部队对何者使用武力。每个国家都基于对国内法和国际法、国家政策利益、军事目标和实力的解读来向其军事人员颁布交战规则。

"交战规则"一词经常非正式地被用来表示与使用武力无关的程序和过程的命令指导，比如在某行动中心对情况简介幻灯片的内容和颜色的要求或者对制作咖啡的指导。然而，对于军法官来说非常重要的是应意识到某些未冠以"交战规则"名称的文件也会包含一些涉及武力使用的指令。军法官应当审查适用于某一特定行动的所有指导，了解其中直接或间接影响武力使用的规定，同时在他们与他人交流时谨慎使用这一术语。

二、交战规则的目的

作为一个理论框架，交战规则代表着政治、军事、法律目的的交织。

（一）政治目的

《联合出版物》5-00.2写道："交战规则是政府政治意愿的反映。没有美国民众及他们所选举的代表的支持，任务是不可能完全成功的。"交战规则确保了国家政策及目标在战场上指挥官的行动中得到反映，尤其是当与上级机关沟通困难或者不可能的时候。总统以及国防部部长通过交战规则向军事单位提供使用武力的指导。为了促进国家政治和外交利益，交战规则可能会限制攻击某些目标或者使用特定武器，以免引起与敌人不必要的对抗，避免公众舆论支持的减少，或者造成基础设施的毁损，否则将使冲突后的重建变得更为困难。

影响交战规则的政治考虑还有一个国际纬度。国际外交关系以及公众舆论都对美国国家战略、政策有所影响。在多国军事联盟内，每个国家的军事力量都必须在其国内政治和法律框架内，并根据其对国际法律承诺的理解行动。令这一复杂情况更为错综复杂的是与行动所在的或提供支持的东道国的关系。这些国际问题一起塑造美国的军事战略和政策，并影响美国的交战规则。

（二）军事目的

在满足政治需要之外，交战规则还协助指挥官完成受领的任务。《联合出版物》5-00.2规定："制定合理的交战规则可以通过确保兵力仅以与总体军事目标相一致的方式被用来帮助完成任务。它们必须执行固有的自卫权并支持任务的完成。交战规则可以帮助指挥官在实现预期的战略势态之前防止敌对行动的无意开始，在敌对期间考虑节俭兵力，保护可能在冲突后期对于后勤补给十分重要的敌方基础设施免受摧毁。"

交战规则还可在从平时向作战行动转换期间或在一个十分模糊的行动环境作为一个控制机制。交战规则通过对行动的限制以确保友军不过分扩张或在还未准备好应对的情况下，不明智地引发局势升级。交战规则确保所有下属部队在任务的政治授权范围内行动，并指导其与平民交往中纪律严明。交战规则还建立起积极的控制以避免自相残杀。

（三）法律目的

交战规则根据国内法和国际法对部队的行动加以限制。由于交战规则是美国给自己制定的规则，因此它们是确保美国所有的部队严格遵守武装冲突法的主要手段。然而，交战规则却没有武装冲突法那么全面，限制性交战规则的缺失也不能成为违反武装冲突法的借口。任务授权的政策限制、对同盟凝聚力的顾虑，或政治需要比武装冲突法对指挥官产生更大的限制。

指挥官定期发布交战规则来强化对武装冲突法原则的遵守，如禁止摧毁宗教或文化财产，或者将对平民及其财产的损害降到最低。这样的交战规则为协助指挥官履行武装冲突法规定的"预防和阻止违反"武装冲突法的义务提供了重要的机制。

三、交战规则的来源

（一）现行交战规则

《参谋长联席会议主席指令》3121.01B 规定，"美军现行交战规则/使用武力规则"是在对美国军事攻击和所有在美国领土之外的军事行动、应急行动、恐怖袭击等不是纯粹属于执法和安全性质的行动期间，适用于所有美国军队的基本的交战规则文件。除非总统或者国防部部长另有批示，美军颁布的所有交战规则都必须与"美军现行交战规则/使用武力规则"一致。对此文件的内容在下一节有详细的讨论。

（二）北约交战规则（MC 362，附件 1）

这是参加"北约/北约领导的军事行动"的所有部队的基本交战规则文件。

（三）任务特定交战规则

为某一特定任务而专门量身定制的交战规则几乎总是作为附件包括在行动计划或行动命令中。包含在行动计划或行动命令中的交战规则可以通过重新颁布整个文件、发布对文件的定期修订，或由上级机关发布临时更改信息等方式进行修改。

（四）其他限制使用武力的文件

除交战规则之外，军法官必须了解可能重新发布、补充和/或进一步说明交战规则的其他文件。

《特殊指令》是联合或联军空军部队指挥官通过联合或联军空中行动中心定期发布的，通常有多个部分涉及武力的使用。《特殊指令》是联合空中行动中心作战计划处基于中心所有功能组提供的信息而定期发布的。大部分的《特殊指令》中都有交战规则一节，包括一份可适用的交战规则的相关规定，联合空军部队指挥官认为有必要对于上级指挥部下达的复杂的交战规则的补充说明，以及空军部队运用武力指导原则。需要仔细研究的其他章节包括"搜救"章节，该章节包含了类似交战原则的有关战斗搜救行动的指导原则。而"通信"一节可能含有在缺乏特定通信能力（比如联合空中行动中心、机载预警和控制系统飞机、联合终端攻击控制器）时对使用武力的限制。

一些联合部队空军部队指挥官可能下达单独的通信计划，而不是将其包括在《特殊指令》中，该计划通常包含一个涉及机载和地面的通信程序的指挥和控制部分。这部分可能包含涉及积极控制近距离空中支援或空对空任务的规定。

由联合空中行动中心的空域管理组制定并定期发布的空域控制命令可能包含类似交战规则之类的规定，例如，对机组人员何时可以打开主武器开关或者他们在何地可以抛弃燃料箱和弹药加以限制。由联合空中行动中心作战计划处制定的每日空中任务分配命令可能包含最新的、机身特定的或者单个目标特定的交战规则限制，其通常被引用在封面页或者每日空中任务分配命令标题上。这些可包含基于新情报或者紧急的对空威胁的限制。

四、制定交战规则的源文件

下述文件可被用作制定特定任务交战规则的来源：

1. 联合国文件；

2. 联合国安理会决议；

3. 联合国秘书长具体任务职责范围；

4. 联合国部队指挥官规章；

5. 特派团地位协定（SOMA）/联合国特派团地位协定模板；

6. 联合国维持和平行动交战规则制定指南（见 1 U. N. Doc. MD/FGS/0220. 001，2002 年 5 月）。

（一）北约文件

1. 北大西洋理事会决议；

2. 北约军事委员会计划要素或指南。

（二）其他来源

1.《部队地位协定》，基础设施或设备协定、共同防御合作协定（如对飞行数量和种类的限制）；

2. 东道国国内法和条约义务（比如《渥太华公约》）；

3. 美国国内法或条约义务。

五、美国一般交战规则

《美军一般交战规则/使用武力规则》是运用美国军事力量的关键文件。自 2005 年起，"使用武力规则"已经与"一般交战规则"合并为一个单一的指令，成为适用于美军在全世界使用武力的根本性原则。

（一）《美军一般交战规则/使用武力规则》的结构

当前的《美军一般交战规则/使用武力规则》基本指导（第 1~4 页）和它的一些附件不是保密的，包括基本的交战规则（附件 A）和使用武力规则（附件 L）原则。附件 A 和 L 的内容不包括保密信息，因此允许在美军内广泛传播，并与盟国和联盟伙伴分享。许多保密的附录对附件 A 和 L 进行了补充，而其他附件涉及特定任务领域。

1. 美军现行交战规则

附录 A——自卫政策和程序

2. 海上行动

附录 A——在海上保护美国国民及其财产

附录 B——在海上救援美国政府财产

附录 C——美国军队控制下的外国公民保护与处置

3. 空中行动

4. 陆上行动

5. 太空行动

6. 信息作战

7. 非战斗员撤离行动

8. 美国国土外的反毒品支援行动

9. 补充措施

附录 A——总体补充措施

附录 B——海上行动补充措施

附录 C——空中行动补充措施

附录 D——陆地行动补充措施

附录 E——太空行动补充措施

附录 F——文电格式及范例

10. 交战规则程序

11. 交战规则参考

12. 现行美国军队使用武力规则

13. 美国境内海上行动

14. 美国境内陆上紧急及与安全相关行动

15. 美国境内反毒品支援行动

16. 使用武力规则文电处理

17. 使用武力规则参考

六、"一般交战规则"包含的原则

（一）适用性

"一般交战规则"适用于所有"发生在美国领土……和领海以外的军事行动和应急行动，和军种部履行日常职能的行动"，以及在美国领土和领海内的"空中和海上国土防御任务"（见《美军一般交战规则/使用武力规则》第 3a 段）。"一般使用武力规则"适用于"在美国领土或美国领海内的国防部民事支援……以及军种部履行日常职能的行动"，以及"美国领土内的陆上国土防御任务"（见《美军一般交战规则/使用武力规则》第 3b 段）。"一般使用武力规则"也适用于"在所有美国领土内外的国防部设施内（或在履行官方的国防部安全职能时在设施以外）履行执法和安全职责的国防部部队、平民和承包商，除非国防部部长另有指示"（见《美军一般交战规则/使用武力规则》第 3b 段）。

（二）职责

国防部部长批准一般交战规则，以及美军的其他任何交战规则，并为主要行动和特定类型的任务授权补充措施。参谋长联席会议作战部（J-3）负责保管和分发现行交战规则。作战司令官能够颁布战区特定和行动特定的交战规则（根据要求需经国防部部长批准），授权一些特定的补充措施和确保现行交战规则得到下属单位的执行。在各个层级上的指挥官必须确保他们发布的任何任务的交战规则必须符合上级指挥官下达的《美军一般交战规则/使用武力规则》、武装冲突法和可适用的国际和国内法。

（三）解释

一般交战规则是宽泛的，这意味着除非国防部部长另有指示，否则指挥官可以使用"任何可以得到的合法的武器或战术来完成任务"（见《美军一般交战规则/使用武力规则》第 6 段）。但是，现行使用武力规则并不宽泛，要求任何武器或战术的使用必须得到国防部部长的批准。

（四）多国行动

当美国部队处于一支多国部队的行动或战术控制下时，如果国防部部长指示，则美国部队根据多国部队交战规则行动以完成任务。（见《美军一般交战规则/使用武力规则》附件 A 第 1f 段）除非国防部部长另有指示，美国军队总是根据一般交战规则所规定的自卫交战规则行动。当与多国部队共同行动，但处在美国行动或战术控制下时，美国部队应试图制定与其他部队共同的交战规则。如果不可能，美国部队将通知多国部队它将根据现行交战规则行动。只有总统或国防部部长可以授权美国军队参加多国或联盟部队、平民和财产的集体自卫。（见《美军一般交战规则/使用武力规则》附件 A 第 3c 段）

（五）自卫

自卫是现行交战规则中的一个基本概念："这些规则不限制指挥官固有的使用一切必要手段和采取一切适当的行动对指挥官的单位和附近的其他美国部队进行自卫的权利和义务。"（见《美军一般交战规则/使用武力规则》附件 A 和 L）

（六）自卫的固有权利和义务

部队指挥官总是保留进行自卫的固有权利和义务，以应对一个敌对行动或已经表现出的敌对意图。除非部队指挥官另有指示，军人可以进行个人自卫。为了在根据命令进行的自卫与单独部队的安全上达到平衡，《美军一般交战规则/使用武力规则》所规定的指挥官的部队自卫的权利义务包括不限制采取一切手段的或没有遵守"美军现行交战规则/使用武力规则"的个人自卫。（见《美军一般交战规则/使用武力规则》附件 A 第 3a 段）

（七）国家自卫

"一般交战规则"将国家自卫定义为对美国、美国军队，以及在一些情况下，对美国国民、财产以及商业利益的保护。（《美军一般交战规则/使用武力规则》附件 A 第 3b 段）

（八）集体自卫

如果总统或者国防部长授权，美国军队可以使用武力来保护指定的非

美国人或财产免受敌对行动或已经显示出的敌对意图的威胁。（见《美军一般交战规则/使用武力规则》附件 A 第 3c 段）

（九）自卫的要素

自卫中使用武力必须是必要且成比例的。

1. 必要性：军事必要性的要求在"现行交战规则"中表述为对美国部队或其他指定人员或财产实施的敌对行为或显示出敌对意图。[见《美军一般交战规则/使用武力规则》附件 A 第 4a（2）段]

2. 比例性：在自卫中，美国部队只能使用决定性的反击敌对行为或显示出的敌对意图，并确保美国部队或其他指定人员和财产持续安全所必要的武力。[见《美军一般交战规则/使用武力规则》附件 A 第 4a（3）段]基于指挥员当时掌握的所有事实，相对于威胁来说，所使用武力的强度、持续时间和数量必须是合理的。

（十）交战规则中的常用术语

1. 敌对行动：针对美国军队、指定人员和财产的，或者试图阻碍美国军队完成任务所使用的武力。（见《美军一般交战规则/使用武力规则》附件 A 第 3e 段）

2. 敌对意图："对美国、美国军队或其他指定的人员或财产即将使用武力的威胁。"（见《美军一般交战规则/使用武力规则》附件 A 第 3f 段）追击：美国部队可以"追击实施了敌对行动或显示出敌意的部队并与之作战"，只要那些部队继续进行那样的行为。（见《美军一般交战规则/使用武力规则》附件 A 第 4b 段）

3. 即将使用武力："美军现行交战规则/使用武力规则"规定，对武力威胁迫切性的判断"将基于对当时美国军队所了解的所有事实和情形的评估，并可以在任何层级作出"。（见《美军一般交战规则/使用武力规则》附件 A 第 3g 段）《美军一般交战规则/使用武力规则》还表明了美国的政策，"即将的并不一定意味着立刻的或者即刻的"。

4. 被宣布的敌对力量：总统、国防部部长或者其指定者可以宣布部队、组织和个人是敌对的。美国军队可遵照交战规则，而不是自卫交战规则，积极与被识别的被宣布为敌对的力量交战以完成任务。行动或任务特定交战规则详细规定了谁、何时、何地以及如何与被宣布的敌对力量交战。有关宣布敌对力量的政策和程序的更多信息可参见《美军一般交战规则/使用武力规则》附件 A 附录 A 第 3 段。

七、多国考虑

并不是所有国家都以与美国相同的方式使用交战规则，有些国家甚至根本不依据交战规则行动。为联盟行动制定或实施交战规则的美国指挥官和军法官在所有的行动筹划和训练中都必须考虑到这些区别，以确保至少对影响每个参与国或组织使用武力的规则有共同的理解。更多的相关信息参见第 19 章"多国空中行动"。

八、功能附件

除了不保密的和保密部分提供一般的自卫和适用性指导外，一般交战规则还包含一些功能附件，如下所示。

（一）补充措施（附件 I）

除了基本的和功能性的一般交战规则，指挥官或因特定任务得到附加的授权或受到更多的限制。特定的任务，可能需要额外的授权或者限制。为了使对补充交战规则的请求标准化，一般交战规则对指挥官最有可能要求的补充措施进行了提前编号并给出了格式。与其他一般交战规则一样，补充交战规则旨在完成任务的目的而限制或授予权力，不是为了限制一名指挥官的固有的自卫权利和义务。最后，它们还可以使下级指挥官能够请求额外的措施或澄清。

（二）交战规则过程（附件 J）

《美军一般交战规则/使用武力规则》附件 J 讨论了交战规则过程，包括把交战规则制定与颁布纳入行动计划过程，以及起草和登记分类执行补充交战规则的要求。没有特别要求总统、国防部部长或作战司令官批准的预先确定的补充措施可以被纳入根据《美军一般交战规则/使用武力规则》而颁布的作战司令部或行动特定的交战规则。附件 J 第 2a（4）段指出军法参谋与行动和计划人员一起在"制定交战规则并将其纳入行动计划"中发挥着"显著作用"。

（三）交战规则参考（附件 K）

这个部分包括了一个与交战规则程序相关的参谋长联席会议主席、联合以及国防部的出版物的摘要。

（四）一般使用武力规则及使用武力规则过程（附件 L-P）

一般使用武力规则在《美军一般交战规则/使用武力规则》（附件 L）中得到总体的界定，而涉及海、陆和反毒品行动的进一步详细规定则分别在附件 M 至 O 中。附件 Q 列出了使用武力规则参考。

九、空中行动作战规则筹划的基本原则

好的交战规则只能是通过持续地起草、重新起草、协调和筹划制定出来的。在筹划制定过程中遵守一些交战规则的基本原则有助于确保一个高质量的产品。

（一）交战规则小组

指挥官应当在筹划军事行动时尽早建立起一个交战规则小组。在联合筹划中，可以在任何层级建立一个交战规则小组（比如作战司令部、联合特遣队司令部、联合空中行动中心）。交战规则小组制定和完善完成联合筹划小组建议的行动方案所需要的交战规则。小组起草和传递交战规则要求，以获得上级批准和向隶属部队下达交战规则授权。交战规则小组一般由来自 J-3（行动-联合空中行动中心作战行动处）或 J-5（计划-联合空中行动中心作战计划处）的代表主持，由一名军法官担任主要助手。

（二）作为一个过程的交战规则

交战规则的制定和执行过程需要持续的审查和修订。最根本的是，交战规则必须直接支持指挥官的行动方案的实施，并且成为所有计划（从国家政策到作战司令官的战区行动计划，直到单独的任务计划）的有机组成部分。

十、交战规则控制、传达和培训

（一）交战规则控制

发布的交战规则的每个层级的司令部都必须有一个交战规则质量控制的综合系统。指挥官及其工作人员必须不间断地分析交战规则，并提出修改建议，以满足不断变化的行动参数。交战规则过程必须预估作战环境的变化并修改补充措施支持受领任务的完成。必须确定好方法以保证整个部队只遵守最新的交战规则系列。为此，参谋人员应该将所有的补充交战规则的需求和

应答予以分类，跟踪交战规则传播信息和监控交战规则的培训项目。［见《美军一般交战规则/使用武力规则》附件 J 第 2b 段（10）］

"确认批准的交战规则和建议的修订案是各级指挥机构的责任，从飞行部队到联合特遣队司令部，但联合空中行动中心是空军部队中这一活动的枢纽。服务于联合空战中心法律参谋处的军法官应与在指挥部上级和下级的军法官协调有关交战规则传播的事宜。在联合空中行动中心，军法官能够接触到空军部队领导和中心各部门的工作人员。另外，联合空中行动中心还有来自空军单位、其他军种单位、盟军和联盟部队的联络官。这些联络官是来自执行任务的整个频谱的各个部队对交战规则反馈的宝贵来源。陆军战场协调分遣队、海军和两栖联络分队和海军陆战队联络官是了解空军交战规则与其他联合部队指挥官的交战规则协调性的最佳来源。"

（二）交战规则传达

现行交战规则包含如何将交战规则传达给下属，以及把现行规则融入日常行动的建议。每个指挥层次都有义务向下属单位、来自其他司令部和部队的支援单位，如适当也可向联盟伙伴，传达基本的交战规则、交战规则的变化和其他指导原则。任务特定交战规则将由联合部队指挥官或地理区域作战司令官颁布。在空军部队中，联合部队空军部队指挥官会下达特别指令，以便强调交战规则中的相关部分，并做进一步的澄清和补充说明。联合空中行动中心会代表联合部队空军部队指挥官定期通过文电往来和电子邮件把交战规则的变化"推向"下属单位，同时也允许下属单位从联合空中行动中心网址上"寻找"指导方针。

（三）交战规则培训

在空军部队中，培训是由联合空中行动中心通过各种各样的方法不断进行的，包括实战训练、记录的简报和网站。此外，行动单位进行有关基础交战规则和特别指令的训练，重点放在对部队相关的武器系统、战术和任务的指导上。基层的军法官协助作战中队和分遣队进行交战规则的培训并处理问题，并且在需要时可借鉴在联合空中行动中心的军法官和其他人员的经验。

参考文献

1. CJCSI 3121. 01B, Standing Rules of Engagement/Standing Rules for the Use of Force for U. S. Forces, 13 June 2005 (S).

2. MC 362/1, NATO Rules of Engagement, 2003 (NATO RESTRICTED).

3. JP 1-02, Dictionary of Military and Associated Terms, as amended through 17 March 2009 (U).

4. AFDD 2, Operations andOrganization , 3 April 2007 (U).

5. JP 5-00.2, Joint Task Force Planning Guidance and Procedures, 13 January 1999 (U).

6. DODD 2000.1, Procedures for Handling Requests for Political Asylum and Temporary Refuge, 3 March 1972 (U).

7. AJP-01 (C), Allied Joint Operations Doctrine, 21 March 2007.

第十六章 确定目标和武器

一、背景

确定目标是一个筛选目标和按其重要性进行排序，然后根据行动要求和能力，针对那些目标采取相应的行动，以便为实现行动目的而创造特定的预期效果的过程（见《空军条令文件》3-60）。

确定目标是国家战略和航空、航天和网络空间力量的战术运用的关键联系。战略使计划者和指挥官能够选择最好的方式来达到所期待的结果，并将这些纳入计划、指导方针和目标，并通过确定目标和空中任务分配过程来给特定的航空航天资源分配任务。特别是确定目标通过利用现有的武器系统来实现预期的效果和结果，从而帮助把战略转变为针对整个作战空间的目标的明确行动（见《空军条令文件》3-60）。

确定目标是一项指挥职能，而且从本质上是联合的。它要求指挥官监督并亲自参与以保证适当的执行。它不是某一专业或部门的专属领地，比如情报或作战，而是将联合部队不同学科的专业技能融合起来（见《空军条令文件》3-60）。

在冲突的从战略到战术的各个层面都存在"目标的确定"，并且它不仅限于空中力量的领域，而是整合了联合军事力量的全频谱能力，以达成指挥官的目标。另外，确定目标的过程也非常灵活，足以解决从范围有限、反应快速的战术行动到范围广阔的跨战区战役的所有问题。在空军中，重点在于协助指挥官有效及合法地运用航空、太空和信息资源以实现联合部队和国家的目标（见《空军条令文件》3-60）。

确定武器是确定目标过程的一个方面，是评估对给定目标造成特定程度的毁伤所需武器的数量和种类（见《空军手册》14-210 第 6 章第 6.1 段）。

二、确定目标中需考虑的法律因素

武装冲突法和其他的法律因素，例如交战规则，直接影响着确定目标的各个阶段和选定目标的最终决定。参与确定的人们应当对这些法律因素有充分的理解，并能够在确定目标的过程中加以应用。对于武装冲突法的一般原则，参见第 2 章"武装冲突法"。

三、确定空中目标的原则

航空目标的确定需要遵照四个基本原则：

1. 针对一个目标使用武力必须出于军事必要。

2. 区分原则（也被称为差别对待）要求攻击方只能针对合法目标采取行动，即战斗员和军事目标。

3. 武力的使用必须与目标的军事价值成比例，以避免产生与打击目标所预期的具体、直接的军事利益相比过分的预期平民生命损失和对民用财产的损害。

4. 必须遵循人道原则，以避免使用武力造成的不必要的痛苦。

（一）军事必要

这个目标是正当的军事目标吗？

军事必要原则承认能够对目标进行攻击，但只能以正当的军事目标为攻击目标。要求战斗员必须区分军事目标和平民以及民用物体。这里的"军事目标"一词来自《日内瓦公约》的附加议定书，该议定书将军事目标描述为"那些从本质、位置、目标或用途上来讲，对军事行动有实际贡献的目标"。尽管美国不是附加议定书的签字国，但它认为该定义是对习惯国际法的精确重申（见《空军条令文件》2-1.9 第 89 页）。

而民用物体则用否定的方法界定为所有不是军事目标的物体。禁止故意直接攻击民用物体。但是，这应与对正当的军事目标的攻击所导致的对民用物体的附带损害相区别。与特定类型的军事目标相联系的具体问题将在下面讨论。

不应故意瞄准平民进行攻击。但是正如民用物体一样，这应与对正当的军事目标的攻击时对平民造成的附带性伤害相区别。禁止旨在平民中散播恐怖的暴力行为。

战略目标可以包括，比如后备役部队、军事基地、军事指挥和控制基础设施、通信基础设施、运输基础设施、工业基础设施、地理目标（例如交通枢纽点）和政治目标（例如维持战争行动的政府机关）。

战役目标可能包括空防系统、弹药储存地域、交通线和前往前线的机动部队。

战术目标通常是战场上敌人的部队。但是，距离己方部队很近的战术目标一般不被包括在周密的目标确定过程中，而是被视为需要前方航空控制员现场引导的近距离空中支援目标。

（二）区分原则

该原则要求冲突各方区分战斗员和非战斗员，并区分军事目标与受保护的财产和地点。冲突各方只能针对军事目标开展军事行动（见《联合出版物》1-04）。该原则禁止"不分青红皂白的攻击"。例如，在住宅区域内投掷（不论是否具有制导系统）的弹药，而不考虑该地区是否存在战斗员或军事目标，仅是因为敌军"可能"会进行不分青红皂白的袭击，就构成无差别攻击。但是对敌方战斗员或军事目标使用重力制导弹药（非精确弹药）本身并不构成无差别攻击。

遵守区分原则的义务不仅在于攻击方，而且也在于防御方。攻击方和防御方都有责任尽量减少对平民的附带伤害。利用平民来掩护己方军队的国家违反了战争法，对隐藏在其中的平民构成了危险。因此，如果医院被用来隐藏合法的军事目标，那么该目标仍可能被摧毁（通常是在发出适当的警告之后）。如果敌人将防空电池放置在堤防或屋顶上，那么电池仍可能被破坏。如果敌人将其总部设在城市中心，那么该总部仍可能被摧毁。如果敌人在住宅、教堂或学校附近建造油料储存区，那么该区域仍可能被摧毁。但是，对平民和/或民用物体的不当使用并不能使攻击方摆脱保护平民的义务，也没有使其减少意外伤害和附带损失的义务。

（三）比例原则

该原则要求攻击所附带的预期的平民生命损失和平民财产的破坏与对目标打击预计获得的具体和直接的军事利益相比不应过度。计划者和指挥官必须衡量从（动能和非动能）打击目标中预计获得的军事利益和对平民的附带损失或伤害以及对平民财产的破坏或毁坏。"预期的军事利益"一词指从那些被认为是一个整体的行动而不仅孤立或特定的行动中预计获得的利益。军事利益不仅是一种战术收益，而应涵盖战术、战役或战略整个行动频谱。换言之，对要获得的军事利益必须从整个战役的背景下来考虑（见《空军条令文件》3-60 第 89 页）。

比例性原则本身并不限制指挥官对弹药的选择。假如任何预期的附带损害都不构成对平民和平民物体"过度的附带损害"，那么对敌方战斗员或军事目标使用的非制导或大型弹药本身就不构成"不分青红皂白的攻击"。换言之，比例性原则并不要求使用精确制导武器，尽管其他因素使这类武器成为很好的选择。

（四）不必要痛苦（人道主义）

禁止不必要痛苦原则禁止使用旨在造成不必要痛苦的战争手段和方法。该原则承认战斗员的必要痛苦是合法的，其中可能包括严重伤害和生命损失。该原则大量适用于评估武器弹药的合法性（见《联合出版物》1-04）。特别是，除非出于操作原因受到上级机构的限制，否则美国目录中的所有常规武器都是允许使用的。这些武器均曾被审查，以确定它们是否符合武装冲突法，并确认在按其设计的方式使用时不会造成不必要的痛苦。但是，该原则还禁止以会造成不必要的痛苦的方式使用合法武器。造成不必要痛苦的一个例子是改造弹药以分散玻璃弹丸，使伤者需要接受的医疗服务变得复杂。因此，必须按预设的方式使用武器和弹药。

（五）确定某些目标类型应考虑的法律因素

1. 军民两用目标。有些设施或物体兼具军事和民用两种用途，也可以成为合法的军事目标。例如，一个同时为敌人空军基地和平民城市供电的电网就是两用，属于军民两用，但它可以被看作合法的军事目标。像这样一个目标需要根据比例性原则进行考量：是否以电网为目标将引起与攻击该目标所预计获得的具体和直接的军事利益相比过度的损害。通常，由于担心对平民的影响，确定两用目标需要上级机关的批准（见《空军条令文件》3-60 第 91 页）。

2. 经济目标。从历史上来讲，工厂、车间对一个对手的军事能力作出了有效（尽管未必是直接）的贡献。最近一个独特的例子是阿富汗的毒品贸易。塔利班分子一直利用阿富汗的海洛因贸易来获得数百万美元的收入，然后用这些钱去资助他们的叛乱行动，包括购买武器和补给。特别是，塔利班通常开设或控制毒品实验室，实验室中不仅存储了大量的毒品，还雇用了许多当地的村民和农民作为工人。美国和国际安全援助部队的其他成员认为塔利班控制的毒品实验室和储藏的毒品对塔利班军事能力作出了有效的贡献，因此是军队可以合法瞄准的合法目标。与两用目标一样，由于这类目标的性质、位置、用途等特殊的事实和环境，所以一般需要高层的批准（见《空军条令文件》3-60 第 91 页）。

3. 交通线。运输系统（公路、桥梁等）和通信系统（电视、广播）虽属民用性质，也可基于它们的用途而被认为是合法的军事目标。和两用及经济目标一样，这些目标需要上级根据它们的性质、位置、使用和目的等事实和环境进行批准（见《空军条令文件》3-60 第 91 页）。

4. 危险力量。美国不承认禁止攻击诸如大坝、堤防甚至核电厂等战略性目标的一般性禁令。但是，《关于非国际性武装冲突的附加议定书》的缔约国，以及承认与习惯国际法一致的第 15 条的其他国家，认识到"如果攻击可能导致释放危险力量并因此造成平民的严重损失，即使将这些目标作为军事目标，也不应将这些目标作为攻击的对象"。美国当局对作出攻击这种性质的战略目标的任何决定之前都将进行分析，以确保遵守武装冲突法。

5. 对医疗单位、医院和医务运输的保护。根据《日内瓦公约》的规定，这些目标是禁止被攻击的。它们需要用特殊的医疗标志例如红十字、红新月、红水晶或者国际上承认的其他标识来表明它们的医疗用途。已知的医疗设施和建筑一般会被列在作战司令官的不打击目标清单数据库中（以下讨论）。医疗设施不得用于掩护合法的军事目标，并且即使这样做也不能阻止对军事目标的攻击。例如，将一个地对空导弹系统部署在一所医院的旁边不能阻止对其攻击。一般作战司令官会确定对部队不是在自卫情况下攻击部署在这样的受保护目标附近的移动系统时的批准机关（见《空军条令文件》3-60 第 92 页）。

6. 对宗教、文化和慈善机构的建筑和纪念物的保护。根据《关于发生武装冲突时保护文化财产的公约》和习惯法的规定，不允许攻击专用于宗教、艺术和慈善目的的建筑和纪念物，或历史遗迹。这些地点必须用国际上承认的特别标志进行标识（例如有两个白三角形的蓝盾）。已知的专用于宗教、文化和慈善目的的建筑和纪念物一般将被列入作战司令官的不打击目标清单数据库中。文化财产一般被认为是不可代替的，是全人类的共同财产。它们不得用来掩护合法军事目标。例如，将地对空导弹系统部署在一个古代寺庙的遗迹中，并不能阻止对地空导弹系统的进攻。一般作战司令官会确定对部队不是在自卫情况下攻击部署在这样的受保护的建筑或纪念物附近的移动系统时的批准机关（见《空军条令文件》3-60 第 92 页）。

7. 人体盾牌。平民不得被用作保护军事目标免受攻击的人体盾牌。无论平民是否自愿作为人体盾牌都是违法行为。另外，使用人体盾牌并不一定能够防止军事目标受到攻击。如果收到指示或时间允许，被人体盾牌包围的目标将由上级机关基于特定事实对其涉及的政策和法律因素进行审查（见《空军条令文件》3-60 第 90 页）。

四、交战规则

在攻击一个目标之前，是否遵守了交战规则中可适用的限制或要求？

在交战规则中，一般都有可以直接适用的有关如何、何时或在什么条件下目标可以被攻击的信息。交战规则可能包含某些类型或等级目标（比如经济目标、交通线）的批准机关，时效性强的目标以及高附带损害目标的批准机关的信息。它还包括可以使用什么武器（像集束炸弹或人员杀伤地雷）、使用条件及批准机关（见《空军条令文件》3-60 第 93 页）。

有关交战规则的更多信息，请参见第 15 章"交战规则"。

五、"类似交战规则"的限制对确定目标的影响

还有其他规则会影响确定目标吗？有些限制规定没有像交战规则那样被正式颁布，但却存在于其他文件中。理论上，这些限制会被明确包括进交战规则，或至少作为交战规则的参考。但实际上，并非如此。因此，所有参与确定目标工作的人员——操作员、计划者和军法官——都必须了解所有适用于确定目标的限制，不论这些限制是什么性质的或是如何颁布的。下面是一些例子。

（一）目标清单

作战司令部或者联合行动中的高级领导人员负责整理和保存不打击目标清单（NSL）、限制打击目标清单（RTL）、联合优先效果清单（JPEL）和联合优先打击目标清单（JPTL）。不打击目标清单包括受到武装冲突法保护的设施和建筑（教堂、医院等）。限制打击目标清单包含那些必须事先获得有权机关的批准方可攻击的建筑和设施。这些目标列在限制打击目标清单上，因为有一些功能或合理的理由说明了为什么它们不应受到攻击。联合优先打击目标清单上的目标也在目标档案中存在限制。尽管一个目标被获准攻击，并被列入联合优先打击目标清单，但是目标档案可能限制特定的预期弹着点，使其免受攻击，或者限制可能用来攻击目标及其部分弹着点的弹药的大小或类型。例如，当一个目标靠近某一敏感的地点，如学校时，那么可能完全限制离学校最近的弹着点或仅限使用某些类型的武器。

（二）附带损害方法（CDM）

过去，不同的作战司令部根据他们自己的标准来采用附带损害方法。现在《参谋长联席会议主席指令》明确规定了连贯的五步过程，从而使国防部附带损害方法标准化。

（三）联合空中行动计划（JAOP）

详尽阐述现行命令和指挥官企图的联合空中行动计划中的相关章节包含许多由作战司令官、联军部队指挥官（CFC）和联军部队空军部队指挥官（CFACC）规定的限制。

（四）特别指令

联军部队空军部队指挥官（CFACC）通过联军空中行动中心（CAOC）定期颁布特别指令（SPINS），其中有多个部分包含交战规则或类似交战规则的限制，大多数的特别指令会包括一个专门叫"交战规则"的小节，主要包含了在新版交战规则或对作战命令进行定期更改前的交战规则的变更。这部分也将包括联军部队空军部队指挥官认为需要的复杂的交战规则条款的补充说明。

（五）简要命令（FRAGO）

作战司令官制定的影响确定目标的限制也可能以简要命令的形式发布。

（六）火力支援附件

行动命令的火力支援附件也会含有涉及确定目标的补充指导原则和信息。

（七）联盟的关注

联盟部队可能有他们自己的、与美国的交战规则不同的一套交战规则。这可能会影响联盟部队是否有权攻击某些敏感目标，例如领导层、大规模杀伤性武器等，以及他们能够对攻击那些目标的美军提供的支援种类。从联盟基地（例如迪戈加西亚）出发行动的美军队的行动以及他们所确定的目标都会受到联盟交战规则的限制。在确定目标过程中需要同联盟伙伴进行密切协同以便了解他们的交战规则以及对确定目标的限制。

六、确定目标和确定武器

在全谱行动任务中，在确定目标的过程中，法律顾问为指挥官提供独立的法律咨询。特别是，军法官向联军部队空军部队指挥官和联军空中行动中心的五个部门提供法律建议。注意进行中的空中、太空和网络行动的规模和性质，联军空军行动中心行动的节奏，以及行动中心部门采用的运行程序，都决定了隶属联军空中行动中心的军法官数量。需要注意的是，为了在筹划和实施空中、太空和网络行动的过程中，提供及时和准确的法律咨询，军法官需要能够接触到指挥官及其参谋得到的相同的信息。另外，根据《空军指示》13-1AOCV3 第 8.8 段的规定，确定目标的过程中必须有军法官的参与。

（一）确定目标的种类

有两种基本的确定目标的过程：周密确定目标和动态确定目标（见《空军条令文件》3-60 第 8 页）。

1. 周密确定目标。周密确定目标是有充足的时间侦测、识别目标，并制定针对它们的行动计划和拟制任务区分周期安排的确定目标过程，比如空中和太空任务区分命令的确定目标过程。在周密确定目标程序中所攻击的目标是已知存在于一个行动区域内，已经安排了针对它们的打击任务，并已制定了预先筹划、待呼任务的行动方针的目标。例子包括在联合空中和太空行动计划中的联合目标清单上的目标，以及有充足时间列入空中和太空任务区分命令的新目标。

2. 动态确定目标。动态确定目标过程是没有时间把侦察和识别的目标纳入周密确定目标过程中，因此没有安排针对它们的打击任务的确定目标过程。动态确定目标过程中所打击的目标是以前没有预料到的、没有计划的或新侦测到的目标，而它们对于一支部队，联军部队指挥官或上级机关来说十分重要，需要在当前的执行期内处置。如果目标不是如此关键和时效性强的目标，以至于需要在当前的执行期内进行处置的话，目标可以留待以后处置，并成为一个周密确定目标。对目标的分析可能会决定无需采取行动。

另外，两个确定目标的概念对于理解确定目标程序也很重要：目标敏感性和时效性。

3. 目标的敏感性。某些目标需要特别关注或谨慎处置，因为未能瞄准它们或恰当地瞄准它们将导致严重的负面结果。例子包括由于潜在的政治后果，领导层目标必须非常谨慎处理；位于具有附带平民伤害风险很高地区的目标，或者大规模杀伤性武器设施，对它们不恰当的瞄准攻击可能导致严重的长期环境破坏。这经常被描述为在某个或其他方面敏感，但将其称为"敏感目标"是不准确的，因为是美国或其联盟伙伴认为它们敏感，敏感并不是它们的内在特性。但是，它们被瞄准的方式是敏感的，可能需要与联军部队指挥官或上级机关进行协同，并得到他们的批准。在大多数情况下，最好在作战开始前的筹划阶段就为处理这样的目标建立起尽可能详细的标准。

4. 时效性。时效性是不同的。许多目标可能稍纵即逝，许多可能对于行动至关重要。那些兼而有之的目标则是联合部队确定目标所面临的最大挑战之一。监视技术和武器的发展使在一些情况下有可能实时侦测、跟踪和打击最优先目标，或者在敌人行动刚刚出现还未对联合部队构成威胁之前就予以挫败。联合条令将这类目标称为"时效性强目标"（TST）："那些对己方部队构成或将要构成威胁，或者非常有价值但稍纵即逝，因此需要立即应对的目标。"（见《联合出版物》1-02）对时效性强目标的处置是动态确定目标的一种特殊形式。联军部队指挥官对行动区域内的时效性强目标做出具体指导并确定优先顺序。例如，刚刚侦测到能够使用大规模杀伤性武器攻击的作战舰艇正在接近联合部队，刚刚发现被搜寻的敌国领导人的位置，侦测到敌方航空器正在接近己方高价值目标，或者发现发射了中程弹道导弹。联军部队指挥官确定时效性强目标。但是，也有其他目标需要"时效性强的"处置，它们主要是联军部队指挥官的下属部队指挥官所关注的（比如，对于他们的机动计划至关重要，或者立即威胁到他们的部队），而联军部队指挥官可能并不认为是时效性强目标。尽管这些目标可能并没有被认定为时效性强目标，而且对它们的处置也分配给联军空中行动中心（CAOC）的不同部门，并由它们进行跟踪，但这些目标也使用与时效性强目标一样的动态确定目标方法来处置。尽管如此，目标的时效性并不排除根据武装冲突法进行合法性分析的必要性。在分析时效性强目标时，必要性、比例性、附带损害最小化等所有空中目标确定原则都必须考虑。

（二）确定武器

确定武器是周密确定目标和动态确定目标过程的一部分，其间确定目标人员选择最匹配目标的武器，以便针对特定目标实现最佳的预期效果。

确定武器应考虑对目标的预期效果（直接武器效果和间接预期后果）、目标的弱点、投送的准确性、武器的可靠性等因素。确定目标人员使用"参谋长联席会议附带损害评估方法"对使用致命和非致命武器的预期结果进行定量分析。这不是预测每一种弹药投送的结果，而是根据建模、武器测试，以及实际经验而得出的统计平均值。

确定武器任务通常由联军空中行动中心的情报、监视、侦察部门的确定目标小组在战斗计划部的目标效果小组使用联合弹药效用手册中的由弹药效力和数据联合技术协调组准备的方法进行评估之前完成。在周密确定目标过程中，最终的武器选择由战斗计划部的总突袭计划组作出。在动态确定目标过程中，最终的武器选择由战斗行动部的动态确定目标小组与联军空中行动中心主任协调后作出。确定武器的结果是有关在将附带损害降到最低的同时，为实现预期效果所需使用的致命和非致命武器的数量、种类和结合的建议。

确定对获批准目标使用武器至少要考虑以下要素：

1. 目标识别和说明；
2. 推荐的瞄准点/预期的弹着点；
3. 预期的毁伤、降低，或扩张效果的水平；
4. 武器体系和弹药的使用建议；
5. 武器的引爆装置；
6. 达到预期效果的可能性；
7. 目标地域的地势、天气和威胁因素；
8. 预计的附带损害。

（见《空军条令文件》3-60 第 38~39 页）

七、周密确定目标过程

周密确定目标过程一般包括下列阶段，始于联军部队指挥官和联军部队空军部队指挥官确定目标的目的，并以对任务影响的评估而结束。确定目标的过程是一个循环的过程——空中行动开始后，融入计划和任务分配过程的一系列紧密联系、相互影响和相互依赖的功能。同时，这些过程必须足够灵活以应对作战空间内的变化及优先顺序的变化。

尽管确定目标的讨论通常是在即将到来或正在进行的冲突的背景下进行的，但确定目标过程也包括在任何战斗行动开始前就已经开始的活动，以及完全在任何应急行动之外所做的努力。

基本的周密确定目标过程包括六个阶段或"步骤"（见下图）：

1. 指挥官的目标、指导和意图；

2. 目标的认定、核查、确认、报批和排序；

3. 能力分析；

4. 指挥官的决定和兵力分配；

5. 任务计划和部队执行；

6. 评估。

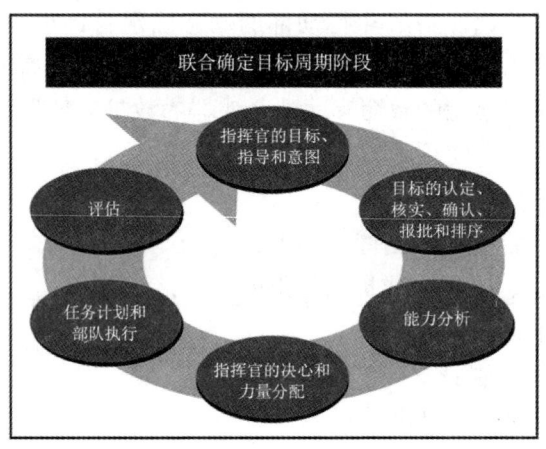

（一）指挥官的目标、指导和意图

这是联合确定目标过程中最重要的一步，因为它将所有国家层面的指导原则概括为一整套结果或最终结局，并为后面的步骤指明遵循的方向（见《空军条令文件》3-60 第7页）。

产生于国家层面的目标和指导是宏观的概念，然后由国家指挥当局转化为概括性的战役目标，并通过参谋长联席会议主席直接传达给作战司令官。作战司令官可能担任一次行动的联军部队指挥官，或者指定一名下属的联合司令部司令官，或更为典型的是，一名联合特遣队指挥官作为联军部队指挥官。联军部队指挥官在接到下属部队指挥官提交的有关威胁和环境的详细的情报分析和建议后，将国家指导原则转变为清晰的、可衡量的、可实现的目标，并下达给下属部队指挥官。这些目标可能包括对预期的毁伤水平的阐述。联军部队指挥官还会下达筹划和确定目标的指导方针，并在不同的行动中分配力量。

联军部队空军部队指挥官（CFACC）及他/她的参谋要根据受领的任务、联军部队指挥官的目标和指导作出空情判断，并在作出判断后经过一系列步骤制定一个行动方案。当获得联军部队指挥官批准后，行动方案即成为联合空中和太空行动的基本方案，从而确定将要如何做（见《空军指示》13-1AOCV3 第 5.2. 页）。

行动方案是通过整合了各下属部队力量的联合空中和太空行动计划和支援计划实施的。联合空中和太空行动计划对目标进行识别并按照其重要性进行排序，根据联军部队指挥官的战役计划筹划空中行动，对作战资源的具体分配提出建议，为实现目标提出部队要求，就部队态势和持续保障提出建议（见《空军指示》13-1AOCV3 第 27~28 页）。

条令建议在确定目标过程这一阶段提供支持的军法官在联军空军行动中心的战略部工作。但是，正如前面提到的，空中和太空行动的规模和性质以及联军空中行动中心的运转节奏可能不大需要在战略部配置一名全职的军法官。联军空中行动中心的高级法律顾问，或者在战斗计划部或战斗行动部的其他军法官可以负责帮助战略部的工作。无论如何，负责的军法官将确保所有提出的战略符合包括武装冲突法在内的国际法、国内法、交战规则、最高统帅部或联军空军部队指挥部的命令。军法官将审查联合空中和太空行动计划和每日空中行动指令（见《空军条令文件》1-04 第 32 页）。

（二）目标的认定、核查、确认、报批和排序

目标的认定是对潜在的目标体系进行系统的检验，以便决定为达到预期的结果从而实现指挥官的目标，而要对每个目标采取的军事行动的类型和持续的时间。在作战中，目标的认定通常是在空中和太空任务分配命令生效前的36 小时至 40 小时开始的。目标的核查是国家情报机构的专家核实用以认定目标的情报和分析的可靠性。目标的确认是确定一个目标是否仍然是一个目标体系中有价值的因素和是否符合武装冲突法、交战规则和其他确定目标的限制因素。一旦目标被认定、核查和确认，它们就被提交批准和采取相应行动。作为这一过程的部分，它们将在一个联合统一排序目标清单中与所有的联合目标一起

进行排序，并提交联军部队指挥官批准（见《空军条令文件》3-60 第 7 页）。

在这一阶段提供法律支持的军法官是战斗计划部的成员并与情报、监视和侦察部、目标效果组和总空袭计划小组密切合作。军法官在这个阶段的作用是通过审查建议打击目标的档案，以核查和确认被认定的目标。目标档案可以是打印稿或在计算机上。目标档案包括有关目标的来自不同渠道的图像、地图和情报信息，包括其军事用途和重要性，以及任何有关附近设施，比如教堂、博物馆或学校的信息。对目标档案的审查将使军法官了解攻击该目标是否服务于合法的军事目的。如果的确如此，就要解决附带损害的问题。确定目标人员可以通过作出附带损害评估并提出使用武器的建议，并放入目标档案中供军法官和总空袭计划小组成员审查。

一些飞行员和确定目标人员不熟悉武装冲突法，因此，如果没有法律指导，他们可能会过于谨慎和放弃被法律允许的攻击。有关多国行动中的更多因素请参见本书第 19 章。

（三）能力分析

确定目标过程的这一部分涉及对应期望的结果来评估现有的军事能力，以确定可供指挥官选择的方案。根据联军部队指挥官和联军部队空军部队指挥官的目标和任务分配，以及可供使用的兵力和作战形势，战斗计划部的目标效果组和总空袭计划组合作为联军空中行动中心提供目标和兵力分配建议。

军法官在本阶段的作用和在目标认定阶段一样。军法官持续监督报批目标以确保没有新情报被发现或出现了改变法律分析的其他发展。另外，情报、监视和侦察部以及目标效果组共同进行附带损害评估和提出武器使用建议，并应由军法官审查。

（四）指挥官的决定和兵力分配

一旦联军部队司令批准了联合统一排序目标清单，联合部队各组成部队便准备任务区分命令并下达给执行部队和单位。联合确定目标过程通过提供详细的单位层面的计划所需的补充信息以便任务区分命令的制定。

当可能时，战斗计划部军法官或联军空中行动中心高级军法官参加联合确定目标委员会会议，但无论如何都必须准备好回答联军部队指挥官或联军部队空军部队指挥官有关联合统一排序目标清单上的目标的任何法律问题。一旦联军部队指挥官批准了联合统一排序目标清单，军法官在这个阶段一般就没有其他的责任了（见《空军条令文件》2-4.5 第 33~35 页）。

（五）任务计划和部队执行

在接到任务区分命令后，接受任务的单位制定详细的任务计划并执行它们的任务（《空军条令文件》3-60 第 7 页）。

为本阶段任务提供支持的军法官参加战斗行动部，并在联军空中行动中心作战行动组占有一席之地。军法官负责监督正在进行的行动以确保武装冲突法、交战规则、特别指令和其他确定目标的限制得到遵守。各个联军空中行动中心的用于监督进行中的行动的系统各不相同，但一般允许军法官监督联军空中行动中心和战区空中管制系统的其他单位，比如空中支援行动中心和联合终端攻击控制员，以及实时情报提供者之间的通信。军法官监督系统，寻找情报、报告，或可供使用资源的变化，看是不是情报、监视、侦察部的资源或一个攻击资源，以及这对目标攻击合法性的影响。战斗行动部的军法官还为人员营救行动提供法律咨询，解释特别指令和交战规则，解决在执行过程中出现的其他任何问题。最后，战斗行动部军法官是动态确定目标小组的有机组成部分，其过程在下面讨论（见《空军指示》13-1AOCV3 第 8.4.4 段和《空军条令文件》2-4.5 第 35~36 页）。

（六）评估

本阶段评估行动和任务的效果，并帮助制定未来的战略、指导方针，以及根据对手的行动做出调整（见《空军条令文件》3-60 第 7 页）。

在本阶段，军法官参与不多，除非出现特殊情况，比如己方火力误伤事件，目标识别错误或被控违反武装冲突法等。如果出现这些情况，军法官将帮助搜集和保留证据（通常是通信），这些证据通常由联军空中行动中心和战区空中管制系统的组成单位生成提供。联军空中行动中心还能为从攻击飞机获得武器系统录像和从包括情报、监视、侦察部门等其他机构得到数据提供便利。军法官还应咨询上级总部的军法参谋，以了解这些问题的政策指导和监督方法。联军空中行动中心军法官在这点上的参与程度在各个中心之间是各不相同的，这主要取决于责任是如何在联军空中行动中心军法官和各作战司令部军种部队（中央司令部空军、太平洋司令部空军、欧洲司令部空军和南方司令部空军等）的军法官之间进行分担的。

八、动态确定目标过程

"动态确定目标"是适用于所有给定一天里预先计划的空中和太空任务分

配命令目标之外被处置的目标的一个术语。动态确定目标与周密确定目标在过程中各步骤所用的时间上不同，但是在步骤的实质内容上区别并不大。它们的认定、报批、执行和评估都在确定目标和下达任务的周期这一更大的框架下进行。但是在当前执行周期中所有的确定目标过程都有一个共同点：它们都具有某种程度的时效性，或者由于作战空间的变化而变得更为优先。有些稍纵即逝，如果能够被瞄准的话，要求对其发起即时攻击。这样的目标要求一个能够快速进行，便于快速从获得情报到确定目标方案到对目标采取行动转化的程序。最近的行动已经表明这种压缩的决策周期最好通过称为动态确定目标程序的专业的次过程来处理。从更大的周期的角度来看，动态确定目标在周密确定目标周期的第五阶段（执行计划和部队执行阶段）和第六阶段（评估阶段）（见《空军条令文件》3-60第46页）。

一些联军空中行动中心有一个专门的动态确定目标组去处理动态定位程序。但是一般没有足够的军法官专门给这个小组配备一名全职军法官。更可能的是，动态确定目标将是值班的战斗行动部军法官的责任。此外，下面提供的动态确定目标条令倾向于把确定目标六个阶段描述成分别和各不相同的。往往是，它们平行地出现，使每个动态确定目标小组成员同时解决他们那一段的交战问题。况且，一个被报批的目标已经被其他部队发现、锁定和跟踪，并且其他下属部队的军法官已经核实并加以确认的情况也并不罕见。因此，从动态确定目标过程一开始，不论是在确定目标的哪个阶段，战斗行动部军法官就通过回答下面的五个问题谋求确认目标批准。

1. 该目标是一个有效的目标吗？尽管动态目标可以是军事物体，比如飞毛腿导弹或大规模杀伤性武器，但动态目标经常是个人。因此，一个目标是否有效的问题一般通过战场特定交战规则或运用武装冲突法的原则分析目标的方法来回答。

2. 对目标的积极识别已经建立起来并得到保持了吗？根据区分原则，大多数的作战司令部对能够建立起积极识别的感应器有具体的要求。通常会需要不止一个传感器。军法官知道积极身份识别的来源并且使之得到的持续的维护是非常重要的。如果积极身份识别丢失了，它必须在对目标攻击前，根据战区身份识别的要求重新获得。

3. 有对打击这一目标能力的限制吗？例如交战规则、不打击目标清单，限制打击目标清单等。军法官必须查询不打击目标清单和限制打击目标清单以确定报批目标在两者中任何一个上面。有些联军空中行动中心的系统中有数据库，一旦目标被标绘出，就能显示是否与不打击目标清单和限制打击目标清单有冲突。但是不能依赖数据库。审查确定目标人员在动态确定目标过程中所进行的附带损害评估是个好主意。例如，在阿富汗，墓地一般不会出现在不打击目标清单上，但是经常被目标确定人员在为进行附带损害评估而审查图像时发现。

4. 预计的附带损害是什么？它是否超过了预计的军事利益？如上所述，目标确定者总是会作一项附带损害评估。目标确定者和军法官都会用这个评估去对比预计的攻击结果和预计附带损害，以确定将平民伤亡降至最低的方法，如果可能的话，通过武器的选择、投送参数和引信方式等来降低。这个评估还被用作确定适当的攻击行动的批准机构。预计较高的附带损害一般要求较高的机关批准。

5. 目标报批者已经得到适当的机关对打击的批准了吗？一般从交战规则中，军法官可以确定报批的目标是否受到了有权机关的批准。目标越是敏感，批准机关的级别越高。另外在联盟空中行动中，运用联军攻击资源一般需要国家指定打击批准机关的同意。

动态确定目标包括六个阶段：发现、锁定、跟踪、瞄准、攻击、评估。

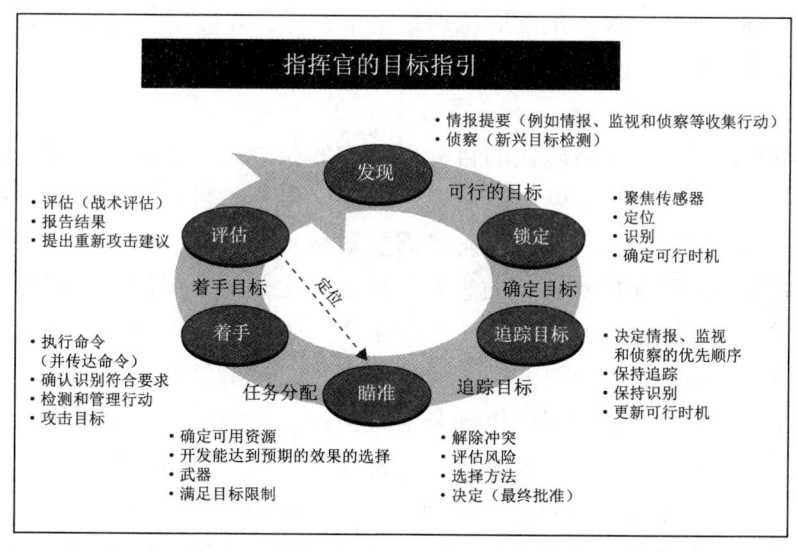

（一）发现

发现阶段指的是侦测到一个属于动态确定目标类型的刚出现的目标。这个新出现目标的时效性和重要性可能在开始时还难以确定。新出现的目标一般需要进一步的情报和分析来认定和确认。另外，需完成法律分析以决定新出现的目标是否符合武装冲突法和交战规则。发现阶段的结果可能是目标被提交给锁定阶段，以便做进一步的调查和认定。（见《空军条令文件》3-60第50页）

（二）锁定

锁定阶段积极识别一个新出现的目标是一个值得攻击的目标，并且确定其位置和其他足够可靠的数据，以保障攻击的实施。这个阶段始于新出现目标被侦测到时或之后。当新出现目标被侦测到，传感器就被集中于它以识别其身份和精确定位。对目标脆弱攻击窗口的估计决定了处置目标所需时间，并可能影响对资源使用的排序。如果一个目标被可能对其攻击的飞机或系统〔例如一个携带导弹的捕食者无人机，或一个战斗管理指挥和控制平台，联合监视与目标攻击雷达系统（JSTARS）〕侦测到，这将使发现和锁定阶段几乎同时完成，而不需要传统的情报输入。还可能无需漫长的协同和批准程序就能完成瞄准和攻击阶段的任务。本阶段的合法性分析继续集中于目标是否符合武装冲突法和交战规则。要特别关注的是目标是否根据武装冲突法军事必要性和区分原则的要求被积极地识别为军事目标，并确定了位置（见《空军条令文件》3-60第50页）。

（三）跟踪

追踪阶段对一个已被确认的目标以及它的位置进行不断跟踪，确定对它的攻击达到预期效果。可以协调使用传感器以保持对目标的态势感知和持续跟踪。正如在锁定阶段一样，本阶段需要对情报、监视和侦察资源工作重点进行重新排序，以保持对态势的感知。如果失去了对目标的持续跟踪，可能有必要重新进行锁定，甚至发现阶段的工作。跟踪阶段主要是对目标的跟踪以及保持对目标的积极识别，（如需要）制定传感器优先配置计划和对目标脆弱攻击窗口的更新。本过程可以部分地逆向进行，当一个新出现目标被侦测和攻击，一旦搞清它是一个有价值的目标，侦测到它的传感器能够检查录下的数据，以便跟踪目标回到它被发现的原点，比如一个营地，从而有可能消除一个更大的威胁或摧毁更有价值的目标。如果没有新的跟踪技术的帮助，可能只能攻击一个目标。这种原点搜索已经被证明在伊拉克等地进行的具体行动中特别有用（见《空军条令文件》3-60 第 51~52 页）。

（四）瞄准

瞄准阶段主要是最终确定对一个已经识别、分类、定位和排序的目标预期打击效果和瞄准攻击方案，获得对其攻击的批准。如果在此阶段还没有完成这些工作，战斗行动部人员，特别是军法官会审查目标限制，包括附带损害、交战规则、不打击目标清单和限制打击目标清单，以确定遵守所有的法律要求。这一阶段完成的任务等同于更大的任务分配周期中的目标确认阶段的工作。战斗行动部人员用现有的打击资源去匹配预期的结果，然后决定攻击和武器使用方案。针对某一特定目标的打击资源的选择将基于许多因素，比如情报和打击资源的位置和行动状态、支援资源的可利用性、天气状况、交战规则、目标距离、正在进行的任务的数量和种类、可用的燃料和弹药、对手的威胁、目标捕获数据的准确性。由于大量要求必须得到满足，因此这是最长的一个阶段。但是，在许多情况下，如果瞄准阶段行动可能与其他阶段的行动同时启动和/或完成，那么动态确定目标就能加快认定（见《空军条令文件》3-60 第 52 页）。

（五）攻击

在本阶段，目标的敌对身份已经得到了确认，攻击的命令已经下达给飞行员、机组或被选定武器系统的操作员。攻击令必须下达给射手，并被射手收到和理解。攻击应当由攻击实施部门监督和管理（对于空中和太空部队的行动，由联军空中行动中心负责）。这一阶段的预期结果是对目标的成功行动（见《空军条令文件》3-60 第 52 页）。

（六）评估

在本阶段，情报机构搜集有关攻击的信息并且试图确定是否实现了预期效果和目标。对于转瞬即逝的目标，需要迅速作出评估以便尽快作出再次打击的建议。就大多数迅速消失的目标而言，要迅速进行评估以便迅速形成再次攻击的建议（见《空军条令文件》2-60 第 52~53 页）。

参考文献

1. CJCSI 3121.01B, Standing Rules of Engagement/Standing Rules for the Use of Force for U. S. Forces, 13 June 2005 directive current as of 18 June 2008 (Portions Classified).

2. Air Force Doctrine Document（AFDD）3-603-60, Targeting, 3 April 2007.

3. Air Force Pamphlet 14-210, USAF Intelligence Targeting Guide, 1 February 1998.

4. AFI 13-1AOCV3, Operational Procedures-Air and Space Operations Center, 1 August 2005.

5. AFDD 1-04, Legal Support, 4 March 2012.

6. Air Force Doctrine Center Handout（AFDCH）10-01, Air and Space Commander's Handbook for the JFACC, 27 June 2005.

7. JP 3-60, Joint Doctrine for Targeting, 13 April 2007.

8. CJSM 3160.01B, Joint Methodology for Estimating Collateral Damage and Casualties for Conventional Weapons; Precision, Unguided, and Cluster, 31 August 2007.

9. JP 3-30, Command and Control for Joint Air Operations, 12 January 2010.

10. AFTTP 3.1. AOC, Operational Employment-Air and Space Operations Center, 17 March 2010.

第十七章 | 联合行动筹划

一、背景

军事行动已经变得极为复杂，需要各军种都参与进来以取得任务的成功。为了使各军种共同合作，它们必须采用相同的计划体系以实现互用性。联合行动筹划是涵盖全部的程序，用以指导联合部队指挥官（JFCs）在国家战略目标和国家军事战略的框架内制定使用部队的计划，以便掌控事态走向，应对紧急情况，对未预见到的危机做出回应。这一过程是各级指挥所固有的，并依据法律和上级命令来确立。

联合行动筹划将军种部、联邦机构和多国伙伴的军事行动以及国家实力的其他手段结合起来，以实现预期的结果。指挥官就是通过这个途径来构想预期的结果，确定完成任务的方法并传达他们的意见和意图。它包含了完成特定行动计划所需要的全部活动，包括：动员、后勤、部署、运用、支持和再部署。

联合筹划过程中法律顾问履行各种各样的计划任务。他们负责协助本部门的首长执行他们在计划中的任务，向他们提供各种适用于军事行动的法律、政策、条约和协定的法律咨询。在所有适当的指挥层面，在联合与联军行动的行动计划和实施的各个阶段，法律顾问都将提供有关国际法的咨询。

本章从战略到空军战役层面对防御计划系统进行了概述，并规定了法律顾问（LEGAD）在这些系统中的职责，最后还介绍了帮助审查和完成法律附件的行动计划（OPLAN）。

二、联合行动筹划概述

联合行为筹划根据预定的周期进行，并补充国防部其他计划周期，如预算和采办计划周期。当对全球局势的持续监控表明需要进行军事行动时，就开始进行联合行动筹划。联合行动筹划是可适应各种情况的、合作的过程，它可以重复为各级指挥机构中的指挥官和参谋人员提供可实施的指示。

计划系统的设计是从上到下进行的。为所有行动和紧急情况制定计划的责任从得到参联会主席（CJCS）协助的总统和国防部部长，到作战司令官（CCDRs）和他们下属部队的指挥官和联合部队司令。进行联合行动筹划贯穿整个军事行动，它运用两个密切相关、相互融合的过程：联合行动筹划与执行系统（JOPES）和联合行动筹划程序（JOPP）。联合筹划将军事力量和国家权力的其他工具结合起来，以实现特定的最终状态。

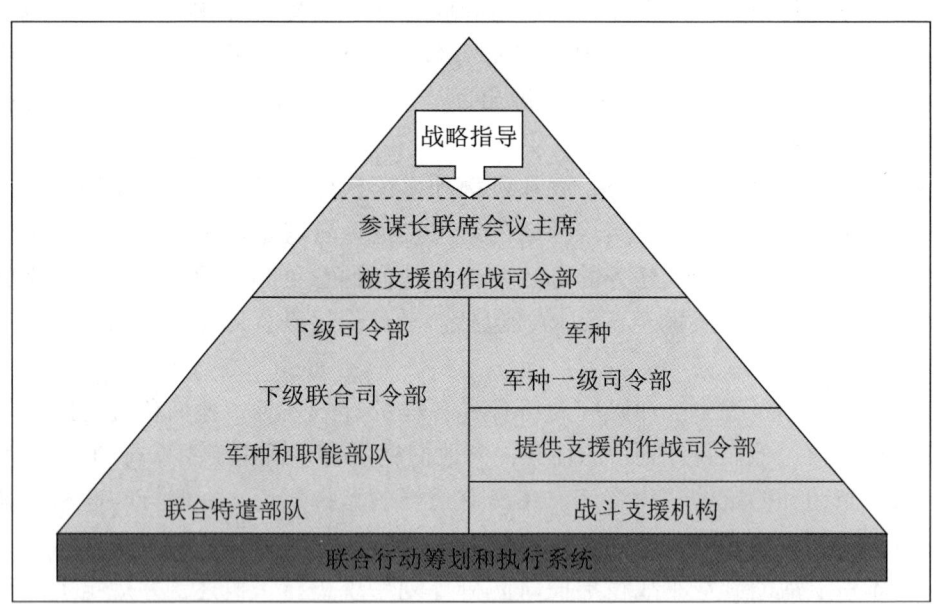

联合行动筹划和执行团队（《联合出版物》5-0）

（一）联合筹划和执行部门

参与联合行动筹划或奉命实施军事行动的总部、司令部和机构被统称为联合筹划和执行部门。联合筹划和执行部门包括：参联会主席和参联会其他成员、联合参谋部、军种和它们的一级司令部、作战司令部及其下属司令部，以及作战支援机构。在筹划过程中，总统和国防部部长下达政策、战略指导和指令。

国防部部长在参联会主席的建议和协助下，通过在作战司令部之间建立支援和被支援指挥关系来组织联合筹划和执行部门。每一个计划任务都要确认被支援的指挥官，并且指定支援作战司令官、军种和作战支援机构，以确保联合行动筹划和执行中指挥的统一，并便于在联合筹划和执行部门中实现行动一致。

被支援的司令部，一般是指作战司令部及其下属司令部，主要负责制定计划并执行。在这个过程中，单独的军种部（空军、陆军和海军）发挥支援的作用。根据法律规定，为作战司令部招募、组织、支援、配备、训练和维持部队是各军种的职责，而作战司令部的职责是使用那些部队。

（二）战略层次的筹划

法律顾问通过帮助把政策决定解读为在法律上可以接受的计划和命令来协助他们的各级指挥官。战略层次的筹划通常由联合特遣队或更高级别的司令部进行。这个层次的筹划通常由总统、国防部部长、参联会主席和作战司令官进行。在战略层面，该筹划程序通过四个相互关联的筹划系统来完成：国家安全委员会系统（NSCS），计划、规划、预算和执行系统（PPBE），联合战略筹划系统（JSPS）和联合行动筹划和执行系统。

国家安全委员会系统提供一个跨机构框架，以便制定国家战略和政策目标，供总统批准。这个系统通常包括不同等级的机构间委员会和工作组。国家安全委员会（NSC）制定国家安全指导方针，经总统批准后，实施国家安全政策。这些决策是军事筹划和规划的基础。

计划、规划、预算和执行系统是国防部范围内的程序，它获得并分配资源以满足作战司令官的行动要求，以及军种和作战支援机构的物资供应需求。《参谋长联席会议主席指令》8501.01A 对参联会主席、作战司令官和联合参谋部参与计划、规划、预算和执行程序进行了规定。

联合战略筹划系统是参联会主席、其他参联会成员和作战司令官用来完成应急计划和向总统及国防部部长提供军事建议的系统之一。军事建议主要是以国家军事战略（NMS）、联合战略能力计划（JSCP）等形式提交的。它们对成功实施国家安全战略和其他总统令十分关键的军事政策、战略、计划、部队和资源需求和分配提供指导和指示。它们还提供评估当前的美国军事实力的方法，以便评价当前的规划和预算是否充足及存在的风险，提出改进的意见供总统、国防部部长和国会批准。

另外，《参谋长联席会议主席指令》CJCSI 3100.01A、联合战略筹划系统提供有关联合战略能力计划（JSCP）的进一步的指南。而联合战略能力计划主要向作战司令官（CCDR）和军种参谋长基于当前军事能力而制定《行动计划》和安全合作计划提供军事战略和战役指南和指导。基于政策指南和任务的联合战略能力计划是战略指南与联合行动筹划行动和实现指南的成果之间的联系纽带。它是参联会主席履行对联合行动筹划准备工作进行规范这一职责的主要方式。联合战略能力计划还列出了需要制定计划的情形，告知作战司令官所需计划的类型，提供撰写计划时可适用的假设，划拨为实现计划可供作战司令官使用的部队。国防部部长每年在联合司令部备忘录中向作战司令部划拨部队，根据部署令把部队临时配属给它们，在联合战略能力计划中分配部队，并进行详细筹划，为危机行动计划（CAP）划拨部队。

联合行动筹划和执行系统是在国防部中为了达到国家安全目标将决策转化为行动计划和行动命令（OPORDs）的主要系统。联合行动筹划和执行系统主要是战略筹划系统，包括应急计划和危机行动计划（CAP）。应急计划和危机行动计划是相互联系的，最大的区别在于可供计划的时间多少不同。

三、筹划

联合行动筹划和执行系统协调有序地解决问题和作出决定。可供计划的时间多少显著地影响着筹划的进程。因此，联合行动筹划和执行系统细分了两种不同的计划方式——应急计划和危机行动计划。两种计划的过程基本是一致的。二者的主要区别是可供计划的时间和所制定的计划不同。

在联合筹划中，世界突发事件是可能需要军队进行介入的预期情况或事件。自然或人为的灾害、恐怖主义袭击、其他国家采取的军事行动或者由总统或国防部部长决定的其他情况都可能会要求军事力量立即做出应对。军队根据上级指挥部门的指导或计划指令，使用预有准备计划和应急计划方法，为范围广泛的突发事件制定计划。应急计划过程始于确认有计划需求，并持续到不再有计划需求。许多法律顾问在评估所在机构灾难应对（地震、火灾、龙卷风、空难等）计划，或行动应对（恐怖袭击、突发事件等）计划时，定期参与该机构的应急筹划工作。

联合战略能力计划将联合战略筹划系统与联合行动筹划连接起来，并为计划的制定确定广泛的预案，明确提出所需联合行动计划的类型，并在必要时，提供附加的计划指导。作战司令官也可能通过准备并非特别指派的，而是出于免除司令部责任的考虑而认为必要的计划，以启动应急计划程序。

危机行动计划是为了应对危机——联合行动筹划和执行系统确定为可能威胁到美国及其领地、公民、军事力量、财产或核心利益的事件或情形。一场危机通常发展很快，并产生重要的外交、经济和军事影响，以至于总统或国防部部长认为有必要为了实现国家目标而动用美国军事力量和资源。危机的发生可能没有明显征兆甚至毫无征兆，并需要加速作出决策。在可能使用军事力量应对危机的情况下，联合行动筹划和执行系统为时效很强的行动计划的制定提供了额外的危机行动程序，以便军队应对危机。应急计划通常是基于对未来发生事件的预期做出的，而危机行动计划是基于制订计划时存在的情况做出的。

危机行动计划包括制定时效性强的为应对一个可能导致实际的军事行动的实际情况而部署、使用和支援所隶属、配属或拨配的兵力及资源的行动命令的各种行动。可供筹划应对实时事件的时间可能十分短暂。在短短的几日内，指挥官和参谋人员必须制定并通过可行的行动方案（COA），制定计划或命令，进行兵力准备，保证通信系统的完全畅通，安排美国军事力量运用的持续保障。

四、筹划的过程

联合行动筹划过程是在平时运用来制定联合行动计划和概略计划（包含或未包含分时段兵力及部署数据）或支持国家安全战略的支援计划。筹划过程分阶段完成：启动、任务分析、行动方案的制定、行动方案的分析和作战模拟、行动方案的对比、行动方案的批准、概念的形成、计划的制定和计划的审查。

（一）启动

制定计划的任务被分配给被支持的指挥官，部队和资源根据计划进行划拨，而且计划指导也在此阶段下达。此外，还要确定制定计划的想定，明确所需计划的类型［例如行动计划（包含或未包含分时段兵力及部署数据）、概略计划或职能性计划],并且提供附加的计划指南。

(二)任务分析

联合部队的任务是与目标一起明确规定要采取的行动及其原因的一项或一系列工作。被支援指挥官也是在这里明确要达到的最终军事状态。这一最终状态一般会代表一个时间点和/或总统不再要求军队作为实现剩余国家战略目标主要行动体的某种状态(见《联合出版物》5-0,图Ⅲ-4用于任务分析的关键步骤)。

在进行任务分析之后,参谋要制定一份任务陈述以描述本机构的基本任务和目标,即"谁、什么、何时、何地及为什么"。"如何"将是计划的剩余部分。在任务分析阶段产生的其他成果还有清楚并简明地确定了行动的目标及最终结果的指挥官意图,明确将影响决策进程的指挥官关键信息需求,以及帮助下属指挥部准备他们对可靠性评估和支援的计划指南。

法律顾问参与计划过程中这一阶段的工作是十分必要的。这样做将确保所有可能推迟或阻碍行动的法律问题能够在计划的初期得到解决。另外,法律顾问在计划过程的形成阶段的参与使法律问题能够在最终的计划文件中得到解决,并使法律顾问对行动有一个很好的基本了解,从而有助于在其他筹划阶段的工作。

(三)行动方案的制定

参谋制定行动方案,供指挥官选择。好的行动方案根据指挥官的指示完成任务,使联合部队处于采取未来行动的位置,并具有应对执行过程中出现的未能预见的情况的灵活性,还能给各单位最大限度的主动性。行动方案包含以下信息:会发生哪种类型的军事行动;为什么需要该行动(目的);谁来采取行动;行动何时开始;行动在何地实施;如何实施(即动用部队的方式)。随后,参谋将把经批准的行动方案转换成行动方针(CONOPS)。

在行动方案形成之后,法律顾问必须完全了解每一个行动方案相互作用的细节。可能每个行动方案都有与其相关的,能够影响指挥官决心的独特的法律问题。例如,行动方案一可能涉及飞越第三国领空以绕过敌国空防来减少美国军队面临的风险。行动方案二可能包括实施面积轰炸以压制对方的防空系统。行动方案三可能涉及使用特种部队从地面进入以摧毁其导弹。这些方案中每个都有相关的法律问题,需要深思熟虑的分析。

（四）行动方案的分析和作战模拟

行动方案的分析确定提议的行动方案的利弊。作战模拟提供了一种分析潜在的行动方案的方式，加强对行动环境的把握以及获得新的信息。作战模拟将行动从开始到结束的整个流程形象化，可以看到敌我双方的长处和不足，以及行动环境的其他方面，如天气、地形和国际关系情况。

法律顾问在这个阶段将明确任何可能出现的法律问题。这一分析的关键在于法律顾问需要得到有关权力的军事工具的各个部分在这些情况下是如何行动的训练。

（五）行动方案的对比

这是一个客观的过程，在此，每一个行动方案都独立地同其他行动方案进行对比，都会与一套预先制定的标准进行对比和评估。其目标是为了确定每一个行动方案的优势和不足，从而选出成功的可能性最大的行动方案并进一步完善。法律顾问必须对这个阶段的法律有很好的把握（包括武装冲突法、交战规则和国际协定）。

（六）行动方案的批准

参谋将就行动方案所做的比较、分析和作战模拟的结果向指挥官做简要的汇报。这个简报通常采用指挥官评估的方式，可能包括联合部队的当前状况和制定行动方案的假设条件。

（七）概念的形成

应急计划将会促使正式的行动计划的形成。危机行动计划通常直接导致制定一份行动命令（OPORD），其时效性强。无论是应急计划还是危机行动计划，参谋首先会通过制订一份作为行动命令或行动计划基石的行动方针（CONOPs），从而把已获批准的行动方案扩充为行动计划或行动命令。

行动方针将会清楚并简明地表明指挥官想要实现什么，如何利用可获得的兵力和资源来实现，描述如何对联合部队的组成部队和支援部队进行整合、协同和划分阶段以完成任务，包括分支行动与后续行动。许多计划在初始阶段之后需要调整。因此，联合部队指挥官（JFC）通过确定分支行动和后续行动以便在瞬息万变的环境中保持行动自由，从而使他们的计划富有灵活性。

分支行动是那些经常被写入基本计划中的可选择方案，其通常提供不同方式或途径去完成现在正在进行的行动的预定目标。这些分支行动可以改变行动主要的或辅助性的行动、转变优先顺序、改变指挥、重新调整兵力等。

基于当前行动的可能结果——胜利、失败或僵持，对后续行动进行预测和制定计划。对于未能完成一项战略或战役目标的每个行动或主要行动，必须为每一个可能出现的结果，比如"赢、输或平"，制定后续行动计划。

行动方针应尽可能详尽，以便下属部队能够了解他们的任务、工作和其他要求，并能制定他们自己的计划。正是在制定行动方针阶段，指挥官将做出如何调动兵力以满足计划的要求的最佳决定。这要运用分时段兵力及部署数据（TPFDD）系统来完成，以确保建制的完整性、兵力的机动性，以及在需要时快速向分支行动和后续行动转换的能力。

在这个阶段，法律顾问将会为基本计划起草一段法律说明以及为该计划准备一份法律附录。在联合行动筹划和执行系统中，法律附录是计划的人事附录的附件。法律顾问还将对其他的参谋机构在其所负责的那部分计划中所涉及的法律问题提供帮助。与起草计划中的交战规则部分的 J3 和∕或 J5 计划制订者进行协调是十分重要的。另外，法律顾问必须与起草关于战俘、被拘留人员和平民、指挥与控制和人员营救相关的附件的参谋机构保持联系。这些附件在计划阶段可能没有法律意义，但是在执行阶段将有重要的法律意义。

（八）计划的制定

经批准的行动方针在应急计划制定阶段被扩展为完整的行动计划。计划的制定由指定的指挥官来完成，通常是由作战司令官在提供支援部队和下属部队指挥官的协助下完成的。落实行动方针所需的部队和资源逐步确定、排序，再根据运输能力制定出可行的行动计划。制定周密计划的这一阶段高度依赖于联合行动筹划和执行系统（JOPES）的自动数据处理系统（ADP），以产生分时段兵力及部署数据。

法律顾问将会审查该计划的每一部分，在做这一工作时，要留意"任务偏离"。例如，如果任务是制定国务院要求的以空运形式对外国提供灾害救援的计划，而该计划表明司令部将采购人道主义物资，将其储存在空军基地中，并且使其流转，则该司令部出现了"任务偏离"。购买和储存这些类型的物资是国务院的任务。

（九）计划的审查

参联会主席与参联会其他成员、军种和国防部机构共同使用准确性、可行性、可接受性的标准，以及是否符合联合条令，对由支援司令官准备的联合行动计划进行评估和确认。审查结束后，被支援的指挥官被告知该计划是否被批准。包含有关键性缺陷的计划（这些缺陷非被支援的指挥官所能解决）在被批准时，将确认出那些缺陷。在这种情况下，将向被支援的指挥官提供有关解决那些缺陷的计划和规划好的具体行动的指导方针。获得批准的计划在被取代和废除之前保持有效。在得到计划被批准的通知后，被支援的指挥官会将把参联会主席所指示的变更融入计划中，并指示提供支援的下属指挥官完成支援计划。

五、联合计划和命令的类型

在计划周期将会产生不同的计划和命令。法律顾问应当知道参谋将制订的计划和命令的类型。每一个计划或者命令都涉及不同的法律问题。下面列出的是最常见的计划和命令。

（一）基本计划

在联合行动筹划和执行系统（JOPES）中，这是第二层面的计划文件，它包含了1到5种标准的行动计划格式，但不包含附录。

（二）不含分时段兵力及部署数据的概略计划（CONPLAN）

在联合行动筹划和执行系统中，这是第三层面的计划文件，一个概略计划通常不包括行动计划中的细节层面。概略计划包括基本计划、指挥官的行动方针以及参联会或作战司令官需要的附件和附录。

（三）包含分时段兵力及部署数据的概略计划（CONPLAN）

在联合行动筹划和执行系统中，这是一个包含分时段兵力及部署数据的第三层面的计划文件。这个计划包含了分阶段部署部队的更为详细的计划。

（四）行动计划

这是联合行动筹划和执行系统中第四层面的计划文件。这是完整和详细的行动计划，它会描述行动方针，并且包含所有需要的附件和附录。它确认执行计划所需的兵力、资源和资产，并且包括战场上所需的兵力、资源和资产的行动日程表。

（五）支援计划

提供支援的作战司令官、下属的联合部队司令官、下属军种司令官和战斗支援机构根据被支援司令官提出的任务制定支援计划以支持他们的计划。应将支援计划用行动计划的格式制订，并与被支援指挥官的计划制订者协作完成。相应地，提供支援的指挥官或机构会指派其下属来完成制定附加的支援计划。

（六）行动命令（OPORD）

行动命令是由指挥官直接下达给下属指挥官，旨在协调一致地实施行动的指令。在危机行动计划期间，行动命令是根据联合程序并以规定的格式来制定的。

（七）简要命令（FRAGO）

简要命令是（口头的、书面的或电子的）行动命令的简化形式，它删除了基本的行动计划包含的重复信息。它通常根据需要或每日下达。

（八）预先命令（WARNORD）

预先命令是使被支援的指挥官启动军事行动方案的制定和评估的计划指令，它要求被支援的指挥官上交一份指挥官判断。

（九）计划命令（PLANORD）

计划命令是指挥机关批准军事行动方案之前，提供基本计划指导方针并指导计划制定工作的启动的计划指令。

（十）戒备命令（ALERTORD）

戒备命令是指挥机关批准军事行动方案之后，提供基本计划指导方针并指导计划制定工作的启动的计划指令。戒备命令计划并不授权执行已批准的行动方案。

（十一）执行命令（EXORD）

执行命令是执行已获批准的军事行动方案的指令。只有总统和国防部部长（SECDEF）有权批准和命令启动军事行动。参联会主席经总统或国防部部长授权并根据总统或国防部部长的指示可以下达执行命令以启动军事行动。被支援和提供支援的指挥官及其下属的联合部队司令运用执行命令来落实经批准的行动方针。

（十二）准备部署命令（PTDO）和部署命令（DEPORD）

参联会主席经总统或国防部部长授权并根据总统或国防部部长的指示可以下达准备部署命令或部署命令以调动兵力。准备部署命令（PTDO）会建议部署行动开始的日期（C日）和C日部署开始的具体时间（L时）。

六、行动计划概述

一个行动计划是一份包含对行动方针全面阐述，以及带有相关附录的所有需要的附件的完整而详细的计划。它明确需要执行计划所需的具体兵力、功能性支援、兵力部署的顺序和资源，并且对他们进入战区后进行抵达评估。这将便于各军种、作战司令官、国防部机构、提供支援指挥部和机构以同样的方式形成自己的计划。使用这个标准的格式是根据参联会主席指示进行的，并在联合行动筹划和执行系统的第 2 卷中提供［《参谋长联席会议主席手册》（CJCSM）3122.03］。至于空军人员，则是在《空军手册》（AFMAN）10-401 的第 2 卷。

如前所述，发出支援请求的作战司令官应当遵循联合行动筹划和执行系统第 2 卷规定的标准行动计划格式。但是，得到参联会批准后，他们可以修改内容以满足特定的需要。反之，每一个提供支援的组织必须至少采用作战司令官的格式。空军在起草《空军手册》10-401 第 2 卷时确保遵守行动计划的标准联合指导原则。但是，它也必须在需要时添加附录，以规定空军的作用和职责。

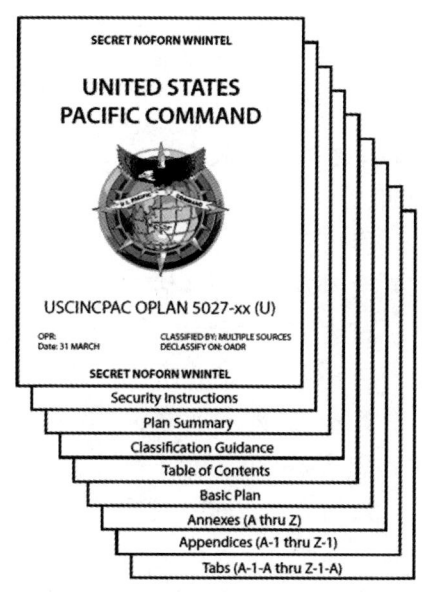

所有行动计划格式都源于联合行动筹划和执行系统第 2 卷［见《参谋长联席会议主席手册》（CJCSM）3122.03A］。下面描述的是每个计划的主要部分。请注意在计划摘要、基本计划、附件、附录和附签当中相似的结构。这一点将贯穿本章。

1. 封面。封面页是不保密的，但是在页首和页尾部分说明计划的最高密级（封底也必须反映出这个密级）。封面上同样标明了简略的标题（计划的所有者、类型和标号），它通常是不加密的；计划的日期；确定密级和解密的机关；警告通知［例如 WINTEL（警告——涉及情报来源或方法）、NOFORN（不对外国人公开）、ROKUS 等］；提供的份数。

2. 安全指南。计划者在这里可找到计划的长标题，其准确提供了充分信息，因此此页通常是保密的。并且提供附加的安全信息，以及变更记录。

3. 计划摘要。它本质上是执行概要，在几页纸中规定并提出计划的实质内容。包括：

（1）目的说明，明确执行计划的预期结果（指计划的联合战略能力任务分配）；

（2）明确执行计划的政治、军事、法律和环境方面的意义的说明；

（3）对兵力的需求、威慑的手段、部署、运用和支援以及附属计划的简要概括；

（4）使计划得以实现的各种假设的列表；

（5）可能妨碍任务/计划实现的问题；

（6）在战区进行兵力集结的时间表；

（7）指挥关系的说明；

（8）参谋对后勤和人事的预测；

（9）缺陷及限制因素的列表及影响评估。

4. 保密等级指导。通过表格化的格式，本页向计划者说明了主要主题的密级（例如行动代码、行动方针、行动开始日期等），这些主题涉及从计划阶段一直到冲突结束后的整个过程。对于确定基本保密等级是好的起点。

5. 基本计划。基本计划从第一页开始，但在上述项目之后，是整个计划的基础，它提供了参考资料的列表，包括航图、地图和执行计划所需要的文件和各种各样的信息，例如：

（1）参照受领任务的组织的分时段兵力及部署数据（附件 A）；

（2）对情况的描述，包括敌我双方的实力，冲突前的行动，任务的各种假设条件和法律条件；

（3）任务说明，指明计划的目的是什么以及执行计划的预期结果是什么；

（4）执行部分，包括说明计划将如何展开的行动方针；指挥官的意图，包括行动各阶段和预期的最终状态；行动计划的结构；部署和运用的要求；明确要执行的每个任务和由谁执行的任务列表；

（5）包含行政管理和后勤的本质，以及提供后勤和行政保障的简要方针的部分。后勤和行政保障将会在其各自的附件中做进一步的阐述；

（6）指挥和控制部分，包括指挥关系、位置、建立，和指挥所的报告，指挥继任和 C4I 系统；

（7）计划中将用到的附件的目录。

6. 附件。除附件 X、Y 和 Z 之外，每一附件都以相同的格式制定。每个附件的格式都严格依照和说明基本计划。例如，参考文献、情形、任务、执行、行政和后勤，指挥和控制等主要标题都同基本计划一样。但是功能性的附件补充了基本计划中的信息。例如，基本计划可能只是对整个计划的行动方针做了很好的介绍（讨论指挥官的意图、部署等），而在"行动方针"标题下的行动附件，做出了更为详尽的阐述。战备状态、警报和集结，航空航天功能，增强势力的行动，交战规则等，都是在行动附件中给予进一步详细阐述的主题中的几个例子。每个附件都会以附录列表结束，从而进一步扩充附件中的信息。

7. 附录。附件充实了基本计划中的信息，附录则充实了附件中的信息，提供了有关具体主题的更进一步的细节。附录的形式和附件及基本计划是一样的，包括参考资料、情势、任务、执行、行政和后勤，以及指挥与控制部分。以行动附件为例，有 19 个附录需要进一步制定以扩充该附件的内容，如核行动、搜救行动、非战斗人员的撤离行动、部队保护、战术空运和历史文献汇编。相应地，附录可能列出附签。

8. 附签。附签是附录进一步的子集，提供更加详细的信息。可以采用文字叙事的格式，该种格式与附录、附件和基本计划的格式相同，或者它们以表格的形式，提供有关例如预期的油料消耗、组织机构表等事项的信息。

七、对行动命令或行动计划实施法律审查

一旦行动命令或行动计划起草完成之后，法律顾问将对整个文件进行一次法律审查，以确保其符合美国的国内法、国际法，尤其是武装冲突法。当审查计划时，法律顾问将保证考虑到下列领域，并使用本章所附的清单来作为指导：

1. 缴获的武器、战利品、文件、装备；

2. 东道国的支持；

3. 作战或军事行动期间的采办；

4. 军事行动适当的财政来源；

5. 核生化武器；

6. 非致命性的或低杀伤力的技术；

7. 瞄准、附带损害，平民的伤亡；

8. 敌方战俘和被拘留人员；

9. 流离失所的平民；

10. 与非政府组织或私人志愿者组织之间的互动；

11. 具有重要文化和宗教意义的地点、遗址和建筑；

12. 指挥和控制。

计划还可能会涉及支持计划实现而配备的军法官。法律顾问要保证获得适当数量的军法官和律师助理以满足任务需要。在这个领域需要考虑的因素包括：这个计划是否开辟新的驻地，在现有的驻地增加新的人员，驻地内的空军人员数量，任务的类型，是否有一个空中行动中心，行动的节奏（8 小时或 12 小时的转换）等。所有这些都要同空军部队的法律办公室相协调以保证一致性。

（一）法律附录的准备

法律附录反映了在制订计划过程中的法律考量，且为提供法律支持列出了行动计划。它用来详细描述那些考量，引用可适用的参考资料，包括：跨军种、东道国和互惠支援协定；界定关键术语；制订协同和其他行政指令；发布涉及军法官所关注的领域中的所有事务的政策和程序。另外，它还将概括军法官行政报告链条或计划或责任区所特别关注的事项。

法律附录将涵盖军事审判和纪律管理、索赔、法律援助、财政法、合同、

环境法、行动和国际法、交战规则的支持和援助以及通令。

通常说来，作战司令官或下属军种部队指挥官将执行与计划有关的通令。另外，有时法律顾问也可能被召唤去起草通令，以规制在联合行动区域的军人和平民的行为。这种惩罚性命令的目的是禁止或限制可能损害与东道国关系或破坏部署的美方人员纪律和健康的行为。这样的命令应当根据联合特遣队（JTF）的需要和文化背景进行调整，如果可能的话，保持其公开性以提高其训练和威慑价值。可能涉及的问题包括：酒精类饮料、色情资料、赌博、黑市活动、私人拥有武器、消费当地食物和饮料和进入宗教场所。

（二）交战规则附录的准备

尽管交战规则附录有时候是由 J-5 军官（计划）来写的，但其实它属于 J-3 军官（行动）的职责。不管由谁负责，法律顾问都要全面参与附录的准备。交战规则附录反映了参谋对达到指挥官要求的最终状态所需交战规则的粗略估计。它必须与其他参与行动的军种协调以确保它们的行动需求得到满足。在制定计划的过程中，如果需要补充的交战规则措施的话，他们必须以标准交战规则中概述的那种适当的交战规则消息格式来要求和授权。补充的要求不应当在交战规则的附录中做出。

（三）计划审查清单

1. 审查相关的指导。

1）上级总部的计划：

（1）确定指挥官的意图；

（2）行动的授权；

（3）本部队的作用（被支援或提供支援）；

（4）交战规则；

（5）指挥联系；

（6）法律附件；

2）国际协定和/或条约；

3）法律、规章、指令等。

2. 确认行动的授权。

1）任务类型（如救灾，维和等）；

2）动用部队的授权（类型、数量、允许条件）；

3）东道国限制从其国土所发起的行动的种类吗？

3. 确定可获得的资金。

1）适当的资金是否被用于任务了？

2）资金来源是否基于任务阶段（计划、部署、战斗行动）而改变？

3）资金是否需要被确认或请求？

4. 确定个人的身份。

1）美国还是盟军（战俘、行政人员和技术人员等）；

2）敌军；

3）冲突后的法律制度（比如占领军）。

5. 拘留的政策。

1）如何对待敌军？（战俘？被拘留者？）

2）如何处理流亡的平民？

3）他们被如何拘留？

4）如何处理被缴获的武器、文件、装备等？

5）处理"战利品"的政策和/或程序是什么？

6. 交战规则。

1）交战规则是否已经颁布？

2）如果是，用交战规则的限制来审查军事应对行动：

（1）提议的军事行动是不是被允许的？

（2）交战规则的改变是否应先请求？

3）交战规则是否允许用提议的方法或手段攻击提议的目标组？

4）是否存在附带损害的考虑？

5）联盟部队是否被允许参加集体自卫？如果不允许，是否会影响计划？

6）非致死性武器和低杀伤力技术是否又被讨论？

7）敌方战俘和被拘留人员

7. 什么是指挥关系。

1）所有美国空军部队，包括那些在未被派给其他军种的联合岗位工作的空军部队的行政控制和《美国统一军事司法典》的关系是什么？

2）考虑联合特遣队或联合部队司令部的结构；

3）联合部队司令部是否已经制订了任何联合司法政策？

4）通令是否已被下达或是否需要被下达？

5）谁是开庭机构？

8. 对联盟部队以及东道国的支援。

1）是否存在国际协定？

2）程序是否已经被确认？

3）盟国是否有关前方驻扎地点所需的地位协定？

4）索赔？

9. 如果预计核生化武器将被使用，如何使用、处理或应对？

10. 计划是否足够详细，下属部队无需进一步指导就能完成任务？

11. 计划是否提及了为实施指挥而确定的所有基本任务？

12. 计划中是否存在"任务偏离"？

八、结论

在所有适当的指挥层级和联合行动及联军行动的行动筹划和实施的所有阶段，法律顾问将提供关于遵守战争法的建议。借此来保证法律问题在影响计划进程之前得到解决。早期介入使法律顾问能够从一开始就与计划参谋配合默契。这些早期的努力将在计划周期的后期产生巨大的红利，因为计划参谋将法律顾问看作是团队中一个知识渊博的成员，是从计划一开始就介入，而不是一个直到进程快结束才加入的外来者。

参考文献

1. National Security Presidential Directive 1, Organization of the National Security Council System.

2. JP 1-04, Legal Support to Military Operations, 17 August 2011.

3. JP 3-30, Command and Control of Joint Air Operations, 12 January 2010.

4. JP 5-0, Joint Operation Planning, 11 August 2011.

5. JP 5-03.1, Joint Operation Planning and Execution System Vol Ⅰ, 4 August 1993.

6. CJCSM 3122.01A, Joint Planning and Execution System, Vol Ⅰ, 29 September 2006.

7. CJCSM 3122.02C, Crisis Action Time-Phased Force and Deployment Data Development and Deployment Execution, 22 March 2004.

8. CJCSM 3122.03B, Joint Operation Planning and Execution System Vol Ⅱ：(Planning Formats and Guidance), 28 February 2006.

9. CJCSI 3110.01B, Joint Strategic Capabilities Plan FY 1996, 10 October 1996.

10. CJCSI 3121.01A, Standing Rules of Engagement for U.S. Forces, 15 January 2000 (S).

11. CJCSI 8501. 01B, Chairman of the Joint Chiefs of Staff, Combatant Commanders, and Joint Staff Participation in the Planning, Programming, Budgeting, and Execution Process, 21 August 2012.

12. User's Guide for JOPES, 1 May 1995.

13. AFDD 3-0, Operations and Planning, 9 November 2012（http://www. dtic. mil/doctrine/jel/service_ pubs/afd2. pdf）.

14. AFSC Pub 1, The Joint Staff Officer's Guide, 1 January 1997.

第十八章 | 联合空中行动

一、背景

为了协调航空航天行动，联合部队司令（JFC）会任命联合部队空军部队指挥官（JFACC）。联合部队司令一般基于任务、行动方针（CONOPS）、分派给下属指挥官的任务、可用的部队、预期联合空中行动持续时间和性质、联合空中行动所需要的控制程度指定联合部队空军部队指挥官。联合部队司令通常将联合部队空军部队指挥官的职责分配给拥有优势空中力量资源和有效进行筹划、分配任务和控制联合空中行动的能力的军种指挥官。在一些行动中，陆军虽然拥有占优势的空中资源，但其陆航部门缺乏对全谱联合空中行动的筹划、任务分配和控制的装备、人员和训练。因此，联合部队空军部队指挥官一般根据上述标准从空军、海军或海军陆战队中选拔。此外，空军通过航空航天行动中心（AOC）提供的指挥和控制职能说明联合部队空军部队指挥官通常选自空军。

在联军行动中（即与联盟伙伴共同参与的行动），空军部队的航空航天行动中心被称为联军航空航天行动中心（CAOC），联合部队空军部队指挥员被指定为联军部队空军部队指挥官（CFACC）。航空航天行动中心作为具有完整设施和工作人员的机构，履行所有联合部队空军部队指挥官的职责。根据具体情况或存在紧急情况时，联合部队空军部队指挥官可能会在海上或陆地指挥作战。二者职责是相同的，不同的仅仅是行动的规模。

航空航天行动中心是联合部队司令部中航空航天行动的筹划和执行中心，是对航空航天行动进行集中筹划、指导、控制和协调的机构。在航空航天行动中心的人员负责计划、执行和评估航空航天行动，并根据情况变化改变行动指示。航空航天行动中心的军法官提供将直接影响航空航天行动的有关国内法、国外法和国际法方面的专业意见。本章将讨论航空航天行动中心的功能；简要介绍空中任务分配周期的基础知识；介绍航空航天行动中心组织机构设置的概况及其内部各团队的职责。

二、航空航天行动中心的首要功能

联合部队空军部队指挥官的职责是联合部队司令赋予的，包括筹划、协同和监督联合空中行动，根据联合部队司令行动方针和航空任务分配计划对空军部队进行兵力拨配和任务分配。联合部队空军部队指挥官的具体职责包括：

1. 制定联合航空航天行动计划，以便最好地支持联合部队司令实现目标。

2. 在咨询其他下属指挥官的意见后，通过规定在一定时间内向不同的空中行动提供空中资源的比例和/或优先排序，向联合部队司令提出有关联合空中任务分配的建议。

3. 根据联合部队司令的空中任务分配命令，对空中能力和兵力进行拨配和分配任务。

4. 在联合空中任务的执行过程中，提供监督、指导，包括对可获得的联合空中能力/部队的任务分配做出及时调整。当情况需要对计划中的联合空中行动做出调整时，联合部队空军部队指挥官将同联合部队司令和有关的下属军种指挥官协同。

5. 加强联合空中行动与隶属或支援联合部队司令的其他部队指挥官和部队的协同。例如，需要与战斗搜救（CSAR）行动、信息行动（IO）、联合部队特种行动部队指挥官（JFSOCC）、联合部队海上部队指挥官（JFMCC），以及联合部队陆上部队指挥官（JFLCC）进行协同，以实现相互的整合、同步和避免冲突。

6. 评估联合空中行动的结果，并将评估报告提交给联合部队司令，作为整体作战评估（CA）的一部分。

7. 除非建立单独的空域管制局，否则承担空域管制局的职责，包括制定空域管制计划、协同空域管制措施。

8. 除非指定单独的地区防空指挥官，否则履行地区防空指挥官（AADC）的职责。

9. 除了上述职责，还要完成不同的任务。如夺取空中优势，战略空袭，空中情报、监视和侦察，空中拦截，战区内的和战区间的空中机动以及近距离空中支援。

10. 根据联合部队司令的指定，作为被支援或提供支援部队指挥官。

三、航空航天行动中心组织

航空航天行动中心指挥官，根据联合部队司令和联合部队空军部队指挥官的指示，负责有效地实施日常联合航空和航天行动，同时保持与空军机动部队主管和航天部队主管协同一致。条令规定了航空航天行动中心组织的基本结构，而航空航天行动中心指挥官可以根据不同的战区的具体任务对中心进行组织或调整，以实现航空和航天行动目标。航空和航天中心指挥官对监视、评估和调整空中任务分配命令（ATO）的执行进行指导和监督，以应对不断变化的战区情况和帮助实现联合部队空军部队指挥官的空战计划（ABP）和联合部队司令的预期效果。

一般来说，航空航天行动中心通过整合来自一个下属军种参谋部的装备和人员来组成。航空航天行动中心的人员配备是根据他们的航空、航天和信息行动的经验，以及他们有关指挥控制方针和程序的知识而选拔人员这一核心理念。组成人员也从职能专业人才中选拔，例如通信、情报和作战管理。其他的人员，通常来自各军种和联盟伙伴，这些人非常了解使用的每一种航空器，情报、监视和侦察平台、空间资源和武器系统的当前性能和战术以及增强的性能。扩编人员不应该与其他军种部队指挥官的代表混淆，他们通常被称为联络员。虽然联络员是航空航天行动中心整体的一部分，但是他们不为联合部队空军部队指挥官工作。

航空航天行动中心配备足够的设备和人员，以完成所有联合部队空军部队指挥官规定的职责。联合部队空军部队指挥官部的组织设置根据具体的责任区（AOR）或联合行动区（JOA）的要求和行动类型的差别而不同。通常情况下，航空航天行动中心包括一名中心指挥官、五个部（战略，战斗计划，战斗行动，情报、监视、侦察（ISR）和空中机动）以及多个支援和专业小组。

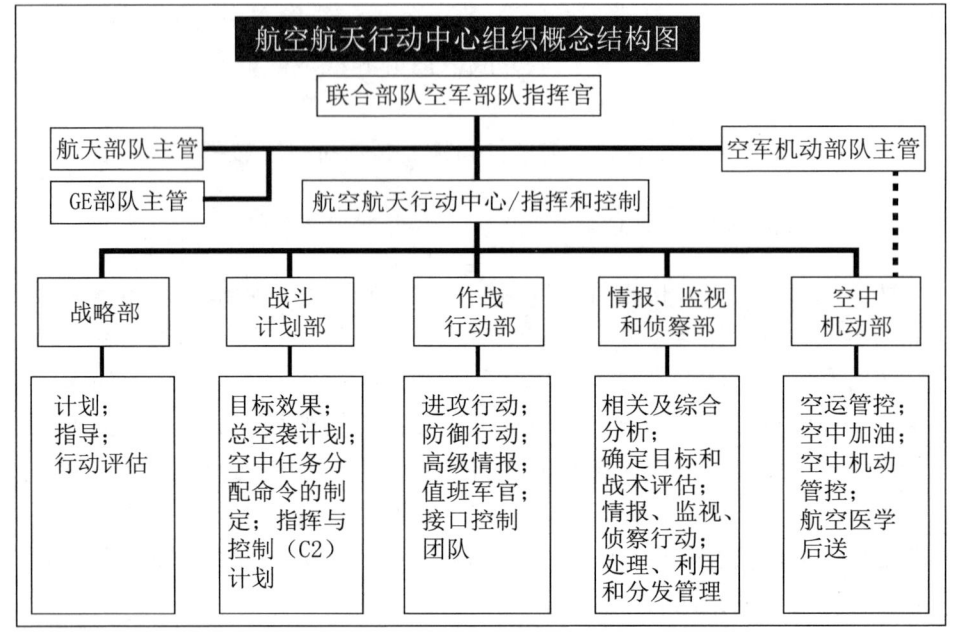

航空航天行动中心组织概念结构图

联合部队空军部队指挥官

航天部队主管

GE部队主管

空军机动部队主管

航空航天行动中心/指挥和控制

战略部	战斗计划部	作战行动部	情报、监视和侦察部	空中机动部
计划；指导；行动评估	目标效果；总空袭计划；空中任务分配命令的制定；指挥与控制（C2）计划	进攻行动；防御行动；高级情报；值班军官；接口控制团队	相关及综合分析；确定目标和战术评估；情报、监视、侦察行动；处理、利用和分发管理	空运管控；空中加油；空中机动管控；航空医学后送

（一）战略部

战略部主要负责通过制定、改善、分发及评估联合部队空军部队指挥官的航空航天战略和联合航空航天行动计划来筹划未来的航空航天行动，以便实现战区目标。联合部队空军部队指挥官一般被赋予联合航空航天行动筹划和制定联合航空航天行动计划，以便运用分配给他或她的那部分空中力量来达成联合部队司令分配的目标职责。战略部分为三个核心团队：战略计划、战略指导和行动评估。

1. 战略计划组

负责制订和保持行动层面上的、远距离的联合空中战略以及支持联合部队司令和联合部队空军部队指挥官目标的相关分支计划和后续计划。战略计划组负责制定联合部队空军部队指挥官判断报告，提出航空航天战略以及联合航空航天行动计划建议。

2. 战略指导组

负责航空航天行动中心从战役层筹划到战术层筹划的转变，最后是在空中行动指令中提供详尽的每日指导。该组提供任务执行前48小时到72小时的近期指导。这一指导是通过空中行动指令提供的。

3. 行动评估组

评估其他团队的成果以判断航空航天行动在作战或战役层面的进展。他们评估在完成联合部队空军部队指挥官确定的目标和任务过程中每个阶段的进展情况。行动评估会评定预期的航空航天目标的整体效果和效率，包括战斗损伤评估（BDA）、弹药效力、再次攻击备选方案和任务。组成战略部三个团队的具体任务和责任可参见下图。

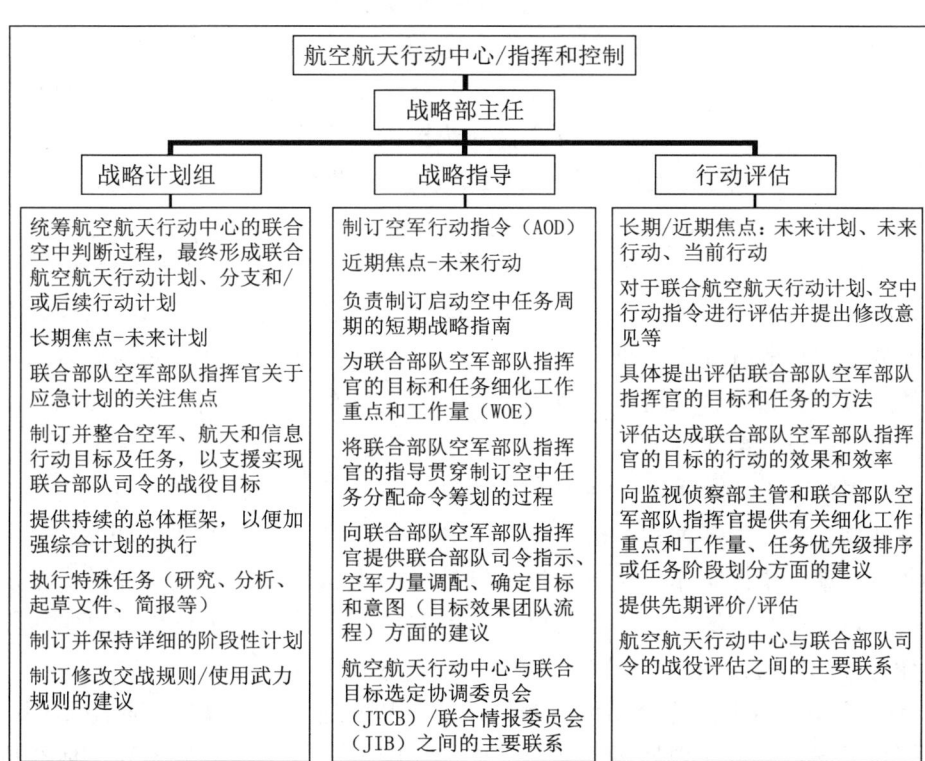

航空航天行动中心/指挥和控制		
战略部主任		
战略计划组	战略指导	行动评估
统筹航空航天行动中心的联合空中判断过程，最终形成联合航空航天行动计划、分支和/或后续行动计划 长期焦点-未来计划 联合部队空军部队指挥官关于应急计划的关注焦点 制订并整合空军、航天和信息行动目标及任务，以支援实现联合部队司令的战役目标 提供持续的总体框架，以便加强综合计划的执行 执行特殊任务（研究、分析、起草文件、简报等） 制订并保持详细的阶段性计划 制订修改交战规则/使用武力规则的建议	制订空军行动指令（AOD） 近期焦点-未来行动 负责制订启动空中任务周期的短期战略指南 为联合部队空军部队指挥官的目标和任务细化工作重点和工作量（WOE） 将联合部队空军部队指挥官的指导贯穿制订空中任务分配命令筹划的过程 向联合部队空军部队指挥官提供联合部队司令指示、空军力量调配、确定目标和意图（目标效果团队流程）方面的建议 航空航天行动中心与联合目标选定协调委员会（JTCB）/联合情报委员会（JIB）之间的主要联系	长期/近期焦点：未来计划、未来行动、当前行动 对于联合航空航天行动计划、空中行动指令进行评估并提出修改意见等 具体提出评估联合部队空军部队指挥官的目标和任务的方法 评估达成联合部队空军部队指挥官的目标的行动的效果和效率 向监视侦察部主管和联合部队空军部队指挥官提供有关细化工作重点和工作量、任务优先级排序或任务阶段划分方面的建议 提供先期评价/评估 航空航天行动中心与联合部队司令的战役评估之间的主要联系

4. 军法官的作用

军法官就涉及"在指挥的所有适当层面和在联合行动和联军行动筹划和执行的所有阶段"遵守战争法的问题提供建议。为此，配属或编入战略部的军法官从一开始就要介入计划过程，其关注于"大局"，即关注目标组或体系而非单个目标。此外，在大多数航空航天行动中心中，交战规则的制定也归战略部负责。尽管"行动者拥有并负责制定交战规则"，但军法署长却要深度参与，尤其是在联合部队空军部队指挥官想要对现有的交战规则进行修改时。战略部军法署长也可能是信息行动（IO）和特种技术行动（STO）单位的法律代表。这些部门往往会遇到需要严格保密的独特的法律问题和程序。

（二）战斗计划部

战斗计划部（CPD）直接对航空航天行动中心主任负责，主要负责根据联合部队司令和联合部队空军部队指挥官发布的指导原则，计划和分配兵力。战斗计划部分为四个功能核心小组：目标效果组、总空袭计划组（MAAP）、指挥与控制计划组、空中任务分配命令/航空管制命令制定组。

1. 目标效果组（TET）的任务是在一项给定的空中任务分配命令的期间内，在空中行动指令的指导下将联合部队按优待次序排列的目标选择整合为一份"联合统一排序目标清单"（JIPTL），以达成预期的动能和非动能效果，并将该清单加入联合部队司令的战役目标中。

2. 总空袭计划组（MAAP）制定每日的总空袭计划并将其转变为电子格式以便转化为空中任务分配命令。总空袭计划是联合部队空军部队指挥官在一定的空中任务分配命令期间内的空中、太空、网络和信息作战的分时段兵力使用方案，它综合联合部队空军部队指挥官部的指导原则、预期效果、敌我实力、被支援部队兵力使用方案以及可用资源。

3. 指挥与控制计划组由空域管理、防空、指挥与控制体制、指挥与控制通信计划、空中支援和特别指令（SPINS）小组组成。这些小组的职能与联合部队空军部队指挥官作为空域管制局和地区防空司令的职责直接相关。由航空航天行动中心空域专业小组提供支持的空域管理计划小组负责制订空域管制计划（ACP），并起草日常空域管制命令（ACO）。

4. 空中任务分配命令制订组制订、公布和向适当的由联合部队空军部队指挥官根据总空袭计划划拨的航空、航天、网络和信息作战能力和部队组成的联合特遣队下发每日空中任务分配命令和特别指令。空中任务分配命令制订小组由代表可能被分派任务或被使用的每一类型航空器或系统的行动专家组成。

5. 军法官的作用。战斗计划部的军法官确保选定的目标、选用的武器和部队的任务分配得到全面的法律分析。在某些情况下，其与情报、监视和侦察部（ISRD）的目标分析员、目标效果组组长和总空袭计划组组长密切合作，审核对一些敏感目标所选用的战术。这就要求军法署长在制定空中任务分配命令的整个周期中全程参与联合统一排序目标清单和总空袭计划的制订。隶属战斗计划部的军法署长也和指挥与控制计划组组长一同制订联合部队空军部队指挥的特别指令中的交战规则/使用武力规则章节。在制定计划期间，隶属战斗计划部的军法署长也可根据需要向特种技术行动小组提供支持。

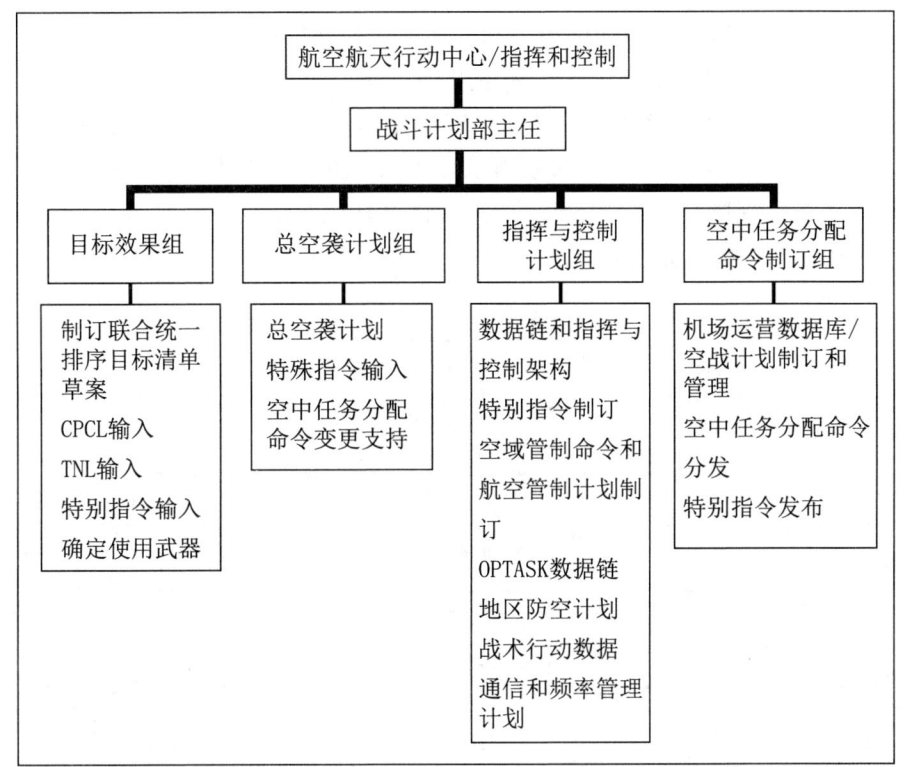

（三）战斗行动部

战斗行动部（COD）负责当前的空中任务分配命令和空域管制命令的有效执行。战斗行动部通过不断的监控行动环境和有效利用战区空地系统（TAGS）各单元中的下属指挥与控制战区空中管制系统（TACS）功能以及其他隶属和配属的部队及装备来完成这一任务。通常地，战斗行动部通过指挥和控制防空和导弹防御行动、信息行动，修改已公布的空中任务分配命令和空域管制命令以便变更任务要求，来应对瞬息万变的战场形势。

根据具体的情况，战斗行动部包括进攻和防御（包括导弹防御）组、高级情报值班军官组（提供情报、监视、侦察行动执行支持）、接口管控组以及许多专业团组，例如法律、空域管理、天气、人员营救协调小组（PRCC）以及各种武器系统的专家。战斗行动部也根据需要得到不同联络组的支持。这些组包括战场协同分遣队（BCD）、陆军防空与导弹防御司令部（AAMDC）、海军和两栖部队联络小组（NALE）、特种行动联络小组（SOLE）、海军陆战队联络官（MARLO）、联盟联络小组和其他政府机构的联络组。

军法官的作用。在战斗行动部当顾问的军法官对属于该部职权范围内的所有事务提供法律咨询，包括确保动态确定目标、近距离空中支援、战斗搜救（CSAR）行动符合武装冲突法和交战规则/使用武力规则。他们还解释特别指令和交战规则/使用武力规则，并且解决其他在当前空中任务分配命令执行过程中出现的紧急法律问题。

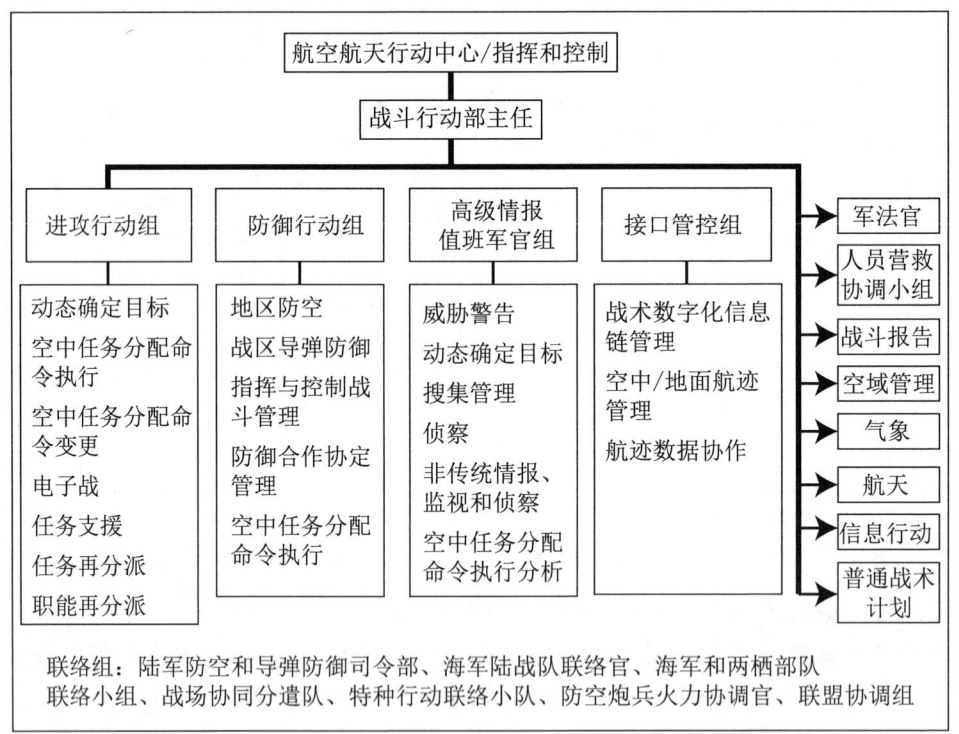

（四）情报、监视和侦察部（ISRD）
情报、监视和侦察部为联合部队空军部队指挥部、航空航天行动中心及

其下级单位提供预测性的和可操作的情报，采取情报、监视和侦察行动以确定目标，并推动空中任务周期的进行。对有关共同威胁和目标的了解对于筹划和执行战区范围内空中、太空、网络和信息行动，以完成联合部队空军部队指挥官的目标来说至关重要。情报、监视和侦察部提供了衡量这些行动效果的方法。情报、监视和侦察部人员指导航空航天行动中心分布和回传情报、监视和侦察的过程，以便实施情报、监视和侦察战略；行动环境的情报准备；情报、监视和侦察行动；目标确定和评估。这为理解对手的意图和帮助实现预测的战场态势感知（PBA）提供了背景情况。

预测的战场态势感知（PBA）是确定行为样式、了解制约条件、地势和地形条件、文化、环境、部队和个性所需的形势感知，这使美国能够预测、误导对手，并能够先发制人，以便在美国选择的时间和地点来成功地达到预期的效果。对行动环境的了解，再加上有效的指挥控制，使联合部队空军部队指挥官能够预测未来的作战空间的情况、进行排序、利用出现的机遇，并以对手难以匹敌的速度和把握采取行动。

情报、监视和侦察部由四个组组成：分析、对照和综合（ACF）组；目标/战术评估（TGT/TA）组；情报、监视和侦察行动（ISR Ops）组；处理、利用和分发管理（PED）组。

1. 分析、对照和综合组由一个分析小组和一个部队支援小组组成。分析小组可由下列部门任意组合组成：综合防空系统（IADS），政治—军事、经济、指挥、控制、通信（PEC3），陆军、海军、特种部队（SOF）、战区弹道导弹和大规模杀伤性武器（WME）。分析小组负责进行动态的行动环境情报准备，并为理解对手的能力、备择方案和意图以及支援获得预测的战场态势感知提供背景情况。

2. 目标/战术评估组包括目标确定小组和战术评估小组。目标确定小组确定目标并对目标体系进行分析，以确定哪些关键的和易受攻击的节点能够或应当被攻击或加以影响从而实现目标。战术评估小组负责更新目标状态，向目标制定小组提出重新攻击的建议。

3. 情报、监视和侦察行动组制定情报、监视和侦察战略和计划，并且执行这些计划以满足战区情报需求。情报、监视和侦察部主管通常委派该组负责使空军部队情报、监视和侦察行动与联合或联盟部队的行动协调一致。情报、监视和侦察行动小组由搜集行动管理小组、搜集需求管理小组、信息申请（RFI）管理小组构成。

4. 处理、利用和分发管理组是情报、监视和侦察部实施、协调、维护和评估来自航空航天行动中心以外的部队或机构的处理、利用和分发支援的情报中心。处理、利用和分发管理组还评估处理、利用和分发行动的效果。处理、利用和分发管理组与联合部队、联盟部队、军种部队以及国家情报部门相协调，以便处理、利用和分发计划的实施。根据责任区和联合行动区以及任务的具体要求，情报、监视和侦察部主任可以在情报、监视和侦察行动组中选择、指定相关人员担负处理、利用和分发职责。

5. 军法官的作用。在情报、监视和侦察部担任顾问的军法署长对属于该部管辖的一切事项提供法律咨询，包括信息搜集、储存、分发的合法性；有关目标的最新信息及其相对于非军事设施和人员的位置；确定武器或使用的武器系统；不成比例的附带损害的可能性以及交战规则的限制和约束。

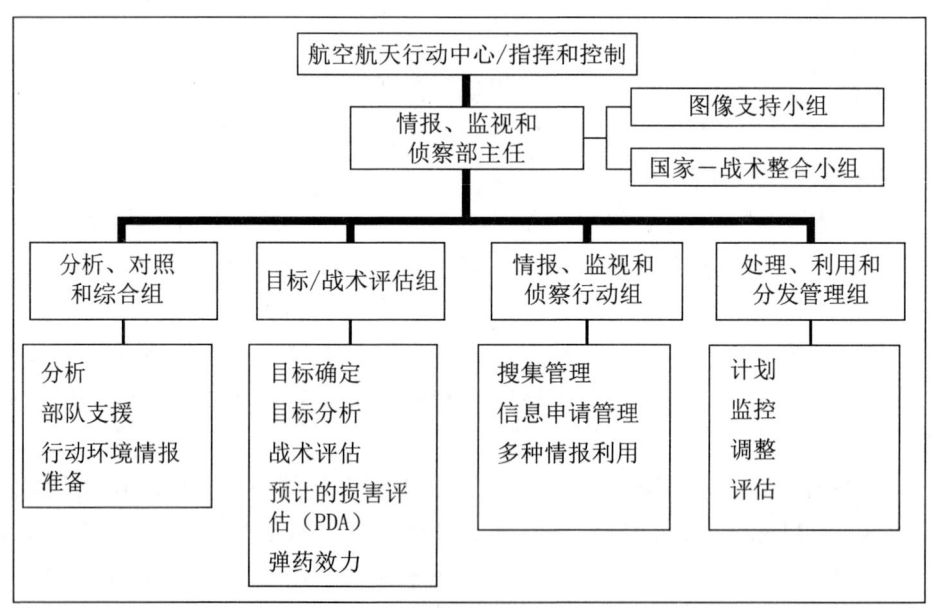

（五）空中机动部（AMD）

与空军机动部队主任（DIRMOBFOR-Air）相协调，空中机动部计划、协调、分派、执行战区空中机动任务。空军机动部队主任负责整合联合部队空军部队指挥官的所有空军机动行动，并为空军机动部门执行任务提供帮助和指导。空中机动部执行空中机动任务。空军机动部队主任是联合部队空军部队指挥官指定的与联合部队内外所有司令部和机构的协调负责人。空军机动部队主任为空中机动部所有机动事项提供指导。

空中机动部长要确保该部在航空、航天、网络、信息行动计划和执行中成为航空航天行动中心的一个有效部分。空中机动部由四个核心组构成：航空医疗后送控制组（AECT）、空运控制组（ALCT）、空中加油控制组（ARCT）和空中机动控制组（AMCT）。

1. 航空医疗后送控制组（AECT）负责战区内航空医疗后送（AE）任务的行动筹划、时间安排和执行。航空医疗后送控制组向空中机动部长和空军机动部队主任提供有关航空医疗后送方面的建议。它负责对特定职责区/联合行动区内所有战区隶属和配属的航空医疗后送部队和行动的指挥与控制，并协助战区间航空医疗后送行动的到达、出发或职责区/联合行动区间的过境。

2. 空运控制组（ALCT）是空中机动部中的战区内空运专家库。空运控制组将战区各机构中的战区内空运专家召集在一起，为联合部队空军部队指挥官筹划、协同、管理和执行职责区/联合行动区中的战区内空运行动。

3. 空中加油控制组（ARCT）协调空中加油计划、行动分配、时间安排以支援战斗空中行动或支援职责区/联合行动区中的一个战略空中桥梁。

4. 空中机动控制组（AMCT）是任务执行期间，空中机动指挥、控制和通信（C3）的中央机构。空军机动部队主任运用空中机动控制组来指导空中机动部队与其他航空航天部队共同行动。空中机动控制组解决进入、离开和在行动区域内所有空中机动行动间的冲突。空中机动控制组与航空航天行动中心作战行动部、下属空中机动部队以及任务部队保持执行过程和通信的连通性，以执行任务、协调和后续飞行。

5. 军法官的作用。通过与联合部队空军部队司令部/军法参谋协调，军法官向空中机动部就该部职权范围内所有事务提供法律咨询，包括影响着陆权、飞越、主权、税收、海关、飞行事故，以及民用后备航空队（CRAF）等的国际协定。

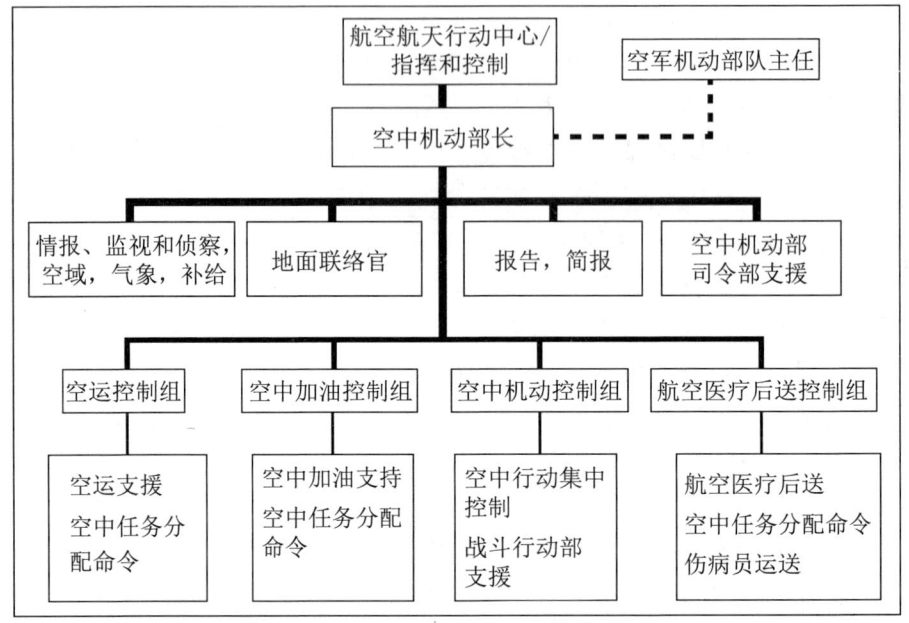

（六）专业职能组

专业组使航空航天行动中心具有不同的能力，以便精心筹划战区航空航天力量的运用。这些能力被融入航空航天评估、筹划和执行的过程中。专业职能包括下属军种部队联络，情报、监视和侦察，防空、航天、信息行动、气象和法律问题。

航空航天行动中心把职能部门领导人集中在一起，以确保相关人员及装备得到最佳利用。例如，法律组成员一般在由高级军法官所担任的组长的指导下，被分派到航空航天行动中心的各个部门。组长确保小组成员在整个中心都得到有效的利用。此外，高级军法官还担任联合部队空军部队指挥官的法律顾问。

支援组为航空航天中心以及中心之上及之下的行动梯队提供直接的支持。它们完成自己的任务，使核心及专业组集中精力于航空航天评估、筹划和执行过程。支援组包括情报单位支援、系统管理、信息管理和通信。

四、结论

联合航空航天力量的成功运用要求一致努力、集中筹划、分散执行。联合空中行动中心是航空航天力量实施航空航天行动的筹划和执行中心。航空航天行动中心的人员，包括法律组，负责筹划、执行和评估航空航天行动，并根据情况的变化进行调整。在航空航天行动中心里，军法官是与航空航天行动相关的大量法律事务的主要顾问。

参考文献

1. DoDD 2311. 01E, Department of Defense Law of War Program, 9 May 2006, certified current as of 22 February 2011CJCSI 5810. 01D, Implementation of the DoD Law of War Program, 30 April 2010.

2. JP 1-04, Legal Support to Military Operations, 17 August 2011.

3. JP 3-30, Command and Control for Joint Air Operations, 12 January 2010.

4. AFDD-2, Operations and Organization, 3 April 2007.

5. AFTTP 3 - 2.17IP, Multiservice Procedures for the Theater Air Ground System (Multiservice TT: FM 100-103-2, MCWP 3-25.2, NWP 3-56.2) （"The TAGS Manual"）, 10 April 2007.

6. NWP 1-14M/MCWP 5-12.1/COMDTPUB P5800.7A, The Commander's Handbook on the Law of Naval Operations, July 2007.

7. JP 3-60, Joint Targeting, 13 April 2007.

8. AFI 13-1AOCV3, Operational Procedures-Air and Space Operations Center （AOC）, Incorporating Change 1, 18 May 2012, AFOTTP.

美国空军、太空和网络部队指挥官法律手册

（下）

李卫海◎等译

本册译者

李卫海　尤东晓◎译

中国政法大学出版社

2022·北京

目　录

第十九章　多国空中行动

一、背景

多国行动是指由联盟或同盟框架内的两个或多个国家的部队采取的行动。[1] 同时美国保持单独行动的能力，2006 年的《国家安全战略》指出：

美国将通过把能够和愿意促进有利于自由的均势的国家组织成尽可能广泛的联盟来实施其战略。

服务于多国行动的军法官的关键作用是向他们所隶属的美国的指挥官或者多国部队指挥官提出建议，以便协助他们在同盟伙伴之间找出可行的解决方案，从而维护和促进成功完成任务所需的互用性和一致努力。

二、多国行动的指挥和控制

参加多国行动的国家并不放弃对本国军队的国家指挥权。因此参加多国行动的部队至少有两个不同的指挥系统：国家的和多国的。作为总司令——美国总统总是保留对美国军队的国家指挥权，并且有权在任何时候终止美国参与多国行动。

多国行动的指挥权是通过各个参与国之间的谈判决定的，并且因国别而异。参加国授予多国部队指挥官的指挥权可包括行动控制（OPCON）、战术控制（TACON），指定的支援关系，以及协调权。

---

〔1〕　本书中的"同盟"被用来描述在一个正式的结构——比如北大西洋公约组织——之下，为了共同的军事目标而合作的国家集团。而"联盟"则是指并非长期的，而是在一项任务中密切合作的国家所组成的一种并不严格的组织结构。

三、伙伴国空军的法律支持

（一）法律人员

一些经常与美国一起行动的盟国（例如澳大利亚、加拿大、英国）都有法律部门，它们在多国部队总部和行动中心都派驻有法律代表。其他国家则根本没有穿军装的军事律师和律师助理。

（二）律师的职能和地位

在多国伙伴部队中的法律工作人员的角色和地位难免与在美国部队中的不同。美国军法官也许会发现在一个同盟国空军部队中工作最相似的同行在指挥体系中处于不同的位置。同行可能具有不同的衔级，或者是一个平民。一些由美国军事法律工作人员处理的核心任务（例如合同法和财政法）也很可能不是由一支外国军队的法律工作人员来处理的。

（三）律师助理

如果有的话，外国军队一般会部署少数军事律师助理。通常由美国军事律师助理例行完成的工作可能由同盟国军事律师自己完成，或者由非律师助理完成，甚至没有人负责。

四、武装冲突法

（一）概述

每个国家在武装冲突法（LOAC）中的义务和政策都会对他们可能参加的行动、可能使用的武器，以及能够提供给参加特定任务的其他多国部队成员的支援产生影响。尽管武装冲突法相当大的部分都属于习惯国际法，其适用于所有国家，但是还有许多义务由条约创设，这些条约可能还未被所有的多国部队出兵国所批准。另外，条约的缔约国可能进行了保留，或发表了解释声明，这些都会影响他们对条约义务的解读。此外，各国可能对条约和习惯国际法义务都有不同的解释，并且有可能把选择适用不同的标准作为一项政策。

行动的法律依据：大部分的国家均会为他们参加某一特定的行动阐明一个或多个法律依据。

（二）《日内瓦公约》第一附加议定书（AP I）

虽然美国签署但未批准《日内瓦公约》第一附加议定书（AP I），但该条约的一些方面反映了习惯国际法。第一附加议定书中可能导致多国部队中的伙伴国产生分歧的主要条款有：

1. 第 1 条第 4 段——美国反对武装冲突法适用于该条款所规定的“自决战争”[1]。也许最重要的实际影响涉及参与敌对行动人员所受的待遇。第一附加议定书的缔约方将广泛的人员视为战斗员，因而享有交战者的特权。这意味着默许第一附加议定书的缔约方可以合法地对广泛的人员进行攻击，同时也要求这样的人一旦被俘，就应被作为敌方战俘来对待。

2. 第 44 条——战斗员和战俘，美国反对第 44 条的一些部分，它们降低了《日内瓦第三公约》第 4 条第 2 段所规定的用以区分战斗员与平民的标准[2]。因此，第一附加议定书的缔约方可能把符合第 43 条中的资格要求的某些团体，不论他们是否佩戴了从远处可以识别的固定的区分标志，都被视为战斗员。因此应向多国部队法律官员咨询，了解他们国家对相关法律的解释，即哪些卷入国际冲突中的武装团体被他们的国家视为交战者。这些信息也许包含在本国的交战规则（ROE）中或者一国的确定目标指令中。这些解释关系被那些部队所俘获的人是否可以被移交给美国，反之亦然。

3. 第 55 条——自然环境的保护[3]。预期可能导致“广泛的、长期的以及严重的环境破坏”[4]的一种攻击对于第一附加议定书的缔约方来说是非法的，但对于美国来说在理论上却是合法的。

但是，如果这样的攻击导致过度的附加毁伤或违反美国的政策，也可能被美国所禁止。

4. 第 56 条——对含有危险力量的工程和装置的保护。这点分歧的实际影响有限，因为这样的目标对于包括美国在内的所有国家都极为敏感。如果攻击像水坝、堤防和核电厂等目标可能产生过度的附带损害或违反美国的政策，那么将被美国所禁止。这类性质的目标通常会被列在联合特遣部队或作战司

---

〔1〕　参见里根总统：“致参议院通过 1949 年日内瓦公约附加议定书的致辞”，1987 年 1 月 29 日。http://www. reagan. utexas. edu/archives/speeches/1987/012987B. htm.

〔2〕　除了别的要求以外，《日内瓦第三公约》第 4 条第 2 段要求有组织的抵抗运动的成员在被赋予战俘地位之前，应该有可以从远处识别的固定的区分标志。第 44 条则降低了这一要求，即在每一次军事交战中和在攻击前的军事部署中公开携带武器。

〔3〕　参见 1996 年 7 月 8 日美国在“核武器案”中向国际法院提交的书面咨询意见。

〔4〕　请注意在本条款中使用的连接词“以及”。公约严禁的预计环境破坏必须是广泛的、长期的以及严重的。不符合此标准的预计环境破坏将会在附带损害评估中被考虑。

令部的不打击目标清单或受限目标清单上。

（三）《日内瓦公约》第二附加议定书（AP Ⅱ）

在非国际武装冲突中，《日内瓦公约》第二附加议定书缔约方除了要遵守习惯国际法规定的义务之外，还有额外的法律义务。对应引用第二附加议定书的武装冲突的情况分类由各国作出。重要的实际问题涉及被拘留者的待遇和对与武装冲突相关的违法行动的起诉。受第二附加议定书约束的国家必须确保拘留条件符合第二附加议定书第 5 条所规定的最低标准，对任何与冲突有关的刑事犯罪的起诉都应由独立和公正的法庭进行，并应符合第 6 条所规定的最低标准。此外，受第二附加议定书中有关对含有危险力量的物体、文化物体和礼拜场所的保护的用语所约束的国家可能还有不同的义务。

（四）被拘留者

各国对影响被拘留者分类的方式、被羁押期间如何对待以及如何处理被拘留者被控实施的犯罪行动的法律有不同的解释和不同的法律义务。

法律在被拘留者的类别、被拘留者在羁押期间的待遇以及如何处理被指控的罪行等问题上都规定了不同的法律义务、不同的法律解释。

第一附加议定书各缔约方有义务确保把被拘留者移交给另一个国家监禁时，即使是暂时的，也要符合《日内瓦第三公约》的条件。只有当美国适用与《日内瓦第三公约》所规定的条件相同时，第一附加议定书的缔约国才能把一名囚犯移交给美国。

被拘留者问题应该及早得到讨论，最好是在敌对行动开始之前。确定其他国家是否认为第一附加议定书适用于所进行的武装冲突很重要。另外，确定它们给予谁战斗员地位也很重要。如果对于哪些团体被视为战斗员和享有战俘地位有不同的国家政策的话，那么就应该共同制定有关对被拘留者的羁押、移交、运输、监管和审判的程序。[1]

不论被拘留者的类别和身份为何，美军均需要根据可适用的美国国内法、

---

〔1〕 在"伊拉克自由"行动期间，美国、英国和澳大利达成了有关战俘、被羁押的平民和被拘留的平民的移交程序的三边安排。该协定的主要方面包括移交双方共同确定人员的能力；接受国根据拘留国的要求将该人员返还的要求；完全根据双方协定释放或转移至伊拉克境外；该人处于接受国的羁押期间，拘留国拥有与其接触的全权；只有拘留国拥有对潜在战俘进行分类的责任；拘留国拥有对被俘前犯罪的优先司法管辖权，但对接受国提出的放弃司法管辖权的请求应当给予积极考虑；以及由拘留国支付的费用。

国际法和相关政策，妥当地控制、保留、保护被拘留者并对其负责。[1]

（五）恐怖分子的法律地位

第一附加议定书各缔约方根据该议定书第 43 条和第 44 条的规定界定战斗员。第一附加议定书各缔约方通常把筹划、为进行恐怖活动而进行训练或者实施恐怖活动的人划归平民。恐怖分子不享有交战者的特权，他们针对战斗员或平民实施的任何暴力行为通常都被认为是犯罪。但是，作为平民，恐怖分子在直接参与敌对行动时就失去了公约的保护。各国对"直接参与敌对行动"这一表述有着不同的解读。因此，军法官应当了解相关多国伙伴对这一表述的解释。

五、武器

（一）概述

除了美国实行的武器审查程序之外（参见第二章有关武器审查程序的讨论），第一附加议定书第 35 条要求缔约方考虑武器的性质是否会造成过分伤害和不必要的痛苦，或者旨在或预计对自然环境造成广泛、长期和严重的破坏。

（二）1980 年常规武器条约，《禁止或限制使用某些可被认为具有过分伤害力或滥杀滥伤作用的常规武器公约》第三议定书（燃烧武器）

美国对该议定书的批准中包括对第 2 条的保留，即保留："……针对处于平民集聚地区的军事目标使用燃烧武器的权力，如果经判断比起其他替代武器，使用该种武器将造成较少的伤亡和/或较小的附带损害的话。但是如果这样做，必须采取所有可行的预防措施，以便使燃烧的效果仅限于军事目标，避免并在任何情况下尽量使平民生命的附带性伤亡和平民的受伤及平民物体的破坏降到最低。"

美国最近的做法是相对于标准的高爆武器外，较少使用燃烧武器。鉴于使用燃烧武器的政治后果，如果在需要多国部队参与或支援的行动中计划使用燃烧武器的话，美国指挥官和多国部队当局可能会在行动开始前向他们的国家高层领导请示。

---

[1]《国防部指令》2310.01E，"国防部的被拘留者计划"，2006 年 9 月 5 日。

（三）白磷（WP）

目前一个有争议的问题是如何对在孤立个案中为实现杀伤人员的效果所使用的白磷类弹药进行分类。虽然美国不把白磷视为化学或燃烧武器，但有些国家可能认为是。如果白磷在联军行动中被作为杀伤人员武器使用，或即使仅作为目标标示，联盟部队中的一些国家可能也会对使用、运输或储存白磷提出反对。即使仅仅被使用于明显军事目标上，也可能会引发联军对白磷的使用、运输和储存等问题的反对。如果需要多国部队参与或支援的话，美国指挥官和多国部队当局可能会在行动开始前向他们的国家高层领导请示。

（四）《1997年禁止使用、储存、生产和转让杀伤人员地雷公约》（《渥太华公约》）

禁止各缔约国拥有或使用杀伤人员地雷（APL），以及协助、鼓励或诱使任何其他人拥有或使用这些地雷。目前在美国库存中的，有可能导致互用性冲突的武器包括炮射杀伤人员地雷（ADAM）和M731和M692弹、CBU78/B和CBU89/B盖特地雷系统的BLU-92/B杀伤人员地雷子弹药、M74杀伤人员地雷、M86追击威慑弹药、火山多发地雷投射系统以及地雷拉发线模式的M18A1克莱莫地雷。当美国计划使用杀伤人员地雷时，《渥太华公约》对多国伙伴的限制必须予以考虑。《渥太华公约》缔约方可能被禁止为运输杀伤人员地雷的车辆加油。此外，如果联合终端攻击控制员（JTACs）是已批准了《渥太华公约》的国家的武装部队成员，那么联合终端攻击控制员可能不会提供帮助投送杀伤人员地雷的确定目标信息。多国部队总部中来自缔约方的计划者可能无法支持筹划使用杀伤人员地雷的参谋筹划过程。如果需要使用杀伤人员地雷或必须将其包括在计划过程中，那么行动可能需要完全由多国部队中的美国部队进行计划和实施。

（五）1993年《化学武器公约》

受到《化学武器公约》约束的一些国家对条约的义务有着不同的解读，尤其是涉及控暴剂（RCAs）的使用上。与美国不同，一些国家认为控暴剂应在国际武装冲突中被禁止。相反，美国区分战争和非战争军事行动，并且在某些情况下，区分在战争中的进攻性使用和防御性使用。如果计划使用控暴剂，在行动开始之前，美国指挥官和多国部队指挥当局将会从他们的国家高层领导那里得到指示。

（六）2008 年《禁止集束弹药公约》（《奥斯陆公约》）

《奥斯陆公约》缔约方仍然可以与并非缔约方的国家（比如美国）进行军事合作和共同参与行动。但是，根据《奥斯陆公约》，这些国家不能使用、运输和储存集束弹药，或者在弹药的选择属于其独有的控制权之内时，明确提出要求使用集束弹药。如果计划使用集束弹药，在行动开始之前，美国指挥官和多国部队指挥当局将会请示他们的国家高层领导，以便确定是否应适用任何国家的限制和禁止。

六、其他影响军事行动的国际法

（一）人权法

1. 1950 年《欧洲人权公约》（ECHR）

许多欧洲国家都是公约的缔约方。该公约的适用范围及其对多国部队的影响可能会影响未来的行动，例如缔约国武装部队有效控制下的个人是否能够被移交给美军羁押这样的问题。

2. 《公民权利和政治权利国际公约》（ICCPR）

美国将其在《公民权利和政治权利国际公约》下的义务解读为只适用于美国境内。但是，联合国人权委员会一致认为公约可以在域外适用，明确表明其理解为一个国家的司法管辖可以延伸至领土边界以外。一些多国伙伴有可能确认公约适用于行动区域内该国有效控制下的地区。对于许多欧洲国家来说，将《公民权利和政治权利国际公约》中的权利归入了类似的《欧洲人权公约》，并且通过个人诉讼得以落实。

（二）海洋法

159 个国家已经批准了 1982 年《联合国海洋法公约》（UNCLOS），美国并没有批准，但是认为有关航行的条款总体上反映了习惯国际法。

（三）航空法

包括美国在内的 190 个国家已经批准了 1944 年的《国际民用航空公约》（即《芝加哥公约》）。尽管《芝加哥公约》仅仅适用于民用航空器，但对领空的定义反映了习惯国际法中有关领空的横向范围。美国还没有就标明领空的垂直界限的特定高度表明任何明确的立场。

（四）政策问题

虽然美国和其他国家在有关领土边界的法律上可能意见一致，但政策和交战规则可能对航空器能够距离国家领土边界有多近加以不同的限制。这样的限制会在靠近领土边界处增加一个除非遇到紧急情况否则航空器不得进入的缓冲地带。设立这样的缓冲地带的目的是减少与中立国的冲突或避免航行错误。在联合行动区域内的国家可能由于国家间的关系问题，在靠近领土边界的距离上奉行不同的政策。即使交战规则设定了具体的地理靠近距离限制，当地部队指挥官根据自身的风险管理战略设置更多的限制性条件。法律顾问和操作员就任何这样的政策限制进行会商是十分重要的，因为它们能够限制每个联盟伙伴部队可以执行的任务种类。

七、国际刑事法院

1998 年《国际刑事法院罗马规约》（《罗马规约》）的缔约方受国际刑事法院（ICC）的管辖。缔约国被指控犯有战争罪的军人一般会根据他们本国军纪或国内刑法而受到审判。国际刑事法院仅当那些拥有管辖权的国家不愿意或不能真正地行使管辖权的时候才行使管辖权。因此，这是对国家管辖权的补充，而非具有优先权[1]。

《罗马规约》包含有战争犯罪的清单，包括在国际和非国际武装冲突中所犯下的罪行，种族灭绝罪和其他危害人类罪。除了个人刑事责任外，指挥官对下述情况亦要负刑事责任：

他或者她知道，或者在当时的情况下理应知道，在其有效指挥或控制下的部队正在实施或即将实施战争罪，并未采取一切必要及合理的措施以防止或制止这些犯罪的实施，或将相关事件上报主管当局以便进行调查和起诉。

因此，如果指挥或个人责任的标准得到满足的话，条约缔约方的一个公民可能为一支多国部队伙伴的部队所犯的犯罪承担法律责任。即使犯下罪行的部队所在的国家不是《罗马规约》的缔约方或该国并不认为该事件是一种犯罪，这种潜在的法律责任仍然存在。

根据《罗马规约》第 89 条的规定，缔约方可能根据国际刑事法院的要求

---

〔1〕　这与前南国际刑事法庭（ICTY）和卢旺达国际刑事法庭（ICTR）不同。

逮捕其境内的个人并将其移交给国际刑事法院。目前还不清楚这项义务是否延伸到在一个国家有效控制的领土上，例如在一个联合空中行动中，一个缔约国在第三方缔约国的军事基地。

《罗马规约》第 98 条规定："如果被请求国执行本法院的一项移交请求，该国将违背依国际协定承担的义务，而根据这些义务，向本法院移交人员须得到该人派遣国的同意，则本法院不得提出该项移交请求，除非本法院能够首先取得该人派遣国的合作，由该派遣国同意移交。"

美国已经签署了 100 多个双边协定，这些缔约国同意不向国际刑事法院移交美国公民。但是未与包括英国、加拿大和澳大利亚在内的许多经常的联盟伙伴达成有关《罗马规约》第 98 条的协定。

八、行动中的法律适用

（一）交战规则

并不是所有的国家都以与美国一样的方式运用交战规则，一些国家则根本不依据交战规则行动。对于那些运用它们的国家，特定行动的交战规则是由战略层面和行动层面的部门协商制定的。对于一些国家而言，修订其交战规则是项艰巨的工程，它要求取得国家指挥链条上各级的同意。这就使多国部队中法律和指挥参谋人员尽早就交战规则进行协商变得更为重要。一些互用性问题能够通过解读现有的交战规则来解决。军事指挥官可寻求向上级机关确认，交战规则可以根据计划的行动方式来解释交战规则，而不是寻求加以改变。

1. 美国交战规则的公布

对外国政府公布包括交战规则在内的机密信息必须遵守《国防部指令》5230.11 所规定的程序[1]，因此军法官和行动参谋人员应该尽早启动公布交战规则的必要程序。在无法公开美国交战规则的情况下，也有其他的解决办法。例如，在"持久自由行动"中，美国与接受其训练的阿富汗部队协同作战，但是不允许与阿富汗部队分享美国的交战规则。解决办法是美国帮助阿富汗军队创建与美国交战规则足够相似的阿富汗交战规则，从而使双方能够共同参加行动，并进行协同。

---

　〔1〕　《国防部指令》5230.11，《向外国政府和国际组织公开机密军事信息》1992 年 6 月 16 日。

2. 多国交战规则

一些多国行动要遵守多国交战规则。这些交战规则会对参加国设定一定的基本要求，而各国的交战规则会规定附加的限制和注意事项。多国交战规则只有经国防部部长授权才适用于美军以便完成任务。美国交战规则与多国交战规则间明显的差异应当通过美国指挥链上交寻求解决。在所有情况下，美国指挥官都保留实施部队自卫的固有权力和义务，以应对敌对行动或表现出的敌对意图。即使根据多国交战规则行动，参加国也可能由于对交战规则的不同解读而出现分歧。军法官有必要经常向联盟伙伴澄清交战规则的实际应用。

3. 共同事项

共同的交战规则问题：

（1）敌对行动/敌对意图。许多国家都会对这些在各国和多国交战规则中经常使用的术语作出不同的界定。

（2）为完成任务而使用武力。不应假定为了确保完成任务就能使用武力。对于大多数国家来说，超过自卫范围实施武力需要特别的授权。

（3）自卫。对一些国家来说，自卫中使用致命性武力只限于对生命的保护。为了保护财产不受损失或毁坏，可以使用必要的、成比例的，但是低杀伤力的武力。国家使用武力保护财产的实践会影响安全部队应被分配承担的职责的种类。但是，那些并不授权使用致命武力保护财产的交战规则并不经常导致严重的互用性问题。对财产的武力攻击经常会同时对生命造成威胁，从而授权在自卫中使用成比例的武力，包括致命武力。

军法官所制定的交战规则模板是对美国指挥官很有帮助的工具。在 2001年 11 月 1 日美国、英国、加拿大、澳大利亚（ABCA）《行动手册》13-11 中包括了确定与交战规则有关问题的有用清单。

下面是当军法官分析多国部队的交战规则要求时，应该寻求回答的问题清单。

交战规则统一清单

1. 是否包含所有多国部队均同意通过的交战规则条款、定义？

2. 是否对每个国家都对交战规则中使用的术语有共同的或明确的理解？

3. 所提议的交战规则对每个参加国的效率与协同工作能力有什么影响？

4. 每个国家如何将交战规则向其机构和部队传达？

5. 在行动部署前，交战规则是否已经传达至各部队，并对其进行培训？

6. 多国部队在交战规则方面的关键区别是什么？

7. 是否有指挥官必须解决的或者至少要谨慎处理的各国间有关交战规则的争论点？

8. 是否包含所有多国部队国家均同意的关于间接火力使用的交战规则？

9. 多国交战规则在使用间接火力和国家武力保护方面是否存在分歧？

（二）确定目标

在联军行动区域中批准目标。由于法律和/或政策的不同，每支多国部队分队很可能有不同的确定目标规则。通常地，各国在对特定目标作出的国家评估上会有所不同。追根溯源是归纳这些区别特点的一种方法：情报、法律或政策。

1. 情报。每支多国部队分队都可能运用他们自己的情报信息对一个潜在的目标进行分析。不同的情报评估会影响一个目标的可攻击性，因为这一评估形成了法律和政策应用的事实基础。情报差异可能通过信息分享来减少，但是这又往往由于保密而无法实现。

2. 法律。由于不同的条约义务或对条约义务不同的解读而出现差异。例如，《日内瓦公约》第一附加议定书的缔约方可能会对其中第 52（2）条有关军事目标的定义有不同的看法。

3. 政策。对有些目标的攻击尽管在国际法上是被允许的，但是对于一些伙伴国来说在政治上却是不可接受的。对这些目标的攻击要么被完全禁止，要么在攻击前需要得到本国政府的批准。

这些差异的影响可以通过协商降至最低。参与确定目标工作的军法官应了解每个多国部队成员国的不允许攻击的和有问题的目标类型，以及这些差异可能会如何影响每个任务。一个不被允许的目标将不仅仅影响一个国家对那个目标投射武器的能力，而且会影响其允许提供给美国攻击该目标时的支援。如果攻击该目标是不被允许的，那么该国可能也被禁止为攻击飞机加油，提供空中预警和管制，或参与任务筹划。

如果美军依赖一个国家分遣队提供的服务，就有必要尽早找到解决方案，以排除对任务的干扰。这可能包括将特定类型目标从任务中排除；建立可替代的目标审批链，以避免使参谋人员处于靠边站或者在行动中被临时取代的地位；或者直接提前向制定计划的参谋人员简要介绍任何潜在的困难或敏感问题。在此阶段，战略目标被分解成多个具体的目标，多国部队人员可以指出哪个目标引起国家层面的关注。多国部队人员对于某一特定目标的关注很好地表明了其具有的国际敏感性，同时也为以不同的方式压制目标或攻击一个不同的目标以实现相同的结果提供了宝贵的线索。

（三）交流和借用人员

通常要求跟随美军的多国部队人员根据本国对国际法的适用方式和解读来适用国际法。一般来说，在部署前，应通过多国部队人员本国的指挥链向他们介绍适用于他们的法律义务的差别。

九、多国部队内的警务

（一）背景

美方人员在多国部队基地执行警务责任时可能会遇到其他国家人员实施违法犯罪的情况。宪兵应对这些情况的法律授权视情而定。

（二）一般规则

宪兵的权力来自于每一个国家的国内法。在一国领土之外，其军队只有权对本国部队履行源自本国法律的法律权力。因此作为通常的规则，在第三方国家中，多国部队中的任何一国的宪兵都无权拘押或逮捕其他国家部队的成员。这些一般规则可能会通过国际文件、双边或多边协定，或根据立法交叉授予警务权的方法进行变更。

（三）当地法律的适用

关于其他外国军事人员，宪兵可以行使任何当地法律赋予的权力。例如，如果当地法律允许使用一些合理的暴力去阻止犯罪的话，就允许使用暴力，包括限制行动自由，以防止犯罪。如果各组成部队都受当地法律管辖的话，当地法律还可用作对所有组成部队成员行使法律权力的基础。但是，宪兵不得比当地国家公民拥有更大的权力，并且不得拥有特定的当地警务权力。

（四）国际文件

在一个第三方国家对多国部队成员执行刑法的权力可以通过一项联合国安理会决议获得。一项授权采取一切必要措施恢复和平与安全的决议，便包含了对逮捕实施违反在第三方国家境内所适用法律的犯罪行为的包括多国部队成员在内人员的授权。

（五）协定

一支多国部队中每个分支的国家指挥系统都可以达成关于共同警务事务方面的、可以通过国家军事命令在多国部队每一部队执行的协定。每一部队都可以合法地下达命令，要求配合其他部队的宪兵所给出的涉及诸如交通指挥和公共秩序等相关问题的指令。

（六）临时拘留的权力

鉴于一般缺乏对一支多国部队分队人员所犯罪行实施逮捕或调查的法律授权，最好的办法是由那个国家的当局来处置违法者。这可能需要一个国家的宪兵临时把正在实施或将要实施违法行为的另一个国家的人控制起来，等待来自多国部队相关国家分队的人员到达和接手相关事宜。临时拘留的权力可以来自于上述国际文件。不太确定的是临时拘留的权力是否可以来自于一个协定或通过宪兵所在国家的国内法。宪兵在采取任何行动以限制多国部队成员的行动自由前应当寻求该成员的自愿配合。

（七）美国《军事法庭规则》（RCM）的逮捕权

在美国领土上，除非特定部队地位协定有相反的规定，宪兵和安全部队对外国军事人员具有与对美国平民相同的逮捕权。在美国领土之外，包括美国的海外基地，基于美国《军事法庭规则》的逮捕权限仅限于受《军事法庭规则》第 302 条管辖的人员。因此，根据《军事法庭规则》，在美国领土之外并非配属于美军的外国人员无权被逮捕。

参考文献

1. The 1977 Protocol Additional to the Geneva Conventions of 12 August 1949 and Relating to the Protection of Victims of International Armed Conflicts（Protocol Ⅰ），adopted 8 June 1977, 1125 U. N. T. S. （1979）3-608, 16 I. L. M. （1977）1391-441（entry into force 7 December 1978, United States not a party）.

2. The 1977 Protocol Additional to the Geneva Conventions of 12 August 1949 and Relating to the Protection of Victims of Non-International Armed Conflicts（Protocol Ⅱ）adopted 8 June 1977, 1125 U. N. T. S. （1979）609-99, 72 A. J. I. L 457（1978）, 16 I. L. M. （1977）1442-9（entry into force 7 December 1978, United States not a party）.

3. Convention on the Prohibition of the Use, Stockpiling, Production, and Transfer of Antipersonnel Mines and on Their Destruction, date of adoption 18 September 1997, 36 I. L. M. （1997）

1507-19（entry into force 1 March 1999, United States not a party）.

4. Convention on Cluster Munitions, date of adoption 30 May 2008（United States not a party）.

5. Rome Statute of the International Criminal Court, 17 July 1998, A/CONF. 183/9（United States not a party）.

6. Convention for the Protection of Human Rights and Fundamental Freedoms, 4 November 1950（as amended by Protocol No. 11）（United States not a party）.

7. National Security Strategy of the United States of America, National Security Council（2006）.

8. National Defense Strategy of the United States of America, Department of Defense, June 2008.

9. DODD 2311. 01E, *DOD Law of War Program*, 9 May 2006.

10. DODD 3115. 09, *DOD Intelligence Interrogations, Detainee Debriefings, and Tactical Questioning*, 9 October 2008.

11. DODD 5230. 11, *Disclosure of Classified Military Information to Foreign Governments and International Organizations*, 16 June 1992.

12. Joint Publication 3-16, *Multinational Operations*, 7 March 2007.

13. America/Britain/Canada/Australia（ABCA）, *Operations Handbook* 13-11, 1 November 2001.

第二十章 空军特种行动

一、背景

特种行动（SO）包括由受过严格训练的人员在高危的环境下执行的涵盖整个军事行动频谱的广泛的、高度专业化的任务。特种部队（SOF）通常是以小分队的形式行动，高度依赖个人对多种不同战斗技能的精通。特种行动在本质上是联合性的，军法官必须拥有或获得足够的可适用的联合条令知识。虽然不存在"特种部队的法律例外"，但是特种部队却要执行一些由国防部实施的在法律上和政治上最富有挑战性的军事任务。由于这一原因，军法官必须从初期便参与到任何形式的计划过程、演习或"现实世界"中。即使是日常的财政和合同事务也带来在其他环境中未曾遇见的挑战。别忘了，根据法律，美国特种行动司令部（USSOCOM）是唯一能够提出单独预算要求的作战司令部，它可以为研制和采办特种行动专用设备以及其他特种行动专用的物资、供给或服务提出资金要求。因此，军法官必须对特种部队的角色、任务和历史有深刻的理解，以便能更好地评估在驻防和战地出现的各种不同的"金钱本色"问题。

二、历史

特种部队历史悠久，最早可以追溯到美国成立时，一小队非正规的士兵打了一场游击战性质的战斗，以延缓英军部队在南卡罗来纳州的推进。特种部队为实现国家政治和军事目标所作出的巨大贡献与其历史上的微不足道的规模是不成比例的。现代特种部队的历史可以追溯到第二次世界大战，当时一个叫威廉·J."狂人比尔"·多诺万的华尔街律师说服罗斯福总统，一支由训练有素、富有战斗精神的人组成的小部队能够通过破袭、间谍、非常规作战和宣传做出战略性的贡献。罗斯福总统授权多诺万上校创建了战略情报局（OSS），即特别部队和中央情报局的前身。

空军特种作战司令部（AFSOC）——"空中突击队"也可以追根溯源到第二次世界大战中的非传统空战行动。"杜利特尔突击队员"不仅令日本感到震惊，并在珍珠港攻击事件后鼓舞了美国人的士气。从一艘航母上起飞后，改装的 B-25 米切尔轰炸机轰炸了东京的目标，然后继续飞向中国，在那里，他们受到当地军民的救助。由汉普·阿尔诺德将军统率的陆军航空兵第一突击队——"项目9"被用来重新开辟滇缅公路。第 801 轰炸大队——"淘金者"把战略情报局的小分队、情报人员、游击战小队、补给、武器和军火空投给敌军前线后方的法国抵抗组织。但是，尽管他们作为美军一部分的能力得到验证，但战争结束后大部分的特种部队被遣散了。

尽管有这些功绩，特种部队却在越南战争之后被大幅度缩编。事实上，直到 20 世纪 80 年代，特种部队在美国军队中的发展史就是一部为了满足特定冲突的需要而不断扩充和缩编的历史。但是，拯救在伊朗德黑兰的美国人质行动的失败凸显了特种部队的空中部队和地面部队在互用性、联合训练和资源方面的不足。"霍洛维委员会"针对这些不足提出了一系列建议，但是 20 世纪 80 年代中期，美国国会感到各军种部没有采纳这些建议。因此，在 1986 年，美国国会通过了《纳恩-科恩修正案》（Nunn-Cohen Amendment）（见《美国法典》第 10 编第 167 节），建立了美国特种行动司令部（USSOCOM）。与其他作战司令部相比，美国特种行动司令部的独特性表现在两个重要方面。最重要的是，美国特种行动司令部是唯一根据国会授权成立的司令部。在理论上，美国国防部可以任意裁撤任何其他的作战司令部，但是无权裁撤美国特种行动司令部。另外，国会认为如果它设立了一个单独的特种行动司令部而不给予单独的财政授权的话，国防部可能仅通过拒绝给特种行动司令部提供资金就能破坏国会的相关努力。当国会创立美国特种行动司令部之际，便通过《主要部队计划十一》（MFP-11）赋予其类似于军种的预算权。这些资金使美国特种行动司令部拥有了获得特种行动专用设备和计划的权力和资金。

三、特种行动司令部的结构

美国特种行动司令部既是一个支援司令部也是被支援司令部：作为支援司令部，它负责向地理区域作战司令部（COCOM）提供准备就绪、训练有素的特种部队；作为被支援司令部，当得到国家指挥当局（NCA）的指令后，必须能够自行实施经选择的特种行动。每一军种都有其自己的特种行动司令部。各军种的特种行动司令部负责挑选、训练、装备特种部队，并负责制定特种行动条令。除了军种特种行动司令部外，联合特种行动司令部是美国特种行动司令部下属的下一级联合司令部。它研究特种行动要求和技术，确保互用性和装备的标准化，筹划和实施联合特种行动演习和训练以及制定联合战术。

四、指挥和控制

在战区内，特种部队受到特定作战司令部的指挥和控制。每一个地理区域作战司令部都有一个战区特种行动司令部（TSOC），通常由一名二星将军来指挥。战区内的特种部队一般受战区特种行动司令部的行动控制，如果组建了联合特种行动特遣队（JSOTF）的话，则归其指挥。

当被赋予支援一项特定应急行动的任务时，战区特种行动司令部可成立一个联合特种行动特遣队。通常情况下，联合特种行动特遣队的指挥官由战区特种部队指挥官或在地理责任区内数量最多的军种特种部队的指挥官担任。（如果得到外国部队加强，这支部队就成为联军联合特种行动特遣队）可建立特别行动指挥和控制小组（SOCCE）以协同特种行动和常规部队的陆地和海上行动。它可以与被支援的常规部队配置在一起，并能够从被部署的特种部队得到行动、情报和目标捕获报告，并把它们提供给被支援的部队。

根据任务的规模和范围，战区特种行动司令部可能会为了空中行动，成立联合特种行动航空部队（JSOAC）或联合特种行动航空分遣队（JSOAD），并任命一名指挥官。联合特种行动航空部队指挥官一般直接服务于战区特种行动司令，但也可能受联合特种行动特遣队（JSOTF）司令管辖。联合特种行动航空分遣队指挥部要么受联合特种行动航空部队的指挥，要么受联合特种行动特遣队的指挥。任何一种安排的重点都是为了确保在行动的每一个阶段的空军和地面部队的互用性。

在进行前进部署时，不止一个指挥链的利益可能被牵扯到空军特种部队出现的纪律方面问题中，其中包括空军特种作战司令部司令、本土部队指挥官以及在前方地域的空军部队指挥官等。由于涉及多方指挥的利益，在海外发生严重事件时，必须敏锐察觉其可能对指挥造成的影响。

五、特种行动任务

《美国法典》第 10 编第 167（j）节和《联合出版物》3-05 列举了特种行动任务及核心工作：

1. 直接行动；

2. 战略或特种侦察；

3. 非常规战争；

4. 他国国内防御；

5. 民政事务；

6. 军事情报支援行动；

7. 信息行动；

8. 反恐行动；

9. 反叛乱行动；

10. 安全部队救援；

11. 防止大规模杀伤性武器的扩散。

（一）直接行动（DA）

直接行动是指持续时间短的打击和其他小规模的进攻行动，比如突袭、伏击、末端制导行动和救援行动。军法官必须对其进行审查并强调潜在的违反法令、武装冲突法、规章和行政政策的行为。对于常规行动来说，武装冲突法中涉及武力的使用、目标的确定、化学武器、非战斗员以及诸如军事必要原则、比例原则和不必要痛苦原则适用于特种行动任务。其他限制，通常以交战规则的形式体现，也对直接行动和其他特种部队行动产生重大的影响。

（二）战略或特种侦察（DB）

这些任务是通过视觉观察或其他搜集手段来获得或核实有关一个现实或潜在敌人的能力、意图和行为的信息的侦察或监视行动。有大量指导情报行为的法律和法规，其中许多也影响战略或特种侦察。军法官应当熟悉《行政命令》12333"美国情报活动"，并了解 1988 年 4 月 25 日《国防部指令》5240.1"国防部情报活动"，以及 1982 年 12 月《国防部规章》5240.1-R"指导影响美国人的国防部情报机构活动的程序"。人力情报行动（HUMINT）的一个很好来源是国防情报局的《情报法手册》。在侦察任务中，特种部队特别关注因为非战斗员的存在而需要在任务方面作出退让。因为在武装冲突法中特种部队不享有例外，侦察任务的妥协并不构成对特种部队对非战斗员使用致命的武力的授权。但是，可以抓捕、拘留、撤离非战斗员，或者使非战斗员暂时失去行动能力。如果非战斗员失去了行动能力，他/她应被放置于可以被发现的地方，或者他/她能够返回到他/她来的地方。

（三）非常规战争（UW）

非常规战争任务使特种部队在作战行动中承担领导或训练非国家准军事部队。非常规战争可能涉及持续时间长、经常与友好的当地人士共同进行的行动。这些参加非常规战争的特种部队可能参加游击战、颠覆活动、破坏活动和对脱险救助网络提供支援。如果美国特种部队人员被不友好的部队或当局抓捕，在这个区域工作的军法官可以预期负责处理与这些特种部队人员地位相关的问题。

（四）他国国内防务（FID）

特种部队被要求组织、训练、援助东道国（HN）的军事和准军事部队，并提出建议。目标是使东道国的部队能够维护国家安全。财政法是他国国内防务任务中一个重要且棘手的问题。军法官必须要了解行动的资金来源并要理解《美国法典》第10卷第2011节：《与外国友军的训练》；《美国法典》第10编第2010节：《联军演习》。还要了解用于外国军队训练的其他资金渠道，例如《美国法典》第10编第166节第a（a）条：《作战司令部指挥官启动资金》；《美国法典》第10编第168节：《军事联系及相近似的活动》；《美国法典》第10编第1050节；《拉丁美洲合作》和《美国法典》第10编第1051节：《双边或地区合作计划》。另请参见《财政部署法和应急预案合同的签订》一章以获得更多信息。

特种部队与东道国部队在演习中演练战时任务。《美国法典》第10编第2010节的相关条款允许美军承担与其他国家的士兵进行训练的追加费用。根据《美国法典》第10编第2010节，特种部队单位也承担着与不同的国家进行联军联合训练交流的任务。但是，联军联合训练的主要目的总是增进美国的安全利益。根据《美国法典》第10编第2010节和第2011节的规定，其他国家军队的参与对于实现训练演习的根本目标来说必须是必要的。任务的计划文件必须反映这些要求。联军联合训练使特种部队有机会到将要在危急时刻被部署的地区进行训练。

认识到特种部队训练他国部队以使其能够自我训练，以便完成国内防御和非常规战争任务的必要，国会特许"行动和维护（O&M）资金不得用于训练外国军队"的原则可以被打破。根据《美国法典》第 10 编第 2011 节，特种部队有权将行动和维护资金用于支付训练美国特种部队的费用以及训练外国军事人员的额外增加费用。任务的重点必须是训练美国特种部队而不是训练东道国军队。指挥官必须能够真实明确地表明其符合《美国法典》第 10 编第 2011 节规定的首要目的。

（五）民政事务（CA）

陆军是负责民政事务的牵头部队，但每个兵种都必须具备一定的处理民政事务的能力。关于民政事务的任务加强了民政当局与当地武装力量之间的关系。民政职能部门应支持指挥官的意图和作战理念。受到特种部队支持的作战评估可以在孤立、严峻和/或政治敏感的环境中运行。他们的工作通常需要与国际通用航空（IGAs）、非政府间国际组织和其他私营部门中的组织进行协调，并让他们洞悉漏洞，与各种组织进行独特的互动以及具有为潜在的未来行动收集信息的能力。军法官的支持可以帮助确保该项工作在适当的财政当局的协助下被完成。

（六）军事情报支援行动（MISO）

军事情报支援行动的目的是影响其他国家的态度和行为。它可以出现在战略、战役和战术的层面上。尽管开展军事情报支援行动的权力已经被委托给了国防部负责特种行动和低强度冲突的助理部长（ASD SO/LIC）或者国防部政策副部长，但军事情报支援行动的实施必须得到国家指挥当局（NCA）的批准。国防部政策要求所有的军事情报支援行动计划在获得批准之前都要经过国防部法律总顾问的审查。因此，一场全面的军事情报支援行动通常要经过小部或联合特遣队的军法官之上的层级审查和批准。在平时，军事情报支援行动必须与国务院相协调。军法官的首要作用是根据批准机关提出的指导原则，为军事情报支援行动的实施提供建议。

军事情报支援行动小队可能与民政事务小队密切合作。民事、军事情报支援行动和公共事务会能够极大地影响一个特定行动的合法性。若恰当运用，军事情报支援行动将是重要的力量倍增器。军事情报支援行动往往是指挥官在一个行动区域内与敌对的和外国的友好团体进行大范围交流的唯一方式。采取军事情报支援行动经常会带来有趣的和独特的法律问题。这包括：

1. 美国公民。美国的政策禁止针对美国公民实施军事情报支援行动或是旨在影响美国公民的行动，不论他们在美国境内还是境外。除非是在国家灾难或国家安全危机这样的局限性情况下，可以为了提供信息而非影响的目的部署军事情报支援行动。军法官在与军事情报支援行动部队进行的任何行动中都必须十分了解这一政策。

2. 真相发布。美国军队并不提供虚假、错误的消息，但是真实的信息可以以代表美国观点的方式来提供。在平时，国务院负责美国政府海外行动的全面指导、协调和监督。国务院可能会对消息、主旨和行动作出限制。新的任务、项目或计划必须与在相关美国使馆的国家小组协调。

3. 日内瓦和海牙公约。特种行动指挥官和军法官必须仔细审查军事情报支援行动计划，以保证他们没有使用武装冲突法所禁止的"诡诈"或"背信弃义"。

4. 现行有效的条约。国际协定会限制军事情报支援行动的活动。军法官在心理行动筹划、运用和部署之前及其过程中，必须研究部队地位协定和其他协定。

5. 公共事务的运用。公共事务的渠道就是提供客观报道的公开的媒体渠道。因此，其可能被用于抵制外国的宣传。公共事务和军事情报支援行动人员应当协调他们的行动，因为公共事务必须要保证可信，通过公共传媒渠道传递的信息不应该是宣传或者不应属于宣传性的。它必须是客观的事实。

6. 国内法。军事情报支援行动使用电脑、音频和视频技术。必须十分小心版权、财务和使用费等问题或对使用军事情报支援行动的能力来支援个人或私人团体的政治或财政利益的道德限制。

7. 财政法。军事情报支援行动可能包括"赠品"（例如印有信息的 T 恤衫），在对它们进行采购和分发时需要对财政法进行仔细的分析。

8. 通令和纪律方面的例外情况。军事情报支援行动小组可能要求不受通令中所含的某些类型限制条件的约束。例如，军事情报支援行动人员可能不得不穿着平民的衣服，这就违反了在任何时候都必须着军装的一般性要求。

（七）信息行动

这个主题在本书当中的"信息行动"一章中进行讨论。

（八）反恐行动（CT）

反恐行动被定义为直接针对恐怖主义网络采取的行动和间接影响并导致

全球和区域环境对恐怖主义网络不利的行动。反恐是美国国防部打击恐怖主义广泛架构的一部分，其中包括防恐，即为减少受到恐怖行动攻击可能性的防御措施，以及打击恐怖主义的行动。反恐行动由特别任务部队（SMU）执行，有关那类任务的特定法律问题超出了本手册的范围。

（九）反叛乱行动（COIN）

反叛乱行动是指为镇压叛乱并解决任何核心不满而采取的全面的文职和军事努力。特种部队的战斗技能、经验、文化意识和语言能力使他们能够与东道国的安全部队一起，或与美国常规部队合作进行各种任务，特别适合于反叛乱作战或战役。

（十）安全部队援助（SFA）

特种作战部队通常负责在海外部署机动训练小组（MTT）进行安全部队援助训练。军法官必须审查拟议的任务，以确保其得到适当的授权。通常，根据《武器出口管制法》以对外军事销售（FMS）案的形式进行任务。对外军事销售的要约和承诺应阐明团队成员在其所在国家的身份。这些人员通常将获得与美国大使馆行政和技术人员相同的特权和豁免。安全援助小组成员也可能被视为属于所在国的美国安全援助办公室的一部分。

由于机动训练小组通常在该领域自主运作，因此，军法官应就人权和接受外国政府人员的礼物提供指导。如果机动训练小组被部署到发生内部武装冲突的国家，则必须按照《武器出口控制法》的规定对成员进行培训。该条款禁止美国人员执行任何战斗性质的职责，包括与培训和建议有关的职责，这可能会导致他们参与到战斗活动中。［见《美国法典》第 22 编第 2761（c）节］此外，国防部人员被禁止在即将发生冲突的实际行动中陪同东道国部队。

（十一）防止大规模杀伤性武器（WMD）的扩散（CP）

防止大规模杀伤性武器扩散的行动指的是为没收、摧毁、安全处理、截获或找回大规模杀伤性武器而采取的行动。如果接到指令，特种部队可以实施直接行动、特别侦察、打击恐怖主义和信息行动以慑止和/或防止大规模杀伤性武器的获得或使用。

六、特种行动的附带行动

除了上述特种部队的主要活动之外，由于它特有的能力，空军特种部队还特别适合于执行其他附带任务。

（一）联盟支援

在部署或战斗行动期间，空军特种部队可能以小队的形式被部署伴随联盟部队，包括训练联盟伙伴战术和技术。这些部队往往拥有独特的语言能力和受到专门的文化培训。联盟支援小组（CST）可以在确保交战规则被联盟成员理解和遵守方面发挥一定的作用，因此要协助军法官对外国部队进行联军交战规则的培训。联盟支援小组（CST）的成员必须了解他们记录和报告他们所伴随的联军任何可能的违反武装冲突法行为的义务。尽管联盟支援小组不能去制止（通常法律或直接指挥政策也不会要求他们去干预）盟军对交战规则、武装冲突法或基本的人权的违反，但是他们受《美国统一军事司法典》的管辖，并不可单独参与那些构成这类违法的行动。

（二）人道主义救助（HA）

国务院通过经济援助计划来提供人道主义救助。在国务院的协调下，国防部也可以提供有限的人道主义救助。对于空军特种部队来说，通常采取《美国法典》第10编第401节所授权的"人道主义与民事救助"（HCA）的形式进行。"人道主义和民事救助"通常有三种：排雷、提前计划的人道主义和民事救助以及"微量"或"临时目标"的人道主义和民事救助。

一国政府维护国内安全的能力和其向公民提供基本服务的能力之间经常存在一种联系。因此，叛乱和有组织犯罪团伙更容易在那些政府不愿或不能支持其民众的国家取得成功。通过提供人道主义救助，美国可以帮助发展中国家提供这些服务。其结果就是地区稳定，这有利于维护美国利益。人道主义和民事救助行动通常会成为美国军队进入那些出于外交考虑而难以进入地区的一种途径。此外，人道主义和民事救助所带来的训练和信息搜集机会也会使特种部队受益。在执行层面上，当特种部队未能认识到特定行动的法律授权范围时就会出现问题。如果法律授权一支特种部队去修复乡村诊所，这支部队不能用行动资金来购买冰箱、消毒器和桌椅。为诊所配备物品不是修复，并且构成了与训练或改进特种部队战备能力毫不相关的对外援助。将为了达到人道主义和民事救助目的而购买的药品和工具留下将会有争议地和不恰当地增加国防部对外援助的基金。

（三）战斗搜救（CSAR）

战斗搜救是对战争或非战争军事行动（MOOTW）中遇难人员进行的营救和援救。美国特种行动司令部负责其自身部队的战斗搜救以及在接到指示后，负责其他友军的战斗搜救。空军特种部队可以深入敌后实施行动的能力使它非常适合战斗搜救任务。

在战斗搜救工作中经常会出现的一个法律问题是控暴剂的潜在运用。美国是 1993 年《化学武器条约》的缔约方之一，该公约将控暴剂作为"一种战争手段"而加以禁用。但是《行政命令》11850 允许在战斗搜救行动中使用控暴剂。在参议院批准条约的决议的执行部分要求总统不得修订《行政命令》有关控暴剂的内容［见《行政命令》11850 第 75 条执行规定，1997 年 4 月 24 日，参议院报告 S3373 第 2 部分-情况（26）］。美国总统在他的批准文件中声明："美国在各种平时以及维和行动中，在使用控爆剂方面不受《化学武器公约》的约束。这些情况下，美国使用武力的范围、持续时间和强度都不会导致对美国军队适用战争法。"尽管战斗搜救具有防御性质，但在冲突中使用控暴剂是一种有争议的作战方法。所以，即使《行政命令》11850 是有效的，国家指挥当局可能也不会同意在适用武装冲突法的武装冲突期间的战斗搜救活动中使用控暴剂。但是，它可能会同意在维和行动中为战斗搜救而使用控暴剂。

（四）缉毒行动（CD）

特种部队参与缉毒行动采取包括侦察、监视、打击非法生产、运输和使用毒品等措施。在美国大陆本土之外，特种部队拥有文化和语言上的能力去协助外国政府进行缉毒活动。特种部队可在缉毒行动中使用军事手段协助美国和外国的执法机关，比如侦察。在美国，特种部队被用来训练、协助当地、州和联邦执法机关的缉毒行动。

在评估军事缉毒行动时，军法官必须注意财政法的问题。缉毒行动的资金主要来自行动和维持拨款。但是所有为有计划的缉毒行动而投入的支出行动和维护资金都必须有特定的法规授权。仅说缉毒行动一次"训练机会"是不够的，因为缉毒行动通常是协助外国政府或加强美国执法机关的活动，这通常有悖于行动和维护资金的合理用途规定。

（五）特别活动（隐蔽行动）

采取这些活动是为了影响国外的政治、经济和军事环境，筹划和执行这些活动从而使美国政府的角色不明显或不被公开。在这样的情况下，特种部队的指挥官有责任要求书面命令，明确他/她的部队的任务是根据"总统的调查令"来进行的。

如果一项任务属于特别活动的范畴，它需要总统的授权。通过《行政命令》12333，总统限制了其授权任务的种类，并且规定了应遵循的程序。除非总统能够首先确信某个行为对于实现明确的美国外交政策目标是必要的，而且对美国的安全是重要的，否则他/她不会授权任何政府部门、机构或实体去实施一项特别活动。不得实施任何旨在影响美国的政治进程、民意、政策和媒体的隐蔽行动。总统在某个特别活动实施之前将会先下达一个书面的调查令，以说明该行动的合理性。如果必须立即采取行动而没有足够的时间去准备一个事先的书面调查令的话，可以最多推迟48小时提供书面调查令。书面调查令不得授权任何违反宪法或任何美国法律的行动。每份调查令都要明确为特别行动提供资金或参加特别行动的每个政府部门、机构和实体。如果需要，每份调查令还要明确是否有第三方（不属于美国政府或不受美国政府政策和规章约束的某方）代表美国提供资金或参与特别活动。任何参加特别活动的人都必须服从中央情报局的政策和规章或该部门采用的书面政策或规章。

（六）非战斗人员撤离行动（NEO）

有关在非战斗人员撤离行动中的法律问题的更多信息请参见本书中单独的"非战斗人员撤离行动"一章。

参考文献

1. 10 U. S. C. § 167, Unified Combatant Command for Special Operations Forces.

2. 10 U. S. C. § 166a（a），CINC Initiative Fund.

3. 10 U. S. C. § 168, Military to Military Contacts and Comparable Activities.

4. 10 U. S. C. § § 371-382, Support to Law Enforcement.

5. 10 U. S. C. § 401, Humanitarian and Civic Assistance Provided in Conjunction with Military Operations.

6. 10 U. S. C. § 1050, Latin American Cooperation.

7. 10 U. S. C. § 1051, Bilateral or Regional Cooperation Programs.

8. 10 U. S. C. § 2010, Combined Exercises.

9. 10 U. S. C. § 2011, Special Operations Forces：Training with Friendly Foreign Forces.

10. NDAA 2005 § 1202, Assistance to Iraq and Afghanistan Military and Security Forces.

11. NDAA 2005 § 1208, Support of Military Operations to Combat Terrorism.

12. 18 U. S. C. § 1385, Posse Comitatus Act.

13. Convention on the Prohibition of the Development, Production, Stockpiling and Use of Chemical Weapons and on their, adopted 13 January 1993, 32 I. L. M. 800 (entry into force 29 April 1997, for U. S. same date).

14. Arms Export Control Act, 22 U. S. C. § § 2751, *et seq.*

15. Executive Order 11850, *Renunciation of Certain Uses in War of Chemical Herbicides and Riot Control Agents*, 40 F. R. 16187, 8 April 1975.

16. Executive Order 12333, *U. S. Intelligence Activities*, 4 December 1981, amended by Executive Order 13470, 30 July 2008.

17. S. Exec. Res. 75, Senate Report, S3373, 24 April 1997, Section 2-condition (26) RCA.

18. DODD 5240. 01, *DOD Intelligence Activities*, 27 August 2007.

19. DOD 5240. 1R, *Procedures Governing the Activities of DOD Intelligence Components that Affect U. S. Persons*, December 1982.

20. JP 3-05, Doctrine for Joint Special Operations, 18 April 2011.

21. JP 3-13. 2, Military Information Support Operations, 07 January 2010, Change 1, 20 December 2011.

22. USSOCOM Directive 525-8, Joint Special Operations Air Component, 27 March 2009.

23. AFDD 3-05, Special Operations, 16 December 2005, Incorporating Change 2, 28 July 2011.

24. AFI 10-410, Operations Planning: Presentation of Special Operations Forces, 7 January 2010.

25. Defense Intelligence Agency, Intelligence Law Handbook.

26. Haas, Michael E. , Col, USAF (ret), "Apollo's Warriors: U. S. Air Force Special Operations During the Cold War," Air University Press, 1997.

第二十一章 | 非战斗人员撤离行动

一、背景

非战斗人员撤离行动（NEO）由国务院（DOS）指导，并由国防部（DOD）或其他有关部门支援。实施非战斗人员撤离行动是为了协助国务院将美国公民、国务院及其他美国政府部门的平民，以及指定的东道国和第三国国民从海外的危险地区疏散到安全区或者是美国。非战斗人员撤离行动通常在海外的敌对行动或内乱即将发生或已经发生之际实施，但许多也可能在预计到任何自然或人为灾难时进行。战斗人员撤离行动通常在没有事先警告的情况下发生，并引起与个人地位有关的具有挑战性的法律问题。地位的决定通常会影响许多合法权利，并且如果适用的法规未被正确应用，可能会使美国政府感到尴尬。非战斗人员撤离行动通常将武力的使用限制为保护撤离人员和自卫所需的武力。

在敌对行动或内乱发生之前进行的非战斗人员撤离行动的最新例子包括：

1. 利比亚，突尼斯和埃及（"避风港"行动）：撤离 2700 人，2011 年 2 月。

2. 黎巴嫩，非战斗人员撤离行动 2006：撤离 14 000 人，2006 年 7 月。

3. 科特迪瓦（"秋季回程"行动）：撤离 300 人，2002 年 9 月至 10 月。

4. 塞拉利昂，非战斗人员撤离行动：2000 年 5 月。

5. 塞拉利昂（"诺贝尔方尖塔"行动）：撤离 2510 人，1997 年 5 月至 6 月。

6. 阿尔巴尼亚（"银色唤醒"行动）：撤离 900 人，1997 年 3 月。

7. 利比里亚（"确信响应"行动）：撤离 2780 人，1996 年 4 月至 8 月。

8. 中非共和国（"快速响应"行动）：撤离 448 人，1996 年 5 月至 8 月。

二、国务院的作用

《行政命令》12656（修正案）将居住在国外的美国公民的安全最终责任分配给了国务卿。国务院是负责非战斗人员撤离行动的主要部门。为了协助国务院履行职责，成立了华盛顿联络小组（WLG）。华盛顿联络小组由来自各政府机构的代表组成，以确保政府机构（国务院、国防部、中央情报局、国防情报局、交通运输部、健康和人类服务署）在全国范围内协调非战斗人员撤离行动的进行。此外，在非战斗撤离行动中，美国驻该国的大使是负责撤离的美国政府（USG）高级指挥，并且在得到负责管理的副国务卿的批准后，有权下令撤离美国政府人员及其家属。这一授权并不允许大使下令撤离军事人员、指定的应急必需国防部文职人员或美国公民个人，但可提供撤离所需的帮助。对于被撤离的美国公民，不论是根据国务院的强制命令撤离的，还是得到撤离帮助的，美国大使最终都要对撤离行动的成功完成以及撤离人员的安全负责。

正如《国防部指令》3025.14所反映的，在执行疏散决定时，国防部有以下三个政策目标：（1）保护海外的美国公民；（2）将面临风险的美国公民人数减至最少；（3）将战斗区域的美国公民人数减至最少，以免损害军事力量的战斗力。

三、国防部部长的作用

国防部部长在筹划保护、撤离和遣返美国公民的过程中发挥支援性的作用。国防部部长向国务卿以及其他的联邦部门和机构的首长提供有关保护、撤离和遣返在海外的美国公民方面的建议和帮助。卫生与公众服务部是负责在美国接待所有被撤离人员并对其进行后续安排的主要联邦机构。陆军部是遣返国防部非战斗人员的国防部执行机构。

四、作战司令官的作用

作战司令官要为协助国务院保护和撤离海外的美国非战斗人员制定和维护计划。当国务院下令实施非战斗人员撤离行动之后，作战司令官要么将这一行动任务分配给一个军种部队，要么建立一个由联合部队指挥官（JFC）指挥的联合特遣队来执行这一任务。联合部队指挥官（JFC）对行动的全程负责，包括中间集结基地以及临时安全区。作战司令官还负责检查国务院针对所有在其责任区内的国家和领事区以及他们可能参加非战斗人员撤离行动的地区所制定的紧急行动计划。他们所用的标准可参见《国防部指令》3025.14。

五、国防部与国务院之间的协定备忘录

尽管根据《行政命令》12656，国务院对非战斗人员撤离行动承担最终的责任，国务院与国防部在1998年7月14日签署的协定备忘录（MOA）进一步详细规定了他们各自的角色和责任。协定备忘录详细规定："一旦决定运用军事人员和装备帮助实施紧急撤离计划，军事指挥官即要对实施这一行动负全责。然而，军事指挥官应当与美国主要的外交或领事代表相协调，并根据其制定的政策来实施相关行动，除非通信延迟的程度严重到他无法这样做。"根据协定备忘录，国务院负责"撤离相关的费用"，国防部负责"保护相关的费用"。

六、在非战斗人员撤离行动中涉及的法律问题

非战斗人员的撤离行动被分成以下三类：
1. 许可的（东道国或者是控制派系允许美方人员离开）；
2. 不许可的（东道国不允许美方人员离开）；
3. 不确定的（东道国对于美方人员离开的意图不明确的）。

在不许可和不确定的非战斗人员撤离行动中，各国实质上是入侵一个国家的领土主权。因此，撤离国家的行动必须拥有法律依据。作为一项一般规则，国际法禁止对任何国家的领土完整和政治独立以武力相威胁或使用武力。在基于非战斗人员撤离行动的目的而使用武装部队的法律依据方面，国际上还没有共识，但美国的政策是：

根据《行政命令》12656，《应急准备责任分配（修正案）》，国务院在与国防部部长和卫生与公众服务部长协商后，负责保护和撤离海外的美国公民及国民，并且保护他们的海外财产。该项美国政策导致《国务院与国防部有关保护与撤离海外的美国公民与特定外国人……的协定备忘录》的签订。（参

见《联合出版物》3-68，"非战斗人员撤离行动"，2007 年 1 月 22 日）

（一）主权

当美军进出安全避风港时，领土主权可能会成为一个问题。安全避风港是被撤离者一开始从危险中被撤离后，在被转移到最终目的地之前的中转站。非战斗人员撤离行动的计划制定者必须了解他们责任区内国家的领海与领空的范围。在未经东道国政府允许的情况下，美国部队在执行非战斗人员撤离行动中确定进入和撤出路线时应当尊重各国的领土边界。美国承认从领海基线起算最多至 12 海里的领海主张和相应的国家领空。包括美国在内的绝大多数国家都承认船舶享有无害通过领海的权利，但航空器却不享有此种无害通过权。领空在未经相关国家同意的情况下是不可侵犯的。然而，领空和领海界线的限制并不是针对一个不许可的非战斗人员撤离行动中的目标国的考虑因素。(参见"航空与海洋法"章节中有关海洋区域以及与国家空气空间及国际空域关系的讨论，包括航行与飞越权)。

许多想支持美国非战斗人员撤离行动的中立国家均担心，允许美国的航空器飞越他们的领土或者允许美国在他们的国家建立集结待命地区，可能会使他们失去对于撤离行动目标国的中立。这样的行动可能损害两国关系。然而，为非战斗人员撤离行动中的被撤离人员建立安全区应该不会导致一个国家违反中立性原则。

（二）武装冲突法

如果使用武装力量成为必要，即使不明确该事件是否是一场国际武装冲突，美军也必须遵守武装冲突法（LOAC）。美国国防部的政策通常是使武装冲突法的原则适用于非战争军事行动。

控暴剂（RCAs）。控暴剂作为一种作战方式被禁止使用。但根据《行政命令》11850，它可以在包括营救人质等非武装冲突以及防卫的情况下使用。在非战斗人员撤离行动中使用控暴剂是否是一种作战方式，需要根据行动的具体情况而定。使用控暴剂的授权可参见交战规则（ROE），或者也可以被要求作为附加交战规则。

交战规则（ROE）/使用武力规则（RUF）。关于使用武力规则的具体指导见《参谋长联席会议主席指令》3121.01B 的附件 G。在起草交战规则时，作战司令官通常会与美国海军陆战队的安全警卫（隶属国务院）、其他大使馆的安全机构以及东道国的安全机构相配合。根据所预期威胁的性质，交战规则可能需要补充相应的其他权限。这些权限可能包括使用电子对抗，使用最小的力量瞄准特定敌对武器系统，或向敌对力量使用友好的通电火控雷达。此外，部队指挥官可寻求上级的批准，向示威者射击或采取与所遇到威胁成比例的类似措施。毫无疑问，控暴剂的使用问题应在计划过程的早期就被解决。在武装冲突中使用控暴剂必须获得国家指挥部的批准，并且必须符合《行政命令》11850。

（三）政治庇护和临时避难

在进行非战斗人员撤离行动期间，庇护和避难所问题是预计会出现的，即必须为寻求庇护的外国国民提供一切可能的合理照顾和保护。《国防部指令》2000.11 规定，不批准政治庇护是美国的一般政策。寻求政治避难的人员应被转介给美国大使馆或与该国、外国领土或所涉外国财产中距离最近的美国领事馆。在进行非战斗人员撤离行动期间的大多数情况下，美国大使馆或国务院其他官员将与部队指挥官密切合作。

而对于寻求临时庇护的人来说，出现的问题会更棘手。根据美国的政策，可以在外国准许在该国的国民和第三国国民的临时庇护请求。但是，美国人员不得直接或间接邀请人员寻求临时庇护（有关更详细的讨论和分析，请参阅第 35 章"政治庇护和临时避难"和《空军指令》51-704）。

（四）人身搜查

通常来说，在美国的非战斗人员的撤离中，根据《维也纳外交关系公约》，外交官及其行李不受侵犯，因此免受美军的搜查。但是，出于保护部队安全的目的，如果一名指挥官由于被撤离人员的身份而担心航空器、船舶、地面交通工具或者是撤离部队人员的安全，他/她可以下令对相关人员及其财物进行搜查，并将其作为实施撤离行动的一个条件。对于美国以及其他国家的非战斗人员来说，其外交身份并不能保证其可以使用美国运输工具。如果一名外国外交人员拒绝接受检查，那么指挥官可能会拒绝其使用运输工具。然而，在拒绝声称享有外交保护或豁免的个人使用运输工具之前，如果时间许可，最好能将该问题通过指挥链上报。另外，个人行李应尽量从简，且平民不得携带武器。

（五）索赔

非战斗人员撤离行动经常会导致产生索赔的损害事件。因此，军法官应该熟悉与索赔相关的法律法规和程序。调查索赔责任的第一步是确定美国与东道国之间是否存在协议。在被准许的非战斗人员撤离行动中，东道国可能对所造成的损失承担责任。因战斗活动造成的损失通常不予赔偿；如果损害不是由战斗活动造成的，则必须确定《外国索赔法案》的可适用性（更详细的讨论和分析请参阅本书第三十三章"外国、国际及个人索赔"）。

非战斗人员撤离行动为军法官与国务院和其他美国跨部门官员的合作提供了具有挑战性的机会，为海外美国公民应对东道国的自然灾害或内乱提供了保障。

参考文献

1. JP 3-68, Noncombatant Evacuation Operations, 23 December 2010.

2. Executive Order No. 12656, Assignment of Emergency Preparedness Responsibilities, 53 FR 47491, 3 CFR 585 ('88 Compilation), sections 502 and 1301 (18 November 1988).

3. Executive Order 11850, Renunciation of Certain Uses in War of Chemical Herbicides and Riot Control Agents, 40 Fed. Reg. 16187, 8 April 1975.

4. Vienna Convention on Diplomatic Relations, open for signature 18 April 1961, 23 U. S. T. 3227, T. I. A. S. 7502, 500 U. N. T. S. 95 (entry into force 24 April 1964).

5. CJCSI 3121. 01B, Standing Rules of Engagement/Standing Rules for the Use of Force (SROE/SRUF) for U. S. Forces, (S) 13 June 2005.

6. DoDD 2000. 11, Procedures for Handling Requests for Political Asylum and Temporary Refuge, 13 May 2010.

7. DoDD 3025. 14, Protection and Evacuation of U. S. Citizens and Designated Aliens in Danger Areas Abroad Short Title: Noncombatant Evacuation Operations, 5 November 1990 administratively reissued through Change 2, 13 July 1992, certified current as of 8 December 2003.

8. DoDI 5515. 8, Assignment of Claims Responsibility, 11 November 2006.

9. AFI 10-216, Evacuating and Repatriating Air Force Family Members and Other U. S. Non-combatants, 1 April 2000.

10. AFPD 51-7, International Law, 5 February 2009.

11. AFI 51-704, Handling Requests For Political AsylumAnd Temporary Refuge, 19 July 1994.

12. Department of the Army Field Manual 90-29, Non Combatant Evacuation Operations, 17 October 1994.

13. Memorandum of UnderstandingBetween DOS and DoD on the Protection and Evacuation of U. S. Citizens and Designated Aliens Abroad, 6 October 1994.

第二十二章 | 法治行动

一、引言

现在许多军事法律顾问均会被部署执行被称为"法治"的任务。法治部署一般涉及联合以及跨机构人员，其行动环境独特。这些人员通常没有特定的任务，也不一定有典型的军事任务那种详细的日常任务。这一类部署通常要求被部署的人员富于创新精神和创造力，且精力充沛。最后，这些部署通常都涉及与东道国人员之间的重要互动。基于这些因素，法治部署的回报都异常高。法治部署不仅有个人和专业回报，而且建立法治的战略意义巨大。本章的目的是为法治部署提供基本的指导方针，并为这些部署提供一些有价值的参考。

二、什么是法治

"法治"一词可以自我界定，同时又很难界定。这个词可以自我界定，因为我们中的绝大多数人对了解、尊重法治，并在法治下生活的意涵均有一个总体的了解。美国拥有一套健全的法律体系，它构成了我们整个社会结构中的一部分。在我们的社会中，那些遵守法律的人受到尊重，而那些违反法律的人则受到惩罚并被视为劣等公民。这是法治的本质。在其最常见的定义中，法治意味着社会、文化，以及个人对于法律的尊重，公平、公正、无偏袒的法律体制的建立和应用，并且普遍意识到法律在支持政府和促进社会发展中发挥关键性的作用。

同时，法治也是一个很难界定的术语，因为对它的解读是开放性的。例如，并不是世界上所有的法律体系都像美国的那样运作，事实上大部分都不是。而且在一些国家，大部分民众都不相信或支持实施法治的政府，因此他们既不尊重政府，也不尊重法治概念。最后，尽管一些国家的某些个人可能想促进法治，但由于缺乏基础设施、安全或装备，他们促进法治的能力有限。因此，法治这一术语在不同的环境下有着不同的含义，即使是在相同的环境下，这一术语对于不同的人也有着不同的含义。

2006 年 12 月，美国陆军发布了《野战条令》3-24："反叛乱"。当时的彼得斯中将是该手册的前言共同作者之一，《野战条令》3-24 将成为随后在伊拉克和阿富汗进行行动的明确文本。虽然《野战条令》3-24 并未给法治下一个明确的定义，但它却列出了法治的三个关键方面：第一个是"（一个）权力来自于被其统治者……的政府"。这样的一个政府必须做到传统上认为政府应该做的一切事情。即它必须对人民的集体安全负责，致力于发展社会，并且以这种形式存在于各个层面（比如，地方政府、地区政府、国家政府）。法治的第二个关键方面是它包括"稳定的安全机构"，这包括"警察、法院以及刑罚机关"。重要的是，人民必须认为这些机构公正无私。第三个，也是最后一个关于法治的关键方面包括尊重"基本人权"。

2008 年 10 月，陆军发布了《野战条令》3-07："维稳行动"。《野战条令》3-07 把法治定义为："包括国家自身在内，所有的个人、机构和实体，公共的和私人的，都要对公开颁布、平等实施、独立裁判、与国际人权原则相适的法律负责的一项原则。"根据《野战条令》3-07，法治存在于下列情况：

1. 在争端的解决中，国家垄断了暴力使用权。

2. 个人享有人身和财产安全。

3. 国家受法律约束，不得恣意妄为。

4. 法律具有确定性和稳定性，使得公民能够对自己的事务作出预期。

5. 个人能够真正接触到高效且公正的司法系统。

6. 国家保护基本人权与基本自由。

7. 个人依赖司法机构和法律内容进行日常生活。

2008 年 8 月，在《野战条令》3-07 公布前几个月，美国国际开发署（US-AID）发布了其自身关于法治的指南。根据国际开发署的指南，"五种元素构成了法治"，并且"为了法治的实行缺一不可"。这五种元素是秩序与安全、合法性、制衡、公平以及执行中的高效运用。在进一步界定法治时，国际开发署利用了联合国与美国国务院关于法治的定义，这两个定义都与《野战条令》3-24 与 3-07 关于法治的定义相似。在尝试对法治进行定义时，国际开发署作出了一个重要而关键的论断："法治并不是西方的，欧洲人的或者是美国人的，它适用于所有社会。"

最后一点对试图在伊拉克和阿富汗等非西方、非民主国家建立法治社会的军法官和律师助理十分关键。该论点是：美国并不会被部署到这些地区，并带去美国式的法治；但相反，他们会建立普适的法治。美国的意图并不是改革审判调查系统，并代之以美国式的对抗系统。相反，美国的目的是确保东道国自身的司法系统以它本来应该运作的方式运作。因而，健全的控方律师或辩护律师团体，陪审团审理权和沉默权以及经常要求实现的"美国宪法第十四修正案中的正当程序"条款等都不是目标。相反，它的目标是确保东道国的法律体系——和在部署时存在的一样——在政府及其人民的眼中是有效的、公正的，以及最重要的是合法的。

三、法治在战略环境中的位置：维稳行动与反叛乱行动

这一合法性概念提出了第二个主题。法治应该融入军事行动的总体战略背景的何处？尽管军事行动的传统范围将一直保持不变，但是在后 9·11 时代，两个新的条令得到了进一步的发展。它们是维稳行动条令与反叛乱行动（COIN）条令。尽管这两项成文条令是新的，但维稳行动与反叛乱行动却不是。《野战条令》3-07 指出："在美国相对较短的历史中，军队只打了11 场被视为常规的战争。而它们中间进行的数百次其他的军事行动中的大多数现在都被认为是维稳行动，主要执行的是维稳任务。"与普遍的观点相反，美国军事历史的特点是：以维稳行动为主，并在中间穿插着主要的战斗。

《国防部指令》3000.05 将维稳行动界定为："为了建立或维护国家和地区的秩序而实施的涵盖从和平到冲突的军事和民事活动。"值得注意的是，正是国防部的政策给予维稳行动"相对于战斗行动优先的地位"，而且国防部认为，维稳行动是"一项美国核心军事任务"。因此维稳行动现在被认为与传统的战斗行动同样重要，甚至是更为重要的行动。

被作为"从冲突到和平的路线图"来撰写的陆军《野战条令》3-07 是维稳行动的权威文本。在援引联合条令时（尤其是《联合出版物》3-0），《野战条令》3-07 对维稳行动作出了如下定义："（维稳行动）包括在美国领土之

外，与其他的国家权力机关相配合实施的，以维持或重建安全的环境、提供必要的政府服务、紧急基础设施重建以及人道主义救援的不同的军事任务、使命和行动。"尽管这一定义是关于维稳行动的基本定义，但《野战条令》3-07还是将这个定义进行了延伸。在维稳行动中，时间也许是成功的最终裁判者：给饱经战乱的大众带来安全的时间；为民众提供必要、紧急的人道必需品的时间；恢复基本的公共秩序以及表面的生活常态的时间；重建作为实现持久和平与稳定基础的政府机构和市场经济的时间。这就是维稳行动的本质。

维稳行动被包括在更大规模的反叛乱行动中。尽管人们注意到，"自从30年前的越战结束后在更为广泛的美国军事条令和国家安全政策中反叛乱行动经常被忽视"，但2006年的美国陆军《野战条令》3-24成了驻伊拉克多国部队（MNF-Ⅰ）的行动计划。手册将反叛乱行动简单定义为"沿着多重行动路线实施的进攻、防御与维稳行动的混合"。就这一点而言，美国陆军《野战条令》3-24提供了如下指数，这些指数强调了一个成功的反叛乱行动应具备的特征：

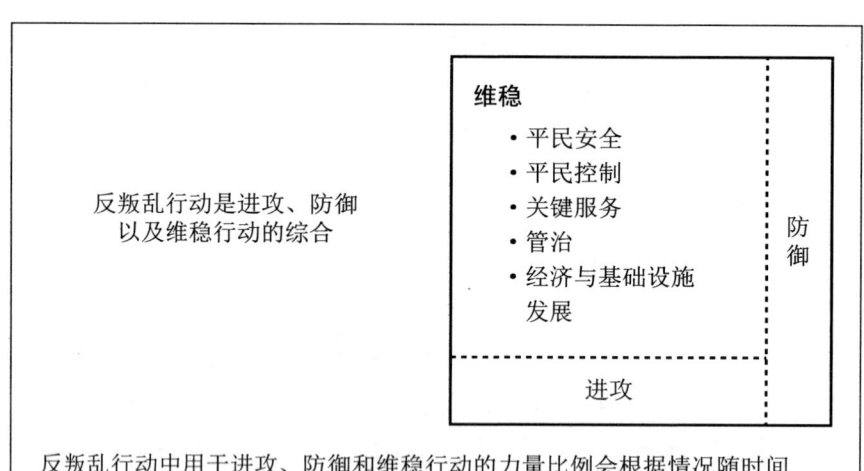

反叛乱行动

在反叛乱行动的条令中，核心的概念是合法性，而东道国的居民则是重心。《野战条令》3-24指出："政治权力是叛乱与反叛乱行动的中心问题，各方都想让民众接受自己的管治或者权力的合法性。"为了根除叛乱分子，政府需要民众的支持。反过来，民众也需要对政府能够维护安全、提供基本的服务和公正的司法有信心。因此，反叛乱行动的主要目标既是建立一个具有一切稳定特征的政府，同时也要创造一个最终的形态，即民众认可政府是合法的，而那些挑战政府的人是非法的。

那么，如何实现这一目标呢？《野战条令》3-24指出："暴乱分子利用政治（包括外交）、信息（包括借助于宗教、种族或者是意识形态信仰）、军事，以及经济上的一切可以利用的手段推翻现存的政权。相应地，反叛乱者则利用所有的国家权力工具来维持已建立的或新生的政府，并降低出现另一场危机的可能性。"经过反思后，可以得出显而易见但又十分重要的结论，即如果暴乱分子利用所有的手段（包括非军事手段），那么进行反叛乱行动的军队也必须利用所有可利用的手段以反击暴乱分子。"所有可利用的手段"当然包括传统的军事力量，但同时也包括许多其他的非动能工具。《野战条令》3-24这样总结道：在反叛乱行动中，军队必须"采取熟悉的战斗任务和经常与非军事机构相关的技能相结合的方法"。因此，军人"被期待既要做国家的建设者也要做战士，他们必须准备好帮助重建机构及当地的安保力量，并协助恢复基础设施与基本服务，他们必须能够促进地方管治和法治的建设"。

这一有关法治的观点很重要。《野战条令》3-24指出："建立法治是反叛乱行动的一个核心目标与追求的最终形态。"之所以如此说，是因为法治的存在是确保自愿接受政府权威及其合法性的一个主要因素，一个政府对于业已存在的、客观的法律规则的尊重，是其赢得广泛而持久的社会支持的关键。这样的政府尊重规则——最好是经过令人信服的民主程序制定，并被载入宪法和法律——这就是法治的本质。因此，这也是打击叛乱分子的潜在的强有力工具。

在反叛乱行动中，建立法治的重要性不能被过度夸大。底线是当政府尊重并执行法律（例如，当法治得以被坚持），以及相同的，民众尊重法律并见到法律系统发挥作用，那么这时的政府就会被视为是合法的，暴乱分子也就会被当成是破坏法律的犯罪分子。法律与政府携手同行。与此相反，如果法律缺失、法律得不到尊重、法治系统运转不畅，将导致民众道德滑坡，将使叛乱得到支持，而使政府丧失合法性。

这就是军法官、律师助理以及法治部署在反叛行动中的重要作用。因为法治是反叛乱行动条令中的一个主要因素，所以法治部署就成为促进打击叛乱战略目标的重要组成部分。在这点上，军法官和律师助理为法治部署带来了很多积极的因素。无人能比训练有素的律师、律师助理更能帮助建立法治。而且，他们不仅懂得法律与法律体系，也了解法官、执法人员、检察官以及处于这个系统中的东道国的司法行政人员。因此，尽管军法署署长和律师助理们无法单独完成该任务，但唯有他们有资质促进和完成法治任务。

四、法治任务中的关键角色

从事法治部署的军法署署长或律师助理理解参与其中的关键角色是非常必要的。其实，军法署署长或律师助理在处理法治部署时的首要问题应该是：在部署地域还有谁参加该项任务的完成？法治任务确实是一项联合的、跨机构的以及多国性的工作。

首先，法治行动一般都是被部署到联合机构。在这些任务中，大部分的飞行员需要被部署到地面部队（美国陆军和海军陆战队）领导的机构中。用行动术语阐述，负责领导的军种部队实施战术控制（TACON）。

各军种中的军法官并不是参与法治行动的唯一军事人员。首先，宪兵（MP）与安全部队（SF）成员经常在法治任务中发挥主要作用。例如，被拘留者的行动工作［例如，在战区拘留所（TIF）或者是其他相似的监禁场所工作］，拘捕以及转运被拘押者，在当地和地区范围内与当地警察局开展协作。其次，更加专业的军事刑事调查官也在国防部法治任务中工作。这包括了空军特别调查办公室（AFOSI）、海军刑事调查局（NCIS）以及陆军刑事调查司令部（USACIDC）。这些更富有经验的联邦机构负责调查犯罪、培训东道国的调查官，并与东道国执法部门进行联络。军法署署长会发现富有经验的调查官在完成他们自己的任务方面起着不可或缺的作用。最后，在法治部署中扮演关键角色的军队民政事务（CA）部队是由来自不同职业领域和军种的各种人员组成的。

根据《国家安全指令》44，国务院是负责维稳行动的主要联邦机构。法治的部署几乎总是涉及跨机构的人员，这意味着许多国防部之外的其他部门和机构都参与到了法治任务中。这些其他的参与者包括国务院、司法部、商务部、美国国际开发署以及其他联邦机构的人员。值得注意的是，这些部门和机构中的每一个都有一些处理法治任务不同领域的较小单位。另外，尽管这些部门和一些机构独立开展行动，但军法署署长或律师助理可能被部署到一个包含所有这些部门以及其他部门的地点或单位，并在共同的工作中合作。例如，一名军法官可能隶属于一个省级重建队（PRT），该队包括许多跨机构伙伴，以恢复政府架构。另外，处理被拘留人员、重大犯罪以及相似的法律或秩序任务的特遣队也包括来自这些部门与其他部门和机构的参与人员。

法治部署并不仅仅以联合性与跨机构性为主要特点，它们也具有多国性。来自世界各地的律师、执法专家和外交官经常对涉及美国的法治任务作出巨大贡献。比如，从2007年到2009年存在于驻伊拉克多国部队中的法律和秩序特遣队就不仅包括美国的法律和秩序特遣部队，它不仅包括来自美国政府内部的联合与跨机构伙伴，还包括来自英国与澳大利亚的执法人员和澳大利亚的律师。

除了这些广泛的人员之外，有效的法治部署还必须包括东道国的人员。把地方官员包括进来是实现反叛乱行动以及法治任务最终目标的关键。为此，每一项法治任务最好都在某种程度上训练和装备东道国人员，使其能够接替该项任务。

五、有关法治部署的实用建议

成功的法治任务要求尽力领会当地文化的精髓以及法律制度——涉及的法律、程序以及人员。《野战条令》3-24通过以下的论述强调了这一点："反叛乱行动的成功实施有赖于完全理解行动实施地的社会以及文化。"《野战条令》3-24认为每个人必须理解：

1. 社会中核心群体的组织。
2. 群体之间的关系与矛盾。
3. 群体信奉的意识形态以及对其的叙述。
4. 群体（包括部落）利益价值观与动机。
5. 群体（包括部落）的交流方式。
6. 社会的领导体制。

有鉴于此，构建与东道国人员的关系就很重要。比如，接受邀请一起用餐，饮用当地的饮料或者参加当地的文化活动。这些活动使我们有机会了解当地的法律制度、背景、文化以及人们的观点。当我们与人们进行交谈，聆听他们的故事的时候，大量的法治任务就已经完成了。另外，带上富有美国文化特色的礼物，比如硬币、衬衣、香烟或者是旗帜，也是一种比较恰当的交流方式。由于绝大多数的部署中都会广泛地应用在该种文化中生活或是成长起来的译员，所以外语不应是一种障碍。译员是理解东道国文化的一种宝贵资源，所以他们经常会为被部署人员讲课。

最后，我们应该牢记的关键一点是法治部署任务通常都很含糊，指导有限。军法署署长和律师助理需要自行调整他们对于成功的期待值。改变的产生（也就是说，带来所期望的、人所共知的法治这一最终状态）是一个极其缓慢并且通常是艰难的过程。虽然说进步很难被察觉，但从长期的角度来看，其却是极有价值的。

六、结论

鉴于军法署署长与律师助理对法治的独到见解以及他们在维稳行动与反叛乱行动中的战略作用，他们在促进法治的全球努力中发挥着重要的作用。法治环境的成功需要理解所有不同的角色，他们为法治努力带来什么，以及最重要的一点，他们怎样作出各自不同的贡献。

参考文献

1. Rule of Law Handbook: A Practitioner's Guide for Judge Advocates, The Judge Advocate General's Legal Center & School, United States Army, Center for Law and Military Operations, 2011.

2. FM 3-24, Counterinsurgency, December 2006.

3. FM 3-0, Operations, February 2008 with Change 1, February 2011.

4. FM 3-07, Stability Operations, October 2008.

5. United States Army Field Manual 3-07 Stability Operations, Forging a Comprehensive Approach, PowerPoint Presentation by LTC Steve Leonard, United States Army Combined Arms Center, Ft. Leavenworth, KS, 2 October 2008.

(available at usacac. army. mil/cac2/Repository/FM307/FM_ 3-07_ Pre-RolloutBrief. ppt).

6. DoDI 3000. 05, Stability Operations, 16 September 2009.

7. National Security Presidential Directive 44, Management of Interagency Efforts Concerning Reconstruction and Stabilization, 7 December 2005.

8. Guide to Rule of Law Country Analysis: The Rule of Law Strategic Framework, A Guide For USAID Democracy and Governance Officers, United States Agency International Development, Jan-

uary 2010.

特定战区的法治案例

9. Lieutenant Commander Vasilios Tasikas, Developing the Rule of Law in Afghanistan: The Need for a New Strategic Paradigm, The Army Lawyer, DA PAM 27-50-410, July 2007 (pages 45-60).

10. Major James W. Annexstad, The Detention and Prosecution of Insurgents and Other Non-Traditional Combatants—A Look at the Task Force 134 Process and the Future of Detainee Prosecutions, The Army Lawyer, DA PAM 27-50-410, July 2007 (pages 72-81).

11. Major John C. Johnson, The Iraqi High Tribunal and the Regime Crimes Liaison's Office, The Army Lawyer, DA PAM 27-50-422, July 2008 (pages 36-44).

有关反叛乱行动与恐怖主义的书目

12. David Galula, Counterinsurgency Warfare: Theory and Practice, Praeger Security International Paperback, 30 August 1964.

13. John A. Nagl, Learning to Eat Soup with a Knife: Counterinsurgency Lessons from Malaya and Vietnam, Praeger Publishers (2002).

14. Max Boot, *The Savage Wars Of Peace: Small Wars And The Rise Of American Power*, Basic Books (27 May 2003).

15. Lawrence Wright, The Looming Tower: Al Qaeda and the Road to 9/11, Knopf (8 August 2006).

16. Ahmed Rashid, *Taliban: Militant Islam, Oil and Fundamentalism in Central Asia*, Yale University Press (1 March 2001).

17. John L. Esposito, *Unholy War: Terror in the Name of Islam*, Oxford University Press, USA (2 May 2002).

第二十三章 | 保障军事行动的平民

一、背景

平民，包括美国国防部文职雇员和国防部承包商员工，在历史上军事行动的实施中曾发挥重要的作用。然而，在"全球反恐战争"（GWOT）中，史无前例多的平民被部署，特别是国防部承包商，以保障军事行动。美国国会预算办公室 2008 年初的报告显示：在伊拉克自由行动中，在伊拉克战区进行美国资助项目的承包商人员与着军装人员的比例是 1:1。未来的冲突可能会产生相似甚至更高的比例。

这些信息应当作为军法官在行动环境中向指挥官提出建议时的指导。

二、关于分析平民问题的建议

确定涉及的平民人员的准确身份。由于所涉及的平民的身份不同（例如，美国公民、东道国公民或者是第三国公民以及国防部的文职人员或者承包商员工），所适用的规则也不同，因此确定身份这一点很关键。

需要获得一份东道国与美国签订的国际协定（IA），这项国际协定可能是部队地位协定（SOFA）、防卫合作协定、换文（EN）或者一些相似的协定。国际协定会依据东道国的法律与管辖权，详细说明平民的权利和职责。下列网址可能有助于确定美国是否与某一特定国家签署了国际协定：www. state. gov；aflsa. jag. af. mil/INTERNATIONAL；www. jagcnet. army. mil/clamo（这一网站同样也包括了国家研究，是了解人员正在被派往国家情况的一个快捷方法）。

查阅适用的作战司令部有关平民的指令、指导以及政策。这些文件包含作战司令部有关在部署期间出现的绝大多数问题的指导，比如武装平民、为平民提供医疗保障及其他事项。

咨询适当的空军下属军种司令部课题专家有关空军和作战司令部的具体指导。

下面的参考资料旨在便于对涉及与部队共同部署的平民事务进行更为深入的研究。这一章的内容分为三节——第一节探讨涉及平民的纪律问题，包括国防部文职雇员和国防部承包商人员，第二节专门讨论国防部国防承包商，第三节专门讨论国防部文职雇员。

三、《美国统一军事司法典》对于应急承包商员工、国防文职雇员以及在宣战或应急行动期间为武装部队服务或伴随的其他人员的管辖权

认识到平民被大量部署的新的现实情况，美国国会修订了《美国统一军事司法典》，以将其管辖范围扩大至，在"宣战或应急行动"期间与美军一起或伴随美军的人员。[1]

（一）背景

2007 年《国防授权法案》（NDAA）修改了《美国统一军事司法典》的第 2（a）（10）条，将其管辖权扩展到在宣战或应急行动期间在战地为武装部队服务或伴随人员。2008 年 3 月 10 日，美国国防部部长发布了扩大的《美国统一军事司法典》司法管辖权行使指导意见。国防部部长备忘录包括三个附件。附件一总结了在美国境外的指挥官责任区域之内发生犯罪行为时，指挥官和军事执法者的权力。附件二阐述了国防部部长关于《美国统一军事司法典》适用于"根据《美国统一军事司法典》修正案的所有惩戒行动"的决定。附件三描述了《美国统一军事司法典》管辖权行使的通知程序链。

国防部部长再三强调，在特定情况下，包括受指控的犯罪分子的身份或者隶属关系还未确定的情况，指挥官拥有"对意外事件作出回应、恢复安全与秩序、调查与逮捕可疑的犯罪分子以及处理紧急需求"的权力与责任（备忘录的 1~2）。国防部部长接着指出，《美国统一军事司法典》管辖权扩展到为武装部队服务或伴随平民的"特性"要求"对何时、何地及由何人行使这一管辖权进行健全的管理"，明确了对国防部承包商员工和文职雇员行使《美

---

〔1〕《美国法典》第 10 编第 802（a）（10）条。

国统一军事司法典》管辖权的程序。

（二）谁可以行使《美国统一军事司法典》所赋予的权力？

只有国防部部长可以对下列犯罪和人员行使《美国统一军事司法典》所赋予的权力：

1. 在美国境内（州、哥伦比亚特区和美国的领地和属地）实施的犯罪；

2. 在实施被控的不端行动期间，并不总在美国境外的人；以及

3. 当被提出军事法庭指控，或被提出依第 15s 条指控进行时，处于美国境内的人。

地理区域作战司令部（COCOM，例如中央司令部司令）可以在作战司令部的范围内保留军法典权力的实施权。

隶属或配属于作战司令部的普通军事法庭开庭机构（GCMCA）指挥官（例如 AFCENT/CC）负责国防部部长上述职权范围之外的情况。在行使军法典权力之前，他们必须向作战司令官提交书面通知。

根据《军事法庭规则》第 407 条，所有其他的指挥官必须向指挥链上的首要普通军事法庭开庭机构提供所有可用的信息，以便作出处理或加以考虑。

（三）哪些《美国统一军事司法典》权力可以被行使

赋予对国防部承包商员工以及国防部文职雇员在军事法庭开庭的权力。

赋予对国防部承包商员工以及国防部文职雇员实施非司法性惩罚的权力。

注意：《美国统一军事司法典》并未授予对国防部承包商员工进行日常监督/控制的权力；这一权力受到承包合同的约束。

（四）程序

根据《军事法庭规则》第 407 条，非普通军事法庭开庭机构指挥官必须向指挥链中的首要普通军事法庭开庭机构提供所有可用的信息，以便作出处理或加以考虑。

普通军事法庭开庭机构在行使《美国统一军事司法典》权力之前必须向作战司令官提供书面通知。

根据备忘录附件三和《国防部指示》5525.11，作战司令官必须通过国防部通报司法部，确定《军事治外法权法案》（MEJA）所规定的美国联邦刑事管辖权或其他联邦法律是否适用和将被遵守。

注意：各级指挥官与军事刑事调查官均可执法并开展刑事调查。同样，必要时军事刑事调查应继续，并与司法部保持协作，除非司法部通知国防部

它会单独承担调查的责任。

司法部必须在收到正式通知后 14 日内决定是否行使管辖权（然而，司法部副部长可以要求延长期限）。

1. 如果司法部选择行使《军事治外法权法案》管辖权——国防部的权力将被终止或保留，直至起诉终止或完成。

2. 如果司法部拒绝根据《军事治外法权法案》行使管辖权——国防部可继续根据《美国统一军事司法典》采取行动。

2000 年的《军事治外法权法案》（MEJA），已由罗纳德·W. 里根（Ronald W. Reagan）2005 年度的《国防授权法》第 1088 条进行了修订。（见《美国法典》第 18 编第 3261~3267 条）

自 20 世纪 50 年代以来，军队一直被禁止对和平时期伴随海外武装部队并犯有刑事罪行的人员提起诉讼。许多联邦刑事法规缺乏域外适用，包括那些对强奸、抢劫、入室盗窃和儿童性虐待进行处罚的法规。此外，许多外国拒绝起诉在本国境内犯下的罪行，特别是那些涉及美国财产或另一个美国人作为受害者的罪行。此外，在海外犯罪的军事人员，在其被解除武装之前尚未发现或充分调查其罪行，不再受军事法庭管辖。这一管辖权方面的缺口导致了犯罪不受惩罚的结果。（见《国防部指示》5525.11）

而《军事治外法权法案》通过将联邦刑事管辖权扩展到海外特定平民和前军事人员填补了这一缺口。

受管辖行为：在美国境外犯下的行为，如果是在美国特殊海事和领土管辖范围内犯下的，根据美国法律将构成犯罪，可处以 1 年以上的监禁。

受管辖人员包括：

1. 根据联邦起诉书或情报，被控与一名或多名被告犯下罪行的武装部队成员，其中至少一名不受《美国统一军事司法典》约束。

2. 在未参加现役或非现役训练时犯罪的预备役部队成员。

3. 在涉嫌犯罪时受《美国统一军事司法典》约束，但已不再受军法典约束的武装部队前成员。

4. 在美国境外被武装部队雇佣的平民，他们不是东道国的国民或居民，并且在美国境外从事雇员工作时犯罪。这些文职雇员包括：

（1）国防部雇佣的人员；

（2）国防部承包商人员，包括任何级别的分包商；

（3）国防部承包商的员工，包括任何级别的分包商；

（4）民事雇员，承包商（包括任何级别的分包商）以及任何其他联邦机构或任何临时机构的承包商（包括任何级别的分包商）的文职员工，只要这种雇佣关系到支持国防部海外任务。

5. 武装部队伴随人员：

在美国境外犯下罪行的上述任何人员的家属（如果该家属与该人同住），并且不是该东道国的国民或通常在该国居住。《军事治外法权法案》的适用不需要指挥支持。

《军事治外法权法案》不适用于犯罪行为人在犯罪行为发生时是一名游客、学生或非武装部队随行人员的情况。

域外刑事管辖权：如果一个外国政府按照美国认可的管辖权，已经起诉或正在起诉一位人员，美国未经总检察长或副总检察长批准，不会针对同一罪行起诉该人。

满足上述《军事治外法权法案》管辖权要求的第三国国民可能与美国之间的联系过于薄弱，以至于对该法案是否适用提出了质疑。应将任何潜在的对第三国国民的调查或逮捕通知国务院。

《国防部指示》5525.11 包含了有关适用《军事治外法权法案》所需程序的详细指南，包括调查、逮捕、拘留、代理、初审和将人员遣返美国或其他国家。此外，许多权力被下放给战斗指挥官，因此必须研究并遵循当地的政策。

四、国防承包商员工

（一）重要意义

如上文所说，承包商对于完成美国军事行动来说是不可或缺的。然而，美国的国际义务很明确：伴随空军部队的承包商员工不是战斗员，不允许他们在空军行动期间作为战斗员来行动，或直接参与对敌行动。

军法官应当对由于在部署地区越来越多地使用承包商来提供保障而产生的、经常十分复杂的问题保持敏感。尽管承包商员工受《美国统一军事司法典》管辖，但对于承包商员工的日常控制与监督却受合同条款约束，签订合同官应负责监督合同执行情况。《国防部指示》3020.41 全面阐明了有关被授权伴随美国武装部队的承包商员工的国防部相关政策、指导原则及程序。

（二）关键术语和定义——参见《国防部指示》3020.41

1. 应急行动：应急行动是由国防部部长指派的一项军事行动。在行动中，美国武装部队成员正在参与或可能参与针对美国敌人或一支敌对军事力量的军事行动、作战或敌对行动，或者是导致武装部队成员被召唤或命令服现役的军事行动。（见《联合出版物》1-02）

2. 依授权伴随武装部队的承包商：通过合同明确授权伴随部队，并根据国际公约享有受保护地位的应急承包商及其所有级别的分包商雇员，也被称为 CAAF。（见《联合出版物》4-10）

3. 未被授权伴随武装部队的承包商：未通过合同授权随行应变，并且未按照国际公约获得受保护身份的应急承包商及其所有级别的分包商员工，也被称为 non-CAAF。（见《联合出版物》4-10 第 I-5 段）

4. 合同类型：在部署的情况下，合同可以被分成三种类型。了解特定雇员提供服务所依据的合同类型是非常重要的，因为每种合同类型可能应用不同的规则。合同类型也可能决定签订合同官的驻地。

（1）系统保障合同：由服务采购计划管理办公室预先安排的合同。该办公室提供技术支持、维护，并在某些情况下还为特定的军事武器和支持系统提供维修零件。这类合同的签署可以为新近部署的武器系统提供支持，包括飞机、陆战车以及自动指挥与控制系统。它们通常是提前授予的，与特定行动无关。

（2）外部保障合同：由合同授权不直接来自战区保障订约活动负责人或系统保障订约当局的订约组织签发的合同。例如，空军合同扩展计划（AFCAP）以及美国陆军工程兵团授予的建筑合同。（见《联合出版物》1-02 和《联合出版物》4-10 第 VII 页第 III-5 段）

（3）战区保障合同：由在服务部门、特种作战部队司令部或指定应急行动的指定承包活动联合负责人直接服务的作战区域内的订约人员授予，也被称为应急合同。（见《联合出版物》1-02 和《联合出版物》4-10 第 VII 页第 III-6 段）

5. 特定任务承包商雇员：被订约人员被认为是特定任务活动必不可少的依授权伴随武装部队的承包商。特定任务承包商具备一般人不常具备的管理或技术技能。特定任务承包商的例子包括但不限于危机行动计划承包商经理、系统保障合同战区外勤代表（FSRs）和翻译。（见《联合出版物》4-10 第 I-6

段）

6. 授权书（LOA）：代表政府的签订合同官向依授权伴随武装部队的承包商颁发授权书，授权依授权伴随武装部队的承包商前往、离开战区以及在战区内穿行，并概述了政府在行动区域内提供的保障授权。（见《联合出版物》1-02 第 215 段）

（三）部署前的问题

由于雇主与独立的承包商之间关系的性质，除非在合同条款中有特别规定，否则空军没有义务向承包商员工提供任何服务或保障。

1. 医疗及牙科保健。根据《国防部指示》3020.41 行动合同保障和1100.22 确定劳动力组合的政策和程序，承包商有责任提供身体和心理健康的人员来履行合同职责。如果部署的国家要求，他们应当在部署之前接受艾滋病检测。另外，为了身份识别，承包商还应提供环口放射线影像（在同一张胶片中显示上下颌骨和牙齿的 X 射线）以及 DNA 样本。当无法获得环口放射线影像（Panorex）或 DNA 样本时，口腔 X 光片可作为替代。除非合同规定，否则空军一般并不承担这些评估诊断。但空军医护人员为重伤者提供紧急医疗救治则是适当的，就像会提供给任何人一样。

2. 法律援助。承包商员工除了因作为一个人应得的权利而获得相关的法律援助外，他们一般不具备接受法律援助的资格，除非他们由于其他身份（例如预备役军人、退役军人或者军属）而有权获得法律援助。因此，承包商员工可能希望在部署之前咨询私人聘请的律师，以满足他们的法律需求。[见《国防部指示》3020.41 附件 2 第 3（m）段]

（1）如果一名承包商雇员正伴随在美国之外的空军，当国防部或空军根据合同条款有义务提供一定的法律援助作为后勤保障的一部分时，他/她可能会得到这些法律援助。这里所提及的合同的特定条款应予以审核，以核准该义务。

（2）如果根据合同应提供法律援助，那么相关援助必须与可适用的国际协定一致或获得东道国政府批准。援助必须限于行政服务（例如公证人服务）、咨询（包括法律信件与文书的审查与讨论）、文件的准备[限于委托授权书（powers of attorney）以及预先的、医疗指令]，以及帮助聘用非政府律师。如果承包商作为家属、退役人员或者预备役军人而有权获得全面的法律援助，就不应由于他们的承包商身份而仅获得有限的服务。

3. 身份证。承包商在为其员工办理部署手续时，必须确保在部署前员工收到所需的身份证明。日内瓦公约伴随武装人员身份证（见国防部安全协定格式 489）的人员的身份证标明伴随美军的承包商雇员的身份，并且身份证必须以符合《国防部指示》1000.1 的形式发布。承包商雇员在战区内必须一直携带身份证。

4. 后勤保障。《联邦防务采办补充条例》225.7402-3 与《国防部指示》3020.41 都要求签订合同官核实可供被部署承包商员工在部署地区使用的后勤以及行动保障。

（四）承包商员工在部署区域的问题

1. 日常的监督与管控。尽管《美国统一军事司法典》将其管辖权扩展到了承包商员工，但指挥官并不对承包商员工进行直接的监督与管控。指挥官无权命令承包商员工部署、留在战区内，或执行特定任务。

对平民承包商员工的管控必须依据政府合同的条款，因此合同的关键性履行要求应当在合同中详细规定。承包商员工应该遵守作战司令部基于完成任务的需要、人员安全以及部队凝聚力而发布的所有指导原则、指示及通令。［见《联邦防务采办补充条例》（DFARS）252.225-7040（d）］

签订合同官或其代表是负责监督承包商履行合同要求的指定联络官。然而承包商员工却并不受签订合同官或其代表的直接监督。

签订合同官也会要求承包商将任何违反适用指示、命令和指令的雇员调离战区。任何由司令部通过签订合同官要求的遣返所产生的费用均由承包商承担。［见《联邦防务采办补充条例》（DFARS）252.225.7040（h）］

军事指挥官可以限制对设施的接触，和/或撤销一名承包商雇员作为伴随部队的个人的任务特殊地位。

签订合同官或他（她）的代表也可要求承包商将任何其行为危及他人或财产安全的承包商雇员，或继续雇佣将不符合军事安全要求的雇员调离战区（参见下文有关东道国和第三国国民的讨论）。另外，签订合同官可以针对承包商违约行为采取行动，包括终止合同。

2.《美国统一军事司法典》对承包商员工犯罪活动的管辖。正如在本章前面所述，《美国统一军事司法典》的管辖权已经扩展到在宣战或应急行动中伴随部队或与部队合作的承包商员工（包括第三国公民）实施的犯罪活动。然而军法官们应该理解并遵循在本章前面概述的国防部部长的指导。当前，

《美国统一军事司法典》的管辖权限于实施普通军事法庭开庭权的指挥官行使，还有通知和协同的要求必须遵守。［见《国防部部长备忘录》；《联邦防务采办补充条例》（DFARS）252.225-7040（e）］

3. 遵守当地法律。承包商必须遵守可适用的美国法与国际法。除非《部队地位协定》或其他国际协定的条款有不同的规定，承包商员工应当服从他们所在国家的法律管辖。这意味着，承包商需要准备好遵守所有当地的税法、移民要求、海关手续与关税、环保规则、债券与保险要求、工作许可以及交通法规或安全规则。

4. 承包商员工的地位。在不构成国际性武装冲突的应急行动中，伴随武装部队的承包商员工的地位完全由东道国法律或可适用的国际协定来确定。在上升到国际性武装冲突层级的应急行动中，承包商员工拥有"伴随武装部队"而非部队成员人员的地位。他们在法律上是平民，但若被敌人俘虏，却有权享有战俘的地位。由于伴随部队的承包商近距离地向作战部队提供保障，因此他们可能受到敌对行动的攻击。指挥官应当确保不以任何将危及他们根据国际法所享有地位的方式使用承包商员工，比如直接参加敌对行动。

5. 对在部署区域的承包商的保障。特定合同的条款将决定空军必须提供的保障的水平。承包商员工人员必须有授权书（LOA）或者邀请旅行命令（ITO），其中详细规定了根据合同必须向承包商雇员提供的保障。一些较为常见的保障问题是：

（1）医疗保障与后送。《国防部指示》3020.41附件2第4（i）段包括了对这个问题的全面论述，另见《联邦防务采办补充条例》52.225-7040（c）（2）：

1）常规/初级护理。除非在与政府的合同中特别规定，否则被部署的承包商员工一般不接受军事医疗机构提供的常规医疗以及牙科护理，除非这一保障项目被明确写到了与政府订立的合同当中。若没有这样的协定，承包商应当为他们雇员的医疗及牙科护理作出安排。

2）恢复性护理（Resuscitative Care）。所有在战区内的承包商员工都有接受第三级军事治疗机构提供的恢复性护理、稳定治疗以及住院治疗的权利，而且在可能导致伤病员丧失生命、肢体或视力的紧急情况下，可以得到运送的帮助。住院医疗被限制在稳定治疗以及短期医疗的范围内，重点是使其重返工作岗位或将其置于伤病员运送系统中。

3）医疗后送。在武装部队伴随承包商员工由于医疗原因被后送到医疗机构（MTF）的情况下，正常的偿付政策适用于医疗机构提供的服务。如果伴随承包商员工要求被医疗后返回美国大陆（CONUS），负责运送的医疗机构应该为将伴随承包商员工转移到他们自己选择的民用医疗机构提供协助。当美军为根据战区、系统或外部保障合同雇佣第三国及东道国公民提供紧急医疗救治时，这些伤病员将会通过国家途径（如果可能的话）后送或运送至他们的医疗系统。

4）偿付。当政府向承包商员工提供医疗救治或运送时，承包商应确保偿付政府与这些救助或运送相关的费用。

（2）组织服装、装备和个人保护装备：

1）个人服装及个人用品，包括便服和特定任务所需的工作服，都由承包商员工或承包商个人负责。通常来讲，指挥官不应向承包商员工发放军用服装［例如，空军作战服、冲锋衣（Gortex jackets）等］。

2）《国防部指示》3020.41 规定，当合同要求政府发放像化学防护装备这样的特定物品，以及下属司令官确定有必要时，政府可发放这些物品。除非合约协定中有要求，否则承包商员工自愿穿戴这些装备。

3）《联邦防务采办补充条例》252.225-7040（i）规定指挥官必须确保承包商员工接受使用所发放的个人防护装具的培训。

4）如果指挥官向承包商员工发放了任何类型的标准军服，必须注意通过使用不同颜色的服饰、臂章或头盔，以确保将承包商员工与军事人员区分开来。

（3）部队保护与武器发放——《国防部指示》3020.41 附件 2 第 3（k）段：

如果由于承包商不能获得有效的安全服务，或不能以合理的价格获得这样的服务，或者威胁情况使通过军事手段维护安全成为必要，而且提供安全保护符合政府的利益，那么作战司令部可将承包商员工纳入其部队保护职责内。签订合同官应将向伴随武装部队承包商员工提供的保护级别写入合同。在合适的情况下，地理区域作战司令官可以通过军事手段提供与提供给国防部文职人员的安全级别相同的安全保护。具体的安全措施应该根据任务以及地理区域作战司令官对情况的判断而定。

在有限的情况下，伴随武装部队的承包商员工可出于自卫而被武装，应遵循下列程序：

当情况需要，而且适用的美国、东道国法律及国际法、相关的《部队地位协定》或国际协定或与东道国当地政府的其他协定允许时，作战司令官或者被指定者可以授权基于自卫而对承包商员工进行武装。在这样的情况下，政府必须提供或者确保伴随武装部队的承包商员工熟悉所颁发的武器、具有使用该种武器的资质，并向其介绍有关使用武力的规则。

承包商员工接受武器只能基于自愿，而且必须得到国防承包商同意以及合同允许。接受武器的承包商应该被告知，如果他们使用武器，则可能受到东道国的起诉或民事诉讼。另外，希望被武装的承包商员工不得被美国法禁止拥有武器。确保其员工不被美国法律禁止拥有枪支，包括没有《劳滕伯格修正案》所规定的禁止情况［见《美国法典》第 18 编第 922（g）（9）节］是承包商的责任。

对伴随武装部队承包商员工进行武装的所有申请都应该由适当的军法官逐一进行审查，并向地理区域作战司令官报告，以确保批准具有法律依据。

（4）车辆与装备行动：

合同可能需要或要求被部署的承包商员工操作由美国军队、政府所有或政府租赁的装备或车辆。承包商员工也可能被要求必须获得其部署所在国当地的驾照及许可（比如，阿曼的驾驶执照）。在操作军队拥有或租赁的车辆时，承包商雇员必须遵守他/她所部署的国家、地区、城市和/或军营的法律与规章。交通事故或者违反交通规则通常将根据当地的法律、适用的国际协定和/或战区司令官的指导来处理。如果承包商员工并不享有国际协定所规定的特殊身份，他们可能会承担东道国的刑事和/或民事责任。因此，个人或承包商可能要对由于疏忽或者不安全操作政府的军用车辆和装备而造成的损失承担责任。［见《联邦防务采办补充条例》252.225-7040（k）］

五、政府固有职能

根据 1998 年的《联邦活动清单改革法》《管理和预算局第 A-76 号通知》（"商业活动的执行"，2003 年 5 月 29 日）以及《联邦采购法规》（"政府固有职能"）的第 7.5 部分，政府固有的职能和职责禁止私营部门执行（见《美国法典》第 10 编第 2383 节和《国防部指示》3020.41 附件 2 第 1E 段）。根据合同规定，合同官员必须就与政府固有职能密切相关的每项职能的履行作出某些决定。固有的政府职能和职责禁止私营部门执行。项目管理人员在签订行动保障服务合同之前，应与国防部部门的人力资源部门进行协调，以确保不会对指定为政府固有任务和职责而授予合同，或者通常不应由承包商在行动地区执行的任务和职责授予合同。国防部各部门应根据《国防部指令》1100.4"国防部人力资源管理指南"确定劳动力组合。《国防部指示》3020.41指出，在紧急情况下（例如，敌对或恐怖行动或自然灾害），高级军事指挥官可以"紧急推荐"被授权伴随该部队的承包商，以使其免受伤害或采取自我保护措施。私人保安承包商仅限于对敌对行为或已有所表现的敌对意图采取防御措施。

六、联邦文职雇员

（一）重要意义

国防部文职雇员对于完成国防部任务来说是不可或缺的。（见《国防部部长备忘录》）。《国防部指令》1410.10第4段直接指出，国防部的政策是"依靠有能力的军事人员以及国防部文职人员的结合，来满足国防部全球性国家安全任务需求。国防部的文职雇员是全部力量中不可或缺的组成部分"。

（二）关键术语与定义——参见《国防部指令》1404.10

国防部文职远征队（DOD CEW）由组织有序、整装待发、训练有素的雇员组成，他们是以提高动员和满足远征需求能力的方式而装备起来的。国防部文职远征队有以下的几类人员：

1. 应急必需（EE）雇员：根据《美国法典》第10编第1580节，是那些具有基于职位的任命，保障作战行动的成功或作战必需系统有效性的人们。这些雇员可能被要求接受职位的部署要求。尽管国防部会寻找自愿接受这些应急必需职位的人，但国防部保留要求和指定应急必需雇员的权力，不论他们是自愿地还是非自愿地或是意外地被部署完成国防部的任务。

2. 非战斗必需（NCE）雇员：是那些具有基于职位的任命，保障在非战斗或战斗支援任务中的远征任务需求的人。这些雇员可能被要求接受相关职位的部署要求。尽管国防部会寻找自愿接受这些非战斗必需职位的人，但国防部保留要求和指定应急必需雇员，包括非战斗必需雇员的权力，不论他们是自愿地还是非自愿地或是意外地被部署完成国防部的任务。

3. 基于能力的志愿者（CBV）：是那些可能被要求自愿部署，在其他文职人员被撤离后留下来，或者替补被部署以满足远征任务需要的其他国防部文职人员留下的空缺，以便确保在个人职位范围以内或以外的关键性的远征任务需求能够得到满足。

4. 基于能力的前雇员志愿队：是由那些因愿意重新为联邦政府服务而同意作为个人将名字存入一个数据库的前国防部文职人员（包括退休的人员）组成的一个集合团体，他们有兴趣作为有时限的雇员来完成远征任务或替补其他人因完成远征任务而留下的空缺。当这些个人被再次雇佣后，他们应被视为基于能力的志愿者（CBV）雇员。

（三）部署前的问题

1. 医学筛查/处理。应急必需（EE）雇员和非战斗必需（NCE）雇员必须接受年度的健康评估，以确保其具有世界范围内部署的资格，而基于能力的志愿者（CBV）和前国防部雇员将根据需要接受健康评估，以确定他们是否符合特定部署的要求。雇员部署期间，应为其提供足够整个预计部署阶段再加30日的药物，以消除战区内药品短缺可能带来的负面影响。

2. 护照/签证。空军将为国防部文职远征队（DOD CEW）提供所需的公务护照与签证。[见《国防部指示》1404.10第4（g）（4）段]

3. 平民身份证/标签。国防部文职远征队（DOD CEW）雇员会被颁发通用访问卡（CAC）以及适当的日内瓦公约身份证。医疗和宗教人员会被分发手工填写的国防部安全协定格式1934（解除军役证明）和在武装部队服务或伴随武装部队的医疗和宗教人员日内瓦公约身份证，以取代国防部安全协定格式489，即便他们持有国防部安全协定格式2764或通用访问卡（CAC）。

4. 武器执照的发放与培训。作为一项通行的规则，平民不应被分发枪支或被允许携带个人拥有的武器。在特定的情况下，作战司令官或被指定者可能向国防部文职远征队（DOD CEW）分发小型武器（通常被限定为M9手枪）用于个人自卫。在分发任何武器之前，个人被要求必须遵守与合理使用与安全操作枪支相关的军事规章，并接受培训。接受武器是完全自愿的，并且根据空军的政策，它不应成为一项雇佣的条件。获得枪支的平民必须具有使用被发放枪支的资质。由于这些严格的授权与训练要求，空军部队指挥官必须在行动初就决定是否对平民进行武装。另外，空军必须确保国防部文职远征队（DOD CEW）不被《美国法典》第18卷第922节（《劳滕伯格修正案》）禁止拥有枪支。更多的信息参见《空军指示》31-207"空军人员的武装与使用武力"第2.1.1.2.和2.3.2段，以及《空军指示》36-507"动员平民劳动力"第 1.3 段。

（四）服装与装备问题

1. 组织服装。作为一项通行规则，平民人员不应穿着军装。然而，战场条件可能出于个人安全或健康而要求向平民分发特定的军用服装或装备。必须注意确保分发了军事物品的平民能够从一个合理的距离内与穿着和佩戴类似服装或装备的军人区别开来。《空军指示》36-801"文职人员制服"，第 6 章"个人防护装备"中含有有关文职雇员在海外穿着军装的专门指导原则。

2. 个人防护装备。如需要，那么国防部文职远征队（DOD CEW）会被提供个人防护装具（例如，头盔与防弹背心）。这些装备只有在敌对行动、战争状态，或其他的危急情况下执行受领的任务必须时才分发。同样地，必须努力确保平民与穿戴相似装备的军人区分开。服装与装备的维护与保管责任由被分发该物品的雇员个人承担。个人服装与个人用品同样也是个人负责。文职雇员必须携带他们特定工作所需要的工作服。［见《联邦防务采办补充条例》252.225-7040（i）］

（五）法律援助

与部署问题有关的法律援助可通过军事设施的法律办公室向被通知进行部署的空军文职人员及其家属提供。法律援助将在部署期间提供，并仅限于由军事设施法律代表所确定的与部署相关的事务。这些服务通常包括遗嘱和委托授权书的准备等援助。（详见《空军指示》51-504"法律援助、公证和预防法"第 1.3 段）

（六）部署地区的国防部文职雇员问题

1. 日常的监督与管控。在危机或部署中，文职雇员受到现场监督链的直接监督与管控。因此，现场监督链将承担对具体雇员的日常监督功能，例如，那些与任务分配与指导、常任监督员年度表现评估的输入、启动、实施许可和纪律处分相关的功能。

2. 遵守当地法律。美国一般会与东道国签订一个国际协定或其他类似的协定，以明确美国部队（包括伴随平民）的特定权力和责任。

3. 国防部文职雇员的地位。根据《日内瓦第三公约》，伴随武装部队但并非武装部队成员的国防部文职远征队（DOD CEW）如果被俘，有权享有战俘（POW）地位。如果平民得到武装部队的授权伴随部队，并被提供了日内瓦公约身份证，那么这些伴随武装部队的平民就可以得到上述保护。

4. 常见问题：

（1）部署期间的工资、津贴以及纳税。作为一项雇佣条件，所有的应急必需（EE）雇员都被要求将他们的联邦文职工资直接存入银行。在部署期间，薪金不免税。即使被部署到作战区域，也应交税，虽然军人的工资可以免交一些特定的税。同样地，在部署期间，工资的减扣也不会发生变化。如果文职雇员处于"失踪"状态，他/她的工资和津贴也会继续发放。"失踪"状态被界定为在行动中失踪、在异国被拘禁、被俘、被围困，或者是被敌军包围，或者是在违反他/她意愿的情况下被拘留在异国。

（2）奖金。奖金包括平日加班、待命、假期以及周末加班的额外补助。关于奖金获得的规则十分复杂，因此应当与常驻基地设施的文职人员办公室（CPO）确认涉及每种特定情况和每类雇员的规则。

（3）外国岗位差额（FPD）。如果雇员临时派驻工作的国外环境与国内相比有显著的差异或作为一项招募和保留的优惠条件向他们提供额外补助，那么这些雇员被派驻该地区超过41日后就有资格享受外国岗位差额。外国岗位差额不受薪水上限的限制，并按照基本工资的一定比例支付，但这一比例不超过基本工资的25%。

（4）风险工资。被派往由国务卿确定的可获得风险工资的地区工作的文职雇员可以获得该类工资。这类工资通常在可能出现对驻扎或被派遣在该地区的大多数雇员的人身安全、健康或福祉造成直接威胁的内乱、内战、恐怖主义或战争状态的地区支付。

（5）工时/班次。班次与工时是同义词，表示一日工作的小时数（每日的班次）与每一行政工作周工作的天数（每周的班次），它们构成了雇员固定安排的行政工作周。行政工作周构成了安排的工作时间，已部署的员工必须在该工作时间获得基本工资和保费。确定或变更文职雇员工时的权力被授予战区内指挥官或他的代表。班次的长短也由战区内指挥官根据具体行动确定。

（6）休假的累计。任何超过可允许的最大限度延期休假的年假都会在该年年底自动丧失。但是，被适当机构确定为出于公共事务的紧急需要而在战斗或危急情况下丧失的年假可以暂时恢复。为了恢复年假，雇员必须申请延期或恢复。通常情况下，雇员有2年的时间使用恢复的年假。在完成部署后的任何休假都必须得到常驻基地主管的批准。

（7）随时待命的雇员。在危急情况下，规定的工作时间之外出现的紧急情况或行政要求有必要保持随时待命的雇员。现场的指挥官可以指派可供派遣的雇员在下班时间执行被召唤的紧急任务。为此目的指派雇员必须遵循如下准则：的确有可能需要被指派雇员的服务；雇员所需要完成的待命任务应受到所有相关的雇员的关注；如果不止一个雇员可被用来提供待命服务，应当轮流指派他们提供服务；待命任务不应过分限制行动。雇员被指派担任待命任务或处于战备状态本身不能成为获得额外补助的依据（比如，加班或有补偿的工作）。如果一名雇员被召唤来执行任务，那么雇员至少要得到 2 个小时的补偿。

（8）医疗保健。被部署的国防部文职远征队（DOD CEW）雇员在战区有权享受与提供给现役军人一样的完全的医疗保健，包括药品保障。［见《国防部指令》1404.10 第 4g（3）（d），（e）段］

国防部文职远征队（DOD CEW）雇员如果在被部署以支援应急行动期间患病、传染疾病、创伤或受伤，那么他们有资格享受与军人相同水平和范围的免费医疗、后送以及在军事医疗机构进行保健治疗与其他服务。文职人员从部署地返回后，在接受对部署期间受伤的治疗期间，不会被计入个人休假时间。根据"劳工部工人办公室补偿计划"，在战区接受治疗的被部署的国防部文职远征队（DOD CEW）雇员在返回后继续有资格免费在军事治疗机构或地方医疗机构接受对可获补偿的疾病、病症、创伤或者是受伤的治疗。后来被确诊患有可获补偿的疾病、病症、创伤或者是受伤的雇员也有资格免费在军事治疗机构或者地方医疗机构接受治疗。

（9）联邦雇员的团体人身保险（FEGLI）。国防部文职远征队（DOD CEW）雇员符合被联邦雇员的团体人身保险（FEGLI）所涵盖的条件。不论死亡原因，（基本及所有可选的保险项目下的）死亡保险金均可以得到赔付。

（10）退休金。在部署状态中死亡的文职雇员的遗属可以享受遗属抚恤金。所支付的抚恤金数额根据退休制度、所做出的贡献的多少以及遗属与死亡的文职雇员的关系而定。如果没有遗属养老金，将根据《标准形式》2808、《受益人的指定-公务员退休制度》或《标准形式》3102、《受益人的指定-联邦雇员退休制度》一次性支付抚恤金。雇员应当在部署前保证这些指定是有效的。

（11）丧葬事务。因公殉职的文职雇员有权享受许多与军人相同的补助。具备资格的雇员可享受的丧葬服务包括：遗骸的搜寻、回收与识别；通知亲属；遗骸的处理；遗骸的转运与准备；棺木；衣物；火化（如果要求）；以及将遗骸运送至常驻地或其他的指定地点。（详见《空军指示》34-242"丧葬事务"；《国防部指令》1300.22E"丧葬事务政策"）

参考文献

1. Geneva Convention Relative to Treatment of Prisoners of War, adopted 12 August 1949, 6 U. S. T. 3316, 75 U. N. T. S. (1950) 135-285 (entry into force 21 October 1950, for US 2 February 1956).

2. Hague Convention No. Ⅳ, Respecting the Laws and Customs of War on Land and Annex Thereto, Oct. 18, 1907, 36 Stat. 2227. 2, 2 A. J. I. L. (1908) Supplement 90-117 (entry into force 26 January 1910, for US 27 November 1909).

3. Military Extraterritorial Jurisdiction Act of 2000, 18 U. S. C. § § 3261, et seq.

4. Public Law 109-364, Section 552 of the John Warner National Defense Authorization Act for Fiscal Year 2007 (17 October 2006).

5. Uniform Code of Military Justice (UCMJ), 10 U. S. C. Chapter 47.

6. Secretary of Defense Memorandum, "UCMJ Jurisdiction Over DOD Civilian Employees, DOD Contractor Personnel, and Other Persons Serving With or Accompanying the Armed Forces Overseas During Declared War and in Contingency Operations", 10 March 2008, Incorporating Change 1, 23 September 2010.

7. 18 U. S. C. § 922 (d) (9), Unlawful acts.

8. 10 U. S. C. § 1580, Emergency essential employees: designation.

9. 10 U. S. C. § 1586, Rotation of career-conditional and career employees assigned to duty outside the United States.

10. 10 U. S. C. § 2383, Contractor Performance of Acquisition Functions Closely Associated with Inherently Governmental Functions.

11. Defense Federal Acquisition Regulation Supplement (DFARS), 48 C. F. R. ch 2, subpart 252. 225-7040 (Contractor Personnel Authorized to Accompany Armed Forces Deployed Outside the United States) (see http://farsite. hill. af. mil).

12. DODD 1404. 10, DOD Civilian Expeditionary Workforce, 23 Jan 2009.

13. DODD 1400. 31, DOD Civilian Work Force Contingency and Emergency Planning and Execution, 28 April 1995, certified current as of 1 December 2003.

14. DoDD 1100. 4, Guidance for Manpower Management, 12 February 2005.

15. DoDD 1300. 22E, Mortuary Affairs Policy, 25 May 2011.

16. DoDI 1000. 1, Identity Cards Required by the Geneva Conventions, 30 January 1974, Incorporating Through Change 2, 5 June 1991.

17. DoDI 1400. 32, DoD Civilian Work Force Contingency and Emergency Planning Guidelines and Procedures, 24 April 1995, DTM 08-005, Incorporating Change 1, 8 December 2010.

18. DoDI 3020. 41, Contracting Personnel Authorized to Accompany the U. S. Armed Forces, 3 October 2005.

19. DoDI 1100. 22, Policy and Procedures for Determining Workforce Mix, 12 April 2010.

20. DoDI 5525. 11, Criminal Jurisdiction Over Civilians Employed By or Accompanying the Armed Forces Outside the United States, Certain Service Members, and Former Service Members, 3 March 2005, DTM 09-015, Incorporating Change 1, 19 August 2010.

21. DoDI 3020. 50, Private Security Contractors (PSCs) Operating in Contingency Operations, Humanitarian or Peace Operations, or Other Military Operations or Exercises, 22 July 2009, Incorporating Change 1, 1 August 2011.

22. Joint Chiefs of Staff, Joint Pub. 4-10, Operational Contract Support, 17 October 2008, Chapter 4, Contractor Management.

23. Joint Chiefs of Staff, Joint Pub. 4-0, Joint Logistics (18 July 2008).

24. Joint Chiefs of Staff, Joint Pub. 1-02, DoD Dictionary of Military and Associated Terms, 8 Nov. 2010 with change of 15 August 2011.

25. AFI 31-207, Arming and Use of Force by Air Force Personnel, 29 January 2009.

26. AFI 34-242, Mortuary Affairs Program, 2 April 2008, Incorporating Change 1, 30 April 2008.

27. AFI 36-507, Mobilization of the Civilian Workforce, 21 July 1994.

28. AFI 36-704, Discipline and Adverse Actions, 22 July 1994.

29. AFI 36-801, Uniforms for Civilian Employees, 9 April 1994, Incorporating Change 1, 6 August 2007.

30. AFI 36-3002, Casualty Services, 22 February 2010.

31. AFI 36-3026 (I), Identification Cards for Members of the Uniformed Services, Their Family Members, and other Eligible Personnel, 17 June 2009.

32. AFI 36-3103, Identification Tags, 1 May 1997.

33. AFI 51-504, Legal Assistance, Notary, and Preventive Law Programs, 27 October 2003, Incorporating IC-2, 17 August 2011.

34. USCENTCOM Policy and Delegation of Authority for Personnel Protection and Contract Security Service Arming of DoD Civilian Personnel, 18 January 2011.

35. Under Secretary of Defense, Acquisition, Technology, and Logistics, Defense Procurement

and Acquisition Policy, Defense Contingency Contracting Handbook: Essential Tools, Information, and Training to Meet Contingency Contracting Needs for the 21st Century, June 2010.

36. Joint Contracting Command Iraq/Afghanistan Training and Policy Webpage, available at http://c3 - training. net (containing training materials, checklists, "super user" information, policy documents, acquisition instructions, and contract clauses).

37. Contract & Fiscal Law Dep't, The Judge Advocate General's School, U. S. Army, Contract Law Deskbook, ch. 31, Contingency Contractor Personnel (www. jagcnet. army. mil).

38. Air Force General Counsel Guidance Memorandum, "Deploying With Contractors—Contractor Consideration," November 2003.

第二十四章 | 信息行动

一、背景

信息行动（IO）对于成功执行军事行动至关重要。[1]信息行动主要为战士提供非武力能力。[2]信息行动的主要目的之一是获得并保持美国及其盟国的信息优势。[3]信息优势被定义为"信息领域的主导程度，它使友好部队能够在没有有效反对的情况下收集、控制、利用和保护信息"。[4]通过获得信息优势，指挥官可以在责任区内采取行动的同时，自由机动、避免攻击和自由攻击。[5]出于这些原因，信息行动必须完全被纳入空中和太空行动。[6]

首先，本章考察联合作战条令和空军对信息行动的定义。其次，本章将详细介绍空军定义下信息行动的三项核心功能。这些功能包括影响行动、电子战行动（EW Ops）和网络战行动（NW Ops）。最后，本章概述了国际法如何适用于信息行动以及解决涉及信息行动的法律因素。

《联合作战条令》将信息行动定义为："在军事行动中，将与信息相关的能力，与影响、扰乱、摧毁或控制敌对方和潜在敌对方决策的其他行动相结合，同时保护我们自身的综合行动。"[7]

而《空军条令文件》则将其定义为："影响行动、电子战行动、网络战行

---

〔1〕 参谋长联席会议，《联合出版物》3-13，"信息行动" I-1（2012年11月27日）（以下简称《联合出版物》3-13，I-1）。

〔2〕《空军条令文件》3-13，"信息行动" 1（2005年1月11日，2011年7月28日修订）（以下简称《空军条令文件》3-13，1）。

〔3〕《联合出版物》3-13，I-1。

〔4〕《空军条令文件》3-13，1。

〔5〕《空军条令文件》3-13，1。

〔6〕《空军条令文件》3-13，1。

〔7〕《联合出版物》3-13，GL-3。

动能力的综合运用，是与特定的综合控制赋能系统相结合，以便在影响、扰乱、摧毁或控制敌方人工及自动决策的同时保护我们自身的行动。"[1]

空军信息行动的定义结构。空军信息行动的定义确定了三项核心能力，它们为指挥官提供了影响敌方和目标受众的主要手段：影响行动、电子战和网络战。影响行动包括反宣传、军事情报支援行动、军事欺骗、行动安全、反情报行动和公共事务。[2]信息行动依赖于集成控制赋能系统（ICE），这是"执行成功的空中、太空和信息行动以及产生联合战斗的综合效果所必需的关键能力"。[3]集成控制赋能系统包括情报、监视和侦察（ISR）、网络运营（NetOps）、预测的战场态势感知（PBA）以及精确导航与计时（PNT）。[4]

二、影响行动

影响行动是"影响行为、保障行动、传达指挥官的意图并且发布准确的信息，以在整个认知领域中实现预期效果的行动部署"。[5]如前所述，影响行动包括反宣传、军事情报支援行动、军事欺骗、行动安全、反情报行动和公共事务。部署影响行动的目的应该是改变行为或改变对手的决策周期，从而推进指挥官的目标。为了塑造目标决策者的感知，信息行动通常是通过向目标受众传达选定的信息和指示来进行的。它还可以发挥寻求对重要友好信息的保护并防止敌人进行情报收集活动的作用。快速提供真实可信的信息是成功开展影响行动的关键。它有助于确保美国和友好部队在行动中成为受青睐的信息来源。

（一）反宣传

反宣传行动是识别和反击对手的宣传，并揭露企图影响对友好人群和军事力量的态势理解的活动。[6]相较于《联合作战条令》，反宣传行动在《空军条令文件》中有着更重要的地位。根据《联合作战条令》，反宣传行动属于

---

〔1〕《空军条令文件》3-13，51。
〔2〕《空军条令文件》3-13，9。
〔3〕《空军条令文件》，52。
〔4〕《空军条令文件》，6。
〔5〕《空军条令文件》，9。
〔6〕《空军条令文件》，15。

公共事务任务，是一种向美国公众告知对手所使用的宣传的手段。[1]它不被认为是独立的能力。尽管《空军条令文件》承认反宣传通常由公共事务行动实施，但它仍然是一个独立的行动。

（二）军事情报支援行动（MISO）

军事情报支援行动（原来被称为"心理行动"）寻求"以有利于美国军队和军事目标的方式，诱导、影响或加强外国领导人、团体和组织的观念、态度、逻辑和行为"。[2]军事情报支援行动通过在和平时期和冲突期间使用广播、印刷品和其他媒体进行宣传和影响。[3]某些预期的效果包括在敌方中造成恐惧、混乱和瘫痪，从而破坏士气和斗志。军事情报支援行动是美国广泛的外交、情报、军事和经济活动的重要组成部分。所有的军事情报支援行动均由国防部部长办公室批准，并通过机构间的协调计划进行。这意味着空军不计划或进行独立的军事情报支援行动。[4]尽管军事情报支援行动和公共事务行动分别执行不同的任务，但至关重要的是，两个行动都应互相密切协调、消除冲突，以免产生任何矛盾信息。

（三）军事欺骗（MILDEC）

军事欺骗行动的定义是"为故意误导敌方军事决策者关于己方军事能力、意图和行动而采取的行动，从而使对手采取特定行动（或不作为），这将有助于完成己方任务"。[5]军事欺骗会以有利于己方部队的方式伪装、保护、加强、夸大、减小、歪曲或以其他方式误报空军军力、意图、行动和活动。[6]军事欺骗行动成功与否取决于可信度。这是通过确保有足够的力量和资源来进行这项行动实现的。精确可靠的情报、监视和侦察行动以及与反情报活动的密切合作对于正确说明敌方的动机和行动来说是必不可少的。[7]

---

〔1〕　参谋长联席会议，《联合出版物》3-61，"公共事务" I-6（2010年8月25日）（以下简称《联合出版物》3-61）。

〔2〕　《空军指示》10-702，"军事情报支援行动（MISO）"，第1.1.1.段（2011年6月7日）。

〔3〕　《联合出版物》3-13，II-1。

〔4〕　《空军条令文件》3-13，10。

〔5〕　《空军条令文件》3-13，52；另见，参谋长联席会议，《联合出版物》3-13.4，"军事欺骗" I-6（2012年1月26日）（以下简称为《联合出版物》3-13.4）。

〔6〕　参见《空军指示》10-704，"军事欺骗计划"（2005年8月30日）。

〔7〕　《空军条令文件》3-13，11。

军事欺骗行动的实施有四种合法的手段：佯攻、示威、诈术和伪装。[1]佯攻是一种表面上与敌方接触，实际上欺骗敌方，以隐藏主要进攻行动的位置和/或时间的进攻性行为。示威是一种武力展示，不打算与敌方接触，其目的是使敌方选择不利的行动方案（COA）。诈术是一种狡猾的诡计，旨在通过故意暴露虚假或易混淆的信息让敌方收集和解读，以误导敌方或引诱敌方鲁莽行动，从而获得己方优势。示例包括：佯装的部队转移、后勤或增援，以及烟雾或强光等对传感器（例如红外线、光电）的反制措施。伪装是对军事欺骗行动规划中的己方目标、单位或功能的仿真、伪装和/或布景。这些功能可能不存在，只是使其显得煞有介事（例如充气罐）。

所有军事欺骗行动都必须遵守国防部与新闻媒体和外国媒体的关系政策。上述手段不能"故意针对或误导美国公众、国会或新闻媒体"。[2]如果不这样做，可能会导致向这些实体传播宣传，这是被明确禁止的。这就要求可能对美国公众可见的军事欺骗行动与公共事务行动进行密切协调。这有助于避免行动受到阻碍，并且有助于维护公共事务行动在美国媒体中的信誉。

与上述四种军事欺骗行动手段不同，背信弃义是一种战争罪。背信弃义行为是一种欺骗手段，旨在引起敌方的信任，并带着背叛这种信任的意图，使其相信他有权或有义务根据《武装冲突法》获得保护。《武装冲突法》禁止背信弃义行为，因为它们破坏了保护标志、信号和符号的有效性，危及了平民、非战斗人员的安全以及在背信弃义行为中使用的受保护结构和活动的豁免权。背信弃义行为包括但不限于：假装投降或挥舞白旗以将敌人引诱到陷阱中；滥用保护性标志、信号和符号来伤害、杀死或俘获敌人；使用标有红十字、红新月或红色水晶（钻石）的救护车或医疗飞机携带武装战斗人员、武器或弹药，以攻击或躲避敌军以及在实际战斗中使用虚假、欺骗性或中性的旗帜、徽章或制服。[3]

（四）行动安全（OPSEC）

行动安全是识别、分析和控制关键信息的过程，这些信息指示着与军事行动和其他活动有关的己方行动：①以识别敌方情报系统可以观察到的那些

---

〔1〕《联合出版物》3-13，Ⅰ-7。

〔2〕《空军条令文件》3-13，12。

〔3〕《联合出版物》3-13.4，Ⅰ-10。

行动；②以确定可以收集、分析和解释哪些具体指标，以便及时得出对敌方有用的关键信息；③选择并执行措施，以消除或减少敌方利用我们的行动或友军力量的脆弱性的可能性。[1]（有关各种经授权的行动安全评估类型和保障能力的更多信息，请参见《空军指示》10-701，"运营安全"表6.1）

（五）反情报（CI）

反情报行动是"为了防范由外国政府或其机构、外国组织或外国人所实施的，或代表它们实施的间谍、情报活动、破坏或暗杀，或国际恐怖活动而搜集的信息及采取的行动"。[2]空军特别调查办公室（AFOSI）启动、进行并监督空军所有的反情报调查、活动、行动、搜集以及其他的反情报职能。[3]空军特别调查办公室也是空军中唯一被授权在反情报行动中使用专门技术的机构，[4]也是空军中唯一具有调查计算机入侵行为合法授权的机构。空军特别调查办公室的计算机犯罪调查员撰写情报报告以详细描述入侵方法和技术，并试图识别攻击国防部计算机系统的已知的外国情报机构、破坏分子或恐怖组织。[5]

根据《行政命令》12333，空军的情报部门与反情报部门有权"搜集（包括通过秘密途径）、形成、分析以及分发国防和与国防相关的情报与反情报信息以满足部门需求以及恰当的国家需求；以及实施反情报活动的权力"。[6]在战区内，下属军种部队反情报人员之间或联合特遣部队之间（如派遣了的话）的联络机构是联合情报行动中心。[7]

（六）公共事务（PA）

公共事务行动（PA）的定义是"针对涉及国防部利益的内部和外部公众的公共信息、指挥信息和公共参与活动"。[8]

---

〔1〕《空军指示》10-701，"行动安全"，第1.3.2段（2011年6月8日）。

〔2〕《空军条令文件》3-13，13和《空军指示》71-101V4，反情报6（2011年11月8日）。

〔3〕《空军条令文件》3-13，13。

〔4〕国防部发5240.1-R号，"影响美国民众的美国国防部情报部门活动的程序"，第11段（1982年12月7日，程序5-10）；另参见《空军指示》14-104，"情报活动监督"（2012年4月23日）。

〔5〕《空军指示》71-101V1，"犯罪调查计划"，第2.21段（2011年4月8日）。

〔6〕参见《行政命令》12333，"美国情报活动"〔1981年12月4日，于2008年9月30日修订73 Fed. Reg. 45325, Aug. 4, 2008, Sec. 1.7.（f）（1）&（2）〕。

〔7〕《国防部指令》O-5240.02，"反情报"，2007年12月20日。

〔8〕《联合出版物》3-13，Ⅱ-7。

公共事务行动在信息行动中有两个主要用途：第一，公共事务行动为指挥官提供了一种评估信息环境的手段，包括舆论以及政治、社会和文化转变；第二，公共事务行动通过及时、准确地发布有关友军能力和准备的信息，可以增强空军的士气和战备状态，获得公众支持并传达美国的决心。尽管真相是所有公共事务行动操作的基础，但仍需要与其他信息行动进行密切协调，以避免出现矛盾的消息。

三、电子战行动

电子战行动（EW Ops）是"涉及使用电磁或定向能以控制电磁谱或袭击敌人的任何行动"。[1]电子战行动试图通过积极摧毁、降低或否认敌方的能力来保障空中和太空部队的行动不会受到敌方系统的过分干扰，否则敌方的能力将因使用电磁谱而给他们带来作战利益。美国战略司令部（USSTRATCOM）是电子战行动的主要领导者。[2]

电子战行动（EW Ops）包括"为实现作战目标而在整个电磁领域实现预期效果的军事能力的综合计划、部署和评估"。[3]电子战行动包括三个主要的电子战类型：电子攻击（EA）、电子防护（EP）和电子战支援（ES）。电子攻击涉及使用电磁能、定向能或反辐射武器攻击人员、设施或设备，以达到欺骗、破坏、阻遏、弱化和摧毁的目的。电子防护是指用来保护我们的资产免受电子攻击或者友军或对手使用的其他电磁谱手段带来的影响。电子战支援涉及由行动指挥官执行任务或控制的行动，以"搜索、拦截、识别和/或定位有意和无意辐射电磁能的来源的行动，其目的是识别直接威胁、确定目标、计划和实施未来行动"。[4]

四、网络战行动

网络战行动（NW Ops）是网络攻击（NetA）、网络防御（NetD）以及网络战支援（NS）的军事能力的综合运用。网络战行动与其他信息行动一同部

---

〔1〕《联合出版物》3-13.1，"电子战" GL-9，2007 年 1 月 25 日。

〔2〕 国防部部长备忘录，主题：国防部的战略通信和信息行动（2011 年 1 月 25 日）。

〔3〕《空军条令文件》3-13，23。

〔4〕《空军指示》10-706，"电子战" 第 1.3 段 et. seq.，（2007 年 11 月 30 日）。

署时，有助于确保空军网络的可用性、完整性、身份验证、机密性和不可否认性。这样一来，美国的航空航天业务就不会受到任何重大损害。同样，网络战行动也可以单独部署或与其他行动配合部署，以在敌方的战场上发挥效果。[1]

网络攻击是"运用基于网络的能力以破坏、扰乱、摧毁，或夺取存储于网络中或在网络中传输的信息的行动"。[2]网络攻击的其他影响包括拒绝、延迟和弱化存储于网络中或通过网络传递的信息、依赖于那些网络的程序或网络本身。网络攻击行动的主要作用是影响敌方指挥官的决策。值得注意的是，电话和数据服务网络已被包含在空军对"网络"的定义中。

网络防御是"运用基于网络的能力以保护存储于网络中或在网络中传输的己方信息不受敌方之破坏、扰乱、摧毁或夺取的行动"。[3]网络防御行动包括分析网络活动，以确定适当的行动方案，以保护、检测和响应空军网络的内部和外部威胁。这就需要计划、指导和执行以下行动：①在空军信息系统和网络的防御中阻止未经授权的活动；②在未经授权的活动发生之后恢复网络。

网络战支援是"为涉及网络战的直接决策搜集和形成与网络相关数据的行动集合"。[4]网络战支援对于网络攻击和网络防御行动至关重要，为了在网络战行动中实现立即防御、威胁预测和识别、确定目标、访问和技术开发、规划和执行，网络战支援可以查找、修复、跟踪和评估敌方和友军的访问以及漏洞来源。

五、信息行动和武装冲突法

（一）战时法（jus in bello）

信息行动可以在整个冲突范围中被部署，从对敌方的行动能力造成轻微破坏到造成人身伤亡和毁灭。因此，除了诉诸战争权（jus ad bellum）外，所有涉及信息行动的法律分析都必须置于战时法（战争中对行为的规范）下考虑。在信息行动造成死亡或破坏的情况下，军法官必须考虑战时法是否适用。这种分析需要《武装冲突法》（LOAC）的适用。《武装冲突法》的原则适用

---

[1]《空军条令文件》3-13，20。
[2]《空军条令文件》3-13，20。
[3]《空军条令文件》3-13，20。
[4]《空军条令文件》3-13，21。

于信息行动，就像它们适用于其他武力行动一样。（有关武装冲突法原则的详细讨论，请参见第2章"武装冲突法"。）

（二）现行交战规则和现行美军使用武力规则（RUF）和信息战

一般交战规则（包含在《参谋长联席会议主席指令》3121.01B中），其部分内容被归类为机密，包含一份针对信息行动的附件。除了为不同的信息行动提供单独的规则外，该附件还提供了用于请求适当辅助措施的模板。现行交战规则未包含有关信息行动每个方面的指南，例如没有提及公共事务、战略传达或民政军事事务。信息行动的交战规则可以并且已经由国防部部长针对特定的应急行动进行了修改。交战规则通常参考适用于信息行动的其他法规资料。重要的是，军法官必须完全熟悉现行交战规则、适用于该行动的任何辅助措施以及相关的法规参考。

六、信息行动中的法律问题

（一）反宣传、军事情报支援行动和公共事务

国防部副部长于2007年发布了《交互式互联网备忘录》，由此军事情报支援行动的政策体制发生了重大转变。[1]该备忘录将批准某些关键举措和活动的批准权授予了地理区域作战司令官，并且在那些有限的情况下，不再需要进行法律审查。[有关军事情报支援行动联合计划的更多信息，请参见《参谋长联席会议主席指令》3110.5E（2011年9月30日），标记为"仅供官方使用"，可在机密互连协议路由网（SIPRNET）上获得。]

军法官必须熟悉现行交战规则、《参谋长联席会议主席指令》3110.5E和国防部对其进行修订的政策，以确保遵循法规批准程序。此外，《史密斯·芒特法案》《美国法典》第22编第1461节明确禁止国务院从事国内宣传传播，军法官必须对该法有一般的了解。军事情报支援行动的资产可能被授权作为安全合作计划或保障美国使馆公共外交（PD）计划的一部分，对公共外交的防务支援（DSPD）。对公共外交的防务支援需要跨部门的合作，并且与国防部各部门之间进行协调。这很重要，因为在任何战区进行的许多级别的信息行动都将直接与公共事务目标相关联。

公共事务行动中涉及的法律问题通常源于外国的国内法。在某些国家，

---

〔1〕 国防部副部长备忘录 DTM-08-037，"国防部交互式互联网活动政策"，2007年6月8日。

由于言论自由的限制，美国的公共事务产品可能被禁止、广播可能被阻塞。在其他国家，国内法可能会将仇恨言论或煽动性行为定为犯罪［例如：2006年《英国恐怖主义法》第 11 章第 9-12 条，其中包含"鼓励恐怖主义"罪，并在英国以外的地区部分或完全适用］。

反宣传行动中涉及的法律问题通常可以在军事情报支援行动或公共事务行动涉及的法律问题上反映出来。此外，美国可能会以外国的国内法律禁止"煽动"和仇恨言论，作为抹黑敌人宣传的基础。

（二）军事欺骗（MILDEC）

在为军事欺骗行动提供法律建议时，军法官必须熟悉武装冲突法在合法诡计与非法背信弃义行为的区别。现行交战规则包含了有关军事欺骗行动的若干规定，并受特定限制。军法官必须特别注意预期目标是谁或是什么。故意针对或误导美国公众、国会或美国媒体的军事欺骗行动是被禁止的。

（三）行动安全（OPSEC）

电子系统安全评估（ESSA）和红队测试涉及具有挑战性的法律问题，因为它们可能涉及民用计算机服务器，并且可能违反国内隐私法。根据《美国法典》第 2511 节（2）（a）（i）"窃听法"中服务提供商的例外，行动安全测试（也被称为"白帽"黑客或渗透测试）的法律授权是被允许的。但是，必须采取特定步骤以确保遵守该法的规定。此外，请查阅部队地位协定（SO-FA），以了解是否存在阻止或限制对海外部队实施安全保护监控的限制。［另请参见本书第六章"网络空间法"和第十四章"空军情报法（情报监督）"。］

七、电子战行动中的法律问题

涉及电子战的法律问题源于通信法、联邦法规（例如，美国联邦通信委员会）、国防部的限制（例如，现行交战规则）和国际法。一些法律问题包括：

1. 电子攻击必须针对军事目标，并且不得造成相较于预期的军事优势过多的附带损害；

2. 《国际电信公约》的适用，该公约规范国际频谱的分配和干扰，要求特别注意避免干扰国际应急、安全和遇险频率；[1]

---

　［1］《国际电信联盟组织法》和《国际电信联盟公约》及其附件。1992 年 12 月 22 日订立于日内瓦；1994 年 7 月 1 日生效；最终美国于 1997 年 10 月 26 日批准。

3. 国内外电子战的健康和环境问题［例如：人员暴露于电磁场、电磁辐射对弹药的危害（HERP）和电磁辐射对燃油的危害（HERF）］。[1]

八、网络战行动中的法律问题

与武力行动一样，信息行动必须保持在《武装冲突法》的范围内。有关与网络空间行动相关的武装冲突法的讨论，请参见本书第六章"网络空间法"。军法官必须熟悉操作员的身份和任务授权以及对这两者的限制，以确保操作员实施合法的行动。

参考文献

1. AFDD 3-12, Cyberspace Operations, 15 July 2010, incorporating Change No 1, 30 November 2011.

2. AFDD 3-13, Information Operations, 11 January 2005, incorporating Change No 1, 28 July 2011.

3. AFDD 3-13.1, Electronic Warfare, 5 November 2002, incorporating Change No 1, 28 July 2011.

4. AFDD 3-61, Public Affairs Operations, 24 June 2005, incorporating Change No 1, 23 December 2010.

5. AFI 10-701, Operations Security (OPSEC), 8 June 2011.

6. AFI 10-702, Military Information Support Operations (MISO), 7 June 2011.

7. AFI 10-704, Military Deception Program, 30 August 2005 (restricted availability).

8. AFI 10-706, Electronic Warfare (EW) Operations, 30 November 2007.

9. AFI 10-712, Telecommunications Monitoring and Assessment Program, 8 June 2011.

10. AFI 14-104, Oversight of Intelligence Activities, Apr. 16, 2007, AFGM 2, 15 February 2011.

11. AFI 33-230, Information Assurance Assessment and Assistance Program (IAAP), 4 August 2004.

12. AFI 71-101V1, Criminal Investigations Program, 8 April 2011.

13. AFI 71-101V4, Counterintelligence, 8 November 2011.

14. AFP 110-31, The Conduct of Armed Conflict and Air Operations, 19 November 1976

---

〔1〕 参见《国防部指令》3233;《空军条令文件》33-5，"通信与集成作战"，2013 年 1 月 11 日。

（rescinded）.

15. AFPD 10-7, Information Operations, 6 September 2006, incorporating Change No 1, 18 September 2009.

16. AFPD 33-2, Information Assurance (IA) Program, 3 August 2011.

17. CJCSI 3110. 05E, Title is FOUO, 30 September 2011 (restricted availability).

18. CJCSI 3121. 01B, Standing Rules of Engagement/Standing Rules for the Use of Force for U. S. Forces, Enclosure F, 13 June 2005 (S) (restricted availability).

19. CJCSI 3210. 01B, Joint Information Operations Policy, 5 January 2007, CH 1, 1 March 2008 (restricted availability).

20. CJCSI 3320. 01D, Title is FOUO, 21 January 2013 (restricted availability).

21. CJCSI 6510. 01F, Information Assurance (IA) and Computer Network Defense (CND), 9 February 2011.

22. CJCSM 6510. 01A, Defense-In-Depth: Information Assurance (IA) and Computer Network Defense (CND), 24 June 2009, Restricted availability.

23. Department of Defense, Office of General Counsel Memorandum, "Principles Governing the Collection of Internet Addresses by DoD Intelligence and Counterintelligence Components," 6 February 2001.

24. Deputy Secretary of Defense Memorandum, "Definition of Cyberspace Operations", 12 May 2008.

25. Deputy Secretary of Defense Memorandum, DTM-08-037, "Policy for Department of Defense (DoD) Interactive Internet Activities," 8 June 2007.

26. Department of Defense 5240. 1-R, Procedures Governing the Activities ofDoD Intelligence Components That Affect United States Persons, 7 December 1982.

27. DoDD S-3321. 1, Overt Psychological Operations Conducted ByThe Military Services In Peacetime And In Contingencies Short Of Declared War, 26 July 1984 (restricted availability).

28. DoDD 3600. 01, Information Operations, 2 May 2013.

29. DoDD 5205. 02E, DoD Operations Security (OPSEC) Program, 20 June 2012.

30. DoDD 8500. 01E, Information Assurance (IA), 24 October 2002, certified current as of 23 April 2007.

31. DoDD O-5240. 02, Counterintelligence, 20 December 2007, incorporating Change No 1, 30 December 2010.

32. DoDI 5400. 13, Joint Public Affairs (PA) Operations, 15 October 2008.

33. DoDI 5400. 14, Procedures for Joint Public Affairs Operations, 22 January 1996.

34. DoDI 8500. 2, Information Assurance (IA) Implementation, 6 February 2003.

35. Executive Order 12333, U. S. Intelligence Activities, 4 December 1981, as amended, 30 July 2008.

36. FM 27-10, The Law of Land Warfare (Jul. 1956), incorporating Change No 1, 15 July 1976.

37. Intelligence Community Legal Reference Book, Office of the General Counsel, ODNI, Summer 2009.

38. JP 2-01. 2, Counterintelligence and Human Intelligence in Joint Operations, 16 March 2011, incorporating Change No 1, 26 August 2011 (restricted availability).

39. JP 3-13 Appendix A to Joint Doctrine for Information Operations, 9 October 1998 (restricted availability).

40. JP 3-13, Information Operations, 27 November 2012.

41. JP 3-13. 1, Electronic Warfare, 25 January 2007.

42. JP 3-13. 2, Psychological Operations, 7 January 2010, incorporating Change No 1, 20 December 2011.

43. JP 3-13. 3, Operations Security, 4 January 2012.

44. JP 3-13. 4, Military Deception, 26 January 2012.

45. JP 3-57, Civil-Military Operations, 8 July 2008.

46. JP 3-61, Public Affairs, 25 August 2010.

47. Office of the Secretary of Defense, General Counsel, An Assessment of International Legal Issues in Information Operations, 2d ed. , November 1999.

48. Secretary of Defense Memorandum, "Changing the Term Psychological Operations (PSYOP) to Military Information Support Operations (MISO)," 3 December 2010.

49. Smith-Mundt Act, 22 U. S. C. § 1461.

50. The 1977 Protocol Additional to the Geneva Conventions of 12 August 1949 and Relating to the Protection of Victims of International Armed Conflicts (Protocol I), adopted 8 June 1977, 1125 U. N. T. S. (1979) 3-608, 16 I. L. M. (1977) 1391-441 (entry into force 7 December 1978, United States is not a party).

第二十五章 网络防御行动与企业管理

一、背景

美国国防部（DOD）运营着超过 15 000 个网络和 700 万台计算设备。[1]虽然网络空间增强了许多行动能力，但我们对网络空间的依赖也创造了无数其他的新漏洞。无疑，正如您看到、听到、读到甚至经历的一样，美国国防部持续地面临着网络入侵和利用。恶意行为者每天成千上万次地尝试访问国防部网络，并且威胁只会随着这些行为者的工具和功能数量的指数增长而增加。过去对国防部网络的成功利用已导致国防部及其盟友和行业合作伙伴的网络丢失了数千个文件。[2]网络防御问题的一个例证是每年等同于整个国会图书馆的知识产权，从美国企业、大学和政府组织维护的网络中被删除了。[3]当受恶意软件感染的闪存驱动器被插入连接到美国中央司令部（CENTCOM）网络的计算机中时，国防部本身就受到了损害。该恶意软件被传播到保密的和不保密的网络中，并可能使外国情报组织从国防部网络中窃取保密的和不保密的数据。

为了应对这种恶意行为，美国国防部引入了国防部网络空间行动战略（DSOC）。除了强调网络防御行动中面临的挑战，国防部防御战略甚至表示国防部"对网络空间的依赖与我们网络安全的不足形成了鲜明的对比"。[4]该战略阐述了敌方为破坏、拒绝和降级对国防部作战至关重要的网络作出的行动。国防部主要关注敌方活动的三个方面：①数据盗窃或利用；②影响网络

---

[1] 《国防部网络空间作战战略》，2011 年 7 月。

[2] 《国防部网络空间作战战略》，2011 年 7 月。

[3] 《国防部网络空间作战战略》，2011 年 7 月。

[4] 《国防部网络空间作战战略》，2011 年 7 月，第 1 页。

和信息可用性的服务中断或拒绝；③破坏性活动，包括腐蚀、操纵，或者可能破坏或降级网络的直接活动。

该文件列出了五项应对这些威胁的战略举措：①将网络空间视为作战领域去组织、培训和装备，以便国防部可以充分利用网络空间的潜力；②采用新的国防作战理念保护国防部网络和系统；③与其他美国政府机构以及私营部门合作，以建立"整个政府"的网络安全方法；④建立国际关系，加强网络空间安全；⑤通过出色的网络劳动力和快速的技术创新来发挥国家的才智。

2013 年 2 月，美国国防部发布了有关网络空间行动（包括防御行动）的机密联合出版物。可通过机密互连协议路由网（SIPRNET）上的联合作战条令、教育和培训电子信息系统获得此出版物。

二、国防部网络防御行动组织和架构

许多组织会在网络防御行动中发挥作用，那么何种组织执行何种任务就可能会引起混淆。国防部对网络力量进行了重组，以简化和澄清其网络力量及其捍卫网络资产的方法。最重大的变化是创设了美国网络司令部（见下文），这是隶属于美国战略司令部的下级联合司令部，专门为将国防部的网络力量重新整合为一个一致的司令部而创建。以下组织是网络防御行动任务中的主要参与者：

（一）美国战略司令部（USSTRATCOM）

作为作战职能司令部，跨地区地负责制止对美国及其盟国的攻击，并在威慑失败时动用适当的力量保卫国家，因此美国战略司令部是国防部网络防御行动的主要领导机构。它的具体职责包括战略威慑，太空行动，网络空间行动，信息行动，全球打击，任务防御，情报、监视和侦察（ISR）以及打击大规模毁灭性武器。[1]2011 年《联合司令部计划》（UCP）规定由美国战略司令部司令负责"同步网络空间作战计划"，并与其他作战司令部、军种以及相应的美国政府机构协调开展网络行动。具体而言，战略司令部司令将指导国防部信息网络的运营和防御，针对指定的网络空间威胁制定计划，在执行跨职责区域的网络空间行动之前与其他作战司令部（COCOM）和政府机构进

---

〔1〕《联合司令部计划》，2011 年 4 月 6 日。

行协调，计划（并在指导下进行）作战环境准备（OPE）并与其他作战司令部同步。[1]

（二）美国网络司令部（USCYBERCOM）

美国网络司令部由国防部部长于 2009 年 6 月成立，[2] 旨在将国防部的网络任务整合为一个联合司令部。在美国网络司令部之前，国防部通过各种分散的联合特遣部队和机构执行其网络行动。美国网络司令部是联合特遣部队-全球网络作战（JTF-GNO）和联合功能构成司令部-网络战（JFCC-NW）的融合。美国网络司令部司令是一位四星级的指挥官，受命兼任国家安全局局长。美国网络司令部于 2010 年 5 月达到了初始运营能力，并于 2010 年 10 月达到了全部运营能力。

通过建立美国网络司令部，国防部为网络防御行动的实施落实了一种更统一、系统的方法。美国网络司令部是由陆军网络司令部（ARCYBER）、第 24 航空军（AFCYBER）、海军陆战队（MARFORCYBER）和第 10 舰队（FLTCYBER）组成的联合司令部。其任务是计划、协调、整合、同步和进行活动，以指导指定国防部信息网络的运营和防御；并且在指示下进行全方位的军事网络空间行动，以确保美国和盟国在网络空间中的行动自由，同时拒绝敌方的相同请求。

战略司令部司令已将其许多《联合司令部计划》下的网络任务委托给了网络司令部司令，包括指导国防部网络的运营和防御。在履行这些《联合司令部计划》指派的职责时，网络司令部将与作战指挥官、各部门和各国防部机构保持直接联系，他们需要遵守由战略司令部指定的网络司令部的指示，以保护军队的网络和计算机。尽管网络力量进行了重大重组，但重要的是要记住，当前的权限并没有扩大，也没有创建新的权限。

下图反映了网络司令部如何融入国防部网络防御行动的架构：

---

[1] 《联合司令部计划》，2011 年 4 月 6 日。

[2] 国防部部长备忘录，"在美国军事网络空间作战战略指挥部下建立下属统一的网络指挥部"，2009 年 6 月 23 日。

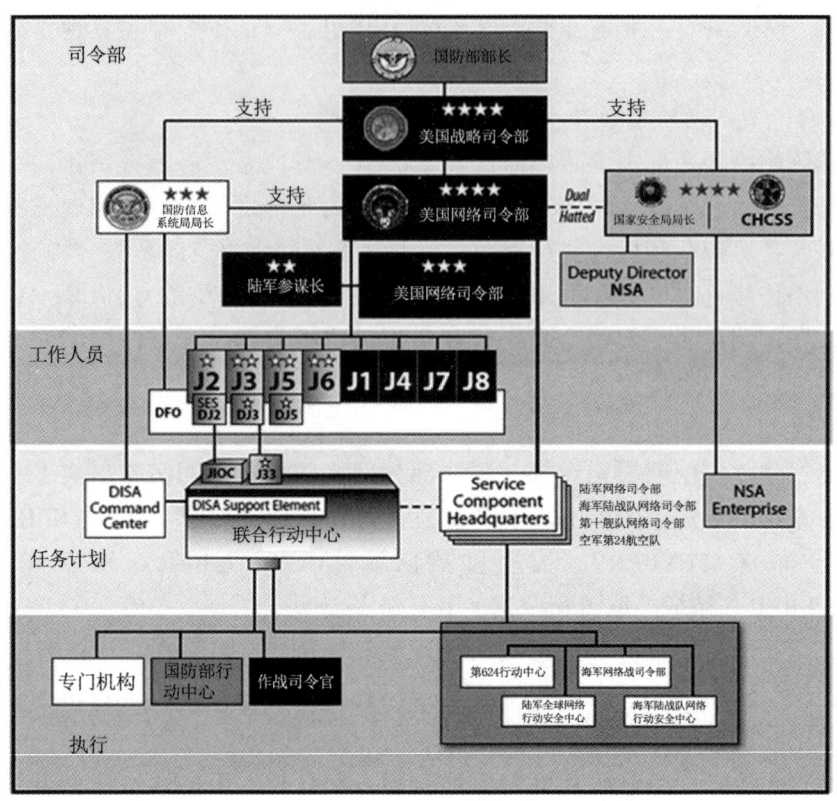

（三）第 24 航空军

第 24 航空军成立于 2009 年 8 月 18 日，是第一个专门为执行网络作战任务而创建的空军部队。在隶属于空军太空司令部的同时，第 24 航空军也作为网络空军向美国网络司令部派遣了部队。第 24 航空军建立、运营、维护和捍卫空军网络，并执行全频谱的网络空间行动。它可以确保空军网络在军事行动中的完整性。该航空军由三部分组成：第 67 网络战联队（拉克兰空军基地）、第 688 信息战联队（拉克兰空军基地）和第 689 战斗通信联队（罗宾斯空军基地）。作为网络空军，第 24 航空军为战斗指挥官提供训练有素和随时待命的网络部队，以计划和实施网络空间作战，并扩展、维护和捍卫国防部网络的空军部分。[1]其他部队的类似单位是网络陆军战队、网络海军陆战队

---

〔1〕　http://www.24af. af. mil/library/factsheets.

和网络舰队。

（四）国土安全部（DHS）

国土安全部部长被指派负责承担保护和捍卫非国防部联邦系统的责任，并且国防部的任务是支持国土安全部。[1]作为国防部外部网络空间安全的重点，国土安全部必须协同国防部保护和防御包括信息技术和电信在内的关键基础设施。[2]国土安全部率先与私营部门联系，以传达网络安全威胁和漏洞信息。国防部和国土安全部在 2010 年签署了一项协定备忘录（MOA），其中规定了两个组织之间加强合作的条款，以促进该国网络安全和当前网络空间作战任务的战略规划。[3]

（五）国防信息系统局（DISA）

国防信息系统局是一个作战支持机构，为国防部提供网络、计算基础设施和企业服务。作为技术专家，他们在整个国防部提供了大量的培训。国防信息系统局充当国防部范围内网络防御行动要求的技术顾问，充当网络防御行动服务提供的认证机构，并根据需要为部门提供网络防御行动支持。[4]国防信息系统局同时还管理国防信息系统网络（DISN），该网络由国防部拥有和租赁的电信系统和网络组成。[5]国防信息系统网络是国防部的全球远程企业，提供端到端的信息传输。但是，国防信息系统局无权下令执行网络行动，该权限仍属于战略司令部和网络司令部。

（六）国家安全局（NSA）

尽管国家安全局（NSA）主要是美国指定的信号情报（SIGINT）收集机构，但它还承担着重要的网络防御行动任务。国家安全局局长（DIRNSA）被国防部部长指定为"国家安全系统"（NSS）的主管。[6]国家安全系统是由美国政府、其承包商或代理商运营的电信和信息系统，包含机密信息或涉及情报的活动、与国家安全有关的密码活动、军队的指挥和控制、作为武器或武

---

〔1〕　国家安全总统令 54 /国土安全总统令 23，"网络安全政策"，2008 年 1 月 8 日。

〔2〕　国土安全部总统令 7："关键基础设施的识别"，"优先级和保护"，2003 年 12 月 17 日。

〔3〕　国土安全部与国防部之间关于网络安全的协议备忘录，2010 年 10 月 13 日。

〔4〕　《国防部指令》0-8530.1，"计算机网络防御"，2001 年 1 月 8 日。

〔5〕　《参谋长联席会议主席指令》211.02C，"国防信息系统网络（DISN）：政策和职责"，2008 年 7 月 9 日。

〔6〕　《国家安全指令》42，"国家安全电信和信息系统安全政策"，1990 年 7 月 5 日。

器系统组成部分的设备，或者对直接完成军事或情报任务至关重要的设备。[1]

除了其他事项外，国家安全局局长负责根据国家安全系统遭遇的威胁和脆弱性评估整体安全状况并发布有关信息；审查美国政府的国家安全系统并评估其受到外国拦截和利用的可能性；充当美国政府针对国家安全系统的密码系统、电信系统安全和信息系统安全的枢纽。[2]国家安全局还可以根据其他部门和机构的要求提供技术援助。[3]

（七）首席信息官（DOD-CIO）

国防部首席信息官是国防部部长的首席参谋长兼顾问，负责信息技术（IT）事务，包括国家安全系统、国防业务系统以及信息资源管理（IRM）事务。国防部首席信息官负责与国防部信息企业有关的所有事务，包括通信、频谱管理、网络运营、信息系统、网络安全、定位、导航和定时（PNT）策略，以及支持国防部指挥和控制（C2）的国防部信息企业。国防部首席信息官领导并指示国防信息系统局局长（DIRDISA）。

（八）国防部网络犯罪中心（DC3）

国防部网络犯罪中心主要是在国防部首席信息官的职责范围内，按照《国防部指令》5505.13E 规定执行执法和反情报任务。[4]空军是国防部网络犯罪中心的执行代理。它的任务是完成四个主要功能：①作为第 54 号国家安全总统令指定的国家网络中心；②作为美国国防部卓越中心，并建立司法鉴定标准；③为各种网络任务开发并提供专门的网络调查培训，如执法取证、反情报和信息系统安全；④担任国防工业基地（DIB）网络安全和信息共享的行动枢纽。国防部网络犯罪中心将协助整个国防部进行刑事、反情报、反恐和欺诈调查，但不会直接发布网络防御行动的命令或指示。

（九）国防部信息网络（DODIN）

关于网络空间行动的机密联合出版物用"国防部信息网络"代替了传统术语"全球信息栅格（GIG）"。国防部信息网络是全球互连的、端到端的信

---

[1]《国家安全指令》42，"国家安全电信和信息系统安全政策"，1990 年 7 月 5 日。
[2]《国家安全指令》42，"国家安全电信和信息系统安全政策"，1990 年 7 月 5 日。
[3]《行政命令》12333，"美国情报活动"，1981 年 12 月 4 日。
[4]《国防部指令》5505.13E，"国防部网络犯罪中心（DC3）的国防部行政代理（EA）"，2020 年 3 月 1 日。

息功能集合，用于根据作战人员、决策者和保障人员的需求收集、处理、存储、传播和管理信息。许多网络防御行动当局仍然引用全球信息栅格，在全球信息栅格逐步淘汰之前这些术语仍可以互换使用。本质上，国防部信息网络是作为全球基础设施的国防部系统，即国防部网络空间中的"不动产"区域，由所有部门计算机以及与国防部计算机对接的信息系统组成。根据《联合出版物（JP）》6-0"联合通信系统"中的定义，全球信息栅格包括全部所有和租赁的通信和计算系统以及服务、软件（包括应用程序）、数据、安全服务以及其他相关服务。它还包括国家安全系统。国防部信息网络在战时与平时支持所有国防部、国家安全及相关情报界（IC）的任务和职能（战略、作战、战术和商业）。国防部信息网络在所有行动地点（基地、哨所、营地、车站、设施、移动平台和已部署的地点）提供服务。此外，国防部信息网络还为跨国和非国防部用户和系统提供了接口。

国防部的关键数据位于各个安全等级级别以及国防部信息网络的多个网络中。许多相关的数据被存储在非保密因特网协议路由器（NIPR）网络上，该网络是不被保密的系统。但是，敌方有可能将未保密的受保护信息（例如，人员花名册、财务报告和旅行路线）和保密数据统筹在一起，使得存储在机密互连协议路由网和其他更高级别系统上的机密数据也受到威胁。

在实践中，国防部信息网络的边界并不清晰。国防承包商、其他政府机构和非政府组织的网络通常从外部连接到国防部信息网络。在这种情况下，重要的是要记住，特定指挥官可能行使的任何权限一般都不会扩展到这些外部网络。这些外部网络的安全性和卫生级别不一致，如果它们连接到国防部网络中，则这些国防部网络可能会承受更大的风险。在与外部公司就通过外部网络（例如政府承包商）建立国防部信息网络访问的信息技术合同进行谈判时，律师应考虑加入一些条款，这些条款同意国防部对另一方的安全实践进行验证，允许国防部网络人员进行验证并定期检查第三方的网络安全系统。2013年《国防授权法案》第941条要求所有获许可的国防承包商（CDC）向国防部迅速报告承包商网络或信息系统遭遇的所有入侵。此外，获许可的国防承包商必须向国防部提供对其设备和信息的访问权限，以确定是否泄露了任何与国防部有关的信息。

三、网络防御行动

网络防御行动（DCO）是旨在捍卫国防部或其他己方网络空间的网络防御行动。具体来说，它们是被动和主动的网络空间防御行动，以维持己方的网络空间功能可用并保护数据、网络、以网络为中心的功能和其他指定系统的能力。网络防御行动对未经授权的活动或针对国防部信息网络发出的威胁信息警报作出反应，并根据需要利用情报、反情报（CI）、执法（LE）和其他军事能力。网络防御行动包括以策略制胜正在或将要对所防御的网络采取进攻行动的敌对方，或者应对针对网络空间的内部和外部的威胁。大多数网络防御行动均发生在所防御的网络内。内部防御措施包括任务保证行动，以动态地重新建立、重新保护、重新路由、重构或隔离退化或受损的本地网络，以确保联合部队有稳定的网络访问通道。网络防御行动还包括积极寻找可规避常规安全措施的高级内部威胁。但是，如果被授权，某些敌对方行动可以通过在国防部信息网络之外施加影响，触发保护网络所需的网络防御行动的应对行动（DCO-RA）。

网络防御行动由旨在保护己方网络空间免受敌对行为的行动组成。网络防御行动可以为响应恶意软件对国防部信息网络或国防部要防御的其他资产进行的攻击、利用、入侵或影响而开展。国防部的网络防御行动任务是通过使用分层的、自适应的、纵深防御的方法来完成的，并具有相互支持的数字和物理保护元素。国防部网络防御行动的一个关键特征是主动网络空间防御的构建。国防部网络空间行动战略将主动网络空间防御描述为国防部的同步实时功能，发现、检测、分析和缓解威胁和漏洞，以防御网络和系统。利用全方位的网络防御行动，主动网络空间防御建立在防御国防部网络和系统的传统方法的基础之上，以解决高级的、持续的威胁。国防部信息网络和网络空间的其他元素的防御需要态势感知以及自动、敏捷和同步的预先批准的防御。

网络防御行动的类型包括内部防御措施和网络防御应对行动。内部防御措施是在国防部信息网络中执行的网络防御行动。网络防御应对行动则是在国防部信息网络外部采取的经考虑和授权的防御行动，旨在为国防部网络空间功能或其他指定系统解决持续或迫在眉睫的威胁。网络防御应对行动可能包括军事科学形式的反措施，使用设备和/或技术，其目的是损害敌方行动的作战效能。在网络空间中，反措施旨在确定对国防部信息网络的威胁源，并使用非侵入性技术来阻止或缓解网络空间中的进攻行动。反措施超出了国防部的范畴，本质上是非破坏性的。

国防部信息网络行动是指以创建和保留数据可用性、完整性、机密性以及用户/实体身份验证和不可否认性的方式设计、构建、配置、保护、操作、维护和支持国防部通信系统和网络的行动。这些行动针对整个国防部信息网络的积极行动，包括配置控制和补丁程序、用户培训、物理安全和安全体系结构设计、基于主机的安全系统和防火墙行动以及数据加密。尽管许多国防部信息网络行动都是定期进行的活动，但不应将它们视为例行或不重要的活动，因为是它们发挥的综合作用建立了所有国防部任务最终依赖的安全框架。

尽管一些防御措施似乎很明显，但请记住，即使是一些最基本和最温和的措施也需要经作战司令部以上级别批准。尽管本地指挥官确实有权捍卫自己的本地网络，但美国战略司令部仍负责国防部范围内的网络运营。[1]美国战略司令部指挥官的权限扩展到协调和指挥国防部范围内的网络防御行动并执行捍卫国防部计算机网络行动。[2]指挥官的应对行动必须是内部的和行政的，并且不能超出本地飞地的范围。此类活动可能包括断开链接、阻塞动态IP和限制流量。[3]任何影响多个网络或飞地的措施，无论其复杂性如何，均必须获得作战司令部的批准。[4]

在受到恶意活动影响的指挥官飞地中的本地计算机系统之外，任何本地指挥官都不得作出防御措施的命令。本地飞地指挥官采取的防御措施应仅包括阻止对手进入本地飞地的行动。这可能只是暂时关闭系统，直到恶意代码可以被分析为止。但是，在基地、机翼或飞地系统以外进行的任何活动都不得在作战司令部架构的指挥和控制之外进行。基本级别的保护措施，包括防火墙和系统暂停，将不需要作战司令部的许可。

尽管网络防御行动的大部分权限属于作战司令部级别，但空军机翼和安

---

〔1〕《参谋长联席会议主席指令》3121.01B，《现行交战规则》，2005年6月13日，经认证截至2008年6月18日。

〔2〕《国防部指令》0-8530.1，"计算机网络防御"，2001年1月8日。

〔3〕国防部部长助理备忘录：计算机网络防御响应行动指南，2003年2月26日。

〔4〕《参谋长联席会议主席指令》3121.01B，《现行交战规则》，2005年6月13日，经认证截至2008年6月18日。

装指挥官负责以下保护或预防措施：维护其公共和私人站点（包括空军门户）上发布的信息的内容和安全性；发布定义授权个人使用互联网的政策和指南；确保审查和批准在公共网站上提供的用于电子商务的信息；确保将信息发布到互联网/公共网站的本地许可和批准措施符合适用的空军指示（AFI）；确保机翼公共事务（PA）在发布之前审查所有各自的公共网页和网站；确保为组织的私有网站建立和维护互联网发布程序包的程序到位；确保机翼公共事务办公室每年对所有公共网站进行多学科审查；确保对仅供官方使用的信息（FOUO）进行适当的保护，并且不会在公共网站上被发布；确保公共网站遵守有关永久性和第三方 Cookie 的隐私政策；在收集信息时在主要网站和接入点以及《隐私法案》声明或《隐私公告》中添加适当的隐私和安全声明。[1]

四、影响网络防御行动的威胁和法律问题术语汇编

1. 僵尸网络：指在一个指挥和控制基础设施内，运行通常通过利用网络浏览器的漏洞而隐蔽强迫下载安装的蠕虫、特洛伊木马或后门程序的一组受感染计算机（通常被称为僵尸计算机）。僵尸网络首脑是编写旨在强行控制个人计算机的那些个人。国防部信息系统很容易遭到僵尸网络病毒的攻击。

2. 拒绝服务攻击：拒绝服务攻击是国防部网络信息系统面临的造成最严重损失的计算机网络攻击类型。这类攻击旨在通过使国防部信息系统涌入超出其处理能力的信息，而导致系统崩溃。所造成的损失从系统关闭到关键硬件被摧毁。

3. 黑客：这主要涉及通过如互联网这样的通信网络进行的未经授权的远程计算机侵入。当一个本地网络管理员发现黑客行为时，必须向空军特别调查办公室（AFOSI）或诸如联邦调查局这样的其他相关执法机构报告，以便进行协调。在进行反情报和反击防御行动的情况下，对黑客行动进行回应或反击的权限并不在当地部队或军种部队中。部分原因是这样的措施可能看起来像是执法。但是对黑客采取行动的决定权与所有其他行动是相同的。需要注意的是，并非所有的黑客都是非法的。经授权的黑客行为可在国防部内部实施，以便检测国防部网络信息系统（IS）的安全性。执行此类任务的"白

---

〔1〕《空军指示》33-129，"网络管理和互联网使用"，2005 年 2 月 3 日，于 2012 年 12 月 17 日修订。

帽"或"红队"黑客行为是允许的。但是，涉及规避计算机安全的人员不在全球信息栅格的合法范围内。

4. 零日漏洞：这一逐渐增长的计算机恶意利用行为以以前未知的软件漏洞为目标（"零"是指开发人员意识到存在漏洞的第一天的前一天）。零日漏洞是指尚无补丁或修复程序的软件中存在的漏洞，可以被自行开发或通过各种在线交换途径购买到。美国国土安全部（DHS）的美国计算机应急准备小组（US-CERT）负责维护具有最常见或典型零日漏洞的数据库。

5. 蜜罐网站：是一种被设计为所表现和运作的内容与所翻版的一个正常网站一样的网站。蜜罐网站是一种检查违法行为者的策略、技术和程序的可行工具，因为这些恶意行为者认为他们安置的恶意代码会出现在真正的网站。然而，蜜罐网站并不能区分恶意行为者和在互联网上从事合法活动的不知情者。这导致了如果政府机构要建立一个蜜罐网站，建立这样网站的法律分析就必须包括隐私权以及个人或财务信息丢失中潜在的政府责任。各军兵种及其部队单位不能建立蜜罐网站。建立、指挥和控制蜜罐网站的权限仅被赋予了作战司令部。

6. 远程访问工具（RAT）：允许计算机（"客户端"）操纵另一单独的计算机（"主机"）的软件工具。该操作可以使用计算机上几乎所有类型的软件功能，包括下载/上传文件、打开或关闭主机、操纵主机注册表、管理主机的文件系统，甚至操作主机的摄像头。[1]

7. 鱼叉式网络钓鱼：一种社交工程技术，可将恶意链接或附件嵌入电子通信中。一旦收件人点击链接或附件，恶意软件便会感染收件人的系统，并允许恶意行为者对收件人的系统进行广泛的访问。尽管大多数"网络钓鱼"都是针对不特定多数用户的，但"鱼叉式网络钓鱼"是旨在访问或感染特定系统（如国防部网络）的针对性技术。

8. 远程办公政策：一名当地驻地指挥官可批准适用于被分配到驻地的人员的远程办公政策。但是，由于存在着被恶意软件攻击的风险，所有国防部信息系统上的个人计算机都必须具有同等的安全级别。此外，从隐私权的角度来看，在家远程办公的人们必须认识到他们的个人系统需接受检查。特别

---

〔1〕　有关各种远程访问工具的说明，请参阅 2011 年 8 月的 McAfee 白皮书，"揭秘：RAT 暗影行动"，http://www.mcafee.com/us.

是在受到蠕虫或病毒攻击后，无论是执法还是国家安全利益都优先于对隐私的保护。任何远程办公协议均应包括这种内容的措辞。

9. 其他应考虑的法律因素：在国防部信息网络之外实施的网络防御行动可能会影响私有财产，比如商业互联网服务供应商（ISP）或个人电脑。在对行动进行筹划时，应在可能的范围内进行合宪性评估，包括《美国宪法第五修正案》的"征用条款"及美国公民隐私权的分析。其他应予考虑的法律条款如下：

法律	描述	例外	适用
《美国法典》第 18 编第 1385 节《地方保安队法》	在大多数情况下，美国军队被禁止作为国内警察力量来行动。当国民警卫队受州长指挥时，该法不适用。	存在大量例外：1. 当总统认定存在暴乱时；2. 大规模国内暴力冲突；3. 应对自然灾害。	仅适用于领土范围内
《美国法典》第 18 编第 1030 节《计算机欺诈与滥用法》（CFFA）	被 2001 年《爱国者法案》所修订。《计算机欺诈与滥用法》是针对黑客行动和电子信息篡改的首要执法机制。	通信服务供应商（包括国防部）有权维持自己系统的完整性。	域外适用
《美国法典》第 18 编第 1343 节《电信欺诈法》	依据此法，禁止通过互联网实施诈骗（例如通过欺诈取得身份识别）。	执法（国家安全）	域外适用
《美国法典》第 18 编第 2511 节《通信的拦截与泄漏》	对有线、口头或电子通信的拦截与泄露。禁止故意拦截和/或利用第三方的通信。	执法行为（国家安全）；供应商；同意。	域外适用

续表

法律	描述	例外	适用
《美国法典》第 18 编第 2510 节《电子隐私法》	保护传输中的有线、口头以及电子通信。它对搜查令设定了比其他情况下更为严格的要求。它保护储存于电子存储器中的通信，大多数是存储在计算机里的信息。此外，禁止在没有搜查令的情况下使用笔式记录器和/或捕获和跟踪装置去记录在传输过程中的拨号、路径、地址以及信号信息。	执法行为（国家安全）然而，第六巡回法院在"沃夏诉美国案"中认为电子邮件应当与美国邮政邮件享有同样标准的保护。	域外适用
《美国法典》第 18 编第 2701 节《存储通信法》	禁止对提供电子通讯服务的设施进行未经授权的故意访问。同时，禁止获取、修改该系统中电子存储的有线或电子通信，或阻止对其的经授权的访问。	执法行为（国家安全）	域外适用

参考文献

1. Secretary of Defense Memorandum, Establishment of a Subordinate Unified U. S. Cyber Command Under U. S. Strategic Command for Military Cyberspace Operations, 23 June 2009.

2. DoDD 5505. 13E, DoD Executive Agent (EA) for the DoD Cyber Crime Center (DC3), 1 March 2010.

3. DoDD 8000. 01, Management of the Department of Defense Information Enterprise, 10 February 2009.

4. DoDD 8100. 1, Global Information Grid (GIG) Overarching Policy, 19 September 2002.

5. DoDD 8320. 02, Data Sharing in a Net-Centric Department of Defense, 2 December 2004, certified as current 23 April 2007.

6. DoDD 8500. 01 (E), Information Assurance (IA), 24 October 2002, Certified Current 23 April 2007.

7. DoDI 8500. 2, Information Assurance (IA) Implementation, 6 February 2003.

8. DoDD 0-8530. 1, Computer Network Defense, 8 January 2001.

9. CJCSI 3121. 01B, Standing Rules of Engagement, 13 June 2005, Certified Current 18 June 2008.

10. CJCSI 6211. 02D, Defense Information Systems Network (DISN) Responsibilities, 24 January 2012.

11. CJCSI 6510. 01F, Information Assurance (IA) and Support to Computer Network Defense (CND), 9 February 2011.

12. AFI 33 – 129, Web Management and Internet Use, 3 February 2005, Incorporating Changes through 17 (December 2012).

13. AFI 33-200, Information Assurance Management, 23 December 2008.

14. JP 3-13, Information Operations, 27 November 2012.

15. JP 6-0, Joint Communications System, 10 June 2010.

16. Federal Information Security Management Act (FISMA) of 2002, Public Law 107-347.

17. Department of Defense Strategy for Operating in Cyberspace, July 2011.

18. William J. Lynn, Defending a New Domain, Foreign Affairs, 1 September 2010, Vol. 89; Issue 5.

19. Homeland Security Presidential Directive 7: Critical Infrastructure Identification, Prioritization, and Protection, 17 December 2003.

20. Assistant Secretary of Defense Memorandum, Guidance for Computer Network Defense Response Actions, 26 February 2003.

21. Memorandum of Agreement Between The Department of Homeland Security and the Department of Defense Regarding Cybersecurity, 13 October 2010.

22. National Security Directive 42, National Policy for the Security of National Security Telecommunications and Information Systems, 5 July 1990.

23. National Security Presidential Directive-54/Homeland Security Presidential Directive 23, Cybersecurity Policy, 8 January 2008.

24. Unified Command Plan, 6 April 2011.

25. Executive Order 12333, United States Intelligence Activities, 4 December 1981.

第二十六章 | 国内行动和为民政当局提供防卫支持

一、背景

国内军事行动大致可以被分为两类截然不同的任务："国土防御"和"为民政当局提供防卫支持"（DSCA）。本章将分析指导这两类任务的法律依据，尤其是后者。

在大部分的情况下，"国土防御"和"为民政当局提供防卫支持"的两分法是有用的和足够的。比如，现役部队支援联邦紧急事务管理局（FEMA）以应对飓风显然属于"为民政当局提供防卫支持"类行动，而美国旨在慑止和击退外部攻击的战斗机巡逻显然是国土防御任务。但是，在实践中，二者并不一定总是分得那么清楚，特别是出现大规模和/或地理上分散的跨越州界的恐怖主义袭击时。

虽然根据《美国宪法第十修正案》之"警察权力"，各州政府负有应对自然和人为灾难的主要责任，但在攻击发生之后，天平会向第 2 条规定的总统权力倾斜。直到总统通过国防部部长下达明确的法律和政策指令，现役部队才可以在一个法律灰色地带行动一段时间。（参见下图）在这些情况下（例如，当履行"即时应对"权时），军法署署长（JAG）和指挥官面临的挑战是以一种符合美国宪法架构和法律法规授权的方式来筹划和实施行动。

（一）美国北方司令部的组建

2001 年 9 月 11 日后，人们立即认识到有必要以更有组织和统一的方式来实施国内军事行动。美国总统下令成立美国北方司令部（USNORTHCOM），并于 2003 年 9 月 11 日正式投入运作。北方司令部的职责是："在指定的责任区内准备和实施国土防御和民事支援行动，防卫、保护美国及其利益。"（北方司令部的使命宣言，见 https://www.northcom.mil/About/index.html.）美国

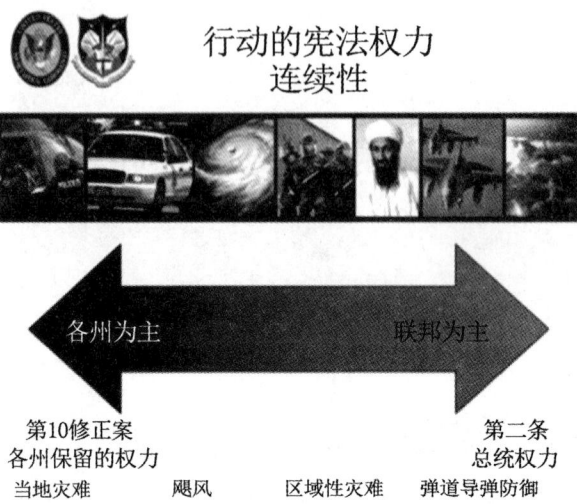

行动的宪法权力
连续性

各州为主　　　　　　　联邦为主

第10修正案　　　　　　　　　　第二条
各州保留的权力　　　　　　　　总统权力

当地灾难　　飓风　　区域性灾难　　弹道导弹防御
第一负责人　野火　　网络攻击　　　"高贵之鹰"行动
当地执法　　民事骚乱　恐怖主义　　《叛乱法》

北方司令部与北美航空航天防御司令部（NORAD）共同位于科罗拉多州科罗拉多泉皮特森空军基地内。

（二）国土防御

国土防御的任务一般被界定为："保护美国主权、领土和国内民众，以及关键的国防基础设施免受外部威胁和入侵。"

根据《美国宪法》第2条的规定，主要由总统负责国土防御。2003年在国会作证时，国防部时任部长唐纳德·拉姆斯菲尔德将国土防御任务描述为："在非常情况下，国防部将执行军事任务，其中包括总统履行宪法赋予的、作为总司令和最高行政长官的职权，授权采取军事行动以应对美国国内的威胁。"

总统负责国土防御职责最清晰、最明显的表现之一是北美航空航天防御司令部的建立和日常运行。北美航空航天防御司令部是根据行政协定（《北美航空航天防御司令部协定》）于1958年成立的一个美国和加拿大双边司令部。其任务传统上包括北美地区的"航空航天预警和控制"。2006年，《北美航空航天防御司令部协定》被修订，增加了第三项任务——"海上预警"。

1. 航空航天预警：处理、评估和分发有关太空和天空中的人造物体的情报和信息，侦测、确认航空器、导弹或航天器对北美的攻击，并发出预警。

2. 航空航天控制：对美国和加拿大的领空进行监视和实施作战控制。

3. 海上预警：处理、评估和分发有关美国和加拿大相关海域、内水航道和前往两国的海上通道的情报和信息，并对北美地区受到的海上威胁或攻击发出预警。

历史上，北美航空航天防御司令部的任务主要是应对来自某些国家（主要是苏联）的空中和导弹威胁。但是，2001 年 9 月 11 日的攻击表明，非国家的恐怖分子发动的空中袭击同样可以构成严重的威胁。为了应对这种所谓的非对称的航空威胁，北美航空航天防御司令部的任务现在包括一个分层防御体系。比如，始于 2001 年 9 月 14 日的"神鹰行动"（ONE）使该司令部与美国和加拿大的跨机构伙伴密切合作，来慑止、侦测和挫败恐怖主义空中袭击。

"神鹰行动"的成功实施需要富有创新性的全部力量的共同努力。2001年 9 月 11 日以来在美国进行的 50 000 次"神鹰行动"飞行中，70%是由服联邦现役的空军国民警卫队（ANG）队员执行的。空军国民警卫队的支援是通过下达所谓的"动员时紧急召回退役人员命令"完成的。《美国法典》第 10编第 12301（d）节授予空军部部长特定的权力来命令空军国民警卫队员服联邦现役。但是，没有空军国民警卫队队员本人及其所在州的州长同意，空军部部长委派的代表不能命令该队员服现役。通过一系列的委派，同时兼任北美航空航天防御司令部美国大陆地区司令（CONR）的第一空军司令（AFNORTH）为空军部部长的委派人。在过去几年中，北美航空航天防御司令部美国大陆地区司令/第一空军司令已经与各州州长达成了二十几个第 12301（d）节规定的协定。这些协定使北美航空航天防御司令部美国大陆地区司令/第一空军司令能够快速和有效地——经常是一经通知即获得空军国民警卫队员的指挥控制权，以执行北美航空航天防御司令部的任务。

二、为民政当局提供防卫支持

（一）概况

为民政当局提供防卫支持（DSCA）是为支援地方政府而执行的国防部各种任务的总称，包括在国内紧急状态时的支援（比如，自然或人为灾难）和对执法的支援。一般来说，国防部实施对地方政府提供国防支援行动的权力来自总统根据《美国宪法》第 2 条的授权和多个不同法律的授权和限制。根据《联合出版物》3-28"民事支援"的规定，地方政府被界定为："组成美国政府、50 个州政府、哥伦比亚特区、波多黎各自治邦、美国属地和领地，及其政府分支机构的当选或被任命的官员和雇员。"

为民政当局提供防卫支持并非新的任务，比如，现役部队在 1871 年芝加哥大火、1889 年约翰斯顿洪水、1900 年加尔维斯敦飓风、1906 年旧金山大火，以及最近的 2005 年卡特里娜飓风和 2008 年古斯塔和艾克飓风中向地方政府提供了支援。

当分析为民政当局提供防卫支持的特定授权时，指挥官和军法署署长们必须首先了解某些基本的宪法和法定原则：

1. 自然或人为灾难首先由当地政府应对：州、领地和部落政府对其管辖下人民的公共健康和福祉负有首要责任。

2. 在国内行动和紧急情况下，由州长通过州国民警卫队总指挥来指挥和控制的国民警卫队是作出应对的首要军事力量。国防部指挥的现役部队参与任何国内事务都属于一般原则之外的特例。

3. 根据《斯塔福德法案》，除了联邦政府对受灾地区有专属管辖权，联邦政府的援助一般是以州长提出要求为前提的。国防部的现役部队一般负责协助被指定为该州提供首要支援的联邦机构。

4. 国防部对地方政府的支援受到法规的严格限制。

《国防部指令》3025.18 "对地方政府的军事支援"为分析对地方政府国防支援的需求提供了一个分析框架。国防部负责为民政当局提供防卫支持的请求进行审批的机构［通常是美国北方司令部或国防部部长通过参谋长联席会议主席（CJCS）］必须根据以下标准对请求进行分析。在一些支援情况下（比如即时应对权），在通过适当的对地方政府国防支援行动批准权限审查之前，基地设施指挥官和军法署署长需要运用这些标准来对支援请求作出回应。

1. 合法性：遵循法律。

2. 致命性：可能由国防部部队使用或针对国防部部队使用致命武力。

3. 风险：国防部部队的安全。

4. 费用：谁付费。

5. 适当性：提供所要求的支援是否符合国防部的利益。

6. 战备状态：对国防部履行其首要任务能力的影响。

下面将两节分析国内紧急状态（自然或人为灾难）期间，有关为民政当局提供防卫支持和对执法机构的支援的特定授权。

（二）国内紧急状态（自然或人为灾难）

如前所述，根据《美国宪法第十修正案》，州政府对在其管辖区域内发生的自然或人为灾难的应对负有首要职责。《斯塔福法案》是向各州提供联邦紧急和灾难救援的主要法律依据。

国会通过《斯塔福法案》的目的是规定"联邦政府向在履行其减轻由于灾难而导致的痛苦和损失的责任的州和当地政府提供援助的有序和持续的方式"。一般来说，《斯塔福法案》援助是依据州长（们）的请求而提供的，并应满足一定的条件。主要是州长需证明，如果没有联邦政府的支援，该州将缺乏应对灾难后果的资源和能力。

根据《斯塔福法案》提供联邦支援的最近的例子是2008年美国中西部洪水、2009年北达科他州洪水、2008年古斯塔和艾克飓风。国防部通过美国北方司令部向联邦紧急状态管理局提供了援助，以应对上述紧急情况。

（三）《斯塔福法案》

根据《斯塔福法案》，联邦政府可以以四种方式对一场灾难或紧急情况作出应对：

1. 总统宣布的"重大灾难"：（见《美国法典》第42编第5170节）接到受灾州州长的请求，总统可宣布"重大灾难"。总统的宣布可以启动提供长期结果管理的全面联邦援助的程序，尤其是包括总统授权联邦机构提供基本的援助，以应对生命和财产安全所面临的直接威胁，协调所有的救灾援助，提供临时通信服务、食物，重新安置援助和法律援助。一场"重大灾难"包括自然和人为灾难；

2. 总统宣布的"紧急状态"：［见《美国法典》第42编第5191（a）节］根据受灾州州长的请求，总统可以宣布"紧急状态"。总统宣布"紧急状态"后所得到的授权与宣布"重大灾难"相似。但是紧急状态援助在时间和范围上都有限，除非总统确认生命、财产、公共健康或安全受到持续和直接的威胁，而且必要的援助也无法通过其他方式及时提供，否则一次紧急状态的总援助额不能超过500万美元。"紧急状态"包括自然和人为灾难。

3. 总统批准"紧急援助"：［《美国法典》第42编第5170b（c）节］根据灾区州长的请求，在宣布"紧急状态"或"重大灾难"之前，总统可以指示国防部提供最长可达10天的、对于保护生命和财产所必需的"紧急援助"。

4. 总统宣布在一个美国"负有专属或首要责任和权力"的地区进入"紧急状态"（而非"严重灾难"）：[见《美国法典》第 42 编第 5191（b）节]在这种情况下，即使没有受灾州长的请求，总统也可以指示进行联邦救灾。1995 年俄克拉荷马市联邦大厦被炸后，总统就行使了这一权力。

一旦总统根据《斯塔福法案》所规定的上述四种情况作出宣布，就会通过指定一个主要的联邦机构（通常是国土安全部，更准确地说是联邦紧急事务管理署）来启动联邦应对行动。（如下图所示）主要负责的联邦机构将向各州提供所需支援，国防部则根据请求提供帮助。国防部依据《斯塔福法案》向主要负责的联邦机构提供的支援将根据国防部部长批准的《2008 年参谋长联席会议主席为民政当局提供防卫支持实施命令》并通过美国北方司令部提供。

最后，《斯塔福法案》包含有规定联邦机构或联邦政府雇员对所采取的特定行动享有责任豁免权的具体指导原则。第 5148 节规定："对基于联邦机构或联邦政府雇员在执行本章条款时，行使或履行或未能行使或履行裁量职能或职责的任何索赔，联邦政府将不承担责任。"

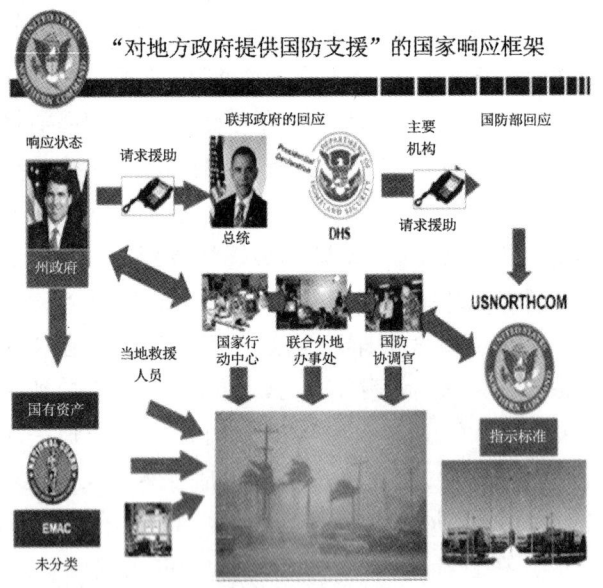

（四）《经济法案》

与《斯塔福法案》的授权不同，《经济法案》授权国防部向其他联邦机构提供直接支援。但是，它没有授权向州或地方实体提供直接支援。《经济法案》授权在非紧急情况和紧急情况下提供支援。直接支援的费用是需要偿还的。但是如果接受设备支援的机构同意在拥有所接收设备期间直接支付设备的运行费用，并且原样返还的话，可以临时借用这些设备，而无须付费。

（五）即时应对权

在大多数紧急情况/灾难中，特别是在总统宣布出现"重大灾难"或"紧急状态"后，国防部将根据《斯塔福法案》和《经济法案》的授权提供支援。但即使是在理想的条件下，首要的联邦机构（通常是联邦紧急事务管理署）的援助要求也要一两天的时间才能被确认/批准，并转变为任务下达给北方司令部和太平洋司令部。这一延迟能够通过使用即时应对权（IRA）来避免。

即时应对权被定义为："在紧迫且危急的情况下，即时间不允许获取美国更高级别人员的授权批准，军事指挥官、国防部部门负责人和/或负责的国防部文职官员在上级司令部下达的任何补充指示下，临时动用其控制下的资源来挽救生命、防止人员遭受痛苦或减轻巨大的财产损失的权限。"（见《国防部指令》3025.18"术语汇编"）根据《国防部指令》3025.18 的明确表述，即时应对权不是来源于法律法规，而是来源于总统作为行政首脑和总司令的权力。具体来说，《国防部指令》3025.18 向联邦军事指挥官、国防部部门负责人和/或负责的国防部文职人员提供了预先授权，以"在紧迫且危急的严格条件下，并且时间来不及获取美国更高级别人员的授权批准……以挽救生命、防止人员遭受痛苦或减轻美国境内巨大的财产损失"。在这种情况下，指挥官必须与军法参谋密切合作。只有在民政部门正在或已经投入其资源但仍需要援助的时候，才应当应民政部门的请求行使即时应对权。请求可以口头提出，但随后必须提交书面请求。民事主管部门任何有资质的代表均可提交请求（例如警长、市长、代表、警察调度中心等）。

在即时应对权限下指示响应行动的国防部官员，应立即通知国家联合行动和情报中心（NJOIC）。国家联合行动和情报中心将通知适当的国防部部门，包括地理区域作战司令部。当不再存在启动响应的必要性时，即时响应行动应终止，但是，如果即时响应活动尚未结束，则应不晚于收到援助请求后的

72 小时。适当时，应在费用可偿还的基础上提供防卫支持。其他详细信息请参见《国防部指令》3025.18。

（六）紧急授权

紧急情况授权存在于"在总统不可能进行事先授权的极端紧急情况下，且正式组成的地方当局无法控制局势，暂时开展必要的活动以平息大规模的突发性内乱，因为必须开展活动以防止重大伤亡或肆意破坏财产，并且必须开展活动来恢复政府职能和公共秩序，或者正式组成的联邦、州或地方当局无法或拒绝为联邦财产或联邦政府提供适当的保护"。(见《国防部指令》3025.18）联邦军事指挥官可以行使这种权力。

（七）互助协定或计划

互助协定或计划不同于即时应对权或紧急授权。基地设施指挥官有权签订这类协定，以便向平民社区提供援助——特别是在消防互助和紧急服务方面。这些协定一般规定在相关基地设施的直接控制下向地方社区提供紧急援助，反之亦然。这些协定一般是互惠性的，并非一定要偿付。在其合理的范围内，互助协定不需要联合军事支援负责人（JDOMS）或国防部部长的批准。

（八）对执法部门的支援

1878 年的《地方民团法》禁止军队直接、积极参与实施适用于平民的法律。《地方民团法》是为了应对人们所发现的在南北战争后的重建过程中联邦陆军部队在南方被滥用的情况而制定的。该法象征着地方事务不受军队的影响。但是，这可能是在对地方政府提供国防支援领域最受到误解的一部法规。虽然该法规显然旨在限制军队卷入地方执法行动，但是根据该法律许多例外中的一条，军队与地方执法当局的合作却是被允许的。

《地方民团法》规定："除非得到宪法或国会法案明确授权，任何人故意使用陆军或空军的任何部分作为地方民团使用或执法，应当根据本条款处以罚款或两年以下监禁，或以上两种处罚并处。"《地方民团法》适用于现役陆军和空军军人、服现役的后备役人员和第 10 卷下的陆军和空军国民警卫队队员。该法规不适用于服州现役或第 32 卷下的陆军和空军国民警卫队人员。

《地方民团法》的限制条件一般包括三大类：信息的使用；国防部人员的使用；军事装备和设施的使用。

1. 信息的使用。根据《美国法典》第 10 编第 371 节，如果在军事行动过程中搜集的信息与违反联邦和州法律有关，国防部部长可以将相关信息提供给联邦、州和地方执法机构。《国防部指令》3025.21"对地方执法部门提供防卫支持"附件3规定了传输"在国防部正常运作过程中获得的可能与违反任何联邦或州法律有关的信息"是不被禁止的。

附件7进一步规定了"在安排例行训练任务时,应在可行的最大限度内考虑地方执法人员的需求……"

虽然授权并鼓励与上述指南所述的信息共享,但是《地方民团法》对这种类型的支持有所限制。特别是,禁止以协助地方执法人员为主要目的计划或创建任务或培训。

2. 国防部人员的使用。使用国防部人员来支援地方执法人员要依据《美国法典》第10编第371节至第375节、联邦案件判决和《国防部指令》3025.21附件3。联邦法庭已经建立了三条标准来检验使用军事人员是否违反了《地方民团法》——"如果符合三条标准中的任何一条,这类援助即可能被视为违反了《地方民团法》":

(1)军事人员的行动是"主动的"还是"被动的"——只有"直接、主动使用军事人员进行执法",才违反《地方民团法》;

(2)军事人员的使用是否贯穿于地方执法人员的整个行动——"只有军事人员取代了地方执法部门的作用",才违反《地方民团法》;

(3)军事人员是否使平民服从于"本质上属于规制性的、剥夺人权的或强制性的"军事力量。

总之,《国防部指令》3025.21附件3禁止现役人员对地方执法部门提供如下"直接的援助":

(1)拦截船只、航空器或其他类似行动;

(2)搜查或捕捉;

(3)逮捕、拘捕、阻止和搜身或类似行动;

(4)使用军事人员作为便衣特工、情报员、调查员或审问者对个人进行监视或追踪;

(5)在被指派的行动中使用武力或人身暴力(自卫除外);

(6)收集证据或其他法庭调查、交通管制或人员检查站。

《地方民团法》和上述权限允许下列类型的援助,完整的内容参见《国防部指令》3025.21附件3第1(b)段。

(1)与执行《美国统一军事司法典》相关的调查和其他行动;

（2）无论是否存在相关的民事和刑事诉讼程序，都可能导致国防部行政诉讼的调查和其他行动；

（3）与指挥官维护一个军事基地或设施的法律与秩序的固有权力相关的调查和其他行动；

（4）保护机密的军事信息或设备；

（5）保护国防部人员、设备和官方客人；

（6）由国防部督察长实施的或在其指导下或要求下实施的审计和调查，但受制于可适用的对直接参加执法行动的限制；

（7）根据《美国法典》第 10 编第 331 节至 334 节［参考（d）］规定的国防部的职责所采取的行动，与针对在特定情况下妨碍了州或联邦法律实施的暴乱或国内暴力或反叛而使用军事力量相关。这种情况下所采取的行动受《国防部指令》3025.18 的规制。

除了以上的相关规定外，许多联邦法规都明确授权现役部队在相关适用的限制范围之内，对正在执法的官员提供援助。法律允许军队直接参与地方执法的行动包括但不限于以下几项：

（1）在犯罪涉及核材料时，提供援助；

（2）保卫总统、副总统和其他特定重要人员；

（3）实施检疫隔离和特定健康法；

（4）在出现内乱时，支援地方政府；

（5）支持特定海关法律的实施。

《空军指示》10-801"为民政当局提供防卫支持"规定，向地方执法机构提供的军事工作犬援助的限制取决于所请求的支持类型。

3. 军事装备和设施的使用。《美国法典》第 10 编第 372（a）节允许国防部部长基于执法的目的向任何联邦、州或地方执法官员提供现有的设备（包括配套供应和零配件）、基地设施和研究设施，只要符合可适用的法律即可。《国防部指令》3025.21 附件 8 落实了这一指导原则，要求所提供的任何支援都必须符合国家安全和军事战备的需要，并且符合合法性、致命性、风险、成本、适当性和警备性的标准。

《空军指示》10-801 第 3.8 段规定："一般而言，国防部以外的（执法机构）必须根据《经济法案》（见《美国法典》第 31 编第 1535 节）偿付被提供的设备和服务。"

参考文献

1. Posse Comitatus Act—18 U. S. C. § 1385（2011）.

2. Stafford Act—42 U. S. C. § 5121, et seq.

3. Economy Act—31 U. S. C. § 1535, et seq.

4. Homeland Security Act of 2002, Pub. L. No. 107-296.

5. USNORTHCOM, CONPLAN 3502-09.

6. JP 3-27, Homeland Defense, 12 July 2007.

7. JP 3-28, Civil Support, 14 September 2007.

8. DoDD 3025. 18, Defense Support of Civil Authorities（DSCA）, 29 September 2010.

9. DoD 3025. 1-M, Manual for Civil Emergencies, 2 June 1994.

10. DoDD 3025. 18, Defense Support of Civil Authorities（DSCA）, 29 December 2010.

11. DoDI 6055. 6, DoD Fire and Emergency Services（F&ES）Program, 21 December 2006.

12. DoDI 3025. 21, Defense Support of Civilian Law Enforcement Agencies, 27 February 2013.

13. AFI 10-801, Defense Support of Civilian Authorities, 19 September 2012.

DISANBIAN

第三编

远征法

第二十七章 | 行动中的军事司法与纪律

一、引言

乔治·华盛顿总统还是一位上校和弗吉尼亚州部队司令时就曾经强调："纪律是一支部队的灵魂。它可以使兵微将寡的军队变得强大；使弱者赢得成功与所有人的尊重。"《美国统一军事司法典》（UCMJ）使指挥官拥有了处理违反纪律行为的权力及必要工具。同样，在部队驻防期间，《美国统一军事司法典》及其所建立起来的军事司法系统将为指挥官打造一支纪律严明、战斗力强的部队提供必不可少的帮助。在战场，纪律松懈的结果将暴露无遗，其对任务的负面影响更容易被觉察到，尤其是，这样的松懈会威胁到部队军人们的生命。

二、在机动与部署过程中要考虑的因素

（一）基本的法律渊源

在战场管理军事司法的五种基本出版物是：《军事法庭手册》（MCM）；《空军指示》51-201——《军事司法管理》，2013 年 6 月 6 日（以下简称《空军指示》51-201）；《空军指示》51-202——《非军法性惩处》，2003 年 11 月 7 日（于 2011 年 8 月 11 日修订，以下简称《空军指示》51-202）；《军事指挥官与法律》以及本出版物。在战场中应随时可用的四种表格包括：空军表格 3070——《非军法性惩处程序的记录》；空军表格 3212——《美国统一军事司法典》（UCMJ）第 15 条规定的辅助行动记录；空军表格 366——《暂停非军法性惩处程序的记录》；国防部安全协定格式 458——《控诉状》。

（二）物证程序

法律人员应该与安全部队（或陆军统帅的办公室）、空军特别调查办公室

（AFOSI）（或陆军刑事调查司，或海军刑事调查局，当空军特别调查办公室不是责任区内的国防部首席刑事调查机构时）以及医疗人员相协调，确保建立处理与评估证据的程序。如可能，法律团队应在部署前确定是否要为对责任区（AOR）内的人员进行血醇与药物测试作出规定，以及对违禁药品、指纹以及笔迹这类证据进行科学分析已经作出过何种规定。陆军通常会与其各单位一起安排一位有机药物需求减少计划经理。因此，如果单位与陆军在同一地点，那么就建议利用其测试资产。

（三）部署前的简报与通令

在过去的9年中，每一次重大作战行动都包括发布"一号通令"。通常由负责该行动的联合特遣队指挥官或作战司令官发布，旨在在部署的部队中维持秩序与纪律，并通过概述特定行为的禁忌，以避免不必要地冒犯东道国敏感的问题。在所有的部署人员中，军法官应对行动通令中的规定完全熟悉，并在部署前进行广泛的基本情况介绍。他们必须确保在到达责任区后，以及在整个部署期间定期对通令内容进行复习训练。此外，需要谨记的是不同的司令部具有不同的"一号通令"，例如空军特种作战司令部（AFSOC）和美国空军中央司令部（AFCENT）。因此，除了其行动控制（OPCON）和/或战术控制（TACON）链之外，还应确保其人员知道他们在其行政控制（ADCON）指挥链中还受到"一号通令"的约束。这对于在联合远征任务（JET）或单个增援（IA）职位中服役的飞行员而言尤其重要。

（四）出于良心拒绝服兵役者

由于宗教背景或类似于宗教的其他信仰而诚实地、真诚地及强烈地拒绝以任务形式参战或携带武器的武装部队的成员可以申请出于良心拒绝服兵役者地位（见《空军指示》36-3204——《申请成为出于良心拒绝服兵役者的程序》，1994年7月15日）。空军在现实的和公平的范围内承认有资格成为善意的出于良心拒绝服兵役者的军人。空军并不承认对于特定战争的反对作为获得出于良心拒绝服兵役者身份的理由。空军将出于良心拒绝服兵役者加以分类，并且在不会影响空军的战斗力和效率的范围内限制出于良心拒绝服兵役者的军事责任。

有两类出于良心拒绝服兵役者。1-O型是由于出于良心的反对而真诚地拒绝以任何形式参加任何类型的战争的军人。1-A-O型是由于出于良心的反对而真诚地拒绝作为一名战斗员以任何形式参加战争，但其信仰允许其以一名非战斗员的身份服役的军人。

当要求获得出于良心拒绝服兵役者身份的申请被审查时，申请人必须遵循兵役的通常要求并令人满意地执行所有分配的任务。指挥官应努力确保分配给申请者的职责与申请者宣称的信仰尽可能不冲突。（见《空军指示》36-3204第2.3段）比如：一名军人可能声称是一名出于良心拒绝服兵役者并拒绝被部署。如果可能，指挥官可在其地位问题被解决之前，部署其他人以代替该名军人。但在通常情况下，这并不太可能，因此，指挥官必须决定他/她是否会命令该军人进行部署。如果申请者等在其申请审批期间违反了《美国统一军事司法典》，指挥官可以对其进行处罚。（《空军指示》36-3204第2.3段）例如，如果该军人被要求进行部署，但其拒绝服从命令，那样就可对其采取惩戒行动。

三、指挥结构

知晓并理解指挥结构是确保军事司法行动的效力与效率的关键因素。没有适当授权者所实施的行动，或者由于未能或无法确定谁有适当的权力管辖违法军人而导致的过度拖延都会降低军事司法行动的效率，破坏军事司法行动旨在维护的良好秩序与纪律。军法官与任职的人力人事专家紧密配合，必须明确并记录下其部署期间他们所配属的部队或基地的指挥结构。重要的是要注意，《美国统一军事司法典》的权力共属联合部队指挥官（JFC）和服务部门行政控制指挥官。（见《联合出版物》1第13 a段）但是，作为一种惯例，联合部队指挥官历来允许服役部队司令官将《美国统一军事司法典》权限作为行政控制的"纪律"职能来管理。这是一种空军司令官对飞行员进行惩罚的空军政策。[1]为实现军事司法的目的，合适的指挥结构要求组建一支适当组建的部队、一名适当任命的指挥官，以及这支部队适当分配或配属的成员。

（一）一支适当组建的部队

通常情况下，空军远征部队的空军成员会被部署到临时单位。临时单位

---

〔1〕 行政控制被定义为"在管理和支持方面对下属或其他组织的指示或行使的权力，包括现役部队的组织、资源和设备的控制、人员管理、后勤、个人和单位培训、准备、动员、复员、纪律和其他未包括在下属或其他组织的执行任务中的事项"。（见《联合出版物》1，"联合指挥和控制"，2007年5月2日，修订于2009年3月20日）

是暂时组建以执行特定任务的单位。当需要某一特定的组织，而这样的组织又不存在时就可组建一个临时单位。临时单位与常规单位的组建方式一样。一支临时单位可能隶属于另一个更高级别的临时单位。临时部队是暂时性的，所属人员是配属而非隶属。航空航天远征部队（AEF）单位是一种临时单位。临时部队通常是由一级司令部（MAJCOM）启动组建的，但配属给支援作战司令部下属军种司令部，而非一级司令部。军法官应该与任职的人力人事专家一起审查指定与启动建立临时单位的命令，以确保临时单位正确组建。组建临时单位命令的备份可以通过当地的人力办公室、作战司令部的空军部队或者是作战司令部的法律办公室得到（见《空军指示》38-101——《空军组织》，2011年3月16日）。

（二）一名适当任命的指挥官

所有单位指挥都应根据《空军指示》51-604——《指挥的任命与担任》（2006年4月4日）进行任命或担任。必须为所有指挥的任命和担任准备"G—系列命令"（之所以这样命名是由于命令的编号以字母G开头，后面跟着一个数字）。临时单位指挥官仅是被任命指挥，因为他们不是隶属而仅是配属到那些单位而不能担任指挥。下属军种司令官任命临时联队长。临时联队长可以任命临时大队长。临时大队长可以任命临时中队长。每一项指挥任命都必须在G—系列命令中反映，或者记录在空军表格35——《任命或担任指挥的请求》。

（三）适当配属的成员

通常情况下，配属或隶属于一个单位的成员接受该单位指挥官的指挥。如果一个成员的命令没有明确一个配属单位，组织的人事部门应该在该成员报到之后尽快向其分配一个人事任命系统（PAS）码。成员可通过被分配一个适当的人事任命系统码被配属到特定单位。

（四）后备役部队与国民警卫队

所有空军后备役部队成员在服现役及在非现役训练期间都要受《美国统一军事司法典》的管辖。然而，空军国民警卫队成员只有在其服联邦役时才受《美国统一军事司法典》的管辖［见《美国统一军事司法典》第2（a）（3）条］。这要求他们在服役时遵守第10卷的命令［无论为训练服现役（ADT）、全职服现役或者是被动员服联邦役］。空军国民警卫队成员在美国本土外服役时被要求具有为联邦服役身份。对于影响后备役与空军国民警卫队活动的法律问题的更多讨论可参见"空军后备役部队问题"一章。

四、责任区内军事司法管理

从平时到部署状态的转换导致在军事司法决策中必须考虑因素的优先顺序产生了必要的变化。当优先考虑的是维持成员的作战能力时，也许应该对成员采取较轻形式的惩罚，比如非军法性惩处。在另一方面，战时需要更严明的纪律，这可能会要求比在不太紧迫的环境中采取更加严厉的处罚。对每一违法行为的评估必须考虑行为实施时的环境。像冲突的级别、对行动的影响、对纪律与士气的影响以及国际关系影响等因素都应该仔细考虑。指挥官希望军法官的法律咨询建议应充分考虑责任区内特定情况的现实及法律问题。惩戒决定也应该考虑到后勤的实际。被授权采取行动的指挥官的位置、证人与证据的可获得性、实施惩罚的能力、适当人员与装备的有用性以及进行军法审判的地点等都是在确定最恰当的行动方案时应该加以权衡的因素。然而，指挥官需要理解军法官支持指挥官在其组织内最大限度地维持良好秩序与纪律的决心。

（一）司令部海外执法权

指挥官有权启动对受《美国统一军事司法典》管辖的人或受《军事治外法权法案》管辖的人（比如军人家属）被控所犯罪行进行审查和调查。如果有理由相信一些犯罪被实施而且嫌疑人实施了犯罪行为的话，军事执法人员和犯罪调查人员有权逮捕受《美国统一军事司法典》管辖的人，以及拘捕和暂时拘留受《军事治外法权法案》管辖的人。所有现役军官和士官均可以逮捕受《美国统一军事司法典》管辖的罪犯。任何有权进行逮捕的人都可以使用任何在逮捕环境下合理的强力和方式。［见 M. R. E. 第 302（b）条］

（二）违反一号通令

一号通令（GO-1）是由一名将官（O-7 以及以上职级）向所有下级发布的合法的惩罚性命令，以禁止隶属或配属于该军官的人员的行为。在通令中规定的标准禁令禁止吸食毒品与酗酒、侵吞战利品、赌博、拥有色情淫秽制品、收养宠物作为吉祥物、从事性活动以及/或者前往异性军人的寝室。一号通令是为了在执行行动的责任区内保持高度的纪律性、与东道国保持积极、有效的关系、维持良好的秩序与纪律而发布的。

（三）责任区内的非军法性惩处

在部署地区起诉行动可能更为复杂一些，但责任区内的非军法性惩处的程序基本上没什么变化。特别复杂的一点可能涉及联合司令部。不管联合部队指挥官来自哪个军种，该指挥官都有权对隶属或配属于司令部的军人实施非军法性惩处，除非这种权力被上级联合指挥官所限制。当实施非军法性惩处时，联合部队指挥官必须遵循违法者原来军种的规章。因此，正如《空军指示》51-202所规定的那样，可以允许适当的空军指挥官行使对空军成员的非军法性惩处的权力。如果事件涉及不止一个军种，或事件发生在军营之外但属于联合指挥官的管辖范围之内，那么除非被上级联合部队指挥官限制，否则该事件应该由联合部队指挥官或军种部队指挥官处理。如果发生的事件只涉及一个军种，并发生于军营内或处于该军种部队的军事管辖范围之内，那么该事件通常应该由军种部队指挥官根据军种的规定进行处理。

如果联合部队指挥官决定亲自启动对某一军人的非军法性惩处的程序，联合部队指挥官应该在采取行动之前，与适当的军种部队指挥官协调，以确保符合空军的程序。根据《空军指示》51-202，适当的空军指挥官会立即通知任职的空军军法参谋（SJA）。任职的空军军法参谋（SJA）会与联合部队指挥官的军法参谋进行协调。任职的空军军法参谋（SJA）会将非军法性惩处的程序输入军事司法自动分析与管理系统（AMJAMS），并确保采取适当的人事和财务行动，包括将相关行动存入适当的人事档案和不利信息档案和/或选拔记录。

（四）责任区内的军法审判

在责任区内进行军法审判会带来后勤方面的挑战。指挥官可能认为责任区内的情况不适于进行军法审判，因此在责任区以外进行审判。然而，在特定的情况下，在责任区内审判与部署有关的犯罪行为是更为有利或必要的（出于证人和/或证据的可获取性）。就近的、看得见的司法审判最有利于维护行动指挥中的纪律。在责任区内进行军法审判的决定应该慎重考虑并与下属军种司令部保持密切的沟通。

五、作战刑法问题

（一）战时

战时状态的存在与许多刑法问题有关。特定的犯罪行为只能发生于战时。

战时其他的一些犯罪行为可能加重惩罚，甚至包括死刑。战时在其他的一些犯罪中是导致情节加重的因素，并使军事法庭管辖权扩展到在战地伴随部队的平民。然而，基于包含"战时"一词的特定条款的目的，以及该条款适用的条件，对战时有不同的界定方式。《军事法庭规则》将"战时"定义为："由国会宣布的战争时期，或是总统根据敌对行动存在的事实做出的战争时期存在的判断。"这一定义只能应用于《军事法庭手册》中的下列部分：必须提出可加重情节的情况以判处死刑［《军事法庭规则》第1004（c）（6）条］、惩罚性条款（《军事法庭手册》第四部分），以及非军法性惩处（《军事法庭手册》第五部分）。这一定义并不会适用于诉讼时效和/或对平民的管辖。在那些情况下对战时的定义的描述如下：

（二）只在战时才可能发生的犯罪

1. 不当使用口令。第101条禁止向无权了解的人员泄露口令或暗号，以及提供的口令与暗号与司令部所授权的不同。

2. 囚犯的不当行为。第105条将以通过损害其他囚犯的利益并且违背法律、习惯或规则的方式来改善作为一名囚犯的地位定为犯罪。第105条还将有权管理其他囚犯的囚犯虐待受其管理的囚犯的行动定为犯罪。

3. 间谍。第106条对被证明作为一名间谍或充当一名间谍潜伏在处于武装部队管控或管辖的任何地点、船舶或飞行器内及其周围，或在任何船坞、制造厂或工厂或其他任何从事支持美国战争努力的工作的地点周围的人强制判处死刑。

（三）只有在战时才能被处以死刑的犯罪

1. 有永久性逃跑意图的擅离职守（逃兵行动）、逃避重要的义务或回避危险的职责。（第85条）

2. 攻击上级军官或者任意违抗其命令。（第90条）

3. 岗哨或警戒哨的不当行为，比如在岗位上被发现酗酒或者睡觉或者是换岗前提前离开。（第113条）

（四）战时作为加重情节

无论是战时还是其他时间，杀人与强奸都是重罪。《军事法庭规则》第1004条规定，当强奸或杀人发生在战时，并且发生于美国或其盟国作为占领国控制的领土或者美国军队正在参与实际作战的领土之上，上述情节可以作为判处死刑的充分加重因素。军事法庭在战时对于毒品犯罪、诈病、岗哨或警戒哨在岗位上闲逛或乱坐等行为所判处的最高刑可以加重。对教唆逃跑、兵变、在敌军前的不当行为或煽动叛乱的最长监禁时限在战时可以被延长。

（五）战时与非军法性惩处

如果军种部长确认情况需要取消对指挥官平时降薪权力的限制，少校或以上级别的指挥官在战时可以将薪饷级别为 E-4 级以上的士兵降薪两个级别。[见《军事法庭手册》第五部分第 5b（2）（B）（iv）段]

六、战时、管辖权、诉讼时效（法定时效）

（一）管辖权

《美国统一军事司法典》第 2（a）（10）条规定，在战时，"在战地为一支武装部队服务或伴随人员"可能会受到军事法庭的审判。在"美国诉 Averette"一案［41 C. M. R. 363（1970）］中，军事上诉法庭（CMA）认为，为了在战时对在战地武装部队伴随人员行使管辖权，"战时"一词表示由国会正式宣布的一场战争。

（二）对被部署的平民的管辖

2006 年 10 月 17 日，议会修改了有关《美国统一军事司法典》管辖权的规定，使其包括了在应急行动期间为美国武装部队服务或伴随的国防部文职雇员与承包商。因此，战时并不是行使管辖权的必要条件。2008 年 3 月 10 日，国防部部长向普通军事法庭开庭机构（GCMCA）以及作战司令部（CO-COMS）发出了有关对为武装部队服务或伴随人员行使《美国统一军事司法典》管辖权的指导建议。拥有普通军事法庭开庭权并且隶属或配属于地理区域作战司令部的指挥官可以对在责任区内的、实施了违法行动的平民进行军法审判或施以非军法性惩处。在提出指控或实施非军法性惩处之前，其必须向司法部（DOJ）通报被指控的罪犯的不当行为。在作战司令部的通报程序完成之前，指挥官不会提起军法指控，也不会对其施以非军法性惩处。如果司法部通知其打算由美国律师提起联邦起诉的话，指挥官也不会提起指控。在通报的过程中，提起指控之前的执法、刑事侦查以及其他的军事司法程序应该继续进行。

（三）诉讼时效（法定时效）

《美国统一军事司法典》第 43 条延长了战时某些犯罪行为的诉讼时效。战时擅离职守、开小差、帮助敌人、兵变、谋杀或者强奸等犯罪没有诉讼时效，被控犯有上述罪行的人可以在任何时候被审判和惩罚。［见《美国统一军事司法典》第 43（a）条］如果对特定犯罪的起诉将危害国家安全或对战争行动有害的话，总统或军种部长可以决定对这些犯罪在战时不进行审判。在那种情况下，诉讼时效可被延长至敌对行动结束后 6 个月。［见《美国统一军事司法典》第 43（e）条］涉及欺诈、不动产或与美国签订的合同的犯罪行动的诉讼时效也可延长至敌对行动结束后的 3 年。［见《美国统一军事司法典》第 43（f）条］

在确定是否存在影响诉讼时效的战时状态时，武装部队上诉法庭（CAAF）认为，虽然国会没有正式宣布在越南的冲突是一场战争，但属于出于延长诉讼时效的目的将其认定为战时。［见美国诉 Anderson 一案，38 CMR 386（1968）］军事法庭已经充分表达了在进行上述分析时会考虑的因素，包括是否存在针对有组织的敌人的武装敌对行动，以及是否存在涉及敌对行动的立法、行政命令或通告，都是处于战时的标志。［见美国诉 Shell 案，23 CMR 110（1957）；美国诉 Bancroft 案，11 CMR 3（1963）］军事法庭也拒绝接受战时包含地理要件的观念，因为犯罪行为发生时不在作战地域并不防止犯罪在战时发生。［见美国诉 Averette 案，41 CMR 363（1970）］

七、战时犯罪行为

某些违反《美国统一军事司法典》而受到惩罚的行动是作战环境下独有的。如前所述，许多犯罪行为只有在战时才能发生，或者在战时提高法定刑。下列罪行并非发生于战时才是犯罪行为，但它们具有只在战时情况下出现的犯罪要件。

敌前之恶劣行为（第 99 条）是 9 种犯罪行为的混合，并涵盖在敌军面前的所有犯罪行为。

1. 如果一名被告未经授权，擅离职守，以躲避实战或即将爆发的战斗，既判犯有逃跑罪。他不一定真正跑开，但必须是未经授权离开。

2. 可耻地放弃、交出或移交指挥权罪处罚没有正当理由就放弃指挥权的指挥官的怯懦行动。只有在最大必要性并且极端的情况下上述的行为才能无罪。

3. 被告威胁指挥部安全罪，通过违抗军令、疏忽或者是故意的不当行为使指挥部处于危险境地。

4. 军人不得以任何理由犯在敌人面前丢弃武器或弹药罪。面对敌军时，军事人员因为任何原因遗弃武器或者弹药构成本罪。无论这种行为是否是帮助自己逃生、减轻疲劳或者是展示其对战争的厌恶。

5. 怯懦行为罪是在敌军出现时由于恐惧而作出的胆怯行为。战斗发生之前或过程中仅仅表现出自然的害怕感觉，并不违反这一条款的规定；该罪的起诉要旨是，被指控的行为人由于恐惧，拒绝执行自己的职责或者放弃职责。〔见 Smith，7 CMR（ABR 1953）和 Barnett，3 CMR 248（ABR 1951）〕

6. 脱岗抢劫罪指行为人故意擅离自己的职责岗位，非法地侵夺公共或私人财产。行为人怀有特定目的离开自己的岗位就足以构成本罪；他们不需要实际实施抢劫以违反这一条款中的细则规定。

7. 引起虚假警报罪包括发出虚假警报或者信号，也包括传播假的或令人不安的谣言或报道。但必须证明该假警报是由行为人发出的，并且行为人这样做没有合理的正当理由或借口。

8. 故意作战不力罪指行为人有责任但没尽全力迎击敌人、与敌交战、俘获或消灭特定的敌方部队、战斗员、船舶或航空器。这一犯罪行为的一个例子是有意拒绝执行战斗巡逻任务。

9. 未提供救援罪指进行作战的友军部队、船舶或者航空器需要救援，行为人本可以在不危及他们自身任务的情况下提供这种救援，但行为人却未能提供。在特定的战斗环境中，行为人自身的特定任务与使命可能会限制他们能提供的实际救援。

"敌人"一词包括战时敌人的部队或是己方部队可能对抗的任何敌对的实体，比如一伙叛乱的暴徒或者是一群叛徒，也包括平民以及军事组织的成员。〔美国诉 Monday 案，36 CMR 711（ABR 1966）；上诉驳回，37 CMR 471（CMA 1969）〕面对敌人，或是敌人的存在，是指与敌人在战术上，而不是在物理上，与敌人近距离接触。武装部队上诉法庭（CAAF）将这一概念界定如下："也许不太可能制定一个适合于所有情形的一般规则，但如果某一组织处于随时可以投入进攻或防御战斗的状态，其武器能够对敌人实施火力打击并处于敌方武器的有效射程范围内，那么该部队就是面对敌人。"〔美国诉 Sperland 案 5 CMR 89，91（1952）〕

在应用这一定义时，法庭认为一个前线排的成员、支持己方部队的迫击炮部队成员、从距离前线不到 6 英里的己方炮兵部队逃跑的士兵，都是面对敌人。这一定义以及法庭的解释使得这一要件取决于犯罪行为的周围环境，并把这一问题留给了事实审判者来确定。

（一）战利品

军人必须毫不迟延地向适当的当局通报并移交所有缴获的或被遗弃的敌人财产。未能遵守这一要求的个人可能会根据第 103 条受到惩罚。

1. 未能通报或者移交财产。［美国诉 Morrison 案，492 F. 2d 1219（1974）］

2. 购买、销售、交易或者是以其他任何方式处理缴获的或被遗弃的财产。

3. 参与抢劫或掠夺。

4. 违反《美国法典》第 26 编第 5844 节、第 5861 节之规定（非法进口、转让、销售危险武器）可能被控违反了《美国统一军事司法典》第 134 条。

（二）私有财产

作为一项普遍规则，如果出于军事形势的需要，可以对私有财产进行征收与破坏。但是不存在仅仅因为有军事目的就能没收全部财产的权力。例如，当安全部队（SFS）成员在安全检查期间从第三国国民（TCN）或当地国民处（LN）扣押个人财产时。在许多情况下（如相机、闪存驱动器），该财产本身可能并不非法，并且在没有给所有者提供机会将财产从不允许的位置移走的情况下，不应永久扣押或破坏该财产。战斗中的目标是通过对飞行员进行有关私有财产的法律培训，避免不必要地破坏此类财产以及纪律问题。该培训将帮助指挥官进行财产核算和偿付适当的索偿要求。第 109 条所规定的非法破坏私有财产罪，禁止故意或者轻率破坏或者毁损私有财产，并规定了最高包括开除军籍、没收全部财产以及监禁 5 年的惩罚。第 121 条所规定的非法占有私有财产并不包括任何专门适用于战时环境的条款。违反本条款的最高惩罚包括开除军籍、没收全部财产以及监禁 5 年。

八、其他潜在的战时犯罪

（一）兵变与煽动叛乱

《美国统一军事司法典》第 94 条所规定的兵变与煽动叛乱包括四个单独的犯罪行为，这四种行为都需要危及了已成立的军事或者是平民当局。兵变与煽动叛乱都不是必须发生在战时才能被处以死刑。兵变需要有篡夺或者推翻军事当局的企图，并可以通过制造暴力、骚乱或者拒绝遵守命令或履行职责来实施。制造暴力或骚乱可以是独自或者与他人共同实施，拒绝遵守命令或者履行职责需要两人或两人以上有抗拒合法的军事当局的共同意愿和目的。抗拒的形式可能是非暴力或非预谋的，并且可能仅是持续性地拒绝遵守命令或者履行职责。煽动叛乱是一种单独的犯罪行为，它需要两人或两个以上的人协商一致的行动，通过暴力或骚乱来抵抗平民当局。

未能阻止、镇压或者是报告兵变与煽动叛乱，并受《美国统一军事司法典》管辖的行为人也构成犯罪。没能阻止上述的行为需要兵变或者煽动叛乱发生时行为人在场，并且他们未能尽最大努力阻止并镇压暴乱。如果他们没有使用在当时情况下为平息骚乱所必需的武力，包括致命性武力，就是没有尽最大努力。根据《美国统一军事司法典》第94条，未能采取所有适当的手段来向上级报告有适当理由相信正在发生的兵变或煽动叛乱的犯罪行动是第四种犯罪。人们必须采取能够采取的最为快捷的手段报告该犯罪行为。行为人是否有理由相信这些行为正在发生，要以一个理智的人在相似的情况下作出的反应为标准来判断。

（二）下属强迫指挥官投降（见《美国统一军事司法典》第100条）

强迫指挥官投降或企图强迫投降，以及在没有适当授权的情况下向任何敌人投降可以被判处死刑（见《美国统一军事司法典》第100条）。强迫投降包括行为人试图并的确采取了行动，以强迫特定场所、船舶、航空器或者其他的军事组织的指挥官把他们移交给敌人或者放弃他们。企图强迫指挥官投降也包括相同的要素，除了行动必须仅是"显然试图"导致强迫投降或者放弃，公然行动必须不仅仅是准备。除了裁定犯罪时不需要目的一致外，这些犯罪行为与兵变相似。降旗投降要求被告未经授权作出向敌人投降的提议，或者对这样的提议负责。投降的提议可以任何形式作出，也不必要求传递给了敌人。向敌人派遣携带着投降提议的信使就足以构成犯罪，敌人并不一定要收到。

（三）不当使用暗号（见《美国统一军事司法典》第101条）

暗号是哨兵用来确认穿越己方战线者的身份的词语或程序；口令是核查暗号的词语，而且只提供给检查警卫的人员以及警卫的指挥官。《美国统一军事司法典》第101条规定了两项独立的犯罪：将口令或暗号泄露给无权了解的人，以及提供的口令或暗号与授权的口令或暗号不符。有权接受口令或暗号的人必须根据被告在一个特定时间行动时的特定环境和所依据的命令来确定。不论泄露时的意图或动机，行为人将自己承担透露这些程序或词语的风险。疏忽或者大意并不是该项犯罪的辩护理由。行为人不知道被告知口令或暗号的人无权知悉，也不能免除其法律责任。

（四）强制违反保护措施（见《美国统一军事司法典》第 102 条）

保护措施是由指挥官为保护敌方或中立方的人员、场所或财产而制定的详细警卫措施或下达的书面命令。设置保护措施的目的是以国家的荣誉保证相关人员或财产将受到美国部队的尊重。交战方通常不会使用保护措施保护自己的部队。保护措施通常不会通过布设岗哨或设置禁止入内的标识来实施，除非指挥官认为保护敌方或中立方人员或财产有必要采取上述措施。行为人知道或应当知道保护措施的存在，仍予以违反则构成本罪。任何侵犯保护措施的行为都会违反本条款的规定。

（五）帮助敌人（见《美国统一军事司法典》第 104 条）

根据本条款，有 5 种不同的行为应受到惩罚：帮助敌人、企图帮助敌军、窝藏或保护敌人、向敌人提供情报以及与敌人串通。尽管该条款没有禁止帮助战俘，但却禁止用武器、弹药、供给、金钱或者其他东西来帮助或企图帮助敌人。窝藏或者保护敌人需要行为人知道被帮助的人是敌人，并且在没有适当授权的情况下，保护敌人免受在战争中可能出现的伤害或者其他灾祸。保护可以任何形式提供。对敌人提供物质帮助以及故意欺骗本方人员构成违反该条款。行为人通过提供真实的信息或者暗示的真实信息向敌人提供情报。这是与敌人进行串通的严重形式，因为这一犯罪行为意味着被传递的信息可能对于对手具有潜在的价值。这一信息不必完全准确，信息的传递也不必直接由该行为人传递给敌人。但是，行为人必须实际知晓他们的行为。

这一条款下的最后一种犯罪行为是与敌军进行串通。不论意图何在，与敌人进行的未经授权的任何形式的沟通、通信或交流都是被禁止的。串通的内容或形式都无关紧要，只要行为人实际意识到他们正在与敌人进行沟通。这一犯罪行为的构成并不依赖于敌人对信息的使用或者敌人的回复；只要通信直接或间接地发出，就会构成犯罪既遂。本条款适用于所有人，不管他们是否受到军事法的管辖。中立国的公民、居住于被入侵或被占领领土的居民或前往上述领土访问者，都不能主张有关与敌人串通的战争习惯法的豁免。战俘也可能由于与敌人进行未授权的沟通而违反这一条款。

（六）间谍（见《美国统一军事司法典》第 106 条）

根据该条款，战时，行为人在人们致力于帮助美国所做的战争努力的地区潜伏、秘密地或以虚假的名义行动来获取信息，并旨在把所获信息传递给敌人，则构成犯罪。被告必须企图把信息传递给敌人，但并不需要他们实际上获得了信息或将其传递给了敌人。除非属于下列人员，任何人，军人或平民都有可能由于间谍行为而受到审判。

1. 在穿越己方战线后，没有进行伪装，公开执行任务的武装部队成员或平民；

2. 在已经返回敌方战线后被逮捕的间谍；

3. 没有以潜伏及秘密的方式，或以虚假的名义报告己方行动的居住于被占领区的行为人。但这样的个人可能犯有帮助敌人罪。

（七）哨兵的不当行为（见《美国统一军事司法典》第 113 条）

哨兵在哨位上被发现喝醉或睡着，或者在适当交接之前离岗都属于犯罪。若该犯罪行为发生于战时，哨兵可能被判处死刑。当一个人酒精中毒程度已经严重到"丧失理智以及无法完全发挥心理或生理功能"，这个人就是喝醉了。睡着的界定则要求哨兵的精神与身体状况受到的影响严重到无法完全发挥其功能，即使没有完全昏睡。哨兵的岗位即哨兵被要求履行职责的区域。短暂地离开这一区域并不会构成犯罪，除非脱离岗位阻碍了哨兵全面执行其任务。哨兵在被命令开始履行职责时，就是开始上岗，不需要正式的命令或仪式。例行或标准作业程序要求个人在特定时间上岗，这就足够了。这一术语同样适用于在要塞驻地、战地或战斗中所使用的潜听哨、观察哨、前方警戒哨和其他警戒设施。

（八）诈病（见《美国统一军事司法典》第 115 条）

士兵佯装生病、身体残疾或者是精神障碍，或者为了逃避职责故意自伤都构成诈病罪。本条款惩罚意图逃避工作者。伤害的严重性以及自伤的方法对于本罪的构成并不重要。

（九）哨兵的犯罪行为（见《美国统一军事司法典》第 134 条）

哨兵的行为一直都以高标准要求，在战时尤其如此。因此，对于哨兵来说，在值勤时游荡或者坐在岗位上，当这一行为对于良好的秩序与纪律有害或有损武装部队的声誉时，就构成了犯罪。无论是战时还是平时，这些行为都是犯罪行为。然而，在战时，该行为的最大处罚可能加重，直至开除军籍、罚没所有工资和津贴以及监禁 2 年。

（十）掉队（见《美国统一军事司法典》第 134 条）

在平时与作战期间，掉队适用于在伴随所在部队行军、机动或演习中走失、迷路或者与原单位分离的空军人员。掉队适用的具体情形必须涵盖特定的任务或机动行动。

九、部署成员被东道国起诉

空军的政策是，寻求根据外国法律受到刑事犯罪指控并受到外国羁押的人员获得释放。《空军指示》51-703 的"域外刑事管辖权"部分概述了美国空军人员被他国起诉时应满足的条件。

参考文献

1. Article Ⅱ, § 2, U. S. Constitution.

2. 10 U. S. C. § § 801, et seq. (UCMJ).

3. Manual for Courts-Martial (MCM), 2012.

4. Military Extraterritorial Jurisdiction Act of 2000, 18 U. S. C. § § 3261, et seq. (MEJA).

5. AFI 36-3204, Procedures for Applying As a Conscientious Objector, 15 July 1994.

6. AFI 38-101, Air Force Organization, 4 April 2006.

7. AFI 51-201, Administration of Military Justice, 6 June 2013.

8. AFI 51-202, Nonjudicial Punishment, 7 November 2003 incorporating Change 3, 11 August 2011.

9. AFI 51-604, Appointment to and Assumption of Command, 4 April 2006.

10. AFI 51-703, Foreign Criminal Jurisdiction, 6 May 1994.

11. DoDI 5525. 11, Criminal Jurisdiction Over Civilians Employed By or Accompanying the Armed Forces Outside the United States, Certain Service Members, and Former Service Members, 3 March 2005.

12. DoDI 3020. 41, Contractors Accompanying the Forces, 3 October 2005.

13. Secretary of Defense Memorandum, "UCMJ Jurisdiction Over DoD Civilian Employees, DoD Contractor Personnel, and Other Persons Serving With or Accompanying the Armed Forces Overseas During Declared War and in Contingency Operations," 10 March 2008.

14. Joint Publication 1, Doctrine for Joint Command and Control, 2 May 2007 incorporating Change 1, 20 March 2009.

第二十八章 | 航空航天事故调查

一、背景

空军人员进行的日常航空航天飞行活动本身十分危险。尽管在过去的几十年中，在将飞行事故降至最低方面已经取得了长足的进步，但空军在每年的训练与行动的事故中，仍然损失了许多航空器。军法官以及律师助理应当非常熟悉实施航空航天（航空器、导弹以及太空）事故调查时的法规指导以及监管程序。

《国防部指示》6055.07——《事故调查、报告与纪录保存》，规定了在国防部内进行事故调查的总体指导意见。《空军指示》91-204 号——《安全调查与报告》补充了国防部对于进行安全调查的指导意见，以及《空军指示》51-503——《航空航天事故调查》，补充了国防部关于事故调查的指导意见。

安全调查与事故调查是不同的、相互独立的调查。但是，安全调查结论中的某些特定事实信息与文件可能被用于事故调查。这两项调查都会发布关于事实、情况以及事故起因的最终报告。然而，安全报告中的特定部分是保密的，所以，相关部分不对公众发布。与此相反，事故报告是全文公开发布，并提供给在事故中受重伤或死亡人员的直系亲属。

二、最初灾难应对

根据《空军指示》10-2501——《空军应急管理项目的计划与行动》的规定，一旦发生航空航天事故（涉及航空器、无人机、遥控飞行器、导弹以及太空资产），距离事故发生地最近的美国军事设施或基地应该对事故作出迅速反应，并派遣指定的灾难响应部队（DRF）赶赴事故现场。灾难响应部队（DRF）包括危机行动小组（CAT）、指挥所（CP）、紧急通信中心（ECC）、紧急行动中心（EOC）、事故指挥官（IC）、急救人员、单位控制中心、应急支援小组（ESF）、专业团队、恢复行动负责人和高级军事代表。事故指挥官[1]在消防队长宣布现场安全之后，要负责控制事故现场。事故指挥官负责指挥事故现场的所有活动（安全、医疗、证据保全、后勤支援、运输、驻扎等）。急救人员立即会被部署到灾难现场，以提供初始指挥和控制，挽救生命并抑制和控制危险。负责处理事故的空军联队也会组成临时安全委员会（ISB）。

三、委员会的类型及目的

（一）临时安全委员会（ISB）

临时安全委员会的职责是在事故之后，立即在事故现场搜集以及保全易毁损的证据，对事故作出最初分类，组织对目击的关键证人的初步采访，对事故现场拍照。如有失事航空器残骸及遗体，应在其受到破坏之前，对其进行拍照。临时安全委员会还负责收集航空器的流体样品；回收飞行数据记录仪、驾驶舱话音记录仪以及机载的其他航空管制与雷达磁带；完成对事故航班机组成员的毒理测试；为常设安全调查委员会的到来做好准备。此外，临时安全委员会还负责搜集与事故航班相关的证据，比如飞行员的记录、航空器维修记录、天气简报等。

（二）安全调查委员会（SIB）

安全调查委员会的责任是判断事故的起因，从而采取预防措施防止事故的再次发生。安全调查委员会的报告应被用于事故预防，而不应被用于惩罚性的、纪律性的或者是惩戒性的行政措施，或被用于确定财产责任、裁定索赔，或者是支持民事诉讼。在许多情况下，安全调查委员会会为证人保密，以鼓励他们进行合作，在作出保密承诺后提供的证词是保密的。保密的证词不会被提供给事故调查委员会（AIB）。但是，安全调查委员会的确会向事故调查委员会提供每一位受访者的姓名以及联系方式。

（三）事故调查委员会（AIB）

事故调查委员会的责任是提交一个可以对公众发布的有关事故事实的报

---

[1]　空军事故管理系统将"现场指挥官"这一词语替换为"事故指挥官"，以便与国家事故管理系统和国家应对计划中的术语相一致。然而，"现场指挥官"这一词语有时仍然会出现在某些出版物中或被现场人员使用。

告，包括对事故原因分析的声明。事故调查报告可以被用来进行索赔、诉讼、启动惩戒程序与行政诉讼，以及其他的目的。

四、事故分类（根据《国防部指示》6055.07 的规定）

（一）A 级事故

导致死亡、永久性全身残疾、国防部航空器的毁损（不包括第 1、2 或 3 组无人飞机系统），以及政府及其他财产损失总额超过 200 万美元的所有国防部事故。

（二）B 级事故

导致永久性部分残疾、3 人以上住院，或者事故的损失总额超过 50 万美元，但不足 200 万美元的所有国防部事故。

（三）C 级事故

导致除事故出现当天外缺勤 1 天的受伤、导致缺勤的职业病，或者事故的损失总额超过 5 万美元，但不足 50 万美元的所有国防部事故。

五、调查要求

（一）安全调查

对每一类事故都会进行安全调查。除少数例外，应就 A 级事故和 B 级事故发布一项正式的、分成两部分的安全调查委员会报告。安全调查委员会的报告包括有关事实的信息以及保密的安全信息：在 A 级事故与 B 级事故中，报告的第一部分载明事实信息，第二部分是保密的安全信息。对于 C 级事故，通常提交一个既包含事实信息又包含保密的安全信息的消息报告。一般不对战损进行安全调查，但是当飞机由于敌方的直接行动被毁损时，需要对战损进行安全调查，例如一架未损坏的飞机完成战斗任务后返航，其在着陆时被摧毁不会被归类为战损，因此需要进行安全调查。此外，近来对《国防部指令》6055.07 和《空军指示》91-204 第 4.11.1 段的修订，要求在发生友军的误伤事故后进行安全调查。

（二）事故调查

在下列事故中需要设立事故调查委员会：A 级事故（但是如果损失仅限于政府财产，则可以放弃调查）。在《国防部指示》6055.07 要求进行法律调查但没有特别要求事故调查委员会的情况下，是否建立事故调查委员会是可以自行决定的（例如，可能引起公众、媒体或国会高度关注的事故；预计会引起诉讼的事故；预计会对个人采取纪律或不利的行政措施的事故）。指挥官有权为所有其他类别的事故设立事故调查委员会。但是，对于战斗损失不需要设立事故调查委员会。在调查结束时，将产生一份正式的事故调查报告，其中会详细介绍事故的相关事实，并确定事故的起因或主要促成因素。

六、航空事故的种类

（一）误伤事故

1. 定义。"误伤"的定义是美国或友军部队的授权成员、美国或友军官方政府雇员、美国国防部或友军承包商人员以及非政府组织或私人志愿组织，在伴随美国武装部队或与之一同作战时，被积极与敌方作战的美国或友军在行动中错误或意外杀死或伤害。这还包括仅导致美国或积极与敌方作战的友军的行动错误地或意外地毁损了美国或友军的军事财产的事件。（见《国防部指示》6055.07 术语汇编）

2. 调查的种类。除非另有协议或作战指挥官的指示，否则应当对遭受重大伤亡或损失的部队进行安全调查。（见《国防部指示》6055.07 附件 3）对于所有属于误伤的事故，作战指挥官均应开展法律调查（相当于事故调查委员会），以确定事件的事实并指导进一步的行动。

3. 适用规则。在与作战司令官进行协商与协调后，可以通过作战司令官下属的军种部队展开安全调查。安全调查必须根据军种的规则以及任何可适用的军种间的安排或协定进行。如果事故涉及其他友邦，相关的军种安全负责人应该咨询国防部副部长帮办（负责设施与环境事务）及作战司令官，以确定其他相关国家在调查中所发挥的作用。在只有其他友邦部队受损或受伤的情况下，由作战司令官决定由哪个军种开展安全调查。作战司令官在与相关下属军种部指挥官协商之后，确定应当遵循哪个军种的指导法律调查的规则。如果空军的法律法规在此适用，那么调查就不会以事故调查委员会的形式开展，而是适用《空军指示》51-503。

4. 战损。由敌军或者是敌对部队的直接行为所造成的人身伤害、死亡或者财产损失，并不是一项可报告的事故，也不会由安全调查委员会或事故调查委员会进行调查。

（二）涉及美军联合军种行动的事故

1. 适用指令。对于只涉及美军的多军种或联合行动事故，则根据 2001 年 5 月 24 日签署的《联合军种事故安全调查与报告的谅解备忘录》。陆军、海军、空军、海军陆战队以及海岸警卫队的安全主管都签署了这一项谅解备忘录（MOU）。

2. 联合军种参与。事故所涉及的军种安全主管将决定由谁召集开展安全调查（除非另有协定，由遭受最严重损失或与事故最直接相关的军种）。调查必须遵循召集机关的军种规则。所有相关的军种都在安全调查委员会中有自己的代表。尽管谅解备忘录没有涉及，但如果是由空军召集联合军种安全调查，仍然也会设立事故调查委员会，并会邀请事故所涉及的其他军种的代表参加。如果是由其他军种召集开展联合军种安全调查，空军将被要求派出代表参加其他军种的法律调查（根据《军队条令》15-6 的陆军附带调查以及根据军法署署长第 5800.7 命令进行的海军军法官调查）。

（三）涉及在北约管辖范围内的美军及北约资产的事故

1. 适用指令。对于涉及在北约管辖范围内的美国及其他北约国家的装备、设施或人员的航空航天事故，对这些事故的安全调查将根据北约标准化协定（STANAG）3102"公共地面/空域的飞行安全合作"，3318"飞行/事故调查的航空医学方面"，3531"涉及军用飞机和/或无人机的事故安全调查和报告"以及北约航空标准 85/02A 进行。根据北约标准化协定 3531 进行的调查是对任何后续的空军安全或事故调查的补充，并与其他调查分别进行。

2. 联合-国家参与。尽管发生国（事故发生地）对于调查发生于本国领土之上或上空的航空航天事故负有最终的责任，但当事故涉及两个或更多国家的资产时，调查工作一般被赋予行动国（拥有事故所涉及的航空航天资产的国家）的军事当局。安全调查委员会由各相关国家（事故发生地与行动国）的代表组成，相关国家构成安全调查委员会的核心。委员会在统一的协调小组的领导下工作。该小组由来自各相关国家的高级军官组成。安全调查委员会会发布一份安全调查报告（SIR）。该报告并不包括《空军指示》91-204 所界定的保密的安全信息。

3. 安全调查委员会与事故调查委员会的调查。一般来说，当事故涉及美国空军的资产时，安全调查委员会会在安全调查报告发布之后开展工作。如果该事故属于 A 级事故，则还会组成事故调查委员会。

（四）涉及在北约管辖范围之外的美军及北约资产的事故

1. 适用指令。应当依据指导航空航天资产所涉及或参加的军事演习或行动的、任何可适用的协定备忘录（MOA）或谅解备忘录的条款、条约条款或其他指令。

2. 联合军种参与。联系空军总部、作战和国际法指挥部（空军司令部/联合空中行动中心）、空军安全中心（AFSC）以及索赔与侵权诉讼司（空军法律行动局/联合航空指挥中心）以获得进一步的指导。

（五）涉及美国管辖范围之外的美国军用与民用航空器的事故

1. 适用规定。发生于美国管辖范围之外的空军与民用航空器之间的事故将根据《国际民航组织公约》附件 13 的规定进行调查。

2. 联合军种参与。联系空军司令部/联合空中行动中心、空军安全中心（AFSC）以及空军法律行动局/联合航空指挥中心（AFLOA/JACC）以获得进一步的指导。

（六）涉及美国管辖范围之内的美国军用与民用航空器的事故

1. 适用规定。美国国家运输安全委员会（NTSB）对发生于美国管辖范围内的美国军用以及民用航空器之间的事故调查负有主要责任。《空军指示》91-206（Ⅰ）——《参与军用或民用航空器事故调查》，规范了陆军、海军、空军、海岸警卫队以及国家运输安全委员会的关系。

2. 联合军种参与。美国国家运输安全委员会组织调查并任命主管调查员来领导该委员会的调查工作。美国国家运输安全委员会邀请事故涉及军种的代表作为调查的一方。在美国国家运输安全委员会进行调查的同时，安全调查委员会也会进行调查。但安全委员会的调查工作独立于美国国家运输安全委员会的调查。美国国家运输安全委员会在前往事发现场、获得证据、文件以及证词方面拥有优先权。根据事故的属性，安全调查委员会的召集机关决定是否成立事故调查委员会。

（七）仅涉及处于美国管辖范围内的外国航空航天资产的事故

1. 适用规定。应当依据指导美国境内外国军事行动的任何可适用的协定备忘录（MOA）或谅解备忘录的条款、条约条款或其他指令。联系空军总部空军司令部/联合空中行动中心以获得进一步的指导。

2. 联合军种参与。如果事故中仅涉及外国航天航空资产，外国军事当局应负责采取所有必要措施。然而当外国提出请求时，空军通常会派代表参加其调查委员会。空军安全中心也会对外国的调查进行协调并提供帮助。调查报告的英文译文会提供给美国东道国设施的安全办公室。若事故中也涉及美国空军的资产，如果在可适用的协定备忘录、谅解备忘录或指令中没有另行规定的话，空军安全中心可以决定空军参与外国调查的程度。

七、委员会召集权

（一）临时安全委员会

一般由对事发现场提供紧急支援的军事设施、基地或前方航空作战基地的空军联队长、大队长或高级指挥官召集临时安全委员会。

（二）安全调查

对事故负有责任的机构的一级司令部（MAJCOM）司令官负责进行安全调查。空军安全主管（AF/SE）可主持安全调查。对于飞行事故，责任通常由事故发生时负责航空器飞行的组织承担。非飞行事故的责任通常由拥有受损空军装备或受伤人员的组织承担。若事故涉及两个或更多一级司令部的资产，通常由在事故中遭受损失最大的司令部进行安全调查。对于空军后备役队司令部（AFRC）或空军国民警卫队（ANG）的事故，通常由负责接管的一级司令部进行安全调查。所有当值 A 级事故调查委员会的召集权属于一级司令部司令官（该项职权不可授权他人）。所有其他事故均可被授权给适当级别的司令部进行调查。

（三）事故调查

根据《空军指示》91-204，进行了或应当已经进行了前面的安全调查的同一一级司令部负责进行事故调查。包括空军后备队司令部以及空军国民警卫队的事故。所有当值 A 级事故调查委员会的召集权均属于一级司令部司令官，除非该权力被赋予了副司令。

八、委员会构成与资格

（一）临时安全委员会

临时安全委员会通常与常设安全调查委员会的构成相同。一般包括委员会主席、调查官、飞行人员、航空军医以及维护人员。他们的资格取决于对事故作出回应的基地人员是否拥有相应的人员。委员会主席将由东道国设施的《综合应急管理计划》（CEMP）决定，并且个人必须完成空军安全中心委员会的主席课程；调查官通常是空军联队的飞行安全员；飞行人员通常是中队的飞行安全员；航空军医以及维护人员通常来自于当地的空军联队或中队。

（二）安全调查委员会

对于仅因损失金额（200 万美元或更多）而被指定为 A 类事故的航空事故，安全调查委员会由委员会主席、调查员、一名主要成员和一名记录员组成。对于所有其他的 A 级事故，安全调查委员会也将由飞行人员、航空军医、维护人员和空军安全中心代表组成。如需要，可指定其他的技术顾问（比如来自航空器制造商的专家以及人为因素专家）加入调查委员会。委员会主席通常隶属于事故空军联队之外的部队，且毕业于空军安全中心委员会主席课程。若事故涉及人员死亡，则委员会主席必须是一名将官或候任将级军官。调查人员必须拥有在事故航空器方面的调查经验，并且也必须进修过飞行安全人员课程或者航空器事故调查课程。飞行人员必须是现役并且有资格参与事故航空器的调查。维护人员必须进修过航空器维修调查课程或者是喷气式飞机引擎事故调查课程，至少拥有在航空事故方面的 2 年的经验。医疗人员必须是航空军医或者航空医疗的合格人员。空军安全中心的代表必须有资格参与安全调查过程和程序。记录员通常是高级士官，并且是委员会的行政管理人员。

（三）事故调查委员会

负责 A 级事故的事故调查委员会的组成和资格要求通常与上述安全调查委员相同，仅存在一些例外情况：事故调查委员会中没有空军安全中心的代表或调查官员。作为替代，一名法律顾问会被任命为委员会成员。法律顾问通常是第二任期的尉级军官，并且是事故调查委员会法律顾问课程或者飞行事故调查课程（AAIC）的毕业生。如有必要，可以指派其他的技术顾问加入调查委员会。对于没有发生人员死亡的事故，事故调查委员会的主席通常是 O-6 或 O-5 级的军官。而对于出现人员死亡的事故，则一般要将级军官或候任将级军官担任事故调查委员会主席。根据《美国法典》第 10 编第 2255 节的规定，事故调查委员会的绝大多数成员必须来自事故中队以外，否则空军部部长必须将这一事件上报给国会。事故调查委员会的成员不能接触来自之前调查的安全调查委员会保密的安全信息，目前也不能正在担任专职的安全员。

九、调查的时间标准

事故调查委员会应该在事故发生后 30 日内完成调查工作。在收到安全调查委员会报告的第一部分和非保密证据后，事故调查委员会应该在 30 日内完成事故的调查工作。如果理由充分，经召集机关或经授权的一级司令部军法参谋的批准，每个委员会都可以延长调查时间。

十、东道设施的支持

东道设施（与事故发生地距离最近的空军设施）的指挥官或接受委派的人员将为安全调查委员会和事故调查委员提供内部行政与后勤支持。这通常包括提供办公地点；可以上网的计算机；使用计算机、打印机、复印机和传真机；办公用品；纸品和计算机 CD 或 VCD；电话服务；使用政府所有或租赁的车辆；使用视听设备和服务；转录设备。经安全调查委员会主席的批准并与其协调下，最近的东道设施可以将失事残骸移出事发地，并将该残骸存放于设施内的安全地点。东道设施的军法参谋将协助委员会安排采访文职雇员以及基地雇佣的外国人中的证人。

十一、资助调查委员会

（一）临时任务（TDY）旅行

每一司令部均应资助被任命为空军安全调查委员会成员的所属人员所进行的临时任务旅行。（见《空军指示》65-601 第 1 卷第 7 章和第 10 章）然而，召集机关司令部应资助空军事故调查委员会成员或被指定为安全调查委员会或事故调查委员会成员的来自其他军种的成员的临时任务旅行。对于联合军种委员会，各军种资助本军种人员。

（二）其他费用

召集机关资助安全调查委员会与事故调查委员会的下列费用：租赁车辆或特种装备、租赁通信工具、其他合同服务以及与失事残骸的移除与保存有关的费用。

（三）东道设施支持

即使东道设施并不隶属于召集机关的一级司令部，也负责资助（除住宿外) 所有的内部支持。内部支持包括上述项目以及复制和制图。

（四）清理与恢复费用

拥有失事航空器的一级司令部或空军国民警卫队司令部负责所有与清理坠毁现场与环境恢复有关的费用。

十二、展开调查

（一）总体指导原则

通常情况下，安全调查委员会地位优于事故调查委员会。尽管事故调查委员会一般与安全调查委员会同时被任命，或在安全调查委员会组成之后的几日内被任命，但直到安全调查委员会同意移交失事残骸、证据以及与事故有关的文件之后，事故调查委员会才能展开调查。必须格外注意防止事故调查委员会无意中获得安全调查委员会的保密的安全信息。这两个委员会之间的任何接触，应仅限于协调正在进行的调查的状况和向事故调查委员会提供证据和非保密文件（第一部分）等行政事务方面。

（二）临时安全调查

临时安全委员会在常设的安全调查委员会抵达后即停止其活动，并向安全调查委员会的调查人员移交相关信息与文件。

（三）安全调查

安全调查的进程可以在主观上被分成三个阶段。

第一阶段（第 1 日至第 10 日）主要集中在搜集证据，以确定发生了什么。

第二阶段（第 11 日至第 20 日）主要集中在分析所有证据，以确定为何发生。

第三阶段（第 21 日至第 30 日）主要集中在撰写安全调查委员会报告，准备向召集机关做简报，并起草最终信息报告。

每一阶段的活动不一定与其他阶段的活动截然分离与不同。相反，它们与其他阶段的活动经常是相互交错进行的。

在对残骸进行调查之后，各种关键部件通常要被运送到空军的仓库、实验室以及承包商的相关机构进行拆卸分析。维修、飞行以及训练记录都要进行检查以寻找任何误差。飞行数据记录仪、驾驶舱话音记录器、平视显示器（HUD）磁带、雷达以及空中交通管制磁带也要进行检查并将文字内容记录下来。根据调查情况，可以与证人约谈、组织飞行模拟以及创建动画模拟。同时也会进行燃料与用油分析，并审查医疗、毒理以及验尸报告。审核所有文件之后，安全调查委员会将进行详细的分析，以确定事故为何发生，梳理事故发生的因果关系，并给出建议。

在安全调查委员会的调查结束后，所有的非保密文件、报告、照片、证人的约谈记录以及证人名单都将被转交给事故调查委员会，供其使用，而不论安全调查委员会是否将这一程序包括在第一部分中。安全调查委员会可以自主决定是否提前提供相关文件与证人名单。保密的安全信息与文件不会被交给事故调查委员会或空军安全部门之外的任何当事一方。

（四）事故调查

尽管事故调查委员会与安全调查委员会同时组成，但除非其收到了来自安全调查委员会的第一部分的资料（非保密信息和文件）和证人名单，否则事故调查委员会通常不会开始调查工作。在收到第一部分资料之前，事故调查委员会会召集其内部机构并安排后勤和行政支持。在有人员死亡的情况下，根据召集机关的决定，事故调查委员会的主席必须在安全调查委员会小组到达事故现场之后的 48 小时内到达，搜集与搜救及调查进程相关的信息，以便尽早向事故受难者的近亲属提供一些初步的信息。在收到第一部分资料之后，事故调查委员会将展开为期 4 周的调查，与安全调查委员会的三个调查阶段相似，包括审查与分析第一部分材料，下令对部件进行另外的测试和分析，分别与证人进行谈话，起草包含分析事故原因的事故调查委员会报告。事故调查委员会报告一般不用提交给召集机关。

十三、询问证人与承包商作证

（一）对不同类型的证人的管理规则

军人以及国防部文职雇员可以被强制要求接受安全调查委员会与事故调查委员会的约谈。证人在约谈时可被要求携带相关文件。如果国防部的证人受到当地的谈判单位的保护，则联盟代表有权参加事故调查委员会的约谈，但无权参加安全调查委员会的约谈。国防部的外籍雇员是外国公民在接受事务调查委员会的约谈时也享有特定代表出席的特别权利，但在接受安全调查委员会的约谈时没有此项权力。依据劳动管理协定的规定，承包商证人在接受事故调查委员会的约谈时也享有特定的权利。平民个人证人不得被强制作证。

（二）安全调查

由安全调查委员会组织的约谈都是非正式的，也不用进行宣誓。在 A 级航空航天事故中，安全调查委员会主席可以向任何证人作出保密承诺，以便直接从证人处及时获取信息。如必要，也可对承包商证人作出保密承诺，以便获取所需要的信息或文件。所有作出保密承诺的证人约谈内容都是保密的，受到保护，不得公开。保密的证人约谈内容不得被用于任何针对个人的民事、刑事或其他不利的行政诉讼。

（三）事故调查

事故调查委员会组织的所有约谈，都必须进行宣誓，并不得对任何证人作出保密承诺。由于安全调查委员会在作出保密承诺情况下进行的证人约谈内容是保密的，因此如果事故调查委员会需要这些证人的证词，就必须重新对他们进行约谈。即使接受安全调查委员会约谈的证人在没有得到保密承诺的情况下提供了信息，事故调查委员会也必须要求该证人进行宣誓后提供证词。在约谈中，证人向事故调查委员会提供他们向安全调查委员会所提供的相同的信息。然而，事故调查委员会不能要求了解在安全调查委员会的约谈中被问的问题和作出的答复，证人也不得披露上述内容。在约谈前，必须小心向证人解释这些要求。无论何时，当证人是犯罪嫌疑人或成为嫌疑人时，他/她均必须被告知其根据《美国统一军事司法典》（UCMJ）第 31 条或《美国宪法第五修正案》所应享有的权利。

十四、驾驶舱语音记录

驾驶舱语音记录（CVR）的内容是事实，安全调查委员会和事故调查委员会会对录音内容进行常规审查。安全调查委员会将录音磁带内容记录下来，并将其作为委员会报告的第一部分。磁带以及磁带内容文本都会被转交给事故调查委员会，且事故调查委员会会将磁带文本纳入进其报告。除非根据《国防部第 5400.7/空军补充命令》的要求以及充分考虑到第三方隐私权的保护的情况，磁带本身不得公布于众。在安全调查委员会与事故调查委员会的调查结束之后，驾驶舱语音记录磁带的副本会被送交召集机关的军法参谋，军法参谋会将这些磁带的副本转交给位于新墨西哥州柯特兰空军基地的空军安全中心下面的事故分析与动画模拟室保存。

十五、军事安全秘密

根据军事安全特权之法律概念，安全调查委员会的调查人员受权向关键证人和承包商做出保密承诺，以鼓励他们与安全调查委员会进行坦率、公开、及时地沟通。承诺包括两方面：一方面，陈述或者信息不会泄露到国防部安全渠道以外，而且陈述或信息也不得被用于任何不利于证人的行政、民事或者刑事诉讼。另外，安全调查委员会成员及其顾问之间的内部讨论，他们的分析、结论、建议以及生命科学报告等均为军事安全秘密，不得对外发布。所有保密的安全材料都被包括在正式的安全调查委员会报告（通常是 A 级与 B 级事故）的第二部分，并不得提供给事故调查委员会。联邦法院强烈支持对军事安全秘密的保护，防止它们在民事调查中或者根据《信息自由法案》（FOIA）被泄露。［见 Machin v. Zuckert, 316 F. 2d 336（D. C. Cir. 1963）cert. denied, 375 U. S. 896（1963）；美利坚合众国诉威伯飞机公司，465U. S. 792（1984）］

对于不得泄露的保密安全信息，也有十分有限的例外。如果得到保密承诺的一名证人提供了虚假证词，或者一名证人或一方卷入了受到调查的不当行为或欺诈，而他/她保密的证词可以被用来调查并证实欺诈或不当行为。根据《詹克斯法案》或者"Brady 诉 Maryland 案"［373U. S. 83（1963）］，根据代表刑事诉讼中被告的法庭指令，秘密证词也可以依据一项保护令予以公开。然而，任何保密安全信息的发布都必须首先得到空军部部长在与其他军种及国防部进行协商后做的授权。

十六、起草报告

（一）安全调查委员会报告

正式的 A 级安全调查委员会报告分为两部分：第一部分（附签 A—S）是在调查期间搜集的所有非保密的、事实性的信息与文件，包括飞行记录、维修记录、训练记录、技术与工程评估、重量与平衡许可表（间隙样式）、空中交通管制记录文字稿、驾驶舱语音记录，以及受损情况陈述、图表和照片。第二部分（附签 T—Z）是保密的安全信息，包括对于事故过程的叙述说明；调查与分析；调查结果（事实认定、裁决）、起因以及建议；保密的证人陈述；保密的技术分析；生命科学报告以及安全调查委员会调查及会议记录。

除了正式的安全调查报告外，还要起草一个保密的最终文电报告，内容包括安全调查委员会作出的有关事故本身、调查结果（事实认定、裁决）、起因的保密分析和建议。C 等级事故通常仅以包括保密信息和非保密信息的文电形式报告。

（二）事故调查委员会报告

安全调查委员会报告的第一部分（附签 A—S）内容可以被全部纳入事故调查委员会的附签 A—S 中。余下附签包括宣誓的证人陈述、气象观测、附加的飞行与维修记录、伤亡情况说明、附加的照片和图表以及可适用的指令与规则的概要。要准备一页纸的执行摘要，摘要包括有关事实的简要概述，以及起因和/或实质性的促成因素的确定。之后是对事实的概括，这是对事件的整个过程——从任务的开始到最后的影响——的一个叙述性描述。然后是事故调查委员会主席的意见陈述，全面阐述他/她对事故的起因和/或实质性的促成因素的意见。

十七、对因果关系调查结果的确认及建议

（一）安全调查的调查结果

安全调查委员会的调查结果代表着安全调查委员会在对事故进行事实分析后，按照重要事件在事故过程中出现的顺序，对它们作出的结论。调查结果是基于证据的重要性，以及安全调查委员会成员的专业知识与良好的判断能力。但并非所有的调查结果都是有关因果关系的。揭示因果关系的调查结果是指单独或与其他原因共同导致损失或伤害的那些调查结果。没有有关确定因果关系调查结果的法律或法规标准。然而，在确定一个起因时，安全调查委员会必须运用一般理性人的观点进行判断。防止再次发生类似事故的建议也应被包括在安全调查委员会的报告中。

（二）事故调查的调查结果

意见陈述代表了事故调查委员会主席关于事故的一个或多个起因和/或实质性的促成因素的个人意见。对事故起因的确定必须依靠清晰且有说服力的证据，它们能够使事故的调查人员得出的结论不受到严重或实质性的质疑。由于得到证据的支持，从而显示该结论很可能是正确的。如果难以确定起因，那么事故调查委员会主席必须列明所有实质性的促成因素。事故调查委员会主席也可列出实质性的促成因素，作为事故一个或多个起因的补充。实质性

的促成因素必须具有优势证据的支持，换言之，必须得到更有分量的可信证据的支持。在事故调查委员会的报告中没有建议及不同意见。

十八、报告的处理与批准

（一）安全调查委员会的报告

安全调查委员会的报告一经完成，应当向召集机关（通常为一级司令部/作战司令）做简报。尽管安全调查委员会的调查结果无须经中间司令部的审核或向它们进行简报，但召集机关可以允许发生事故的航空队（NAF）指挥官（或者，如果是在空军国民警卫队发生事故的情况下，可以允许州国民警卫队指挥官或各自的空军国民警卫队指挥官）在向召集机关进行简报之前收到简要信息。空军国民警卫队的指挥官可以邀请发生事故的空军联队的指挥官作为观察员参加简报会。在向一级司令部/作战司令进行简报后，召集机关将会对书面报告进行批注，或指示安全调查委员会完成进一步的调查。此后，安全调查委员会会向世界范围内所有适当级别的指挥官发布一个安全调查委员会的最终文电信息，要求其在 45 日内对该报告作出评论。空军安全中心将会评估所有的意见或背书，并为安全中心主任起草《最后评估备忘录》（MOFE）。一旦安全中心主任发布了《最后评估备忘录》（MOFE），它将成为空军对于事故调查结果、起因以及建议的最终官方立场。所有经过安全中心主任批准的建议均将成为被指定给适当行动机构予以实施的定向行动。

（二）事故调查委员会的报告

事故调查委员会的报告一经完成，便会被提交给召集机关的军法参谋，后者会将报告交由召集机关的参谋人员进行审核与评议。所有的实质性评议均将被转给事故调查委员会主席，供其考虑。事故调查委员会主席可以选择继续进行调查，修改报告或不做改动。此后，召集机关的军法参谋会进行最后一次法律审核，以确保报告符合所有的法律法规要求，并向召集机关提出建议：批准当前撰写好的报告，批准但附加评注，或者将报告退回事故调查委员会从而采取进一步的行动。除非有特别要求，否则事故调查委员会不会亲自将报告呈送给召集机关。如果需要正式的简报，会首先为航空队指挥官做信息简报，他们会向召集机关提交书面评议意见。对事故调查委员会报告的批准并不意味着同意或不同意事故调查委员会主席的意见陈述。若情况允许，报告获得批准后可向事故受难者的近亲属、国会、媒体以及公众发布。

十九、报告的可公开性

（一）安全调查委员的报告

安全调查委员会的报告不得向国防部安全系统以外的人员发布。但是，如果根据《信息自由法案》要求公开报告内容的话，只有非保密部分（主要是第一部分）可以公开。

（二）事故调查委员会的报告

事故调查委员会的报告完全可以向公众发布。

二十、信息的早期发布

（一）例行发布

《美国法典》第10编第2254（b）节禁止负责或进行安全调查的官员或通过他们发布任何事故调查信息。在事故调查委员会完成调查之前，如有提供相关信息的请求，召集机关可以授权公开与事故有关的非保密的磁带、科学报告以及其他事实性信息，只要该公开不会影响正在进行的安全或法律调查或危害国家安全。与调查无关的信息（比如搜救、遗骸回收、救援行动）可由适当的司令部或公共事务办公室（PA）在任何时间公布。

（二）高度关注事故的发布

在高度关注事故（涉及死亡、严重人员伤害、严重的平民财产损失的事故，或者引起公众、媒体或国会关注的事故）中，在针对有关事故的调查现状或事实性信息的任何发布（而不是开始的公共事务办公室发布的信息），都要提前通知事故遇难者的近亲属或受重伤人员。此类发布的信息在通过由发生事故空军联队或设施指挥官任命的事故受难者家庭联络官向受难者的近亲属提供之前，必须经召集机关的公共事务办公室和军法参谋协调；经召集机关批准；并经过空军法律行动局/联合航空指挥中心（AFLOA/JACC）以及军法署署长、空军参谋长和空军部部长的审核。

二十一、事故调查委员会报告的分发

（一）向近亲属做简报

在所有涉及死亡以及严重人员伤害的事故中，事故调查委员会主席会就

调查结果亲自向受难者的近亲属做简报。受难者家庭会收到一份事故调查委员会报告副本。在有多人死亡或者涉及多方受伤的情况下，可能会指定更多的军官负责向事故受难者的近亲属做简报。应该在报告向公众发布之前，向事故受难者的近亲属进行简报。

（二）对公众发布

向事故受难者近亲属进行简报之后，抑或事故中没有造成死亡或人员伤害的情况下，经召集机关批准后，事故调查委员会报告可以通过新闻稿或正规的新闻发布会的形式向公众发布。在对公众发布之前，应当向相关的空军办公室（包括事故空军联队指挥官和中级指挥官）提供一份事实概要以及意见陈述的副本，以便进行内部审查。

二十二、调查后的事务

（一）旁证

在安全调查委员会和事故调查委员会的调查过程中搜集的、而未纳入事故调查委员会报告的所有非保密旁证均应提交给召集机关的军法参谋，与最原始的事故调查委员会报告一并保存。驾驶舱语音记录磁带应该被放在空军安全中心/SEFE保存。事故调查委员会报告与旁证在军法参谋的办公室保存3年。3年后，除非由于有正在进行的索赔或诉讼，否则除空军法律行动局/联合航空指挥中心（AFLOA/JACC）另有指示外，原始的事故调查委员会报告会被送至国家档案中心再保存22年，之后将被销毁。所有作为旁证的原始记录（比如医疗、人员、维修记录等）都会被送回原单位的保管办公室进行适当的处理。其他文件则在适当的场所被销毁。

（二）残骸处理

由事故调查委员会调查的A级事故中的失事残骸必须保存在东道设施中直到从合法留置中被释放为止。空军法律行动局/联合航空指挥中心（AFLOA/JACC）通常拥有失事残骸的释放权。一旦事故调查委员会报告的精简版被批准，召集机关的军法参谋也可以释放失事残骸。当召集机关的军法参谋释放失事残骸时，必须以书面形式通知空军法律行动局/联合航空指挥中心（AFLOA/JACC）。由于失事残骸是后续的任何索赔或民事诉讼中的潜在证据，因此空军法律行动局/联合航空指挥中心（AFLOA/JACC）对是否释放失事残骸必须依个案情况进行判断。涉及受到事故调查委员会调查的A级事故中的航空器在修理之前，必须得到释放的批准。《空军指示》51-503 载明了释放失事残骸的程序。

参考文献

1. Convention on International Civil Aviation, 7 December 1944, 61 Stat. 1180, T. I. A. S. 1591, 15 U. N. T. S. 295 (entry in force 4 April 1947, for U. S. same date).

2. NATO Standardization Agreement (STANAG) 3102, Flight Safety Cooperationin Common Ground/Air Space, 27 March 2007.

3. NATO Standardization Agreement (STANAG) 3531, Safety Investigation and Reporting of Accidents/Incidents Involving Military Aircraft and/or UAVs, 28 March 2007.

4. NATO Air Standard 85/02A, Investigation of Aircraft/Missile Accidents/Incidents, 20 February 2004.

5. U. S. Constitution, Amendment V.

6. Uniform Code of Military Justice (UCMJ), 10 U. S. C. Chapter 47.

7. Jencks Act, 18 U. S. C. 3500.

8. 10 U. S. C. § 2254, Treatment of Reports of Aircraft Accident Investigations, 17 October 1998.

9. 10 U. S. C. § 2255, Aircraft Accident Investigation Boards: Composition Requirements, 23 September 1996.

10. DoDI 6055. 07, Mishap Notification, Investigation, Reporting, and Record Keeping, 6 June 2011.

11. Joint Service Memorandum of Understanding for Investigations, 10 April 2006.

12. AFI 10-2501_ AFGM3, Air Force Emergency Management Program Planning and Operations, Incorporating Change 3 (29 April 2003), Corrective Actions Applied (10 May 2013).

13. AFI 91-204, Safety Investigations and Reports, 24 September 2008.

14. AFI 51-503, Aerospace Accident Investigations, 26 May 2010.

15. AFI 65-601, Budget Guidance and Procedures, 16 August 2012.

16. AFI 91-206 (I), Participation in a Military or Civil Aircraft Accident Safety Investigation, 8 July 2004.

17. Machin v. Zuckert, 316 F. 2d 336 (D. C. Cir. , 1963), cert. denied, 375 U. S. 896 (1963).

18. United States v. Weber Aircraft Corporation, 465 U. S. 792 (1984).

19. Brady v. Maryland, 373 U. S. 83 (1963).

第二十九章 | 法律准备

一、背景

空军军法官的使命是："为指挥部和战斗员提供专业的、公正的、独立的咨询和使其具备全频谱的法律能力。"军法官任务的一个核心要素是确保空军人员的战备状态，并具有能够支持军事行动的法律能力。这部分得通过使所有空军人员做好法律准备来实现。

为了解人们期待军法官所提供的服务，则必须理解"法律准备"这一术语。"法律准备"是空军成员在个人及任务能力方面做好部署准备的程度。

个人：在个人层面上，法律准备涉及在部署前准备和部署中可能出现的个人法律问题的认识，以及对任何不利影响的可供使用的补救措施。如不动产租赁面临的挑战、家庭法律义务、财产规划（遗产计划）、对后备役人员在地方就业的影响。

任务：在任务层面上，法律准备包括个人、组织应对的任务环境中的军事–法律事务的能力。如理解并有效适用国内法和国际法、条约和国际公约、武装冲突法和其他行动法，以及部队地位协定（包括外国刑事管辖）的能力。

法律准备来源于法律专业人士提供的全方位的服务。它涵盖提供给空军成员及其家属的法律援助和提供给各级军事决策者的法律咨询。

二、法律准备计划和责任

为了使所支持的群体做好法律准备，任职的军法参谋（SJA）应制定和实施一个《法律准备计划》，对可提供的法律服务进行调整，以满足被支持群体的要求和《空军指示》10-403——"部署计划和执行"、51-504——"法律援助、公正和预防法计划"以及51-108——"行动法和行动法律支持"的要

422

求。任职的军法参谋应任命一名法律准备军官来负责该计划的实施。

（一）法律准备客户

所有现役军人、预备役和警卫队的成员都是法律准备的潜在受众。话虽如此，但每个基地的法律准备项目的重点仍然是隶属该基地的下属单位。

为了确保每位飞行员的个人民事法律事务正常进行，以便成员能够放心部署，军法参谋和战备人员必须确保全面而稳健的战备程序。一项强有力的计划将包括采取积极主动的预防性法律简报方法，并且应将重点放在部署节奏快的单位上。

每位成员都应与法律办公室的有资质的成员进行一对一的联系，以解决财产规划、医疗法律文件、未决诉讼以及任何其他可能受成员部署影响的法律问题。为此，准备人员在制定准备程序时应与基地部署人员紧密合作。准备工作人员至少应确保基地的部署清单中包括法律准备情况简介，这是一项强制性要求。

尽管理想的设想是与每位部署的成员进行一对一的联系，但这不是必需的。小组简报会提供所需的单人联系机会，并为法务人员和部署人员之间的交流提供了平台。相比之下，在指挥官通话期间对大型团体进行的大规模简报不会提供足够的互动，甚至可能会阻止成员提出在部署之前应解决的相关问题。法律人员应准备与遇到具体问题的成员分别会面。

（二）人员部署小组（PDF）

除了确定法律准备的客户，军法官向在《空军指示》10-403 第 1.5.20 段落中列明的指挥官和其他部署人员提供法律服务。管理法律准备计划的军官应指派法律代表担任人员部署小组的成员（人员部署小组——亦称，人员调动线）。人员部署小组是由基地部署官员建立，向被选拔在应急、战时、演习和紧急行动中部署的个人提供法律服务。

人员调动线。军法官必须接受适当的训练并拥有支持部署所需的装备，要么作为人员部署小组的一部分，要么支援那些求助于设施法律办公室的人员。每个被指定支持人员部署小组的法律代表均必须对人员部署小组的总体意图非常熟悉，并确保法律服务站正确地储备了补给和参考材料。法律服务站应准备空白的委托书表格、空白遗嘱表格（如果州法律允许的话）、公证人记录、公证人盖章和印戳、电脑（具有委托授权书、遗嘱和 CD 光驱）、打印机或者本地网络连接。军法官必须尽可能多地学习关于部署地点的信息，以确认需要哪些法律服务，并且必须就下列法律问题向被部署人员提供帮助或向指挥官提出建议：

1. 陪审团的责任（《空军指示》51-301）；

2. 出于良心拒绝服兵役者（《空军指示》36-3204）；

3. 拒绝医疗需求（例如，炭疽，DNA 样本）；

4. 民事法庭诉讼（例如，离婚，收养，民事诉讼的继续）；

5. 犯罪行为（如连续违反交通规则）；

6. 部队质量管理行动（例如，控制名册，不利的信息档案，非军法性惩处）；

7. 谈判国际协定的授权（例如，谁可以使美国受协定约束?）；

8. 缔约机构（例如，谁可以使美国承担义务?）；

9. 部署的军事司法（例如，一号通令，联合司法）；

10. 索赔问题（例如，在部署位置"合理"的个人财产的限制是什么?）。

人员调动线的人员配置。人员部署小组的法定代表人可以是军法官或待命律师助理。军法官必须认识到，人员调动线不是作出关于遗嘱、监护人以及其他的个人问题的明智的适当选择的最佳环境。因此，如果可行，军法官应该在人员部署小组的人员配置之前向他们的客户提供服务。在机动处理区域提供的法律服务应该保留给紧急情况。

应当与个人就在部署期间可能对其产生影响的有关委托授权书、遗嘱以及其他事项进行协商。应确定一个方法，将机动处理线准备的文件交予适当的个人。应准备充足的设施，以随时解决有关隐私和保密的问题。如果被部署的人员存在可能受到部署影响或由于部署而恶化的法律问题，法律代表应该将此事项通知人员部署小组的负责人（OIC）。然后，负责人将通知成员所在单位任何需要在成员不在场的情况下需要采取后续行动的问题［例如，《军人民事救济法案》（SCRA）的问题］。法律服务应该提供文件证明，以便对与部署前准备措施相关的，在人员调动线上提供的服务的性质和范围趋势进行分析。

三、个人准备

作为法律准备计划的一部分，法律办公室应当积极开展预防性法律计划，就在部署期间可能面对的法律问题对空军人员及其家属进行教育。如果有效，该方案应强调潜在的陷阱，并指导空军人员采取适当的行动，以使自己免除这类担忧。可能被包括的潜在的问题有，但不限于以下内容：

1. 获得法律援助服务的资格；

2. 法律援助的程序、时间、联系方式和范围；

3. 军人团体人寿保险（SGLI）；

4. （军人）家属照顾计划；

5. 遗嘱；

6. 委托授权书；

7. 有关部署期间个人财产的遗失、损坏或毁坏，或盗窃的索赔信息；

8. 《军人民事救济法案》（SCRA）（尤其针对部署的后备役人员）；

9. 《服兵役人员工作就业和再就业权利法案》（USERRA）（尤其针对部署的后备役人员）；

10. 消费者保护法的问题。

其他应予适当考虑的问题在本指南中的法律援助章节作出规定。

四、任务准备

法律准备计划中的任务准备，要求军法官能够向即将部署的空军士兵和指挥官就他们将要采取行动的军事——法律环境提供咨询。这包括限制或允许相关活动的各种可适用的法律（包括国内法和国际法）、政策和其他指导原则。

特别地，军法官应准备提供如下简报：

1. 《武装冲突法》（LOAC）；

2. 交战规则（ROE）；

3. 使用武力规则（RUF）；

4. 适用的部队地位协定（SOFA）；

5. 地区或国家的法律研究；

6. 指挥和控制关系；

7. 与部署地点相关的其他事项。

需要注意的是，有些信息属于机密（比如，具体战区的交战规则，一些部队地位协定），需要考虑进行特殊处理和存储。

此外，军法官必须认识到个人的训练要求属于法律准备的任务准备范围之内。最重要的是复习《武装冲突法》训练的要求和《空军指示》51-401 提出的报告要求。另外，根据成员正在部署的地点，还可能存在其他要求。

参考文献

1. JP 1-04, Legal Support to Military Operations, 17 August 2011.

2. AFDD 1-04, Legal Support to Operations, 30 January 2012.

3. AFI 10-403, Deployment Planning and Execution, 13 January 2008.

4. AFI 10-402, Volume 1, Mobilization Planning and Personnel Readiness, 9 August 2007.

5. AFI 51-401, Training and Reporting to Ensure Compliance with the Law of Armed Conflict, 11 August 2011.

6. AFI 51-108, Operations Law and Legal Support to Operations, 9 July 2013.

第三十章 | 财政部署法和应急预案合同的签订

一、背景

没有多少法律问题比签订合同以及财政法更能直接影响作战任务。空军人员需要适当的训练、装备、生活和工作设施、膳食以及行动领域之间的交通往返。签订合同和财政法在规范空军如何获得这些物资或服务以完成任务，以及行动最终的成败方面发挥着实质性的作用。

合同和财政法不仅适用于美国军队的训练和装备。在紧急情况下，盟国也经常要求美军提供补给和服务。指挥官希望帮助联盟伙伴完成他们的任务，以便支援美军，这包括提供联盟部队所需的补给和服务。军法官所发挥的一个关键作用就在于驾驭复杂的法律法规问题，为指挥官提供备选方案，以便完成任务，同时遵守法律，并确定获得必需补给的合法途径，和使用恰当类型的资金。

基于该领域法律问题的复杂性，如今在部署地区的军法官必须具备合同和财政法的基本知识。在执行任务时，指挥官需要修建设施、购买补给，并为服务付费。被部署的指挥官可能仅具有处理可适用的规则与规章的有限背景。因此，他们通常注重结果，而不是细节，例如用"哪笔钱"。此外，在许多部署地区，空军人员或士官担任得到授权的签订合同官，但他们仅有很少或根本没有财务的经验，并且只大致了解合同如何付款。花时间向这些客户解释合同和财政法将帮助他们更好地理解相关的原则，并更好地说明军法官并不是完成任务的障碍，而是帮助他们在法律范围内更好地完成任务。

若部署前有机会的话，军法官应该与行动计划制定者沟通，以确定预期进行活动的种类。如果部队将派遣一支先遣队或调查组，军法官应该努力参与其中。如不可能，应确保小组得到有关法律允许的补给采购的简报。军法官应该了解部署中的应急预案签订合同官（CCO）、财务管理官（FM），以及土木工程人员，因为这些办事机构将与军法官反复交流。在财政和签订合同事宜上，建议军法官保留好记录，以便向审核机关或审计师说明为什么采取这一行动，以及采取该行动所依据的法律授权。在许多情况下，最好的文件是法律审查意见书。军方如何支出国会的拨款总是引起争议的问题。军法官的基本职责是确保资金的支出理由充分，得到恰当的记录，使之能够经得起国会或其他机构的审查。

本章只涉及财政和合同问题中的表面问题。对军法官来说，不幸的是财政法有时包含模棱两可的语言，从而导致不同的解读。深入的研究，以及在许多情况下，监察军法官或者上级机关提出的建议对于确定合适的解决方案是必不可少的。

正如本章所描述，大多数的财政法仅适用于"拨款"。国会通过《拨款法案》向国防部拨款。拨款是一项"由于特定目的而产生义务并由财政部支付费用"的法定授权。[见《联邦预算程序专业术语表》，第16页，总审计局/《空军任务指示》2.1.1（1993年1月）] 非财政拨款经费（NAF）是指通过其他方式合法获得的资金。非财政拨款经费（NAF）包括如保龄球馆或其他士气、福利和娱乐设施等可以盈利的实体。

二、财政法

（一）宪法上的财政法控制

财政法基于《美国宪法》第1条第9款第7项："除了依照法律的规定拨款之外，不得自国库中提出任何款项……"宪法明确无误地要求由国库支出前必须获得国会的肯定性授权。正如最高法院所指出的，基本的财政法规则是"只有得到国会授权，才可以支出公共资金。而不是只要国会不禁止，即可支出公共资金"。[美国诉MacCollom案，426 U. S. 317（1976）] 但是，这一规则可能被指挥官们误解为："如果没有专门禁止就能做。"

（二）国会的财政法控制

国会对于行政机构如何花费国会拨付的钱有权保持控制。因此，除了在"MacCollom案"中的宪法授权外，拨款的支出还受法规的制约。例如《美国法典》第31编第1301（a）节规定："除法律另有规定，拨款应仅限用于拨款对象上。"将拨款用于预计使用目的之外的其他地方是一种违法行为，通常被称为违反《反短缺法案》(Anti-Deficiency Act)行为。

国会对国防部有关拨款的义务与支出的"三大"财政法限制被称为"目的、时间、数量"规则(PTA)。总的说，资金只能被用于正确的目的(P)，在合适的时间(T)，而且不得超过现有的金额(A)。

（三）目的

"除法律另有规定，拨款仅限用于拨付对象。"［见《美国法典》第 31 编第 1301（a）节］在《拨款法案》中，国会根据不同的条款，为了不同目的，向各军种部门提供资金。每一项不同的条款均可被称为"一笔"钱。这些大笔款项中的一些根据国会的要求是专项款。如何使用这些款项的要求要么直接由《拨款法案》规定，要么由附加立法规定。许多大笔款项都是由国会拨付的。然而，在紧急部署中，可能引起争议的典型类型的款项包括：①行动和维护；②建设；③其他采购。

（四）行动和维护（O&M）

"行动和维护"费是使用宽泛的法律用语的最佳例证。为国防部部门划拨行动与维护费的类型语言包括："如无另行规定，用于空军的行动和维护所需的开支……"行动和维护费是军事行动中使用资金的主要来源。行动和维护费是为了支付军事行动"必需和专项"的日常开支。因此，拨款为实现国防部及其部门的目标提供了极大的灵活性。由于在行动和维护费及其他大笔款项的拨款立法中使用了宽泛的语言，总审计局（GAO）为军法官判断一项提议的开支是否出自正确的一笔钱（出于正确的目的）提出了有帮助性的指导意见。总审计局（GAO）制定了三管齐下的测试方法，通常被称为"必要支出"原则［63 Comp. Gen. 422，427~428（1984）］。

1. 开支不得另行规定，也就是说，它不能属于其他一些拨款的范围；

2. 开支不能是法律禁止的；

3. 开支必须与拨款的目的"合理地相关"。

三、建设

军事建设资金筹集为部署的军法官带来了许多问题，主要是因为建设项目根据项目范围使用不同的资金来源。

在判断项目是否达到资金门槛时，仅需考虑"资金"成本。资金成本包括诸如材料、用品、服务、已安装的设备、运输、差旅和部队的每日津贴、设备使用成本和场地准备等费用。未筹集资金的费用单独计算，不计入筹资门槛；其中包括军事人员的工资和津贴、设备折旧以及一些计划和设计成本。

以下信息将说明资金门槛以及部署情况中出现的一些常见问题。

（一）特定军事建设（MILCON）

国防部部长（SECDEF）和军种部长可以实施由法律特定授权的军事建设项目。（见《美国法典》第10编第2802节）特定军事建设资金是由国会通过年度《军事建设授权法》或《国防授权法》特别授权的。《军事建设授权法》所附的会议报告规定了根据项目逐条列记拨款授权。

通常，对于特定军事建设资金军法官很少遇到问题，因为这些项目是提前几年计划的，无论该建设项目是否是由国会特别授权的。如果一个项目并非特别授权的，那么军法官和指挥官可以考虑使用非特定的小型军事建设或其他授权作为替代方案。

（二）非特定小型军事建设（UMMC）

与特定军事建设资金不同，非特定小型军事建设资金并不明确告诉指挥官什么样的单个建设项目可以得到资助。非特定小型军事建设资金的优势是指挥官在资助建设项目时不用得到国会的特别批准，也不用经历繁琐的提前计划的预算过程。非特定小型军事建设资金允许军事指挥官迅速批准那些完成任务所需的、计划外的小型建设项目。

一般来说，所有超过200万美元的项目都必须使用国会划拨的特定军事建设资金。对低于200万美元的项目，指挥官可以使用非特定小型军事建设资金。（见《美国法典》第10编第2805节）经授权的非特定小型军事建设资金有两种：非特定军事建设以及行动与维护。

（三）使用非特定军事建设（MILCON）资金［见《美国法典》第10编第2805（A）节］

每一军种都有年度的军事建设资金用于非特定军事建设项目。国会将"非特定小型建设资金"作为军事建设拨款的一部分，与特定建设资金一起一次性拨付给各军种。在一次性拨付的军事建设拨款中，《军事建设拨款法案》所附的会议报告确定可被用于非特定小型建设的数额。

每个项目的"批准成本"应等于或低于200万美元。但是，对于"唯一目的是纠正威胁到生命、健康或安全的缺陷"的工程，项目的最高成本可增至300万美元。［见《美国法典》第10编第2805（a）（1）节］

军事建设资金被用于建设持久的改进和以供未来的行动使用的建筑（例如，突击陆带、公路、机库和营房）。

（四）使用行动与维护（O&M）资金［见《美国法典》第 10 编第 2805 （c）节］

如上所述，"必要支出"原则根据成文法，明确禁止使用"属于其他拨款范围"的资金。这一禁止的明显例证是使用行动与维护资金进行建设。但是，美国国会明确规定了该规则的一个例外。《美国法典》第 10 编第 2805 （c）节允许将行动与维护资金用于不超过 75 万美元的小型建设项目。

（五）项目拆分或"增量"——军法官的一道难题

使用行动与维护资金进行军事建设项目中最显著和最常见的问题是"项目拆分"。一个项目拆分的分析非常复杂且令人困惑。要开始分析，军法官应该首先理解分析建设筹资中使用的基本概念与定义。如果使用行动与维护资金，那么每个单独的军事建设项目花费必须低于法定门槛 75 万美元。

1. 军事建设

正如在《美国法典》第 10 编第 2801 （a）节中所使用的"军事建设"一词一样，包括任何"有关军事设施的任何形式的建设、开发、转化，或扩展，无论是为了满足临时或永久性的需求"。

《美国法典》第 10 编 2801 （b）节对军事建设"项目"进行了界定。这一术语包括"对于建造一个完整的和实用的设施或对现有设施进行完整的和实用的改善所必需的所有军事建设工程……"根据《美国法典》第 10 编第 2801 （C）（1）节将"设施"界定为"一个建筑物、构筑物或者对不动产的其他改进"。陆军对于设施的定义是"对于支援陆军行动或任务所需要的，任何土地、构筑物的附加物，或构筑物综合体，再加上辅助道路和相关设施的改进"。［见《陆军手册》420-1-2：《专业术语表》；另见《国防部财务管理规章》（FMR），国防部 Reg. 7000. 14-R 第 3 卷第 17 章第 170102. L （4）段——《军事建设项目的范围》］

军事设施是指在某一军种部长管辖下的基地、营地、哨所、驻地、船坞、中心，或其他活动场所，如果是在外国，则指在某一军种部长或国防部部长的行动控制下的活动场所。此外，空军的定义极为宽泛。《空军指示》32-1032：《拨款维护、修理和建设项目的规划与设计》规定了详尽的标准，以确定预期的工程是否必须视为建筑项目。（见《非特定的小型军事建设》4. 1. 2. 2 和第

5章）由于空军的宽泛解释，当对一项工程是否应被视为建设项目存在实质性疑问时，不能过于保守，应把该项工程视为建设项目。在某一工程被确认为建筑项目后，就必须确定建设项目的"范围"。

2. 维护和修理

维护（防止损坏的重复性工作）和修理（恢复以用于指定目的）不被认为是建设。任何可以合法地归类为维护或修理的工程，其成本在确定某一项目是否低于法定门槛时就不应加入总的成本之中。使用行动与维护费支付维护和修理费一直是合适的。此外，这些费用可从任何相关军事建设费用中"分摊"。［想了解目前美国国防部的指导原则，见《国防副部长（审计长）备忘录》，《修理与维护的定义》，1997年7月2日和《空军指示》第32-1032号第4章。］

如上所述，严禁项目拆分或"增量"。建设项目不能被分割为增量，以避开法定的75万美元的门槛，规避必要的审批授权、报告要求或规划政策。（见《空军指示》32-1021第4.2段）在判断两个项目是否被不当"拆分"时，军法官应进行两个步骤的分析以判断是否所有的建设工程为了构建一个"完整且实用的设施"或"对一个现有设施的一个完整且实用的改善"所必需的。

第一步：建设工程与其职能是"密切相关"的吗？

对此类分析而言，关键在于该设施要求须得到充分的阐述。一个建设项目与其功能是"密切相关"，要使其成为一个"完整和实用的设施"，一个简单的例子是建筑物及其停车场。规划师不应将其视为出于筹资目的的两个单独的项目。该建筑需要停车场，才能变得"完整和实用。"

分析可以变得更加复杂。如果正在盖一幢维修大楼，那么正在邻近兴建的车库或车辆维修车间是否应该被包括在同一"军事建设项目"？如果是，那么维修大楼、车库和车间应被合起来确定整个建筑成本。然而，维修大楼、车库、车间也可以被认为是分别"完整和实用的"。

第二步：建设项目是否与政府总体要求"密切相关"？

这一步分析可能更加复杂和令人糊涂。政府问责局（GAO）提供了有关项目拆分方面的意见。根据政府问责局（GAO）的意见，项目拆分分析并不是在一个机构确定两个项目不是在功能上"密切相关的"，换言之，是完整且实用的独立设施之后，就算完成了。

根据"The Hon. Michael B. Donley，B-234326，1991 U. S. Comp. Gen. LEXIS 1564，（1991 年 12 月 24 日）"（以下简称"Donley 案"）意见，国会要求政府问责局（GAO）调查空军通过两个不同的合同购买 12 个拖车式活动房屋是否是项目拆分。在那个案件中，政府问责局（GAO）明确指出，项目拆分案件中的关键因素是确定单个建筑物、构筑物或其他改善能否"满足证明执行建设项目合理正当的需求"。因此，确定设施是否与其职能"密切相关"，是判断一个单一的军事建设项目范围的第一步。

"Donley 案"中，政府总的需求是 12 个拖车式活动房屋。空军通过两个单独的合同购买了 12 个拖车式活动房屋。如果加在一起，这两项合同的总成本会高于当时的法定门槛。而分开，成本则低于法定门槛。在评估采办时，政府问责局（GAO）发现第一份合同购买的 7 个拖车式活动房屋与第二份合同中的 5 个拖车式活动房屋是"密切相关"的。政府问责局（GAO）提出的关键问题是：采办时机构的什么要求"证明执行建设项目的正当性"？这是在界定"完整且实用的"设施时必须审视的第二个问题。

政府问责局（GAO）阐述了第二步，根据项目拆分分析的第一步，承认每个单独的拖车式活动房屋都是"完整和实用的"。政府问责局（GAO）不仅查看了每个单独的拖车式活动房屋是否是完整和实用的，还审查了所有这些拖车式活动房屋采购的目的。在该案件中，空军最终要求的是购买能供 48 人居住的 12 个拖车式活动房屋。这一要求是政府问责局（GAO）在确定"设施"范围的一部分。政府问责局（GAO）在向国会汇报空军不恰当地将这一军事建设项目拆分为两个合同时分析道："在这一案件中，将每一个拖车式活动房屋视为'完整和实用的设施'忽略了空军签署合同所要满足的需要。"

政府问责局（GAO）在涉及美国陆军的案件中得出了类似的结论。在"Hon. Bill Alexander，B-213137，63 Comp. Gen. 422（1984 年 6 月 22 日）"案中，政府问责局（GAO）审查了陆军在洪都拉斯修建一个机场的工程。在确定一项"完整且实用的设施"时，政府问责局（GAO）将注意力集中在"证明执行建设项目的正当性"这一最终需求上，而不是评估陆军修建的每个建筑。在将需求作为一个整体进行评估时，政府问责局（GAO）的结论是："我们注意到，陆军修建的不同设施，如跑道、指挥控制塔、机库等，构成了一个单一的项目，以便形成一个完整实用的新机场。"政府问责局（GAO）得出的结论是，尽管单独建筑可能是完整且实用的，但根据《美国法典》第 10 编第 2801（b）节所规定之含义，对一个完整且实用设施的确定需要进行更为宽泛的分析。这一分析包括该机构在修建建筑时的意图以及建设工程旨在满足的最终需求。另外，在"B-159451（1969 年 9 月 3 日）"一案中，政府问责局（GAO）认为在越南芽庄大饭店进行的一系列不同建筑的修建与翻新，构成了完整且实用的野战部队一号总部，是一个单独工程。因此，当修建多个相互关联的建筑物、构筑物或其他改善部分以满足一个单一的"完整且实用"设施的需要时，它们通常构成一个建设项目。

（六）其他军事建设筹资来源

除了两个主要建设资金授权（特定的和非特定的军事建筑）之外，在部署地区对建设项目提出咨询意见时，还有其他一些重要资金授权值得注意。

1. 紧急建设。（见《美国法典》第 10 编第 2803 节）如果一个建设项目对于国家安全，或对于保护健康、安全或环境至关重要，而且情况十分紧急，不能等待下一个《军事建设授权法案》的通过，且没有其他授权，军种部长可以使用未指定用途的军事建设资金来修建该项目。不过，这需要通知国会并经过 21 日的等候期（如果以电子方式进行通知，等待期为 7 日）。（见《空军指示》65-601 第 1 卷 9.12.3 段；另见国防部 Reg.7000.14-R 第 3 卷第 7 章和第 17 章。）

2. 应急建设。（见《美国法典》第 10 编第 2804 节）当等待下一个《军事建设授权法案》"不符合国家安全或国家利益时"，国防部部长可以授权使用军事建设资金。此项开支必须在"为此目的拨付的款额之内"。开支也必须向国会报告，并经过 14 日的等待期（如果以电子方式进行通知，等待期为 7 日）。（《空军指示》32-1021 第 5.2.3.1 段；《国防部指令》4270.5；国防部 Reg.7000.14-R 第 3 卷第 7 章和第 17 章）此项筹资授权通常被用于意外出现的计划外项目。但是，它不能被用于被以前的《军事建设拨款法案》否决的项目。（《立法史》H.R.Rep.No.97-612，1982）。

3. 如果宣战和宣布国家紧急状态时建设授权。（见《美国法典》第 10 编第 2808 节）当宣战或总统宣布国家紧急状态后，国防部部长可授权对军队提供"必要支持"的军事建设开支。允许使用未指定用途的军事建设资金，包括家庭住房资金。这也需要向国会报告，但没有等待期。［见《美国法典》第 10 编第 2808 节；《国防部指令》4270.5；《空军指示》32-1021 第 5.2.4 段；《空军指示》65-601 第 1 卷第 9.12.5 段］

4. 紧急和特别开支。（见《美国法典》第 10 编第 127 节）虽然这不是关于"建设"的法规，但其语言可以适用于紧急或应急建设。它为军种部长的意料之外的紧急或特别开支，包括进行意料之外、临时通知的建设项目，提供了资金来源。如果费用超过 50 万美元，相关部长必须通知国会。海军部长在卡瓦莱塞号（Cavelese）事故几天后立即使用这一授权，为受难者近亲属支付了一些费用。

四、"其他采购"资金

主要的"成品"或投资采购必须使用"采购资金"进行购买。这些是预计将持续使用的或保值的超过采购财年的耐用物品。投资必须使用"采购资金"进行购买。与投资相反的项目是开支。"开支"必须使用行动与维护资金支付。

（一）开支/投资门槛

"开支"是国防部在运行与维持中所消耗的资源成本。开支可以被认为是消耗品。这些通常是与军事设施的日常运作相关的经常性支出。国防部《财务管理规章》（FMR）提供了下列例子：

1. 平民、军人或承包商人员的劳动；
2. 设备和设施的租赁费；
3. 食品、衣服和燃料；
4. 指定用于国防流动资本基金的补给管理的补给和材料；
5. 设备的维护、修理、大修、重新改制。

相反，"投资"是"获得资本资产的成本"（见《国防部财务管理规章》第 2A 卷第 1 章第 010201. D. 2. 段），或者是为当前和今后一个时期带来收益，且通常有很长的使用期限的资产。投资通常由采购拨款供资。"资本资产"的例子包括"不动产和设备。"《财务管理规章》关于什么是投资项目的定义是广泛的。［见《国防部财务管理规章》第 2A 卷第 1 章第 010201. D. 2（a）-（f）和 D. 3（a）-（k）段］

然而，有一个重要的例外，准许使用行动与维护资金进行一些投资。在每年的《国防拨款法案》中，国会传统上允许国防部使用其行动和维护拨款购买价格低于 25 万美元的投资项目。2013 财政年度的《补充拨款法案》的9010 节中，国会允许国防部部长将单位费用门槛提高到 50 万美元，只要"行

动对于满足参与国外应急行动的作战司令部司令的行动需求是必要的"。根据
2010 年 9 月 21 日的备忘录，为开展伊拉克自由行动和持久自由行动，国防部
副部长为美国中央司令部司令提高单位费用门槛。

（二）应急筹资（海外应急行动费 OCD Funds）

国会特别向国防部拨款以实施被指定的正在进行的应急行动。自 2001 年
以来，这些拨款通常被称为"全球反恐战争"费。"全球反恐战争"费通常
被大多数军事指挥官、签订合同官以及军法官误解。"全球反恐战争"费不是
单独的一笔钱，而是国会根据国防部的请求所提供的，用于应急行动的一种
特别类型的资金，理解这一点十分重要。

将通过正常拨款（基线）收到的普通的日常资金与海外应急行动费做出
区分是十分重要的。根据政府问责局（GAO）的规定，"全球反恐战争"费
将用于"追加支出"。国会在 1990 年的《综合与和解法案》（以下简称《综
合法案》）（101P. L. 508，13101）中明确了基线支出与正在进行的应急行动
有关的追加支出之间的差异。在该法案中，国会将追加支出界定为："与中东
地区行动的增加相关的费用，但不包括除沙漠盾牌行动以外的、由国防部进
行的正常行动的开支。"国会在确定什么是追加支出方面制定了一个"要不
是"检验标准。因此，问题就变成了：费用是否直接用于正在进行的应急行
动？如果是，费用就是一个追加支出，为"全球反恐战争"所拨付的资金。

《国防部财务管理规章》（FMR）和政府问责局（GAO）的意见反映了国
会作出的这一区分。《国防部财务管理规章》7000.14-R 第 12 卷第 23 章，就将
应急资金用于追加支出提供了指导原则。第 230107 段解释说："从应急转账账
户所得的资金仅可用于直接支持一项应急行动的追加支出。"与《综合法案》相
似，《国防部财务管理规章》认为"基线"资金是与"应急的追加支出不直接
相关的"日常费用。（见《国防部财务管理规章》第 12 卷第 23 章第 2309 段。）

因此，有两种不同"类型"的款项。设施行动与维护的资金（以下简称
"款项"）可以是海外应急行动资金或"基线"资金，这取决于它们如何拨
付。例如，在迪克斯堡的空军远征中心可能需要扩建一所学校的房子，以容
纳更多的学生。假设由于支持应急行动而进行大规模部署，所以会有更多的
学生。军事设施可以使用海外应急行动的行动与维护资金（如果该建筑耗费
不到 750 000 美元的话），因为这笔支出是直接用于正在进行的应急行动而产
生的"追加"支出。除了行动与维护资金外，通常还有由国会为每项任务提

供的海外应急行动拨款（比如"全球反恐战争"军事人员，海外应急行动建设）。

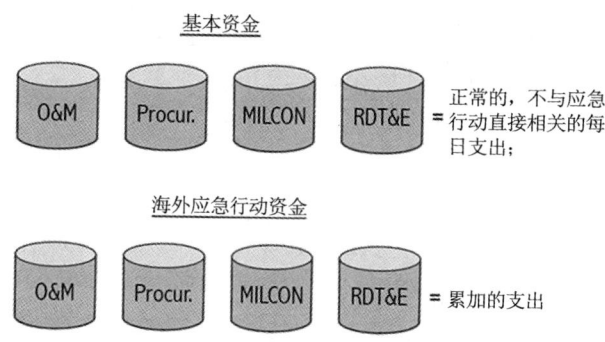

（三）时间

有两项管理时间的规则。首先是"有效期限"规则："一笔拨款可用于一定期限内的偿付义务。它必须保证在该有效期间内完成支付义务，否则支付义务的授权失效。"（见《美国法典》第31编第1552节）不同类型的资金有不同的有效期限。行动与维护资金是1年期资金，军事建筑资金是5年期资金，采购资金是3年期资金（财政年度从每年的10月1日至次年的9月30日）。绝大多数的费用应以当年资金支付，它们的有效期终止后，当年度的资金即转化为过期资金。过期资金仍然可用来支付旧的偿付义务，但它们不能被用于新的偿付义务。［见《美国法典》第31编第1553（a）节］有效期满5年后，如果一项资金被认为是当年的，它就成为一笔封闭资金。封闭资金不得用于任何目的。

第二条规则是"真正需要"（BFN）规则："拨款只能用于支付在有效期内产生的恰当开支。"［见《美国法典》第31编第1502（a）节］一般来说，补给是在财年中因真正需要而使用的。可分割的服务（那些可以划分成分散期间的服务）是它们得到执行的财年中真正的需要，而不可分的服务或建设是工程开始的那个财年中真正需要的东西。

"真正需要"规则存在重要的例外情形。（见 DFAS-IN 37-1，9-5c 段）在财政年度末订购的补给可以使用当年资金进行支付，虽然由于正常的订货和交付的时间，这些物资有可能要等到下一个年度才能交付。采购的物品目前无需求，仅仅是由于有资金而进行的采购（通常在财政年度末期）是严格禁止的；然而，无论何时真正使用补给，都应保持核定的库存水平。一些维修合同（工具，设备，设施）和租赁合同（不动产和个人财产）可在财年中的任意月份签订，为期 12 个月，并且可以完全通过当年资金进行支付（《美国法典》第 10 编第 2410a 节）。不可分的服务或在财政年度末签署的建筑工程合同可以通过流通的财政年度资金进行支付，尽管这一工程可能持续到下一个财年，甚至是直到下一个财年才开始。

（四）金额

在目的、时间以及金额分析上，剩下的最后一方面就是"金额"。此规则要求有一笔有效的拨款以支持每一项义务和开支。[见《美国法典》第 31 编第 1341-42 节第 1511-19 节，《反短缺法案》（ADA）]《反短缺法案》（ADA）一般禁止在拨款前或超出拨款范围承担偿付义务或支出。违反该法案有可能被追究刑事责任。这一规则的重要的例外是《给养与粮秣法案》，该法案允许美国国防部订立没有拨款，但用于当前财政年度的，有关服装、给养、粮秣、燃料、营房、运输或医药以及医疗用品的合同。（见《美国法典》第 41 编第 11 和 11a 节）经常与财务管理官（审计官）核对，以确定是否有足够数额的"正确"资金可用。

五、军事行动中的财政法问题

除军事建设问题外，在海外行动中大部分财政法问题出现在两个领域：一是培训和装备外国军队；二是人道主义救助（HA）。在 The Honorable Bill Alexander（B-213137），1986 年 1 月 30 日（未发表）意见中，审计长对国防部资助的培训和装备外国部队及人道主义救助进行了很好的分析。该意见主要涉及训练演习，但在解决这类共同问题上，仍然是可行的与有价值的先例。

（一）与外军进行的培训、联系项目和会议

如前所述，财政法的一项基本原则是"一般"拨款不得被用于国会已经进行专门拨款的项目。尽管理论上，向外国部队提供援助对我们的军事行动来说是"必要的和专项的"，但审计长认为这不是使用行动与维护资金的合理目的。根据《美国法典》第 22 编，培训和向外国提供援助通常由国务院负责。对外援助活动的资金是由国会在每年的拨款法案中专门提供给国务院的。对外国的援助授权包括根据《对外援助法案》进行的对卫生、教育和发展项目的资助。

因此，对外援助是给国务院的更为具体的拨款"提供"的。所以，为此目的而使用行动与维护资金不符合"必要支出"测试的第一项。政府问责局（GAO）在"The Honorable Bill Alexander 案"中重申了这一点："我们认为，国防部的行动与维护资金不应用于有其他专门拨款资助的活动。"但存在两个例外。

第一个例外是少量的"互用性、安全性和熟悉训练"，只要该训练没有达到"相当于一般由安全援助提供的正规训练的水平"。对外国部队的培训是不是行动"临时的"并不是问题的关键，关键那是不是"培训"。行动与维护资金仅可用于"少量的互用性和安全性指导"。[63 Comp. Gen. 422 at 441（1984）] 美军必须是培训的主要受益者。

第二个例外是特种行动部队（SOF）（包括民事和心理行动部队）与"友好国家的部队"进行的联军联合训练（JCETs）。因为训练外国部队是特种行动部队使命的一部分，所以此项行动获得了授权。因此，同样的，美军是主要获益者。（见《美国法典》第 10 编第 2012 节）国防部部长必须每年向国会报告所有特别部队训练计划，包括其与其他海外培训计划的关系。不会授权或拨付追加的行动与维护资金。（有时被称为"特种行动部队例外"）法规授权美国特种行动司令部（USSOCOM）司令，或任何其他联合或单一军种司令部司令支付或授权支付某些费用。这包括在联军演习中对美国特种行动部队人员培训的费用，为培训而部署美国特别行动部队的费用，以及一个"友好的发展中国家"的相关"追加费用"（伙食、燃料、训练弹药、运输和每个国家消耗的其他商品与服务等合理的和适当的费用，但不包括上述国家人员的工资、津贴以及其他的正常费用）。[见《美国法典》第 10 编第 2011（d）（2）节]

（二）额外的培训、会议和联军演习规章

1. 军方接触和类似的活动。（见《美国法典》第 10 编第 168 节）这是关于"军方接触"的法规。该法规授权国防部部长向联合作战司令部司令提供资金，以鼓励其他国家的国防机构和军队的民主取向。该法规授权进行范围广泛的活动，包括旅行联络小组、军事联络小组、人员的互惠交流、研讨会和会议，以及出版物的发行。除了这些活动可使用的资金之外，还有其他资金。然而，第 168 节中的资金不得被用于那些申请了资金但未获批准的活动。任何与外国进行的活动都必须经国务卿批准，并且只有被批准获得《对外援助法案》资金的外国才有资格进行第 168 节的活动。

2. 拉美合作（LATAM COOP）。（见《美国法典》第 10 编第 1050 节）拉美合作相关法规尽管受到地域限制，但其提供了十分广泛的授权。整个规约内容如下："军种部长可支付拉丁美洲国家官员和学生的旅行费、伙食费、特殊补偿费，以及部长认为拉美合作所需的其他费用。"

3. 非洲合作。[见《美国法典》第 10 编第 1050（a）节] 2012 财年《国防授权法》第 1204 条增加了一项新规定，允许国防部部长或军种部长支付非洲国家官兵的旅行费、生活费和特殊补偿费，以及部长认为的对非洲合作所需的其他费用。

4. 双边或地区合作计划。（《美国法典》第 10 编第 1051 节）这是一项可以在联军演习的准备中提供一些帮助的附加法规。它授权支付发展中国家的防务人员的人员开支。尽管法规没有涉及与演习相关的培训费，但它的确授权了国防部部长，如果认为这类人员参加双边或地区会议、研讨会，或类似会议符合美国的国家安全利益，就可以为他们的出席提供费用。此外，"如果认为符合美国国家安全利益"，部长还可支付"与这样的会议、研讨会，或类似的会议相关的其他费用"。[见《美国法典》第 10 编第 1051（c）节]

5. 发展中国家参加的联军演习。（见《美国法典》第 10 编第 2010 节）这确立了通常所称的"发展中国家联军演习计划"（DCCEP）。法规授权国防部部长，在与国务卿协调后，支付一个发展中国家参加双边或多边军事演习直接产生的"额外费用"。演习的进行必须是主要为了促进美国的安全利益，而且国防部部长必须确定发展中国家的参与对于"实现演习的根本目的是必需的"，且没有美国的援助，该国将无法参加演习。每年的 3 月 1 日，国防部部长必须向国会提交一份报告，列出受益的国家名单及花费的金额。

6. 扩大的国际军事教育和训练计划（IMET）。（《美国法典》第 22 编第 2347 节）扩大的《国际军事教育和培训计划》的目的是促进负责任的防务资源管理、对军队的文官控制原则、缉毒执法，或者是保护人权的军事司法系统。

7. 从苏联独立出来的国家的非军事化。（见《美国法典》第 22 编第 5901 节）促进核、化学、生物和其他大规模杀伤性武器的销毁，以及防止此类武器的扩散，支持独立国家的非军事化，扩大军方之间的接触，是符合美国国家安全利益的。（即纳恩-卢格计划）

8. 作战司令官倡议资金（CCIF）。（见《美国法典》第 10 编第 166a 节）参谋长联席会议主席控制这些资金。这些资金被分配到各作战司令部，以补充它们的其他拨款。由于该基金每年通常只有 3000 万美元，所以它的用途是有限的。资金将最优先保障提高作战能力、战备、持续作战能力，减少美国国家安全面临的威胁，并增进美国国家安全的活动。（见《参谋长联席会议主席指令》7401.02C）得到授权的用途有：

（1）部队训练；

（2）应急行动；

（3）特定的行动；

（4）指挥与控制；

（5）联合演习（包括参与演习的外国的活动）；

（6）人道主义及民事救助，包括紧急和突发的人道主义救援和重建援助；

（7）对外国军人及相关平民进行的军事教育与训练（包括交通、翻译以及行政支出）；

（8）双边或区域合作计划中防务人员的人员开支；

（9）部队保护；

（10）联合作战能力。

六、支援与装备外国军事力量

除了提供培训外，向外国提供援助的一般性禁止也适用于向外国提供支持和装备。（根据《美国法典》第 22 编的《安全援助》）向外国提供补给和服务与外国从向美军提供的补给和服务中获得附带收益之间存在着重大的区别。这一概念非常重要，因为在大多数情况下，《安全援助计划》指导向另一个国家转让物品或服务，主要使该国受益。然而，如果美国是首要的受益者而一个外国只获得少量及附带的收益，美国可以在以下规定的限制范围内建造或提供物品或服务。

美国军队通常部署在艰苦地区，以及不具备与美国相同军力的国家。一般来说，与一些联盟和东道国的军队相比，美军装备优良。因此，外军经常请求提供装备或支援服务。这些援助的请求从提供食品到先进的空中导航设备。虽然美国国防部的作用在过去十年已经发生了显著的变化，但一般性规则仍然不变：对外国提供后勤支援和装备属于国务院职权范围。这一一般性规则适用于向外国提供服务或设备的所有转让（出售或免费提供）。必须有（明确的）肯定性的授权，国防部方可向其他国家提供或出售补给或服务。因此，任何分析的出发点是，除非得到肯定性的法定授权，否则禁止向外国军队提供支援或装备。传统上，肯定性的授权存在于一项法规中，但有时也存在于国际协定，比如《采办与交叉服务协定》。

（一）《采办与交叉服务协定》（ACSAs）（见《美国法典》第 10 编第 2341~2350 节）

上述一般原则的一个例外便是《采办与交叉服务协定》。这些协定为美国能够灵活地向联盟或其他部队提供，或从联盟或其他部队获得后勤保障、补给和服务。《采办与交叉服务协定》是美国与外国之间的国际协定。该协定允许美国提供特定的后勤保障以换取现金，一种等价交换，或实物替换。《采办与交叉服务协定》并非授权美国提供免费的补给或服务。当需要时，接受国依据主要的《采办与交叉服务协定》作为授权，下达"采办与交叉服务协定订单"。

《采办与交叉服务协定》立法允许国防部部长与北约、北约的附属机构、联合国、美国是成员国的区域性国际组织，以及其他符合条件的国家签署《采办与交叉服务协定》，以便为"部署在美国之外的武装部队提供后勤保障、补给和服务"。（见《美国法典》第 10 编第 2341 节）如果任何非北约成员的政府满足下列四个条件中任何一条，国防部部长也可以与其签署部署《采办与交叉服务协定》，以便在美国境外部署（或即将部署）武装部队：

1. 与美国签订了防务盟约；
2. 允许美军成员驻扎或者为美国的海军舰船提供常驻母港；
3. 同意美国在该国预先储备物资；
4. 有美军参加的军事演习的东道国或允许美军在该国进行其他军事行动。

"除了在涉及武装部队的积极敌对行动期间外"，该规约也包括对美国有义务支付或应付的美元数额设定了限制。（见《美国法典》第 10 编第 2347 节）然而，当武装部队参加应急行动或在非战斗行动（包括支援提供人道主义救助或向外国提供灾难救援行动，或支援根据《联合国宪章》第六章或第七章进行的维持和平行动）时，为了行动的目的以及在行动期间，大部分的美元数额限制会被取消。国防部部长必须提交一份包括所有非北约《采办与交叉服务协定》年度报告（1 月 15 日之前）。

（二）通过《采办与交叉服务协定》转让重大军事装备（SME）

2012 财政年度《国防授权法案》（NDAA），P. L. 112-81，§1202 规定：
"为了人员保护和生存，临时授权使用《采办与交叉服务协定》向在伊拉克和
阿富汗的外国部队出借特定军事装备。"这项授权允许将在美国军火目录中列
为重大军事装备的特定种类的装备转让给联盟军队不超过 1 年的时间。允许
转让的设备类别包括第一类（枪械）、第二类（火炮发射装置）、第三类（弹
药）、第七类（坦克和军用车辆，其中包括装甲高机动多用途轮式车）、第十
一类（军用电子设备）、第十三类（辅助军事设备）。转让不能对美军有任何
不利的影响，并且最为符合美国的利益。该授权需要与国务卿进行协调。

除国际协定外，国会可通过立法授权国防部训练和装备外国军队。为了
"阿富汗持久自由行动"（OEF）而制定的许多立法授权都包含在年度的《授
权法案》或《拨款法案》中。

（三）全球运输与维持（见《美国法典》第 10 编第 127d 节）

该法规授权国防部部长，经与国务卿协商，向与美军进行联军作战的盟
军部队提供后勤保障、补给和服务（LSSS）。这一授权包括空中和海上运输。
但这项权力要受《武器出口控制法案》的制约，并且要符合《采办与交叉服
务协定》法规中有关后勤保障、补给和服务（LSSS）的定义。（见《美国法
典》第 10 编第 2350 节）联军行动必须是在积极的敌对行动或应急行动（包
括《联合国宪章》第六章或第七章规定的行动）期间，盟军对于取得联军行
动的胜利至关重要，并且如没有美国支援就无法参加这一行动。根据《美国
法典》第 10 编第 127d 节，后勤保障、补给和服务（LSSS）在每一财年的最
高限额为 1 亿美元，另外根据这一授权，对与美国共同进行的联合行动中的
军队所使用的后勤保障系统的互用性所提供的任何资金为每财年 500 万美元
的限额。另外要求向国会提交年度报告。

（四）联盟支持资金

2008 财年《拨款法案》第 1233 款授权国防部部长向任何"关键性的合
作国家"偿付其在"伊拉克自由行动"和"阿富汗持久自由行动"中为美国
的军事行动提供的后勤和军事支援，或与此相关的费用。根据国防部部长决
定的数额向这些合作国家支付相关费用。偿付联盟伙伴有助于确保他们做出
贡献，从而使美国军队在全球范围内打击恐怖主义的全面行动获得最大收益。
偿付联盟的贡献对于确保这些国家的部队继续留在战区内并向美国的军事行

动提供直接的支援至关重要。2011 财年《国防拨款法案》授权高达 16 亿美元的防御性行动与维护资金用于此项开支，直到用尽为止。国防部部长必须在进行偿付前 15 日通知国会，并且必须向国会提交季度报告。

（五）伊拉克安全部队资金/阿富汗安全部队资金

2013 财年《国防部拨款法案》（DODAA）授权国防部部长继续向阿富汗安全部队提供一定的支持。阿富汗联合安全过渡指挥部（CSTC-A）在阿富汗控制和管理这笔资金。阿富汗安全部队基金一直被用到 2014 年 9 月 30 日。

（六）第 1206 款的训练与装备的授权

2006 年《国防授权法案》第 1206 款，在被 2012 年《国防授权法案》第 1207 款和 2013 年《国防授权法案》第 1201 款修订后，授权国防部加强支持全球反恐战争的外国军事力量的"能力建设"。这项授权仅限于使用经费于一个国家进行反恐行动的能力建设，参与或者支援美国参加的军事和稳定行动，或建立一个国家的海上力量以打击恐怖主义。它授权以下费用：设备、物资、培训和小型军事建设活动。这些建设活动的上限是每个项目 75 万美元，所有建设项目的上限不超过 2500 万美元。这项授权不提供额外资金，但允许国防部使用其行动与维护资金来培训和装备外国军队。2013 年《国防授权法案》将该临时权限延长至 2014 年 9 月 30 日，并将国防部行动和维护额度维持在每个财政年度 3 亿美元。

（七）巴基斯坦边防军的能力建设

2013 财年《国防授权法案》第 1228 款，延续了 2010 财年《国防授权法案》第 1224 款所提供的授权，为巴基斯坦安全部队（包括军事部队、警察部队和边防军）提供协助（包括计划管理以及设备、供给、服务、培训、设施和基础设施的修理、翻新和建设），以建立和维持此类部队的平叛能力。向巴基斯坦人民提供人道主义援助的资金额度不超过 400 万美元，并且只是作为接受该基金援助的此类部队进行军民训练的一部分。

（八）总统动用国防物品、国防服务、军事教育和训练（见《美国法典》第 22 卷第 2318 节）

如果总统确定一个出乎意料的紧急情况需要立即向外国或国际组织提供军事援助，而安全援助无法满足这一需求，或者认为向国际禁毒运动、国际灾难援助、移民与难民援助、东南亚战俘和失踪人员提供物品，服务和/或训练符合美国的国家利益，总统可直接从国防部当前的库存中动用上述物品

（这不是国会提供的一项拨款的追加拨款，而是将已经拨付的资金或已经购买的物品用于其他授权目的）。但一年内总额不得超过 1.1 亿美元。

（九）剩余的国防物品［见《美国法典》第 22 编第 2321（j）节］

在特定情况下，只要不会对国家的军事战备、国家科技和工业基础产生负面影响，美国总统可以将剩余的国防物品转让给外国。应优先提供给北约国家与位于北约南部和东南部侧翼的非北约盟国。如果物品是重要的军事装备［根据《美国法典》第 22 编第 2794（9）节的界定］或价值超过 700 万美元，则转让只能在通报国会 30 日之后进行。

（十）维和行动（PKO）（见《美国法典》第 22 编第 2348 节）

这一授权与《联合国参与法案》不同，得到资助的活动不是经联合国授权的，也不受联合国资助（当然，一些维和行动是得到联合国授权的）。该法规向维和部队提供财政资源、装备、补给和服务，并具有自身的动用规定。［见《美国法典》第 22 编第 2348（c）节］此类例子包括：

1. 非洲危机反应部队倡议（ACRI）；

2. 多国部队和观察员（MFO）（见《美国法典》第 22 编第 3422 节以及下列协定等），一个在西奈半岛监督埃及以及以色列部队的独立国际机构；

3. 欧洲安全与合作组织（OSCE）驻波斯尼亚、克罗地亚和科索沃的部队；

4. 在海地维持一支多国部队。

七、人道主义救助

（一）紧急国外灾难救援

《国防部指令》5100.46 概述了国防部各部门在响应国务院的请求，实施国外救灾行动中的各种职责。救援的目的是提供迅速援助，以减轻外国灾民在外国灾害中所受的痛苦。该指令概述了提供救援所需采取的程序步骤。然而，第 4.3 段规定，指令并不禁止"当时间紧迫而且出于人道主义的考虑，在外国灾难现场的军事指挥官迅即采取救灾行动"。

（二）海外人道主义、灾难和民事救助

担负人道主义救助（HA）任务不是国防部的传统工作。传统上，人道主义救助被认为是属于国务院工作范畴的安全援助。然而，认识到存在需要，1986 年国会在《美国法典》第 10 编第 401 节中赋予了国防部进行人道主义救助的首个法定授权。自那时以来，美国国会又制定了一系列与人道主义救助有关的法规，现被统称为《海外人道主义、灾难和民事救助法》（缩写为OHDACA）。这些法规包括《美国法典》第 10 编第 402 节、第 404 节、第 407节、第 2557 节和第 2561 节。

美国国防部根据《海外人道主义、灾难和民事救助法》（OHDACA）执行人道主义救助任务，以便实现培训军事人员、服务东道国和美国的政治利益，以及向外国平民提供人道主义救援的法定目的。

1. 向外国运送人道主义救援物资。（见《美国法典》第 10 编第 402 节）在有空间的基础上，国防部部长可以免费将非政府组织（NGO）的人道主义救助物资运送到任何国家，只要：

（1）运送这类物资与美国的外交政策相一致；

（2）将要运送的物资符合人道主义目的且可以使用；

（3）接受这类物资的人们及实体对物资有真正的人道主义需求；

（4）这些物资在事实上将用于人道主义目的；

（5）在目的地国已对分发和使用这些物资做出充分的安排。

提出运输要求的组织有责任确保这些物资适合运输。根据本条款运送的物资，可以由一个美国政府机构、外国政府、国际组织或私人的非营利救援组织进行分发。根据本条款运输的物资不得被直接或间接地分发给任何进行军事或准军事活动的个人、团体或组织。

2.《国外灾难救援》。（见《美国法典》第 10 编第 404 节）当需要防止生命损失或者对环境的严重损害时，总统可以指示国防部部长向美国以外的其他国家提供灾难救援，以应对人为或自然灾害。《行政命令》12966，60 Fed.Reg. 36949 将这一权力授予国防部部长，并规定，只有当下列情况时，国防部部长才应提供灾难救援：

（1）根据总统的指示；

（2）经国务卿同意；

（3）在紧急情况下，为了挽救人的生命，没有足够的时间事先得到国务卿的同意，在这种情况下，国防部部长应尽快告知，并寻求国务卿的同意。

3.《人道主义扫雷援助》。（见《美国法典》第 10 编第 407 节）本法规授权美国军队协助其他国家减轻由于未清除的地雷和战争遗留爆炸物所造成的痛苦。美军可以提供清除地雷程序的培训、地雷风险教育、受害者援助，以及培养实施上述计划所需的领导和组织技能。然而，美国武装部队力量的任何成员在提供探测和清除地雷的援助时，均不得亲身参加地雷或其他战争遗留爆炸物的探测、排除或销毁工作（除非该成员这样做的目的是支援一项美国的军事行动），也不得将这样的援助作为美国没有参与的一项军事行动的一部分。

4.《剩余非致命性物资：可用于无家可归的老兵倡议和人道主义救济》。（见《美国法典》第 10 编第 2557 节）国防部部长可将国防部的剩余非致命性物资用于人道主义救援目的。根据本条款提供的用于人道主义救援目的剩余物资应移交给国务卿，并由国务卿负责这类物资的分发。"非致命性剩余物资"一词是指国防部除了不动产，以及会造成严重身体伤害或死亡的武器、弹药或其他设备或材料之外的剩余物资。

5.《人道主义救助》。（见《美国法典》第 10 编第 2561 节）每一财年向国防部拨付的用于人道主义救助的授权资金应当被用于提供人道主义救援运输和在世界范围内的其他人道主义目的。国防部部长可以使用这一授权运输物资，以便应对或减轻像石油泄漏等对环境造成严重破坏威胁的事故或情况，但前提是提供这类运输的其他渠道无法利用。这项授权在全球适用，但只用于美国采购的救济品。（相对于由非政府组织，相关规定见《美国法典》第 10 编第 402 节）也没有应促进美军行动准备的要求。

（三）人道主义和民事救助（HCA）（见《美国法典》第 10 编第 401 节）

如果一位军种部长认为在一个国家进行经授权的军事行动的同时，实施人道主义与民事救助活动将会促进美国以及该国的安全利益，他可以实施相关的救助活动。部长还必须确定这一救助活动可以提高参加该活动的武装部队成员的特定战备技能。

有两种类型的人道主义和民事救助活动：

1. 预先计划的人道主义和民事救助。人道主义和民事救助是与军事行动同时提供的。根据《美国法典》第 10 编第 401 节的规定，军种部长有权在一个国家进行经授权的军事行动的同时，实施人道主义与民事救助活动，只要该部长认定相关行动将促进：①美国与将要开展救助活动的国家的安全利益；②参加这些行动的部队成员的特定战备技能。假若：

（1）根据本条款开展的人道主义和民事救助活动应该补充，但非重复可能由美国其他部门或机构向相关国家提供的任何其他形式的社会或经济援助。

（2）这类活动应满足相关国家人民基本的经济和社会需要。

（3）根据该条款所提供的人道主义和民事救助不得（直接或间接地）提供给参与军事或准军事活动的任何个人、团体或组织。

（4）必须从作为军种行动和维护拨款中一部分的人道主义和民事救助预算资金中支付。

《美国法典》第 10 编第 401 节和《国防部指令》2205.02 将人道主义和民事救助活动界定为：

（1）在一个国家的农村或落后地区提供的内科、外科、牙科、兽医医疗护理，包括教育、培训和相关的技术援助；

（2）基本地面交通运输系统的建设；

（3）挖井和基本卫生设施的建设；

（4）公共设施的基本建设和修复。

2. "最低成本"人道主义和民事救助。［见《美国法典》第 10 编第 401（c）（4）节；《国防部指令》2205.02］这一授权规定指挥官有权在军事行动过程中对人道主义和民事救助的"意外目标"作出回应。这并非授权实施一个新的任务或行动来提供最低成本人道主义和民事救助。最低成本人道主义和民事救助的范围必须非常有限，并产生"最低的附带成本支出"。在执行最低成本的人道主义和民事救助活动的过程中，发生的所有材料与补给费用都从部队的行动与维护账户中支出，这是因为部队一般使用目前手头上的资源来进行救助。《国防部指令》2205.02（专业术语表）提供了两个最低成本人道主义和民事救助的例子：

（1）部队的医生在对村民进行了几个小时的检查后，为患者注射了几针并发放了一些药品，但不是以向当地人口提供大规模接种为目的而部署一支医疗队。

（2）开辟一条穿过树木和灌木丛几百码长的通道，而不在道路上铺沥青。

八、其他的人道主义救助规定

指挥官紧急应对计划（CERP）最初是用被查扣的伊拉克资产资助的。伊拉克联盟临时权力机构（CPA）清点查扣的伊拉克资金，将其分发给在伊拉克的美国指挥官，用于提供给伊拉克人民的"重建援助"。在 2013 财年，国会授权从防御性行动与维护资金中拨出 2 亿美元用于指挥官紧急应对计划项

目。(见 2013 年《国防授权法案》第 1221 节)

指挥官紧急应对计划的目的在于使在伊拉克和阿富汗的当地指挥官，通过执行该计划能迅速帮助当地人口，以便对在其责任区内的紧急人道主义救济和重建需求作出回应。在这里所使用的"紧急"一词被界定为一种基本用品或服务的长期的或严重的短缺品，以至于根据当地指挥官的判断，需要立即采取行动。此外，指挥官紧急应对计划还旨在用于最好能由当地居民和政府维护的小型项目。"小型项目"一般被认为每个项目不超过 50 万美元。[见《国防部副部长（审计长）备忘录》，主题："指挥官紧急应对计划（CERP）指南"，2008 年 12 月 18 日。另见《国防部财务管理规章》第 12 卷第 27 章第 270104 段（2009 年 1 月）]

指挥官紧急应对计划可在下列具有代表性的领域被用于协助伊拉克和阿富汗人民：

1. 水和卫生设施；

2. 食品生产和分发；

3. 农业/灌溉（包括运河清理）；

4. 电力；

5. 医疗保健；

6. 教育；

7. 电信；

8. 经济、金融和管理的改进；

9. 交通运输；

10. 法治和治理；

11. 公民清理活动；

12. 民事支援车辆；

13. 公民和文化设施的修复；

14. 战损/修复；

15. 慰问金；

16. 英雄奖金；

17. 被释放的拘留者赔偿；

18. 保护措施；

19. 其他紧急人道主义或重建项目；

20. 对关键性基础设施的临时合同保护。

九、签订部署合同与采办

在已经讨论了适用于海外部署期间留作偿付费用的资金的法律后，现在，本部分将探讨一下美军是如何获取各种所需的服务、补给、设施和设备的。近年来，国防部（尤其是空军）承包获取补给和服务的方式已受到国会的关注。在过去的几年里，数名军人和文职签订合同官已被指控通过把合同签署给特定的承包商从而获取个人好处。有些人收取贿赂，有些则通过不当方式来得到离开政府后的就业机会。无论如何，签订合同人员必定会从好的法律顾问中获益，尤其是在部署环境下。

值得一提的是，在部署地区的签订合同程序与在美国国内的程序差别不大。然而，对军法官的挑战是工作进展和强度、签订合同官的经验（或缺乏经验），以及由于正在进行的行动而需要"加快"进程或简化程度的要求。

签订合同是对部署部队提供作战勤务支援的有效的力量倍增器。签订应急预案合同要求理解相关的法律问题、筹资问题、采购人员的职责和责任、他们与保障人员的关系以及部署准备中的要求。拥有与截然不同的文化背景、观点的人员进行合作的能力，以及最重要的，作为签订应急预案合同的另一方面的经商实践将对联合行动的成功保障产生很大影响。（见《联合出版物》4-10"行动合同保障"）

（一）签订合同授权

只有经授权的人员才可以代表美国签订合同。签订合同授权由空军部部长（SecAF）赋予签订合同事务主管，再由后者赋予签订合同官。一级司令部司令官（MAJCOM/CCs）是签订合同事务主管。在参谋长联席会议宣布的紧急情况中，责任区域内的空军联合下属军种司令部的指挥官是签订合同事务主管。签订合同官通过一个任命状（也称委任状）来任命。委任状明确签订合同官的权限。当签订合同官被部署后，他们要随身携带他们的委任状（和他们的承包合同授权），即使他们受联队长或其他部署指挥官的指挥。应急预案合同签订官必须是经委任的签订合同官，并经过作为应急预案合同签订官（CCO）的培训和认证，还应该是现役军人。

（二）用尽其他方式

在应急预案合同签订官（CCO）购买补给和/或服务之前，他/她必须确认提出请求的官员已经向已有的后勤补给管道下达的任务，而补给管道不能及时提供所需要的补给和/或服务。如果我们没有所需的补给和/或服务，那么应急预案合同签订官必须用尽下列方法：

1. 军种间保障协定。兄弟军种也许能够提供后勤和/或行政保障。

2. 其他要求的政府来源。《联邦采购条例》（FAR）第八部分和《联邦防务采办补充条例》要求利用整个政府和国防部的所有来源以获取补给和服务。例如，《美国法典》第31编第1535节《经济法案》，允许行政部门将资金转移到其他行政部门，以便从现有的库存或者通过承包合同获取货物和服务。此外，在部署中空军的建设可以由陆军工程兵部队完成。《联邦采购条例》子部分17.5和《联邦防务采办补充条例》子部分217.5.规定了程序要求。

3. 东道国的保障。很多时候，东道国同意为行动提供补给。根据这些协定的保障可能包括宿营、食品、水、燃料、交通运输和公用设施。

4. 应急（联盟）伙伴。盟军/应急伙伴可能已同意依据《采办与交叉服务协定》（ACSA）的实施协定提供补给或服务。可为应急行动实施一个执行协定的谅解备忘录或议定书。

5. （美国陆军）后勤民间加强计划（LOGCAP）/空军民间加强计划（AFCAP）合同。（美国陆军）后勤民间加强计划（LOGCAP）/空军民间加强计划（AFCAP）合同规定地方承包商可以向部署在世界任何地方的部队提供后勤保障。（美国陆军）后勤民间加强计划（LOGCAP）已在如索马里、海地、卢旺达和巴尔干半岛等不同地区实施。但这两个计划只可被用于提供服务，而不是建筑工程。2006年3月7日，国防部法律总顾问办公室撰写了一份备忘录，主题是："（美国陆军）后勤民间加强计划（LOGCAP）资金的限制"，认为根据（美国陆军）后勤民间加强计划（LOGCAP）合同修建一个设施是对合同的不当使用，因为工作不是一项服务，而是一种建筑工程。

十、合同的种类

一旦其他获取补给和/或服务方法已经被穷尽，应急预案合同签订官便可以考虑在当地购买。第一步就是确定将使用什么类型的合同，下面就是不同的类型：

（一）确定与固定价格

这是应急行动中使用的主要合同类型。由于价格是确定和固定的，承包

商有履行合同的风险，但也有高效和经济地履行合同的动力。（见《联邦采购条例》16.202）

（二）需求

这种类型的合同规定向一个承包商购买的所有需求商品或服务，因此合同中确定了最大和最小订单金额。承包商没有义务完成超过既定的最高限额的订单。（见《联邦采购条例》16.503）

（三）交货数量不定

此类合同规定在一个固定的期限内提供某种数量不确定（在规定的限制范围内）的特定服务或补给。交付由承包商按照订货计划进行。当该机构不能确定在规定的最低需求量之上需要的服务或供给的准确数量时，可以使用这类合同；然而，该机构本身不能做出超过最低限额的承诺。该机构可与多个承包商签订多个交货数量不确定合同，以便当一个或多个的承包商无法交付时，可以保持足够的供货来源。（见《联邦采购条例》16.504）

（四）时间和材料

该合同根据计算直接的劳动小时来获得服务或补给，而每小时收费标准是固定的，主要包括工资、管理费、利润和材料成本（可能包括原料处理费）。在紧急情况下有大量的修理、维修或大修工作时，这可能是唯一有效的承包机制。但是，它只能在签订合同时，不可能准确估计工作的范围或持续时间，或没有把握预估成本时才能使用。（见《联邦采购条例》16.601）

十一、竞争要求

随着最佳类型合同的确定，应急预案合同签订官现在可以选择一个供应商。法治政府签订合同的基本规则是全面和公开的竞争，使所有负责任的供货来源都有竞争机会。这体现在《合同竞争法案》（CICA）中。（见《美国法典》第10编第2304节）虽然在部署过程中签订合同活动并不自动享有例外，但《合同竞争法案》（CICA）并不适用于简单的采办。［见《联邦采购条例》6.001（a）］但是，应急预案合同签订官仍需根据具体环境，采取一定的措施，以确保政府的利益得到保护。

一般来说，公开竞争导致为采购所需的物品或服务的订货交货周期比较长。从发布招标文件到签署合同有一个至少45日的采购行政手续所需时间（PALT）。所提议的采办通告必须公示15日，报价人必须有至少30日的时间提供投标书或计划书。部署期间签订合同并不自动享有至少 45 日的采购行政手续所需时间（PALT）规定的例外。为了确定需求、编制招标文件、评估报价、签署合同，以及考虑到交付和提供服务所需的时间，可能还需要额外的时间。

对于全面和公开竞争规则，有七种法定的例外情形。以下五种例外情形将适用于那些向海外部署的情况：

1. 只有一个或少数几个负责任的供货来源可以满足机构的需求。例如，只有东道国有系统的兼容部件。［见《美国法典》第 10 编第 2304（c）（1）节；《美国法典》第 41 编第 253（c）（1）节；《联邦采购条例》6.302-1］

2. 形势异常紧迫，除非该机构限制寻求提供报价的供货来源的数量，否则它可能遭受严重损失。应急预案合同签订官可将供货商限定于能够在有限时间内满足需求的那些厂商。而且如果延迟可能导致政府遭受严重损失，该机构可不受公布时限［45 日的采购行政手续所需时间（PALT）］的限制。［见《美国法典》第 10 编第 2304（c）（2）节；《美国法典》第 41 编第 253（c）（2）节；《联邦采购条例》6.302-2］

3. 国际协定有时可能会阻止公开和公平竞争（例如，一项国际协定可能将补给和服务供货来源限制于东道国的厂商）。［见《美国法典》第 10 编第 2304（c）（4）节；《美国法典》第 41 编第 253（c）（4）节；《联邦采购条例》6.302-4］

4. 国家安全。［见《美国法典》第 10 编第 2304（c）（6）节；《美国法典》第 41 编第 253（c）（6）节；《联邦采购条例》6.302-6］

5. 公共利益，但只能由机构的首长提出。［见《美国法典》第 10 编第 2304（c）（7）节；《美国法典》第 41 编第 253（c）（7）节；《联邦采购条例》6.302-7］

每个例外行动都需要一个证明和批准文件（J&A）（《联邦采购条例》6.303，304）。对于国际协定的例外情形，空军需要一个《国际协定竞争限制》（IACR）文件。（见《适用于空军的联邦采办补充条例》5306.302-4）这些例外情况（除公众利益）的批准权限如下：

1.65 万美元以下：签订合同官或应急预案合同签订官。

2.65 万美元到 1250 万美元：采购机构竞争律师。

3. 对于一个超过 1250 万美元，但不超过 8550 万美元的合同，或者对国防部、国家航空和航天局和海岸警卫队而言，不超过 7850 万美元的合同，由采购机构的主管或下述被指定的人员批准：

a. 如果是军人，就是一位将官；

b. 如果是平民，是在通用职级中 GS-15 级以上（或在另一种职级序列中相当或更高的职位）的人员。

4. 对于一个价值超过 8550 万美元的拟议合同，由机构根据《OFPP 法案》［见《美国法典》第 41 编第 414（3）节］指定的高级采购执行官根据机构程序批准。

很多时候，军法官协助签订合同官起草证明和批准文件。很多与证明和批准文件相关的问题并非法律问题。军法官最大贡献之一是确保在证明和批准文件中详细描述了唯一供货来源的正当理由。如果证明和批准文件需要完全重写，应告诉签订合同官并就修订提出建议。这会有助于在今后撰写出较好的文件，在大多数情况下签订合同官会对相关指导表示感谢。

十二、采办方法

有很多采办的方法，这里仅讨论那些适合于部署，或在部署中常见的方法。

（一）密封投标

即使曾被使用，这种类型的承包也很少被使用。通过密封投标签署合同仅基于价格和价格相关的因素，合同只签署给报价最低的负责任的投标人。如果满足《合同竞争法案》（CICA）规定的四种情况的话，就要求使用密封投标方式。

1. 时间允许密封投标的招标、投标和评估；

2. 将基于价格和与价格相关的其他因素签署合同；

3. 没有必要与做出回应的报价人讨论他们的竞标；

4. 有理由期待接到多个密封投标。［见《联邦采购条例》6.401；《联邦采购条例》第 14 部分］

（二）谈判

在部署中，由于密封投标很少使用，应急预案合同签订官可以与报价人谈判（有时称为竞争提案的过程）。［见《美国法典》第 10 编第 2304（a）（2）（B）节］谈判允许该机构基于"最佳价值"签署合同，并支付更多的价钱以便获得更好的服务或产品。合同的签署应基于阐明的评估标准（其中一个必须是成本），合同要么签署给那些符合机构要求的最低价格与技术上可行的报价人，要么签署给那些呈现出最佳价值的报价人。（见《联邦采购条例》第 15 部分）

可通过提案企划书（RFP）或报价请求书（RFQ）进行要约。虽然谈判签约允许在选择供应商上具有较大的自主权，但这可能需要大量的时间来获取和评估所有适用于谈判的标准的信息。这种方法通常适用于在部署时超过适用于在下一段讨论的"简化的采办程序"中金额的合同。

（三）简化的采办程序（SAP）

除了用于采办由机构负责人确定的物资或服务，以支援应急行动，或便于防御核、生、化或放射性攻击，或从这些攻击中恢复之外，简化的采办程序几乎仅用于非个人的服务、补给，或预计为不超过 15 万美元的建设项目。（见《美国法典》第 41 编第 428a 节），这一用语指：

1. 在美国境内，签署或执行的合同额，或进行的采购额为 25 万美元；

2. 在美国境外，签署或执行的合同额，或进行的采购额为 100 万美元。

根据商业用品的测试程序（见《联邦采购条例》13.5），如果采办的是《联邦采购条例》2-101 所界定的"商业用品"，那么简化的采办程序的门槛进一步提高至 650 万美元（在美国国内），以及 1100 万美元（在美国国外支持一项应急行动）。

简化的采办程序的一个主要优点是应急预案合同签订官可使用最合适的、最有效的以及最经济的简化的采办方式。[见《联邦采购条例》13.003（h）] 简化的采办方式并不要求全面和公开的竞争。简化的采办包括：采购订单、国际采购商的授权卡（IMPAC）（见以下解释）、一揽子购买协定以及定额备用金。

（四）采购订单

（见标准表格 44，《联邦采购条例》13.302；《联邦国防采办补充条例》子部分 213.5；《适用于空军的联邦采办补充条例》子部分 5313.302）应急预案合同签订官可以使用标准表格 44 来采购航空燃料和油料，或进行为了支援应急行动的，且达到简化的采办门槛的任何采购。（见《联邦国防采购补充规定》213.505-3）也可以使用标准表格 1449——"商业项目的招标/合约/订单"。还可以使用国防部安全协定格式 1155，《补给或服务订单》具有多重用途，可用于根据一揽子采购协定（BPAs）订货。

（五）政府范围内的商业采购卡

见（《联邦采购条例》13.301）政府信用卡/小型采购方案。由于在发展中国家或当一个国家的基本服务功能不再健全时，该方法通常并不可行，因而，仅限于应急预案合同签订官使用此方法。政府范围内的商业采购卡可以用来：①小型采购；②下达一项任务或交货单（如果在基本合同，基本订购协定，或一揽子采购协定得到授权）；③当承包方同意使用卡支付时的付款。[见《联邦采购条例》13.301（c）]除了下列情况以外，"小型采购门槛"是 3000 美元：

1. 根据《戴维斯-培根法案》进行的建设项目的门槛是 2000 美元；

2. 依据《服务合同法》进行的服务采办门槛是 2500 美元；

3. 根据《联邦采购条例》13.201（g）（1）的规定，用以支援应急行动，或便于防御核、生、化或放射性攻击，或从这些攻击中恢复而进行的补给或服务的采办的门槛是：

a. 在美国境内，签署或执行的合同额，或进行的采购额为 15 000 美元；

b. 在美国境外，签署或执行的合同额，或进行的采购额为 25 000 美元。

十三、《联邦采购条例》2.101

（一）一揽子采购协定（BPAs）

见（《联邦采购条例》13.303；《适用于空军的联邦采办补充条例》子部分 5313.303）一揽子采购协定并非合同，而更类似于为服务或补给供应商开设了一个"付费账户"。一揽子采购协定常被用来采购士兵的宿营、膳食服务，以及其他具有反复出现但不确定性质的补给和服务。

（二）定额备用金

见（《联邦采购条例》13.305；《联邦国防采办补充条例》子部分 213.305；《适用于空军的联邦采办补充条例》子部分 5313.305；《国防部指令》7000.14-R 第 5 卷第 020901-020908 段）定额备用金是用于小额交易的一小笔现金资金。指挥官可以在非常有限的基础上使用定额备用金，而且必须遵守《国防部指令》7000.14-R；《国防部财务管理规章》第 5 卷；《出纳政策和程序》以及《财政部财务手册》第 1 卷第 4 部分第 3000 章。[《联邦国防采办补充条例》213.305-3（d）（i）（A）和（B）]

正如上文所示，简化的采购方式已经放宽竞争的要求。对于小型采购来说，如果签订合同官认为价格公平合理，那么只需要一次口头报价。小型采购必须在符合资格的供货来源中公平分配。如果可以，在进行一项重复的订购之前，应该从原供应商以外的其他供应商征得报价。（见《联邦采购条例》13.202）从小型采购的最大值到可适用的简化采办程序上限，应急预案合同签订官应该在条件允许的范围内征求到尽可能多的报价。（见《联邦采购条例》13.106-1）通常来说，向至少三个供货来源进行询价是适当的，可能的话，其中至少两个供货来源以前没有被询过价。[见《联邦采购条例》13.104（b）]需求的性质、紧迫性、美元价值和过去的经验将决定在每个个案中向多少供货来源要求报价。如果应急预案合同签订官认为在现有条件下只有一家供货来源是"合理可用的"，从一家供货来源征求报价是允许的。若无充分理由，现任的承包商不能被排除在新招标之外。（见 J.Sledge 保洁服务，B-241-843，1991 年 2 月 17 日，91-1 CPD，第 225 段）如果签订合同官符合5.202 所确定例外情况的话，可以不发布合同招标的通告。[见《联邦采购条例》5.202（12）和（13）]

应急预案合同签订官在行动现场进行的绝大多数采购都可以是简化的采办。然而，许多应急预案合同签订官可能不太愿意这样做，因为他们对简化的采办程序并不熟悉。仅仅因为部署的应急预案合同签订官不知道有简化的采办程序，所以他们要承受招标或征求建议的严格行政负担，这非常普遍。原因可能是，在海外的部署环境下，简化的采办程序的门槛大大提高了（用于商业项目的门槛达到 1100 万美元，而在国内的这一标准为 10 万美元）。

十四、批准未经授权的人做出的未经授权的承诺

在部署期间，特别是如果正规的程序尚未建立的情况下，指挥官和其他人可能承诺承担某些义务，因为他们认为自己有权这样做。此外，人员可能保留超出了合同条款规定的期限的租赁设备或车辆，有效执行继续履行的选择方案。尽管事实上指挥官和其他人无权做出承诺，但是美国可能在法律上有义务遵守合同条款，或执行已承诺的选择方案。这就需要经授权的官员批准未经授权的承诺。

如果满足七项条件，应急预案合同签订官有权批准未经授权的承诺。（见《联邦采购条例》1.602-3；《适用于空军的联邦采办补充条例》5301.602-3）

一般来说，为了使一名官员批准经授权的承诺，应急预案合同签订官必须确定以下内容：

1. 补给或服务已经提供给政府并已被接收，或者政府从履行未经授权的承诺中已经或将要获益；

2. 批准官员有做出合同承诺的授权；

3. 如果是由适当的签订合同官签订的，相关合同就是恰当的；

4. 经签订合同官对未经授权的承诺做出的评估，认为价格公平合理；

5. 签订合同官建议付款，而且法律顾问也在建议中表示赞同，除非机构程序中明确表示不需要法律顾问的同意；

6. 资金已经落实，并在未经授权的承诺作出时可加以利用；

7. 批准也符合机构程序规定的其他限制。

一般来说，签订合同事务主管会被赋予一定的批准授权。（见《适用于空军的联邦采办补充条例》5301.602-3）批准的同意权：

1. 签订合同事务主管负责所有等于或大于 30 000 美元的行为；

2. 签订合同办公室主任负责所有低于 30 000 美元的行为。

十五、采办的最后手段方法

如果所有其他的方法都失败，《武装冲突法》允许在特定情况下征收补给（有时服务）。（见《海牙公约》附件第 23、42、53 条；《关于战俘待遇的日内瓦公约》第 49 条；《关于战时保护平民的日内瓦公约》第 51 条）然而，这些规定不属适当的后勤与采办程序，因此根据《武装冲突法》获取任何财产之前，必须极为谨慎。

参考文献

1. 10 U. S. C. § 127 Emergency and extraordinary expenses.

2. 10 U. S. C. § 166a Combatant Commander Initiative Funds.

3. 10 U. S. C. § 168 Military-to-military contacts and comparable activities.

4. 10 U. S. C. § 401 Humanitarian and civic assistance provided in conjunction with military operations.

5. 10 U. S. C. § 402 Transportation of humanitarian relief supplies to foreign countries.

6. 10 U. S. C. § 404 Foreign disaster assistance.

7. 10 U. S. C. § 407 Humanitarian demining assistance.

8. 10 U. S. C. § 1050 Latin American cooperation: payment of personnel expenses.

9. 10 U. S. C. § 1051 Bilateral or regional cooperation programs.

10. 10 U. S. C. § 2010 Participation of developing countries in combined exercises.

11. 10 U. S. C. § 2012 Special operations forces: training with friendly foreign forces.

12. 10 U. S. C. § 2245a, Use of operations and maintenance funds for purchase of investment items: limitation.

13. 10 U. S. C. § § 2341 Authority to acquire logistic support, supplies, and services for elements of the armed forces deployed outside the United States.

14. 10 U. S. C. § 2410a Contracts for periods crossing fiscal years: severable service contracts; leases of real or personal property.

15. 10 U. S. C. § 2557 Excess nonlethal supplies: availability for humanitarian relief.

16. 10 U. S. C. § 2561 Humanitarian assistance.

17. 10 U. S. C. § 2801 Military construction.

18. 10 U. S. C. § 2802 Military construction projects.

19. 10 U. S. C. § 2803 Emergency construction.

20. 10 U. S. C. § 2804 Contingency construction.

21. 10 U. S. C. § 2805 Unspecified minor construction.

22. 10 U. S. C. § 2808 Construction authority in the event of a declaration of war or national emergency.

23. 10 U. S. C. § 2811 Repair of facilities.

24. 10 U. S. C. § 2854 Restoration or replacement of damaged or destroyed facilities.

25. 22 U. S. C. § 1928 North Atlantic Treaty Organization.

26. 22 U. S. C. § 2318 Special authority (drawdown authority).

27. 22 U. S. C. § 2321j Authority to transfer excess defense articles.

28. 22 U. S. C. § 2347 International Military Education and Training.

29. 22 U. S. C. § 2348 Peacekeeping Operations.

30. 22 U. S. C. § 2761 Sales from stocks (Foreign Military Sales Program).

31. 22 U. S. C. § 2763 Credit sales (Foreign Military Financing Program).

32. 22 U. S. C. § 5901 Demilitarization of independent states of former Soviet Union.

33. 22U. S. C. § 1301 Purpose Statute.

34. 31 U. S. C. § 1341 Limitations on expending and obligating amounts.

35. 31 U. S. C. § 1342 Limitation on voluntary services.

36. 31 U. S. C. § 1502 Balances available.

37. 31 U. S. C. § § 1511-1517 Obligations and expenditures.

38. 31 U. S. C. § 1552 Procedure for appropriation accounts available for definite periods.

39. 31 U. S. C. § 1553 Availability of appropriation accounts to pay obligations.

40. 41 U. S. C. § 11 Available Appropriations.

41. DOD 7000. 14-R, Financial Management Regulations.

42. DODD 2010. 9, Acquisition and Cross-Servicing Agreements, 28 April 2003.

43. DODD 4270. 5, Military Construction, 12 February 2005.

44. DODI 2205. 02, Humanitarian and Civic Assistance (HCA) Activities, 2 December 2008.

45. DODI 2205. 3, Implementing Procedures for the Humanitarian and Civic Assistance (HCA) Program, 27 January 1995.

46. DODI 3020. 41, Contractor Personnel Authorized to Accompany U. S. Armed Forces, 3 October 2005.

47. JP 1-06, Financial Management Support in Joint Operations, 2 March 2012.

48. JP4-10, Operational Contract Support.

49. JP 3-29, Foreign Humanitarian Assistance, 3 January 2014.

50. CJCSI 2120. 01A, Acquisition and Cross-Servicing Agreements, 27 November 2006.

51. CJCSI 4600. 02 Exercise-Related Construction Program Management, 18 March 2011.

52. USCENTCOM Regulation 415-1, Construction and Base Camp Development in the USCENTCOM Area of Responsibility ("The Sand Book"), 15 April 2009.

53. USCENTCOM Regulation 700-1, Multinational logistics Support Between the United States and Governments of Countries within the USCENTCOM Area of Responsibility, 19 April 2006.

54. AFI 25-301, Acquisition and Cross-Servicing Agreements Between the United States Air Force and Other Allied and Friendly Forces, 26 October 01.

55. AFI 32-1021, Planning and Programming Military Construction Projects, 24 January 2003.

56. AFI 32-1032, Planning and Programming Appropriated Funded Maintenance, Repair, and Construction Projects, 15 October 2003.

57. AFI 65-601, Vol 1, Budget Guidance and Procedures, 3 March 2005.

58. AFI 65-608, Antideficiency Act Violations, 18 March 2005.

59. AFI 65-610, Guidance for Expenditures at Deployed Locations, 17 October 2003.

60. Principles of Federal Appropriations Law, U. S. Government Accountability Office, Volume II, Third Edition, Chapter 6 (January 2004).

第三十一章 | 国防物品和国防服务的销售、转让和处置

一、背景

在本书第三十章，有关财政法部分介绍了美国向外国政府或个人转让国防物品（例如，个人财产）和服务的多个领域。本章将弥补该章中难免存在的一些遗漏，并对该章中涉及的一些问题做进一步的详细阐述。（请注意，本章并不包括根据《采购和交叉服务协定》进行的国防物品或服务的转让。本书的第十章讨论了那个问题。）

当军人律师对指挥官向其他单位转让物品或服务的建议进行评估时，必须谨慎。绝大多数的法律审查都基于这样一种推定进行：如果没有法律或规章禁止一项行动方案的话，这一行动方案就是合法的。然而，当问题是有关物品或服务的转让时，这一推定却恰好相反。

《美国宪法》中有两个条款合在一起作为这个领域分析的起点。《美国宪法》第1条第9款第7项指出："除了依照法律的规定拨款之外，不得自国库中提取任何款项……"联邦最高法院将这一条解释为："只有经国会授权，公共资金的支出才是恰当的"，"这并不是说，只要国会不禁止，公共资金就可动用。"[United States v. MacCollom, 426 U. S. 317, 321（1976）] 再加上《美国宪法》第4条第3款第2项（"国会有权处置属于美国的财产，并就属于美国的财产制定一切必要的法律和规则"）的相关规定，就意味着军法署署长建议他的指挥官转让所涉及的物品或提供所涉及的服务之前，必须确认有特别授权任何计划转让的肯定性的联邦法律。

本章的其余部分将讨论安全援助框架下授权转让的两个主要立法问题，以及国防部依照法定控制权限，为向非国防部单位转让剩余物资的军事活动

而建立起来的体系。

二、安全援助

安全援助是安全合作的一个子类别，是根据《美国法典》第 22 编当局授权的一组项目，在这些项目中美国可以通过拨款、贷款、信贷、现金销售或租赁来提供国防物品、军事教育和培训以及其他与国防有关的服务，以促进国家政策和目标。所有的安全援助项目都受到国务卿的持续监督和总体指导，以最有效地服务于美国的外交政策利益；各项目由国防部或国务院（DOS）进行管理。（见《国防部指令》5105.38-M《安全援助管理手册》第 C1.1节）安全援助项目通过提高美国的朋友和盟友遏制和防范可能的侵略的能力，促进对共同防务负担的分担，帮助维护地区稳定，以维护美国的国家安全和实现对外政策目标。

安全援助的授权和拨款主要依据以下三个公共法律：《武器出口管制法案》（AECA）（《美国法典》第 22 编第 2751 节）、《对外援助法案》（FAA）（《美国法典》第 22 编第 2151 节）；以及为海外行动、出口融资和相关项目的年度拨款法案。《美国法典》第 22 编"对外关系与交往"，包括《武器出口管制法案》和《对外援助法案》，主要是国务院的法律；而具体适用于国防部的法律是第 10 卷"武装部队"。

国务卿负责对安全援助项目进行持续的监督和总体指导。国防部部长负责确定军事需求，并实施向符合条件的外国和国际组织转让国防物品和服务的项目。在国防部内部，安全援助的主要策划机构是国防安全合作局（DSCA）、作战司令部、参联会、安全合作组织，以及军种部（MILDEP）中的国际律师和组织。这一信息对于部署的军法署署长来说非常重要。这并不意味着在当地的军法署署长不太可能是就安全援助问题提建议的唯一顾问。相反，当部署的军法署署长参与安全援助工作时，一般在转让物品或服务过程的最后阶段提供咨询时，他须已经拥有丰富经验和有关特定问题的大量知识。

（一）《武器出口管制法案》（AECA）

《武器出口管制法案》允许向符合条件的外国政府和国际组织出售国防服务和销售以及出租国防物品。《武器出口管制法案》的基石是法案第 21、22条所规定的以美元支付全部费用的要求。（见《美国法典》第 22 编第 2761 节和第 2762 节）对美国政府出售国防物品和服务的授权一般被称为"对外军事销售"（FMS）。这是美国向符合条件的外国政府和国际组织提供安全援助的主要方式。除非在特定情况下适用另一项法定授权（例如，参见下文将讨论的《对外援助法案》），否则《武器出口管制法案》适用于任何建议向外国政府或国际组织进行的国防物品或服务的转让，它要求接受国要对其所接收的物品向美国付费。

美国政府依据《武器出口管制法案》提议向外国政府或国际组织销售的文件是"要约和承诺书"（LOA）。"要约和承诺书"的条款还阐述了如何使用《对外军事销售》的物品。

经过国务院的协调，《武器出口管制法案》的工作一般主要由军种司令部或作战司令部负责。部署的军法署署长仅参与协调执行已经制定好的计划。

（二）《对外援助法案》（FAA）

《对外援助法案》是授权美国免费向外国转让物品或服务的一组法规。《对外援助法案》的第一部分（见《美国法典》第 22 编第 2151 节至第 2296f 节）规定了国务院所负责的国际发展工作。第二部分（《美国法典》第 22 编第 2301 节至第 2349bb 节）包括军事援助和国防部主管的项目。法案第三部分（见《美国法典》第 22 编第 2351 至第 2427 节）包括适用第一和第二部分的一般规定。

国际军事教育和训练（IMET）项目和扩大的国际军事教育和训练计划（e-IMET）是经《对外援助法案》（2347-2347h）授权的。《对外援助法案》的第 2321j 条授权转让剩余的国防物品，以完成国会在有关军事援助的年度国会报告文件中提出的总体安全援助计划。同样，第 2318 条授权总统在特定的紧急情况下从国防部和其他政府机构的储备、物品、服务或训练中动用特定的数额。

三、剩余物资的转让

除了《对外援助法案》（FAA）中有关向外国政府转让剩余的国防资品的规定外，《美国法典》第 40 编也授权安全援助范围之外的剩余物资转让。

部署于美国大陆之外的部队，以及有时参与在美国大陆的行动（如救灾工作）时，通常会面临是否转让以及如何转让被认为是剩余物资的问题。国防部已经建立了确保一个单位认为剩余的物资可以被国防部的其他单位或活动再次利用的制度。如果做不到这一点，美国的政策是相关物资会被其他联邦州或地方政府使用。

（一）美国大陆转让

在美国大陆上，美国总务管理局（GSA）是主要负责监督剩余联邦物资的再利用、转让和捐赠。国防部通过国防后勤局（DLA's）的国防再利用和营销服务处（DRMS）与美国总务管理局（GSA）合作，来进行这些交易。国防再利用和营销服务处（DRMS）监督指导地方的国防再利用管理办公室（DRMOs），使相关程序对于国防部单位或行动来说相对简单、高效。

《斯坦福法案》和其他法规授权使用国防部合同，向非国防部联邦机构，以及州和地方政府捐赠和销售在美国大陆上的剩余国防部物资。

《国防部指令》4160.21-M《国防物资处置手册》，特别是第五、六章非常详尽地规定了在美国大陆上转让剩余物资的程序。负责行动任务的军法署署长可以动用的额外资源是美国国防后勤局的法律总顾问办公室，该办公室的联系信息可以在电子联邦法律信息名册中找到。

（二）美国大陆外的转让

通常，部署在美国大陆以外的部队携带和运输个人物品是十分麻烦、过于昂贵或耗时的，甚至影响部队任务的完成。当一支部队从一个部署地点前往另一个地点，或返回常驻地时就会遇到这种情况。

《国防部指令》4160.21-M第八、九章规定了对美国大陆之外剩余物资的处置，一般被称为"国外剩余个人物资"（FEPP）。为了使美国的外交政策在国外得到有效执行，国外剩余物资处理方案的制定与实施应该与美国驻相关国家的外交使团相协调并获得其批准。因此，美国国防部下属机构或代表应该与驻相关国家的美国外交代表和领事机构保持密切联系与合作，以便从美国国务院在当地的代表那里得到必要的批准、提议和建议。然而，空军军法署署长仍然主要通过地方的国防再利用管理办公室（DRMOs）与国防再利用和营销服务处（DRMS）进行合作，来处置"国外剩余个人物资"（FEPP）。国防再利用和营销服务处（DRMS）则反过来与相关的作战司令部或军种总部与国务院进行协调。

根据《美国法典》第40编第704节规定，如果"国外剩余个人物资"（FEPP）没有商业价值或者其管理和处理的预计成本超过预计的销售收益，国防部部长可授权遗弃、销毁或捐赠该物资。《国防部指令》4160.21-M第八章规定了经济分析的公式，即当满足特定条件时，则允许就地遗弃或销毁特定类型的"国外剩余个人物资"（FEPP）。实质上，该公式评估任何一件物品是否有正的净销售价值（将与销售有关的运输及其他物流成本都计算在内），以及净销售价值是否超过了预期的遗弃或销毁费用。

对于安全援助项目下的物资处置，军种级别的军法署署长很少单独参与处置剩余物资的工作。相反，军法署署长的作用是与适当的总部机关和美国国防后勤局［国防再利用和营销服务处（DRMS）］代表进行协调，以确保大量的有关剩余财产处置的法律、规章和针对具体情况的政策指导得到遵守。

参考文献

1. U. S. Constitution, Article I, § 9, Cl. 7; also Article IV, § 3, Cl. 2.

2. Arms Export Control Act, 22 U. S. C. § § 2751, et seq.

3. Foreign Assistance Act, 22 U. S. C. § § 2151, et seq.

4. Federal Property & Administrative Services Act, 40 U. S. C. § § 521, et seq.

5. 40 U. S. C. § 704.

6. The Robert T. Stafford Disaster Relief and Emergency Assistance Act, 42 U. S. C. § § 5121, et seq.

7. DOD 7000. 14-R, Department of Defense Financial Management Regulation (Volume 15, Security Assistance Policy & Procedures), March 2009.

8. DOD 4160. 21-M, Defense Materiel Disposition Manual, 18 August 1997.

9. DOD 5105. 38-M, Security Assistance Management Manual (SAMM), 3 October 2003.

10. AFMAN 16-101, International Affairs and Security Assistance Management, 20 June 2003.

第三十二章 | 海外行动环境法

一、背景

本章讨论了适用于在海外行动部署的要求，以维护和保护人类健康与环境、补救环境污染并在决策过程中考虑环境影响。[1]旨在帮助部署的军法署署长了解如何解决水质、废物处置、溢出反应以及已部署的运营设施（例如基地、营地或站点）可能出现的其他环境问题。本章重点介绍除远征的或部署行动基地中的战斗以外，美国军队与军事行动有关的环境义务。本章不讨论与武装冲突期间使用武力有关的环境问题。涉及使用空中、地面和海军力量的常规军事行动可能会对环境造成破坏，但其并非战争法所禁止的活动。

解决在海外行动部署期间的环境法问题，与在美国本土或海外设施中履行环境法存在根本区别（换句话说，在应急行动中使用的设施在应急行动之后可能会继续使用）。在美国国内，涉及环境方面的活动通常由一个广泛的联邦、州以及地方法律法规框架加以规制。在海外长期设施中，国际协议和包括指示和指令在内的国防部（DOD）及空军的指令和政策，确立了大部分环境方面的要求。相比之下，很少有法律、政策和其他规范性文件对在海外行动部署的环境要求作出规定。部署的军法官所面临的挑战是，确定其所参与行动的适用法律，以便它们能够适当地支持指挥官的任务目标，同时也确保指挥官对周围的自然环境有良好的管理。

---

〔1〕 在本章中，"行动部署"是指根据行动指令、行动计划或类似行动指令实施的应急行动和其他军事行动或活动。此外，"海外地点"是美国和美国领土管辖范围以外的地理区域，以及相关的自然资源受美国专有管理的可航行水域、毗连区和海洋水域。第467页脚注〔1〕对"应急行动"作出了定义。

二、义务来源

在海外行动部署的过程中，有很多有关环境要求的义务来源。但是主要来源是相关行动命令（OPORD）、行动计划（OPLAN）或类似的行动指令的环境附件。适用的环境附件会总结并参考与行动有关的所有环境要求。因此，军法署署长在处理涉及海外行动部署的环境问题时，在尝试单独确定任何相关的国际协议或国防部政策之前，应首先仔细审查适当的行动命令、行动计划或类似行动指令的环境附件，以及通过军法署署长的行动指挥链（例如作战司令部）发布的任何环境政策或指南。

（一）美国国内法、条约和国际协定

适用于位于美国或美国领土（例如关岛、波多黎各）的国防部活动和设施的大多数美国环境法及其实施法规不适用于海外的国防部行动。对于在长期设施（例如日本的嘉手纳空军基地和德国的拉姆施泰因空军基地）开展的国防部活动以及在应急行动期间的临时设施开展的国防部活动都是如此。[1]通常，联邦法律不适用于国防部在海外的活动，除非该法规包含明确表达该法律在全球范围内适用于国会的意图的语言。[2]由于大多数联邦法规均未明确表达在域外适用的立法意图（在美国法律管辖范围以外的地区和美国领土），很少有美国环境法律适用于在海外地区进行的设施和行动部署。[3]

---

〔1〕 根据《联合出版物》1-02，"应急"是"为了应对自然灾害、恐怖分子、颠覆分子或为保护美国利益而根据适当权限指示采取军事行动的情况"，而"应急行动"是"一种要么被国防部部长指定为应急行动，要么依据法律成为应急行动的军事行动"。[见《美国法典》第 10 编第 101（a）（13）节：a. 由国防部部长指定应急行动，行动中的武装部队成员参与或可能参与针对美国敌人或对立部队的军事行动或敌对行动；或 b. 根据法律定义成为应急行动。]

〔2〕 参见理查德·菲尔普斯（Richard A. Phelps），《海外设施环境法》，40 A. F. L. Rev. 49，第 50-52 页（1996 年）。《国家历史性建筑保护法》，《美国法典》第 16 编第 470-470x-6 节（2010 年）是适用于域外的联邦法律的示例。它包含一些条款，这些条款要求美国境外的联邦企业避免或减轻对列入《世界遗产名录》或与之等效的国家/地区的国家历史名胜古迹登记册（即具有历史或文化意义的遗产清单）。[见《美国法典》第 16 编第 470a-2 节（2010 年）]

〔3〕 2008 年，美国国防部环境与设施部副总法律顾问处理了几项国内环境法的域外适用问题。国防部环境与设施部副总法律顾问 Roy G. Wuchitech 致美国海军、美国陆军和美国空军总顾问的备忘录，《美国国家环境政策法》（《美国法典》第 42 编）、《濒危物种法》（《美国法典》第 16 编第 1531 节起）、《美国海洋哺乳动物保护法》（MMPA）（《美国法典》第 16 编第 1631 节起）的域外适用性（2008 年 5 月 21 日）参见 https://aflsa. jag. af. mil/AF/ENVLAW/overseas/jmn%20extraterr%20opinion. pdf 副总法律

美国加入的条约和其他国际协定可以适用于或影响美国和美国领土以外的国防部活动。例如，《防止倾倒废物及其他物质污染海洋的公约》对海上的船舶、飞机、平台或其他人造结构废物处置进行了规定。[1]自美国签署并批准该条约以来，它就具有法律效力并直接影响到美军应急行动中的行为。另一个例子是，一项基础协议可能会使美国部队在国外开展行动时要遵守特定的环境管理要求。

即使美国尚未成为条约或其他国际协议的成员国，但如果美国已签署该条约或国际协议但未批准该条约或国际协议，则美军的活动也会受到影响。[2]虽然非成员国不受条约具体条款和义务的约束，但条约的签署方必须善意行事，并负有"不违反条约的目的和宗旨"的义务。[3]

美军的活动也可能因为另一个国家的条约义务而受到影响。例如，美国不是《控制危险废物越境转移及其处置巴塞尔公约》（以下简称《巴塞尔公约》）的成员国。[4]虽然美军不承担遵守《巴塞尔公约》规定的法律义务，但《巴塞尔公约》规定，在已加入《巴塞尔公约》的国家/地区开展行动的美军试图将废物运输到产生废物的国家/地区之外时，必须遵守《巴塞尔公约》的规定。如果美军试图通过《巴塞尔公约》成员国运输废物，也必须遵守《巴塞尔公约》的要求。

（接上页）顾问确定：（1）《国家环境政策法》和《濒危物种法》的咨询规定仅在美国和美国领海内适用；（2）《海洋哺乳动物保护法》适用于美国领海、美国专属经济区和国际水域；（3）《濒临灭绝物种法案》的收录条款适用于美国、美国领海和国际水域，但不适用于外国专属经济区、外国领水或外国领土。

〔1〕 参见《防止倾倒废物及其他物质污染海洋的公约》1972年12月29日（以下简称《伦敦倾废公约》）。美国于1972年12月29日签署了该公约，并于1974年4月29日批准了该公约，更多有关《伦敦倾废公约》的详细信息参见http://www.unep.ch/regionalseas/main/legal/llondon.html 和 http://www.imo.org/OurWork/Environment/SpecialProgrammesAndInitiatives/Pages/London-Convention-and-Protocol.aspx

〔2〕 有关自2011年1月1日起生效的条约清单，请访问美国国务院网站http://www.state.gov/s/l/treaty/tif/index.htm.

〔3〕 参见《维也纳条约法公约》第18条，1969年6月23日，1155 U.N.T.S.331，http://www.oas.org/dil/Vienna_Convention_on_the_Law_of_Treaties.pdf.

〔4〕 参见《控制危险废物越境转移及其处置巴塞尔公约》，1989年3月22日，http://www.basel.int/Portals/4/Basel%20Convention/docs/text/BaselConventionText-e.pdf. 美国于1990年3月22日签署了该公约，但尚未批准该条约。http://www.basel.int/Countries/StatusofRatifications/PartiesSignatories/tabid/1290/Default.aspx. 该条约对危险废物在产生国以外的运输和处置进行了规定。

（二）行政命令和国防部政策

行政命令（E.O.s）是美国总统用来管理美国政府行政分支中的机构和组织的工具。一些行政命令直接解决或影响海外基地设施的环境要求。例如，《行政命令》12088 "联邦污染控制标准" 要求联邦行政部门机构确保其在国外的设施运行符合 "在所在国或辖区普遍适用的环境污染控制标准"。[1]《行政命令》12114 "海外重大联邦行动的环境影响" 指导行政部门机构在作出有关重大联邦行动的决定时进行环境影响分析，这些重大行动将对其他国家或全球公域（即任何国家管辖范围外的地理区域）的环境产生重大影响。[2]《行政命令》11850 "放弃化学除草剂和防暴剂之战中的某些用途" 适用于海外应急行动。[3]《行政命令》11850 禁止美国部队未经总统批准而在战争中使用任何防暴剂和化学除草剂作为战争手段。[4]

国防部的很多指令、指示和条令规定了海外基地设施的环境要求。但是，国防部适用于海外基地设施的大多数环境政策不适用于临时地点和已部署的行动。例如，《国防部指示》4715.5 "海外基地设施的环境管理" 规定了位于海外的国防部基地设施的环境要求，但不适用于远离长期基地设施的行动和训练部署。[5]此外，《国防部指示》4715.8 "海外国防部活动的环境补救措施" 确定了由国防部在海外地区的活动造成的环境污染的补救要求，但不规范行动指令或类似行动指示的环境附件所涵盖的补救环境污染的措施。[6]《国防部指令》6050.7 "海外重大国防部行动的环境影响" 要求在采取某些重大联邦行动之前，先考虑对美国和美国领土以外地区环境的影

---

〔1〕《行政命令》12088 "联邦污染控制标准" 第1-801节，43 Fed. Reg. 47707（1978年10月13日）。

〔2〕《行政命令》12114 "海外重大联邦行动的环境影响"，44 Fed. Reg. 1957，（1979年1月4日）。

〔3〕《行政命令》11850 "放弃化学除草剂和防暴剂之战中的某些用途"，40 Fed. Reg. 16187（1975年4月8日）。

〔4〕《行政命令》11850 第1节。该禁止措施通过《参谋长联席会议主席指令》3110.07C "关于化学、生物、放射、核防御和使用防暴控制剂和除草剂的指南"（2006年11月22日）实施，这是一份机密出版物，提供有关批准使用除草剂的权限和程序的详细指南。

〔5〕参见《国防部指示》4715.5 "海外基地设施的环境管理" 第2.1.3，2.1.4段，1996年4月22日。

〔6〕参见《国防部指示》4715.8，"海外国防部活动的环境补救措施" 第2.1.3，2.2.1段，1998年2月2日。

响，但是定义和例外使《国防部指令》无法被适用于武装冲突中采取的行动。[1]最后，《国防部指示》4165.69"国防部海外站点的重新安排"规定了归还（或部分归还）由美国军方运营或维护的，以接受东道国控制的海外站点的程序，但不适用于美国不再长期存在的、在应急行动期间控制的临时站点。[2]

《国防部指示》4715.19"在应急行动中使用露天燃烧坑"是一项专门适用于应急行动的国防部指示。《国防部指示》4715.19通常禁止使用露天燃烧坑，除非是在无法采取其他替代方法的情况下作为短期解决方案。其主要内容是除按照事先批准的固体废物管理计划外，禁止使用露天焚烧炉，限制可以通过露天焚烧处置的废物，并要求作战指挥官来决定何时属于没有其他可行的露天焚烧处置方法。[3]

（三）指挥官指令和军队政策

作战司令部（COCOM）和下级作战司令部的政策和指南可以解决海外行动的环境问题。例如，《中央司令部条例》200-2"中央司令部应急环境指南"为在美国中央司令部职责区域范围内从事应急行动的美国中央司令部（CENTCOM）人员运营的美国基地设施提供了环境指南和最佳管理实践。[4]此外，《美国陆军欧洲手册》200-2（AE Pam 200-2）"应急行动环境指南"，解释了美国欧洲集团军（USAREUR）负责地区进行应急行动的环境问题管理政策和责任。[5]

军队指示、法规、指南和其他出版物会补充国防部和作战司令部的政策，或者在没有国防部或作战司令部政策的地方填补空白。例如，在满足土木工程师应急响应计划人员确定替代或紧急废物处置方法的要求时，《空军指示》10-211"土木工程师应急响应规划"指示遵守国防部关于在应急行动期间使用露天燃烧坑的指令。[6]《空军手册》10-222第4卷"海外应急行动的环境

---

[1] 参见《国防部指令》6050.7"海外重大国防部行动的环境影响"，第3节第2.3.3段，1979年3月31日。

[2] 参见《国防部指示》4165.69"国防部海外站点的重新安排"，第2.3段，2005年4月6日。

[3] 参见《国防部指示》4715.19"在应急行动中使用露天燃烧坑"，2011年2月15日。

[4] 参见《中央司令部条例》200-2"中央司令部应急环境指南"，2009年8月。

[5] 参见《美国陆军欧洲手册》200-2（AE Pam 200-2），"应急行动环境指南"，2005年6月24日。

[6] 参见《空军指示》10-211，"土木工程师应急响应规划"，第2.2.3.3段，2011年11月16日。

考虑事项"为部署在国外支持应急行动的空军土木工程人员提供了环境方面的考虑事项指南。[1]

（四）行动计划或行动命令的环境附件

作为军事行动依据的行动命令（OPORD）、行动计划（OPLAN）或类似的行动指令通常会包含大量的附件和附录，这些附件和附录详细明确义务要求并提供了有关行动特定方面的指导。这些附件或附录之一将解决环境问题。[2]环境附件或附录将确定与空气排放、废水排放、饮用水水质、固体和危险废物管理、有毒物质、自然资源保护、历史和文化遗址的保护、溢出响应、环境影响分析过程以及环境污染的补救措施等有关的角色和责任。环境附件或附录中的要求和指南应设法保护部队健康，限制不利的公共卫生影响，以及在不影响战备状态和任务完成的情况下将环境风险降至最低。[3]实际上，《联合作战条令》指出尽管军事行动通常不集中在环境合法和保护上，但联合部队指挥官"有责任在最大程度上根据行动要求保护美军在其中行动的环境"。[4]

三、行动部署须知

在海外地区已部署行动的环境要求的主要来源是相关行动计划、行动命令或类似的行动指示的环境附件。但是，除非环境附件是最近起草或更新的，否则它可能无法反映出对所有适用义务来源的考虑。因此，在解决环境问题时，部署的军法官应该先在环境附件寻求处理方式，然后检查与该问题相关但附件中未涉及的国际协议、国防部指令或指示以及命令政策。军法官指挥

---

〔1〕　参见《空军手册》10-222，第4卷，"海外应急行动的环境考虑事项"，2012年9月1日。

〔2〕　该附件可以是一个独立的文档，通常标记为附件L，"环境注意事项"，也可以是工程附件的附录。将美国中央司令部作战计划附件L，"环境注意事项"，2002年9月18日与《野战条令》3-34.5/《海军陆战队参考出版物》4-11B，附录C，陆军行动计划和行动命令的工程附件的环境附录进行比较。通常，环境附件是由拥有家长计划的命令使用标准模板创建的，例如用于行动计划和行动命令的标准联合行动筹划和执行系统（JOPES）模板。联合行动筹划和执行系统是美国国防部的电子信息系统，联合行动筹划和执行机构使用它来"监视、计划和执行与联合作战相关的动员、部署、雇佣、维持、调动和复员活动"。参见《联合出版物》5-0，"联合作战计划"，第I.3.a段和术语汇编（"自适应计划和执行系统"和"联合行动筹划和执行系统"），2011年8月11日。

〔3〕　参见《联合出版物》3-35"联合工程行动"，附录D"环境考虑事项"，第3.b段；《空军手册》10-222，第4卷第1.2段，2011年1月30日。

〔4〕　参见《联合出版物》3-0，"联合行动"，第三章第7.d.3段，2011年8月11日。

链中的法律办公室可以协助进行国际协议筛查，而指挥链中的环境工程部门可以协助进行国防部和指挥政策的筛查。在处理已部署行动的环境问题时，环境法现场支持中心（ELFSC）的国际法部门也可能会有所帮助。空军土木工程师中心（AFCEC）的专家可以提供技术支持。以下是一些特定的事项。

（一）危险废物的处置

在已部署行动地点，危险废物的处置可能具有挑战性。如果在国内处置不是一个可行的选择，《巴塞尔公约》则可能会使试图将废物运出国外以便在另一个国家处置而变得复杂化。[1]国防后勤局处置服务将有助于解决任何关于《巴塞尔公约》的问题。国防后勤局处理服务在全球设有站点，即使在应急行动地区也是如此，因此基地设施的废物管理者应与其服务的国防后勤局处理服务站点合作，安排危险废物在国外的处置。想要找到国防后勤部的处理服务站点，请参见 http://www. dispositionservices. dla. mil/drmo/drmo-locations. shtml。

（二）环境基线调查（EBS）

行动开始时，美军应记录现有的环境状况。在"联合奋战"行动中，单位指挥官努力拍照或以其他方式记录其控制下的土地状况，极大地促进了处理无数索偿要求的工作，并有助于保护美国利益。[2]《驻欧洲美国空军指令》32-7068 号"部署行动环境基线调查"附件 4"设施评估清单"，为进行环境基线调查的人员提供了有用的清单。[3]对于位于美国中央司令部负责的地理区域内的基地设施，《中央司令部条例》200-1"保护和增强环境资产"和《中央司令部条例》200-2"中央司令部应急环境指南"要求完成环境基线调查并提供准备调查时使用的模板。[4]

---

〔1〕《巴塞尔公约》禁止将危险废物从一个成员国运送到一个非成员国，除非已达成特别协议。见《巴塞尔公约》，第 11 条。

〔2〕理查德·惠特克（Richard M. Whitaker），《海外行动的环境方面：最新动态》，1997-JUL Army Law 17, 25, 1997 年 7 月。

〔3〕参见《驻欧洲美国空军指令》32-7068，"部署行动环境基线调查"，2004 年 3 月 16 日。

〔4〕参见《中央司令部条例》200-1"保护和增强环境资产"，第 4-1. b 段和附件 C，2011 年 12 月 1 日；和《中央司令部条例》200-2"中央司令部应急环境指南"，第 3-2. d 段和附件 D，2009 年 8 月。中央司令部的环境基线调查模板有助于初级人员在有限的培训下执行调查。

（三）环境管理

行动期间的主要重心是任务的完成。但是，完成任务和保护环境并不是相互排斥的，环境管理可以提高任务目标。通过解释环境因素如何帮助实现任务目标，军法官和律师助理可以为任务成功做出贡献。在评估环境问题时，指挥官应考虑其行动对以下方面的影响：

1. 长期和短期军人的健康：不良的环境管理会直接影响军人的健康及其履行职责的能力。

2. 国际社会或外交关系：特派团的成功越来越取决于当地民众和东道国的支持。健全的环境计划可以以积极的方式促进这些关系。

3. 阻碍当前和未来的行动：指挥官应评估其环境行为是否会阻止其他国家在未来的突发事件或其他已部署的行动中支持美国。

4. 引发国内外批评：不良的环境管理可能会削弱对国防部或其行动的支持。

5. 财务成本：不良的环境管理可能导致美国需要为保护军队成员而支付清理费用，根据《对外赔偿法案》支付债务或为履行对东道国的义务而支付费用。

（四）东道国法律法规

除非存在部队地位协议（SOFA）、基础协议或其他国际协议的规定作为依据，否则东道国的环境法律、法规和条例不适用于美国部队的活动。部署的军法官应在其业务指挥链中咨询法律办公室，以协助确定国际协议在多大程度上（如果有）要求美军遵守东道国的环境要求。

（五）海外环境基线指导文件（OEBGD）

海外环境基线指导文件是一套旨在保护人类健康和环境的客观标准和实践管理。它反映了适用于美国国防部活动的公认的环境保护标准，并纳入了适用于海外的联邦法律的要求。[1]海外环境基线指导文件标准和程序总体上提供了适用于海外国防部基地设施的最低标准，以保护人类健康和环境。这些标准适用于在国防部指定机构（即国防部环境执行代理或主要环境部门）未建立针对特定国家/地区的合规性要求的国家/地区中的海外基地设施。[2]

海外环境基线指导文件或由海外环境基线指导文件发展出来的特定国家/

---

〔1〕　参见《国防部指示》4715.5，附件2，第E2.1.5段。

〔2〕　参见《国防部指示》4715.5，附件2，第6.3.5和6.3.8段。

地区的要求不适用于基地设施外的行动和培训部署。[1]但是，如果相关行动计划或行动命令的环境附件不足或缺失，并且没有其他可适用的义务来源（例如战斗员的指挥规程），部署的人员在制定基地或指挥的环境合规性要求（而非补救或规划）时，可以使用海外环境基线指导文件作为指导。

海外环境基线指导文件是国防部的出版物，正式发布为国防部发 4715.05-G 号，"海外环境基准指南"。[2]

（六）除草剂的使用

美国已宣布"除了依据适用于国内使用的法规，为了控制美军基地及设施内或直接防御范围的植被以外，美国承诺决不在战争中首先使用除草剂"。[3]

（七）石油泄漏

在已部署的行动地点，石油泄漏占环境问题的绝大部分。因此，部署人员应准备就泄漏应对和报告提供建议。如果行动计划或行动命令的环境附件中的指南在特定情况下受限制或不可行，则基地设施应通过行动指挥链寻求指导。You Spill, You Dig II 是一本陆军手册，提供了有关持续部署行动期间泄漏计划和应对的有用信息。[4]

四、结论

尽管在海外部署的行动中，指挥官通常不会首先考虑环境因素，但环境问题很重要，因为我们如何处理环境问题，例如空气排放、饮用水和废水、固体和危险废物、文化和自然资源以及危险材料将直接并显著影响人类健康和安全。如果由于疾病、受伤、毁损或恶化而导致该指派的部队或设备无法正常运转，指挥官将无法完成任务，更不用说如果美军未能采取合理措施维护和保护当地国民的健康、安全以及环境可能会引起东道国当局的反对。因此，在部署行动期间，环境方面的考虑很重要，部署的军法官应当准备好在尽可能符合行动要求的前提下向指挥官建议保护自然环境。部署的军法官应

---

〔1〕 参见《国防部指示》4715.5，附件2，第2.1.3和2.1.4段。

〔2〕 国防部发 4715.05-G，"海外环境基准指南"，2007年5月1日。

〔3〕《行政命令》11850，40 Fed. Reg. 16187（1975年4月8日），《参谋长联席会议主席指令》3110.07D 号，"关于使用防暴控制剂和除草剂的指南"，2011年1月31日。

〔4〕 参见 You Spill, You Dig II。

当熟悉部署的作战地点的环境要求的法律依据，以便它们可以帮助指挥官正确解决出现的环境问题。

参考文献

1. Exec. Order No. 11850, "Renunciation of Certain Uses in War of Chemical Herbicides and Riot Control Agents," 40 Fed. Reg. 16187 (Apr. 8, 1975).

2. DoDD 6050.7, Environmental Effects Abroad of Major Department of Defense Actions, 31 March 1979.

3. DoDI 4715.19, Use of Open-Air Burn Pits in Contingency Operations, 15 February 2011.

4. DoD 4715.05-G, Overseas Environmental Baseline Guidance Document, 1 May 2007.

5. CJCSI 3110.07C, Guidance Concerning Chemical, Biological, Radiological, and Nuclear Defense and Employment of Riot Control Agents and Herbicides (U), 22 November 2006.

6. CCR 200-1, Protection and Enhancement of Environmental Assets, 1 December 2011.

7. CCR 200-2, CENTCOM Contingency Environmental Guidance, August 2009.

8. USCENTCOM OPLAN (U), Annex L, Environmental Considerations, 18 September 2002.

9. AFI 10-211, Civil Engineer Contingency Response Planning, 16 November 2011.

10. USAFEI 32-7068, Environmental Baseline Surveys for Deployed Operations, Atch 4, Facility Assessment Checklist, 16 March 2004.

11. JP 3-34, Joint Engineer Operations, App D, Environmental Considerations, 12 February 2007.

12. JP 5-0, Joint Operation Planning, 11 August 2011.

13. AFH 10-222, Vol 4, Environmental Considerations for Overseas Contingency Operations, 1 September 2012.

14. AE Pam 200-2, Contingency Operations Environmental Guide, 24 June 2005.

15. FM 3-34.5/MCRP 4-11B, Environmental Considerations, February 2010.

16. USACE, Europe District and USA, Europe, "You Spill, You Dig!" —An Environmental Handbook for Deployment, July 1998.

17. USACE, Europe District and USAIMA, Europe Region, "You Spill, You Dig Ⅱ" —An Environmental Handbook for Sustained Deployment Operations, after 2005.

第三十三章 | 外国、国际及个人索赔

一、介绍

每当美军驻扎或部署到外国时，美军就有可能损坏财产或对当地国民或其他人造成人身伤害。索赔人可以包括当地国民、当地企业、东道国政府实体（地方或国家）、外国盟军及其部队，甚至是美国人员。在这些情况下，辩护律师必须了解索赔制度及其个人责任。

二、单一军种索赔责任

通常情况下，各司令部负责解决由其自身行动所引发的侵权赔偿。在实践中，根据这一规则，通常由造成此项赔偿责任的军种部门承担。然而，对此项规则及实践的广泛例外是单一军种索赔责任（SSCR）。依据《国防部指示》5515.08，国防部法律总顾问为陆军、海军及空军军部分别分派一些国家，由这些军种部专门负责在分派给它们的那组国家中产生的、由指令明确的赔偿事宜。

即使地理区域作战司令部司令（通过参谋联席会主席）可以为在没有被纳入上述被指派的国家中审理索赔诉求而分派"临时责任"的同时，必须立即向国防部法律总顾问（DOD/GC）申请确认与核准。除非海事索赔诉求是依据专门协定提出的（例如，依据《北约组织部队地位协定》（NATO SOFA）提出的涉及人身伤害的海事索赔），否则此类索赔没有被涵盖在单一军种索赔责任（SSCR）分配制度中。如果另一个军种负有单一军种索赔责任（SSCR），空军则没有财政授权来偿付索赔诉求。不考虑单一军种索赔责任（SSCR），海军可在一个分派给陆军或空军的国家赔付一项索赔请求，但这仅限于有限的情况，即该赔偿责任是由在海上的海军部队在外国港口的职责范围之外引

起的，而且偿付的金额低于 2500 美元。

三、抚慰金

（若当地存在给付抚慰金的习惯）抚慰金是即时支付给受害者或受害者家庭，以示抚慰的一种象征性费用。抚慰金的给付不是一种赔偿（不是从任何应付赔偿所得中扣除的），也并非由拨付的索赔金支付。这些象征性款项通常由行动和维护资金予以支付，并受限于少数具有该款项支付传统的国家的军事法规。

除了远东某些国家之外（日本、韩国及泰国），由于不存在善意的惯例规则，被误解、导致受害者或国家强烈反对，和/或增加对美国的长期索赔成本的风险非常高，因此，任何考虑中的抚慰金都应当进行仔细评估。显然，在战争环境下对习惯进行适当的调查了解是十分困难的，因此，如果根据初步信息过早支付费用是情有可原的。然而，在和平时期，只有经过适当的调查以排除合理怀疑时，某项习惯才能得到承认。2004 年，美国国防部总法律顾问发表意见，认为在伊拉克和阿富汗，抚慰金支付已经形成了惯例。

此外，还必须关注实际提供的金额。付款必须反映特定国家的主要经济状况，并且在这种情况下是"代币"或"名义上的"，付款应仅占人均收入的相对较小的百分比。如果存在着一种习惯，要么以法律的形式予以表述，要么被社会广泛认同，并能够被本地法律专业人士以及其他人士清晰地加以表达。即使没有在法律中得到表述，法律是否提及尊重该习惯与否会带来任何民事或刑事利益或后果？公共和私营的交通运输服务系统在事故发生后的几个小时或几日内，是否能迅速地向受害者支付非赔偿性的、以示安慰的抚慰金？如果是，那么应以何种形式？金额是多少？这些支付是否以某种形式记录下来？在上文未明确提及的国家支付抚慰金之前，务必咨询空军法律行动局/联合航空指挥中心（AFLOA/JACC）。由于抚慰金不受单一军种索赔责任（SSCR）以及由其他军种提出的报告及进行的支付的影响，因此，空军法律行动局/联合航空指挥中心（AFLOA/JACC）可以与这些军种就支付的一致性进行协商。

四、作战引起的索赔

作战活动引起（无论是故意伤害还是附带损害）的索赔不予支付。应该记住的是，作战活动可以包括维和行动。然而，当一架与作战间接相关的航空器（包括其机载弹药）在准备、前往执行作战任务，或完成任务返回期间出现事故或故障时，索赔要求可能被偿付。轰炸一个目标时的错误不是一个"事故或故障"。在一个作战地区出现的索赔，并不必然地说明它是由作战引起的索赔。在"沙漠风暴"行动期间，美国空军对位于沙特阿拉伯的后方地区所发生的交通事故承担了赔偿责任。面对伊拉克境内的叛乱斗争时，美国陆军逐项调查每个索赔请求，以确定其与作战的关系。

五、在国外引起的索赔

《国际协定赔偿法案》（IACA）及《对外赔偿法案》（FCA）均可作为赔付发生在海外的有效侵权索赔的潜在依据。然而，由于该两项法案在适用上互相排斥，且《国际协定赔偿法案》（IACA）优先于《对外赔偿法案》（FCA）适用，因此，有必要对这两项法案做进一步的了解。

（一）《国际协定赔偿法案》（见《美国法典》第 10 编第 2734a 节）

《国际协定赔偿法案》（IACA）是一个实施法案，允许赔付根据某些国际协定而提起的索赔请求。对于依据《国际协定赔偿法案》可获得赔偿的索赔请求须满足：①美国必须为该国际协定的一方；②该项索赔必须是由正在履行公务的美国军人或平民的作为或不作为（或根据东道国法律，由美国武装部队承担法律责任的作为或不作为）引起的；③根据协定，该赔偿必须是按比例分摊的。

《北约部队地位协定》（NATO SOFA）第 8 条第 5（e）(i) 段提供了费用分摊的例子："在派出国是（索赔）唯一责任方时，判决或裁定的赔偿金额应按如下比例分担：接待国承担其中的 25%，派出国负担 75%。"根据这一条款，如果一名派驻英国的美国军人在英国境内造成人身伤害和/或财产损失，英国国防部认定该项侵权赔偿金额为 100 英镑，则由英国向受害方支付全部100 英镑的赔偿金，其后，再由美国向英国偿还 75 英镑。两国以这种方式分摊赔偿费用。

为了适用《国际协定赔偿法案》（IACA），该国际协定必须明确关于赔偿款项分摊事宜的安排。而具体的费用分摊的比例则根据与之谈判的国家的不同（例如，冰岛与美国的分摊比例为 15%/85%），以及对所造成的损失应承担责任的国家数量的不同而有所不同。

如果接待国根据费用分担协定而支付了一笔赔偿金，并向美国提交了一份账单，负责代表美国支付账单的军方办公室可能基于以下两个理由拒绝偿付该账单：如果根据协定，该项索赔不予承认（例如，依据协定条款，该项赔偿已被放弃），可以拒绝偿付该账单。如果接待国在相似情况下对美军所适用的标准，比适用于己方军队的标准更为苛刻时，也可拒绝偿付该账单。为了在与东道国交往过程中保持一致性，与美方签订赔偿费用分摊协定的所有缔约国均分派了单一军种索赔责任（SSCR）制。

（二）《对外赔偿法案》（《美国法典》第 10 编第 2734 节）

《对外赔偿法案》（FCA）作为一个特惠津贴法规，在所有《国际协定赔偿法案》（IACA）不适用的情况提供可能的救济。正如法规所阐明，《对外赔偿法案》的目的是基于"部长所制订的规章"，"通过迅速地解决有价值的赔偿请求以促进并维护与相关国家间的友好关系"。《空军指示》51-501 第 4C 章规定了由空军负责的所有《对外赔偿法案》（FCA）索赔的裁决办法。

《对外赔偿法案》（FCA）适用于下列情形：

美国与接待国之间没有有关赔偿事宜的任何国际协定；

美国与接待国之间虽然签订有国际协定，但该协定未涉及赔偿事宜，或虽涉及赔偿事宜，却未载明费用分摊安排；

美国与接待国之间签订有包含有费用分摊安排的国际协定，但索赔方并非符合协定要求的第三方主体，或该项赔偿是由执行公务之外的作为或不作为所引起的，包括与公务完全无关的合法行为以及犯罪行为。

如前文所述，有时，一项《对外赔偿法案》（FCA）索赔是根据一个仅包含了一些索赔条款（非费用分摊）协定而提出的。在这些案件中，索赔仍应当依照协定加以裁决。若一项索赔依据《对外赔偿法案》（FCA）是应当予以赔付的，却已由国际协定中约定予以放弃，则美国便没有支付的财政义务，而且对外赔偿委员会（FCC）亦没有支付该项赔偿的财政授权。依据《对外赔偿法案》（FCA）之规定，对外赔偿委员会（FCC）是由空军负责的所有赔偿的唯一结算机构。只要涉及索赔事宜的两个军种的参谋长同意，来自一个军种的人员可以作为另一个军种对外赔偿委员会（FCC）的成员。

《对外赔偿法案》（FCA）索赔通常以书面形式提出，然而，如果事实上口头提出是当地已经形成的习惯，则可以口头形式提出。若一项《对外赔偿法案》（FCA）索赔是口头提出的，则受理该申请的军法官应当立即将其以书面形式记录下来。

《对外赔偿法案》（FCA）仅适用于外国居民。外国居民包括惯常居住在外国（任何外国，不一定是产生索赔的国家）的个人或商业实体、外国政府及其政治分支机构。若索赔人并非外国居民，而是实际或推定居住地在美国的美国公民（例如，游客、军人、联邦文职雇员及其家属），则"范围内"的赔偿可依据《军事赔偿法案》（MCA）予以处理。同《军事赔偿法案》（MCA）一样，《对外赔偿法案》（FCA）允许结算机构赔偿由美国武装力量的非战斗行动所引起的损失。

《对外赔偿法案》（FCA）索赔依据事件发生国现行的法律、标准以及习惯予以裁决。与在《国际协定赔偿法案》（IACA）赔偿中，东道国法律通常适用于所有细节相反，如果东道国法律与《空军指示》51-501《对外赔偿法案》（FCA）有关索赔的规定存在冲突，则以《空军指示》51-501 的规定用语为准。不考虑东道国法律，《空军指示》51-501 规定所有的《对外赔偿法案》（FCA）索赔遵循美国的因果关系分析，而不承担连带或分别责任。

空军要求对所有《对外赔偿法案》（FCA）索赔作出裁决，并且有价值的《对外赔偿法案》（FCA）赔偿请求均应以外国货币予以支付。如果没有特殊情况，赔付应以发生事故国家的货币支付。

尽管潜在的《对外赔偿法案》（FCA）索赔申请人范围广泛，赔偿理由充足，但《空军指示》51-501 仍列举了大量支付赔偿的例外情形。其中，在部署过程中最常见的一些情况包括：

1. 该项索赔已被国际协定放弃；

2. 一项合同交易产生的索赔，或因独立承包商的过失而引起的赔偿；

3. 针对由美国或为美国定期购买、拥有或处置不动产而产生的租金、损坏或其他付款提出的索赔；

4. 外国军事人员因在服役期间或联合军事行动中遭受人身伤害而提出索赔。

虽然本章所提供的信息作为对相关情况的概述显然是有价值的，但这些信息无法取代对《空军指示》51-501 的全面研究，尤其是在支付例外方面。

根据《对外赔偿法案》（FCA）进行适当研究以回答五个问题：

1. 事实上发生了什么？

2. 当地法律对于该事件是如何规定的？

3. 不论当地法律如何规定，当地法律是如何实际适用的？

4. 特别是，当地法律是如何适用于接待国的武装力量（或警察）成员的？

5. 尽管有可适用的当地法律，《空军指示》是否由于一些与可适用的国际协定的措辞没有明显冲突的其他原因而禁止支付赔偿？

《对外赔偿法案》（FCA）中有一个 2 年的法定时效，禁止代位支付。若索赔人获得了所遭受的财产损失或人身伤害的保险赔偿，除非该保险是由美国政府或其雇员所购买的，否则这些保障赔偿不会从索赔人的赔偿金中扣除。尽管国外法庭针对美国军人或文职雇员的裁决是一个需要认真考虑的因素，但对对外赔偿委员会（FCC）有关赔偿额的决定不具有约束力。

最后，对于被驳回《对外赔偿法案》（FCA）的索赔申请，索赔人无法定权利提出上诉，并且也没有要求对外赔偿委员会（FCC）进行复议的权利。但是，若索赔人提出新的物证或在原决定中有明显的错误，索赔人可以要求复议，且对外赔偿委员会（FCC）应当予以复议。

六、个人索赔

《军人与文职人员赔偿法案》（PCA）授权对军人及国防部文职雇员所拥有的个人财产的遗失、损坏或毁坏进行赔偿。《军人与文职人员赔偿法案》（PCA）适用于世界任何地方，对于部署人员，该法案仅涵盖那些因服役而发生的个人财产损失，而且仅涉及那些在部署环境下被认为是合理的或有用的财产。

（一）可赔付的索赔

在部署期间，根据《军人与文职人员赔偿法案》（PCA）一般可提起索赔包括下列物品的遗失、损坏或毁坏（并不一定都是可赔付的）：

1. 个人装备及衣物在向部署地点运输过程中的遗失、损坏或毁坏；

2. 存放于指定营区或任务地点的，由于盗窃、故意破坏行为或其他异常情况（例如恶劣天气）而导致的个人财产的遗失、损坏或毁坏；

3. 由于紧急疏散所导致的个人财产的遗失、损坏或毁坏；

4. 针对美国的恐怖主义所导致的个人财产的遗失、损坏或毁坏；

5. 执行非例行职责时所穿戴的衣物及物品的遗失、损坏或毁坏；

6. 政府采购和提供的设备及其他用品；

7. 索赔人希望用来取代政府购买/发放的设备的个人采购的财产或物品的遗失、损坏或毁坏；

8. 未经部署指挥官批准的个人设备或物品的遗失、损坏或毁坏。

（二）赔偿支付限制

《空军指示》51-502第2章及第3章列出了对赔偿支付的限制。根据《军人与文职人员赔偿法案》（PCA），如果个人财产的遗失、损坏或毁坏是由于索赔人的疏忽导致或促成的，索赔请求不予批准。该限制规定同样适用于因索赔人的代理人的疏忽或其不当行为所造成的遗失、损坏或毁坏。个人财产的遗失、损坏或毁坏的索赔申请，必须在自事件发生之日起的2年之内提出。如果索赔人延迟提交索赔申请有充分的理由，并且如果两年期是在美国参加一场战争或武装冲突前2年或在一场涉及美国的战争或武装冲突期间开始计算，那么2年时效期限可予以延长。2年时效期限的任何延期在下列期限届满之时视为期满（以最早的日期作为期满之日）：美国参加的武装冲突结束2年后、任何囚禁期限结束、延期提交索赔申请的充分理由消灭之日。从实践角度看，成员延长限制期限的正当理由通常会在他/她停止参加战争或武装冲突时结束。

同时，赔偿对象仅限于在具体情势下被认为对有关人员的职责而言是合理的且有用的财产。例如，非法持有的财产（诸如战利品），或违反指令或合法通令的财产（诸如在特定区域内的酒类或色情材料）则不予赔偿。再者，供有关人员个人使用或作为礼品而在任务部署地点购买的大量贵重金属、珠宝或其他昂贵材料也不会被赔偿。结算机构在确定拥有相关物品是否合理时，应充分考虑所有相关情况。

军人就其在履行委派的例行职责时发生的衣物和军装的遗失、损坏或毁坏所提出的索赔要求是不予赔偿的。例如，某一建筑工程兵连成员就其在执行例行分配的施工任务中出现的衣物破损提出的索赔请求不予赔付。然而，一名行政专业军士就其在紧急情况下装填沙袋而破损的军装提出的索赔请求可能予以赔偿。对有关军装索赔作出裁决之前，应参考《空军手册》23-110

第 1 卷第 3 部分第 2 章第 2.75 段，以确定根据这一规定，支付该赔偿是否合适。若依据《军人与文职人员赔偿法案》（PCA），一项军装索赔要求不予赔付的话，单位也可考虑是否满足了《空军指示》36-3014 所规定的发放补充军装津贴的要求。

（三）结算机构

依据《军人与文职人员赔偿法案》（PCA）的索赔请求应向空军赔偿服务中心（AFCSC）提出，并由该机关进行裁决。申请可在线提交（网址：https://claims. jag. af. mil）。如有疑问，索赔人或法律办公室可以每周 7 天每天 24 小时拨打 DSN 986-8044 或者免费电话 1-877-754-1212。其他军种人员（如陆军、海军、海军陆战队以及海岸警卫队）所提出的《军人与文职人员赔偿法案》（PCA）索赔申请应送至所在军种。部署的军法官及律师助理应将兄弟军种索赔人介绍到他们军种的赔偿部门。空军赔偿服务中心的网站可以查到所有军种的集中联系点。

七、实际问题

通常，部署中接管调入部队的指挥部会给他们的军法官一些有关赔偿方面的指示。因此，每次部署中处理索赔的方式都可能不同。例如，接管调入部队的指挥部必须告知如何跟踪记录已提交并已支付的索赔请求［通过人工日志或者空军索赔信息管理系统（AFCIMS）记录］，并且向在其权限内指定的对外赔偿委员会（FCC）提供付款凭证。

显然，某些外国索赔人不会说英语，且很多人不了解我们的索赔机制。当某人无法提出赔偿请求时，可以对提出索赔申请的流程进行解释，甚至可以让当地居民知道要在他们的地区进行演习。在索赔人不会说英语的案件中，若您的司令部没有提供翻译的话，东道国的执法部门或美国大使馆可以提供。在某些国家，在现场以现金迅速支付索赔可能更为有效（需要首先调查当地的习惯及财务办公室的能力）。

对于依据费用分摊国际协定提出的，在履行公务过程中所引起的索赔请求，接待国的赔偿机构，而不是美国的军事赔偿机构，必须支付赔偿。此乃东道国的优先权。如果索赔请求是向美军提交的，则该索赔请求必须转交给接待国的相关赔偿机构。如果某个事故的发生地距部署地点有一定距离，则有人将判断需要多少信息来确定是否可支付索赔，如果是，将如何获得款项或支票来支付索赔人。若索赔明显是由作战引起的，则无须冒调查的危险了。

八、预付款

当有预付款且支付预付款是合理的时候，支付预付款则有助于缓解因合法索赔引起的紧张局面。实际上非常不幸的是，当支付预付款本是可供选择的一个选项时，会受到来自跨机构的压力要求承认并不成熟的，甚至根本不存在的支付抚慰金的习惯的影响。

如果索赔人提出支付预付款的要求，看起来索赔人的索赔要求有效且赔偿额超过预付款的数额，而且情况表明迫切需要食品、避难所、医疗或丧葬费用，或其他必需品，可根据《军事赔偿法案》（MCA）和《对外赔偿法案》（FCA）[不是《联邦侵权赔偿法案》（FTCA）或《国际协定赔偿法案》（IACA）]支付预付款。对于一家商业企业而言，可能需要避免严重的经济损失或潜在的破产风险。如果满足该需求是可能的，并且由于索赔人对这种选择的不了解而使紧张局势加剧，应当请索赔人向对外赔偿委员会（FCC）提供证据证明其的确有紧迫的需求，希望对外赔偿委员会（FCC）考虑支付预付款。然而，要获得预付款，索赔人必须签署一份书面协定，保证如果最终没有提出索赔申请或预付款超过最终批准的赔偿金额，则退还预付款。以下为一份基本的预付款协定样本：

预付款协定

本人，_____（姓名），

_____（地址），同意接受根据《美国法典》第10编第2736节规定的，金额为 $ _____（美元）（若依据《对外赔偿法案》支付，则注明外国货币金额）的预付款，以便减轻于_____

（日期）由于_____发生的事故中造成的死亡、人身伤害或财产损失所带来的痛苦，来作为此次事故解决方案的一部分。

本人明白，该笔款项是依据《军事赔偿法案》（《美国法典》第10编第2733节）、《对外赔偿法案》（《美国法典》第10编第2734节）、《国民警卫队赔偿法案》(《美国法典》第 32 编第 715 节) 之规定，进行的赔偿的行政支付的预付款。在本人了解上述损失或伤害的程度和数额后，将尽快向美国空军提出索赔。本预付款金额将从本人所获得的最终赔偿金中予以扣除。

　　若最终赔偿额低于所获得的预付款额，本人同意向美国空军退还预付款中超出最终赔偿额的部分。若在法定期限内，没有获得赔偿或没有提出索赔申请，本人同意退还全部预付款。

　　本人理解，该预付款并不代表美国承认对上述事故承担责任。

索赔人：

_____（签字）_____（日期）

_____（打印的姓名）

_____（地址）

见证人：

_____（签字）_____（日期）

_____（打印的姓名）

_____（地址）

参考文献

1. Agreement Between the Parties to the North Atlantic Treaty Regarding the Status of Forces, 19 June 1951, 4 U. S. T. 1792, T. I. A. S. 2846, 199 U. N. T. S. 67 (entry into force 23 August 1953, for U. S. same date).

2. Agreement Among the States Parties to the North Atlantic Treaty Participating in the Partnership for Peace Regarding the Status of Their Forces, 19 June 1995, T. I. A. S. 12666 (entry into force 13 January 1996, for U. S. same date).

3. Military Claims Act, 10 U. S. C. § 2733.

4. Foreign Claims Act, 10 U. S. C. § 2734.

5. International Agreement Claims Act, 10 U. S. C. § 2734a.

6. Advance Payments Act, 10 U. S. C. § 2736.

7. Use of Government Property Claims Act, 10 U. S. C. § 2737.

8. Military Personnel and Civilian Employees'Claims Act, 31 U. S. C. § 3721, 1996.

9. DODI 5515. 08, Assignment of Claims Responsibility, 11 November 2006.

10. AFI 51-501, Tort Claims, 15 December 2005.

11. AFI 51-502, Personnel and Government Recovery Claims, 1 March 1997.

第三十四章 行动中的法律援助

一、背景

　　向军人提供法律援助是为了确保法律问题不会对指挥的有效性或任务准备造成负面影响。法律援助在保持人员的战备状态、福利和士气方面是一个至关重要的因素。在行动地点，一个成功的法律援助计划对于确保相关人员保持有助于完成任务准备的法律准备状态是十分必要的。同时，为留守于常驻地的家庭成员提供法律援助服务，对于保持部署空军人员平和心态来说同等重要。这两个计划的成功与否，将通过当事人的满意度和最终任务的完成情况加以衡量。

　　部署的军法官所能提供的法律援助服务范围将取决于行动的优先任务、法务人员数量以及设备资源。例如，一个危机行动小组中唯一的军法官或律师助理可能无法提供更多的法律援助。同样地，身陷危急情势的人员很可能暂缓寻求法律援助，直到行动情势缓和。然而，军法官应当为此类情形预先制订一份可行的备用计划，比如为一项保障性法律援助计划提供电话咨询服务。同样，军法官可能会利用情势缓和的时机，编制宣传材料张贴在基地公用区域，或者挂在基地的内部网页上。准备好最新的有用信息可能有助于缓解当事人在行动繁忙期间等待预约法律援助的紧张情绪。部署的军法官甚至应准备好在非传统办公室环境（例如就餐场所）中提供现场援助。灵活性和创造性是高强度行动成功的关键要素。

　　部署的军法参谋应与负责监督的军法参谋相配合，在行动开始之初就明确所提供的法律援助的范围。通常，需要建立行动办公时间、预约/无需预约制度、转介、冲突、保密等办公管理程序以及紧急情况处理程序。军法官应根据指挥官和任务的需要，分配有限的资源。请根据空军指导原则提供法律援助。军法官应尽力避免帮助每个人做每一件事的倾向。然而，在部署的情形下，孤独的人们寻找能倾听他们诉说自己的问题的人的情况很快就会出现。军法官可以提供有效的法律援助服务，而不必成为其心理医生或意见征询者。在适当的情况下，若条件允许，可将当事人转荐到合适的办公室，以寻求咨询服务。在某些情况下，由于其他资源有限，军法官往往被置于想要提供帮助的困难处境。试图援助每个人的危险性在于，增加了无意中在法律援助范围以外的事务上建立律师–客户委托关系的期待可能性。当坚持职业责任的规则时，军法官应鼓励部队单位监管部门参与干扰任务准备的、非法律性私人问题的解决。

二、法律援助的范围

法律援助包括向适格的受益人就其个人民事法律问题提供建议，以保持在部署环境中至关重要的指挥的有效性及战备工作的完成。部署的军法官会发现，对当事人进行合理分类或排序，并优先援助在前线面临最为严重问题的当事人是十分必要的。但是，军法官及律师助理应清楚当事人的哪些事务属于法律援助范围之内，哪些不属于。在部署环境中法律援助的范围是不变的。

（一）范围之内

下列事务属于法律援助范围之内：①遗嘱、预先的医疗指示、委托书（POA），以及公证事宜；②《军人民事救济法案》（SCRA）和《服兵役人员工作就业和再就业权利法案》（USERRA）中规定保护的事宜；③伤亡事宜；④租赁法律关系终止；⑤纳税；⑥家庭关系，包括个人财务责任、强制分配、离婚、子女抚养及监护事宜；⑦消费权益纠纷；⑧由军法署署长（JAG）、一级司令部（MAJCOM）的军法参谋（SJA）、航空队（NAF）军法参谋（SJAs）或基地军法参谋（SJAs）认定的，与个人民事法律事务相关的其他事务。

（二）范围之外

下列事务属于法律援助范围之外：①公司或商业企业；②刑事犯罪问题；③道德行为标准；④《武装冲突法》（LOAC）问题；⑤涉及空军利益的官方事务；⑥代表第三方提出的法律问题或相关事务；⑦在民事法院或行政诉讼中当事人的代理事务；⑧起草或详细审核不动产出售交易、分割协定、离婚裁决或当事人的生前信托，除非军法参谋认为其具备这样做的专业知识。不需要建立有关上述事项的律师-客户关系。

（三）行动中获得法律援助服务的资格

获得法律援助服务的适格主体包括：①现役军人，包括《美国法典》第10编规定的服联邦现役的后备役军人及国民警卫队员，及其有权获得身份证的家庭成员；②执行现役国民警卫队员/后备役员（AGR）值勤的空军后备役部队人员，包括《美国法典》第10编第10211节、第10编第12310节或第32编第502（f）节所规定的人员；③被部署到或在行动战区内的文职雇员及地方承包商人员（仅限于起草遗嘱和委托授权书）；④为在美国、波多黎各、关岛和维尔京群岛之外的国防部人员或武装部队服务、受其雇佣或伴随文职雇员，以及一同居住的家属；⑤在美国境外的，受《美国统一军事司法典》（UCMJ）管辖的其他人员，以及与他们一起居住的、有权获得身份证的家庭成员。此外，不具备《美国法典》第10编地位的，未服现役而可经联邦动员服役的后备役军人及国民警卫队员，有资格接受有关遗嘱和委托授权书（POA）等与动员/部署相关的法律援助。需要注意的是，在此仅提及了与部署环境相关的适格主体类型。《空军指示》51-504；"法律援助、公证以及预防性法律计划"（2003年10月27日）中包括了可接受法律援助服务的适格主体的名单。

三、遗嘱、预先医疗指示（生前遗嘱）、委托授权书，以及公证服务

（一）文书起草（DL）软件

空军、海军、海军陆战队和陆军均采用文书起草（DL）程序作为其标准遗嘱生成软件。大多数已建立起来的部署法律办公室均已在它们的办公电脑上安装了文书起草（DL）软件。携带着装备工具包的部署军法官应确保在部署前将文书起草（DL）软件安装于笔记本电脑中。文书起草（DL）软件可以为任何婚姻状况的人员编写简单或复杂的遗嘱。该程序也可以编写生前遗嘱及医疗保健文件、委托授权书、资产列表及执行清单。虽然文书起草（DL）软件可以编写委托授权书，但很多律师和律师助理还是更倾向于使用WebLIONS中的各类委托授权书表格。WebLIONS可以经互联网在FLITE主页上访问。

（二）军人遗书（MTI）

《美国法典》第10编第1044d节承认军人遗书作为事实上有效的最终遗

嘱的合法性。根据《美国法典》第 10 编 1044d 节之规定，若军人遗书是遵照联邦法规的程序执行的，则其不受州关于遗嘱格式、手续或备案要求的约束。遵照该程序执行的遗嘱在为进行遗嘱检验而出具时，各州必须予以承认。相关指导请参见《国防部指令》1350.4 "法律援助事宜"（2001 年 4 月 18 日），以及《空军指示》51-504。

（三）委托授权书（POA）和生前遗嘱

特别委托授权书赋予完成特定事务的有限授权，例如，购买或出售不动产，采购或出售一辆汽车，以及运送或存储家庭用品。全权委托授权书实质上是一种处理所有法律（以及可能非法律）事务的全面授权。此外，委托授权书可以是长期的或短期的。即使委托方在医学上被认定为无行为能力人，长期的委托授权书仍然有效，并且可以指定另一人代表无行为能力人作出决定。除非委托授权书中的用语明确表明生成的是一份长期委托授权书，否则，在委托方被认定为无行为能力人时，该授权即告终止。委托授权书的有效期限由委托方自行规定，或为完成特定事务的合理时间，通常不超过 1 年。军人委托授权书是由军法官、作为法律援助官的地方律师以及具有公证资格的其他指定人员进行公证的委托授权书。军人委托授权书不受州法律关于委托授权书的格式、内容、手续或备案等方面的约束，并与依据州法律准备和执行的委托授权书具有同等法律效力。类似地，《美国法典》第 10 编第 44c 节规定，军人医疗指示（也被称为生前遗嘱）亦不受州法律在格式、内容、手续或备案等方面的约束，并与依据州法律制定的预先医疗指示具有同等法律效力。然而，《美国法典》第 10 编 1044c 节中的条款并不使军人医疗指示在不认可其效力的州执行。

（四）公证程序和指导方针

依据《美国法典》第 10 编 1044a 节之规定，对文件进行公证的军法官、地方律师及律师助理，应遵守下列要求：①签字时应注明日期和地点，并标明头衔以及事务所；②在文件上注明《美国法典》第 10 编 1044a 节的授权，包括使用封印或印章以注明"美国空军""军法官""法律援助官"等标识；③核实其签字需经公证的每个人的身份（通常通过身份证）；④为所有需要宣誓的文件组织宣誓仪式；⑤保存个人公证日志，包括每个签字人的姓名和签名、文件类型、日期和地点，且公证日志必须由公证人个人保管。军方公证不应：①为执行公证行为收取任何费用；②对一个不完整的文件进行认证；

③证明任何文件的复印件为真实且准确的（除非文件的保管人能够证实该复印件为真实且准确的）。

（五）军方公证人

依据《美国法典》第 10 编 1044a 节之规定，下列人员具有公证人的一般权力，为适格的法律援助受益人进行公证：①所有军法官，包括后备役军法官，且不论其是否在服现役；②作为法律援助官的地方律师；③副官，副官助理和人事副官，包括现役或执行非现役训练的后备役人员；④E-3 或更高级别的，服现役或执行非现役训练的入伍的律师助理；⑤对于没有隶属军法官或律师助理作为公证员的那些驻扎分散的单位（GSUs）或驻扎于偏远地区的部队，由驻扎分散的单位（GSUs）的一般军事法庭开庭机构任职的军法参谋以书面形式指定的军官或高级士官（NCOs）（军士长及以上）；⑥依据《美国法典》第 10 编 1044a（b）（5）节之规定，在美国境外，由基地的军法官任命的空军文职雇员担任公证员。

四、《军人民事救济法案》（SCRA）

乔治·W. 布什总统于 2003 年 12 月 19 日签署了《军人民事救济法案》（SCRA），使其成为法律（公法 108-189）。被编纂进《美国法典》后，《军人民事救济法案》（SCRA）成为《美国法典》第 50 编附件第 501 节至 596 节。新法规完全取代了 1940 年《士兵和海员民事救济法案》（SSCRA）。在若干关键领域，《军人民事救济法案》（SCRA）强化了现役军人的权利及保护。在一些情况下，也强化了他们家属的权利与保护。《军人民事救济法案》（SCRA）也厘清了《士兵和海员民事救济法案》（SSCRA）中得以存续的利益。《军人民事救济法案》（SCRA）为参加、被征召到军队，或正在军队中服现役的个人（包括后备役人员和国民警卫队员）提供了广泛的民事保护，以使其全心投入到任务中去。保护通常开始于接到命令之日，并在退出现役 90 日到 180 日后终止。请注意，《军人民事救济法案》（SCRA）并不适用于刑事问题。

应用最为广泛的《军人民事救济法案》（SCRA）的规定主要涉及以下方面：①当军队服役的要求妨碍了军人对其一项法定权利的宣称或保护时，延缓民事诉讼程序或保护其免受缺席判决的不利影响；②住房或汽车租约终止；③若服役对军人的债务的清偿能力造成实质影响，则降低其服役前的债务利率；④服役之前所订立的分期付款合同的保护问题；⑤纳税问题。

军法官不应直接与法院联系申请延期。某些州可能将律师的此类申请视为一次出庭，若延期申请被否决，则将排除当事人依据《军人民事救济法案》（SCRA）第 521 条要求重新进行缺席判决的权利。更好的方式为，军法官协助当事人起草延期申请，且附有现役军人指挥官的陈述，即确认现役军人由于在军队服役而无法参加诉讼，并且未被许可离队。给出的理由应写明空军人员必须参加的任务，以及为何他/她不能离队。

五、1994 年《服兵役人员工作就业和再就业权利法案》（USERRA）

《服兵役人员工作就业和再就业权利法案》（USERRA）（见《美国法典》第 38 编第 4301 节）授予现役军人及退出现役军人（现役和后备役）重返其在军队服役之前所从事的地方工作岗位的权利。除非该岗位在其离开期间已被撤销，否则，后备役部队人员有权回到他们之前的地方工作岗位或得到一个具有类似地位、工龄和薪水的工作岗位。《服兵役人员工作就业和再就业权利法案》（USERRA）适用于所有的私人雇主、州政府以及联邦政府的所有分支机构。为了具备重返之前工作岗位的资格，则必须满足下列要求（但不限于）：①地方雇佣关系不是临时性的；②雇主收到了雇员服役的预先通知；③雇员的离开是在着制服的部门服役所必需的；④在雇员与某个特定雇主的雇佣关系中，雇员在部队中累计服役 5 年或少于 5 年（该要求存在很多例外情况）；⑤雇员及时返回工作岗位或申请重新雇用（时间依服役时间长短而有所不同）；⑥雇员不是因取消资格或不名誉之原因被开除军籍。若雇员因服役而遭到残疾，并无法履行过去工作岗位的职责，则雇主必须尽力照顾雇员的残疾情况，帮助其具备从事类似工作的资质。

美国劳工部负责通过退伍军人就业和培训服务局（VETS）对再就业情况进行调查。退伍军人就业和培训服务局（VETS）向所有依据《服兵役人员工作就业和再就业权利法案》（USERRA）提出索赔申请的人提供援助。如果需要更多信息，请登录劳工部网站（http://www.dol.gov/VETS/）。此外，国防部的机构"国民警卫队和后备队雇主支持"（ESGR），[（800）336-4590，网址为 http://www.esgr.org/site] 设置了专员，负责调解军人及他们的地方雇主之间的再就业问题。法律援助律师不应与军人的雇主联系有关规定的救济问题。该行动可能导致军人丧失从"退伍军人就业和培训服务局（VETS）中获得援助的权利"。相反，法律援助律师应将军人所面临的雇佣问题提交给退伍军人就业和培训服务局（VETS）或"国民警卫队和后备队雇主支持"（ES-GR）。

六、伤亡事故

依具体情况而定，空军人员死亡会带来许多问题，包括报告伤亡情况、通知直系亲属、任命简易军事法庭法官（SCO）、向简易军事法庭法官提供法律建议、遗体的处置（包括可能的尸检）、向直系家属就他们的法定权利提出建议、幸存者福利最大化、遗嘱验证事宜，以及进行履行职责情况调查。关于幸存者福利方面的援助，请致电 DSN 665-2761 以联系空军人事管理中心/军法官。军法官应做好准备以协助直系亲属、指挥官及指定的简易军事法庭法官。

军法官也可以参与援助失踪或被俘空军人员的直系亲属。若情况需要，在一定情况下，相关的军种部长有权代表家属启动或增加拨款。与人事科（通常称为 PERSCO）及当地的财务官就涉及失踪或被俘空军人员的相关事宜进行协调是十分重要的。

七、强制划拨

国防部的政策是希望军人以适当而及时的方式偿还他们合理的债务。未能收回债务，已获得针对一名军人的民事判决的债权人，可以寻求对该判决的强制执行，即通过财务和行政事务司申请强制划拨最高为军人可支配工资25%的款额偿还债务。通过财务和行政事务司法律审核且确定符合《军人民事救济法案》（SCRA）（《美国法典》第 50 编附录第 521 节）所规定的程序性要求的申请通常通过常驻地指挥官转交给债务人的部署驻地指挥官。部署地指挥官应告知债务人，其具有同意或抗辩划拨的权利。若债务人以军事任务中的紧急情势作为抗辩理由，则指挥官应当负责作出以下决断，即该军事任务的迫切需求是否是造成债务人缺席司法诉讼程序的正当事由。请注意，指挥官可以基于正当理由（例如，部署或分派到海外）延长债务人作出应对的时间。DFAS-CL/L 审核程序通常要花 90 日至 120 日。

八、家庭法

（一）家庭关系

距离并不总是产生美。部署的军法官经常会遇到关于婚姻、判决婚姻无效、亲子关系、子女监护权、不履行抚养义务、合法分居以及离婚等方面的问题。虽然家庭关系主要是由州法律管辖，但应考虑到可能适用的《军人民事救济法案》（SCRA）保护。

（二）子女抚养及赡养费

《美国法典》第42编第659节授权扣押军队现役、后备役、退役人员，以及联邦政府文职雇员工薪，以支付子女或配偶的赡养费。为了对军人或国防部文职雇员执行工薪扣发或扣押，其收入扣发令或类似命令必须送达财务和行政事务司系统。所提交的令状不能是离婚判令或者其他债务支付令。相反，该令状必须是指示作为雇主的政府扣发工资，用以履行抚养义务。涉及强制划拨、子女抚养及赡养费问题，可以咨询：

DFAS-CL/LPO 998002 号邮箱；

克利夫兰，俄亥俄州，44199-8002；

电话：（216）522-5301；

网址：http://www.dfas.mil/garnishment/military.html。

九、纳税援助

部署的军法参谋应与督察军法官和军法官指挥链就任务是否限制以及现有资源是否允许实施一个全面或部分的劳务税计划进行协调。部署到美国境外的人员将符合延期提交纳税申报，并且可以在他们的常驻地填写纳税申报单。但是，许多等待退税的空军人员希望尽快提交纳税申报单。因此，提供下列某些纳税援助服务，则可真正地提振士气：①提供编制软件、选定的出版物及表格，以及互联网服务的自助纳税中心；②包含有与本次行动相关的特别纳税规则的出版物、纳税小提示，以及有助的网站地址。例如，www.irs.gov上可以找到表格和出版物；③法律事务所提供的电子申报服务，例如填写、上传以及向美国国家税务局（IRS）传输电子申报单。应认识到，由于军人轮换返回常驻地，因此，在部署条件下，电子申报系统的运行会遇到许多技术挑战并且是耗时的，特别是对于纳税申报的新手而言。

十、消费者保护法

（一）消费者金融保护局（CFPB）

消费者金融保护局（CFPB）是由国会根据 2010 年《多德-弗兰克华尔街改革和消费者保护法》设立的。消费者金融保护局致力于保护美国消费者。消费者教育和参与分支包括军人事务部门。该部门与军队的法律援助和家庭服务组织合作，为军事人员提供教育和宣传。消费者也可以访问消费者金融保护局网站 http://www.consumerfinance.gov 来获得科普材料。

（二）消费者投诉

"消费者卫士"是一个由联邦贸易委员会（FTC）管理的数字化的消费者欺诈数据库，使联邦政府、州和当地执法机构，以及选定的国际法执法机构可以通过互联网对数百万份消费者投诉进行安全的访问。该访问受控的数据库包括来自各方消费者的投诉，其中包括电话营销、信用诈骗、家庭工作计划、身份盗用，还包括直接来自联邦贸易委员会备案的网上投诉及其他公共或私人数据提供者所共享的投诉。同时，该网站还提供对调查和起诉有用的其他信息。再者，"消费者卫士"为空军提供了专门网址，空军人员可以在此投诉，空军执法机构可以访问，并且提供与现役军人所在地产生的投诉相关的公司的信息。可访问的公共网站为 http://www.ftc.gov/sentinel；空军网站为 http://www.ftc.gov/sentmel/muitary/index.shtml。

消费者金融保护局也接受消费者的投诉。但是，消费者金融保护局实际上会跟踪这些投诉的后续情况，并将与投诉用户保持联系。可以通过访问消费者金融保护局主页（http://www.consumerfinance.gov）并选择"提交投诉"选项来提交这些投诉。消费者也可以以相同的方式检查投诉的状态。还可以通过社区法律服务部向消费者金融保护局执法部门推荐用户。

（三）身份盗用

身份盗用是指获取某人的身份，用于从银行或零售商处获得信用贷款和信用卡，从受害人现有账户中盗取钱款、申请贷款、在公用事业公司开设账户、租赁公寓、申报破产或利用受害人姓名找工作。盗用身份者可能冒名窃取数千美元，而受害人则有可能长达几个月甚至几年都毫不知情。犯罪分子在从事从违反交通规则到重罪的各种犯罪活动期间，也是在使用受害人的身份。

身份被盗的受害人在为防止其身份信息被进一步滥用、弥补身份盗用者给其信用史、名誉及生活带来的损失等方面面临重重困难。受害人通常需要耗费大量时间，以弄清应该与何人取得联系、潜在的损失范围以及如何处理当下的情形。法律援助律师可以通过告知客户/受害人由联邦贸易委员会所推荐的应首先采取的四个步骤，从而向受害人提供宝贵的服务。

第一步，联系以下三个主要的信用咨询机构中任意一家反欺诈部门：

1. Equifax：1-800-525-6285，网址：http://www.equifax.com.

2. Experian：1-888-397-3742，网址：http://www.experian.com.

3. TransUnion：1-800-680-7289，网址：http://www.transunion.com.

第二步，就已经被恶意篡改或欺诈设立的账户问题与一家信用咨询机构的安全或反欺诈部门取得联系。

第三步，向发生身份盗用的当地警方和/或社区警察报告。

第四步，受害人应该向联邦贸易委员会投诉：拨打免费的联邦贸易委员会身份盗用热线 1-877-438-4338；发函至联邦贸易委员会的身份盗用票据交换所，地址为华盛顿特区西北宾夕法尼亚大街 600 号（邮编：20508）；在线访问 www.ftc.gov/idtheft 网站。联邦贸易委员会会把这一信息搜集到一个安全的消费者欺诈数据库，并与其他执法机构共享。虽然联邦贸易委员会无权提起刑事诉讼，但该委员会可以通过向受害人提供信息，帮助他们解决所遭遇的金融问题和其他有关问题。联邦贸易委员会也可以将受害人的投诉提交给其他相关政府部门或私人组织，以便它们采取行动或提供援助。

十一、职业责任

不应忘记，法律援助期间所收到的客户信息，以及与客户有关的文件资料应依法保密。保密的信息仅在客户明示许可、依据法院命令，或经空军专业行为规则或可适用的州律师条例允许的情况下方可被公布。任何上级军事机构都不会依法下达公布信息的命令。军法官在建立律师与客户之间的关系方面十分审慎，他们应确保法律援助不会引起可能阻碍其履行作为军法官和法律顾问的这一首要职责，以及代表空军利益的冲突。

十二、在战区的预防性法制教育计划

战区内预防性法制教育计划可以减少法律援助的工作量，从而节省时间、人力和物力。该计划涉及的领域不仅应是军人感兴趣的，而且应能帮助维护他们利益，还将帮助他们规避陷入法律陷阱。这里是一些几乎在任何场所都能实施的教育内容：

1. 将经常被询问的问题制作成宣传材料，放置于军人们有时间阅读的场所，例如体育场馆或医疗机构；

2. 定期在出版的报纸上发表文章，通过电子邮件散发，或在单位公告栏中发布这些文章；

3. 在指挥官和二级军士长讨论会、指挥官召集的例会，以及新兵情况介绍会上做简报。就所提供的全面的部署法律服务，对指挥官和参谋机构进行教育；

4. 向执法人员提供法律培训。培训计划可以包括所有相关法律问题的信息，而不仅仅是法律援助事务。

参考文献

1. 10 U. S. C. § 1044, Legal assistance.

2. 10 U. S. C. § 1044a, Authority to act as notary.

3. 10 U. S. C. § 1044b, Military powers of attorney.

4. 10 U. S. C. § 1044c, Advance medical directives of members and dependents.

5. 10 U. S. C. § 1044d, Military testamentary instruments.

6. 38 U. S. C. § 4301, Uniformed Services Employment and Reemployment Rights Act.

7. 42 U. S. C. § 659, Consent by the United States to income withholding, etc.

8. 50 App. U. S. C. § § 501–596 (2003), Servicemembers Civil Relief Act.

9. DODD 1350. 4, *Legal Assistance Matters*, 28 April 2001.

10. AFI 51–504, *Legal Assistance*, *Notary*, *and Preventive Law Programs*, 27 October 2003.

11. AFI 36–3002, *Casualty Services*, 25 July 2005.

12. AFI 36–809, *Civilian Survivor Assistance*, 1 July 2003.

13. AFI 34–244, *Disposition of Personal Property and Effects*, 2 March 2001.

14. Air Force Rules of Professional Conduct, available on the TJAG homepage at：https://aflsa. jag. af. mil/.

第三十五章 | 政治庇护与临时避难

一、背景

空军军法官可能会接到政治庇护与临时避难的请求，或获得此方面的相关信息。这些请求可能需要采取迅速的初步行动，而且在政治上十分敏感，因此美国空军军法署署长和律师助理了解处理这类请求的规则和程序以及它们产生的背景是十分必要的。因此，在说明国防部相关规章之前，应对可适用的国际法及美国移民法律做一个简要的概述。

二、可适用的国际法规则

（一）难民

联合国关注逃离压迫的难民所面临的困境。1948 年联合国大会通过的《世界人权宣言》所列举的权利就包括了寻求庇护的权利。但是，《世界人权宣言》并未将提供庇护作为各国须承担的一项义务。依据普遍接受的国际法原则，每个主权国家均享有对其边界的排他性控制权，并有权决定何人得以进入。

虽然意识到提供庇护可能会对有关国家造成沉重的负担，1951 年联合国《关于难民地位的公约》（简称"1951 年公约"）仍致力于向难民提供基本权利及自由。1967 年联合国《关于难民地位的议定书》（简称"1967 年议定书"）修改了 1951 年公约中对"难民"的定义，删除了被视为是合格难民的任意截止日期。该议定书通过引用吸收了 1951 年公约的全部文本内容。美国没有参加 1951 年公约，但在加入 1967 年议定书时，成了相关条款的缔约国。

（二）难民的界定

根据 1951 年公约和 1967 年议定书，"难民"被界定为由于有充分的理由惧怕因种族、宗教、国籍、某一特定社会团体的成员身份或政治见解等原因而遭受迫害，在其国籍国之外，不能或由于惧怕而不愿接受该国保护的任何人；或由于这些因素而没有国籍并处于其正式的惯常居所所在国家之外，而不能够或者由于惧怕不愿返回那个国家的任何人。

（三）禁止驱逐出境或遣返（"驱回"）

1951年公约提出了"不得驱回"原则。该原则禁止缔约国将难民遣返至其生命或自由因其种族、宗教、国籍、某一个特定社会团体的成员身份或具有某种政治见解而受威胁的国家。然而，被认为对他们所在国家的安全构成威胁或已被证明犯有某项特别严重的罪行并因此对社会构成威胁的难民不能主张享有这一权利。

三、美国移民法

（一）背景

根据宪法授权，美国国会通过《移民与国籍法案》（INA）规范国家的移民政策。包括难民地位和庇护申请处理在内的移民事务的日常行政管理主要由国土安全部下辖的美国海关与移民局（USCIS）负责管理。[1]司法部在裁决移民事务中发挥重要的作用，上述事务都会提交到其下属的移民审查执行局（EOIR）和移民申请委员会（BIA）。[2]在海外，国务院通过领事事务局在海外发挥着重要作用，包括对有意进入美国境内的外国人进行初步审查，以及签证申请审核。

（二）难民与庇护

在1980年《难民法案》之前，美国的国内法对难民尚无明确定义。1980年《难民法案》通过制定一套全面的难民政策，包括给出了与1951年公约和1967年议定书相一致的难民定义，从而修改了《移民与国籍法案》（INA）。为了满足法案对难民的定义，当事人必须满足下列条件：

---

〔1〕 2002年《国土安全法案》将当时人们所知的移民与归化局从司法部转隶到国土安全部，并更名为美国海关与移民局。参见2002年《国土安全法案》，Pub. L. No. 107-296, 116 Stat. 2135（2002）.此外还成立了美国移民与海关执法局作为国土安全部下属的一个单独的单位。

〔2〕 参见《美国法典》第8编第1103节；鲁思·E. 瓦西姆，"美国对庇护申请者的移民政策"，13（Cong. Research Serv. Rep. No. Rl3262125, 2007）；查尔斯·戈登，斯坦利·梅尔曼和史蒂芬·耶尔-拉合尔，"移民法和程序"，§ 1.02〔2〕（2009）.

1. 非公民必须位于其国籍国或最近惯常居住的国家之外；

2. 非公民必须已经遭受迫害或有遭受迫害的恐惧；

3. 这种惧怕必须具有充分的理由；

4. 受迫害的恐惧必须是基于种族、宗教、国籍、某一特定社会团体的成员身份或政治见解；

5. 由于上述迫害或具有充分理由的对遭受迫害的恐惧，该当事人不愿返回他/她的国籍国或最近惯常居住的国家。

难民可以通过不同的方法获准进入美国，或者若已在美国，获准留下。境外难民可以根据总统与国会磋商后所确定的种类及配额，申请进入美国。在美国边境或境内的难民可以请求获得难民地位，被称为"庇护"。在美国边境或境内的不享有庇护资格的非公民，仍可以寻求不将其转移至可能遭受迫害的国家的限制。与寻求政治庇护者或根据配额进入美国的人不同，转移限制是一种临时地位，不具有申请永久居留权的可能。若遭受迫害的可能性不存在了，可解除转移限制。

（三）在海外大使馆和机构寻求庇护

美国一般不在位于外国领土管辖权之内的大使馆或其他机构提供庇护。美国拒绝在其使馆提供庇护主要有两个原因：其一，在外国领土上的美国大使馆并非美国领土，也不在美国领土管辖权之内；其二，依据习惯国际法或联合国《维也纳外交关系公约》，提供庇护并不被认为是一项外交职能。[1]使用美国的使馆作为东道国国民寻求庇护的避难所可能会招致美国被指控违反了《维也纳外交关系公约》第41条，即禁止外交人员干涉东道国内政和以任何与公约所规定的外交使团的职责不相符合的方式来使用大使馆房舍。当人的生命或安全处于迫在眉睫的危险之中的极端或例外情况下，例如受到暴徒追赶时，出于人道主义理由，美国大使馆有权提供临时避难。而提供临时避难的任何决定均必须由在大使馆的美国高级官员作出。

（四）美国的禁止政策

为限制来自海地和古巴的大量移民，美国总统颁布了《行政命令》12324，指示国务卿与外国政府签署协定，防止向美国非法移民。依此命令，国务卿与海地达成了一项协定，允许美国的海岸警卫队登上在公海的海地船只，以

---

〔1〕 参见《维也纳外交关系公约》，1961 年 4 月 18 日，23 U. S. T. 3227，500 U. N. T. S. 95.

阻止前往美国的非法移民。美国和海地间的禁止协定规定，美国海岸警卫队不能将可能遭受迫害的旅客遣返海地。关塔那摩海军基地日趋恶化的条件导致总统 1992 年颁布了《行政命令》12807，也被称为"肯纳邦克波特令"。[1]此项命令要求美国海岸警卫队拦截从海地运送非法移民到美国的船只，不论其是否具有难民地位，一律遣返海地，这一命令在克林顿政府时期被继续执行。在"Sale 诉 Haitian Centers Council 案"中，联邦最高法院以 8∶1 的投票结果支持这项命令，认为无论是《移民与国籍法案》（INA）还是 1951 年公约的第 33 条中的"不得驱回"原则，均不扩大适用于美国在公海上采取的行动。[2]

四、国防部实践

（一）背景

美国国防部对"政治庇护"和"临时避难"两个概念进行定义和使用，以区别：①向惧怕由于 1951 年公约所阐明的原因而遭受迫害的外国公民提供的保护，向其生命和安全处于迫在眉睫的危险之中的外国公民提供的保护；②基于发现难民之地所给予的保护。现对两个术语定义如下：

政治庇护：美国政府在其领土管辖权范围内或在公海上对基于种族、宗教、国籍、某一特定社会团体的成员身份或政治见解而遭受迫害或者惧怕遭受迫害而申请保护的外国国民提供的保护与庇护。

临时避难：出于人道主义原因，向在国防部的岸上设施、机构内的，或者在处于外国领土管辖范围内或公海上的军用船只上的，处于紧急状态下的外国国民提供的保护，以便保护该人员的生命和安全免受迫在眉睫的危险，例如暴徒的追赶。

注意：政治庇护和临时避难都不是习惯法权利。许多原告声称享有临时避难的权利已成为习惯国际法下的一项绝对权利。联邦法院通常不同意这些主张。

（二）程序

1. 在美国领土内：

如果提出庇护请求的外国公民实际身在美国，其中包括 50 个州、哥伦比

---

〔1〕　《行政命令》12807, 57 Fed. Reg. 23, 133（1992 年 5 月 24 日）.

〔2〕　Sale v. Haitian Centers Council, 509 U. S. 155（1993 年）.

亚特区、波多黎各联邦、美属维尔京群岛、美属萨摩亚、关岛和北马里亚纳群岛联邦，庇护申请将由美国国土安全部美国公民和移民服务局（USCIS）裁决，或者如果申请人正在驱逐程序中，则由司法部移民审查执行办公室的移民法官裁决。

当高级空军指挥官、司令参谋或美军航空器指挥官，收到来自外国公民的政治庇护请求时，指挥官必须：①通知空军特别调查办公室（AFOSI）；②通知最近的美国海关与移民局办公室（USCIS）（http://www.uscis.gov/portal/site/uscis）；③报告事件（参见下文的"报告"）；④保护申请人，等待移交给美国海关与移民局（USCIS）。该保护应得到当地、州或联邦执法机构上级机关的授权。只有根据军种部长或有关国防机构的首长亲自指令，才可以将要求政治庇护和临时避难的申请人交给外国管辖。

2. 在所有其他地区（包括领海和国际水域）：

美国的一般政策是不在其位于外国领土管辖权范围内的单位或设施提供政治庇护。尽管只能根据美国国防部政策在美国境内寻求和准予庇护，但外国公民可以在其他地区（包括领海和国际水域）申请庇护或寻求保护。

包括第三国国民在内的外国公民应尽可能转交给联合国难民事务高级专员在当地的代表，或在个人国籍国以外的地方，转介给东道国的有关官员，以协助他们被认可作为难民或根据该国的国内法提交庇护申请。

在寻求庇护的个人担心被所涉东道国官员伤害的情况下，不应将其转介给东道国。

（三）指挥官准予临时避难的权力

空军高级指挥官、基地设施的指定代表或空军飞机的指挥官，可以应外国国民的请求，出于人道主义原因给予外国国民临时避难。在决定采取何种措施提供临时避难时，必须考虑到美国人员的安全和部队的安全。[1]授予临时避难的指挥官必须：①通知空军特别调查办公室（AFOSI）；②保护外国国民；③报告事件（请参见下文的"报告"）。临时避难只有在上级领导通过军种部长或有关国防机构的首长的指示下才能终止。临时避难已被终止的人

---

〔1〕《空军指示》51-704 第 2 段；另见《国防部指示》2000.11 号第 4.1.5.1.1.1 段。如果担任外交使团团长的空军成员或雇员收到政治庇护或临时避难的要求，该人必须根据该使团的指示进行处理。《空军指示》51-704 第 1.2.1 段；另见《国防部指示》2000.11 号第 4.2.1.3 段。

将仅在授权释放消息中指定的当局的保护下释放。国防专员或在外交使团团长指导下工作的其他军事人员收到的庇护申请，将以适用于外交使团的适当指示为准。这些是政治敏感案件，应当与美国大使馆和作战司令部进行迅速、密切的协调。

1. 报告。空军人员收到关于政治庇护和临时避难的任何请求都必须以"加急"电报向空军勤务警戒组（AFSWC）报告。[1]该消息应包括《空军指示》51-704号附件2中所要求的信息项。将发出的信息抄送至空军军法署署长办公室（AF/JAO）、国务卿（美国大陆）或相关的美国大使馆或领事馆（海外）、作战司令部、一级司令部和每个中级指挥部、国防情报局（DIA）和 AF/A2。[2]空军勤务警戒组（AFSWC）将根据《国防部指令》2000.11号以及《空军指示》51-704号的要求做进一步的情况通报。

2. 信息发布。所有向空军人员提出的提供信息的请求都应通过指挥渠道。未经负责公共事务的助理国防部部长的事先批准，切勿将有关政治庇护或临时避难请求的信息，甚至提出过这样请求的信息，向公众或媒体发布。

参考文献

1. U. S. CONST. art. I，§ 8，cl. 4.

2. Immigration and Nationality，8 U. S. C. § § 1101，et seq.

3. Refugee Act of 1980，Pub. L. No. 96-212，94 Stat. 102（1980）.

4. The Refugee Act of 1980，Pub. L. No. 96-212，94 Stat. 102（1980）.

5. Convention Relating to the Status of Refugees，28 July 1951，189 U. N. T. S. 150（entry into force 22 April 1954；the United States is not a party）.

6. Convention Relating to the Status of Refugees，28 July 1951，189 U. N. T. S. 150.

7. United Nations Protocol Relating to the Status of Refugees，31 January 1967，19 U. S. T. 6223，606 U. N. T. S. 267（entry into force 4 October 1967；for the United States 1 November 1968）.

8. Vienna Convention on Diplomatic Relations，18 April 1961，22 U. S. T. 3227，T. I. A. S.

---

〔1〕《空军指示》51-704第3段。空军勤务警戒组的前身是《空军指示》中所规定的空军行动支援中心。《空军指示》10-206，"行动报告"，2008年10月15日，规则7A，规定了向空军勤务警戒组报告庇护请求的指导原则。

〔2〕《空军指示》51-704中规定的696情报组的职责现在转交给国防情报局，AF/A2 是 AF/IN 的继任组织。

7502, 500 U. N. T. S. 95 （Entry into force 24 April 1964; for the United States 13 December 1972）.

9. DODD 2000. 11, Procedures for Handling Requests for Political Asylum and Temporary Refuge, May 13, 2010.

10. AFI 51-704, Handling Requests for Political Asylum and Temporary Refuge, 22 November 2011 11. Army Regulation 550 - 1, Processing Requests for Political Asylum and Temporary Refuge, 21 June 2004.

第三十六章 | 报　告

一、背景

下列关于行动或国际法的定期或临时报告：

1. 实际或涉嫌违反《武装冲突法》（LOAC）报告；

2. 外国法庭对美国人实施刑事管辖；

3. 个案报告-外国法庭对美国人实施刑事管辖；

4. 探视在外国刑罚机构内的美国人报告（通常称为"月度探视报告"）；

5. 美国人在外国刑罚机构内的审后监禁报告（通常称为"监禁报告"）；

6. 严重或异常事故报告；

7. 审判观察员报告和上诉审判观察员报告；

8. 国际协定缔结报告；

9. 可疑活动报告；

10. 收到外国人政治庇护或临时避难请求的报告；

11. 培训援助小组成员有关违反人权的报告。

各级法律人员必须熟知这些报告的要求。上述所列报告的具体要求将在下面予以讨论。另外参见本文的其他章节：航空航天行动中的战争罪（第 1 项）、影响空军的部队地位协定及其他防卫合作协定（第 2 项至第 7 项）、国际协定（第 8 项）、空军情报法（第 9 项）、政治庇护与临时避难（第 10 项）和国际人权（第 11 项）。

二、报告说明

（一）实际或涉嫌违反《武装冲突法》（LOAC）报告

一旦发生"可报告事件"，便需提交该报告。"可报告事件"是"依据可靠信息，存在可能、涉嫌或被控违反战争法的行为，或是如果发生在武装冲突期间将违反战争法的非战争军事行动期间发生的行为"。（见《国防部指令》2311.01E）

所有军人、美国文职雇员、隶属或伴随国防部机构的承包商和分包商均应通过他们的指挥链报告可报告事件。此类报告可以通过其他渠道进行上报，诸如宪兵、军法官、督察长。但是提交给上述指定人员以外官员的报告应当被接受，并立即通过接受者的指挥链上报。（见《国防部指令》2311.01E）

获得有关可报告事件信息的任何单位的指挥官，应立即通过适当的行动指挥部及适当的军种部对该事件进行报告。报告要求是一致的。初期报告应以最为快捷的方式提交。（见《国防部指令》2311.01E）

作战司令官应以最快捷的方式将所有可报告事件向参谋长联席会议主席、国防部部长和国防部指定负责报告事务的陆军部长报告。（见《国防部指令》2311.01E）若该事件属于或者疑似属于"误伤"，则需进一步报告。（见《国防部指令》6055.07）

《武装冲突法》报告要求和程序通常在作战司令部指令和下级司令部规章中予以重申。请注意，这些报告要求属于个人责任。（见《空军指示》51-401）

（二）外国法庭对美国人实施刑事管辖的报告

这是一项年度报告（国防部安全协定格式838），起止时间为每年的12月1日至次年11月30日。《国防部指令》5525.1和《空军联合指示》（AFJI）51-706（也作为《陆军条例》27-50发布）。该报告是涉及对美国人的刑事管辖的所有案件的统计汇总（不包括轻微的交通肇事或其他轻微犯罪，对于此类轻微犯罪，监禁并不是一个授权的惩罚，它们可能仅被科以行政罚款）。如果某个人被控犯有多项罪行，报告仅记录其中最为严重的罪行。报告应于申报期届满后15个工作日内，通过为各国指定的指挥官（DCO）送达相关军种的军法署署长（JAG）。为各国指定的指挥官（或承担指定军官职能的武官）在《空军联合指示》（AFJI）51-706第1.5段及附录C中加以明确。情况无变化报告也是需要的。随报告一同上交的还包括：

1. 美国驻各国适当的军事当局亲自签署的一份单独说明，指出在报告周期内当地司法制度对任务的完成、部队士气及纪律的影响；

2. 按照国家进行的民事和刑事案件数量的统计汇总，包括支付的律师费

和支付总额、支付的诉讼费及支付总额、提供的保释金及支付总额、提供的
保释金及被罚没的总额、保释金没收后由个人予以补偿的金额及全部补偿
总额;

3. 监狱探视计划小结,以及若与《空军联合指示》(AFJI) 51–706 中第
3 段至第 4 段和第 3 段至第 6 段规定不符的情况下,相关的美国军事当局所采
取的特别行动。

报告流程可根据作战司令部指示和下级司令部规章实施。

(三) 个案报告–外国法庭对美国人实施的刑事管辖

当外国政府对美国军人、文职雇员或其家属实施刑事管辖时,则需向有
关军种的军法署署长 (JAG) 发送一份初步书面报告。若为轻微犯罪,则无
须提交此类报告。现行的报告程序可适用于该报告。提交初步报告后,应及
时提交补充报告,以提供新的补充信息。在严重事故报告中所提交的信息无
须依照此项规定进行上报。[见《国防部指令》5525.1 及《空军联合指示》
(AFJI) 51–706 第 4 段至第 9 段]

(四) 探视在外国刑罚机构内的美国人报告 (通常称为 "月度探视报告")

此类报告须每月提交。将为每位被探视的犯人准备一份国防部安全协定
格式 1602。报告应在探视后 10 个工作日内提交给指定指挥官 (DCO)。所有
的表明存在不利的监禁条件的报告均应提交给有关军种的军法署署长。[见
《国防部指令》5525.1 及《空军联合指示》(AFJI) 51–706 第 4 段至第 7 段]

(五) 美国人在外国刑罚机构内的审后监禁报告 (通常称为 "监禁报告")

该报告按季度准备,截止日期分别为 11 月 30 日,2 月 28 日,5 月 31 日
和 8 月 31 日。报告应于报告期限届满后第二日发送至有关军种的军法署署
长。其文电抄本将抄送驻有关国家的外交使团团长。报告的提交不能由于
在报告期限最后一天缺乏相关案件数据而推迟,但是报告可反映数据不完
整。《空军联合指示》(AFJI) 51–706 第 4 段至第 5 段中列明了报告中所需的
信息。

(六) 严重或异常事故报告

严重或异常事故将以电子通信的方式毫不迟延地报告给有关军种的军法
署长。严重或异常事故报告将涵盖存在下列条件之一个或多个的任何案件:
符合《空军联合指示》(AFJI) 51–706 所涵盖的人遭到审前监禁,或实际上
或声称遭受外国当局的虐待;涉及美国的实际或可能的不利宣传;可能引起

国会或其他国内外的公众兴趣；出现管辖权问题；涉及外国人的死亡；可能被判处死刑。提交初步报告后，应及时提交完整的补充报告。（见《国防部指令》5525.1 及《空军联合指示》（AFJI）51-706 第 4 段至第 8 段）

（七）审判观察员报告和上诉审判观察员报告

除轻微犯罪外，审判观察员应出席所有外国法庭或裁判庭对美国人的审判，并准备正式的报告。然而，下列行为不被认为是轻微犯罪：①造成严重人员伤害及大量财产损失的犯罪；②通常可能导致判处监禁的定罪，无论是否缓期执行。若审判观察员被阻止出席审判，则将通过采访辩护律师、翻译人员和其他可利用的信息来源获取必要的信息以完成报告。《空军联合指示》（AFJI）51-706 第 4 段至第 6 段列出了报告中应包括的事项。

报告将通过指定指挥官所规定的机构提交给指定指挥官。观察员报告应当在初级法院的审判程序一结束就立即提交。观察员报告不得由于可能有新的审判、复审或上诉而拖延上报。而报告的副本也将被提交给地理区域作战司令官（若有的话）及外交使团团长。

指定指挥官将把观察员报告呈送给被告所在军种的军法署署长。若指定指挥官认为程序性保障被忽略，或被告未受到公正的审判，则该报告将经由地理区域作战司令官递送。在递交至相关军种的军法署署长之前，可以添加上有关军种指挥官的意见。[见《国防部指令》5525.1 及《空军联合指示》（AFJI）51-706]

（八）国际协定缔结报告

国际协定缔结后需报告。缔结了国际协定的每个空军组织机构必须于国际协定签署后 20 个日历日内，将国际协定的正本或经过认证的副本（或者两者）送达国务院负责条约事务的助理法律顾问办公室。例外的情况：在国际情报协定签署后至少 15 个日历日内，将协定提交给国防情报局或国家安全局。

协定的副本应送达下列收件人：

1. 国务院负责条约事务助理法律顾问，美国华盛顿特区，邮编：20520（正本和一份认证的副本，或两份认证的副本）；

2. 国防部法律总顾问（两份认证的副本）；

3. 空军部长法律总顾问办公室，（SAF/GCI）（一份认证的副本）；

4. 空军军法官办公室（AF/JAO）行动与国际法处（一份认证的副本）；

5. 相关司令部指令要求的，或下属空军司令部或它们指定人认为合适的任何其他办公室。

（九）可疑活动报告

若出现"可疑活动"，需提交这样的报告。"可疑活动"是指可能违反法律、行政命令或总统指令（包括《行政命令》12333）、可适用的国防部政策（包括《国防部指令》5240.1-R），和/或其他空军政策性文件与指示，与情报活动有关的行为。除非上述违法行为与情报功能有关时，才是一个"可疑活动"。而空军法律总顾问（SAF/GC）能够在作出此类确定时提供帮助。

空军机构、单位及人员必须向空军法律总顾问（SAF/GC）、空军督察长（SAF/IG）、国防部法律总顾问或负责情报监督事务的国防部部长助理报告可疑活动。在可行的范围内，鼓励使用监管链或指挥链来方便此类报告的递送。此类报告将迅速提交给被指定到第一层级且与可疑活动无关的督察长。同时，将报告副本抄送军法参谋。除非督察长认为这样的报告不合适，否则副本也应抄送同级的高级情报官。无论是否已经启动刑事或其他调查，均必须提交此项报告。

应尽快开展各项调查，并通过指挥链将调查结果报送空军督察长。当需要时，负责调查的官员可以从有关部门内部或国防部其他部门得到更多的协助，以便及时完成调查。

无论保密等级和保密隔离如何，空军督察长和空军法律总顾问均须掌握一切必要的信息，以便根据法律或政策对可疑活动进行评估。（《空军指示》14-401）

（十）收到外国人政治庇护或临时避难请求的报告

一旦收到请求，或有迹象表明寻求政治庇护的请求即将提出，需立即报告。打电话或以"加急"电报向空军勤务警戒中心报告，报告中应尽可能全地包括《空军指示》51-704附件2中所要求的信息项。得到补充信息后要不加拖延地立即通报，并在随后的电报报告补充信息。

发送"加急"电报后，应尽快打电话确认。再者，信息副本应发送至：空军军法官办公室（AF/JAO）、有关的作战司令部、国防情报局、AF/A2；在美国大陆时，需抄送国务卿；在海外时，应抄送相关的美国大使馆或领事办公室。

（十一）培训援助小组成员有关违反人权的报告

当培训援助小组成员遇到"违禁行为"时，需提交该报告。"违禁行为"指：

1. 对生命和人身实施暴力，特别是谋杀、使伤残、虐待和拷打；

2. 拘留人质；

3. 侮辱个人尊严，特别是羞辱和侮辱人格的行为；

4. 事前未经常规组成的法庭的审判（未提供被文明社会认为必不可少的司法保障），便进行宣判并予以执行。（见《空军指示》16-105）

小组成员应避开此类活动，若可能，则离开该区域，并立即将事件报告给美国国内有关当局。在小组进行初步简报时，小组将在小组初次简报期间确定适当的美国当局。小组成员不得与美国政府当局以外的人，如记者或地方承包商讨论这类事件。（见《空军指示》16-105）

参考文献

1. Executive Order 12333, U. S. Intelligence Activities, 46 F. R. 59941, as amended by Executive Order 13284, 23 January 2003, and Executive Order 13355, 27 August 2004.

2. DODD 2311. 01E, Department of Defense Law of War Program, 9 May 2006, Certified Current as of 22 February 2011.

3. DOD 5240. 1-R, Procedures Governing the Activities of DOD Intelligence Components that Affect United States Persons, 11 December 1982.

4. DODD 5525. 1, Status of Forces Policies and Information, 7 August 1979, through change 2, 2 July 1997, Certified Current as of November 21, 2003.

5. DODD 5530. 3, International Agreements, 11 June 1987, through Change 1, 18 February 1991, Certified Current as of November 21, 2003.

6. DoDI 6055. 07, Mishap Notification, Investigation, Reporting, and Record Keeping, June 6, 2011.

7. AFI 14-104, Oversight of Intelligence Activities, 23 April 2012.

8. AFJI 16-105, Joint Security Assistance Training (JSAT), 3 January 2011.

9. AFI 51-401, Training and Reporting to Ensure Compliance with the Law of Armed Conflict, 11 August 2011.

10. AFI 51-701, Negotiating, Concluding, Reporting, and Maintaining International Agreements, 16 August 2011.

11. AFI 51-702, Foreign Tax Relief Program, 3 October 2007, Certified Current as of 22 October 2010.

12. AFI 51-704, Handling Requests for Political Asylum and Temporary Refuge, 19 July 1994.

13. AFJI 51-706, Status of Forces Policies, Procedures and Information, 15 December 1989, Certified Current as of 21 December 2010.

第三十七章 | 调查报告

一、背景

调查报告（ROS），或称财务责任调查，是一份有关用于支持对政府财产遗失、损坏或毁坏的财务责任进行评估的正式报告，也是政府提出恢复或调整设备清单等要求的基础。这并不是一个惩罚性的程序。相反，如果财产的损坏或遗失与行为过错有关，指挥官应当考虑其他行政的、非军法性的或司法的制裁。

二、财务责任评估

根据《空军手册》23-220 第 1.5 段的规定，财务责任应该按照下面来评估：

1. 个人武器和装备：遗失或损坏的个人武器和装备的全部金额。

2. 军事补给品：遗失或损坏的军事补给品全部损失或价值。

3. 政府住房[1]：由于成员、成员的子女或客人的严重过失或滥用而造成的政府住房的全部损失。但是，如果被判定为轻微过失，那么财务责任应不高于成员按现行费率的 1 个月基本工资的金额，或损失金额，择二者中较低的一个。

4. 其他案例：在全部其他案例中，最高额为政府财产遗失、损坏或毁坏的全部金额，但是不能多于《美国法典》第 37 编第 101（25）节所规定的现役军人 1 个月的常规军事补偿和文职雇员年薪的 1/12。对于后备役人员而言，如服现役，作为一名现役军人所获得的薪金额。

---

〔1〕 调查报告的流程评估政府房屋的损失。成员对私有化军事房屋的损害赔偿责任是根据租户租赁协议的条款规定的。

三、成员责任

所有成员都要对由于他们的过失、故意处置不当或故意擅自使用而导致的政府财产的遗失、损坏或毁坏承担责任。责任应基于可适用证据之多寡。只有在考虑了所有相关因素之后，看起来极有可能是个人的作为或不作为构成了过失、故意处置不当或故意擅自使用，并导致了政府财产的遗失、损坏或毁坏，才能评估财务责任。

注意：空军运载工具的遗失或损坏应遵循重大过失标准。而空军自筹资金机构（值班的空军自筹资金机构隶属或雇佣的人员）和其他军种运载工具的遗失或损坏遵循普通过失标准。

定义：

1. 问责官员：根据其在财产管理、归责和控制程序方面的训练、知识和经验，由适当的权限任命的个人，以建立和维护组织与政府财产有关的问责财产记录、系统和/或财务记录，而不论该财产是否归个人所有。

2. 近因：是指在一个自然和连续的、未被一个新起因所打断过程中，导致遗失或损坏，而且没有它的存在，遗失或损坏就不会发生。可进一步定义为主要的动因或主要原因，伤害是其自然、直接和即刻的结果，没有它的存在，遗失或损坏就不会发生。

3. 过失：未能像一个合理谨慎的人在类似的境况下所做的那样作为。不遵守现行法律或法规可以被视为过失的证据。

4. 重大过失：极端偏离了人们所预期的一个合理谨慎的人的行为过程，在考虑了所有的情况下，其主要特点是粗心大意地、故意地或不负责任地忽略本可以预见的后果。

5. 未经授权的故意使用：未经许可或授权，故意或有意地使用。

6. 集体责任：如果政府财产的遗失、损坏或毁坏是由于两个或更多的人的过失、故意处置不当或故意擅自使用而导致的，那些他们共同或分别承担对政府损失的责任，最多为 1 个月的工资。由于政府不能收取多于政府损失的总额，审批机构确定对每个人应征收的金额。

四、联合进行的活动

如果一个设施或活动是由空军和陆军或海军联合运行或实施的，不论哪个军种对该设施拥有指挥权，拥有遭受遗失或损坏财产的军种单位均应根据其规定撰写调查报告。对于国防部其他军种单位的财产遗失或损坏承担责任的空军成员或雇员应遵守该国防部其他军种单位的调查报告程序。从成员征收费用应根据《国防部指令》7000.14-R 规定进行（第7A卷第50章；第7B卷第28章；第8卷第8章）。

承包商购得的财产和政府提供的材料的遗失、损坏、毁坏或盗窃，应按照《国防部指令》4161.2-M"国防部履行合同财产管理手册"，以及合同相应的归责条款进行处理。

五、调查报告的应用与处理

（一）强制性调查报告

根据《空军手册》23-220 第3.1段和《国防部指令》7000.14-R 第12卷第7章：

1. 最初采购费为5000美元或以上的政府设备、租赁（筹资租赁）财产、不动产的遗失、损坏、毁坏或被盗；

2. 除非是在被豁免责任的情况下，管控或敏感物品、武器、保密物品被损坏或毁坏；

3. 有滥用、重大过失、故意处置不当或故意擅自使用、欺诈、偷盗的证据，或在供应系统储备或财产登记册的项目中有过失或滥用的嫌疑；

4. 明显由于过失而遗失手工工具，无论其价值多少，除非自愿提供货币赔偿或以实物替换，并被接受；

5. 单位价格超过100美元，或总价值超过500美元的手工工具或其他易失窃物品遗失；

6. 供应系统中超过2500美元的易失窃物品的库存记录被调整；

7. 供应系统中超过16 000美元的不受管控或非易失窃物品的库存记录被调整；

8. 供应系统中超过50 000美元的库存记录被调整；

9.《空军指示》21-201 第7.11段《常规弹药维护管理》所规定的弹药损失；

10. 散装油料的损失超过核定配给量；

11. 初步的调查不能确定供应系统或财产账目出现误差的原因，且该误差符合提供调查报告的要求；

　　12. 承包商所有的财产被空军军人或文职雇员遗失、损坏或毁坏；

　　13. 被政府航空器或船只承载的空军财产遗失或损坏；

　　14. 一名问责官员所要求的；

　　15.（依照《国防部指令》7000.14-R 第 12 卷第 7 章超过 750 美元）公共资金的丢失；

　　16. 从在授权的行动中受损的航空器上拆卸下来的物品遗失、损坏或毁坏；

　　17. 遗失、损坏或毁坏的案件反复发生，尽管它们中任何单独的一个案件不需要提交调查报告；

　　18. 处于一个自筹资金机构管控下的空军财产遗失、损坏或毁坏。与自筹资金机构的合作是必不可少的，因为由自筹资金机构的资金采购的物品与用行动与维护资金采购的物品处理的程序不同。

　　（二）部署

　　在授权行动中主要武器装备（比如航空器和导弹）包括部件及其组件和配属装备的遗失、损坏或毁坏一般不需要提交调查报告。一旦部署的命令下达，组成编队中扩编的可部署部队的所有运载工具被视为整个武器系统的组成部分。因此，从组成到部署、再部署和返回基地的整个过程中，除了单兵装备外，整个编队都得到调查报告程序的豁免。战斗行动造成的财产损失（例如受到炮火攻击或被命令放弃）根据《空军手册》23-110 第 1 卷第 1 部分第 10 章和第 11 章之规定处理。[1]

　　（三）调查报告处理程序[2]

　　当财产遗失、损坏或毁坏时，拥有该财产的组织将启动调查报告程序，指派机构（一般是单位指挥官）应该指派一名调查官来判定案件中的事实。指派机构必须经审批机构以书面形式来委任。一般来说，审批机构应是一个空军联队或设施指挥官，也可以指定一个以上的指派机构。

　　调查官（IO）必须与财产责任没有任何利益关系，可能的话，调查官的军衔应该比被调查者高，并来自不同的单位。调查官应是 E-7 级别或以上的

---

〔1〕《空军手册》23-110 第 3.3.8 和 3.3.9 段。

〔2〕《空军手册》23-220 第 4 章。

军官，或是 GS-7、WG-9、WL-5 或 WS-1 级别及以上的文职雇员。完成调查是首要责任，调查官应被免除可能干扰调查的其他职责。

调查官至少应回答以下问题：发生了什么？如何发生？在哪发生以及什么时间发生的？涉及谁？有无任何过失、故意处置不当或故意擅自使用、处置财产的证据？调查官应对涉案人员的责任作出调查结果并提出建议。接着调查官应把调查报告提交给会计军官，以调整记录。请注意该行为不应受审核或上诉机关所采取的行为影响，因此登记记录可以尽快被调整。调查官可以允许涉及人员对案件进行回顾，并提供口头或书面材料来反驳调查结果及建议。

然后，调查报告被递送给指派机构以决定被控个人的财务责任或是免除其财务责任。如需对财务责任进行评估，调查报告会被提交法律办公室审查。如果调查官的工作不够彻底，调查报告会被退回并要求更正。在某些案例中，指派机构会指定一个财务责任官来重新调查该案件。这是第二次调查，当需要对初步调查进行重新评估或由于案件性质复杂时进行。或者由于案例的复杂性，对初步调查进行再评估。大多数情况下，如果调查官较好地完成了调查，无须财务责任官的介入。

特殊情况下，审批机关可任命一个财务责任委员会来评估指派机构和财务责任官的调查结果。依据这些评估的结论，审查机关对调查报告进行复审并最终确定个人应承担的财务责任或免除个人的责任。然后，提交的调查报告由被指控个人来确认。可告诉他/她，可将调查报告上诉至位于指挥链上被指派的财务责任官的上一级机关。

参考文献

1. DOD 7000. 14-R, Vol. 12, Ch. 7, Financial Liability for Government Property Lost, Damaged, Destroyed, or Stolen, March 2014.

2. DoD 4161. 2, Accountability and Management of Government Contract Property, 27 April 2012.

3. DFAS-IN Regulation 37-1, Ch. 17, Finance and Accounting Policy Implementation.

4. AFI 21-201, Conventional Munitions Maintenance Management, April 2014.

5. AFI 34-202, Protecting Nonappropriated Fund Assets, 27 August 2004, Ch. 6.

6. AFMAN 23-220, Reports of Survey for Air Force Property, 1 July 1996.

7. AFMAN 23-110, Vol. 1, Part 1, Ch. 10 and 11, USAF Supply Manual, 1 April 2009, Incorporating Through Interim Change 10, 1 October 2011.

8. AR 600-4, Remission or Cancellation of Indebtedness for Enlisted Members, 7 January 1998.

9. AR 735-5, Policies and Procedures for Property Accountability, 28 February 2005.

10. DA PAM 735-5, Financial Liability Officer's Guide, 9 April 2007.

第三十八章 | **国务院–国防部海外合作**

一、背景

了解美国大使馆及国务院驻外机构的专业技能及资源，及其与国防部、非政府组织、国际组织、区域组织间的相互沟通合作，对于任务的完成十分关键。相互合作是通过美国政府内部的大致称为跨机构协调来进行的。因此，军法官可能会与许多美国机构打交道，大家共同合作来相互取长补短，以实现共同的国家目标。

以美国大使馆（在文电往来中通常称为 AMEMB）为起点有助于了解美国政府跨机构机制。美国大使馆是一个拥有巨大影响力的组织机构，且对除了隶属作战司令官的武装部队之外的所有美国机构享有最终控制权。通常，美国大使馆宣传美国的政策主张，向华盛顿报告，并保护美国公民的福祉（通常被称为 AMCITS）。称为领事馆的使馆分支机构通常位于派驻国首都之外的某地，担负与大使馆相比有限的职责。依据国际法，大使馆房舍亦被称为使团馆舍，是神圣不可侵犯的。大多数使馆官员及职员均享有不同程度的豁免权，免受东道国的刑事、民事及行政管辖。（参见"部队地位协定"一章，尤其是有关根据《维也纳外交关系公约》规定对行政与技术人员地位的讨论。）

使馆官员在大部分国际协定谈判和涉及重大军事事务的争端中发挥重要作用。使团中重要的人员包括大使、政务参赞、军事顾问、公共事务顾问、地区安全官（RSO），可能还有难民协调员，以及作为各领域的专家的当地国民雇员。同时，领事官员在下列行动中提供了很大的帮助：非战斗人员撤离行动、灾难救援、异常重要的外国刑事管辖权案件，以及大量涉及护照、签证及移民等事务。依据事件性质，使馆官员及非国防部机构雇员可以提供巨大帮助。实现共同目标的意识并不总是不证自明的。军法官应当期待以不同的手段及方法达成更为广泛的、政治性更强的目标。值得注意的是，许多使馆馆员都拥有法律学位和法律背景，但大多数却没有直接从事律师职业。若军法官需要与大使馆或国务院的法律代表共事，军法官应确保弄清与其共事的那个人是具有良好信誉的执业律师。

二、使馆官员及机构

需要与大使馆合作与协调的典型事务包括：飞越权、起降费、航空器主权问题、入境许可、与东道国官员就影响行动的海关和移民事务进行交涉、携带武器、弹药进口，以及美国与东道国的协定、东道国法律与规则的解释等。在部署环境下，上述及其他类似问题的处理，需要大使馆与部署的军法官的督察军法官和协助空军部队司令的空军军法官间的相互协调。需要协调合作的领域包括外国刑事管辖、索赔、物资供应、发放许可、邮政服务、士气、福利、娱乐活动等。重要的使馆馆员将在稍后予以讨论。军法官应了解这些人员的职责，并尽快熟悉承担此类职责的人员。军法官应尽早拜访美国大使馆以了解情况，对于其在整个部署或前沿配置期间完成任务十分有益。

（一）大使

亦称为"使团团长"，是总统的个人代表，负责管理整个使馆的运行，并协调派驻该国美国政府机构的活动。除了受相关作战司令官指挥的武装部队以外，大使负责领导所有派驻该国的美国政府机构。作战司令官与大使之间的关系没有明确的界定，需要仔细揣摩。尤其是在涉及美军人员的纪律问题方面。大使不应对影响受作战司令官指挥的军人的军事审判问题上提出建议或发挥任何作用。可能被分派给大使，比如在国防武官办公室工作的美国空军人员的纪律问题通常由空军部队指挥官或被正式授权和赋予管理此类事务的具有集中指挥权的空军组织来处理。其中一个这类组织便是空军华盛顿军区。

大使负责整合在国家小组拥有代表的各美国政府机构的计划及资源。一个事实上的协调机制可在危机出现后，根据问题的性质进行调整以适应需要，而无须书面的规则。参见下文有关国家小组的讨论。大使每日与国务院的战略规划者和决策者进行协调。此外，大使在行动和战术层面作出的有关危机行动计划的建议和考虑会被直接提供给作战司令官或联合特遣队指挥官。

（二）使团副团长

使团副团长（使团中第二号人物）的作用对于任何大使馆的外交和行动架构都十分关键。大使也可能交给副团长去处理大量事务。当大使离开东道国或没有任命大使时，则由副团长接管使团事务，他/她被称为"临时代办"（简称代办）。当美国与接待国之间仅保持脆弱的外交关系时，临时代办也可能被任命为使团团长。

（三）政务参赞（或政治-军事顾问）

在各种其他职责中，政治处首长［有时被称为政治-军事顾问（POLMIL）］被赋予评估及报告东道国的政治及军事动向的任务。该官员熟悉美国军队，是与大使联系的最为有效的渠道。

政治-军事顾问（POLMIL）不能与政治顾问（POLAD）相混淆。政治顾问是美国国务院高级官员（相当于将军级别），被指派给主要的美国军事指挥官，为其提供有关指挥官所担负的军事责任的外交和政治方面的政策咨询。在美国及北约军事组织中被分派了大约20名政治顾问。

（四）国防武官办公室（DAO）

国防武官办公室由军种武官构成。国防武官通常由派驻大使馆的资深军种武官担任。国防武官由国防情报局提供资金保障和评定级别，但向作战司令官通报其活动情况。武官是与东道国同行联系的宝贵的联络员。他们服务于大使，同时在军种事务上，与各自军种进行协调并代表本军种。

（五）安全援助办公室（SAO）

安全援助办公室独立于国防武官办公室，并承担截然不同的职能。安全援助办公室成员在大使的指示和监督下工作，并受作战司令官的指挥。安全援助办公室与作战司令官之间的具体关系是多种多样的，但一般可以被分为"行动性的"或"管理性的"两类。通常安全援助办公室主任将会被任命为美国国防代表（USDR）。作为美国国防代表，安全援助办公室主要承担的任务是在美国与当地政府之间的双边军事协定中代表作战司令官及其下属司令官，并作为他们的唯一联络人；担负防恐或部队保护（AT/FP）责任，以及应对即将到来的危机等其他任务。

作战司令官与安全援助办公室之间的行动关系将取决于国防部和作战司令官与东道国军事关系的范围。请注意：作战司令官负责受其指挥的部队的防恐和部队保护，而所有其他在驻在国的美国人都由使团团长负责。具体的责任则在作战司令官和使团团长之间的谅解备忘录中加以明确。但在不同国家，所适用的规则可能存在巨大区别。安全援助办公室通常负责不在作战司令官职权范围内的在派驻国负责安全援助工作的国防部人员的防恐和部队保护。其中包括安全援助办公室成员、机动训练小组、现场技术援助小组，以及其他临时隶属的安全援助人员。若同时被任命为美国国防代表，则安全援助办公室主任还承担由作战司令官分配的对那些在东道国的国防部非作战组织和人员的防恐和部队保护责任。在这两种情况下，安全援助办公室与大使馆的地区安全官紧密配合。

安全援助办公室在支持国防部及作战司令官在东道国采取的，以及与东道国共同采取的行动中发挥了关键作用。此类联系包括所谓的 CIF（指挥官倡议基金）活动。这些基金也被称为"为打击恐怖主义的准备倡议提供资金"，用于支持联合演习、特定行动、人道主义及民事救援、军事教育及培训，以及部队保护。此外，还有根据《美国法典》第 10 编第 168 节规定的军事交往。军事交往包括军事联络小组、军事交流、研讨会及会议。有关安全援助的更多介绍在有关"国际协定"一章。

（六）其他官员

1. 领事官。该官员领导负责提供与旅行文件（如护照和签证）有关的不同的公共服务。大使馆领事处，或独立位于不同地点的领事馆。该处负责到该国旅行或在该国生活的美国公民的保护、福祉及财产。也监督公证、公共文件的签署，以及为美国公民提供准法律服务，同时为其他美国政府机构提供特殊服务。领事官在非战斗人员撤离行动中扮演着关键角色。（见"非战斗人员撤离行动"一章）

2. 公共事务官（PAO）。在很多方面，该官员相当于军队公共事务官，在与媒体互动上将提供很多帮助。大使馆的公共事务官通过信息及文化项目来促进美国对外政策的实现。他/她积极与东道国媒体合作，提供有关美国政策及行动方面的信息，并将东道国的观点及评论反馈给美国。此外，在人道主义救助行动及非战斗人员撤离行动过程中，公共事务官起着特别重要的作用。在这些事件中，大使馆与军方保持一致口径至关重要。

3. 地区安全官。地区安全官监督海上安全警戒分队及合同警卫。在可能遇见的东道国情势中，地区安全官还是负责与当地警察联系的联系官，以及部队保护方面的专家，因此是一个重要的联络人。地区安全官为大使馆、未在使馆馆舍的使馆人员和大使馆对其承担责任的人员设定安全标准。

4. 难民协调员。若驻在大使馆内，则难民协调员对于应对可能卷入即将爆发的危机的非政府组织及私人志愿者组织十分有帮助。此人监督各种难民机构的活动，如联合国难民高级专员公署（UNHCR）、国际红十字委员会（ICRC）。（见"政治庇护和临时避难"一章）

5. 法律专员（LEGAT）。法律专员是美国联邦调查局派驻美国驻外使馆，以及在全球 75 个重点城市开设的办事处的特工。这些办事处覆盖了 200 多个国家、属地及岛屿。每个办事处均是通过与东道国之间签订的双边协定予以设立的。它们在派驻国没有执法职能，仅作为与联邦调查局、其他联邦执法机构、国际刑警组织、派驻华盛顿的外国警务和安全官员，以及国家和国际的执法协会沟通的渠道。

（七）国家小组

国家小组是在外交使团内组成一个团结合作、协调统一和信息畅通的团队的主要方式。其组成是综合许多因素的功能，并根据使团团长的决定而成立，但成员一般包括大使（担任组长）、使团副团长（DCM），以及政治和经济处、安全援助办公室（SAO）[在某些国家称之为国防合作办公室（ODC），或美国联合军事顾问/援助小组（JUSMAG）]、国防武官办公室（DAO），以及美国国际开发署（USAID）等部门的负责人。其中，美国军人占很大比例，高级美国指挥官经常是小组成员。

国家小组分析局势并制定计划和策略，以便在所在国推行美国的外交政策。它也向华盛顿提出政策建议。它为根据来自一线的建议迅速进行跨机构磋商、协作及行动，从而有效实施美国任务、计划及政策奠定了基础。其与军事指挥链的关系是专门确定的。最重要的是协调各方的努力。国家小组的理念鼓励各机构协调它们的计划和行动，并及时让其他各方和使团团长了解它们的活动。

（八）美国国际开发署（USAID）

美国绝大多数的对外经济和人道主义援助均是由美国国际开发署管理的。该署是从国务卿处接收全部外国政策的独立联邦机构，他通过提升和平与稳定来保障美国国家安全和实施外国政策，通过在发展中国家促进经济发展、保护人民健康、提供紧急人道主义协助、强化民主来实现这一目的。其在冲突后恢复法律和秩序方面的作用非常明显。例如，提供资金对法官、检察官及其他司法人员进行培训，修复法院以及资助警察训练。美国国际开发署署长通常被指定为应对紧急情况中美国政府的人道主义救助协调员。在下面将要讨论到的军民行动中心（CMOC）进行全面协调的努力中，署长是最为重要的人物。国际组织和非政府间组织十分理解美国国际开发署署长的重要性，尤其是在经济上。（参见"财政部署法和应急预案合同的签订"一章）

三、空中行动

（一）航空器之主权

美国军用航空器是领土的延伸。当被允许飞越或降落于外国领土时，美国政策认为该军用航空器享有习惯上赋予军舰的特权及豁免权。美国军用航空器仍处于美国的排他性管辖之下，不受适用于民用航空器的外国执法措施的管辖。在无相反规定时，其特权及豁免权包括：免征关税和其他税收；免受搜查、没收及检查（包括海关及安全检查）；或免受东道国对航空器以及机上人员、设备或货物实施的其他管辖。国防部航空器指挥官不会授权外国当局进行搜查、没收、检查或行使类似的管辖权。目前存在一种新型"检查"（通常被称为"生物安全"检查）以防止有害的生物制剂及害虫扩散至新的区域。此项检查并非上述豁免事项之例外，除非美国与东道国之间签订的专门协定作出了不同的规定，否则不得进行此项检查。

对于访问美国的外国国家航空器（军用或民用的），美国的做法是在没有航空器指挥员许可的情况下，美国政府不会对其进行登临或检查。如遇需要登临及检查的特殊情况，而登临航空器的要求被拒绝，则该航空器将被要求立即离开美国。军法官应当注意某些偶然情形，即美国机构的代表在处理在美国降落的外国军用航空器的问题时并未严格遵循上述规则。

（二）航空器及机组成员通关许可

美国国际空中行动通过美国官员获得通关许可。仅履行机组职责的机组成员无须个人许可（特殊区域、战区或国家）。飞越事宜最好通过国际协定或互换外交照会来与东道国解决。然而，若机组成员以机组成员以外的身份履行其他公务，则必须根据《国防部出入境指南》中相关国家的要求，获得通关许可。

航空器及机组成员提出的许可请求中必须包含《国防部出入境指南》中国别页面上列出的信息。涉及贵宾作为乘客或机组成员的所有航空器外交许可请求中都应把相应的作战司令官作为文电抄件接收人。如果任务是根据一个全面的外交许可执行的，或无须外交许可时，含有贵宾信息的消息通知会在任务行动开始之前发送给相关地区的作战司令官。《国防部出入境指南》的条款适用于国防部相关人员中的美国公民。在拥有全面外交许可或无须许可情况，当美国军事活动建议使用第三国人员作为行动的机组成员时，该军事活动必须首先获得派驻相关国家的美国大使馆或武官办公室的批准。（非机组成员许可参见下文中关于"人员许可"的段落，以及下文中关于"人员通关许可"的讨论）

（三）费用支付

1. 飞越或空中领航费。依据国际习惯及实践，美国政策规定，国家航空器在另外一个国家的大气空间飞行或通过，不支付飞越或空中领航费。美国政府的这一政策适用于美国政府拥有和运行的所有军用及其他政府航空器。美国政府也不对到访或过境美国的外国国家航空器收取此项费用。

2. 着陆费。美国的政策是，在另外一个国家飞行的由主权国家运行的航空器在政府机场无须缴纳着陆费或停机费（或其他使用费）。这样的航空器将对在政府或非政府机场所请求并接受的服务支付合理费用。这一立场所隐含的意思是如被要求，愿意在商用机场支付着陆费或停机费。依据特定的双边或多边协定相关条款运行的航空器，受该协定的条款约束。向另外一个国家政府征收此类费用，通常被视为类似于向其征税。依据国际习惯和实践，各国不相互征税。由国务院/国防部的跨机构工作小组确定某一特定机场是政府的还是商用的。《国防部出入境指南》包含有相关机场的指定类别。

（四）国防部租赁的航空器

美国政府一般的做法是不把国防部租赁的航空器认定为国家航空器。因此，国防部租赁的航空器服从适用于国际民用航空的管理制度。然而，许多《部队地位协定》、基地权利协定及其他协定均授予了国防部承包的航空器类似于军用航空器所享有的进出权，以及免除着陆费及其他费用的自由。这些协定并不具有宣布国防部租赁的航空器为军用航空器或任何形式的国家航空器的效力。

在某些情况下，国务院的政治军事顾问可以宣称租赁的航空器为国家航空器。如果一架民用航空器供美国政府专用或代表美国政府参与人道主义或其他任何，或者有很紧迫的防恐或部队保护需要，国务院可准备宣布该航空器为国家航空器。然而，军法官应当记住，虽然国务院可能准备指定该航空器为国家航空器，但接待国可能不愿允许该航空器以该种状态进入其领空。

四、其他法律事务

（一）人员许可

《国防部出入境指南》回答了大部分涉及国防部人员及由国防部资助旅行的非国防部人员的许可问题。通常，标准要求不适用于联合或海外军种司令部的人员前往这些司令部的单位、战区内部队调动、被部署支援正式批准的演习的人员、休假人员及仅承担机组职责的机组成员（参见上面有关"机组成员许可"的段落）。然而，将级军官和高级行政官员可享受例外。所涉及的国家及所有中间站的情况应当查询《国防部出入境指南》中人员许可的部分。

应注意以下三类旅行许可：特殊区域、战区及国家。确保旅行者拥有合适的旅行许可是旅行者本人、他/她的单位、许可授予机关的责任。所有官方旅行者必须获得一个或多个此类许可。此外，《国防部出入境指南》中国别主页将对这些要求作出详细说明。国防部政策是海外出访次数及人数都应压缩到最少，而且仅当其他方法无法满足它们的目的时才进行海外旅行。出访中应将对设备、设施、时间、设施提供的服务和被访问人员的安排降至最低。如果可行，在大致相同时间前往大致相同区域的行程应当予以合并。

1. 特殊区域。国务院及国防部负责政策的副部长办公室［OUSD（P）］指定某些国家作为"特殊区域"。特殊区域的许可请求（或申报）在必要时应与国家许可和战区许可一同提交。（见《国防部出入境指南》中需要特殊区域许可的国家名单）

2. 国家许可。该许可由美国大使馆通过武官办公室、国防合作办公室（ODC），以及军事顾问与援助小组（MAAG）等相关机构提出。

3. 战区许可。与作战司令部的任务相关的出访或海外军事活动需要此类许可。许可由作战司令部或被授权军种司令部、下属司令部、专门机构或受访单位发出。可能会要求拥有或推定拥有许可。《国防部出入境指南》中国别主页上列出了适用的特殊规则。《国防部出入境指南》还包含了医疗需求及特殊服务需求，例如可能涉及的与外国代表联系、武力保护等事宜。

（二）武器

部署命令回答了有关武器的问题。在《北约部队地位协定》（NATO SOFA）及随后的和平伙伴关系部队地位协定（有关引文全文参见"部队地位协定"一章）中所规定的一般原则为：如果一名部队成员得到命令的授权，他们就可以拥有和携带武器。派遣国当局将对接待国有关这一问题的请求给予"同情性考虑"。美国部队很可能在被允许活动的设施范围内拥有警察权。然而，携带武器对于东道国而言，可能是一个敏感问题，尤其是如果美国军队与接待国都从同一个基地出发行动时。通常，在美国活动的设施之外，警察权属于接待国当局，除非有修改此项规则的协定。若经适当的美国当局授权，可以携带武器搭乘美国军用航空器。但如果美国与接待国当局之间没有达成相关约定，则不得将武器带离航空器。

（三）海关和移民

除非存在相应的国际协定，否则海关及入境要求必须依照东道国法律的规定。大多数《部队地位协定》都有军事人员无须护照或签证快速入境，以及免征进出口税等条款。此外，《部队地位协定》通常还有补充协定，更为详细地规定豁免及授权，如针对平民承包商的相关规定。与东道国可能还会签署多项有关特定事项的双边协定，如税收减免、军邮服务或其他。

五、与外国官员接洽

为了完成军事任务，美国军方人员往往需要与东道国官员进行协调。这可能是与当地政府官员商讨相对较小的事务，也可能需要与东道国国家级官员进行沟通。国家级的接洽通常由美国大使馆进行。然而，即使与当地官员就一些看似小事进行的互动，也有可能创立上级机关不希望的先例。应当十分谨慎地遵守美国对相关国家的政策和签订的协定。通常，在可能受到行动影响的每个国家大使馆设立一名联络官是个好办法。为了说明，下面详细介绍了在一些国家所做出的相关安排。

在澳大利亚，政府间官方联系是通过美国驻堪培拉大使馆进行的。当有需要接触澳大利亚官员时，应联系国防武官办公室或第337空中支援编队的军法参谋办公室（337 ASUF/JA）。国防武官是派驻澳大利亚的美国高级军官，其办公室在与澳大利亚政府交往中代表美国太平洋司令部（U.S. PACOM）。第337空中支援编队的军法参谋办公室（337 ASUF/JA）负责管理及监督美国与澳大利亚之间的《部队地位协定》在所有军种中适用。

在日本，第五航空军司令同时兼任驻日美军司令。驻日美军司令是日本政府与驻日美军之间主要的联系人，也是美国军方与美国大使馆及其他驻日美国政府机构之间的主要联络人。美国联合委员会每周例会是处理日常事务的主要平台。

在韩国，驻韩美军司令负责处理与韩国政府之间在基地设施层面以上的所有关系。美韩联合委员每月例会是处理日常事务的主要平台。

在德国，与德国（联邦）政府间的官方接洽主要根据《北约部队地位协定》的《德意志联邦共和国补充协定》进行。官方联系通常通过位于柏林的美国大使馆进行。建立了各种各样的派遣国工作小组以处理具体事务，例如住宿、环境、建筑、间接合同、劳工、危险货物、海关、技术专家事务及其他。

在西班牙，所有与西班牙国防部（MOD）或西班牙军官的基地级别以上的官方接洽均通过位于马德里的美国－西班牙常设委员会进行。

在希腊，所有与希腊外交部和国防部的基地级别以上的官方接洽均应由位于雅典的美国－希腊联合委员会进行。

在意大利，政府间的官方联系应当通过位于罗马的美国大使馆安排。合适的情况下，指挥官及军法官应当联系国防合作办公室（ODC）及美国驻意大利派遣国办公室（USSSO）。美国驻意大利派遣国办公室（USSSO）为欧洲司令部（EUCOM-ECJ4）工作并向其报告，并监督所有与常驻或临时驻扎在意大利的美军相关的事务。后者是在欧洲司令部军法官进行的技术监督下工作的多军种法律服务办公室，并负责管理及监督《北约部队地位协定》和其他国际协定在意大利的适用。

在荷兰，通常直接与荷兰政府联系。有时，如果是涉及付费而且美军谋求荷兰政府承担费用的话，可能专门与荷兰国防部接洽。

在挪威，挪威方面没有有关美国与挪威政府官员进行接洽的官方规定。当需要就重要的实质性问题与挪威官员进行接触时，直接把关注的问题通过挪威国防部的法律顾问与之联系。

在土耳其，美国军方与土耳其总参谋部（TGS）之间的官方接洽根据《防务与经济合作协定》（DECA）进行。《防务与经济合作协定》的补充协定三的附件5的第3款规定，驻土耳其防务合作办公室是就驻土耳其的所有美国军事组织和活动与土耳其总参谋部进行联系的唯一联络渠道。需要向土耳其总参谋部提供的所有信息均需通过该办公室。当然，在基地设施层级，美国指挥官应与其土耳其同行保持密切联系，他们经常能够解决在他们那个层级的众多问题。然而，所有在此层级之上的沟通都通过防务合作办公室进行。

在英国，与英国国防部的接洽通常直接通过空军参谋部的主任助理进行。然而，若该军事事务涉及其他的英国政府部门（例如，海关和消费税、农业、渔业和粮食部），则通常经与国防部协调，直接与那些部门进行联系。

六、非政府组织（NGOS）和私人志愿者组织（PVOS）

在处理复杂的人道主义紧急情况时，联合国及非联合国下属的其他国际组织，无论是公共机构还是私人组织，通常在受灾地区连续工作数月甚至几年。这些组织是非常珍贵的信息来源，并非常独立地开展工作。

在现地，军法官可以找到一个称为人道主义行动中心（HOC）的组织。人道主义行动中心主要是一个国际性的、跨机构决策及协调机构，谋求实现所有参与大型人道主义行动的各方的努力协调一致。另一个组织是军民行动中心（CMOC）。该中心的规模及组成十分灵活。任意指挥层级的指挥官都可以建立一个军民行动中心，以便于与其他机构、部门或组织，以及接待国政府的协调与合作。指挥官运用该中心的方式取决于实际情况。指挥官已通过军民行动中心与接待国国民，以及非政府组织和私人志愿者组织接触。该中心是公开讨论问题的平台，同时也是构建对部队在现地能做什么和不能做什么期望的载体。作为一名法律专业人士，军法官可能会被要求充当人道主义行动中心或军民行动中心的联络官，并与联合国机构、国际警察特遣队总部以及当地司法当局打交道。军法官还可能会被要求起草由适当的当局谈判缔结的重要协定。

参考文献

1. Vienna Convention on Diplomatic Relations, open for signature 18 April 1961, 23 U. S. T. 3227, T. I. A. S. 7502, 500 U. N. T. S. 95（entry into force 24 April 1964 for U. S. 13 December 1972）.

2. Vienna Convention on Consular Relations, adopted 24 April 1963, 21 U. S. T. 77；T. I. A. S. 6820；596 U. N. T. S. 487（entry into force 19 March 1967, for U. S. 24 December 1969）.

3. Goldwater - Nichols Department of Defense Reorganization Act of 1986, P. L. 99 - 433 (1986) (codified in Title 10, U. S. Code).

4. DoD Foreign Clearance Guide (find at https://www. fcg. pentagon. mil).

5. JP 3-57, Civil Military Operations, 8 July 2008.

6. JP 3-08, Interorganizational Coordination During Joint Operations, 24 June 2011.

第三十九章 空军后备役部队

一、背景

空军后备队和美国空军国民警卫队（ANGUS）组成了空军后备役部队（ARC），是整个空军力量的有机组成部分。空军国民警卫队（ANG）是各州和领地的民兵。空军后备役部队是空军远征联队（AEWs）的重要组成部分，并经常被部署支援训练及应急任务。因此，部署的军法官必须了解空军后备役部队的结构及一些与之相关的独特的法律问题。

二、空军后备役部队的结构

空军后备役部队由许多不同的部队组成。在任何部署情况下，只涉及精选后备役人员。精选后备役人员包括 A 类部队后备役军人、B 类单个动员扩编人员（IMA）及美国空军国民警卫队。A 类部队后备役军人属于编制内的后备役单位，通常（但并不总是）作为一个单位进行训练及动员。相较之，B 类（单个动员扩编人员）后备役人员通常与现役空军单位一起训练。在战时或国家紧急状态下，他们个人可以作为现役部队的扩编或后备力量。然而，区分美国空军国民警卫队（ANGUS）及空军国民警卫队（ANG）是十分重要的。空军国民警卫队（ANG）是现代形式的公民民兵。空军国民警卫队（ANG）及美国空军国民警卫队（ANGUS）是由相同人员所组成的两个完全不同的法律组织。且在任何特定的时间，其成员仅能在这两个组织中的一个服役。

空军国民警卫队（ANG）是各州和领地的民兵，由在各州、哥伦比亚特区及关岛、波多黎各，以及维尔京群岛等海外领地的、得到联邦政府承认的部队组成。空军国民警卫队（ANG）成员依据《美国法典》第 32 编履行培训职责，在且仅能在美国履行第 32 卷规定的职责。各州的空军国民警卫队（ANG）由该州州长指挥，执行从缉毒行动、自然灾害救助到平息国内动乱的各种任务。

美国空军国民警卫队（ANGUS）组织是与空军国民警卫队（ANG）不同的组织，其所有成员都是空军国民警卫队（ANG）的成员，而且是美国空军的后备役部队。它由联邦政府承认的部队构成，其成员均为现役或动员人员。当空军国民警卫队（ANG）成员通过各种渠道编入现役或经动员，转入《美国法典》第 10 编所规定的现役时，则成了美国空军国民警卫队（ANGUS）的成员。若空军国民警卫队（ANG）成员要执行海外任务，则必须首先通过（下面讨论的）多种渠道中的一种成为美国空军国民警卫队（ANGUS）中的一员。美国空军国民警卫队（ANGUS）成员仅履行《美国法典》第 10 编规定的职责。作为空军的后备役部队，美国空军国民警卫队（ANGUS）不仅是美国国防，而且是美国军事力量在全世界投送的全面伙伴。

三、空军后备役部队成员的动员及编入现役

依据所需要人员的数量、行动持续的时长，无论参加现役是否自愿，以及所支持行动的性质（例如，宣战、国家紧急状态、行动增援等），空军国民警卫队（ANG）可以通过多种渠道编入现役。

（一）全面动员

根据《美国法典》第 10 编第 12301（a）节，在国会宣布的战争或国家紧急状态期间，任何单位及不隶属作为一个单位编成的单位的任何成员可能被强令服现役，服役时间为整个战争期间及战争结束后 6 个月。对编入现役的成员人数没有限制。被编入现役的成员则成为正规空军部队的一部分。

（二）局部动员

根据《美国法典》第 10 编第 12302（a）节，在总统宣布进入国家紧急状态期间，任何单位及不隶属作为一个单位编成的单位的任何成员可能被强令服现役，服役时间最长为 24 个月。一次编入现役的人数不超过 100 万人。

（三）总统后备役征召（PRC）

根据《美国法典》第 10 编第 12304（a）和（b）节，总统可以扩编现役部队以便：①任何行动任务；②为应对导致或可能导致严重生命或财产损失、涉及使用或威胁使用大规模杀伤性武器、恐怖主义袭击或恐怖主义袭击威胁

的紧急情况提供援助。当扩编现役部队时，任何单位及不隶属作为一个单位编成的单位的任何成员，以及单个人员待命后备役（IRR）的部分人员可能被强令服现役，服役期最长可达 365 日。根据总统后备役征召命令一次可编入现役的人数限于 20 万人以下，其中单个人员待命后备役（IRR）人员不超过 3 万人。（见《美国法典》第 10 编第 12304 节）单个人员待命后备役（IRR）是一个由受到一定训练、曾经在现役部队或精选后备役中服过役，或还有剩余兵役义务期的人员组成的人力资源库。

（四）2012 财年《国防授权法案》的新动员条款

2012 财年《国防授权法案》创设了两条关于动员的新条款。国防部尚未对条款的适用作出具体说明，但几乎可以肯定它们将来会被广泛运用。

1. 重大灾难或紧急情况响应［见《美国法典》第 10 编第 12304（a）节］：允许国防部部长应州长的要求，在应对重大灾难或紧急情况时要求联邦政府的联邦援助，命令任何单位及不隶属作为一个单位编成的单位的任何成员服现役，连续服役期限不超过 120 天。这项新规则还规定，被命令服现役的所有单位或成员的服役可根据国防部部长或法律的命令予以终止。

除了提供了新的动员授权之外，第（c）款还编纂了"双重身份"指挥官的规定。这一概念允许在应对自然灾害时，一名指挥官同时担任国民警卫队（民兵）和联邦部队的指挥官。该条款认可"双重身份"指挥官是涉及重大灾害或紧急情况的任务的"惯常和习惯性指挥与控制安排"。

2. 预先计划的任务支持［见《美国法典》第 10 编第 12304（b）节］：该新条款允许军种部长强令任何精选后备役人员单位（这里排除不隶属作为一个单位编成的单位的任何成员）为支援预先计划的任务服现役，连续服役期限不超过 365 天。

但部长的授权是有限的，只能在以下情况下达命令：①国防部预算明确包括了人力和相关费用；②预算信息包括了任务和动员的预期时长。

在此权限下编入现役的人员上限为 6 万人。

（五）15 日征召

根据《美国法典》第 10 编第 12301（b）节，经美国空军部部长（SecAF）指定的官员可以强令任何单位及不隶属作为一个单位编成的单位的任何成员服现役［但是必须经空军国民警卫队（ANG）单位及人员所在州的州长同意］，服役期限每年不超过 15 日。在这条上没有法定的人数限制。这种征召很少使用，看来与为了满足年度训练要求而进行的强制服现役有关。

（六）志愿者

根据《美国法典》第 10 编第 12301（d）节，任何空军后备役部队（ARC）成员均可以经本人同意［对于空军国民警卫队（ANG）成员，须经州长或领地及哥伦比亚特区的指挥将领的同意］，被命令服现役或继续服现役。对于任何一次作为志愿者服现役的人数均没有法定限制。如果没有总统或国会的命令强制要求后备役人员服现役时，后备役人员所服的绝大多数的现役是自愿的，即这些后备役人员志愿服现役。一旦接受服现役的命令，后备役人员将服现役（基本上与美国空军正规军军人没有什么区别）直到退役（命令中止，或由有关当局允许其退出现役）。

四、空军后备役部队编入现役期间停止离队

无论何时，后备役人员根据《美国法典》第 10 编第 12304 节（《总统后备役征召令》）、第 12302 节（《局部动员令》）或 12301 节（《全面动员令》）服现役，总统有权暂停与他认为对美国国家安全十分重要的武装部队的任何成员之晋升、退休或退役相关的法律的实施（"与晋升相关的法律"广泛地包括等级表、当前将官的授权，以及 E8/E9 限制）。无论是根据第 12304 节、第 12302 节、第 12301 节规定召回服现役的后备役人员退出现役后，还是当总统确定下令后备役人员服现役的情况已经不复存在时，任何一个根据这一"停止离队"授权的任何暂停都将中止，以较早者为准。（见《美国法典》第 10 编第 12305 节）

五、被编入现役或被动员的空军后备役部队的行动控制（OPCON）及行政控制（ADCON）

正规空军部队单位人员，与为了行动控制而隶属或配属给作战司令官的空军后备役部队没有区别。作战司令官通常将所有隶属或配属的空军部队的行动控制权委托给空军部队指挥官（COMAFFOR）。（《空军条令文件》2 "行动与组织"，2007 年 4 月 3 日，第 37 页；以及《空军指示》38-101 第 4. 2. 10. 1 段）由空军部队指挥官（COMAFFOR）（或其他指挥官）通过军种行政控制当局对空军后备役部队所实施的行政控制水平，取决于令空军后备役部队成

员服现役的法定授权。由于指挥官之间存在行政控制的重叠，书面命令明确区分指挥官的行政控制授权及职责是十分重要的。（见《空军条令文件》2"行动与组织"，2007年4月3日，第39页）

1. 行动控制（OPCON）是由指挥官对完成指挥部所受领的任务所必需的对军事行动和联合训练的各个方面所履行的权力。其主要关注于作战任务并包括：组织和运用军事力量与对手交战；分配任务及指定军事目标；与上级指挥官共同制定及实施全方位的航空航天战略。就行动控制本身不包括后勤或行政管理事务、纪律、内部组织或单位训练的权威指导。行动控制权来自国家指挥当局，经作战司令官，到达下属作战组织。例如，联合特遣部队或职能部队司令。（见《联合出版物》1-02第251页；《空军条令文件》第2号《行动与组织》，2007年4月3日，第3章至第4章）

2. 行政控制（ADCON）是对下级组织在行政管理及支持方面行使的权力，一般是军种的责任（尽管作战司令官确实拥有一些行政管理权）。行政控制包括：部队的组织，人员管理，资源及后勤控制，训练、战备状态、动员及纪律。行政控制权来自国家指挥当局，经空军部部长，通过空军参谋长，再经一级司令部及航空队，最后到达部队单位。指挥官对所有隶属部队实施完全的行政控制，并对所有配属空军部队履行特定的行政控制。对于配属部队而言，完全的行政控制通常由其隶属的指挥官实施。（见《联合出版物》1-02第4页；《空军条令文件》2"行动与组织"，2007年4月3日，第36页至第38页）

3. 空军国民警卫队和《美国法典》第10编。当空军国民警卫队（ANG）成员服《美国法典》第10编所规定的现役时，则不再承担州空军国民警卫队（ANG）单位的职责，并成为美国空军国民警卫队（ANGUS）的一员，直接隶属空军国民警卫队战备中心（ANGRC）或为支援完成现役部队任务而部署部队的目的建立的一个该中心的下属单位。作为美国空军国民警卫队（ANGUS）的领导，空军国民警卫队战备中心（ANGRC）指挥官对所有隶属中心并具有《美国法典》第10编地位的单位及成员（除了那些经全面动员而服现役的人员）行使完全的行政控制。空军国民警卫队战备中心（ANGRC）指挥官通过把后备役部队配属给责任区内的被支援的现役部队的方式向该现役部队指挥官提供增援。同样的，空军后备队司令部司令（AFRC/CC）对所有为处置突发事件或其他美国空军行动而编入现役的空军后备队成员（除了那些经全面动员而服现役的人员）拥有完全的行政控制。

六、行动与组织

（一）空军部队指挥官（COMAFFOR）和联合部队空军部队指挥官（JFACC）

《空军条令文件》2"行动与组织"（2007 年 4 月 3 日）为组织空军部队行动运用提供了权威指南。该指示确定空军部队指挥官（COMAFFOR）为支持行动任务的主要美国空军部队指挥官。为了支援行动任务，空军部队指挥官（COMAFFOR）可以使用隶属部队，如下属联队及其他美国空军组织提供的配属部队。空军部队指挥官（COMAFFOR）对其隶属部队行使完全的行政控制，并对配属部队行使特定的行政控制。空军部队指挥官（COMAFFOR）对配属部队行使特定的行政控制包括下列职责：为行动使用指定具体单位；组织、训练、装备及维持部队以执行战区内任务；提供部队保护并维护纪律。就空军后备役部队而言，空军国民警卫队战备中心（ANGRC）及空军后备队司令部（AFRC）保有所有其他行政控制责任，例如，后备役部队编入现役和退出现役、局部动员，以及服役期长短。此外，战区间部队，如战区间空运和从另外一个空军部队指挥官（COMAFFOR）的责任区过境的部队，在从相应的空军部队指挥官（COMAFFOR）的责任区过境期间将接受该司令的行政控制，但仅是进行行政报告和满足部队保护需要。（参见《空军条令文件》2"附录 B《后备役部队实施细则》"）

（二）G 类命令

G 类命令用于支持、撤编（编入后备役）、配属及改变部队单位番号。它们也被用于任命那些单位的指挥官，以及确认授予该指挥官的特定行政控制权。在部署部队时，空军国民警卫队战备中心（ANGRC）及空军后备队司令部（AFRC）通过使用 G 类命令建立分遣队并指定那些分遣队的指挥官（使用空军表格 35）。正如部署现役部队一样，当为了支持处置突发事件而部署一支空军后备役部队时，会下达一个 G 类命令组建这一部队，并将其配属给空军部队指挥官（COMAFFOR）领导下的现役部队。G 类命令由军种部队的一级司令部（MAJCOM）准备。通常，航空队（NAF）级别以上的下属单位被指示使用空军表格 35 来任命远征部队的指挥官。值得注意的是，由于远征部队的指挥官只是配属，而不是长期隶属于那个部队，所以远征部队的指挥官必须被任命。

例如，在"联军行动"期间，空军国民警卫队战备中心（ANGRC）成立了第15分遣队（Det 15），并任命了一名指挥官。3个空军国民警卫队（ANG）A-10单位的部队隶属第15分遣队。由美国驻欧空军总部（HQ US-AFE）所下达的G类命令将第15分遣队配属给第52远征行动大队（52 EOG）（美国驻欧空军在驻扎于德国斯潘达勒姆空军基地的第52战斗机联队之下组建的一支行动部队）。空军国民警卫队战备中心（ANGRC）分遣队指挥官同时被任命为第52远征行动大队（52 EOG）指挥官。这样，同一位指挥官作为空军国民警卫队战备中心（ANGRC）第15分遣队指挥官享有行政控制权，同时，作为第52远征行动大队（52 EOG）指挥官享有特定的行政控制权。如果部署兵力不足一个满员单位，部署兵力可配属给一个远征单位，并由一名现役指挥官对空军后备役部队行使特定的行政控制。

部属的空军后备役部队成员由两个人指挥：①他们隶属部队的指挥官；②他们编入现役或被动员时配属的部队的指挥官。惩戒权由空军后备役部队成员的隶属部队指挥官（完全的行政控制权）和配属部队指挥官（特定的行政控制权）分享。两个指挥官之间需要就谁采取惩戒行动进行协调（见《空军指示》51-202第3.7段），对配属的空军后备役部队成员进行非军法性惩处时需与原编制机构的指挥官提前协商。

七、空军后备役部队人员指挥"正规"现役部队及人员

空军部队成员配属的已经存在的或新组建的现役部队均被认为是正规空军部队。但是，只有在以下两种情况下，空军后备役部队军官才能指挥正规空军部队。第一种情况是，他们超期服役90日以上。（见《空军指示》51-604第4.2.8段）第二种情况是，空军部队指挥官（COMAFFOR）授权未超期服役的空军后备役部队军官指挥受空军部队指挥官（COMAFFOR）管辖的正规空军部队。这一权力应当授予空军远征联队（AEWs）指挥官以上级别的军官，来指挥空军远征联队（AEW）中的部队。（见《空军指示》51-604第4.2.8.1段）若一名空军后备役部队军官被任命指挥一个正规空军部队，作为其指挥权的一部分，该空军后备役部队指挥官对正规空军部队和所有其他配属单位的成员拥有特定行政控制权，包括惩戒权。

空军后备役部队军官个人命令中规定的服役期决定了该空军后备役部队

军官是否系基于指挥正规空军部队和人员的目的而超期服役。只要命令规定空军后备役部队军官的现役服役期为 90 日或更长，则具备指挥资格。（见《空军指示》51-604 第 4.2.8 段）指挥资格始于现役服役期的第一天。（OP-JAGAF 1998/117，1998 年 11 月 17 日）若一名空军后备役部队指挥官原来服现役期为 90 日以上，但之后缩短为不足 90 日，自从他们行使指挥权第一日起的所有指挥行动均不受个人服役期限变化的影响。（见《空军指示》51-604 第 4.2.8 段）如前文所讨论的，受到行使指挥权限制的后备役军官仍然有权下达合法命令以及行使所有军官的其他的权力。

空军北方司令部

2012 财政年度《国防授权法案》第 518 条允许任命预备役人员担任空军北部司令部司令。应考虑任命国民警卫队和预备役部队符合资质的军官担任该职位。

八、空军后备役部队所签订的国际协定

作为各州民兵组织的空军国民警卫队（ANG）（《美国法典》第 32 编）和国民警卫队事务局（陆军部和空军部的联络组织）无权谈判或缔结国际协定。当美国空军国民警卫队（ANGUS）以《美国法典》第 10 编规定之身份在空军国民警卫队战备中心（ANGRC）领导下部署海外时，空军国民警卫队战备中心（ANGRC）是战地勤务管理局（FOA），而空军后备队司令部（AFRC）是一级司令部（MAJCOM）。依据《空军指示》51-701 第 1.1.4 段，一级司令部（MAJCOM）及战地勤务管理局（FOA）被授予有限的谈判、缔结国际协定的权力。然而，应当强调的是，虽然有此授权，但任何谋求行使这一权力的空军组织、单位或机构均被指示与相关利益方进行协调。（见《国防部指令》5530.3 和《空军指示》51-701）因此，空军后备队司令部（AFRC）及空军国民警卫队战备中心（ANGRC）只能通过与空军战区司令（如美国驻欧洲空军、太平洋空军及空军南方司令部）协调来行使这一权力，并与空军军法官办公室（AF/JAO）进行讨论。

九、涉及空军后备役部队成员的军事司法事务

（一）管辖

空军后备队成员在服现役及进行非现役训练期间应接受根据《美国统一军事司法典》实施的惩戒。美国空军国民警卫队（ANGUS）成员在具有《美国法典》第32编规定之地位时，受《美国统一军事司法典》的管辖。［见《美国统一军事司法典》第2（a）（3）条；《军事法庭规则》（RCM）202条，第（1）和（5）段；《空军指示》51-201第2.9.1段］该管辖权从使后备队及美国空军国民警卫队（ANGUS）队员编入现役的命令的"报到日"的0001开始。这些命令自行生效，值勤时间与路途耗时无关。［见"美国诉菲利普斯案"（United Staes. v. Phillips），58M. J. 217（2003）］武装部队上诉法庭裁定的管辖权覆盖空军后备役人员在服现役命令开始之前的旅行期间所实施的刑事犯罪行为。对于参加非现役训练的空军后备役人员，则该管辖权的起止时间与每次训练期的起止时间相同，持续时间为4小时。（见《空军指示》36-2254V）

（二）因纪律问题而保留空军后备役成员服现役

如果后备役部队或美国空军国民警卫队（ANGUS）一名成员在服现役期间，实施了违反《美国统一军事司法典》的行为，他/她可能会非自愿地被保留下来服现役，等待由特殊或普通军事法庭进行的审判。［见《空军手册》36-8001，第1.8段；《军事法庭规则》（RCM）第202条，第（5）段和美国《空军指示》51-201号第2.9.2.段］但是，该成员不能因接受简易军事法庭审判或非军法性惩处而保留下来服现役。［见《军事法庭规则》第204（b）（2）条规则］

（三）因纪律问题召回空军后备役部队成员服现役

当后备役部队或美国空军国民警卫队（ANGUS）一名成员被发现违反《美国统一军事司法典》而犯罪时，他/她已不再服现役，那么，除非该成员的军人身份完全终止（例如退役），否则为了进行第32条规定的调查，接受特殊或普通军事法庭的审判，或两者同时的需要，可以强制召回该成员服现役。［见《美国统一军事司法典》第2（d）条；《军事法庭规则》（RCM）第204（b）条规则；《空军指示》51-201第2.9.2段］一名后备役部队或美国空军国民警卫队（ANGUS）成员不太会仅因接受非军法性惩处或简易军事法

庭的审判而被召回服现役，尽管一级司令部司令或级别相同的官员可能在相关的案例中放弃这一限制。（见《空军指示》51-201 第 2.9.3 段）但是，在一名空军后备役成员的下一次服现役或接受非现役训练期间，可启动对其的非军法性惩处或简易军事法庭审判。[见《空军指示》51-201 第 2.9.3 段；也可参见《军事治外法权法案》（MEJA）的相关讨论；《空军指示》51-210 第 2.7.3 段]

（四）召回权

一名空军后备役部队成员可因其在服现役或接受非现役训练期间违反《美国统一军事司法典》的犯罪行为，被下列人员召回现役：

1. 该成员出于训练目的而配属的正规部队单位的普通军事法庭开庭机构（GCMCA）；

2. 犯罪发生时，该成员所服役的正规部队单位的普通军事法庭开庭机构（GCMCA）；

3. 如果犯罪发生时，该成员出于训练目的而隶属或配属于一个后备役部队单位，那么东道-暂驻单位支持协定所指定的，或《空军指示》25-201 所具体规定的，作为东道主的正规部队单位的普通军事法庭开庭机构（GCM-CA）；

4. 空军后备队司令部司令（AFRC/CC）、第 4 航空队指挥官（4 AF/CC）、第 10 航空队指挥官（10 AF/CC）或第 22 航空队指挥官（22 AF/CC），负责隶属或配属各自司令部的成员的召回。（见《空军指示》51-201 第 2.9.4 段）

（五）对被召回的空军后备役部队成员进行监禁或限制自由的限制

没有空军部部长授权，为接受军法审判而被召回服现役的空军后备役部队成员不得在召回服役期间被判处监禁刑或被要求接受包含任何限制人身自由的处罚。[见《美国统一军事司法典》第 2（d）（5）条；《空军指示》51-201 第 2.9.2 段]要求空军部部长批准的要求包含在《空军指示》51-201 第 2.9.5 段中。除非获得空军部部长的批准，只有在接受非现役训练或为被命令服常规（而不是因纪律原因）现役期间，才可在指定限值下施加限制性处罚。（见《空军指示》51-201 第 2.9.5 段）

十、空军后备役部队成员因公（过错）致病、伤、亡的鉴定

由于大部分空军后备役部队成员的现役服役期有限，故而认识因公致伤

病亡鉴定的必要性是十分重要的。因公致伤病亡鉴定在确定空军后备役部队成员享受医疗/牙科保健及可能的伤残津贴和补助的资格中发挥关键作用。［见《美国法典》第 37 编第 204（g）节；《空军指示》36-2910 第 1.2.6 和 1.2.7 段］若确定空军后备役部队人员的受伤或疾病是其严重过失或过错所导致的，则无权享有工资和补助、医疗福利或伤残津贴等。［见《美国法典》第 10 编第 1074a（c）节、第 1207 节和《美国法典》第 37 编第 204（i）（3）节］即使该因公致伤病亡鉴定是由空军后备役部队成员所在的原编制单位出具，但事件发生时该人员配属单位应与原单位相协调，以确保原单位收到出具因公致伤病亡鉴定所需的完整信息。

当空军后备役部队成员在服现役、接受现役训练、非现役训练、直接往返服役地点的旅程中，死亡、受伤或患病、伤病情加重，均须出具因公致伤病亡鉴定。（见《空军指示》36-2910 第 1.4.2 段）无论何时一名空军后备役部队人员患病或受伤，需要接受医疗，不管其是否还有能力服役，都需要出具因公致伤病亡鉴定。（见《空军指示》36-2910 第 1.5.4 段）此外，当空军后备役部队成员可能申请伤残津贴时，也应当出具因公致伤病亡鉴定。

如果导致永久性残疾、住院治疗、继续治疗，或提出伤残津贴的可能性不大，军医或医疗机构可出具行政鉴定，以证明一名空军后备役部队成员的在服役前就存在的、并未因服役而加重或轻微因公致伤病的医疗情况。军医通过发现该成员因公致伤病亡的情况并在其病历中记录下来的方式出具行政鉴定。一旦出具了行政鉴定，便无须再采取进一步的行动。（见《空军指示》36-2910 第 3.4.2 段）

一份非正式的因公致伤病亡鉴定，而不是行政性因公致伤病亡鉴定，必须在下列情形下启动：

1. 当空军后备役部队成员可能申请伤残津贴时；

2. 当该案件涉及服役加重该人员服役前业已存在的医疗问题时；

3. 当医疗状况涉及下列慢性疾病时：冠状动脉疾病、癌症、糖尿病等；

4. 所有心脏疾病，包括心脏病、心律失常等；

5. 当该成员已经住院治疗；

6. 当该成员要求继续治疗或到地方医院治疗时。（见《空军指示》26-2910 第 3.4.2.1 段）

如果因公致伤病亡鉴定不能在接到通知后 7 日内出具，而且成员可能要求继续医疗保健或有权享有伤残补助的话，根据空军后备役部队成员的指挥官的请求，指派机构可出具一份临时因公致伤病亡鉴定。（见《空军指示》36-2910 号第 2.5.1 段）如果有清晰且令人信服的证据表明该成员的受伤或疾病在服役前已经存在，或者过错是受伤或疾病的直接原因，则不能出具临时的因公致伤病亡鉴定。（见《空军指示》26-2910 第 3.5.1 段）

需要一份正式的因公致伤病亡鉴定来支持"非因公致伤病亡"的鉴定。此外，当该成员的疾病、受伤或死亡显然是由下列情形造成的，其直接指挥官可以建议出具正式因公致伤病亡鉴定：①在奇怪或可疑情形下发生的，或因该成员的过错或故意疏忽而导致的；②该成员擅离职守；③指挥官认为应当进行全面调查的情况。（见《空军指示》3.5.3.1；参见《空军指示》36-2910 中表格 3.1-3.4 确定空军后备役部队成员的直接指挥官、指派机构、审批机构和审核机构）

十一、空军后备役部队成员就业及再就业的权利

依据《美国法典》第 38 编第 4301 节至第 4333 节《服兵役人员工作就业和再就业权利法案》（USERRA）之规定，空军后备役成员在与雇主的关系中享有特定的权利和保护。虽然大多数与《服兵役人员工作就业和再就业权利法案》（USERRA）有关的法律问题均涉及再就业权利，然而，与《服兵役人员工作就业和再就业权利法案》（USERRA）相关的问题有可能出现在部署期间。例如，某空军后备役部队人员可能得知，在服现役部署期间，他/她被平民雇主解雇了。下面是对《服兵役人员工作就业和再就业权利法案》（USERRA）相关问题的一个简要说明。《服兵役人员工作就业和再就业权利法案》（USERRA）是保护执行军事任务的后备役人员工作和就业福利的非常有力的法律工具，提供了劳工部门、功绩制保护委员会或州/联邦法院强制执行程序。更多有关《军人就业和再就业权利法案》（USERRA）的信息请查询www. esgr. org。

（一）再就业的权利

根据《美国法典》第 38 编第 4312（a）和（b）节规定，空军后备役部队成员由于服兵役而脱离地方工作，只要因服兵役累计脱离时间和所有过去脱离该雇主的工作时间的总和不超过 5 年，一般都有权被重新雇佣。［见《美国法典》第 38 编第 4312（a）（2）节］而且雇员或适当的空军后备役部队军

官应提前向雇主提供书面或口头通知。然而，若因军事必要而禁止事先通知，或事先通知是不可能或不合理的，则无须事先通知。［见《美国法典》第38编第4312（b）节］

（二）回到工作岗位的时间限制

根据《美国法典》第38编第4312（e）节规定，空军后备役部队人员要依据《服兵役人员工作就业和再就业权利法案》（USERRA）之规定有资格享有再就业的权利，则必须在退役后的下列时间段提出再就业申请：

1. 服役期为1日至30日：下个计划工作日的开始；

2. 服役期为31日至180日：撤回后14日内；

3. 服役期为180日以上：撤回后90日内。

对于在服役期内致残或病情加重住院或进行康复的人员，返回岗位的最后期限可予以延长。

（三）免遭解雇的保护

根据《美国法典》第38编第4316（c）节的规定，服兵役6个月以上（181日或以上）的空军后备役部队成员在重新就业后，1年内不得被无故解雇；服兵役31日至180日的在重新就业后，6个月内不得被无故解雇；服役期30日或更短的，则不享受不被无故解雇的保护。但是，他们受到不得因服兵役或履行义务而受歧视的保护。

（四）免受歧视和报复的保护

雇主不得由于雇员的空军后备役部队成员的身份而拒绝再就业，或在其就业、晋升或应享有的其他与就业相关的福利方面阻挠。［见《美国法典》第38编第4311（a）节］此外，雇主也不得在就业方面予以区别对待，也不得对行使《军人就业和再就业权利法案》（USERRA）中所赋予的权利的雇员采取不利的雇佣行动。［见《美国法典》第38编第4311（b）节］

（五）利益保留

空军后备役部队成员在武装部队服役期间，有权在其地方雇主处保留一定的权益。例如，即使其雇主未被1985年的《统一综合预算协调法案》（COBRA）所涵盖（雇员不足20人的雇主不受该法案的约束），《军人就业和再就业权利法案》（USERRA）规定因服兵役而脱离工作岗位的人员继续享受医疗保健权益。［见《美国法典》第38编第4317（a）（1）节］若某人因服兵役而离职，从而导致其健康计划保险被中止，则此人可以选择健康计划保险自其离职之日起持续 18 个月，或在其服役期间（加上允许申请再就业的时间）持续，哪个时间短就选用哪个时间段。该雇员不得被要求为此类保险支付超过全部保险费 102% 的费用。若军队服役期仅为 30 日或更短，则雇主不得要求该人员支付比普通雇员所承担的保险费份额更多的金额。

（六）丧失《服兵役人员工作就业和再就业权利法案》（USERRA）的权益

如果空军后备役部队成员的兵役由于下列原因而终止，则其将无权获得《服兵役人员工作就业和再就业权利法案》（USERRA）的权益：①不名誉或品行恶劣退役或退伍；②在不名誉的情况退役或退伍；③在战时，军官因受军法审判或总统令等原因而被撤职；④擅离职守 3 个月以上或被地方法庭判处监禁而被除名。（见《美国法典》第 38 编第 4304 节）

参考文献

1. Uniform Code of Military Justice（UCMJ），10 U. S. C. Chapter 47.

2. 10 U. S. C. § § 12301（a），12301（b），12301（d），12302（a），12304 and 12305.

3. 37 U. S. C. § 204.

4. Uniformed Services Employment and Reemployment Rights Act（USERRA），38 U. S. C. § § 4301～4333.

5. DODD 5530. 3，International Agreements，11 June 1987.

6. DoDI 1215. 07，Uniform Reserve，Training and Retirement Categories，7 February 2007.

7. AFDD 1，Air Force Basic Doctrine，Organization，and Command，14 October 2011，Appendix D.

8. AFDD 2，Organization and Employment of Aerospace Power，17 February 2000（http://www. doctrine. af. mil/Main. asp）.

9. AFPD 10-3，Air Reserve Component Forces，2 May 1994.

10. AFI 25-201，Support Agreement Procedures，1 December 1996.

11. AFI 36-2910，Line of Duty（Misconduct）Determination，4 October 2002.

12. AFMAN 36-8001，Reserve Personnel Participation and Training Procedures，22 January 2004.

13. AFI 38-101，Air Force Organization，4 April 2006.

14. AFI 51-201，Administration of Military Justice，6 June 2013.

15. AFI 51-202，Nonjudicial Punishment，7 November 2003，Incorporating Change 3（11 August 2011）.

16. AFI 51-604，Appointment to and Assumption of Command，4 April 2006.

17. AFI 51-701, Negotiating, Concluding, Reporting & Maintaining International Agreements, 16 August 2011.

18. OPJAGAF 1998/117, 17 November 1998.

19. Manual for Courts-Martial, United States (2012 ed.).

20. National Defense Authorization Act for Fiscal Year 2012.

第四十章 | 演习、实验、作战模拟及经验教训

一、背景

空军任务的成功取决于满足作战司令官的要求，完成受领任务的战备情况。为联合行动"组织、训练和装备"部队是军种的职责。战备是由训练、演习、检查和评估"完成任务所需具体工作清单"（METL）来保证的。演习、实验、作战模拟（EEWs）及一系列的经验教训同样能够在战备中发挥作用。鉴于此，军法官发挥着重要作用，不仅在筹划和支援这些活动中作为法律顾问，而且也是演习、实验、作战模拟（EEWs）的积极参与者。本章的目的是从作为潜在的演习科目制定者和参加者的军法官的视角，对演习、实验、作战模拟（EEWs）及经验教训做一个情况介绍。

二、演习指南

对于这些空军特有的活动，行动指南系列之下的《空军政策指令和指示》（例如，《空军指示》10-×××号），具体规定了对演习、实验、作战模拟（EEWs）的要求。检查一级司令部（MAJCOM）或当地指挥部的补充指令是十分必要的。关于联合演习、实验、作战模拟（EEWs）和经验教训的指南主要参见《参谋长联席会议主席指令》。联合电子图书馆是查询相关信息的一个全面、良好的来源，查访该系统可访问 http://www.dtic.mil/doctrine。

参与者

1. 发起指挥官。参谋长联席会议主席、空军参谋长、地理区域或功能作战司令官、一级司令部司令，或者其他提出演习要求的任一层级的指挥官。这是最初设定基本演习目标和选择主要训练对象的指挥官和参谋人员。

2. 训练对象或"蓝军"。即希望训练和进行演习锻炼的人们。确保军法官被明确包括在训练对象中。

3. 控制组或"白色小组"。提供想定和扮演训练对象以外所有角色的人们（如国防部、机构内部门、作战司令官及盟友）。他们负责使演习正常进行并确保实现演习目标。好的法律演习一般要求一位或多位军法官代表在白色小组中提供服务。

4. 敌军（OPFOR）或者"红队"。控制组的一部分专门致力于扮演敌人。通常，他们从白色小组中独立出来，且不了解想定和提供的信息。白色小组中的军法官可能要提供一些"法律弹药"给红队以试探训练对象的反应。

5. 评估员。虽然大部分演习是"无过错"的，但有些可能包括对所有或部分训练对象的评估。可由军法官作为评估员。

三、演习计划周期

一个实施良好的演习既要真实，还要组织顺畅。实施一次有效的演习所需要的人力、时间和资源是巨大的。

一般来说，要想使专业范围内的人们得到有意义的训练，需要为计划涉及功能的演习付出巨大的努力。对军法官和律师助理来说尤其如此。由于行动贯穿了所有其他职能，没有周密的协调和提前策划，不可能实现有效的军法官演习训练。

依据演习的规模和复杂程度，典型的演习周期包括以下几个方面：

1. 初步计划会议。首次会议一般将发起指挥官提供的经常模糊的目标转变为详细的演习目标。这是开始拟制演习想定的时间。最好让军法官或者律师助理参与初步计划会议，为军法官的参与"设定一下标志"。

2. 主要计划会议。大部分有关目标、角色、想定、导调员等重要决定都在此次会议上作出。如果希望得到有意义的演习，军法官出席和参加此次会议十分必要。

3. 主要预设事件清单（MSEL）会议。演习的具体细节在此次会议上敲定。想定脚本中每分钟的发展和控制组提供的信息将结合在一起。军法官或律师助理参加此次会议，或者来自本单位的一名成员分发详细的法律主要想定事件清单（MSEL）十分关键。此次会议是确保功能专业人员有意义的参与演习的关键。

4. 控制组指示（COSIN）会议。对于特别重大、复杂或者引人注目的演习，有时会召开特别会议以下达导调参谋（白色小组）指示。由于每个希望举行有意义的演习的功能专业都应在白色小组中有代表，因此这是一次应参加的重要会议。

5. 最后策划会议。此次会议将会把演习中所有的未定的细枝末节的问题确定下来，以及把所有最后一分钟的细节明确下来。将零散的建议加以整合，并对演习的最终细节进行规划。尽管在该会议中会做出一些最后的重大变化，但是这一会议通常不是演习前最重要的活动。

四、演习基本要素

军事演习在规模、持续时间、主题以及训练对象方面几乎是千差万别的，从中队地方机动或联队指挥所演习，到"团队精神"（Team Spirit）或者"光明之星"（Bright Star）这样的大规模联合和联军演习，或"红旗"（RED FLAG）这样的飞行演习。

（一）条令原则

根据《参谋长联席会议主席指令》3500.01G，有效的联合训练（包括演习）的六个基本原则是：

1. 依靠联合条令。坚持基本规则，这样我们都按照相同的音调演奏。这同样适用于仅有空军参加的演习。

2. 指挥官是首要的训练者。指挥官对其隶属部队的战备负责，没有人比指挥官更了解自己部队的需求。

3. 聚焦于受领的任务。通过针对所受领的现实世界的任务进行训练来进行有效的准备。时间、人力和资源都很短缺，所以要明智的使用它们。

4. 以计划战斗的方式训练。练习需要在战斗条件下进行，子弹飞的时候不是学习的时候。

5. 集中筹划，分散执行。集中确定训练要达到的目标，然后让下级指挥官制定适合他们部队需要的训练计划。

6. 训练与战备评估挂钩。指挥官及其参谋将使用联合训练评估数据支撑国防部战备报告系统（DRRS）项目的战备评估。一旦训练评估在联合训练信息管理系统（JTIMS）中被核准，即可提供给国防部战备报告系统，并可供整体战备评估之用。

（二）空军演习筹划指导原则

有关演习筹划的基本空军指示主要有《空军指示》10-204和《战备演习和事后报告》，为所有层级空军单位筹划和实施演习提供了一些很好的通用指导原则。这些指导原则包括：

1. 确定时间和资源优先保障的顺序。演习的等级顺序相当简单明了：参谋长联席会议（JCS）、作战司令官、空军、其他军种、国防部其他机构、一级司令部。

2. "无过错"情况。在大多数环境下，演习应该是"无过错"的，这意味着没有部队排名和分级。这将最大限度地减少萦绕战备检查和其他评估的"赌博"效应，使指挥官能够识别并改正战备中的不足。

3. 以我们战斗的方式训练。尽量运用真实条件，将人为因素降至最低，而且不要忽略像部队安全和后勤保障等行动中的制约因素。

4. 与其他演习相协调。最大可能地谋求使一级司令部、航空队，甚至单位演习与由上级演习（例如，参谋长联席会议、作战司令官或空军演习）相协调或"搭载"上级演习。这增强了现实性，并可避免稀缺的人力和资源过于分散。

5. 确保相关性。练习对于完成受领任务不需要的技能没有用。要确保可能执行的任务所涉及的全方位的技能得到定期训练。

6. 按目标训练。规划每个演习中我们想要实现的相关任务目标，并确保演习想定、投入及角色参与实现那些目标相关。

（三）联队层级的演习训练

绝大部分的演习训练在联队层级进行。每个空军联队都有演习计划和负责管理演习项目的办公室（一般为XP）。应对大规模攻击、环境紧急事件、航空器坠毁、自然灾害应对机制以及飞行、人质或恐怖主义事件都需要军法官有意义地参与其中。自然地，包括此类活动的演习也提供了宝贵的训练机会。这些在当地举行的演习代表一种威胁程度低的环境，在这里，年轻的军法官和律师助理无须为成功或失败而担心。同时，也为军法官提供了一个机会，在部署前练习程序和使用部署设备。让军法官积极地参与到这些基地演习计划团队，将最大限度地为军法官提供高质量的演习机会。

（四）联军/多国演习

在联军和多国演习中有很多法律问题，主要是财政法对安全援助的限制。

这些是演习计划中一个重要的考虑因素，但是在本书的其他章节进行说明。

与其他国家的部队一起演习是非常有益的，但同时也富有挑战性。在与长期联盟（北约是一个最为明显的例子）中条件相似的军队举行的演习当然要比与美国与之没有长期防务关系的国家的能力较弱的部队进行的演习更容易计划和实施。《参谋长联席会议主席指令》3500.01E 就在演习中减少问题和增加凝聚力，提供了一些基本建议：

1. 优化贡献。在外国军队所受到的政治和军事的限制范围之内，寻求优化其参演者的贡献。如果演习中外国人员感觉他们没有被充分运用或受到挑战，他们就不会珍惜演习训练，未来可能就不再回来参加了。与外国的法律人士一起演习，是一个探讨比较法问题和对国际法进行不同解读的独特机会。

2. 使演习任务与能力相匹配。如果在演习中分派给外国参与者过多或过少任务，好了说是浪费他们的时间，坏了说是一种侮辱。为训练或能力不够强的部队分配合适的角色和任务需要做出巨大的努力和保持极大的灵活性，但它最终将被证明是值得的。

3. 利用训练援助资源。利用现有的军事训练援助资源来提高外国军队在演习中的参与和贡献度。美国大使馆的国防合作办公室（ODC）或武官处是有关外军能力不可多得的信息来源，它们还可以对多国演习期间，参演部队可能做出的贡献做出中肯的评估。

4. 与参演外军人员建立一个共同的参考系。花些时间达成一个关于目标和任务的基本共识。制作一个共同的词汇和缩写表将有助于避免混乱。

5. 解决保密问题。保密是演习中实现有效互动的一个主要障碍。使用密级最低（最好是不涉密）的信息，提前研究哪些文件或出版物是保密的，并努力避免使外国同行感到被排斥。

五、对演习的空军法律支持

军事演习所需的法律支持的多少要依演习的规模、时间、地点、范围等而定。旨在检验一个现有预定计划可行性的大规模演习可能需要将法律保障力量部署到前方作战机场（FOL）。即使演习中并没有把相关人员部署到前方作战机场，演习中的法律活动也应被视为测试法律工作人员及其装备支援受领任务的准备状况的机会。

演习中的法律支援需求在演习筹划阶段就已经确定。如果所有的法律支援需求（人员和设备）在演习筹划阶段一开始就客观地明确下来，它们就会得到很好的满足。随着演习筹划的进行，虽然不是不可能，但再添加额外的法律支援需求将非常困难。如有法律保障能力的演习，极有可能需要在控制组设有一名法律代表。然而，大规模的演习，特别是参谋长联席会议主席（CJCS）资助的演习，就涉及大量的跨机构筹划和协调，军法官至少会在筹划阶段发挥作用。

如果演习的目的是检验一个预定计划的可行性或作战方针，如适用的话，被支援的空军部队应审查预定计划的分阶段部队部署数据（TPFDD），以确定为支援该计划事先指定了哪些法律力量。应尽力完成在指定地点或责任区（AOR）之内类似地点有实际部署任务的法律任务。"像作战一样训练"的观点通过根据演习要求客观地分配资源来具体落实。

有效演习筹划的原则之一是根据预定计划的任务分配未来实施方案来进行任务分配，并利用分阶段部队部署数据（TPFDD）内的资源来完成相关法律活动。在过去，职员通过各种方式被"选中"，并被赋予满足演习任务的兵力要求。使用志愿者来满足演习兵力要求无法验证计划的可行性或支持其部署要求的法律活动的准备状态。将演习限制在与具体的周密计划任务分配相关的法律活动，允许职能区负责人测试与个人部署能力相比，法律相关活动具有支持任务部署的能力。

当空军部队已确定并批准法律支援需求，这些需求通过演习计划渠道发送到一级司令部的职能区负责人以招募兵力。接着，这些演习任务分配会被发送到每个东道联队，同时通知任务所包含的法律活动要求。任何演习，特别是那些在平时没有大规模空军部队参与的短期服役地区和前方作战机场开展的演习，提供了一个审查设施能力和验证基地支援计划准确性的难得机会。强烈建议军法官结合演习部署计划对每个前方作战机场进行现地勘察，从而验证设施能力是否满足需要，并为最为有效地利用设施资源制定计划。

六、演习后——行动后报告

军事演习通过对新的或现有的战术、技术、能力和程序进行系统的评估，来提高所有参演部队的战备水平。对部队进行准确的评估需要大量的财政、人力和装备资源的投入。因此，国防部机构通过正式的行动后报告系统

（AARS）确保主要演习的结果得到记录、完善并可供未来回顾。行动后报告系统（AARS）是一个被许多国防部各直属机构所使用的机制，以便记录每个重大演习的积极和消极的结果。同样的制度也适用于现实世界的部署。

（一）空军行动后报告（AARS）

空军行动后报告（AARS）程序记录和总结了观察的结果和被确认的经验教训。除非另有指示，关于（未得到空军远征部队持续支援的）行动、突发事件和演习的空军行动后报告应在相关行动结束 30 天以内提交。

（二）空军联合经验教训信息系统（AF-JLLIS）

空军联合经验教训信息系统（AF-JLLIS）是所有的空军观察、经验教训和行动后报告制度的管理系统，同时也是一个满足联合经验教训项目（JLLP）需求的网络系统。AF/A9L 是联合经验教训信息系统的 OPR。提交观察结果和行动后报告的主要方法便是通过空军联合经验教训信息系统。组织或者个人应该用这种方法在任何时候尽可能向相关经验教训办公室（一般是一级司令部或航空队的 A9L），或在合适时直接向空军司令部的 A9L（HAF/A9L）提交个人的经验教训或者空军行动后报告。当通过空军联合经验教训信息系统提交时，行动后报告提交至 AF/A9L，并由其提交给相关的航空队或者一级司令部采取行动。目的是让输入信息能够被提交组织所在指挥链条上恰当层次的指挥机构所验证——经验反馈的流程不是旨在提交时绕过指挥链条。行动后报告的简单模板可以在 AF-JLLIS 网站上查找，网址为：https://www.jllis.mil/usaf, and SIPRNET -- http://www.jllis.smil.mil/usaf。

（三）军法官行动后报告系统

《空军指示》51-108"行动法律和行动法律支持"第 5.2 段要求参与部署行动或重大演习的军法官在部署完成或演习结束之后 30 日内通过电子联邦法律信息系统提交行动后报告的电子版。军法署的所有成员都可浏览这些行动后报告，其宗旨是更好地为将来的部署人员做好准备，并提供对已部署环境中解决的难题的深入了解。军法参谋必须在行动后报告被网站发表之前亲自审查该报告。这些报告被整理后作为基本材料形成演习经验，为高级的军法署成员及所有军法官人员提供相关信息。可以在 https://aflsa.jag.af.mil/apps/aar/中找到提出了具体和指导性问题的线上表格。用户指南（https://aflsa.jag.af.mil/aar/aarhelp.pdf）提供了使用该程序以及提取各种可用报告的分步说明。

（四）联合行动后报告（JAAR）

联合行动后报告（JAAR）是作战司令官、各军种，或其他国防机构所使用的，用以（在行动之前、期间以及之后）报告重要的经验教训，或在演习或行动中出现的任何重大的事件，以及观察到的重要情况的工具。

（五）联合经验教训信息系统（JLLIS）

联合经验教训信息系统（JLLIS）是关于联合经验信息项目的国防部记录系统，它为国防部以及参与联合行动或得到军事行动支援的其他美国政府组织机构提供了一个可互用的经验教训信息系统。联合行动后报告通过该系统上报并存档。

参考文献

1. DoDI 3020. 47, DoD Participation in the National Exercise Program（NEP）, 29 January 2009.

2. CJCSM 3500. 04F, Universal Joint Task Manual, 1 June 2011.

3. CJCSM 3500. 03D, Joint Training Manual, 15 August 2012.

4. CJCSI 3150. 25E, Joint Lessons Learned Program, 20 April 2012.

5. CJCSI 3500. 01G, Joint Training Policy and Guidance for the Armed Forces of the United States, 15 March 2012.

6. CJCSI 3500. 02A, Universal Joint Task List（UJTL）Policy and Guidance for the Armed Forces of the United States, 17 May 2011.

7. AFPD 10-2, Readiness, 6 November 2012.

8. AFPD 10-28, Air Force Concept Development and Experimentation, 17 April 2012.

9. AFI 10-2801, Air Force Concept of Operations Development, 24 October 2005.

10. AFI 10-204, Participation in Joint and National Exercises, 21 April 2010.

11. AFPD 16-10, Modeling and Simulation, 10 March 2006.

12. AFI 16-1002, Modeling and Simulation（M&S）Support to Acquisition, 1 Jun 2000.

13. AFI 16-1003, Air Force Standard Analysis Toolkit（AFSAT）, 17 February 2006.

14. AFPD 90-16, Studies and Analyses, Assessments and Lessons Learned, 31 Aug 201.

15. AFI 90-1601, Air Force Lessons Learned Program, 22 September 2010.

16. AFI 51-108, Operations Law and Legal Support to Operations, 9 July 2013.

第四十一章 | 军法署成员的行动部署

一、背景

自第二次世界大战以来，美国军队在全球各地均展开了部署。美国部队永久地驻扎或部署在每片可居住的大陆上，以支持《国家安全战略》《国防战略》和《国家军事战略》中概述的目标。这些部队联合起来行动，结合空中、陆地、海洋、太空和网络力量，与其他美国政府机构和结盟国家一同捍卫美国并保护其在海外的利益。空军是联合部队不可分割的一部分，空军人员提供了美国大部分的空中、太空和网络能力。他们在全球范围内部署以提供这些核心功能，并提供许多其他功能来确保任务的完成。

目前部署的美军绝大多数位于亚洲西南地区，他们的行动重点是平叛行动、国家建设和非常规战争。所有这些都需要广泛的法律支持和专业知识，空军军法官（JAG）和军法署（JAGC）的律师助理们在整个亚洲西南地区以及世界其他地区均有部署，为联合和空军指挥官提供各个层面的建议。

军法官的基本职能是为指挥官提供坦率、独立的咨询意见。若干法律法规通过授予军法署署长们（JAGs）对军法署各项法定任务及指挥其活动的授权来维护这种独立性。每位军法官还具有直接与其军法署通信的权限。战时环境会带来许多道德和法律问题，而可靠、独立的法律顾问对于有效完成任务至关重要。军法官的缺乏可能在政治和行动层面上带来不利的后果。

与大多数其他空军人员一样，空军军法官和律师助理会被部署为联合部队的一部分，联合部队指挥官对他们的技能提出了很高的要求。多个组织参与了将具有适当技能的人员纳入他们所占领的关键部署区域中的过程，从而使军法署成员能够及时向指挥官提供建议。

二、全球部队管理和航空航天远征部队

根据《戈德华特·尼科尔斯法案》，美军被分配给地理或职能作战司令部（COCOM）和作战司令官（CCDR），而不是受单个军事部门的指挥。当一个作战司令部下的可用部队不足以在给定的责任区（AOR）内进行应急行动时，只有总统或国防部部长（SecDef）才能命令另一个作战司令部的部队进行部署予以支持。部署的过程称为全球部队管理（GFM）。

全球部队管理的基本概念是，各部门会轮流部署他们大部分可用的部队，并且当任何意外事件的需求超出其可用部队时，作战司令官可以请求其他部队来增援自己的部队。联合参谋部（JS）的 J31 部门负责管理此流程。

作战司令官通过向 J31 部门提交"兵力请求"（RFF）来请求增援部队。兵力请求指定了所需兵力的类型和数量、能够提供该兵力的首选现役部队以及将要被分配到的部署单位。通常，在将兵力请求正式发送到 J31 部门之前，作战司令部的现役部队会根据需要批准兵力请求。J31 部门会将兵力请求发送到每一现役部队，并且各现役部队会根据请求反馈其所能提供的能力。在收到所有现役部队的反馈后，J31 部门向国防部部长作出解决方案建议，接着由国防部部长签署命令，临时将部队重新分配给发出请求的作战司令部。

一旦国防部部长下达了增援命令，作战司令部就会制定特定要求并将其发送给指定的增援部队。每个部队都有自己的内部部署规则，但是增援部队通常会指派个人或单位来提供所需的能力。

空军目前通过其航空航天远征部队（AEF）为全球部队管理贡献力量。航空航天远征部队的基本概念是在可预测的基础上部署高度定制的空天力量，以支持作战司令部的需求。基本单位是航空航天远征特遣部队（AETF），在该部队下所有部署的空军人员都被安置用于行政控制（ADCON）目的，并且还控制着空中远征联队、空军远征大队和空中远征中队的行动。航空航天远征特遣部队还充当作战司令部的空军部门（AFFOR）。

在这种结构下，每位空军人员都会被指派到部署缺口，俗称"水桶"，这是根据他们的空军专业代码（AFSC）或职业领域确定的。一些职业领域通常会作为"标准部队解决方案"的一部分被部署到其本部工作站的部门。但是，许多飞行员会单独被部署到"个人增援"（IA）职位，或者作为"联合远征任务"（JET）解决方案的一部分。下面将介绍各种部署解决方案。

空军人事管理中心（AFPC）负责大多数的空军部署，但不负责军法署的成员。由于军法署对军法署署长的法定任务授权及总部空军计划行动指令将其权限扩展到律师助理以进行部署，因此军法署成员的部署任务由军法署的工作人员进行，特别是专业发展局（JAX）。专业发展局会根据其经验、技能和专门法律领域的知识来单独选择军法官和律师助理填充已部署的方坯，以确保作战司令部获得完成任务所需的法律能力。

三、军法署成员的部署

尽管某些军法官和律师助理会作为标准部队解决方案的一部分被部署，但绝大多数的成员会被部署为个人增援或联合远征任务的一部分。

个人增援（IA）：顾名思义，个人增援是指在需要时增援司令部的成员。司令部人员是根据联合人员配备文件（JMD）设立的，指挥官要求个人增援填补现有的联合人员配备文件职位或将新职位添加到联合人员配备文件。

标准部队和联合远征任务：标准部队解决方案是指一个单位或其中的一部分作为空军单位的一部分进行部署以执行其主要任务的解决方案。联合远征任务可以是联合部队/能力解决方案、临时解决方案或替代（ILO）解决方案。

联合部队/能力解决方案：联合部队/能力解决方案是指一支部队取代另一支部队来为核心任务提供部队/能力（例如，红马部队取代陆军作战工程-重型营或空军拆弹部队取代陆军拆弹公司）。这种联合远征任务解决方案除了作战技能训练之外，在功能范围之外不需要任何特殊训练。

临时解决方案：临时解决方案是将来自各司令部或部队的个人和设备整合在一起，形成一个可部署/可雇佣的实体，经过适当的人员配备、培训和装备，来满足作战司令官的要求（例如，由两个州组成的同时配备海军和空军人员的重建团队）。

替代解决方案：是指指派一支部队中的成员执行传统上由其他部队执行的核心功能以外的任务。例如，后勤准备中队的成员在车队中担任炮塔炮手是一个替代解决方案。这些任务通常需要专门的培训。

四、职能区负责人

在筹划和执行过程中，空军参谋部、一级司令部、下属军种司令部、直接报告单位（DRUs）及战地勤务管理局（FOAs）都配有职能区负责人。根据《空军指示》10-401，每个职能区任命职能区负责人（FAMs）。所有的职能区负责人都关注同样宽泛的规划领域，但是，每个级别完成的具体任务却是相当不同的，责任包括：

1. 制定和审查政策；制定、管理、维护单位类型代码（UTCs）；

2. 制定和检查战备报告系统的标准；

3. 对于管理和实施空军战备计划十分关键的部队态势部署、分析和执行行动。

（一）空军参谋部

空军参谋部职能区负责人代表最高层的职能管理责任。这些个人负责影响整个战区的所有战时规划政策和程序。他们监督规划过程的所有方面，而且必须充分理解被支援司令部和支援司令部职责计划者的责任。

空军总部（HAF）职能区负责人担任一级司令部行动的中心协调员，确保他们可适用的职能区的单位类型代码（UTCs）根据现行空军政策和指令被定位和编码。空军总部（HAF）职能区负责人要在每个空军航空航天远征部队（AEF）计划的启动之前，更新他们职能区优先排序指导手册。在与各主司令部和空军航空航天远征部队行动局（AFPC/DPW）的协调中，空军总部（HAF）职能区负责人负责确保其单位类型代码（UTCs）所代表的能力在整个可适用的航空航天远征部队模块/编组中均衡分配，以支援航空航天远征特遣部队（AETF）部队模块中所确认的职能能力。虽然空军总部（HAF）职能区负责人无法更改单位类型代码（UTCs）的可用性，但可以与适当的一级司令部和空军人事管理中心（AFPC/DPW）进行协调，以确保可适用的指导原则被正确地适用于整个职能区。最终，空军总部（HAF）职能区负责人负责持续评估职能区实现其首要目标的能力，以满足作战司令官的要求。

军法署（JAG）指定空军专业发展局（FAX）作为空军总部（HAF）军法官职能区负责人。根据军法署的法定分配权限，专业发展局还为军法官和律师助理进行部署分配。

（二）一级司令部（MAJCOM）/战地勤务管理局（FOA）/直接报告单位（DRU）

提供支援的一级司令部（MAJCOM）/战地勤务管理局（FOA）/直接报告单位（DRU）和空军后备役部队职能区负责人（FAMs）在筹划和执行过程

中扮演着重要的角色。他们是筹划过程中的会计师，保持着对可使用的部队和设备的密切跟踪，并为一级司令部（MAJCOM）/战地勤务管理局（FOA）/直接报告单位（DRU）的战争规划者，以及空军航空航天远征部队行动局（AFPC/DPW）职能调度员提供可用的单位类型代码（UTC），并跟踪部队战备状态和训练水平。他们也与其他职能区负责人（FAMs）就影响其职能区域的所有战时和演习事务进行协调。该负责人通过在一级司令部（MAJCOM）/战地勤务管理局（FOA）/直接报告单位（DRU）的职能区局（或对等的机构），并通过与下属的联队长和部队长协调，负责确定选择哪个单位/个人或者什么类型的装备及其数量，以满足部署要求。

（三）下属军种部队司令部

被支援的下属军种部队司令部的职能区负责人（FAMs）［比如，空军中央司令部（AFCENT）、南方空军司令部（AFSOUTH）］是应急和危机行动计划过程中不可分割的组成部分，并保持与各级别的职能区负责人（FAMs）联系以确保连贯性。他们的主要责任在于制定计划，确定为支援在他们行动计划内每个部署位置所需法律能力的类型。下属军种部队职能区负责人（FAMs）必须审查、理解和遵守联合及军种规划指导，向空军参谋部的负责机构提供有关计划文件和指导的修改建议。

（四）基地设施人员配备战备小组

基地设施人员配备战备小组（IPRF）接收所指派的人员的所有部署命令，并负责确保接到任务的单位或成员按时部署、经过适当培训并配备正确的装备。基地设施人员配备战备小组由基地部署官（IDO）领导，一旦从一级司令部收到，便向单位提供初始任务通知，安排该单位或成员前往责任区的所有行程，准备部署命令，并对所有部署人员进行外包。

（五）单位部署负责人（UDM）

每一单位都分配有一个单位部署负责人，以为其成员进行准备部署。这通常包括安排对任务成员进行本地培训，并帮助他们获得部署所需的装备和许可。单位部署负责人经常与基地设施人员配备战备小组相协调，并由单位或成员发起任何更改请求。

五、部署军法官小组

军法署成员向作战司令官提供重要的服务，他们在部署环境中执行的工作类似于在本部基地进行的工作。

军法官和律师助理向空军远征联队的指挥官就他们所面临的各种法律问题（军事司法、合同和财政法、道德、索赔、行政法和法律援助）提供建议，并且还为被指控违反《美国统一军事司法典》的飞行员提供辩护服务。指挥官在军法官主持下的战区建立军事法庭，使他们能够维持良好的秩序和纪律。军法署成员还为空军部队的工作人员提供服务，他们在整个战区范围内开展工作，如了解国际协定、飞越权利及指挥政策。军法官在空中作战中心通过协助决策目标选择和武器使用来确保《武装冲突法》的遵守。

除了以空军为中心的职能之外，军法署成员还与盟友和东道国武装部队一起担任联合参谋人员，为支持国家目标提供各种服务。他们经常通过拘留行动、发展东道国法律、司法和政府机构及权限，以及通过确保遵守适当的合同法和财政惯例向当地居民提供基本服务而大量参与国家建设。空军军法官和律师助理与现役部队紧密关联，经常与地面部队一起巡逻。其他非传统职能包括特殊行动支持、民事支持和人道主义援助。

如上所述，空军部署了"单位类型代码"（UTC），这是在整个部门内统一的通用功能。某些单位类型代码包括多个人员和装备，但适用于军法署的单位类型代码仅包括一个人——军法官或律师助理。由于人员固有的灵活性和适应性，军法署仅使用两个单位类型代码。单位类型代码中的军法署成员填写为：

（一）XFFJJ——作战支援军法官（JAG）（1 pax）

为航空航天远征特遣部队（AETF）提供军法官法律保障，以协助军法署署长（JAG）履行其在《美国空军战争动员规划（WMP）-1》附件 P 和附件 R 中所列的具体职责。为空军部队指挥官（COMAFFOR）履行国际和国内的法律和政策所规定的义务与责任提供协助和咨询。这一单位类型代码（UTC）可被用于支持任何部队模块，加强现存的法律支援能力，或者单独支援行动。这种能力可以完成航空航天远征特遣部队（AETF）或联合法律支援需求，包括持续保障。单位类型代码（UTC）可用于现役军人、国民警卫队和后备役人员。

（二）XFFJP——作战支援律师助理（1 pax）

为航空航天远征特遣部队（AETF）提供律师助理保障，以协助军法署署长（JAG）履行其在《美国空军战争动员规划（WMP）-1》附件 P 和附件 R

中所列的具体职责。为空军部队指挥官（COMAFFOR）履行国际和国内的法律和政策所规定的义务与责任提供协助和咨询。这一单位类型代码（UTC）可被用于支持任何部队模块，加强现存的法律支援能力，或者单独支援行动。这种能力可以满足航空航天远征特遣部队（AETF）或联合法律支援需求，包括提供持续保障。单位类型代码（UTC）可用于现役军人、国民警卫队和后备役人员。

六、军法官部署的前景

美国军方将继续部署联合部队，并与盟友和东道国伙伴合作，以促进美国在国外的目标。所有应急行动都将需要持久的法律支持，在任何行动中都需要空军军法署的成员，以便就上述问题及新兴领域（例如网络作战）向空军和联合指挥官提供建议。部署的职位将变得越来越专业，将需要高级教育、培训和安全检查。军法官和律师助理拥有的核心技能（分析思想、高质量的书面和口语、谈判和宣传）仍然是高需求，并将成为未来业务不可或缺的一部分。

参考文献

1. 10 U. S. C. § 162, Combatant commands: assigned forces; chain of command.

2. White House Memorandum, Unified Command Plan, 17 December 2008 (S).

3. JP 1, Doctrine for the Armed Forces of the United States, 25 March 2013.

4. JP 1-0, Personnel Support to Joint Operations, 24 October 2011.

5. JP 1-04, Legal Support to Military Operations, 17 August 2011.

6. JP 3-0, Joint Operations, 11 August 2011.

7. JP 5-0, Joint Operation Planning, 11 August 2011.

8. CJCSI 1301. 01E, Joint Individual Augmentation Procedures, 1 February 2013.

9. CJCSM 3122. 01A, Joint Operation Planning and Execution System (JOPES) Volume I (Planning Policies and Procedures), 11 October 2008.

10. CJCSM 3122. 02D, Joint Operation Planning and Execution System (JOPES) Volume III (Crisis Action Time Phased Force and Deployment Data Development and Deployment Execution), 1 April 2012.

11. CJCSM 3122. 03C, Joint Operation Planning and Execution System Volume II, Planning Formats and Guidance, 17 August 2007.

12. AFDD 1, Air Force Basic Doctrine, Organization, and Command, 14 October 2011.

13. AFPD 10-4, Operations Planning: Air & Space Expeditionary Force (AEF), 30 April 2009.

14. AFI 10-244, Reporting Status of Aerospace Expeditionary Forces, 15 June 2012.

15. AFI 10-401, Air Force Operations Planning and Execution, 7 December 2006, Incorporating Change 4 (13 March 2012).

16. AFI 10-403, Deployment Planning and Execution, 20 September 2012.

17. AFI 10-404, Base Support and Expeditionary Site Planning, 11 October 2011.

第四十二章 | **行为准则**

一、背景

美国武装部队的所有成员都应当熟悉行为准则（COC）。行为准则（COC）是旨在为作战或被俘的军事人员提供帮助的指导原则。在本章中，"战俘"包括所有在冲突中被敌方俘虏或被敌人或非国家行为体违背其意愿非法扣押（比如人质）的美国人。它是一个告知相关人员一旦成为战俘，其拥有的合法权利和义务的工具。所有美国武装部队成员都应按照此准则行事。尽管行为准则（COC）主要适用于被俘的情形，但所有遭到敌意拘留的武装部队人员的行为方式都应该符合行为准则（COC）精神和宗旨，避免使自己和国家蒙羞。国防部文职人员、国防部承包商和其他人员也都应该了解他们根据国际法（尤其是《日内瓦公约》）所具有的个人法律地位。

国防部战俘/失踪人员办公室（DPMO）的任务是在国家层面上努力为美国人员在海外追求美国国家利益目标的过程中，可能被隔离的情况做好准备，为营救他们并使其重新融入社会提供最有利的条件，并对在过去、现在和未来美国参与的冲突中失踪的所有人员负责。该办公室担负着行为准则培训的主要责任，并且作战司令部司令应确定司令部所在区域内行动的人员在部署到战区内之前必须接受的行为准则培训层次。

二、行为准则的法律地位

行为准则是一种道德准则，旨在为美国军事人员在面对我们国家的敌人时提供行为标准，而不论冲突的性质或服役男女的职责如何。它部分地被用于实施 1949 年《关于战俘待遇的日内瓦公约》的条款。它旨在从《美国统一军事司法典》的条款中获得支持和保障，这些惩罚性条款针对的是被捕之前或作为战俘时的行为。但是，行为准则一直以来都旨在成为一种道德而非惩罚性指南。只有在服役人员的不当行为同时构成违反《美国统一军事司法典》的情况下，才可能受到起诉。

三、行为准则原则

行为准则共有 6 条。条款几乎在某种程度上包含了所有人员可能遇到的情况和决定。这些条款包含帮助战俘得以生存和保有尊严地回家的信息，也帮助战俘抵抗俘获者利用他们的企图。医务人员和随军牧师根据《日内瓦公约》享有特殊地位的同时，也有责任遵守行为准则中的相关规定。

（一）战斗的美国人（第 1 条）

"我是一个美国人，在为保卫国家及我们的生活方式的部队中作战。我准备为捍卫这一切而献出我的生命。"

第 1 条在任何时候均适用于所有军人。被俘美国人过去的经历表明，要在囚禁中能够有尊严地生存下来，需要每个军人具备高度的奉献精神和信念。为了有效地保持这种奉献精神和信念，军人必须理解美国民主体制和理念的优势，必须相信捍护美国的生活方式是一项有价值且正义的事业。他们还必须保持对同胞战俘的信心和忠诚。吸收和真正接受这些信念令战俘们能够历经长时间压抑的囚禁后仍带着荣誉和自尊返回他们的国家和家庭。

（二）决不投降（第 2 条）

"我绝不主动投降。如果我负责指挥，我绝不在我手下仍能抵抗的情况下让他们投降。"

这项条款中所体现的关键原则是，武装部队成员可能永远不应主动投降。哪怕是孤立的时候，已不再能够对敌人造成人员伤亡或以其他方式保护自己，那他们也有责任避免被俘并重新加入最近的己方部队。投降是一种把自己放弃给敌人的故意行为。相反，俘虏是当一名武装部队成员已经没有抵抗的手段，且无法逃脱，而继续战斗只会导致美方人员的死亡而又不会对敌人造成有意义的损失时出现的一种情况。面临压倒性的敌人的力量，而且继续战斗是徒劳无益的情况下，被俘并不是可耻的。但即使处于孤立无援，被切断通信，或被包围的状态，只要有一个合理的机会能够抵抗、突围、逃脱或加入友军，一名指挥官权力和责任永远不会发展到投降。

（三）抵抗，逃跑，不接受任何好处（第 3 条）

"如果被俘，我将继续以一切可行的方式抵抗。我会尽一切努力逃跑并帮助他人逃跑。我不接受敌人的假释和特别关照。"

被俘的厄运并不减少一名军人去想方设法抵制敌人利用的责任。不幸的是，并不是所有的敌人都遵守国际法的原则。敌军可能会试图让美国人遭受骚扰、虐待、酷刑、得不到应有的医疗以及受到政治灌输。另外，敌军可能通过提供好处或特权，作为交换战俘发表声明或提供信息，或者作出不逃跑的承诺，从而离间战俘。尽管美国战俘面对着很大的个人风险，但如果有可能的话，仍然应该遵循在场最高军事人员的合法指挥，争取逃跑。美国不授权任何军队成员签署或达成任何假释协定（假释是一项战俘如果同意接受某些条件便可能获得释放的程序）。

（四）忠诚，不泄露任何信息，服从指挥（第 4 条）

"如果被俘，我将忠于被俘战友。我不泄露任何信息，不参与任何可能伤害我的同志的行为。如果我是上级，我将负责指挥。如果不是，我会服从并全力支持上级的合法命令。"

在囚禁中，军事指挥结构仍然完整，军官和士兵继续履行其职责。下属服从军衔高的美军军官合法命令的责任在囚禁中不变。战俘必须在有指挥资格的资深的战俘之下，按照军队编制组织起来。资深的战俘，无论是官员还是士兵，也无论来自哪个军种，都应当按照军衔负责统一指挥。资深军人战俘不得逃避指挥责任和职责。当其担负起指挥责任时，必须通知其他战俘，并建立起指挥链和指挥机构。资深战俘必须指定一名继任者，以便其丧失指挥能力或由于其他原因而无法行动时负责指挥。资深战俘在战俘营管理、健康、福利和不满等问题上代表全体战俘出面交涉。

强有力的指挥领导对于保持严明的纪律、健全的战俘营组织、有效的抵制和生存十分关键。资深战俘必须确保全体战俘保持个人卫生、营区卫生、伤病员得到护理。资深战俘在实施指挥时，必须依据常识和战俘营的具体条件因素，建立起战俘组织机构并明确职责。《日内瓦第三公约》第 79 条规定，在战俘营中只有士兵时，应当选举产生战俘的代表。美国的政策规定，当选的代表仅是资深战俘的发言人，无权指挥，除非当选代表同时也是资深战俘。

保持战俘之间的联络沟通是战俘互相帮助的最重要的方式之一。联络沟通打破了隔离时的障碍，强化了战俘的抵抗意志。一旦被俘，每个战俘都应立即尝试与其他战俘联络沟通，并积极参加战俘组织。战俘绝不能泄露其他战俘的情况，或采取任何不利于其他战俘的行动，这样做是可耻的，也是绝对禁止的。同样绝对必要的是，战俘不得确认可能掌握对敌人有价值的信息的战俘的身份，因为这可能导致其遭受严刑逼供。

（五）姓名、军衔、服役编号、出生日期（第5条）

"如果我成为战俘并受讯，我只能提供姓名、军衔、服役编号、出生日期。我会尽力避免回答其他问题。我不会作任何背叛自己国家及其盟友，或有损于其事业的口头或书面声明。"

《日内瓦第三公约》和美军授权战俘向俘获者提供他们的姓名、军衔、服役编号和出生日期。敌人无权迫使一名战俘提供任何其他信息。战俘有权填写《日内瓦公约》"被俘邮片"和写家信，并与他们的俘获者就战俘营管理、健康和福利问题进行沟通。所有战俘必须时刻铭记，敌人可能会利用这些资源获得军事情报，从而实现其目标。

即使饱受身体或精神的虐待，战俘也必须对敌人取得促进他们事业的言论或行动的企图进行拒绝、抵制或回避。特别是，战俘必须拒绝给予口头或书面供词，进行宣传录音，或呼吁美国投降或申请假释。如果他们这样做，他们应该尽一切努力，向媒体表示，自己是在胁迫下才这样做的。例如，如果在敌人的视频宣传录像中被利用的话，他们应该考虑通过视觉符号进行象征性抵抗，比如，在可能情况下展示军服袖子上的美国国旗。

他们不能进行自我批评，或代表敌方作出对美国、盟国、武装力量或是其他战俘有害的口头、书面声明或进行沟通。

战俘必须认识到，向俘获者提供的任何认罪供词或陈述都可能被其用来支持对被俘者提出的是战犯而非战俘的虚假指控。一些国家对《日内瓦公约》做出保留，称战犯被确定后将剥夺确定有罪的个人战俘身份。这些国家可以认为，这将使战俘失去保护，而且在服满刑期之前失去遣返的权利。面临中等至很高被俘风险的军事人员应该了解讯问的方法和技巧，以及讯问者的目的、优势和弱点。

（六）美国、自由、对主的信仰（第6条）

"我绝不会忘记我是一个美国人，为自由而战，对自己的行为负责，愿为我的祖国的自由原则而献身，我将坚定对主和美利坚合众国的信仰。"

美国武装部队成员在任何时候都要为自己的行为负责。谨记美国的传统价值观能够帮助战俘履行其责任，并有尊严地在囚禁中生存下来。《美国统一军事司法典》继续适用于所有军人，即使他们处于战俘地位。当战俘被遣返时他们的所有行为都将受到审查，包括诸如他们在被俘时的情势和他们在被拘留期间的行为等情况。其目的是要表彰立功表现，以及如果需要，调查有关不当行为的指控。战俘的生活可能会很辛苦，但每个战俘都有责任抵制一切思想灌输的企图，保持对美国及其事业的忠诚。战俘立场坚定，团结一致，互相帮助，这样才能拥有难以估量的力量去经受严酷的考验。战俘也应记得国家和他们所有的军种将照顾他们及其家眷。被俘期间，他们所应享有工资和津贴、晋升的资格和程序，以及家眷所享有的福利待遇都不受影响。

没有美国战俘会被遗忘。会尽一切可能的手段与战俘建立联系，向他们提供帮助，并谋求全部美国战俘的释放。

四、医务人员和随军牧师

根据《日内瓦公约》，在所隶属的军队中专门从事医疗服务的医务人员和牧师在被敌方俘获时应当被视为"留用人员"，而非战俘。这种身份使他们有权继续履行其专业职责（最好是为本国战俘服务），但这并不能免除他们遵守行为准则的责任。为了更好地利用这一"留用人员"的身份，医务人员和随军牧师必须坚决维护此身份所拥有的权利。只要敌人以"留用人员"相待，医务人员和随军牧师没有义务逃跑或积极帮助他人逃脱。如果俘获者不允许医务人员和随军牧师履行其专业职责，那么行为准则所规定的他们的责任和所有其他战俘是相同的。

令人遗憾的是，美国的经验表明，俘虏美国医务人员及随军牧师的俘获者很少遵守《日内瓦公约》。因此，如果其他的美国战俘受虐待，那么医务人员和随军牧师也应预计受到相同的待遇。所有医务人员和随军牧师都应为自己被敌人扣押期间的行为负责。医务人员不应承担对非医务人员的指挥职责，随军牧师不应承担对任何军事人员的指挥职责。医务人员和随军牧师都有权与他们的俘获者就他们的专业职责相关的问题进行联络沟通。

五、在非战争军事行动（MOOTW）中的囚禁和敌意拘留

美国军人和伴随人员部署于世界各地，并且经常参加非战争军事活动，

很可能会被不友好的政府拘留，或遭恐怖组织绑架。美国人必须认识到，《日内瓦公约》赋予战俘中的一些基本保护在非战争军事行动中可能不适用。因此，被拘留人员要受拘留国国内刑法的管辖。这些人应该将行为准则（COD）作为一种道德指南，帮助他们继续秉持国防部的政策，在饱经苦难中有尊严地生存下来。

美国政府（USG）会尽一切努力以谋求被俘或被扣为人质的美国人的尽早获释，但美国政府的政策是不与恐怖分子进行谈判。在被囚禁期间美国人必须尽力避免他们或者美国政府被利用。无论受到何种拘留，或遭受如何野蛮的待遇，他们都应保持军人的姿态。被俘军人应努力保持平静、有礼貌，并维系个人的尊严。粗鲁的举止只会激起俘获者采取更加残酷和严厉的处置，甚至会恶化他们的生存环境，并使美国政府谋求他们获释的努力复杂化。

在被集体拘留或被扣为人质的情况下，军事战俘或人质应当尽可能按照部队的编制在有资格指挥的资深军人的领导下组织起来。资深军人负责指挥所有的军人，而被拘留的美国政府文职雇员则无权指挥军人，无论其工资等级的高低。当军人和平民被监禁在一起时，军人应当鼓励平民参加到他们的军事组织并接受资深军人的领导。尽管军人可能接受美国平民领导（如使馆职责），但是资深军人仍有责任建立一个实体的军事组织，以确保关于"有尊严的生存下去"这一国防部指导政策得到不折不扣地执行。

六、被政府拘留时的指导政策

除非出现生命受到威胁的情况，国防部的相关政策不建议试图从非友好政府的拘留中逃脱。这是因为，无论是从一个政府监禁设施逃跑未遂或实际逃跑，可能都会违反非友好政府的刑法，并使逃跑者受到追加的刑事处罚。但是，如果被囚禁的条件恶化到继续被囚禁的风险要比逃跑的风险还要大得多时，逃跑就是必要的。无论如何，在被囚禁一开始就应该开始筹划逃跑，从而确保在需要逃跑时，使成功的概率最大化。

遭到非友好政府拘留的军人应立即且不断要求会见美国使馆人员，或盟国或中立国政府的代表。战俘和人质还必须尽全力拒绝向俘获者泄露任何机密信息。此外，战俘应接受释放，除非这样做会损害其荣誉或美国政府的利益。

七、被恐怖分子拘留（扣为人质）时的指导政策

被恐怖分子俘获是一种最难以预见和最缺乏组织的囚禁形式。恐怖分子绑架的动机包括出于政治目的，获取经济回报，或仅仅为了发泄不满。被拘留者可能不知道俘获者的目的，但他们应该努力尽最大可能使他们"人性化"，以便让俘获者不把他们视为一个目标（例如空军人员），而是一个人。在这种情况下，拥有美国平民护照，并拖延确定自己是军人的时间的话是有帮助的。但并不建议否认军人身份，只是不应主动提供这一信息。恐怖分子的人质应当尽量与恐怖分子讨论家庭、服饰、体育、卫生、食物等，并且应耐心地听他们讨论他们的事业或者夸夸其谈。人质不应抱怨或乞求，因为这可能导致受到进一步的虐待，人质也应避免讨论敏感话题，诸如宗教、经济和政治等。人质应试图留下物体表面上他们的指纹，这样可以帮助搜救者确认他们的位置和身份。

恐怖分子可能是一些非常邪恶的人，他们可能会毫不犹豫地施暴或杀害俘虏。因此，被俘者应作出合理的努力拒绝在恐怖分子的宣传品或供状上签字，但是如果他们相信他们的生命处于危险之中，他们应不迟疑地签署这类文件。被俘人员可能通过提供尽量少的信息来降低宣传的价值。当面对酷刑或死亡的时候，人质应该不断考虑逃脱，并权衡被继续囚禁所面临的风险以及成功逃生的可能性。在营救行动中，如果可能，人质应躲藏起来，留在原地不动，不要试图帮助救援人员。在救援人员将恐怖分子与人质分开前，人质可能会受到救援人员的粗暴对待。

八、行为准则培训

《国防部指示》1300.21 是实施行为准则（COC）培训的指导手册。该指示概述了对支援美国军事行动的国防部文职和承包商的培训工作。各军种必须对所属人员进行行为准则培训，使其达到能够掌握运用这些准则的水平。培训内容包括衔职的责任、领导、军人姿态、秩序、纪律、团队精神和对美国和其他军人的忠诚。培训必须强化被俘或遭到扣留并不减少抵抗敌人的责任这一意识。由合格的教员使用经批准的材料进行培训是非常必要的。各军种部部长应当根据作战司令部司令确定的行为准则适用层次对所有人员进行

培训。与行为准则相关的培训应对下列种类人员在三个层次上进行：

1. 甲级。甲级培训旨在让所有成员对 1949 年《日内瓦公约》有最低限度的了解（通常是在入门培训时进行）。

2. 乙级。乙级培训旨在让那些其工作、专业和任务面临中等被俘或被利用风险的军人有最低限度的了解。乙级培训对象包括地面作战部队，在高度威胁地区的安全部队，以及在战斗地域前沿或己方部队前锋线附近的任何人。

3. 丙级。丙级培训旨在让那些其工作、专业和任务面临重大或高被俘或被利用风险的军人有最低限度的了解。丙级培训对象包括高级军官和可以接触到绝密或机密信息者，相对于普通人员，他们更容易受到俘获者威逼利用。此外，还包括作战空勤人员、特种行动部队和武官。

持续开展有关行为准则的培训，以确保所有军人对行为准则的基本责任及根据《日内瓦公约》所享有的权利和义务有着最新的了解，是非常重要的。目前，美国空军成员通过空军教育训练司令部（AETC）电子学习网站，即基于计算机高级分布式学习服务系统（ADLS）的远征培训，结合《空军指示》（AFI）16-1301 第 2 章规定的年度"生存、规避、抵抗、逃脱"（SERE）培训要求来完成行为准则的进修培训。如果任务需要，军人可遵循一级司令部和空军国民警卫队确定的作战司令部指导原则接受更为深入的培训。

参考文献

1. Geneva Convention for the Amelioration of the Conditions of the Wounded and Sick in Armed Forces in the Field, of 12 August 1949, 6 U. S. T. 3114, 75 U. N. T. S. （1950）31-83（entry into force 21 October 1950, for U. S. 2 February 1956）.

2. Geneva Convention for the Amelioration of the Conditions of the Wounded, Sick, and Shipwrecked Members of Armed Forces at Sea, adopted 12 August 1949, 6U. S. T. 3217, 75 U. N. T. S. （1950）85-133（entry into force 21 October 1950, for U. S. 2 February 1956）.

3. Geneva Convention Relative to Treatment of Prisoners of War of 12 August 1949, 6 U. S. T. 3316, 75 U. N. T. S. （1950）135-285（entry into force 21 October 1950, for U. S. 2 February 1956）.

4. Executive Order 10631, as amended, Code of Conduct for Members of the Armed Forces of the United States, 17 August 1955, as amended.

5. Executive Order 12017, Amending the Code of Conduct for Members of the Armed Forces of the United States, 3 November 1977.

6. Executive Order 12633, Amending the Code of Conduct for Members of the Armed Forces of the U. S. , 28 March 1988.

7. DODD 1300. 7, Training and Education to support the Code of Conduct, 8 December 2000.

8. DODI 1300. 21, Code of Conduct Training and Education, 8 January 2001.

9. DODI 1300. 23, Isolated Personnel Training for DOD Civilian and Contractors, 20 August 2003.

10. DODD 3002. 01E, Personnel Recovery in the Department of Defense, 16 April 2009.

11. DODI 3020. 41, Contractor Personnel Accompanying Forces, 3 October 2005.

12. DODI 2310. 4, Repatriation of Prisoners of War (POW), Hostages, Peacetime Government POWs and Other Missing or Isolated Personnel, 21 November 2000.

13. DODD 5110. 10, Defense Prisoner of War/Missing Personnel Office (DPMO), 21 September 2005.

14. AFI 16−1301, Survival, Evasion, Resistance, and Escape (SERE) Program, 6 September 2006.

15. AFI 16−1301 AETC SUPI, Survival, Evasion, Resistance and Escape (SERE) Program, 28 March 2008.

16. AFI 16−1301 AMC SUPI, Survival, Evasion, Resistance, and Escape (SERE) Program, 24 March 2008.

17. CJCS Guide 5260, Antiterrorism Personal Protection Guide, 1 February 2008.

18. Army Pamphlet 360−512/AFP 34−10, Code of the U. S. Fighting Force, 1 June 1988.

19. AFI 16−1301, ACC SUP I, Survival, Evasion, Resistance, and Escape (SERE) Program, 23 June 2007, Incorporating Change 1 (3 July 2008).

20. AFI 16−1301, AFGSC SUP I, Survival, Evasion, Resistance, and Escape (SERE) Program, 1 Jan 2010.

21. AFI 16−1301, AFMC SUP I, Survival, Evasion, Resistance, and Escape (SERE) Program, 14 July 2010.

所涉术语中英文对照表

Acronym	Full Name	Translation
A&T	administrative and technical	行政和技术（人员）
AADC	area air defense commander	地区防空指挥官
AAMDC	Army Air and Missile Defense Command	陆军防空与导弹防御司令部
AAP	Allied Administrative Publication	《盟军行政出版物》
AARS	After-Action Reporting System	行动后报告系统
ABP	Air Battle Plan	空战计划
AC	Active Component	现役部队
ACA	Airspace Control Authority	空域管制局
ACF	Analysis, Correlation, and Fusion	分析、对照和综合
ACM	Airspace Control Measures	空域管制措施
ACO	Airspace Control Order	航空管制命令
ACP	Airspace Control Plan	空域管制计划
ACRI	African Crisis Response Force Initiative	非洲危机反应部队倡议
ACSA	Acquisition and Cross-Servicing Agreement	《采办及交叉服务协定》
ADA	Anti-Deficiency Act	《反短缺法案》
ADAM	Artillery Delivered Anti-Personnel Mine	炮射杀伤人员地雷
ADCON	Administrative Control	行政控制权
ADIZ	Air Defense Identification Zones	防空识别区

ADP	Automated Data Processing	自动数据处理系统
ADT	active duty for training	训练服现役
AECA	Arms Export Control Act	《武器出口管制法案》
AECT	Aeromedical Evacuation Control Team	航空医疗后送控制组
AEF	Aerospace Expeditionary Force	航空航天远征部队
AEG	Air Expeditionary Group	空军远征大队
AES	Air Expeditionary Squadron	空军远征中队
AETC	Air education and Training Command	空军教育训练司令部
AETF	Air Expeditionary Task Force	航空航天远征特遣部队
AEW	Air Expeditionary Wing	空军远征联队
AFCAP	Air Force Civil Augmentation Program	空军民间加强计划
AF-CAP	Air Force Contract Augmentation Program	空军合同扩展计划
AFCEC	Air Force Civil Engineer Center	空军土木工程师中心
AFCENT	Air Forces Central Command	空军中央司令部
AFCIMS	Air Force Claims Information Management System	空军索赔信息管理系统
AFCSC	Air Force Claims Service Center	空军赔偿服务中心
AFDD	Air Force Doctrine Document	空军条令文件
AFH	Air Force Handbook	空军手册
AFI	Air Force Instruction	空军指示
AFISRA	Air Force Intelligence, Surveillance, and Reconnaissance Agency	空军情报、监视和侦察局
AFJI	Air Force Joint Instruction	空军联合指示
AFMAN	Air Force Manual	空军手册
AFMD	Air Force Mission Directive	空军任务指示
AFOSI	Air Force Office of Special Investigations	空军特别调查办公室
AFPC	Air Force Personnel Center	空军人事管理中心

AFPD	Air ForcePolicy Directive	空军政策条令
AFRC	Air Force Reserve Command	空军后备役队司令部
AFSC	Air Force Safety Center	空军安全中心
AFSC	Air Force Specialty Code	空军专业代码
AFSOC	Air Force Special Operations Command	空军特种作战司令部
AFSOF	Air Force Special Operations Force	空军特种部队
AIB	Accident Investigation Board	事故调查委员会
AID	Agency for International Development	国际开发署
ALCT	Airlift Control Team	空运控制组
ALERTORD	Alert Order	戒备命令
AMCIT	American Citizen	美国公民
AMCT	Air Mobility Control Team	空中机动控制组
AMD	Air Mobility Division	空军机动部队
AMEMB	American Embassy	美国大使馆
AMJAMS	Automated Military Justice Analysis and Management System	军事司法自动分析与管理系统
ANG	Air National Guard	空军国民警卫队
ANGRC	Air National Guard Readiness Center	空军国民警卫队战备中心
ANGUS	Air National Guard of the United States	美国空军国民警卫队
ANZUS	Australia, New Zealand, and the United States	澳大利亚、新西兰和美国
AOC	Air and Space Operations Center	航空航天行动中心
AOD	Air Operations Directive	空中行动指令
AOR	area of responsibility	责任区
AP	Additional Protocol	附加议定书
APL	anti-personnel landmines	杀伤人员地雷
ARC	Air Reserve Component	空军后备役部队

ARCT	Air Refueling Control Team	空中加油控制组
ARF	ASEAN Regional Forum	东盟地区论坛
ARPA	Advanced Research Project Agency	美国国防高级研究计划局（高等研究计划局）
ASAT	anti-satellite	反卫星
ASEAN	Association of Southeast Asian Nations	东南亚国家联盟
ASD SO/LIC	Assistant Secretary of Defense for Special Operations and Air Force Operations and the Law Low Intensity Conflicts	国防部负责特种行动和低强度冲突的助理部长
AT	Antiterrorism	反恐
ATO	Air Tasking Order	空中任务分配命令
ATSD/IO	Assistant to the Secretary of Defense for Intelligence Oversight	国防部部长情报监督助理
AWACS	Airborne Warning and Control System	机载预警和控制系统
AHAP	Additional Humanitarian Assistance Provision	指挥官紧急应对计划
BCD	battlefield coordination detachment	战场协同分遣队
BDA	Battle Damage Assessment	战斗损伤评估
BFN	Bona Fide Needs	"真正需要"
BIA	Board of Immigration Appeals	移民申请委员会
BOS	base operation support	基地作业保障
BPA	Blanket Purchase Agreement	一揽子采购协定
C2	command and control	指挥和控制
CA	civil affairs	民政事务
CA	combat assessment	作战评估
CAAF	Contractors Authorized to Accompany the Force	依授权伴随武装部队的承包商
CAAF	Court of Appeals for the Armed Forces	武装部队上诉法庭

CAC	common access card	通用访问卡
CAOC	Combined Air and Space Operations Center	联军航空航天行动中心
CAP	Crisis Action Planning	危机行动计划
CAS	close air support	近距离空中支援
CAT	Crisis Action Team	危机行动小组
CBV	Capability-Based Volunteer	基于能力的志愿者
CCDR	Combatant Commander	作战司令部/官
CCIF	Combatant Commander Initiative Fund	作战司令官倡议资金
CCIR	commander's critical information requirement	指挥官关键信息需求
CCO	contingency contracting officer	应急预案合同签订官
CCR	CENTCOM Regulation	中央司令部条例
CCW	Convention on Prohibitions or Restrictions on the Use of Certain Conventional Weapons Which May be Deemed to be Excessively Injurious or to Have Indiscriminate Effects	《禁止或限制使用某些可被认为具有过分伤害力或滥杀滥伤作用的常规武器公约》（《特定常规武器公约》）
CD	counter-drug	缉毒
CDC	cleared defense contractor	获许可的国防承包商
CDM	collateral damage methodology	附带损害方法
CEMP	Comprehensive Emergency Management Plan	综合应急管理计划
CENTCOM	Central Command	中央司令部
CFACC	Combined Force Air Component Commander	联军部队空军部队指挥官
CFAA	Computer Fraud and Abuse Act	《计算机欺诈与滥用法》
CFPB	Consumer Financial Protection Bureau	消费者金融保护局
CHOP	Change of Operational Control	行动控制权变化

续表

CI	counterintelligence	反情报
CIA	Central Intelligence Agency	中央情报局
CICA	Competition in Contracting Act	《合同竞争法案》
CID	Criminal Investigations Division	刑事调查司
CIF	Commander's Initiative Funds	指挥官倡议基金
CIL	customary international law	习惯国际法
CIO	Chief Information Officer	首席信息官
CJCS	Chairman of the Joint Chiefs of Staff	参谋长联席会议主席
CJCSI	Chairman of the Joint Chiefs of Staff Instruction	参谋长联席会议主席指令
CJCSM	Chairman of the Joint Chiefs Manual	参联会主席手册
CMA	Court of Military Appeals	军事上诉法庭
CMOC	civil-military operations center	军民行动中心
COA	Course of Action	行动方案
COBRA	Consolidated Omnibus Budget Reconciliation Act	《统一综合预算协调法案》
COC	Code of Conduct	行为准则
COCOM	Combatant Command	作战司令部
COD	combat operations division	战斗行动部
COE	Council of Europe	欧洲理事会
COIN	counterinsurgency	反叛乱行动
COM	Chief of Mission	使团团长
COMAFFOR	Commander of Air Force Forces	空军部队指挥官
COMSEC	communication security	通信安全
CONOP	Concept of Operation	行动方针
CONPLAN	Concept Plan	概略计划
CONUS	Continental United States	美国大陆

COR	Central Offices of Record	中央档案室
CP	Command Post	指挥所
CP	counter-proliferation	反扩散
CPA	Coalitional Provisional Authority	伊拉克联盟临时权力机构
CPD	Combat Plans Division	战斗计划部
CPO	civilian personnel office	文职人员办公室
CRAF	civil reserve air fleet	民用后备航空队
CSAF	Chief of Staff	空军参谋长
CSAR	combat search and rescue	战斗搜救
CST	Coalition support team	联盟支援小组
CSTC-A	Combined Security Transition Command-Afghanistan	阿富汗联合安全过渡指挥部
CT	counterterrorism	反恐
CVR	Cockpit Voice Recording	驾驶舱语音记录
DA	Direct Action	直接行动
DAO	Defense Attaché Office	国防武官办公室
DC3	Department of Defense Cyber Crime Centre	国防部网络犯罪中心
DCA	defense cooperation agreement	防卫合作协定
DCCEP	Developing Countries Combined Exercise Program	发展中国家联军演习计划
DCM	Deputy Chief of Mission	使团副团长
DCO	Designated Commanding Officer	指定指挥官
DCO	Defensive Cyberspace Operation	网络防御行动
DDoS	distributed denial of service	分布式拒绝服务
DEPORD	Deployment Order	部署命令
DFARS	Defense Federal Acquisition Regulation Supplement	联邦防务采办补充条例

DHHS	Department of Health and Human Services	健康和人类服务署
DHS	Department of Homeland Security	国土安全部
DIA	Defense Intelligence Agency	国防情报局
DIB	Defense Industrial Base	国防工业基地
DIRMOBFOR-Air	Director of Mobility Forces-Air	空军机动部队主管
DIRDISA	Directorof Defense Information Systems Agency	国防信息系统局局长
DIRLAUTH	Direct Liaison Authorized	直接联络授权
DIRNSA	Director of National Security Agency	国家安全局局长
DIRSPACEFOR	Director of Space Forces	航天部队主管
DISA	Defense Information Systems Agency	国防信息系统局
DISN	Defense Information Systems Network	国防信息系统网络
DL	Drafting Libraries	文书起草
DLA	Defense Logistics Agency	国防后勤局
DOD	Department of Defense	国防部
DODAA	Department of Defense Appropriati-ons Act	《国防部拨款法案》
DOD CEW	Department of Defense Civilian Expeditionary Workforce	国防部文职远征队
DODD	Department of Defense Directives	国防部指令
DODI	Department of Defense Instruction	国防部指示
DODIN	Department of Defense Information Network	国防部信息网络
DOJ	Department of Justice	司法部
DOS	Department of State	国务院

DOT	Department of Transportation	交通运输部
DPC	Defense Planning Committee	防务计划委员会
DPI	desired points of impact	预期弹着点
DPMO	Defense Prisoner of War/Missing Personnel Office	国防部战俘/失踪人员办公室
DRF	disaster response force	灾难响应部队
DRMO	Defense Reutilization Management Office	国防再利用管理办公室
DRMS	Defense Reutilization and Marketing Service	国防再利用和营销服务处
DRRS	Defense Readiness Reporting System	国防部战备报告系统
DRU	Direct Reporting Unit	直接报告单位
DSC	defensive space control	防卫性太空控制
DSCA	Defense Security Cooperation Agency	国防安全合作局
DSCA	defense support to civil authorities	为民政当局提供防卫支持
DSOC	Department of Defense Strategy for Operating in Cyberspace	国防部网络空间行动战略
DSPD	Defense Support to Public Diplomacy	对公共外交的防务支援
EA	electronic attack	电子攻击
EAD	Extended Active Duty	超期服役
EBS	Environmental Baseline Survey	环境基线调查
ECC	Emergency Communications Center	紧急通信中心
ECHR	European Convention of Human Rights	《欧洲人权公约》
ECOSOC	UN Economic and Social Council	联合国经济和社会理事会
EDA	excess defense articles	多余国防物品
EE	Emergency Essential	应急必需
EEX	European Economic Community	欧洲经济共同体
EEZ	Exclusive economic zone	专属经济区

ELFSC	Environmental Law Field Support Center	环境法现场支持中心
EN	Exchange of Notes	换文
ENMOD	The Environmental Modification Convention	《禁用改变环境技术公约》
EO	Executive Order	行政命令
EOC	Emergency Operations Center	紧急行动中心
EOD	Explosive Ordnance Disposal	拆弹部队
EOIR	Executive Office for Immigration Review	移民审查执行局
EP	electronic protection	电子防护
EPW	enemy prisoners of war	敌方战俘
ES	electronic warfare support	电子战支援
ESA	European Space Agency	欧洲航天局
ESF	Emergency Support Function	应急支援小组
ESGR	Employer Support of the Guard and Reserve	国民警卫队和后备队雇主支持
ESSA	electronic systems security assessment	电子系统安全评估
ETS	expiration of term of service	服役期满
EU	European Union	欧洲联盟
EVE	Equal Value Exchange	等价交换
EW	Electronic Warfare	电子战
EXORD	Execution Order	执行命令
FAA	Foreign Assistance Act	《对外援助法案》
FAC	forward air controller	前方航空控制员
FAM	Functional Area Manager	职能区负责人
FAR	Federal Acquisition Regulations	《联邦采购法规》
FCA	Foreign Claims Act	《对外赔偿法案》
FCC	Federal Communications Commission	美国联邦通信委员会

FCC	Foreign Claims Commission	对外赔偿委员会
FCJ	Foreign criminal jurisdiction	外国刑事管辖
FCP	Family Care Plan	家庭照顾计划
FEGLI	Federal Employees' Group Life Insurance	联邦雇员的团体人身保险
FEMA	Federal Emergency Management Agency	联邦紧急事务管理局
FEPP	foreign excess personal property	国外剩余个人物资
FID	Foreign Internal Defense	他国国内防务
FIR	flight information region	飞行情报区
FLITE	Federal Legal Information Through Electronics	电子联邦法律信息
FM	Field Manual	野战条令
FM	financial management	财务管理
FMFP	foreign military financing program	对外军事融资方案
FMR	Financial Management Regulation	《财务管理规章》
FMS	Foreign Military Sale	对外军事销售
FOA	field operating agency	战地勤务管理局
FOI	Freedom of Information Act	《自由信息法案》
FOL	Forward Operating Location	前方作战机场
FON	Freedom of Navigation Program	航行自由计划
FOUO	for official use only	仅供官方使用
FP	Force Protection	部队保护
FRAGO	Fragmentary Order	简要命令
FRY	Federal Republic of Yugoslavia	前南斯拉夫
FSR	field service representatives	战区外勤代表
FTC	Federal Trade Commission	联邦贸易委员会
FY	fiscal year	财年

GAO	Government Accountability Office	政府问责局
GAO	General Accounting Office	总审计局
GCC	geographic combatant commander	地理区域作战司令官
GCMCA	General Court-Martial Convening Authority	普通军事法院开庭机构
GFM	Global Force Management	全球部队管理
GFMIG	Global Force Management Implementation Guidance	全球部队管理指南
GIG	Global Information Grid	全球信息栅格
GNO	Global Network Operations	全球网络作战
GO-1	General Order 1	一号通令
GPS	Global Positioning System	全球定位系统
GSA	General Services Administration	美国总务管理局
GSU	geographically separated unit	驻扎分散的单位
GWOT	Global War on Terror	全球反恐战争
HA	Humanitarian Assistance	人道主义救助
HAF	Headquarters Air Force	空军司令部
HCA	Humanitarian and Civic Assistance	人道主义与民事救助
HCOC	Hague Code of Conduct	《海牙行为守则》
HERF	Hazards of Electromagnetic Radiation to Fuel	电磁辐射对燃油的危害
HERO	Hazards of Electromagnetic Radiation to Ordnance	电磁辐射对弹药的危害
HN	Host nation	东道国
HOC	humanitarian operations center	人道主义行动中心
HUD	head-up display	平视显示器
HUMINT	human intelligence	人力情报

续表

IA	International Agreement	国际协定
IA	individual augmentee	个人增援
IAAFA	Inter-American Air Forces Academy	泛美空军学院
IABA	Inter-American Bar Association	美洲律师协会
IACA	International Agreement Claims Act	《国际协定赔偿法案》
IACR	International Agreement Competitive Restrictions	国际协定竞争限制
IADC	Inter-Agency Debris Coordination Committee	机构间空间碎片协调委员会
IADS	integrated air defense system	综合防空系统
IC	Incident Commander	事故指挥官
IC	intelligence community	情报界
ICAO	International Civil Aviation Organization	国际民航组织
ICBM	inter-continental ballistic missiles	洲际弹道导弹
ICC	International Criminal Court	国际刑事法院
ICCPR	International Covenant on Civil and Political Rights	《公民权利和政治权利国际公约》
ICE	integrated control enablers	集成控制赋能系统
ICJ	International Court of Justice	国际法院
ICRC	International Committee of the Red Cross	红十字国际委员会
ICSID	International Center for Settlement of Disputes	国际争端解决中心
ICTR	International Criminal Tribunal for Rwanda	卢旺达问题国际刑事法庭
ICTY	International Criminal Tribunal for the Former Yugoslavia	前南斯拉夫问题国际刑事法庭
IFOR	implementation force	执行部队

续表

ILC	International Law Commission	国际法委员会
ILO	International Labor Organization	国际劳工组织
ILO	in lieu of	替代
IMA	Individual Mobilization Augmentees	单个动员扩编人员
IMET	International Military Education and Training	国际军事教育与训练
IMF	International Monetary Fund	国际货币基金组织
INA	Immigration and Nationality Act	《移民与国籍法案》
IO	investigating officer	调查官
IO	information operations	信息行动
IPOE	intelligence preparation of the operational environment	行动环境的情报准备
IPRF	The Installation Personnel Readiness Function	基地设施人员配备战备小组
IR	infrared ray	红外线
IRA	Immediate Response Authority	即时应对权
IRM	information resources management	信息资源管理
IRR	Individual Ready Reserve	单个人员待命后备役
IRS	Internal Revenue Service	美国国家税务局
IS	Information System	信息系统
ISAF	International Security Assistance Force	国际安全援助部队
ISB	Interim Safety Board	临时安全委员会
ISP	Internet Service Providers	互联网服务供应商
ISR	intelligence, surveillance, and reconnaissance	情报、监视和侦察
ISRD	Intelligence, Surveillance, and Reconnaissance Division	情报、监视和侦察部

ISR Ops	Intelligence, Surveillance, and Reconnaissance Operations	情报、监视和侦察行动
IT	information technology	信息技术
ITU	International Telecommunication Union	国际电信联盟
J&A	Justification and Approval	证明和批准
JA	Judge Advocate	军法官
JAAR	Joint After-Action Report	联合行动后报告
JACC	Joint Airborne Command Center	联合航空指挥中心
JAG	Judge Advocate General	军法署署长
JAGC	Judge Advocate General's Corps	军法署
JAGINST	Judge Advocate General Instruction	军法署署长指示
JAOC	Joint Air Operations Center	联合空中行动中心
JAOP	Joint Air Operations Plan	联合航空航天行动计划
JCET	Joint Combined Exchange Training	联军联合训练
JCS	Joint Chiefs of Staff	参谋长联席会议
JET	joint expeditionary tasking	联合远征任务
JFACC	Joint Force Air Component Commander	联合部队空军部队指挥官
JFC	Joint Force Commanders	联合部队指挥官
JIB	Joint Intelligence Board	联合情报委员会
JIPTL	Joint Integrated Prioritized Target List	联合统一排序目标清单
JFCC	Joint Functional Component Command	联合功能构成司令部
JFLCC	joint force land component commander	联合部队陆上部队指挥官
JFMCC	joint force maritime component commander	联合部队海上部队指挥官
JFSOCC	joint force special operations component commander	联合部队特种行动部队指挥官
JLLIS	Joint Lessons Learned Information System	联合经验教训信息系统
JLLP	Joint Lessons Learned Program	联合经验教训项目
JMD	joint manning document	联合人员配备文件

JMEM	joint munitions effectiveness manuals	联合弹药效用手册
JOA	joint operations area	联合行动区
JOPES	Joint Operations Planning and Execution System	联合行动筹划和执行系统
JOPP	Joint Operations Planning Process	联合行动筹划程序
JPEC	Joint Planning and Execution Community	联合筹划和执行部门
JPEL	joint prioritized effects lists	联合优先效果清单
JPTL	joint prioritized target list	联合优先打击目标清单
JS	Joint Staff	联合参谋部
JSCP	Joint Strategic Capabilities Plan	联合战略能力计划
JSOAC	Joint Special Operations Aviation Component	联合特种行动航空部队
JSOAD	Joint Special Operations Aviation Detachment	联合特种行动航空分遣队
JSOC	Joint Special Operations Command	联合特种行动司令部
JSOTF	Joint Special Operations Task Force	联合特种行动特遣队
JSPS	Joint Strategic Planning System	联合战略筹划系统
JSTARS	joint surveillance target attack radar system	联合监视与目标攻击雷达系统
JTACs	joint terminal attack controllers	联合终端攻击控制员
JTB	Joint Targeting Board	联合确定目标委员会
JTF	Joint Task Force	联合特遣部队
JTIMS	Joint Training Information Management System	联合训练信息管理系统
JUSMAG	joint United States military advisory/assistance group	美国联合军事顾问/援助小组
KVM	Kosovo Verification Mission	科索沃核查团

续表

LATAM COOP	Latin American Cooperation	拉美合作
LE	law enforcement	执法
LEGAD	Legal Advisor	法律顾问
LEGAT	Legal Attaché	法律专员
LN	Local National	当地国民
LNO	liaison officers	联络官
LOA	Letters of Authorization	授权书
LOA	Letter of Offer and Acceptance	要约和承诺书
LOAC	law of armed conflict	《武装冲突法》
LOD	Line of Duty	因公（致伤病亡）
LOGCAP	Logistics Civil Augmentation Program	后勤民间加强计划
LSSS	logistic support, supplies, and services	后勤保障、补给和服务
MAAG	military advisory and assistance group	军事顾问与援助小组
MAAP	Master Air Attack Plan	总空袭计划
MAGTF	Marine Air-Ground Task Force	海航-陆军特遣队
MAJCOM	major commands	一级司令部
MAP	Military Assistance Program	军事援助计划
MARFOR	Marine Forces	海军陆战队
MARLO	Marine liaison officer	海军陆战队联络官
MC	Military Committee	军事委员会
MCA	Military Commissions Act	《军事委员会法案》
MCM	The Manual for Courts-Martial	《军事法庭手册》
MCRP	Marine Corps Reference Publication	《海军陆战队参考出版物》
MEJA	Military Extraterritorial Jurisdiction Act	《军事治外法权法案》
METL	Mission Essential Tasks List	完成任务所需具体工作清单
MFO	Multinational Force and Observers	多国部队和观察员
MILCON	Specified Military Construction	特定军事建设

MILDEC	military deception	军事欺骗
MILDEP	Military Department	军种部
MISO	Military Information Support Operation	军事情报支援行动
MLA	Military Legal Advisors	军事法律顾问
MMPA	Marine Mammal Protection Act	《海洋哺乳动物保护法》
MNF	multi-national force	多国部队
MNFC	multinational force commander	多国部队指挥官
MNF-I	Multi-National Force-Iraq	驻伊拉克多国部队
MOA	Memorandum of Agreement	协定备忘录
MOD	Ministry of Defense	国防部
MOFE	Memorandum of Final Evaluation	《最后评估备忘录》
MOOTW	military operations other than war	非战争军事行动
MOU	Memorandum of Understanding	谅解备忘录
MP	Military Police	宪兵
MTFs	medical treatment facilities	医疗机构
MTI	military testamentary instrument	军人遗书
MTT	mobile training team	机动训练小组
MWR	Morale, Welfare and Recreation	士气、福利和娱乐
NAC	North Atlantic Council	北大西洋理事会
NAF	numbered air force	航空队
NAF	non-appropriated funds	非财政拨款经费
NALE	naval and amphibious liaison element	海军和两栖部队联络小组
NATO	North Atlantic Treaty Organization	北大西洋公约组织
NCA	National Command Authorities	国家指挥当局
NCE	Non-Combat Essential	非战斗必需
NCIS	Naval Criminal Investigative Service	海军刑事调查局
NCO	non-commissioned officer	士官

NDAA	National Defense Authorization Act	《国防授权法案》
NetA	network attack	网络攻击
NetD	network defense	网络防御
NEO	Noncombatant Evacuation Operations	非战斗人员撤离行动
NG	National Guard	国民警卫队
NGO	Non-Governmental Organizations	非政府间国际组织
NIAC	Non-International Armed Conflict	非国际性武装冲突
NIPR	Non-secret Internet Protocol Router	非保密因特网协议路由器
NJOIC	National Joint Operations and Intelligence Center	国家联合行动和情报中心
NJP	Non-Judicial Punishment	非军法性惩处
NMS	National Military Strategy	国家军事战略
NORAD	North American Aerospace Defense Command	北美航空航天防御司令部
NOTAM	Notice to Mariners	对海员的通知
NOTAR	Notice to Airmen	对飞行员的通知
NS	network warfare support	网络战支援
NSA	National Security Agency	国家安全局
NSC	National Security Council	国家安全委员会
NSCS	National Security Council System	国家安全委员会系统
NSL	no-strike list	不打击目标清单
NSPD	National Security Presidential Directive	国家安全总统令
NSS	National Security Strategy	国家安全战略
NSS	National Security Systems	国家安全系统
NSSS	National Security Space Strategy	《国家安全太空战略》
NTIA	National Telecommunications and Information Administration	国家电信与信息管理局

NTM	national technical means	国家技术手段
NTSB	National Transportation Safety Board	国家运输安全委员会
NW	Network Warfare	网络战
NWP	Naval Warfare Publication	海战出版物
O&M	operations and maintenance	行动和维护
OAS	Organization of American States	美洲国家组织
OCO	Overseas Contingency Operations	海外应急行动
OCONUS	outside the continental U. S.	美国大陆本土之外
OCS	Operational Contract Support	行动合同保障
ODC	Office of Defense Cooperation	国防合作办公室
OEBGD	Overseas Environmental Baseline Guidance Document	海外环境基线指导文件
OEF	Operation Enduring Freedom	持久自由行动
OHDACA	Overseas Humanitarian, Disaster, and Civic Assistance	《海外人道主义、灾难和民事救助法》
OIC	officer in charge	负责人
OIF	Operation Iraqi Freedom	伊拉克自由行动
ONE	Operation NOBLE EAGLE	神鹰行动
OPCOM	Operational Command	行动指挥权
OPCON	operational control	行动控制权
OPE	operational preparation of the environment	作战环境准备
OPEC	Organization of Petroleum Exporting Countries	石油输出国组织
OPFOR	Opposition Forces	敌军
OPLAN	Operation Plan	行动计划
OPORD	Operation Order	行动命令

续表

OPSEC	Operations Security	行动安全
OSAF	Secretary of the Air Force	空军部部长
OSC	offensive space control	进攻性太空控制
OSCE	Organization for Security and Cooperation in Europe	欧洲安全与合作组织
OSD	Office of the Secretary of Defense	国防部部长办公室
OSINT	open source intelligence	开源情报
OSS	Office of Strategic Services	战略情报局
OT&E	organize, train and equip	组织、培训和装备
OUSD（P）	Office of the Under Secretary of Defense (Policy)	国防副部长办公室
PA	public affairs	公共事务
PACOM	Pacific Command	太平洋司令部
PAO	Public Affairs Officer	公共事务官
PAS	personnel assignment system	人事任命系统
PBA	predictive battlespace awareness	预测的战场态势感知
PCA	Posse Comitatus Act	《地方民团法案》
PD	public diplomacy	公共外交
PDA	Predictive Damage Assessment	预计的损害评估
PDF	personal deployment function	人员部署小组
PEC3	political‐military, economic, and command, control, communications	政治‐军事、经济、指挥、控制、通讯
PED	Processing, Exploitation and Dissemination	处理、利用和分发
PfP	Partnership for Peace	和平伙伴国
PIC	Payment‐In‐Cash	现金支付
PID	positively identified	积极识别

PKO	Peacekeeping Operation	维和行动
PLANORD	Planning Order	计划命令
PLNS	Pre- and Post-Launch Notification System	导弹发射前后的通知制度
PME	Professional Military Education	职业军事教育
PNT	precision navigation and timing	精确导航与计时
POA	Powers of Attorney	委托书
POC	point of contact	联络点
POL	petroleum, oil and lubricant	油料
POLAD	political advisor	政治顾问
POLMIL	political-military	政治-军事
POW	prisoners of war	战俘
PPBE	Planning, Programming, Budgeting and Execution	计划、规划、预算和执行系统
PPD	Presidential Policy Direct	总统政令
PRC	Presidential Reserve Call-Up	总统后备役征召
PRCC	personnel recovery coordination cell	人员营救协调小组
PRT	provincial reconstruction team	省级重建队
PTA	Purpose, Time, and Amount	目的、时间和数量
PTDO	Prepare to Deploy Order	准备部署命令
PVO	Private Volunteer Organization	私人志愿者组织
RAE	Right of Assistance Entry	救助进入权
RAT	Remote Access Tool	远程访问工具
RC	Reserve Component	后备役部队
RCAs	riot control agents	控暴剂
RCM	Rules for Court-Martial	军事法庭规则
RFF	request for forces	兵力请求

续表

RFI	Request for Information	信息申请
RIK	replacement-in-kind	实物替换
ROE	Rules of Engagement	交战规则
ROS	Reports of Survey	调查报告
RSO	regional security officer	地区安全官
RTL	restricted list	限制打击目标清单
RUF	Rules for the Use of Force	使用武力规则
SA	situational awareness	态势感知
SAM	Surface-to-air Missile	地对空导弹
SAMM	Security Assistance Management Manual	《安全援助管理手册》
SAO	security assistance office	安全援助办公室
SAP	Simplified Acquisition Procedures	简化的采办程序
SATCOM	satellite communications	卫星通信
SCADA	Supervisory Control and Data Acquisition	监控和数据采集
SCO	summary court officer	简易军事法庭法官
SCRA	Servicemembers Civil Relief Act	《军人民事救济法案》
SecAF	Secretary of the Air Force	空军部部长
SecDef	Secretary of Defense	国防部部长
SELRES	Selected Reserve	精选后备役人员
SIB	Safety Investigation Boards	安全调查委员会
SIDO	senior intelligence duty officer	高级情报值班军官
SIGINT	signals intelligence	信号情报
SIO	Senior Intelligence Officer	高级情报官
SIPRNet	Secret Internet Protocol Router Network	机密互连协议路由网
SF	Security Forces	安全部队
SFA	Security Force Assistance	安全部队援助
SGLI	Service members' Group Life Insurance	军人团体人寿保险

SJA	Staff Judge Advocate	军法参谋
SLBM	submarine launched ballistic missiles	潜射弹道导弹
SME	Transferring Significant Military Equipment	转让重大军事装备
SMU	special mission unit	特别任务部队
SO	Special Operations	特种行动
SOCCE	Special Operations Command and Control Element	特别行动指挥和控制小组
SOF	Special Operations Forces	特种部队
SOFA	Status of Forces Agreement	部队地位协定
SOLE	special operations liaison element	特种行动联络小组
SOMA	Status of Mission Agreement	《特派团地位协定》
SORT	Strategic Offensive Reductions Treaty	《削减进攻性战略武器条约》
SPIN	Special Instruction	特别指令
SR	Special Reconnaissance	战略或特种侦察
SROE	Standing Rules of Engagement	现行交战规则
SSA	Space situational awareness	太空态势感知
SSCR	Single Service Claims Responsibility	单一军种索赔责任
SSCRA	Soldiers' and Sailors' Civil Relief Act	《士兵和海员民事救济法案》
SSN	Space Surveillance Network	太空监测网络
STANAG	standardization agreements	标准化协定
START	Treaty on the Reduction and Limitation of Strategic Offensive Arms	《削减和限制进攻性战略武器条约》
STO	Special Technical Operations	特种技术行动
TACS	Theater Air Control System	战区空中管制系统
TACON	tactical control	战术控制
TAGS	Theater Air Ground System	战区空地系统

TCN	third country national	第三国国民
TDY	Temporary Duty	临时任务
TET	Targeting Effects Team	目标效果组
TIF	theater internment facility	战区拘留所
TGS	Turkish General Staff	土耳其总参谋部
TGT/TA	Targets/Tactical Assessment	目标/战术评估
TPFDD	Time-Phased Force and Deployment Data	分阶段部队部署数据
TSOC	Theater Special Operations Command	战区特种行动司令部
TST	time-sensitive target	时效性强目标
UCP	Unified Command Plan	联合司令部计划
UCMJ	Uniform Code of Military Justice	《美国统一军事司法典》
UMMC	Unspecified Minor Military Construction	非特定小型军事建设
UN	the United Nations	联合国
UNCLOS	United Nations Convention on the Law of the Sea	《联合国海洋法公约》
UNDP	UN Development Program	联合国发展计划署
UNICEF	UN Children's Fund	联合国儿童基金会
UNHCR	UN High Commissioner for Refugees	联合国难民事务高级专员办事处
UNHRC	United Nations Human Rights Council	联合国人权理事会
UNMIK	United Nations Interim Administrative Mission in Kosovo	联合国科索沃临时行政当局特派团
UPU	Universal Postal Union	万国邮政联盟
USACIDC	Army Criminal Investigation Command	陆军刑事调查司令部
USAF	United States Air Force	美国空军

USAFEI	United States Air Forces in Europe Instruction	《驻欧洲美国空军指令》
USAID	United States Agency for International Development	美国国际开发署
U. S. C.	United States Code	《美国法典》
US-CERT	United States-Computer Emergency Readiness Team	美国计算机应急准备小组
USCIS	U. S. Citizenship and Immigration Services	美国海关与移民局
USCR	U. S. Country Representative	美国国家代表
USCYBERCOM	United States Cyber Command	美国网络司令部
USD（P）	Under Secretary of Defense for Policy	国防部政策副部长
USDR	U. S. Defense Representative	美国国防代表
USERRA	Uniformed Services Employment and Reemployment Rights Act	《服兵役人员工作就业和再就业权利法案》
USG	United States Government	美国政府
USNORTHCOM	U. S. Northern Command	美国北方司令部
USP	United States Persons	美国公民
USSOCOM	United States Special Operations Command	美国特种行动司令部
USSSO	U. S. Sending State Office	美国派遣国办公室
USSTRATCOM	United States Strategic Command	美国战略司令部
UTC	Unit Type Code	单位类型代码
UW	Unconventional Warfare	非常规战争
VETS	Veterans' Employment and Training Service	退伍军人就业和培训服务局
VFA	visiting forces agreement	访问部队协定
WARNORD	Warning Order	预先命令

续表

WFP	World Food Program	世界粮食计划署
WHO	World Health Organization	世界卫生组织
WMD	weapons of massdestruction	大规模杀伤性武器
WME	weapons of mass effect	大规模杀伤性武器
WMP	War Mobilization Plan	战争动员规划
WP	white phosphorous	白磷
WPR	War Powers Resolution	《战争权力决议案》
WRM	War Reserve Material	战争储备物资
WTO	World Trade Organization	世界贸易组织
WX	weather	天气
ZOPFAN	Zone of Peace, Freedom, and Neutrality	和平、自由的中立区